2020年度初级会计

U0621642

超值服务　心动赠送　通关好礼　考证无忧

视频课程

- ·名师基础学习班
- ·名师教材变化解读
- ·会计零基础入门课程

配套服务

- ·职业画像测试
- ·24小时答疑

电子资料

- ·高频考点电子书
- ·思维导图
- ·备考经验分享

中华会计网校官方学习群

"寻找渴望成长的财会人"

免费课程、会计答疑、行业资讯、职场交流、备考资料、大咖互动

扫描二维码加入我们！

超值服务获取方法

01 扫描左侧二维码 下载中华会计网校 APP

02 点击右下角"我的" 登录（或注册）

03 点击"我的"→ "图书激活"

04 刮开封面涂层 输入激活码

05 点击"我的学习" 享受服务

操作步骤扫这里

2020年度初级会计职称

梦想成真® 系列辅导丛书

—— 助力通关 ≫

应试指南

从考点入手，详细讲解考试重点难点，帮助学员在学习中更好地理解所授内容。

经典题解（上下册）

从考题出发，深入解读破题思路与方法，帮助学员在学习中巩固所学知识，查漏补缺。

同步机考题库一本通

海量试题，模拟考试题库设计，涵盖考试所有重要考点，帮助学员在刷题过程中提高应试能力。

完胜初级1+1全科密押卷
（初级冲刺通关必刷模拟试卷）

真实模拟考卷，由中华会计网校一线名师参与命题，帮助学员快速进入临考状态。

历年真题全解

5年真题，把握命题方向；精编题库，囊括全部考点，精心解析，阐释答题技巧。

必刷550题

科学刷题，查缺补漏，快速通关，选择适合自己的刷题方法，只为通过考试的你而准备。

初级会计实务会计分录大全

汇集不同事项下的会计处理，针对各类分录进行专项训练，方便考生学习查阅、强化记忆。

*图片仅供参考，请以最终实物为准

2020 年度 全国会计专业技术资格考试

经济法基础

经典题解 上册

■ 张 稳 主编　　■ 中华会计网校 组编

高等教育出版社·北京

内容简介

　　本书是初级会计职称考试"经济法基础"科目的配套用书，主要包括会计法律制度、支付结算法律制度、税收法律制度及劳动合同与社会保险法律制度。

　　本书包括四部分：第一部分　命题趋势预测与应试技巧，可以帮助考生对初级会计职称考试有一个整体把握，对"经济法基础"科目的全貌有一个整体了解。第二部分　核心考点精析及习题训练。其中，"考情分析"可以帮助考生迅速把握重点的考核内容，便于考生提高学习效率，帮助考生了解未来的考题方向，便于考生备考；"考点精讲"可以帮助考生系统地把握知识点，更牢固地掌握和灵活运用知识点；"随学随练"让考生第一眼就知道考试考什么，出题角度是怎样的，做到知己知彼；"本章综合练习"帮助考生巩固所学知识点，提高学习效果。第三部分　不定项选择题专项训练，帮助考生更有针对性地按照章节顺序对各章不定项选择题进行专项训练。第四部分　机考通关题库演练，使考生在熟悉真题的基础上进行全方位练习。

　　本书还运用二维码技术，读者可以使用移动终端扫码观看与该知识点相关的"知识点内容""课程"和"答疑"的具体内容，通过多方面的讲解使考生对该内容有更深、更透彻的理解。

　　本书可以作为初级会计职称考试"经济法基础"科目的主要备考辅导用书。

图书在版编目（CIP）数据

　　经济法基础经典题解 ：全 2 册/中华会计网校组编；张稳主编. -- 北京 ：高等教育出版社，2019.11
　　ISBN 978-7-04-052919-7

　　Ⅰ.①经⋯　Ⅱ.①中⋯　②张⋯　Ⅲ.①经济法–中国–资格考试–题解 Ⅳ.①D922.29-44

　　中国版本图书馆 CIP 数据核字（2019）第 235186 号

经济法基础经典题解
JINGJIFA JICHU JINGDIAN TIJIE

策划编辑　贾玉婷　　　　责任编辑　马 一　　　　封面设计　杨立新　　　　版式设计　范晓红
责任印制　刘思涵

出版发行	高等教育出版社	咨询电话	400-810-0598
社　　址	北京市西城区德外大街 4 号	网　　址	http://www.hep.edu.cn
邮政编码	100120		http://www.hep.com.cn
印　　刷	山东鸿君杰文化发展有限公司	网上订购	http://www.hepmall.com.cn
开　　本	787mm× 1092mm　1/16		http://www.hepmall.com
本册印张	15.5		http://www.hepmall.cn
本册字数	407 千字	版　　次	2019 年 11 月第 1 版
插　　页	1	印　　次	2019 年 11 月第 1 次印刷
购书热线	010-58581118	总 定 价	64.00 元

本书如有缺页、倒页、脱页等质量问题，请到所购图书销售部门联系调换
版权所有　侵权必究
物 料 号　52919-00

前　言

正保远程教育 **发展**：2000—2020年：感恩20年相伴，助你梦想成真

理念：学员利益至上，一切为学员服务

成果：18个不同类型的品牌网站，涵盖13个行业

奋斗目标：构建完善的"终身教育体系"和"完全教育体系"

中华会计网校 **发展**：正保远程教育旗下的第一品牌网站

理念：精耕细作，锲而不舍

成果：每年为我国财经领域培养数百万名专业人才

奋斗目标：成为所有会计人的"网上家园"

"梦想成真"书系 **发展**：正保远程教育主打的品牌系列辅导丛书

理念：你的梦想由我们来保驾护航

成果：图书品类涵盖会计职称、注册会计师、税务师、经济师、财税、实务等多个专业领域

奋斗目标：成为所有会计人实现梦想路上的启明灯

图 书 特 色

① 命题趋势预测与应试技巧

一、了解学什么

对于学习内容，我们可以用二分法概括为一句话：税法章节体系完整，非税法章节支离破碎。

我们来看一下《经济法基础考试大纲(2020年)》的章节体系：
第一章 总论
第二章 会计法律制度

二、知道考什么

我们参照2019年以前年度的考试题型和分值情况，归纳如下表：

题型	题目要求	题量及分值
单项选择题	每道题4个选项，只有一个选项正确，多选、错选、不选均不得分	24小题，每题1.5分

三、明确考什么

(一)清晰的定位

我们目前所能面对的法律类考试包括两种，一是法律专业的法律考试；二是其他专业中的法律考试，我们显然属于后者。

— 解读考试整体情况

— 客观**分析**，精准**预测**

— 规划**学习时间**，提供备考指导

② 核心考点精析及习题训练

考情分析

本章在历年考试中所占的分值平均为10分，题量7~8题。从分数比重来看，本章属于非重点章节；但从学习感受来看，本章属于"门槛"较高的章节。对于第一次学习本科目的考生，需要先接受法律理论知识的洗礼，因此最直观的感受是"云里雾里、不知所措"。但请大家放心！当我们一起推开这扇厚重的铁门时，迎接我们的则是一片广袤的平原。

▶▶**2020年考试变化**

本章无实质性变化。

— 权威**解读**考试情况，**总结**规律

核心考点及真题详解

— 全方位**透析**考试，钻研考点

第一部分 法律基础

考点一 法律关系

扫我解疑难

考点精讲

一、法律关系的概念★

社会关系 —经由法律规范调整→ 法律关系

图1.1 社会关系与法律关系

随学随练

1.【单选题】(2019年)下列各项中，属于营利性法人的是( )。
A. 社会团体 　 B. 政府机关
C. 有限责任公司 　 D. 事业单位

2.【多选题】(2019年)下列选项中，可以作为法律关系主体的有( )。
A. 个人独资企业 　 B. 股份有限公司
C. 自然人 　 D. 个体工商户

3.【多选题】(2019年)下列自然人中，属于限制民事行为能力人的有( )。
A. 范某，20周岁，有精神障碍，不能辨认自己的行为

— 以题带点，深入解读真题

— 重难点精析

本章综合练习 (限时50分钟)

— 夯实基础，快速**掌握**答题技巧

一、单项选择题

1. 甲公司和乙公司签订买卖合同，向乙公司购买3辆载货汽车，总价款为160万元，

选项中，说法正确的是( )。
A. 禁止侵犯他人的名誉权，其法律义务指向的客体是物

③ 不定项选择题专项训练

采用电子答题卡技术

考生扫描本章二维码，将答案选填入电子答题卡中，系统自动判题，并生成学习报告。

（提醒：扫一扫，答疑查重三维码及详解!)

【说明】本专题按照章节顺序分布不定项选择题"分组类型"的样式进行编排，选取了三年真题典型案例和自编典型案例进行讲解，考生通过本专题的练习，可以系统地掌握不定项选择题。

1. 甲公司下列会计资料中，应当按照会计档案归档的是( )。
A. 纳税申报表 　 B. 财务会计报告
C. 年度财务预算 　 D. 银行对账单

找准致错关键，避开设题陷阱

④ 机考通关题库演练

采用电子答题卡技术

考生扫码获取二维码，将答案选填答案卡中，系统自动判题，并生成学习报告。

（提醒：扫一扫，答疑查重三维码及详解!)

一、单项选择题（本类题共24小题，每小题1.5分，共36分，每小题备选答案中，只有一个符合题意的答案，多选、错选、不选均不得分）（本套题单项共140题）

1. 小强向知名作家甲购买甲出版书籍的著作

强化解题能力，快速查漏补缺

A. 权利人向义务人提出履行请求
B. 义务人同意履行义务
C. 在诉讼时效期间内的最后6个月内，发生不可抗力致使权利人不能行使请求权

5. 下列案件中，适用《民事诉讼法》审理的是( )。
A. 工商机关吊销甲公司的营业执照，甲公司不服工商机关作出的该项行政处罚决定

目　录

上　册

第一部分　命题趋势预测与应试技巧

第二部分　核心考点精析及习题训练

正保文化官微

关注正保文化官微，

回复"勘误表"，

获取本书勘误内容。

第一部分　命题趋势预测与应试技巧

智慧

启航

　　　世界上最快乐的事，莫过于为理想而奋斗。

　　　　　　　　　　　　　　　——苏格拉底

2020年命题趋势预测与应试技巧

　　各位考生朋友们，大家好！欢迎大家选购本书。你能翻开这本书，证明你一定想成为一个在会计专业领域能力出众的人，而从现在开始，我们就要去投入地做这件事情：第一步——考取"初级会计职称"。然后我们再不断突破瓶颈，渐入佳境，一切都会梦想成真的。唯有努力，才能坚守，唯有坚守，才有成就，而成就的起点，就在于你坚定信念并为之付出不懈努力的那一刻。

　　正所谓"知己知彼，百战不殆"，我们首先要了解，你所参加的这门考试，需要学习多少内容、解决何种问题、面临哪些困难。

一、了解学什么

　　对于学习内容，我们可用二分法概括为一句话：税法章节体系完整，非税法章节支离破碎。

　　我们来看一下《经济法基础考试大纲（2020年）》的章节体系：

第一章　总论

第二章　会计法律制度

第三章　支付结算法律制度

第四章　增值税、消费税法律制度

第五章　企业所得税、个人所得税法律制度

第六章　其他税收法律制度

第七章　税收征收管理法律制度

第八章　劳动合同与社会保险法律制度

　　其中，第一章、第二章、第三章和第八章均为"非税法章节"，涉及民商法、诉讼与非诉讼法、行政法、社会法等内容，这部分内容从宏观来看部门法体系庞杂，从微观来看法律法规包罗万象。此四章的最大特点是彼此独立，因此先从哪章入手开始学习，其实并不影响学习体验。

　　第四章、第五章、第六章和第七章均为"税法章节"，其中税收实体法部分的税种完整，包含了增值税与消费税两个完整的流转税税种、企业所得税与个人所得税两个独立的所得税税种，还包括针对财产、行为和资源等征税的十四项小税种和一项附加费。税收程序法部分为第七章，包含了税款征收管理过程中的各个节点。"税法章节"部分由于体系较为完整，因此各个章节学习顺序会直接影响到大家对知识的理解递进层次。

二、知道考什么

　　我们参照2019年及以前年度的考试题型和分值情况，归纳如下表：

题型	题目要求	题量及分值
单项选择题	每道题4个选项，只有一个选项正确，多选、错选、不选均不得分	24小题，每题1.5分 **共36分**

续表

题型	题目要求	题量及分值
多项选择题	每道题4个选项，有两个或两个以上选项正确，多选、错选、漏选均不得分	15 小题，每题 2 分 共 30 分
判断题	每道题判断对或错，判断正确得分，判断错误倒扣 0.5 分	10 小题，每题 1 分 共 10 分
不定项选择题	三道大题，每道大题四小问，每一小问四个选项，单选或多选，至少一个选项正确	3 道大题，每题 8 分 共 24 分

选拔类考试的本质是"将知识点训练成一种做题本能"。初级会计职称考试最大的特点是"100%客观题"，因此我们在学习过程中无须按照"主观题"的学习方式来备考。这个因素可以说是不同考试难易程度的"分水岭"。同样一门考试课程，闭卷考核与开卷考核会有本质不同，而客观题考核和主观题考核更是两类不同的考试"物种"。"全客观题"的考核方式能大幅度降低考试难度、节省备考时间，这也能反过来决定我们的具体学习策略。

需要说明的是，全国会计专业技术资格考试领导小组会在每年 3 月份发布当年的"全国会计专业技术初级资格考试题型等有关问题的通知"，届时各位考生朋友可以登录"全国会计资格评价网"查看当年考试题型，关注是否有调整变化。同时，中华会计网校（www.chinaacc.com）也会第一时间整理、发布相关考试资讯，敬请考生关注。

三、明确如何考

（一）清晰的定位

我们目前所能面对的法律类考试包括两种：一是法律专业的法律考试；二是其他专业中的法律考试。我们显然属于后者。

法学知识博大精深如同汪洋大海，学者们究其一生去"追剧"，也可能只是管中窥豹而已。而我们的考试范围再广泛，也只是从江河湖海中取其一瓢饮而已，我们无须去追寻理论前沿，也无须做任何理论贡献。我们需要做的是在半年时间（11月至次年 5 月）学完考试大纲中指定的章节，能够独立应对考题，这便是本书陪伴大家这半年学习阶段的意义所在。

因此，我们在本考试中的第一个清晰定位是——我们是考生，而不是学者。

上面我们所谈到的两种法律考试，它们之间无论在学习范围，还是在考试难度上，都有"质"的差异。法律职业资格考试可以理解为是对法学专业大学本科四年最后的专业总结，而我们的"经济法基础"则是看重在会计工作中所能接触的到法律规范的最大化应用。

因此，我们在本考试中的第二个清晰定位是——我们是会计师，而不是律师。

（二）面临的困难

"知识点完全记不住！崩溃了，你们都不觉得难背吗？"中华会计网校初级职称学习论坛中每年都会有考生发这样的求救帖子。

我们从他的字里行间中能看到一个关键词——"崩溃"。我始终相信，一个冷冰冰的残酷考试背后，一定是一个个有血有肉、喜怒哀乐的人。下面我们来谈谈他为什么崩溃，初级职称备考学习中，你也会"崩溃"吗？

事实是，我们在任何学习中一定会碰到一堵墙，一堵让你崩溃无助的墙，这堵墙会让你错误地高估课程难度，低估自己的学习能力。究其原因是密度极高的信息冲击人脑时所带来的生物应激反应和心智衰减。

我上学时流行过一个即时战略游戏，由某著名公司出品，大家当时都玩得不亦乐乎。这个游戏带给我最大的感触，就是初期你能控制的单位很少，因此操作上能做到游刃有余，但随着各个玩家建设的深入，地图上塞满了大量建筑物和兵种，而战场即时反馈的信息不断扑面而来，无论什么信息，都要求你立刻做出应对，以至于你对游戏的控制力越到后期越衰减，你的脑力最终一定会无法完成海量的任务项，于是干脆投降退出到桌面，清醒一下随时可能晕厥的大脑。电子竞技如同下围棋一样，本质是脑力和体力的对决。该游戏的对战过程，其实与我们的学习过程是非常相像的。一个新的学科摆在你面前，刚开始的学习过程充满了新鲜感和可控感，但随着学习的深入，知识点密度越来越大，知识点之间的关联度越来越高，你会发现，人的大脑"内存"确实有限，由于短时间内无法承载过多的信息处理，于是大脑"宕机"了，可控感消失，头晕脑胀以至于崩溃无助，游离于自我怀疑之中，徘徊于放弃与坚持之间。

其实我们人类的心智结构都是如此，学习的心路历程都要面对一个又一个瓶颈的挑战，但与电子游戏过程不同的是，我们的学习之路存在着突破瓶颈达到"质变"的可能性，学习过程犹如是一个试图加速奔跑的人，你一定会撞上一堵不可逃避的墙，而你要做的，不是后退或试图绕过它，而是勇敢地翻越过去，翻越这个行动本身也是学习的一个过程。

学习效率高，多快好省，事半功倍，这是我们追求的目标！但我们也不能忽视人脑记忆和理解的客观规律，我们大部分人的学习进度并不是直线匀速的，而是呈现出一条先缓后陡峭向上弯曲的曲线。我们刚开始的学习进度可能比较慢，每天听 1 小时的课就头晕脑胀，而且还不会做题。但随着复习的深入，当你理解了大量的概念和定义，完成了大量习题训练后，会明显体验到把书读薄的感觉。突破瓶颈后，面对你的是一个崭新的世界，越是到考前，你的学习效率越高、学习速度越快，原先从心理上抗拒的一座座高山，现在却如履平地，考前一周有可能就把本书的讲义部分刷五遍，而学习最开始的阶段，可能 2 个月还未把课程听完。

因此，学习的进度时间在主观上具有相对性，前期感觉充裕，后期感觉贫瘠。而学习效率则正好相反，前期感觉低，后期感觉高，我们一定要清楚这个学习周期规律，不要被前期学习进度慢而拖垮了心力，放弃了学习。

（三）科学的过程

为了克服上述学习中"心智崩溃"的普遍现象，本书从体例结构上进行了优化，包括以下几个层次：

第一部分 命题趋势预测与应试技巧

第二部分 核心考点精析及习题训练

本部分按照各章考点顺序，分为以下三个栏目：

（1）考情分析。

（2）核心考点及真题详解。

（3）本章综合练习。

第三部分 不定项选择题专项训练

第四部分 机考通关题库演练

若将书本的每一章学完再去做题，这是长链条的学习思路；若按照知识点的内在逻辑结构设置排列，然后让每个知识点都经过认知、理解、归纳、总结和做题的洗礼，这是短链条的学习思路，这两种学习顺序相比较，后者的学习效果更好。为此，本书每章的考点均按照"结构化"的方法来设计，每个考点都包含了学习链条中所有环节的。从体系搭建到图示说明、从文字阅读到示例讲解、从表格归纳到横向链接。最终，这个学习链条会指向"随学随练"巩固练习，以完成最后的闭环。曾国藩说过"结硬寨、打呆仗"，本书的考点学习也如同"拔钉子"一样，逐一击破，精准点射。只要按照本书设置的考点结构逐步坚持学下去，你一定会获得丰厚的学习成果。

另外，本书第三部分不定项选择题专项训练，我挑选出大量历年经典不定项选择题供大家练习，这些题目已按照最新的财税政策调整，保证均在"保质期"内，不会"吃坏肚子"。同时本部分还有我自编的不定项选择题作为考点补充。

本书第四部分机考通关题库演练是以题库的形式模拟电子化试卷，供大家自行组卷练习，共计130道题左右，其中的不定项选择题均添加了最新的法规、财税政策考点，值得一练。

坚定信念并为之付出努力，这是起点。我们接下来需要"时刻在路上"，这是坚守。

由于笔者水平有限，成书仓促，欢迎各位考生朋友对书中的缺点和错误提出批评和纠正意见。本书的错误与纰漏，我们会统一刊登在中华会计网校梦想成真专区的"勘误表"中，烦请大家留意。

张 稳

关于左侧二维码，你需要知道——

2020考试变化讲解

　　亲爱的读者，无论你是新进学员还是往届考生，本着"逢变必考"的原则，今年考试的变动内容你都需要重点掌握。扫描二维码，网校名师为你带来2020本科目考试变动解读，助你第一时间掌握重要考点。

第二部分 核心考点精析及习题训练

智慧
启航

怀着追求并从中得到最大快乐的人，才是成功者。

——梭罗

第1章 总 论

考 情 分 析

本章在历年考试中所占的分值平均为 10 分，题量 7~8 题。从分数比重来看，本章属于非重点章节；但从学习感受来看，本章属于"门槛"较高的章节。对于第一次学习本科目的考生，需要先接受法律理论知识的洗礼，因此最直观的感受是"云里雾里、不知所措"。但请大家放心！当我们一起推开这扇厚重的铁门时，迎接我们的就是一片广袤的平原。

▶ **2020 年考试变化**

本章无实质性变化。

核 心 考 点 及 真 题 详 解

模块一　法律基础

考点一　法律关系

扫我解疑难

考点精讲

一、法律关系的概念★*

社会关系与法律关系如图 1.1 所示。

社会关系 —— 经由法律规范调整 → 法律关系

图 1.1　社会关系与法律关系

【图示说明】在生活中人与人之间的大部分关系都是"社会关系"，如恋爱、友谊等关系，其中很多不会被法律规范所调整，而是通过道德、习惯、宗教、团体意识等来约束。其余社会关系被"法律规范"调整之后，会被赋予法律上的权利和义务，由此便转化为法律关系。

二、法律关系的要素★★★

法律关系至少要有两个主体，而不同的法律关系，又具有不同的客体。我们可以参阅表 1–1 的内容，先通篇了解不同要素的内在结构，然后再深入学习具体考点。

关于"扫我解疑难"，你需要知道——

　　亲爱的读者，下载并安装"中华会计网校"APP，扫描对应二维码，即可获赠知识点概述分析及知识点讲解视频（前10次试听免费），帮助夯实相关考点内容。若想获取更多的视频课程，建议选购中华会计网校辅导课程。

———————————
* ★表示了解，★★表示熟悉，★★★表示掌握。

表 1-1 法律关系的要素

要素				内容
主体	自然人（中国公民、外国公民、无国籍人）			
	组织	法人	营利法人	有限责任公司、股份有限公司和其他企业法人
			非营利法人	**事业单位、社会团体、基金会、社会服务机构**
			特别法人	**机关法人**、农村集体经济组织法人、城镇农村的合作经济组织法人、基层群众性自治组织法人
		非法人		**个人独资企业、合伙企业、**不具有法人资格的专业服务机构等
	国家			可以成为国际公法关系的主体，也可以成为对外贸易关系中的债权人与债务人
内容	法律关系主体所享有的权利和承担的义务			
客体	法律关系主体的权利和义务所指向的对象			
	物			自然物；人造物；货币和有价证券
	精神产品			作品、发明、实用新型、外观设计、商标等
	行为			①生产经营行为；②经济管理行为；③提供一定劳务的行为；④完成一定工作的行为
	人身、人格			①人的整个身体不是法律关系的客体；②人的身体部分某些情况下可以视为"物"
		物质层面		生命权、健康权、身体权
		表征层面		姓名权、肖像权
		精神层面		名誉权、荣誉权、隐私权
		自由层面		婚姻自主权

（一）法律关系的主体的权利能力

（1）公民权利能力的分类（见表 1-2）。

表 1-2 公民权利能力的分类

分类标准		分类内容要点
根据享有权利能力主体范围不同	一般权利能力	所有公民均具有的权利能力
	特殊权利能力	公民在特定条件下具有的法律资格
根据法律部门不同		民事权利能力、政治权利能力、行政权利能力、劳动权利能力、诉讼权利能力

（2）法人权利能力自法人成立时产生，至法人终止时消灭。

（二）法律关系主体的行为能力

（1）法人的行为能力和权利能力同时产生、同时消灭。

（2）自然人的行为能力。★★

自然人具有权利能力，才能具有参与民事活动的资格，但一个人能否运用这一能力，还受其客观情况的约束。我们举个可能不太恰当，但比较好理解的例子，一个人在篮球场上打球，假设他想扣篮。"扣篮"这个动作谁都有权去做，这是"权利能力"，但能否扣篮成功还取决于这个人的身高、体能和弹跳力，这些共同构成了扣篮成功的前提条件，这是"行为能力"。

自然人的行为能力划分，我们可以参阅表 1-3。

表 1-3　自然人的行为能力

类别	年龄条件	辨认自己行为能力	性质
完全 民事行为能力人	≥18 周岁	无障碍	成年人
	≥16 周岁，劳动收入	无障碍	未成年人
限制 民事行为能力人	8 周岁～18 周岁	—	未成年人
	≥18 周岁	不能完全辨认	成年人
无 民事行为能力人	<8 周岁	—	未成年人
	≥18 周岁	不能辨认	成年人
	8 周岁～18 周岁	不能辨认	未成年人

（三）法律关系的内容

法律关系主体所享有的权利和承担的义务。

（四）法律关系的客体

不同的法律关系，对应不同的客体，法律关系客体是指法律关系主体的权利和义务所指向的对象。

客体可以分为四类，物、行为、精神产品、人身人格。这四种客体，对应不同的法律关系。如人身与人格的利益是人身权法律关系的客体，精神产品中的智力成果是知识产权法律关系的客体。

『提示』就初级职称考试的学习，考生能分辨不同客体的形态和分类即可，而其与不同类型法律关系的对应关系，一般不做考核要求。

随学随练

限时 4分钟

1. 【单选题】（2019 年）下列各项中，属于营利法人的是（　　）。

　　A. 社会团体　　　　B. 政府机关

　　C. 有限责任公司　　D. 事业单位

2. 【多选题】（2019 年）下列选项中，可以作为法律关系主体的有（　　）。

　　A. 个人独资企业　　B. 股份有限公司

　　C. 自然人　　　　　D. 个体工商户

3. 【多选题】（2019 年）下列自然人中，属于限制民事行为能力人的有（　　）。

　　A. 范某，20 周岁，有精神障碍，不能辨认自己的行为

　　B. 孙某，7 周岁，不能辨认自己的行为

　　C. 周某，15 周岁，系体操队专业运动员

　　D. 杨某，13 周岁，系大学少年班在校大学生

4. 【多选题】（2018 年）下列各项中，能够成为法律关系主体的有（　　）。

　　A. 甲市财政局

　　B. 大学生张某

　　C. 乙农民专业合作社

　　D. 智能机器人阿尔法

5. 【多选题】根据法律规定，法律关系的客体包括（　　）。

　　A. 经济权利　　　　B. 个体工商户

　　C. 有价证券　　　　D. 荣誉称号

随学随练参考答案及解析

1. C　【解析】本题考核法人组织的范围。选项 C，营利法人包括有限责任公司、股份有限公司和其他企业法人等；选项 AD，非营利法人包括事业单位、社会团体、基金会、社会服务机构等；选项 B，机关法人、农村集体经济组织法人、城镇农村的合作经济组织法人、基层群众性自治组织法人为特别法人。

2. ABCD　【解析】本题考核法律关系的主体。法律关系主体，包括自然人、组织、国家。其中，个人独资企业是非法人组织，股份有限公司是营利法人，个体工商户的法律性质就是自然人。

3. CD　【解析】本题考核法律关系的主体资格。8 周岁以上的未成年人，不能完全辨认自己行为的成年人为限制民事行为能力

人；选项 AB 属于无民事行为能力人。

4. ABC 【解析】本题考核法律关系主体的种类。包括自然人、组织、国家。

5. CD 【解析】本题考核法律关系的客体。法律关系的客体包括物、人身和人格、精神产品、行为。选项 A，属于法律关系的内容；选项 B，属于法律关系的主体；选项 C，属于法律关系中的物；选项 D，属于法律关系中的精神产品。

考点二　法律事实★★

扫我解疑难

考点精讲

法律事实与法律关系的联系如图 1.2 所示。

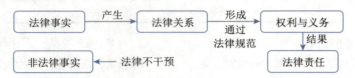

图 1.2　法律事实与法律关系的联系

【图示说明】法律事实产生法律关系，而法律关系中的内容包含了主体所享有的权利和承担的义务，这些权利和义务是由法律规范所规范。其中义务的违反会触及法律责任的问题。这个逻辑体系构成我们学习的一条主线。

一、法律事件与法律行为

任何法律关系的发生、变更和消灭，都要有法律事实的存在。按照是否以当事人的意志为转移作标准，可以将法律事实划分为法律事件和法律行为。

表 1-4　法律事件与法律行为

法律事件		法律行为
不以当事人的主观意志为转移，引起法律关系发生、变更、消灭		人们"有意识"的活动。法律行为引起法律关系发生、变更和消灭的最普遍的法律事实
自然现象（绝对事件）	社会现象（相对事件）	
地震、洪水、台风、森林大火、生老病死等非人为因素造成的自然灾害	革命、战争、重大政策的改变等，虽属人的行为引起，但不以当事人的意志为转移	

『提示』法律事件和法律行为都能够引起法律关系发生、变更和消灭，区分要点是"当事人的主观意志"。不以当事人的主观意志为转移的属于法律事件。

知识链接

二、法律行为的分类

法律行为分类如表 1-5 所示。

表 1-5　法律行为分类

分类标准	分类名称	内容
行为是否符合法律规范要求	合法行为	导致合法的法律后果
	违法行为	导致不利的法律后果
行为的表现形式不同	积极（作为）行为	积极、主动作用于客体
	消极（不作为）行为	消极、抑制的形式表现
行为是否通过意思表示	意思表示行为	存在意思表示的要素（如，签订合同）
	非表示行为	①无意思表示的要素，基于某种事实状态即具有法律效果的行为；②如拾得遗失物、发现埋藏物

分类标准	分类名称	内容
意思表示形式的不同	单方行为	①一方意思表示即可成立；②如遗嘱、行政命令
	多方行为	①两个或两个以上的多方法律主体意思表示一致而成立；②合同行为
行为是否需要特定形式或实质要件	要式行为	须具有特定形式或程序才能成立
	非要式行为	无须特定形式或程序即能成立
主体实际参与行为的状态	自主行为	以自己的明细独立从事法律行为
	代理行为	以代理人的名义从事法律行为

『提示』法律行为分类的理论较为抽象，建议考生暂且记住不同分类的名称和典型举例，等学完一个轮次后再复习巩固，这样理解效果会更好。

随学随练 限时3分钟

1. 【单选题】（2016年）甲公司与乙公司签订租赁合同，约定甲公司承租乙公司一台挖掘机，租期1个月，租金1万元。引起该租赁法律关系发生的法律事实是（ ）。

　　A. 租赁的挖掘机

　　B. 甲公司和乙公司

　　C. 1万元租金

　　D. 签订租赁合同的行为

2. 【单选题】（2015年）下列法律事实中，属于法律事件的是（ ）。

　　A. 订立遗嘱　　B. 台风登陆

　　C. 租赁设备　　D. 买卖房屋

3. 【单选题】（2015年）以下属于单方行为的是（ ）。

　　A. 立遗嘱　　　B. 缔结婚姻

　　C. 签订合同　　D. 销售商品

4. 【多选题】（2019年）根据民事法律制度的规定，下列属于法律行为的有（ ）。

　　A. 税务登记　　B. 收养孤儿

　　C. 爆发战争　　D. 签发支票

随学随练参考答案及解析

1. D 【解析】本题考核法律事实的概念。

法律事实根据是否以人的意志为转移分为法律行为和法律事件，签订租赁合同的行为属于以人的意志为转移，属于法律行为。

2. B 【解析】本题考核法律事件的概念。选项ACD属于法律行为。

3. A 【解析】本题考核法律行为的分类。单方行为是指由法律主体一方的意思表示即可成立的法律行为，如遗嘱（选项A正确）；多方行为是指由两个或两个以上的多方法律主体意思表示一致而成立的法律行为，如合同行为（选项BCD属于多方行为）。

4. ABD 【解析】本题考核法律行为的性质。选项C，爆发战争是当事人无法控制、无法预见的事件，属于法律事件。选项ABD，税务登记、收养孤儿和签发支票则是人有意识的行为，可以产生相应的法律后果，属于法律行为。

考点三　法的形式和分类

扫我解疑难

考点精讲

一、法的形式 ★★

（一）我国法的主要形式

知识链接

表1-6 法的形式及制定机关

形式		制定机关
宪法		全国人民代表大会
法律		全国人民代表大会及其常务委员会
法规	行政法规	国务院(如《企业财务会计报告条例》)
法规	地方性法规	①省、自治区、直辖市的人大及其常委会; ②设区的市、自治州的人大及其常委会; ③经济特区所在地的省、市的人大及其常委会
自治条例单行条例		民族自治地方(自治区、自治州、自治县)人大
特别行政区的法		①全国人大制定特别行政区基本法; ②特别行政区依法制定并报全国人大常委会备案
规章	部门规章	①制定机关:**国务院各部、委员会、中国人民银行、审计署和具有行政管理职能的直属机构;** ②依据:法律,国务院的行政法规、决定、命令
规章	政府规章	①制定机关:省、自治区、直辖市和设区的市、自治州的人民政府; ②依据:法律、行政法规、本省、自治区、直辖市的地方性法规
国际条约		如《国际民用航空公约》

(二)法律效力等级及其适用规则★

(1)上位法优于下位法。

【示例】全国人大制定的《公司法》,其效力高于国务院制定的《公司登记管理条例》。

(2)自治条例和单行条例的变通规定优先,经济特区法规的变通规定优先。

(3)特别法优于一般法;新法优于旧法。

【举例1】《公司法》相对于《企业破产法》来说是一般法,但当公司破产清算时,则适用《企业破产法》。《企业破产法》相对于《公司法》是特别法。

【举例2】1993年颁布的《公司法》是旧法;2013年修订的《公司法》是新法,两者有矛盾的条文,以后者为优先适用。

(4)裁决适用。

规则一(谁制定、谁裁决)

①**法律之间**对同一事项的新的一般规定与旧的特别规定不一致,不能确定如何适用时,由**全国人民代表大会常务委员会裁决**。

②**行政法规之间**对同一事项的新的一般规定与旧的特别规定不一致,不能确定如何适用时,由**国务院裁决**。

③地方性法规、规章之间不一致时,由有关机关依照规定的权限作出裁决。

④部门规章之间、部门规章与地方政府规章之间对同一事项的规定不一致时,由国务院裁决。

⑤根据授权制定的法规与法律不一致,不能确定如何适用时,由全国人民代表大会常务委员会裁决。

规则二(地方性法规与部门规章不一致)

第一步:由国务院"提出意见"

地方性法规和部门规章之间对同一事项的规定不一致,不能确定如何适用时,**由国务院提出意见**。

第二步:根据国务院的不同意见,确定不同适用

①国务院认为**应当适用地方性法规**的,应当决定在该地方**适用地方性法规**的规定;

②国务院认为**应当适用部门规章**的,应当提请**"全国人民代表大会常务委员会"**裁决。

二、法的分类 ★

法的分类如表1-7所示。

表1-7　法的分类

法的分类	划分标准
成文法和不成文法	根据法的创制方式和发布形式所作的分类
根本法和普通法	根据法的内容、效力和制定程序所作的分类
实体法和程序法	根据法的内容所作的分类
一般法和特别法	根据法的空间效力、时间效力或对人的效力所作的分类
国际法和国内法	根据法的主体、调整对象和渊源所作的分类
公法和私法	以法律运用的目的为划分的依据

随学随练 限时5分钟

1. 【单选题】（2017年）下列规范行为中，属于行政法规的是（　　）。
   A. 国务院发布的《企业财务会计报告条例》
   B. 全国人民代表大会通过的《中华人民共和国民事诉讼法》
   C. 中国人民银行发布的《支付结算办法》
   D. 全国人民代表大会常务委员会通过的《中华人民共和国会计法》

2. 【多选题】（2017年）下列关于规范性法律文件适用原则的表述中，正确的有（　　）。
   A. 行政法规之间对同一事项的新的一般规定与旧的特别规定不一致，不能确定如何适用时，由国务院裁决
   B. 根据授权制定的法规与法律不一致，不能确定如何适用时，由全国人民代表大会常务委员会裁决
   C. 部门规章与地方政府规章之间对同一事项的规定不一致时，由国务院裁决
   D. 法律之间对同一事项的新的一般规定与旧的特别规定不一致，不能确定如何适用时，由全国人民代表大会常务委员会裁决

3. 【判断题】（2019年）在我国，人民法院的判决书是法的形式之一。（　　）

4. 【判断题】（2019年）行政法规的制定主体是国家最高行政机关即国务院。（　　）

5. 【判断题】（2019年）地方性法规的效力高于行政法规的效力。（　　）

6. 【单选题】（2011年）下列对法所作的分类中，以法的创制方式和发布形式为依据进行分类的是（　　）。
   A. 成文法和不成文法
   B. 根本法和普通法
   C. 实体法和程序法
   D. 一般法和特别法

随学随练参考答案及解析

1. A　【解析】本题考核法的形式。选项BD，属于法律；选项C，属于部门规章。

2. ABCD

3. ×　【解析】本题考核法的形式。我国的法律形式主要包括宪法、法律、行政法规、地方性法规、特别行政区的法、规章以及我国缔结或加入并生效的国际条约等。最高人民法院所作的判决书只是一种非规范性法律文件，不能作为法的形式。

4. √

5. ×　【解析】本题考核法的效力等级。法律的效力>行政法规>地方性法规>地方性规章。

6. A　【解析】本题考核法的分类。根据法的创制方式和发布形式为依据分为成文法和不成文法。选项B是根据法的内容、效力和制定程序所作的分类；选项C是根据法的内容所作的分类；选项D是根据法的空间效力、时间效力或对人的效力所作的分类。

模块二 经济纠纷的解决途径

经济纠纷的解决途径如图1.3所示。

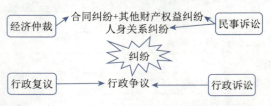

图1.3 经济纠纷的解决途径

【图示说明】解决经济纠纷的途径有四种，分别适用不同的纠纷类型。其中民事诉讼与经济仲裁"互斥"，实行"或裁或审"，即一项经济纠纷若想达到"定纷止争"的目的，只能依靠其中一种力量；行政复议与行政诉讼两者之间涉及"并行"，即一项行政争议，行政相对人可能先提起行政复议，对复议结果不服，可再提起行政诉讼。

考点一 （经济）仲裁

扫我解疑难

考点精讲

一、仲裁的适用范围★★

（1）平等主体的公民、法人和其他组织之间发生的合同纠纷和其他财产权益纠纷，可以仲裁。

（2）下列纠纷不能提请仲裁：

①婚姻、收养、监护、扶养、继承纠纷；

『提示』这种情况只能通过民事诉讼方式解决，不能提起经济仲裁。

②依法应当由行政机关处理的行政争议。

『提示』这种情况通过行政复议或行政诉讼方式解决，不能提起经济仲裁和民事诉讼。

【示例】张三与李四是夫妻关系，由于闪婚彼此之间不甚了解，结婚1个月后争吵不断，双方打算解除婚姻关系。

分析：本案属于婚姻"身份关系"，因此不能通过经济仲裁解决。

（3）下列仲裁不适用于《仲裁法》，不属

于《仲裁法》所规定的仲裁范围，而由别的法律予以调整：

①劳动争议的仲裁；

『提示』此仲裁为"劳动仲裁"，非"经济仲裁"。劳动争议仲裁由隶属劳动部门的劳动争议仲裁委员会解决。

②农业集体经济组织内部的农业承包合同纠纷的仲裁。

『提示』此仲裁为"土地仲裁"，非"经济仲裁"。农业承包合同纠纷目前多由设在各级政府部门的农业承包合同仲裁委员会处理。

二、仲裁的基本原则★★

（1）自愿原则。

『提示』经济仲裁程序是"双方启动"，当事人采用仲裁方式解决纠纷，应当双方自愿，达成仲裁协议。没有仲裁协议，一方申请仲裁的，仲裁委员会不予受理。

（2）依据事实和法律，公平合理地解决纠纷的原则。

（3）独立仲裁原则。

（4）一裁终局原则。

『提示』裁决作出后，当事人就同一纠纷再申请仲裁或者向人民法院起诉的，仲裁委员会或者人民法院不予受理。

三、仲裁机构★★

仲裁机构主要是指仲裁委员会。仲裁委员会独立于行政机关，与行政机关没有隶属关系。仲裁委员会之间也没有隶属关系。

四、仲裁协议★★

（一）仲裁协议的形式

应以"书面形式"订立。

（二）仲裁协议内容

仲裁协议应当具有下列内容：

（1）请求仲裁的意思表示；

（2）仲裁事项；

（3）选定的仲裁委员会。

【示例1】甲公司与乙公司签订一份钢材买卖合同，同时在合同中约定，因钢材履行中发生的一切争议，均由北京仲裁委员会仲裁。

分析：仲裁协议中，有甲公司与乙公司请求仲裁的意思表示；仲裁事项为"合同履行中的一切争议"；选定的仲裁委员会为"北京仲裁委员会"。

仲裁协议对仲裁事项或者仲裁委员会没有约定或者约定不明确的，当事人可以补充协议；达不成补充协议的，仲裁协议无效。

『提示』注意仲裁协议此时"并非直接无效"，存在中间过渡性的协商规则。

【示例2】甲公司与乙公司签订一份钢材买卖合同，同时在合同中约定，因钢材履行中发生的一切争议，均由北京仲裁委员会或上海仲裁委员会仲裁。

分析：当事人在仲裁协议中选定了两家仲裁委员会，属于约定不明确。此时需要补充，否则协议无效。

（三）仲裁协议的效力

（1）仲裁协议独立存在，合同的变更、解除、终止或者无效，不影响仲裁协议的效力。

『提示』两个企业签订了买卖合同，双方事先就该合同签订书面仲裁协议。如果因为合同的纠纷导致一方依法解除了合同，这种情况下，仲裁协议还是有效的。合同的解除不影响仲裁协议的效力，当事人依然有权按照仲裁协议的约定提起仲裁。

（2）仲裁协议效力的异议。

①确认机关。仲裁庭和人民法院均有权确认"仲裁协议"的效力。当事人对仲裁协议的效力有异议的，可以请求仲裁委员会作出决定或者请求人民法院作出裁定。

②人民法院的确认权优先。一方请求仲裁委员会作出决定，另一方请求人民法院作出裁定的，由人民法院裁定。

③请求确认时间。当事人对仲裁协议的效力有异议，应当在仲裁庭"首次开庭前"提出。

【示例】王老五与A林场签订了木材买卖合同和仲裁协议，后双方就仲裁协议的效力发生争议；同时在合同履行中，双方就木材质量发生争议。

分析：争议有两点，一是仲裁协议有无约定仲裁事项的争议；二是木材质量的争议，我们此处探讨的是"争议一"的解决方式，"争议一"解决后，才能进入"争议二"的解决，如图1.4所示。

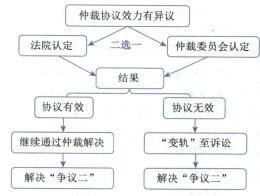

图1.4　仲裁协议效力异议的认定规则

【图示说明】人民法院在此处的出现，仅就"协议效力的异议"进行"裁定"，而非审理"争议二"的木材质量案件，因此并不违反"或裁或审"原则。

（3）有效的仲裁协议排除诉讼管辖权的效力。

①当事人达成仲裁协议，一方向人民法院起诉未声明有仲裁协议，人民法院受理后，另一方在首次开庭前提交仲裁协议的，人民法院应当驳回起诉，但仲裁协议无效的除外；

②另一方在首次开庭前未对人民法院受理该案提出异议的，视为放弃仲裁协议，人民法院应当继续审理。

仲裁协议排除诉讼管辖权的效力如图1.5所示。

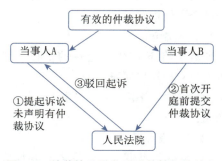

图1.5　仲裁协议排除诉讼管辖权的效力

【图示说明】人民法院在此处的出现，仅就"协议效力的异议"进行"裁定"，而未非审理"争议二"的木材质量案件，因此并不违反"或裁或审"原则。

【示例】甲企业与乙企业签订了10万元的买卖合同，双方事先签订书面仲裁协议，但当出现合同争议的时候，甲企业却向法院提起了诉讼，并且没有告知法院当事人双方订有仲裁协议，法院依法受理。这种情况下，乙企业只要在法院首次开庭之前向人民法院提交仲裁协议，法院就应当驳回甲企业的起诉；如果乙企业在首次开庭前未向人民法院提交仲裁协议的，那么视为双方放弃仲裁协议，人民法院继续审理该案。

五、仲裁裁决 ★★★

1. 管辖权

仲裁不实行级别管辖和地域管辖，仲裁委员会应当由当事人协议选定。

『提示』仲裁委员会具有独立性。彼此之间不存在上下级关系，因此不存在级别管辖；不按照行政区域设立，因此不存在地域管辖。

2. 仲裁庭制度

（1）仲裁庭可以由**3名仲裁员"或者"1名仲裁员**组成。由3名仲裁员组成的，设**"首席仲裁员"**。

（2）当事人约定由3名仲裁员组成仲裁庭的，应当各自选定或者各自委托仲裁委员会主任指定1名仲裁员，第3名仲裁员由当事人共同选定或者共同委托仲裁委员会主任指定。第3名仲裁员是首席仲裁员。

（3）当事人约定由1名仲裁员成立仲裁庭的，应当由当事人共同选定或者共同委托仲裁委员会主任指定。

3. 回避制度

仲裁员有下列情形之一的，必须回避，当事人也有权提出回避申请：

（1）是本案当事人或者当事人、代理人的近亲属；

（2）与本案有利害关系；

（3）与本案当事人、代理人有其他关系，可能影响公正仲裁的；

（4）私自会见当事人、代理人，或者接受当事人、代理人的请客送礼的。

4. 仲裁是否开庭审理

（1）仲裁应当开庭进行。

（2）当事人协议不开庭的，仲裁庭可以根据仲裁申请书、答辩书以及其他材料作出裁决。

5. 仲裁是否公开进行

（1）仲裁不公开进行。

（2）当事人协议公开的，可以公开进行，但涉及国家秘密的除外。

6. 裁决作出

（1）裁决应当按照**多数仲裁员的意见**作出，少数仲裁员的不同意见可以记入笔录。

（2）仲裁庭不能形成多数意见时，裁决应当按照**"首席仲裁员"**的意见作出。

【示例1】甲、乙、丙三名仲裁员组成仲裁庭，甲认为本案卖方应承担违约责任，乙和丙均认为不承担，此表决意见为（1∶2），按照"少数服从多数"的规则，应按乙与丙的意见作出裁决。

【示例2】沿用上例，若甲认为本案卖方应承担5 000元的违约责任，乙认为本案卖方不承担违约责任，丙认为本案卖方应承担20 000元的违约责任，此表决意见为（1∶1∶1），即不能形成多数意见，应按"首席仲裁员"的意见作出裁决。

『提示』裁决书自作出之日起发生法律效力。

7. 仲裁和解

（1）当事人申请仲裁后，可以自行和解。

（2）达成和解协议的，可以请求仲裁庭根据和解协议作出裁决书，也可以撤回仲裁申请。

（3）当事人达成和解协议，撤回仲裁申请后反悔的，可以根据仲裁协议申请仲裁。

仲裁和解流程如图1.6所示。

图1.6 仲裁和解

8. 仲裁调解

（1）仲裁庭在作出裁决前，可以先行调解。

（2）当事人自愿调解的，**仲裁庭"应当"**调解。

（3）调解不成的，应当及时作出裁决。

（4）调解达成协议的，仲裁庭应当制作调解书或者根据协议的结果制作裁决书。

（5）调解书与裁决书具有同等法律效力。

（6）调解书经双方当事人**"签收后"**，即发生法律效力。

（7）在调解书"签收前"当事人反悔的，仲裁庭应当及时作出裁决。

仲裁调解流程如图1.7所示。

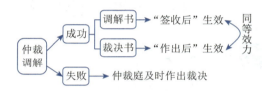

图1.7　仲裁调解

9. 民事执行程序

当事人应当履行裁决。一方当事人不履行的，另一方当事人可以依照有关规定向人民法院申请执行。受理申请的人民法院应当执行。

『提示』仲裁机构无司法强制执行的权力。

随学随练 限时8分钟

1. 【单选题】（2019年）下列纠纷中，可以申请仲裁解决的是（　　）。

   A. 孙某与周某之间的遗产继承纠纷

   B. 卢某与潘某之间的监护权归属纠纷

   C. 韩某与杨某之间的解除收养关系纠纷

   D. 赵某与钱某之间的货物买卖合同纠纷

2. 【单选题】（2015年）甲公司长期拖欠乙公司货款，双方发生纠纷，其间一直未约定纠纷的解决方式，为解决纠纷，乙公司可采取的法律途径是（　　）。

   A. 提起行政诉讼

   B. 申请行政复议

   C. 提起民事诉讼

   D. 提请仲裁

3. 【单选题】（2009年）甲、乙因买卖货物发生合同纠纷，甲向法院提起诉讼。首次开庭审理后，乙提出双方签有仲裁协议，应通过仲裁方式解决。对该案件的下列处理方式中，符合法律规定的是（　　）。

   A. 仲裁协议有效，法院驳回甲的起诉

   B. 仲裁协议无效，法院继续审理

   C. 由甲、乙协商确定纠纷的解决方式

   D. 视为甲、乙已放弃仲裁协议，法院继续审理

4. 【单选题】（2018年）根据《仲裁法》的规定，下列关于仲裁委员会的表述中，正确的是（　　）。

   A. 相互间具有隶属关系

   B. 隶属于行政机关

   C. 可由当事人自主选定

   D. 按行政区划层层设立

5. 【多选题】（2018年）根据《仲裁法》的规定，下列关于仲裁的表述中，正确的有（　　）。

   A. 仲裁以当事人之间达成有效的仲裁协议为前提

   B. 仲裁实行地域管辖和级别管辖

   C. 仲裁应当公开进行

   D. 仲裁实行一裁终局的原则

6. 【多选题】（2018年）下列仲裁员中，必须回避审理案件的有（　　）。

   A. 李某，是案件当事人的股东

   B. 张某，是案件当事人的配偶

   C. 王某，是案件争议所属区域的专家

   D. 赵某，是案件代理律师的父亲

7. 【多选题】（2018年、2013年）根据《仲裁法》的规定，下列各项中，属于仲裁协议应当具备的内容有（　　）。

   A. 仲裁事项

   B. 请求仲裁的意思表示

   C. 选定的仲裁员

   D. 选定的仲裁委员会

8. 【判断题】（2019年）仲裁协议既能在纠纷发生前订立，也能在纠纷发生后订立。（　　）

随学随练参考答案及解析

1. **D** 【解析】本题考核仲裁的适用范围。婚姻、收养、监护、扶养、继承纠纷不能提请仲裁。

2. **C** 【解析】本题考核经济纠纷的解决途径。平等主体之间出现经济纠纷时，只能在仲裁或者民事诉讼中选择一种解决方式，本题中，甲乙双方无仲裁协议，因此乙公司只能采取民事诉讼方式解决。

3. **D** 【解析】本题考核仲裁协议的效力。当事人达成仲裁协议，一方向人民法院起诉未声明有仲裁协议，人民法院受理后，另一方在首次开庭后提交仲裁协议的，人民法院应当驳回起诉。

4. **C** 【解析】本题考核仲裁机构。仲裁委员会可以在直辖市和省、自治区人民政府所在地的市设立，也可以根据需要在其他设区的市设立，不按行政区划层层设立。仲裁委员会独立于行政机关，与行政机关没有隶属关系。仲裁委员会之间也没有隶属关系。

5. **AD** 【解析】本题考核仲裁是否实行法定管辖权。仲裁不实行地域管辖和级别管辖，选项B的说法错误；仲裁应当开庭、不公开进行，选项C的说法错误。

6. **ABD** 【解析】本题考核仲裁的回避制度。仲裁员有下列情形之一的，应当回避，当事人也有权以口头或者书面方式提出回避申请：①是本案当事人或者当事人、代理人的近亲属的；②与本案有利害关系的；③与本案当事人、代理人有其他关系，可能影响公正裁决的；④私自会见当事人、代理人，或者接受当事人、代理人请客送礼的。

7. **ABD** 【解析】本题考核仲裁协议的内容。仲裁协议的内容包括选项A、B、D三项，不包括选定的仲裁员。

8. √

扫我解疑难

考点二　民事诉讼的适用范围与审判制度

考点精讲

平等主体当事人之间发生经济纠纷提起诉讼，适用《民事诉讼法》解决纷争。

一、民事诉讼的适用范围★

公民之间、法人之间、其他组织之间以及他们相互之间因财产关系和人身关系提起的民事诉讼，适用《民事诉讼法》的规定。

二、审判制度★★

（一）合议制度

独任制与合议制如表1-8所示。

表1-8　独任制与合议制

比较项目	独任制	合议制
适用案件	①简易程序案件； ②特别程序案件（选民资格案件或者重大、疑难案件应适用合议制）； ③督促程序； ④公示催告程序	①一般案件； ②特别程序中的选民资格案件或者重大、疑难案件。 『提示』合议庭的成员，应当是3人以上的单数
适用审级	一审案件	一审或者二审均适用
组织形式	审判员一人	①一审：审判员组成"或者"审判员+陪审员组成； 『提示』选民资格案件或者特别程序中的重大、疑难案件，必须由审判员组成。 ②二审：必须由审判员组成

【链接1】经济仲裁实行一裁终局原则，不实行两审终审制。

【链接2】经济仲裁的"仲裁庭"由1名仲裁员"或者"3名仲裁员组成。

(二)回避制度

1. 范围

参与某案件民事诉讼活动的**审判人员、书记员、翻译人员、鉴定人、勘验人**是案件的当事人或者当事人、诉讼代理人的近亲属，或者与案件有利害关系，或者与案件当事人、诉讼代理人有其他关系，可能影响对案件公正审理的。

2. 回避方式

(1)自行回避。

(2)申请回避。当事人有权用口头或者书面方式申请他们回避。

『提示』上述人员接受当事人、诉讼代理人请客送礼，或者违反规定会见当事人、诉讼代理人的，当事人有权要求他们回避。

(三)公开审判制度

公开审判制度见表1-9。

表1-9 公开审判制度

项目		具体规定
审理公开	通常	公开审理
	法定不公开	①涉及**国家秘密**的案件； ②涉及**个人隐私**的案件； ③法律另有规定案件。 【链接】经济仲裁：通常仲裁不公开进行。当事人协议公开的，可以公开进行，但涉及国家秘密的除外
	申请不公开	①**离婚案件**； ②涉及**商业秘密的案件**
判决公开		一律公开(公众有权查阅裁判文书)

(四)两审终审制度

1. 概念

一个案件经第一审法院审判后，当事人如果不服，有权在法定期限内向上一级法院提起上诉，由该上一级法院进行第二审。二审法院的判决、裁定是终审的判决、裁定。

『提示』如果当事人均放弃上诉权，一审判决即生效，不会进入二审程序，但这与两审终审制并不矛盾。

2. 两审终审制的例外

(1)适用特别程序、督促程序、公示催告程序审理的案件；

『提示』注意与适用"独任审理制度"在表述上的区别。

(2)简易程序中的小额诉讼程序审理的案件；

(3)最高人民法院所作的一审判决、裁定，为终审判决、裁定。

三、判决和执行 ★★★

(一)民事诉讼中的调解

1. 自愿调解

当事人一方或者双方坚持不愿调解的，人民法院应当及时裁判。

2. 法定调解

人民法院审理**"离婚"**案件，**"应当"**进行调解。

3. 不得调解

(1)适用特别程序、督促程序、公示催告程序的案件。

(2)**婚姻**等**"身份关系确认"**案件。

【链接】经济仲裁中，仲裁庭在作出裁决前，可以先行调解。当事人自愿调解的，仲裁庭"应当"调解。调解不成的，应当及时作出裁决。调解书与裁决书具有同等法律效力。

（二）判决

当事人不服地方人民法院**"第一审判决"**的，有权在判决书**送达之日起 15 日**内向上一级法院提起上诉。

（三）执行

1. 必须履行

发生法律效力的民事判决、裁定；调解书和其他应当由人民法院执行的法律文书。

2. 执行方式

发生法律效力的民事判决、裁定，一方拒绝履行的，对方当事人可以向人民法院申请执行，也可以由审判员移送执行员执行。

【链接】 仲裁庭依法作出裁决书，一方当事人不履行的，另一方当事人可以依照有关规定向人民法院申请执行。受理申请的"人民法院"应当执行。

随学随练
限时 5分钟

1. **【单选题】** 根据民事法律制度的规定，法院审理民事案件，根据当事人自愿的原则，应当进行调解的是（ ）。

A. 离婚案件

B. 适用公示催告程序的案件

C. 婚姻等身份关系确认案件

D. 适用督促程序的案件

2. **【多选题】**（2018 年、2017 年）根据民事诉讼法律制度的规定，下列关于公开审判制度的表述中，正确的有（ ）。

A. 涉及商业秘密的民事案件，当事人申请不公开审理的，可以不公开审理

B. 不论民事案件是否公开审理，一律公开宣告判决

C. 涉及国家秘密的民事案件应当不公开审理

D. 涉及个人隐私的民事案件应当不公开审理

3. **【多选题】**（2011 年）下列案件中，适用《民事诉讼法》的有（ ）。

A. 公民名誉权纠纷案件

B. 企业与银行因票据纠纷提起诉讼的案件

C. 纳税人与税务机关因税收征纳争议提起诉讼的案件

D. 劳动者与用人单位因劳动合同纠纷提起诉讼的案件

4. **【判断题】**（2019 年）人民法院对于亲子关系身份案件，不得适用调解程序。（ ）

5. **【判断题】**（2018 年）对终审民事判决，当事人不得上诉。（ ）

6. **【判断题】**（2018 年）当事人一方拒绝履行生效民事调解书的，对方当事人可以向人民法院申请执行。（ ）

随学随练参考答案及解析

1. A **【解析】** 本题考核民事诉讼的调解。选项 A，法院审理离婚案件，应当进行调解，但不应久调不决。选项 BCD，适用特别程序、督促程序、公示催告程序的案件，婚姻等身份关系确认案件以及其他根据案件性质不能调解的案件，不得调解。

2. ABCD **【解析】** 本题考核公开审判制度。①选项 ACD，人民法院审理民事案件，除涉及国家秘密、个人隐私或者法律另有规定的以外，应当公开进行。离婚案件，涉及商业秘密的案件，当事人申请不公开审理的，可以不公开审理；②选项 B，公开审判包括审判过程公开和审判结果公开两项内容，不论案件是否公开审理，一律公开宣告判决。

3. ABD **【解析】** 本题考核民事诉讼的规定。选项 A 属于因民法、婚姻法、收养法、继承法等调整的平等主体之间的财产关系和人身关系发生的民事案件；选项 B 属于按照公示催告程序解决的宣告票据和有关事项无效的案件；选项 D 属于因经济法、劳动法调整的社会关系发生的争议，法律规定适用民事诉讼程序审理的案件，如企业破产案件、劳动合同纠纷案件等，均适用于《民事诉讼法》的规定。选项 C 适用《行政诉讼法》的规定。

4. √ **【解析】** 本题考核审判制度。适用特

别程序、督促程序、公示催告程序的案件，婚姻等身份关系确认案件以及其他根据案件性质不能调解的案件，不得调解。

5. √

6. √ 【解析】本题考核民事执行程序。调解书和其他应当由人民法院执行的法律文书，当事人必须履行。一方拒绝履行的，对方当事人可以向人民法院申请执行。

考点三　民事诉讼的诉讼管辖

扫我解疑难

【考点精讲】

一、级别管辖

基层人民法院管辖大多数民事案件。

二、一般地域管辖

（1）一般实行"原告就被告"原则，即由被告住所地法院管辖。

（2）被告住所地与经常居住地不一致的，由经常居住地人民法院管辖。

以下两种例外情况由"原告住所地"人民法院管辖：

【例外1】对不在中华人民共和国领域内居住的人和对下落不明或者宣告失踪的人提起的有关身份关系的诉讼。

【例外2】对被采取强制性教育措施或者被监禁的人提起的诉讼。

三、特殊地域管辖★★★

（一）一般合同纠纷的管辖

因合同纠纷提起的诉讼，由被告住所地或者"合同履行地"人民法院管辖。

（二）保险合同纠纷的管辖

因保险合同纠纷提起的诉讼，由被告住所地或者保险标的物所在地人民法院管辖。

（三）票据纠纷的管辖

因票据纠纷提起的诉讼，由"票据支付地"或者被告住所地人民法院管辖。

（四）公司诉讼的管辖

因公司设立、确认股东资格、分配利润、解散等纠纷提起的诉讼，由公司住所地人民法院管辖。

（五）侵权纠纷的管辖

1. 一般侵权行为

因侵权行为提起的诉讼，由侵权行为地（包括侵权行为实施地、侵权结果发生地）或者被告住所地人民法院管辖。

【示例】北京的张三，在天津某饭馆投毒毒害李四，李四回到自己在山东的住所后毒发成为植物人。本案有管辖权的人民法院有三个，一是北京法院，这是被告住所地的法院；二是天津法院，这是侵权行为实施地的法院；三是山东法院，这是侵权结果发生地的法院。

2. 信息网络侵权行为

信息网络侵权行为实施地包括实施被诉侵权行为的计算机等信息设备所在地，侵权结果地包括被侵权人住所地。

3. 产品侵权

因产品不合格造成他人财产、人身损害提起的诉讼，产品制造地、产品销售地、侵权行为地和被告住所地人民法院均有管辖权。

【示例】北京的张三，在上海出差期间购买了一瓶河北厂商制造的不合格洗面奶，回到北京自己的住所使用后毁容。本案有管辖权的人民法院有三个，一是北京法院，这是侵权行为地的法院；二是河北法院，这是产品制造地的法院；三是上海法院，这是产品销售地法院。

4. 服务侵权

因服务质量不合格造成他人财产、人身损害提起的诉讼，服务提供地、侵权行为地和被告住所地人民法院均有管辖权。

【示例】甲公司是酒店运营公司，总部设在重庆。北京的李四，在上海出差期间入住了甲公司设在上海的旗舰店，由于该酒店卫生用品不达标，李四回到北京后身染严重的皮肤病。本案有管辖权的人民法院有三个：一是重庆法院，这是被告住所地的法院；二是北京法院，这是侵权行为地的法院；三是上海法院，这是服务提供地的法院。

（六）运输合同纠纷管辖

因铁路、公路、水上、航空运输和联合运输合同纠纷提起的诉讼，由运输"始发地""目的地"或者"被告住所地"人民法院管辖。

（七）运输侵权纠纷管辖

（1）因铁路、公路、水上和航空事故请求损害赔偿提起的诉讼，由事故发生地或者车辆、船舶"最先到达地"、航空器最先降落地或者被告住所地人民法院管辖。

（2）因船舶碰撞或者其他海事损害事故请求损害赔偿提起的诉讼，由碰撞发生地、碰撞船舶最先到达地、加害船舶被扣留地或者被告住所地人民法院管辖。

（3）因海难救助费用提起的诉讼，由救助地或者被救助船舶最先到达地人民法院管辖。

（4）因共同海损提起的诉讼，由船舶最先到达地、共同海损理算地或者航程终止地的人民法院管辖。

『提示』以上（3）、（4）不存在"被告住所地管辖"。

四、专属管辖★★★

（一）因不动产纠纷提起的诉讼

由"不动产所在地"人民法院管辖。

关于不动产纠纷的范围，根据民诉解释的规定，有两点补充说明：

（1）不动产纠纷是指因不动产的权利确认、分割、相邻关系等引起的物权纠纷。

（2）农村土地承包经营合同纠纷、房屋租赁合同纠纷、建设施工合同纠纷、政策性房屋买卖合同纠纷，按照不动产纠纷确定管辖。

（二）因港口作业中发生纠纷提起的诉讼

由"港口所在地"人民法院管辖。

（三）因继承遗产纠纷提起的诉讼

由"被继承人死亡时"住所地或者"主要遗产"所在地人民法院管辖。

五、协议管辖★

（一）适用案件

主要适用合同或者其他财产权益纠纷。

（二）可协议约定的法院

选择被告住所地、合同履行地、合同签订地、原告住所地、标的物所在地等与争议有实际联系的地点的人民法院管辖，但不得违反《民事诉讼法》对级别管辖和专属管辖的规定。

不同管辖权的效力如图1.8所示。

专属管辖 ➡ 协议管辖 ➡ 特殊地域管辖 ➡ 一般地域管辖

图 1.8　不同管辖权的效力

【图示说明】专属管辖具有强行性；没有专属管辖的，当事人可以书面约定管辖法院；没有专属管辖，也没有协议管辖的，按照特殊地域管辖适用；不适用特殊地域管辖的，按照特殊优于一般的原则，适用一般地域管辖（通常为原告就被告，例外为原告法院管辖）。

六、共同管辖与选择管辖★★

（1）两个以上人民法院都有管辖权（共同管辖）的诉讼，原告可以向其中一个人民法院起诉（选择管辖）。

（2）原告向两个以上有管辖权的人民法院起诉的，由"最先立案"的人民法院管辖。

『提示』共同管辖是从人民法院角度出发，由法律规定两个以上法院对某类诉讼均有管辖权；选择管辖则从当事人角度出发，规定在共同管辖的前提下，当事人可以选择其中一个人民法院提起诉讼。

【示例】北京的甲公司和长沙的乙公司在上海签订一买卖合同。合同约定，甲公司向乙公司提供一批货物，双方应在厦门交货付款。双方就合同纠纷管辖权未作约定。其后，甲公司依约交货，但乙公司拒绝付款。经交涉无效，甲公司准备对乙公司提起诉讼。根据规定，因合同纠纷引起的诉讼，由被告住所地（长沙）或合同履行地（厦门）人民法院共同管辖。

📝 **随学随练** ⏰限时5分钟

1.【单选题】（2017年）根据民事诉讼法律制度的规定，下列法院中，对公路运输合同纠纷案件不享有管辖权的是（　）。

A. 原告住所地法院　B. 被告住所地
C. 运输目的地　　　　D. 运输始发地

2. 【单选题】(2014年)根据民事诉讼法律制度的规定，因港口作业发生纠纷提起的诉讼，由（　）管辖。
   A. 原告住所地法院
   B. 被告住所地法院
   C. 港口作业地法院
   D. 港口所在地或被告住所地法院

3. 【单选题】根据案件性质、案情繁简、影响范围，来确定上下级法院受理第一审案件的分工和权限。该种管辖属于（　）。
   A. 级别管辖　　　　B. 地域管辖
   C. 专属管辖　　　　D. 指定管辖

4. 【单选题】甲、乙因某不动产发生纠纷，甲欲通过诉讼方式解决。其选择诉讼管辖法院的下列表述中，符合法律规定的是（　）。
   A. 甲只能向甲住所地法院提起诉讼
   B. 甲只能向乙住所地法院提起诉讼
   C. 甲只能向该不动产所在地法院提起诉讼
   D. 甲可以选择向乙住所地或该不动产所在地法院提起诉讼

5. 【多选题】根据《民事诉讼法》的规定，下列关于特殊诉讼管辖的表述中，正确的有（　）。
   A. 因合同纠纷提起的诉讼，由被告住所地或者合同履行地人民法院管辖
   B. 因海难救助费用提起的诉讼，由救助地或者被救助船舶最先到达地人民法院管辖
   C. 因票据纠纷提起的诉讼，由票据持票人所在地人民法院管辖
   D. 因公司设立引起的纠纷由公司住所地人民法院管辖

6. 【判断题】(2017年)因确认股东资格纠纷引起的民事诉讼，由公司住所地人民法院管辖。（　）

随学随练参考答案及解析

1. A 【解析】本题考核特殊地域管辖。因公路运输纠纷提起的诉讼，由运输始发地、

目的地或者被告住所地法院管辖。

2. C 【解析】本题考核民事诉讼的专属管辖。根据规定，因港口作业中发生纠纷提起的诉讼，由"港口所在地"人民法院管辖。

3. A 【解析】本题考核诉讼管辖的分类。

4. C 【解析】本题考核民事诉讼的专属管辖。根据规定，因不动产纠纷提起的诉讼，由不动产所在地法院管辖。

5. ABD 【解析】本题考核特殊地域管辖。选项C，因票据纠纷提起的诉讼，由票据支付地或者被告住所地人民法院管辖。

6. √ 【解析】本题考核特殊地域管辖。因确认股东资格纠纷引起的民事诉讼，由公司住所地人民法院管辖。

考点四　诉讼时效

扫我解疑难

考点精讲

【示例】甲对乙享有一项债权，但诉讼时效已届满，此时乙作为债务人则形成了一项权利，称为"诉讼时效抗辩权"。此时甲并未丧失起诉权，其仍可向人民法院提起诉讼，请求乙还债，人民法院此时也应依法受理。但对诉讼时效届满这项法律事实，人民法院并无主动审查的义务，即"法院就本案仍依照正常程序审理"。甲是否因诉讼时效届满而"碰壁"，取决于乙是否行使"诉讼时效抗辩权"这个"大杀器"，若乙依法提起该项抗辩权，人民法院则会驳回甲的诉讼请求。

一、诉讼时效期间的具体规定

（一）普通诉讼时效期间

根据《民法总则》的规定，向人民法院请求保护民事权利的诉讼时效期间为3年。法律另有规定的，依照其规定。

（二）最长诉讼时效期间

诉讼时效期间自权利人知道或者应当知道权利受到损害以及义务人之日起计算。法律另有规定的，依照其规定。但是自权利受

到损害之日起**超过20年**的，人民法院不予保护；有特殊情况的，人民法院可以根据权利人的申请决定延长。

『提示』最长诉讼时效期间从权利"**被侵害**"时计算，而非从权利人"知道或者应当知道"之时起计算。

【示例】1993年3月1日晚，张某被人打伤。经长时间的访查，于2013年6月30日张

某掌握确凿的证据证明将其打伤的是李某。经交涉无结果后，向法院提起诉讼，由于超过了20年的最长时效期间，法院不予保护。

知识链接

二、诉讼时效期间的中止、中断

诉讼时效期间的中止、中断如表1-10所示。

表1-10 诉讼时效期间的中止、中断

类别		内容
中止	期限	诉讼时效期限的"**最后6个月**"
	障碍	①不可抗力； ②无民事行为能力人或者限制民事行为能力人没有法定代理人，或者法定代理人死亡、丧失民事行为能力、丧失代理权； ③继承开始后未确定继承人或者遗产管理人； ④权利人被义务人或者其他人控制； ⑤其他导致权利人不能行使请求权的障碍
	届满	自中止时效的原因"**消除之日起满6个月**"，诉讼时效期间届满
中断	性质	因发生一定的法定事由，致使已经经过的时效期间统归无效。从中断、有关程序终结时起，诉讼时效期间重新计算
	法定事由	①**权利人向义务人提出履行请求**的； ②**义务人同意履行义务**的； ③**权利人提起诉讼**或者**申请仲裁**的； ④与提起诉讼或者申请仲裁具有同等效力的其他情形

三、不适用诉讼时效的情形

『提示』诉讼时效主要适用"**请求权**"。

下列请求权"**不适用**"诉讼时效的规定：

(1)请求**停止侵害、排除妨碍、消除危险**；

(2)**不动产物权**和**登记的动产物权**的权利人**请求返还财产**；

(3)请求支付**抚养费、赡养费**或者**扶养费**；

『提示』"(3)"虽为"债权请求权"，但与"人身"绑定，有其特殊性，不适用诉讼时效。

(4)依法不适用诉讼时效的其他请求权。

经济仲裁与民事诉讼的区别如表1-11所示。

表1-11 经济仲裁与民事诉讼的区别

区别	经济仲裁	民事诉讼
适用范围	合同关系、财产关系	财产关系、人身关系
审判制度	一裁终局	两审终审
合议(仲裁)庭组成	1名或3名	3名以上单数
回避制度	适用	适用
开庭与否	①通常开庭； ②经协商也可不开庭	通常开庭

区别	经济仲裁	民事诉讼
公开与否	①通常不公开进行； ②当事人协议公开的，可以公开进行，但涉及国家秘密的除外	①通常公开进行； ②法定公开：涉及国家秘密、个人隐私或者法律另有规定 ③申请不公开：涉及商业秘密和离婚的案件
级别管辖	不适用级别管辖	适用级别管辖
地域管辖	不适用地域管辖	适用地域管辖
判决书(调解书、裁决)生效	①裁决书：**作出之日**； ②调解书：**签收之日**	**一审判决：送达 15 日不上诉**
强制执行	人民法院	人民法院

 随学随练 限时 6分钟

1. 【单选题】(2019 年)根据民事法律制度的规定，在诉讼时效最后一定期间内，因法定障碍不能行使请求权的诉讼时效中止，该期间是( )。
   A. 2 年
   B. 3 年
   C. 1 年
   D. 6 个月

2. 【单选题】(2018 年)2017 年 11 月甲公司与乙公司之间发生租赁合同纠纷，甲公司请求其民事权利的诉讼时效期间不得超过一定期限，该期限为( )。
   A. 1 年
   B. 2 年
   C. 3 年
   D. 4 年

3. 【多选题】下列有关诉讼时效期间的说法中，正确的有( )。
   A. 普通诉讼时效的期间为 3 年
   B. 普通诉讼时效期间自权利人权益被侵害之日起计算
   C. 最长诉讼时效期间为 20 年
   D. 权利人不可以申请延长

4. 【多选题】(2018 年)根据民事法律制度的规定，在诉讼时效期间最后 6 个月内，造成权利人不能行使请求权的下列情形中，可以导致诉讼时效中止的有( )。
   A. 继承开始后未确定继承人或者遗产管理人
   B. 不可抗力
   C. 限制民事行为能力人的法定代理人丧失

民事行为能力
   D. 无民事行为能力人没有法定代理人

5. 【多选题】(2015 年)根据民事诉讼法律制度的规定，有关诉讼中止和中断的表述中，正确的有( )。
   A. 当事人提起诉讼是中断事由之一
   B. 引起中断的原因发生，已过的诉讼时效全部归于无效
   C. 当事人一方同意履行，是中止事由之一
   D. 引起中止原因消除，诉讼时效继续计算

6. 【多选题】下列请求权中，不适用诉讼时效的有( )。
   A. 请求停止侵害、排除妨碍、消除危险
   B. 不动产物权的权利人请求返还财产
   C. 银行请求借款人清偿贷款本金和利息
   D. 登记的动产物权的权利人请求返还财产

随学随练参考答案及解析

1. D 【解析】本题考核诉讼时效中止。在诉讼时效期间的最后 6 个月内，因法定障碍，不能行使请求权的，诉讼时效中止。

2. C 【解析】本题考核普通诉讼时效期间。根据《民法总则》的规定，向人民法院请求保护民事权利的诉讼时效期间为 3 年。

3. AC 【解析】本题考核诉讼时效的有关规定。选项 AB，普通诉讼时效期间为 3 年，自权利人知道或者应当知道权利受到损害以及义务人之日起计算；选项 CD，最长诉

讼时效期间为 20 年，自权利受到损害之日起超过 20 年的，人民法院不予保护；有特殊情况的，人民法院可以根据权利人的申请决定延长。

4. ABCD 【解析】本题考核诉讼时效中止。诉讼时效期间的中止事由包括：①不可抗力；②无民事行为能力人或者限制民事行为能力人没有法定代理人，或者法定代理人死亡、丧失民事行为能力、丧失代理权；③继承开始后未确定继承人或者遗产管理人；④权利人被义务人或者其他人控制；⑤其他导致权利人不能行使请求权的障碍。

5. ABD 【解析】本题考核诉讼时效中断。当事人一方同意履行，是诉讼时效中断的情形之一，不是诉讼时效中止的情形。

6. ABD 【解析】本题考核诉讼时效的适用范围。选项 C 属于一般的债权请求权，适用诉讼时效。不适用诉讼时效的请求权包括：①请求停止侵害、排除妨碍、消除危险；②不动产物权和登记的动产物权的权利人请求返还财产；③请求支付抚养费、赡养费或者扶养费；④依法不适用诉讼时效的其他请求权。

考点五　行政复议

扫我解疑难

考点精讲

行政复议流程如图 1.9 所示。

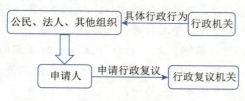

图 1.9　行政复议

【图示说明】公民、法人或其他组织对行政机关作出的"具体行政行为"不服，于是通过"申请行为"形成"行政复议法律关系"。行政复议参加人包括申请人、被申请人(作出具体行政行为的行政机关)和第三人。注意，行政复议参加人中不包括"行政复议机关"。

一、行政复议范围★★★

公民、法人或者其他组织认为行政机关的"**具体行政行为**"侵犯其合法权益，符合《行政复议法》规定范围的，可以申请行政复议。

『提示』《行政复议法》列明了 11 项具体行政行为的范围。我们可以简化理解为代表国家行使行政职权的"行政机关"对行政管理相对人"公民、法人或者其他组织"，所作的"具体行政行为"，"公民、法人或者其他组织"有权申请行政复议。

（一）提起行政复议附带审查

具体行政行为的特征是有明确的具体指向，这便与"抽象行政行为"区分开来。如国家颁布的各项法律、行政法规等，这是针对"不特定对象"所实施的，不能提起行政复议。但对行政机关依据"规定"所作出的具体行政行为提起行政复议时，可以一并向行政复议机关提出对该"规定"的审查申请。可以一并提出审查申请的规定包括：①**国务院部门的规定**；②**县级以上地方各级人民政府及其工作部门的规定**；③**乡、镇人民政府的规定**。**不包括国务院部委和地方人民政府的"规章"。**

【示例】某县政府发布通告文件称"7：00—22：00 不得外出遛狗，违者罚款 1 000 元"。某日，张某 10：00 在公园里遛犬被人举报，当地公安局对张某处以罚款 1 000 元。张某不服，欲提起行政复议，本例中，张某对公安局罚款的具体行政行为不服的，可以对提起行政复议，由于县政府发布的"通告文件"为规定，因此可一并附带行政审查。

【归纳】先告具体行政行为，再告其依据的规则；规则仅限于"规定"，不包括规章。

（二）行政复议的排除事项

『提示』就考试来讲，我们主要掌握行政复议的"排除事项"，即不属于行政复议的范围。具体包括两点：

（1）不服行政机关作出的**行政处分或者其他人事处理决定**，可依照有关法律、行政法规的规定提出申诉。

【示例】 某工商局对本局公务员李四的违纪行为，处以降职的处分。（并非是"对外"的具体行政行为。）

（2）不服**行政机关对民事纠纷作出的调解或者其他处理**，可依法申请仲裁或者向法院提起诉讼。

【示例】 某公安机关对公民张三与李四之间的民事纠纷进行调解（行政调解），张三和李四对调解的结果不满，不能对该公安机关提起行政复议。（公安局并非作出的是具体行政行为。）

二、行政复议申请和受理 ★★

（一）申请程序

公民、法人或者其他组织认为具体行政行为侵犯其合法权益的，可以自**知道该具体行政行为之日起60日内**提出行政复议申请。但是法律规定的申请期限**"超过60日"**的除外。

（二）申请形式

申请人申请行政复议，可以**书面**申请，也可以**口头**申请。

【链接】 提起经济仲裁，双方当事人必须事先或事后达成"书面"的仲裁协议。

（三）受理要求

（1）公民、法人或者其他组织向人民法院提起行政诉讼，人民法院已经依法受理的，不得申请行政复议。

（2）行政复议机关受理行政复议申请，**不得向申请人收取任何费用**。

【链接】 经济仲裁收费；劳动争议仲裁不收费。

（四）行政复议期间

行政复议期间具体行政行为不停止执行。但是，有下列情形之一的，可以停止执行：①**被申请人认为需要停止执行的**；②**行政复议机关认为需要停止执行的**；③**申请人申请停止执行，行政复议机关认为其要求合理，决定停止执行的**；④**法律规定停止执行的**。

三、行政复议参加人和行政复议机关 ★★★

（一）行政复议参加人

行政复议参加人包括**申请人、被申请人和第三人**。

『提示』不包括行政复议机关。

（二）行政复议机关（见表1-12）

表1-12　行政复议机关

类别	行政机关	行政复议机关
条块管辖	对县级以上各级人民政府工作部门行为不服（如财政局）	向**本级人民政府**申请
		向**上一级主管部门**申请
条条管辖	**对海关、金融、国税、外汇管理**等实行垂直领导的行政机关和**国家安全机关**的行为不服	向**上一级主管部门**申请
	对地方各级人民政府行政行为不服	向**上一级人民政府**申请
自我管辖	对**国务院部门**或**省级政府**的行政行为不服	向**作出该行为**的国务院部门或省级政府申请

四、行政复议审查与决定 ★★

（一）行政复议审查程序

1. 方式

行政复议原则上采取**"书面审查"**方法。

『提示』行政复议不涉及"开庭"或"公开"等问题。

2. 听取意见

申请人提出要求或者行政复议机关负责法制工作的机构认为有必要时，可以向有关组织和人员调查情况，听取申请人、被申请人和第三人的意见。

3. 举证责任

行政复议的举证责任，由"**被申请人**"（作出具体行政行为的行政机关）承担。

（二）作出行政复议决定的期限

（1）行政复议机关应当自"**受理申请之日**"起**60日内**作出行政复议决定；但是法律规定的行政复议期限"**少于60日**"的除外。

【链接】公民、法人或者其他组织认为具体行政行为侵犯其合法权益的，可以自知道该具体行政行为之日起60日内提出行政复议申请。但是法律规定的申请期限"超过60日"的除外。

（2）情况复杂，不能在规定期限内作出行政复议决定的，经"**行政复议机关**"的**负责人**批准，可以适当延长，并告知申请人和被申请人，但延长期限"**最多不得超过**"**30日**。

（三）行政复议决定书的生效时间

行政复议机关作出行政复议决定，应当制作行政复议决定书，并加盖印章。行政复议决定书"**一经送达**"，即发生法律效力。

【链接1】仲裁裁决书一经作出，即发生法律效力。

【链接2】仲裁调解书由双方签收时发生法律效力。

（四）行政复议决定的类型

知识链接

随学随练 限时5分钟

1. 【单选题】（2015年改）N市M县财政局对甲企业作出罚款的行政处罚，甲企业对此不服，可以申请行政复议的是（ ）。
   A. M县人民法院　B. M县人民政府
   C. N市人民法院　D. N市人民政府

2. 【单选题】根据《行政复议法》的规定，下列情形中，不属于行政复议范围的是（ ）。
   A. 某公司不服税务局对其作出的罚款决定
   B. 某公司不服工商局对其作出的吊销营业执照决定
   C. 某公司不服公安局对其作出的查封财产决定
   D. 某行政机关公务员不服单位对其作出的记过处分决定

3. 【多选题】（2018年）根据规定，下列情形中，属于行政复议期间具体行政行为可以停止执行的情形有（ ）。
   A. 人民法院认为需要停止执行的
   B. 法律规定停止执行的
   C. 被申请人认为需要停止执行的
   D. 复议机关认为需要停止执行的

4. 【判断题】（2019年、2013年）行政复议决定一经作出，即发生法律效力。　（ ）

5. 【判断题】（2018年）行政复议机关受理行政复议申请，不得向申请人收取任何费用。　（ ）

6. 【判断题】（2016年、2015年）行政复议的举证责任，由申请人承担。　（ ）

7. 【判断题】（2015年）申请人申请行政复议，可以书面申请，也可以口头申请。　（ ）

随学随练参考答案及解析

1. B 【解析】本题考核行政复议机关。对县级以上地方各级人民政府工作部门的具体行政行为不服的，由申请人选择，可以向该部门的本级人民政府申请行政复议，也可以向上一级"主管部门"申请行政复议。本题甲企业可以向其上级主管部门或者M县人民政府申请行政复议。

2. D 【解析】本题考核行政复议的范围。不服行政机关作出的行政处分或其他人事处理决定的，不属于行政复议范围。

3. BCD 【解析】本题考核行政复议期间。行政复议期间具体行政行为不停止执行。但有下列情形之一的，可以停止执行：（1）被申请人认为需要停止执行的；（2）复议机关认为需要停止执行的；（3）申请人申请停止执行，复议机关认为其要求合理，决定停止执行的；（4）法律规定停止执行的。

4. × 【解析】本题考核行政复议决定书的生

效时间。行政复议决定书一经"送达"即发生法律效力。

5. √ 【解析】本题考核行政复议申请和受理。注意不同解决经济纠纷途径中涉及是否收取费用的区别。

6. × 【解析】本题考核行政复议审查程序。行政复议的举证责任，由"被申请人"承担。

7. √

考点六 行政诉讼

扫我解疑难

📖 考点精讲

一、行政诉讼的适用范围★

『提示』行政诉讼适用范围与行政复议相同，均为行政机关作出的具体行政行为所引发的争议，两者均保护公民、法人或其他组织的合法权益。两者之间主要区别在于所借助的"审查力量"不同，行政复议借助的是"行政审查力量"；行政诉讼借助的是"司法审查力量"。

行政复议与行政诉讼区别如图1.10所示。

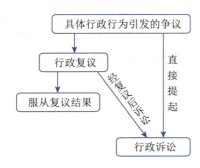

图1.10 行政复议与行政诉讼

【图示说明】（1）出现行政争议时，当事人可先申请行政复议，也可直接提起行政诉讼。先申请行政复议，但对复议结果不满，当事人可依法提起行政诉讼；（2）当事人直接提起行政诉讼，对诉讼结果不服的，不能再申请行政复议；（3）行政争议本身也可分为不同类型，某些类型的行政争议，依法必须先提起行政复议，才可提起行政诉讼；还有些行政争议，只能提起行政复议，不能通过行政诉讼解决，这些行政争议类型的考点，初级职称考试主要集中在"第七章税收征收管理法律制度"的"税务行政复议制度"进行考核。

（一）适用范围（12项，略）

（二）法院不受理的行政诉讼

（1）**国防、外交**等国家行为；

（2）行政法规、规章或者行政机关制定、发布的**具有普遍约束力的决定、命令**；

『提示』本质为"抽象行政行为"。不针对具体对象的决定。例如，限制机动车尾号。

（3）行政机关对行政机关工作人员的**奖惩、任免**等决定；

『提示』本质为内部的"行政处分"。

（4）法律规定由行政机关最终裁决的具体行政行为。

（三）关于规范性文件的审查

公民、法人或者其他组织认为行政行为所依据的国务院部门和地方人民政府及其部门制定的规范性文件不合法，在对行政行为提起诉讼时，可以一并请求对该规范性文件进行审查。前面所列规范性文件不含规章。

【链接】行政复议中，对行政机关依据"规定"所作出的具体行政行为提起行政复议时，可以一并向行政复议机关提出对该"规定"的审查申请。可以一并提出审查申请的规定包括：①国务院部门的规定；②县级以上地方各级人民政府及其工作部门的规定；③乡、镇人民政府的规定。

二、诉讼管辖★★

（一）级别管辖

基层人民法院管辖第一审行政案件。

中级人民法院管辖下列第一审行政案件：

（1）对**国务院部门**或者**县级以上**地方人民政府所作的行政行为提起诉讼的案件；

（2）**海关**处理的案件；

（3）本辖区内**重大、复杂**的案件；

（4）其他法律规定由中级人民法院管辖的案件。

（二）地域管辖（见表1-13）

表 1–13　行政诉讼的地域管辖

类别	具体规定
一般地域管辖	①行政案件由"**最初作出**"行政行为的行政机关所在地人民法院管辖； 【**链接**】民事诉讼一般地域管辖通常实行"原告就被告"。 ②经"**行政复议的案件**"，"**也可以**"由复议机关所在地人民法院管辖
跨区域管辖	经"**最高人民法院**"批准，"**高级人民法院**"可根据审判工作的实际情况，确定若干人民法院跨行政区域管辖行政案件
专属管辖	①对限制人身自由的行政强制措施不服提起的诉讼，由被告所在地或者原告所在地人民法院管辖； 【**链接**】民事诉讼制度中，若对被采取强制性教育措施或者被监禁的人提起的诉讼，由"原告住所地"人民法院管辖。 ②因不动产提起的行政诉讼，由不动产所在地人民法院管辖

三、起诉和受理★

（一）起算期限（见表 1–14）

表 1–14　行政诉讼的起诉期限

类别	具体情形	起算	期限
先复议后诉讼	法律、法规规定应当先向行政复议机关申请行政复议、对行政复议决定不服再向人民法院提起行政诉讼的；行政复议机关决定不予受理或者受理后超过行政复议期限不作答复的	收到不予受理决定书之日起或行政复议期满之日起	15 日
		行政行为作出之日	5 年
未经复议直接起诉	公民、法人或者其他组织直接向人民法院提起诉讼的	自知道或者应当知道作出行政行为之日	6 个月
		行政行为作出之日	5 年
因"**不动产**"提起诉讼的案件自行政行为"**作出之日**"起超过20年，人民法院不予受理			

（二）起诉程序

起诉应当向人民法院递交起诉状，并按照被告人数提出副本。书写起诉状确有困难的，可以口头起诉，由人民法院记入笔录，出具注明日期的书面凭证，并告知对方当事人。

【**链接 1**】*申请人申请行政复议，可以书面申请，也可以口头申请。*

【**链接 2**】*提起经济仲裁，双方当事人必须事先或事后达成"书面"的仲裁协议。*

四、审理和判决

（一）审理

1. 公开审判

人民法院公开审理行政案件，但涉及国家秘密、个人隐私和法律另有规定的除外。

【**链接 1**】*经济仲裁中，通常实行"开庭不公开"，当事人协议公开的，可以公开进*行，但涉及国家秘密的除外。

【**链接 2**】*民事诉讼中，通常公开审理，但涉及离婚案件与商业秘密的案件，由当事人申请，可不公开；涉及国家秘密和个人隐私的案件，法定不公开审理。*

2. 回避制度

当事人认为审判人员、书记员、翻译人员、鉴定人、勘验人与本案有利害关系或者有其他关系可能影响公正审判，有权申请上述人员回避。

3. 调解制度★★★

审理行政案件，不适用调解。但是，行政赔偿、补偿以及行政机关行使法律、法规规定的自由裁量权的案件可以调解。

【**链接 1**】*经济仲裁中，可在仲裁庭的调解下达成调解协议。*

【**链接 2**】*民事诉讼中，可在人民法院的*

调解下达成调解协议。

【链接3】行政机关可以就民事纠纷进行调解，但调解结果不属于行政复议的申请范围。

（二）判决★★★

当事人不服人民法院**第一审判决**的，有权在判决书送达之日起**15日内**向上一级人民法院提起上诉。当事人不服人民法院**第一审裁定**的，有权在裁定书送达之日起**10日内**向上一级人民法院提起上诉。逾期不提起上诉的，人民法院的第一审判决或者裁定发生法律效力。

『提示1』判决和裁定的区别：判决解决的是案件的实体问题，是对当事人的实体争议和请求所作出的结论；裁定是解决诉讼中的程序事项，主要是法院行使指挥、协调诉讼活动职能的体现。另外，二者上诉期限不同。

『提示2』民事诉讼中的上诉期限，与行政诉讼相同。

行政复议与行政诉讼的区别如表1-15所示。

表1-15　行政复议与行政诉讼的区别

区别	行政复议	行政诉讼
性质	行政行为	司法行为
前后衔接	必经复议、选择复议、只能复议	
受理机关	上级或本级行政机关（行政复议机关）	人民法院
法律适用	行政复议法（行政审行政）	行政诉讼法（司法审行政）
程序	①非公开、非开庭； ②一裁终局，无二审制度	①开庭并公开，特殊情况非公开； ②两审终审制，特殊情况一审终审制
法律文书生效	送达	①一审判决：15日上诉期限届满； ②一审裁定：10日上诉期限届满

关于法律文书生效时间的总结如表1-16所示。

表1-16　关于法律文书生效时间的总结

法律文书	生效时间
民事调解书	经双方当事人"签收后"
仲裁裁决书	自"作出之日"起
民事一审判决书	送达之日起"15日内"不上诉的，一审判决生效
民事一审裁定	送达之日起"10日内"不上诉的，一审裁定生效
行政复议决定书	"一经送达"

📝 **随学随练** 限时4分钟

1.【单选题】（2018年）当事人对行政机关作出的下列决定不服提起行政诉讼，人民法院不予受理的是（　　）。

A. 税务机关对甲公司作出税收强制执行的决定

B. 公安机关交通管理部门对李某作出罚款2 000元的决定

C. 公安机关对张某作出行政拘留15日的决定

D. 财政部门对其工作人员孙某作出记过的决定

2.【单选题】（2014年）根据《行政诉讼法》的规定，海关处理的第一审行政案件由（　　）人民法院审理。

A. 中级　　　　　B. 基层

C. 高级　　　　　D. 最高级

3.【多选题】（2016年）根据行政诉讼法律制度的规定，下列关于行政诉讼地域管辖的表述中，正确的有（　　）。

A. 经过行政复议的行政诉讼案件，可由行政复议机关所在地人民法院管辖

B. 因不动产提起的行政诉讼案件，由不动产所在地人民法院管辖

C. 对限制人身自由的行政强制措施不服提起的行政诉讼案件，由被告住所地或者原告住所地人民法院管辖

D. 对责令停产停业的行政处罚不服直接提起行政诉讼的案件，由作出该行政行为的行政机关所在地人民法院管辖

4.【多选题】（2013 年）根据《行政诉讼法》的规定，下列情形中，当事人可以直接提起诉讼的有(　　)。

A. 市民认为行政法规侵犯了他们的合法权益

B. 赵某对行政机关作出的任免不服的

C. 钱某认为某公安局对其罚款的处罚决定违法

D. 王某对行政机关作出限制其人身自由的处罚不服

5.【判断题】（2017 年改编）人民法院审理行政赔偿案件，不得进行调解。　　(　　)

6.【判断题】（2016 年）行政赔偿、补偿以及行政机关行使法律、法规规定的自由裁量权的行政诉讼案件可以调解。　　(　　)

📝 随学随练参考答案及解析

1. D 【解析】本题考核行政诉讼的适用范围。不服行政机关作出的行政处分或者其他人事处理决定，可依照有关法律、行政法规的规定提出申诉，不得申请行政诉讼。

2. A 【解析】本题考核行政诉讼的诉讼管辖。中级人民法院管辖下列第一审行政案件：（1）对国务院部门或者县级以上地方人民政府所作的行政行为提起诉讼的案

件；（2）海关处理的案件；（3）本辖区内重大、复杂的案件；（4）其他法律规定由中级人民法院管辖的案件。

3. ABCD 【解析】本题考核行政诉讼的诉讼管辖。根据规定，行政案件由"最初作出"行政行为的行政机关所在地人民法院管辖，经"行政复议的案件"，"也可以"由复议机关所在地人民法院管辖，因此选项 A 与选项 D 的表述正确；选项 B 与选项 C 的表述属于行政诉讼的专属管辖范围。

4. CD 【解析】本题考核行政诉讼的适用范围。选项 A，属于抽象的行政行为，不能提起行政复议，亦不能提起行政诉讼；选项 B，行政机关的内部行政处分不能提起行政复议，亦不能提起行政诉讼，但可以依据《公务员法》的规定，通过申诉方式解决。

5. × 【解析】本题考核行政诉讼的审理。人民法院审理行政案件，不适用调解。但是，行政赔偿、补偿以及行政机关行使法律、法规规定的自由裁量权的案件可以调解。

6. √ 【解析】本题考核行政诉讼的审理。人民法院审理行政案件，不适用调解。但是，行政赔偿、补偿以及行政机关行使法律、法规规定的自由裁量权的案件可以调解。

模块三　法律责任

考点一　法律责任★★★

扫我解疑难

🔍 考点精讲

法律责任的具体内容如表 1-17 所示。

表 1-17　法律责任的具体内容

种类	内容
民事责任	①可以单独适用，也可以合并适用。 ②范围：停止侵害；排除妨碍；消除危险；返还财产；恢复原状；修理、重作、更换；继续履行；赔偿损失；支付违约金；消除影响、恢复名誉；赔礼道歉

种类		内容
行政责任	行政处罚（针对外部相对人）	**警告；罚款；没收违法所得、没收非法财物**；责令停产停业；暂扣或吊销许可证、暂扣或者吊销执照；**行政拘留**；法律、行政法规规定的其他行政处罚 『提示』注意"行政拘留""行政罚款"，"没收违法所得""没收非法财物"与刑事责任的区别
	行政处分（针对内部相对人）	警告；记过；记大过；降级；撤职；开除
刑事责任	主刑 / 管制	3个月以上2年以下，数罪并罚最高是3年
	拘役	1个月以上6个月以下，数罪并罚最高是1年
	有期徒刑	6个月以上15年以下，数罪并罚"总和刑期不满35年的，最高不能超过20年，总和刑期在35年以上的，最高不能超过25年"
	无期徒刑	—
	死刑	—
	附加刑	**罚金、剥夺政治权利、没收财产、驱逐出境。** 『提示1』罚金是刑事责任；罚款是行政处罚； 『提示2』没收财产是刑事责任；没收违法所得与没收非法财物是行政处罚； 『提示3』附加刑可附加于主刑之后补充，同主刑一起适用；也可以"独立适用"

随学随练 限时6分钟

1. 【单选题】（2019年）下列法律责任形式中，属于民事责任的是( )。
   A. 支付违约金
   B. 责令停产停业
   C. 没收违法所得
   D. 罚款

2. 【单选题】（2019年）下列法律责任的形式中，属于行政责任的是( )。
   A. 驱逐出境　　B. 吊销许可证
   C. 剥夺政治权利　D. 消除危险

3. 【单选题】（2019年）下列各项中，属于行政处罚的是( )。
   A. 记过　　　　B. 开除
   C. 罚款　　　　D. 降级

4. 【单选题】（2018年）下列责任形式中，不属于行政处分的是( )。
   A. 罚款　　　　B. 撤职
   C. 记过　　　　D. 降级

5. 【多选题】（2019年）下列责任形式中，属于刑事责任的有( )。

   A. 记过　　　　B. 赔礼道歉
   C. 拘役　　　　D. 罚金

6. 【多选题】（2019年）下列刑事责任形式中，属于主刑的有( )。
   A. 无期徒刑　　B. 拘役
   C. 驱逐出境　　D. 罚金

7. 【多选题】（2014年）剥夺政治权利的范围有( )。
   A. 选举权和被选举权
   B. 担任国家机关职务
   C. 担任国有公司、企业的领导职务
   D. 担任事业单位、人民团体的领导职务

8. 【判断题】（2019年）附加刑可以同主刑一起使用，还可以单独使用。　　　　( )

随学随练参考答案及解析

1. A 【解析】本题考核民事责任的种类。民事责任主要包括：停止侵害；排除妨碍；消除危险；返还财产；恢复原状；修理、重作、更换；赔偿损失；支付违约金；消除影响；恢复名誉；赔礼道歉。选项BCD，属于行政责任中的行政处罚。

第1章 总论

2. **B** 【解析】本题考核行政责任的种类。选项A与选项C，属于刑事责任中的附加刑；选项D，属于民事责任。

3. **C** 【解析】本题考核行政责任的种类。选项A、B、D均属于行政责任中的行政处分。

4. **A** 【解析】本题考核行政责任的种类。行政处分包括警告、记过、记大过、降职、降级、开除、撤职。选项A属于行政责任中的行政处罚。

5. **CD** 【解析】本题考核刑事责任的种类。选项A，属于行政责任中的行政处分；选项B，属于民事责任；选项C，属于刑事责任中的主刑；选项D，属于刑事责任中

的附加刑。

6. **AB** 【解析】本题考核刑事责任的种类。主刑包括：管制、拘役、有期徒刑、无期徒刑、死刑，因此选项A、B当选。

7. **ABCD** 【解析】本题考核刑事责任的种类。剥夺政治权利属于刑事责任中的附加刑，其剥夺的具体政治权利是指：选举权和被选举权；言论、出版、集会、结社、游行、示威自由的权利；担任国家机关职务的权利；担任国有公司、企业、事业单位和人民团体领导职务的权利。

8. √

本章综合练习(限时60分钟)

一、单项选择题

1. 甲公司和乙公司签订买卖合同，向乙公司购买3辆载货汽车，总价款为160万元，该买卖合同法律关系的主体是( )。
   A. 买卖合同
   B. 甲公司和乙公司
   C. 160万元价款
   D. 3辆载货汽车

2. 下列主体中，属于非法人组织的是( )。
   A. 基金会
   B. 上市公司
   C. 社会团体
   D. 个人独资企业

3. 根据《民法总则》的规定，下列自然人中，属于限制民事行为能力人的有( )。
   A. 赵某，16周岁，在某超市上班
   B. 王某，15周岁，在校学生
   C. 张某，20周岁，辍学在家赋闲
   D. 李某，10周岁，不能辨认自己行为

4. 公民权利能力按照主体范围不同可分为一般权利能力与特殊权利能力，下列选项中，属于特殊权利能力的是( )。
   A. 国家机关工作人员行使其职权的权利
   B. 选举权
   C. 生命健康权
   D. 专利权

5. 关于法律关系客体中的人格、人身，下列

选项中，说法正确的是( )。
   A. 禁止侵犯他人的名誉权，其法律义务指向的客体是物
   B. 人格、人身是人身权指向的客体
   C. 人的整体既可以成为法律的主体，又可以成为法律关系的客体
   D. 人的血液从身体分离出去后，即不可能再成为法律关系的客体

6. 下列各项中，属于法律事件的是( )。
   A. 购买股票
   B. 签订合同
   C. 发生地震
   D. 承兑汇票

7. 下列各项中，属于法律行为的是( )。
   A. 水星逆行
   B. 一段时间的经过
   C. 自然人订立自书遗嘱
   D. 十月怀胎，一朝分娩

8. 下列法的形式中，由国家最高权力机关制定，规定国家基本制度和根本任务，具有最高法律效力，属于国家根本大法的是( )。
   A. 《中华人民共和国宪法》
   B. 《中华人民共和国民法总则》
   C. 《中华人民共和国刑法》
   D. 《中华人民共和国物权法》

9. 下列各项中，属于行政法规的是（　）。

A. 全国人民代表大会常务委员会制定的《中华人民共和国会计法》

B. 国务院制定的《总会计师条例》

C. 北京市人大常委会制定的《北京市招标投标条例》

D. 财政部发布的《会计从业资格管理办法》

10. 不同法的形式具有不同的效力等级。下列各项中，效力低于地方性法规的是（　）。

A. 宪法　　　　　B. 同级政府规章

C. 法律　　　　　D. 行政法规

11. 下列对法所作的分类中，根据法的空间效力、时间效力或对人的效力所作的分类是（　）。

A. 成文法和不成文法

B. 根本法和普通法

C. 实体法和程序法

D. 一般法和特别法

12. 下列税收法律中，属于税收程序法的是（　）。

A.《中华人民共和国企业所得税法》

B.《中华人民共和国税收征收管理法》

C.《中华人民共和国增值税暂行条例实施细则》

D.《中华人民共和国房产税暂行条例》

13. 下列关于经济纠纷解决途径的说法中，正确的是（　）。

A. 劳动争议纠纷适用劳动诉讼，不适用民事诉讼

B. 经济仲裁适用范围包括财产纠纷，因此继承财产纠纷可适用经济仲裁方式解决

C. 宣告公民死亡的案件，属于民事诉讼中的特别审理程序

D. 平等民事主体之间的人身关系，可通过经济仲裁或民事诉讼方式解决

14. 根据《仲裁法》的规定，下列争议中可以进行仲裁的是（　）。

A. 某公司与某职工李某因解除劳动合同发生的争议

B. 高某与其弟弟因财产继承发生的纠纷

C. 某学校因购买计算机的质量问题与某商场发生的争议

D. 王某因不服某公安局对其作出的罚款决定与该公安局发生的争议

15. 根据《仲裁法》的规定，下列关于仲裁协议效力的表述中，错误的是（　）。

A. 合同的变更、解除、终止或者无效，不影响仲裁协议的效力

B. 当事人口头达成的仲裁协议有效

C. 仲裁协议对仲裁事项或者仲裁委员会没有约定或者约定不明确，当事人又达不成补充协议的，仲裁协议无效

D. 当事人对仲裁协议的效力有异议的，可以请求人民法院作出裁定

16. 甲、乙公司因技术转让合同的履行产生纠纷，甲公司向某法院提起诉讼，法院受理了该案件。已知该案件涉及商业秘密，下列关于该案件是否公开审理的表述中，正确的是（　）。

A. 该案件应当公开审理

B. 该案件不应当公开审理

C. 由法院决定是否公开审理

D. 当事人申请不公开审理的，可以不公开审理

17. 下列关于民事诉讼判决的说法中，不正确的是（　）。

A. 法院审理民事案件，一律应当公开进行

B. 民事诉讼一律公开宣告判决

C. 法院审理民事案件可以根据当事人的意愿进行调解

D. 当事人不服法院第一审判决的，有权在判决书送达之日起 15 日内向上一级法院提起上诉

18. 关于民事诉讼与仲裁法律制度相关内容的下列表述中，错误的是（　）。

A. 民事经济纠纷实行或裁或审制度

B. 民事诉讼与仲裁均实行回避制度

C. 民事诉讼实行一裁终局制度，仲裁实行两审终审制度

D. 民事诉讼实行公开审判制度，仲裁不公开进行

19. 甲企业得知竞争对手乙企业在 M 地的营销策略将会进行重大调整，于是到乙企业设在 N 地的分部窃取乙企业内部机密文件，随之采取相应对策，给乙企业在 M 地的营销造成重大损失，乙企业经过调查掌握了甲企业的侵权证据，拟向法院提起诉讼，下列选项中，乙可以选择提起诉讼的法院不包括（　　）。
   A. 甲住所地法院　　B. 乙住所地法院
   C. M 地法院　　　　D. N 地法院

20. 甲、乙因房屋权属关系发生争议，甲向人民法院提起诉讼，对该案件有管辖权的法院是（　　）。
   A. 甲住所地人民法院
   B. 乙住所地人民法院
   C. 房屋所在地人民法院
   D. 甲、乙协商确定的人民法院

21. 1998 年 7 月 1 日老刘晚饭后赏月时被人从背后打晕，由于天黑，没有看清对方长相，一直没有找到凶手。2017 年 8 月 1 日邻居小吴酒后说出真相，当年就是他打伤的老刘，则老刘可以向法院提起诉讼，主张其民事权利的法定期间是（　　）。
   A. 2018 年 7 月 1 日之前
   B. 2019 年 8 月 1 日之前
   C. 2018 年 8 月 1 日之前
   D. 诉讼时效期间已过，法律不再予以诉讼保护

22. 在诉讼时效期间的最后 6 个月内，因不可抗力或者其他障碍致使权利人不能行使请求权的，则诉讼时效期间计算适用的情形是（　　）。
   A. 诉讼时效期间的计算不受影响，继续计算
   B. 诉讼时效期间中止，自中止时效的原因消除之日起满 6 个月，诉讼时效期间届满
   C. 已经过的诉讼时效期间归于无效，待

障碍消除后重新计算
   D. 权利人可请求法院延长诉讼时效期间

23. 下列请求权中，适用诉讼时效的是（　　）。
   A. 张三要求李四将堆放在自己院落中的建筑材料尽快搬离
   B. 王五要求赵二返还房屋
   C. 钱八请求其子女支付赡养费
   D. 银行要求甲互联网公司偿还数额巨大的贷款

24. 根据《行政复议法》规定，下列各项中，不属于行政复议范围的是（　　）。
   A. 对工商局作出的吊销营业执照的决定不服
   B. 对工商局作出的罚款决定不服
   C. 对财政局作出的吊销会计从业资格证书的决定不服
   D. 对税务局作出的给予其职工的降职处分决定不服

25. 2019 年 9 月 1 日，某行政机关对 A 公司作出责令停产停业的决定，并于当日以信函方式寄出，A 公司于 9 月 5 日收到该信函。根据规定，A 公司如对行政机关的决定不服，提出行政复议申请的时间是（　　）。
   A. 9 月 1 日至 9 月 30 日
   B. 9 月 1 日至 10 月 30 日
   C. 9 月 5 日至 10 月 4 日
   D. 9 月 5 日至 11 月 4 日

26. A 企业对甲省乙市海关的某一具体行政行为不服，决定申请行政复议。根据《行政复议法》的规定，受理 A 企业申请的行政复议机关应当是（　　）。
   A. 乙市人民政府　　B. 乙市海关
   C. 甲省海关　　　　D. 甲省人民政府

27. 关于行政复议决定，下列说法不正确的是（　　）。
   A. 行政复议原则上采取书面审查的方法
   B. 行政复议的举证责任，由申请人承担
   C. 行政复议机关应当自受理申请之日起60 日内作出行政复议决定

D. 具体行政行为主要事实不清、证据不足的，经行政复议机关审查应当予以撤销、变更或者确认其违法

28. 行政复议机关自受理申请之日起60日内作出行政复议决定。情况复杂，不能在规定期限内作出行政复议决定的，经行政复议机关的负责人批准，可以适当延长，并告知申请人和被申请人，但延长期限最多不得超过的时间规定是( )。

    A. 15 日   B. 30 日

    C. 45 日   D. 60 日

29. 根据《行政复议法》的规定，行政复议决定书发生法律效力的时间是( )。

    A. 该决定书作出之日

    B. 该决定书送达之日

    C. 该决定书作出之日起第15日

    D. 该决定书送达之日起第60日

30. 下列关于行政诉讼的起诉和受理的表述中，不正确的是( )。

    A. 公民、法人或者其他组织直接向人民法院提起诉讼的，应当自知道或者应当知道作出行政行为之日起3个月内提出

    B. 因不动产提起诉讼的案件自行政行为作出之日起超过20年的，人民法院不予受理

    C. 除不动产之外的其他案件自行政行为作出之日起超过5年提起诉讼的，人民法院不予受理

    D. 公民申请行政机关履行保护其人身权的法定职责，行政机关在接到申请之日起2个月内不履行的，公民可以向人民法院提起诉讼

31. 经济法主体违反经济法律规定，应承担民事责任的方式是( )。

    A. 罚款   B. 赔偿损失

    C. 罚金   D. 暂扣或吊销许可证

32. 下列各项中，属于行政责任的是( )。

    A. 停止侵害   B. 责令停产停业

    C. 返还财产   D. 支付违约金

33. 根据刑事法律制度的规定，下列各项中，

有期徒刑的期限为( )。

    A. 3 个月以上 10 年以下

    B. 6 个月以上 10 年以下

    C. 6 个月以上 15 年以下

    D. 1 年以上 20 年以下

二、多项选择题

1. 下列各项中，可以作为法律关系主体的有( )。

    A. 某市财政局   B. 人民银行

    C. 企业工会   D. 个体经营者

2. 齐某今年17周岁，先天双臂残疾，但是精神状况正常，且天生练就双脚写书法的绝活，目前在一家书法协会工作，工作稳定。关于该情况，下列说法正确的有( )。

    A. 齐某具有民事权利能力

    B. 齐某是限制民事行为能力人

    C. 齐某是完全民事行为能力人

    D. 齐某是无民事行为能力人

3. 下列关于自然人行为能力的表述中，正确的有( )。

    A. 14 周岁的李某，以自己的劳动收入为主要生活来源，视为完全民事行为能力人

    B. 7 周岁的王某，不能完全辨认自己的行为，是限制民事行为能力人

    C. 18 周岁的周某，能够完全辨认自己的行为，是完全民事行为能力人

    D. 20 周岁的赵某，完全不能辨认自己的行为，是无民事行为能力人

4. 下列法律关系客体中，不属于精神产品的是( )。

    A. 土地

    B. 实用新型

    C. 万科公司的上市股份

    D. 沼气

5. 下列关于法律关系内容的表述中，不正确的有( )。

    A. 法律上的权利和义务，都受国家法律保障

    B. 在大多数法律关系中，一方为权利主体，另一方为义务主体

C. 义务主体必须作出某种行为，是指以积极或者消极的作为方式去履行义务

D. 没有无义务的权利，也没有无权利的义务

6. 下列各项事实中，属于法律事件的有（　　）。

A. 某服装厂与供货商订立了一份合同

B. 张某偷盗公司财物

C. 战争爆发

D. 赵某出生

7. 下列各项中，能够引起法律关系发生、变更和消灭的事实有（　　）。

A. 自然灾害　　　　B. 公民死亡

C. 签订合同　　　　D. 提起诉讼

8. 下列规范性文件中，属于规章的有（　　）。

A. 国务院发布的《企业财务会计报告条例》

B. 上海市人民政府发布的《上海市旅馆业管理办法》

C. 财政部发布的《金融企业国有资产转让管理办法》

D. 北京市人大常委会发布的《北京市城乡规划条例》

9. 下列事项中，只能制定法律的有（　　）。

A. 诉讼和仲裁制度

B. 国家主权的事项

C. 历史文化保护事项

D. 基层群众自治制度

10. 下列关于适用法的效力原则的表述中，正确的有（　　）。

A. 上位法优于下位法

B. 特别法优于一般法

C. 经济特区法规的变通规定优先

D. 同一机关制定的新的一般规定与旧的特别规定不一致时，由制定机关裁决

11. 下列纠纷中，不适用《仲裁法》解决的有（　　）。

A. 甲乙之间的土地承包合同纠纷

B. 甲乙之间的货物买卖合同纠纷

C. 甲乙之间的遗产继承纠纷

D. 甲乙之间的劳动争议纠纷

12. 下列关于经济仲裁制度，表述正确的有（　　）。

A. 仲裁以自愿协商为基础

B. 仲裁自愿选择独立的仲裁机构

C. 劳动争议不适用《仲裁法》

D. 仲裁裁决对双方当事人都有约束力

13. 根据《仲裁法》的规定，下列情形中的仲裁协议，无效的有（　　）。

A. 甲、乙两公司在建设工程合同中依法约定有仲裁条款，其后，该建设工程合同被确认无效

B. 王某与李某在仲裁协议中约定，将他们之间的扶养合同纠纷交由某仲裁委员会仲裁

C. 郑某与甲企业在仲裁协议中对仲裁委员会约定不明确，且不能达成补充协议

D. 陈某在与高某发生融资租赁合同纠纷后，口头约定由某仲裁委员会仲裁

14. 根据《仲裁法》的规定，下列关于仲裁委员会的表述中，正确的有（　　）。

A. 仲裁委员会是行政机关

B. 仲裁委员会不按行政区划层层设立

C. 仲裁委员会独立于行政机关

D. 仲裁委员会之间没有隶属关系

15. 下列关于仲裁审理的表述中，符合仲裁法律制度规定的有（　　）。

A. 除当事人协议外，仲裁开庭进行

B. 仲裁员不实行回避制度

C. 当事人可以自行和解

D. 仲裁庭可以进行调解

16. 根据《仲裁法》和《民事诉讼法》的规定，下列各项中，表述正确的有（　　）。

A. 仲裁不公开进行，诉讼一般应公开进行

B. 仲裁不实行回避制度，诉讼则实行回避制度

C. 仲裁实行一裁终局制度，而诉讼则实行两审终审制度

D. 仲裁必须由双方自愿达成仲裁协议才可进行，而诉讼只要有一方当事人起诉即可进行

17. 根据《民事诉讼法》的规定，下列纠纷中，

当事人可以提起民事诉讼的有（　　）。

　　A. 侵害名誉权纠纷　　B. 继承纠纷

　　C. 收养纠纷　　　　　D. 劳动合同纠纷

18. 根据《民事诉讼法》的规定，下列各项中，实行一审终审制度的有（　　）。

　　A. 适用特别程序审理的案件

　　B. 适用督促程序审理的案件

　　C. 适用公示催告程序审理的案件

　　D. 适用简易程序中的小额诉讼程序审理的案件

19. 下列一审民事案件中，可以由审判员一人独任审理的有（　　）。

　　A. 适用简易程序审理的民事案件

　　B. 适用特别程序审理的疑难案件

　　C. 适用督促程序审理的民事案件

　　D. 适用公示催告程序审理的民事案件

20. M 地的甲公司是一家洗面奶生产企业，其生产基地在 N 地，销售公司所在地在 F 地。家住 H 地的消费者李某在 F 地购买后回家使用，因洗面奶不合格而被毁容。李某拟向人民法院起诉甲公司，其可以选择提起诉讼的法院有（　　）。

　　A. M 地　　　　　　　B. N 地

　　C. F 地　　　　　　　D. H 地

21. 某企业因与银行发生票据支付纠纷而提起诉讼，该企业在起诉银行时可以选择的人民法院有（　　）。

　　A. 原告住所地人民法院

　　B. 票据支付地人民法院

　　C. 被告住所地人民法院

　　D. 票据出票地人民法院

22. 协议管辖中，具有管辖权的法院有（　　）。

　　A. 被告住所地　　B. 合同履行地

　　C. 合同签订地　　D. 原告住所地

23. 张某借给李某 10 万元，约定当年 12 月 1 日由李某还款。张某由于忙于事务，12 月 10 日才想起李某借款事宜。关于该情况，下列选项说法正确的有（　　）。

　　A. 若张某在地震灾害中受伤导致当年 12 月 30 日之前无法向李某主张权利，则诉讼时效应中止

　　B. 普通诉讼时效从 12 月 2 日开始起算

　　C. 最长诉讼时效期间为 3 年

　　D. 如果李某于 12 月 10 日向张某表示自己尽快归还借款，则普通诉讼时效中断

24. 下列情形中，可以申请行政复议的有（　　）。

　　A. 某交通部门作出的吊销驾驶执照的决定

　　B. 某市财政局作出的对其内部职工给予降职处分的决定

　　C. 某工商局作出的责令停业的决定

　　D. 某街道办事处作出的对邻居纠纷的调解意见

25. 根据行政复议法律制度的规定，下列有关行政复议的表述中，不符合规定的有（　　）。

　　A. 不服行政机关对民事纠纷作出的调解，不能申请行政复议

　　B. 申请行政复议必须采用书面形式

　　C. 行政复议的举证责任由申请人承担

　　D. 行政复议决定书自作出之日起发生法律效力

26. 根据《行政复议法》的规定，下列属于行政复议参加人的有（　　）。

　　A. 申请人　　　　　B. 被申请人

　　C. 行政复议机关　　D. 第三人

27. 根据行政复议法律制度的规定，被申请人的下列具体行为中，行政复议机关应当予以撤销、变更或者确认违法的有（　　）。

　　A. 主要事实不清、证据不足的行政行为

　　B. 违反法定程序的行政行为

　　C. 超越或者滥用职权的行政行为

　　D. 适用依据错误的行政行为

28. 下列情形中，当事人不服可以提起行政诉讼的有（　　）。

　　A. 甲因乱贴小广告被罚款

　　B. 乙因醉酒驾车被拘留

　　C. 丙因非法运输鞭炮被扣车

　　D. 公务员丁因工作失误被扣奖金

29. 由中级人民法院管辖的第一审行政案件有（　　）。

A. 海关处理的案件

B. 本辖区内重大、复杂的案件

C. 对国务院部门所作的行政行为提起诉讼的案件

D. 其他法律规定由中级人民法院管辖的案件

30. 下列关于相关法律文书的生效时间，说法正确的有（　　）。

A. 经济仲裁中的仲裁调解书，自双方当事人签收时发生法律效力

B. 经济仲裁裁决书，自作出之日起发生法律效力

C. 行政复议决定书，自作出之日起发生法律效力

D. 民事诉讼的一审判决书，自送达之日发生法律效力

31. 下列关于行政复议与行政诉讼的说法中，正确的有（　　）。

A. 两者均解决行政管理相对人和行政机关之间发生的行政争议

B. 出现纠纷，当事人在两种途径中只能择其一，即实行或裁或审原则

C. 行政机关对内部工作人员作出行政处分的，该事项不能提起行政复议，但可提起行政诉讼

D. 两者均由作为行政管理相对人的公民、法人和其他组织一方提起

32. 下列法律责任形式中，属于民事责任形式的有（　　）。

A. 没收财产　　　　B. 消除危险

C. 暂扣许可证　　　D. 赔礼道歉

33. 下列法律责任中，属于行政处罚的有（　　）。

A. 罚款　　　　　　B. 没收违法所得

C. 支付违约金　　　D. 罚金

34. 甲行政机关财务负责人刘某因犯罪被人民法院判处有期徒刑，并处罚金和没收财产，后被甲行政机关开除。刘某承担的法律责任中，属于刑事责任的有（　　）。

A. 没收财产　　　　B. 罚金

C. 有期徒刑　　　　D. 开除

35. 根据刑事法律制度的规定，下列各项中，属于刑事责任的有（　　）。

A. 罚金　　　　　　B. 管制

C. 没收违法所得　　D. 驱逐出境

36. 下列刑事责任的形式中，属于附加刑的有（　　）。

A. 罚款　　　　　　B. 罚金

C. 有期徒刑　　　　D. 驱逐出境

三、判断题

1. 章某，15 周岁，系甲省体操队专业运动员，月收入 3 000 元，完全能够满足自己生活所需，章某则属于完全民事行为能力人。（　）

2. 瓜熟蒂落，是法律事实中的法律事件。（　）

3. 法律之间对同一事项的新的一般规定与旧的特别规定不一致，不能确定如何适用时，由国务院裁决。（　）

4. 公民甲与某行政机关因设备租赁合同发生纠纷，该纠纷不能提请仲裁。（　）

5. 当事人申请仲裁，必须按照级别管辖和地域管辖的规定选择仲裁委员会。（　）

6. 甲、乙两公司因合同纠纷向 A 市仲裁委员会申请仲裁，仲裁庭作出裁决后，甲公司不服，向人民法院提起诉讼，人民法院不予受理。人民法院的做法是不对的。（　）

7. 甲公司与乙公司变更合同关系，合同中的仲裁条款也随之失效。（　）

8. 涉及个人隐私的民事案件，可以不公开审理，不公开宣判。（　）

9. 审理民事案件，除涉及商业秘密的以外，应当公开进行。（　）

10. 因不动产提起的行政诉讼，由不动产所有权人住所地人民法院管辖。（　）

11. 甲公司与乙银行订立一份借款合同，甲公司到期未还本付息。乙银行于还本付息期届满后 1 年零 6 个月时向有管辖权的人民法院起诉，要求甲公司偿还本金、支付利息并承担违约责任。乙银行的行为引起诉讼时效中断。（　）

12. 当事人提起行政复议必须采取书面形式，否则不予受理。（　）

13. 甲公司因进口一批货物被海关查封，可向海关所在地的人民政府提出行政复议申请。（　　）

14. 对税务机关采取的阻止纳税人出境措施不服引发的纠纷，可以提起行政诉讼。（　　）

15. 有期徒刑总和刑期不满35年的，最高不能超过20年，总和刑期在35年以上的，最高不能超过25年。（　　）

本章综合练习参考答案及解析

一、单项选择题

1. B 【解析】本题考核法律关系的主体范围。选项A属于法律关系的类别；选项C与选项D属于合同法律关系的标的物和对价。

2. D 【解析】本题考核非法人组织的范围。非法人组织包括个人独资企业、合伙企业、不具有法人资格的专业服务机构等。

3. B 【解析】本题考核自然人的民事行为能力。选项AC属于完全民事行为能力人；选项D属于无民事行为能力人。

4. A 【解析】本题考核公民的民事权利能力。根据享有权利能力的主体范围不同，可以分为一般权利能力和特殊权利能力。一般权利能力又称基本的权利能力，是一国所有公民均具有的权利能力；特殊权利能力是公民在特定条件下具有的法律资格，这种资格并不是每个公民都可以享有，而只授予某些特定的法律主体。如国家机关及其工作人员行使职权的资格，就是特殊的权利能力。

5. B 【解析】本题考核法律关系客体中的人身与人格。人格、人身是禁止侵犯他人名誉权等法律义务所指向的客体，选项A的说法错误；人的整体只能是法律关系的主体，不能作为法律关系的客体，因此选项C的说法错误；人的部分是可以作为客体的"物"，如当人的头发、血液、骨髓、精子和其他器官从身体中分离出去，成为与身体相分的外部之物时，在某些情况下也可视为法律上的"物"，因此选项D的说法错误。

6. C 【解析】本题考核法律事件的判断。法律事实包括法律行为和法律事件两类。本题选项ABD属于法律行为。法律事件是指不以当事人的主观意志为转移的，能够引起法律关系发生、变更和消灭的法定情况或现象，可以是自然现象，如地震、洪水；可以是社会现象，如爆发战争、重大政策的改变。

【易错提示】法律事实包括法律行为和法律事件两类。法律事件和法律行为都能够引起法律关系发生、变更和消灭，区分要点是"当事人的主观意志"。不以当事人的主观意志为转移的属于法律事件。

7. C 【解析】本题考核法律行为的判断。法律行为是指以法律关系主体意志为转移，能够引起法律后果的活动，选项ABD属于法律事实。

8. A 【解析】本题考核法的形式。选项A，宪法由国家最高权力机关—全国人民代表大会制定，是国家的根本大法。

9. B 【解析】本题考核法的形式。行政法规是国家最高行政机关国务院制定、发布的规范性文件。它通常冠以条例、办法、规定等名称。其地位次于宪法和法律，是一种重要的法的形式。

10. B 【解析】本题考核法律效力等级。政府规章除不得与宪法、法律和行政法规相抵触外，还不得与上级和同级地方性法规相抵触。

【应试技巧】对于法的效力等级，比较简单的理解方式是：权力机关大于行政机关、中央大于地方、上级大于下级。

11. D 【解析】本题考核法的分类。根据不同的标准可以对法作不同的分类，选项 A 是根据法的创制方式和发布形式所作的分类；选项 B 是根据法的内容、效力和制定程序所作的分类；选项 C 是根据法的内容所作的分类。

【易错提示】法的六种分类方法中，应特别注意各自的分类标准。考试中经常会混淆的有实体法与程序法、根本法与普通法，要注意实体法和程序法各自的含义和分类标准，是根据法的内容所作的分类，而根本法与普通法是根据法的内容、效力和制定程序三个要素确定的分类标准。

12. B 【解析】本题考核法的分类。程序法是指为了保障实体权利和义务的实现而制定的关于程序方面的法律。选项 B 是程序法；选项 ACD 是实体法。

13. C 【解析】本题考核解决经济纠纷的途径。劳动争议纠纷属于民事诉讼的适用案件，劳动诉讼本身即是民事诉讼的一种，因此选项 A 的表述错误；婚姻、收养、监护、扶养、继承纠纷，不能提起仲裁，选项 B 和选项 D 的说法错误。

14. C 【解析】本题考核仲裁的适用范围。不属于《仲裁法》调整的争议包括：(1)与人身有关的婚姻、收养、监护、扶养、继承纠纷(选项 B)；(2)行政争议(选项 D)；(3)劳动争议(选项 A)；(4)农业承包合同纠纷。

15. B 【解析】本题考核仲裁协议的效力。选项 B，仲裁协议应当以书面形式订立，口头达成仲裁的意思表示无效。

16. D 【解析】本题考核公开审判制度。涉及商业秘密的案件，当事人申请不公开审理的可以不公开审理。

17. A 【解析】本题考核民事诉讼的判决。法院审理民事案件，除涉及国家秘密、个人隐私或者法律另有规定的以外，应当公开进行。

18. C 【解析】本题考核民事诉讼与经济仲裁的比较。民事诉讼实行两审终审制度，仲裁实行一裁终局制度，选项 C 的表述错误。

19. B 【解析】本题考核民事诉讼特殊地域管辖。根据规定，因侵权行为提起的诉讼，由侵权行为地或者被告住所地人民法院管辖；侵权行为地，包括侵权行为实施地、侵权结果发生地。本题中，由于 N 地的分部实施窃取信息行为，因此侵权行为实施地是 N 地；乙企业在 M 地的营销策略被窃取，因此侵权结果发生地是 M 地；甲企业是被告，其住所地为被告住所地。

20. C 【解析】本题考核特殊地域管辖。根据规定，不动产纠纷提起的诉讼，由不动产所在地人民法院管辖。

21. A 【解析】本题考核最长诉讼时效期间。从权利被侵害之日起超过 20 年的，人民法院不予保护。

22. B 【解析】本题考核诉讼时效的中止。根据规定，在诉讼时效期间的最后 6 个月内，因不可抗力或者其他障碍致使权利人不能行使请求权的，诉讼时效应该予以中止，自中止时效的原因消除之日起满 6 个月，诉讼时效期间届满。

23. D 【解析】本题考核诉讼时效的适用范围。选项 D 属于一般的债权请求权，适用诉讼时效。不适用诉讼时效的请求权包括：(1)请求停止侵害、排除妨碍、消除危险；(2)不动产物权和登记的动产物权的权利人请求返还财产；(3)请求支付抚养费、赡养费或者扶养费；(4)依法不适用诉讼时效的其他请求权。

24. D 【解析】本题考核行政复议的范围。选项 D，税务局作出的给予其职工的降职处分决定不在行政复议范围之内。

【易错提示】特别注意行政处罚与行政处分的区分，考试经常在这个问题上设置考核点。

25. D 【解析】本题考核复议申请的规定。当事人认为具体行政行为侵犯其合法权益的，可以自知道该具体行政行为之日起60日内提出行政复议申请。A公司于9月5日收到该信函，则9月5日为知道该具体行为之日，所以提出申请的时间是9月5日至11月4日。

26. C　【解析】本题考核行政复议机关。对海关、金融、国税、外汇管理等实行垂直领导的行政机关和国家安全机关的具体行政行为不服的，向上一级主管部门申请行政复议。

27. B　【解析】本题考核行政复议决定。行政复议的举证责任，由被申请人承担。

28. B　【解析】本题考核行政复议决定。行政复议机关应当自受理申请之日起60日内作出行政复议决定；但是法律规定的行政复议期限少于60日的除外。情况复杂，不能在规定期限内作出行政复议决定的，经行政复议机关的负责人批准，可以适当延长，并告知申请人和被申请人，但延长期限最多不得超过30日。

29. B　【解析】本题考核行政复议决定书的生效时间。根据规定，行政复议决定书一经"送达"，即发生法律效力。

30. A　【解析】本题考核行政诉讼的起诉和受理。公民、法人或者其他组织直接向人民法院提起诉讼的，应当自知道或者应当知道作出行政行为之日起6个月内提出，因此选项A错误。

31. B　【解析】本题考核法律责任的种类。根据规定，经济法主体承担民事责任的方式有：停止侵害；排除妨碍；消除危险；返还财产；恢复原状；修理、重作、更换；继续履行；赔偿损失；支付违约金；消除影响、恢复名誉；赔礼道歉等。罚款、暂扣或吊销许可证属于行政责任。罚金属于刑事责任。

【易错提示】注意民事责任、行政责任和刑事责任的划分。

32. B　【解析】本题考核法律责任的种类。选项ACD均属于民事责任。

33. C　【解析】本题考核刑事责任的刑期规定。

有期徒刑的期限为6个月以上15年以下。

二、多项选择题

1. ABCD　【解析】本题考核法律关系主体。选项AB，属于主体范围中的国家机关；选项C，属于经济组织的内部机构；选项D，属于个人，都是法律关系的主体。

2. AC　【解析】本题考核自然人的民事行为能力。自然人的权利能力始于出生，终于死亡，因此选项A的说法正确；16周岁以上不满18周岁的自然人，以自己的劳动收入为主要生活来源的，视为完全民事行为能力人，因此选项C的说法正确。

3. CD　【解析】本题考核自然人的民事行为能力。选项A，16周岁以上(≥16周岁)的未成年人(<18周岁)，以自己的劳动收入为主要生活来源的，视为完全民事行为能力人；选项B，8周岁以上(≥8周岁)的未成年人(<18周岁)或者不能完全辨认自己行为的成年人属于限制民事行为能力人；选项C，18周岁以上(≥18周岁)属于完全民事行为能力人；选项D，完全不能辨认自己行为的成年人属于无民事行为能力人。

4. ACD　【解析】本题考核法律关系的客体。选项A属于法律关系客体中的"物"；选项B属于精神产品中的"智力成果"；选项C是有价证券，属于法律关系客体中的物。选项D是人造物，属于法律关系客体中的物。

5. BC　【解析】本题考核法律关系的内容。选项B，在大多数民商法律关系中，任何一方既是权利主体，也是义务主体；选项C，义务主体必须作出某种行为是指以积极的作为方式去履行义务。

6. CD　【解析】本题考核法律事件。法律事件是指不以当事人的主观意志为转移的，能够引起法律关系发生、变更和消灭的法定情况或者现象。事件可以是自然现象，如地震、洪水、台风、森林大火等不因人的因素造成的自然灾害；也可以是某些社会现象，如爆发战争、重大政策的改变等。选项D，人的出生可引起抚养关系、户籍管理关系的发生，也属于法律事件。

7. ABCD 【解析】本题考核法律事实。选项AB属于法律事实中的法律事件；选项CD属于法律事实中的法律行为。

8. BC 【解析】本题考核法的形式。规章包括部门规章和地方政府规章。选项A属于行政法规；选项B属于地方政府规章；选项C属于部门规章；选项D属于地方性法规。

9. ABD 【解析】本题考核法律的形式。下列事项只能制定法律：(1)国家主权的事项；(2)各级人民代表大会、人民政府、人民法院和人民检察院的产生、组织和职权；(3)民族区域自治制度、特别行政区制度、基层群众自治制度；(4)犯罪和刑罚；(5)对公民政治权利的剥夺、限制人身自由的强制措施和处罚；(6)税种的设立、税率的确定和税收征收管理等税收基本制度；(7)对非国有财产的征收、征用；(8)民事基本制度；(9)基本经济制度以及财政、海关、金融和外贸的基本制度；(10)诉讼和仲裁制度；(11)其他事项。

10. ABCD 【解析】本题考核适用法律效力等级及其适用原则。

11. ACD 【解析】本题考核仲裁法的适用范围。不适用于《仲裁法》的仲裁有：(1)劳动争议的仲裁；(2)农业集体经济组织内部的农业承包合同纠纷的仲裁。此外，选项C属于不能提请仲裁的纠纷事项，可适用民事诉讼。

【易错提示】不适用于《仲裁法》的仲裁有：(1)劳动争议的仲裁；(2)农业集体经济组织内部的农业承包合同纠纷的仲裁。

12. ABCD 【解析】本题考核仲裁的有关规定。

13. BCD 【解析】本题考核仲裁协议的订立。选项A，仲裁协议独立存在，合同的变更、解除、终止或者无效，不影响仲裁协议的效力；选项B，扶养纠纷不能提请仲裁；选项C，仲裁协议对仲裁委员会没有约定或者约定不明确的，又达不成补充协议的，仲裁协议无效；选项D，仲裁协议应以书面形式订立，口头达成仲裁的意思表示无效。

14. BCD 【解析】本题考核仲裁委员会。仲裁委员会不按行政区划层层设立，它独立于行政机关，与行政机关没有隶属关系，仲裁委员会之间也没有隶属关系。

15. ACD 【解析】本题考核仲裁的规定。选项B，仲裁实行回避制度，符合应当回避情形的仲裁员，必须回避，当事人也有权提出回避申请。

【应试技巧】四种解决经济纠纷的主要途径均涉及"回避制度"的要求，可以一同掌握并记忆。

16. ACD 【解析】本题考核仲裁裁决的内容。选项B，仲裁和诉讼都实行回避制度。

17. ABCD 【解析】本题考核民事诉讼的适用范围。

18. ABCD 【解析】本题考核一审终审的适用范围。特别程序、督促程序、公示催告程序和简易程序中的小额诉讼程序审理的案件，实行一审终审，对终审判决、裁定，当事人不得上诉。

19. ACD 【解析】本题考核民事审判制度。根据规定，法院审理第一审民事案件，可以由审判员一人独任审理的包括：(1)简易程序；(2)特别程序(选民资格案件及重大、疑难的案件除外)；(3)督促程序；(4)公示催告程序审理。

20. ABCD 【解析】本题考核特殊地域管辖。根据规定，因产品不合格造成他人财产、人身损害提起的诉讼，产品制造地(N地)、产品销售地(F地)、侵权行为地(H地为侵权结果发生地)和被告住所地(M地)人民法院均有管辖权。

【应试技巧】诉讼管辖知识点重点复习地域管辖。地域管辖包含一般地域管辖和特殊地域管辖，应特别注意记忆并理解不同纠纷类型所对应的管辖法院。

21. BC 【解析】本题考核特殊地域管辖。因票据纠纷提起的诉讼，由票据支付地或者被告住所地的人民法院管辖。

22. ABCD 【解析】本题考核协议管辖。合同或者其他财产权益纠纷的当事人可以书面协议选择被告住所地、合同履行地、合同签订地、原告住所地、标的物所在地等与争议有实际联系的地点的人民法院管辖，但不得违反《民事诉讼法》对级别管辖和专属管辖的规定。

23. BD 【解析】本题考核诉讼时效的相关规定。在诉讼时效期间的最后6个月内，因五种法定障碍不能行使请求权的，诉讼时效中止，选项A的事件未发生在最后6个月内，因此不会导致中止；普通诉讼时效自知道或应当知道权利被侵害时开始计算，因此选项B的说法正确；最长诉讼时效期间为20年，选项C的说法错误；义务人同意履行义务的，导致诉讼时效中断，选项D的说法正确。

24. AC 【解析】本题考核申请行政复议的范围。选项B，属于行政机关作出的行政处分决定，可依照有关法律、行政法规的规定提出申诉；选项D，属于行政机关对民事纠纷作出的调解，可依法申请仲裁或者向人民法院提起诉讼。

【应试技巧】行政复议与行政诉讼的适用范围类似，可以一并掌握。另外，在学习此类知识点的过程中，可以选择"反向记忆"的方式，记忆"不适用"的情形，剩余的就是适用的，尽量记忆一个方面，不要两个方面同时记忆，否则很容易混淆。

25. BCD 【解析】本题考核行政复议的基本规定。选项A，当事人不服行政机关对"民事纠纷"的调解或者其他处理的，可以依法申请仲裁或者向人民法院提起诉讼，但不能提起行政复议；选项B，申请行政复议，可以书面申请，也可以口头申请；选项C，行政复议的举证责任由"被申请人"承担；选项D，行政复议决定书自"送达"之日起发生法律效力。

【应试技巧】对于是否可以提出口头申请的

问题，可以这样掌握：除仲裁协议必须采用书面形式订立之外，其他的纠纷解决方式在特殊情况下都可以提出口头申请。

26. ABD 【解析】本题考核行政复议的参加人。行政复议参加人包括申请人、被申请人和第三人。

27. ABCD 【解析】本题考核行政复议决定。具体行政行为有下列情形之一的，行政复议机关应当决定撤销、变更或者确认该具体行政行为违法：（1）主要事实不清、证据不足的；（2）适用依据错误的；（3）违反法定程序的；（4）超越或者滥用职权的；（5）具体行政行为明显不当的。

28. ABC 【解析】本题考核行政诉讼的适用范围。行政机关对行政机关工作人员的奖惩、任免等决定，不属于行政诉讼的范围。

29. ABCD 【解析】本题考核行政诉讼的诉讼管辖。中级人民法院管辖下列第一审行政案件：（1）对国务院部门或者县级以上地方人民政府所作的行政行为提起诉讼的案件；（2）海关处理的案件；（3）本辖区内重大、复杂的案件；（4）其他法律规定由中级人民法院管辖的案件。

30. AB 【解析】本题考核相关法律文书的生效时间。根据规定，行政复议决定书，一经送达即发生法律效力，因此选项C的说法错误；民事诉讼的一审判决书，自送达之日起"15日内"不上诉的，一审判决生效，因此选项D的说法错误。

31. AD 【解析】本题考核行政复议与行政诉讼的关系。对属于人民法院受案范围的行政案件，公民、法人或者其他组织可以先向行政机关申请复议，对复议决定不服的，再向人民法院提起诉讼；也可以直接向人民法院提起诉讼，选项B的说法错误；对行政机关工作人员的行政处分，均不能提起行政复议和行政诉讼，选项C的说法错误。

32. BD 【解析】本题考核民事责任的种类。（1）民事责任主要包括：停止侵害、排除妨碍、消除危险、返还财产、恢复原状、修理、重作、更换、赔偿损失、支付违约金、消除影响、恢复名誉、赔礼道歉;(2)选项 A 属于刑事责任;(3)选项 C 属于行政责任。

33. AB 【解析】本题考核行政责任的种类。选项 C,属于民事责任;选项 D,属于刑事责任的附加刑。

34. ABC 【解析】本题考核行政责任的种类。选项 D 属于行政责任中的行政处分。

35. ABD 【解析】本题考核刑事责任的种类。选项 C 属于行政责任。

36. BD 【解析】本题考核法律责任的类型。选项 A 属于行政处罚;选项 C 属于刑事责任中的主刑。

三、判断题

1. × 【解析】本题考核自然人的民事行为能力。根据规定,16 周岁以上(≥16 周岁)的未成年人(<18 周岁),以自己的劳动收入为主要生活来源的,视为完全民事行为能力人;8 周岁以上(≥8 周岁)的未成年人属于限制民事行为能力人。章某 15 周岁,属于限制民事行为能力人。

2. √ 【解析】本题考核法律事件的概念。

3. × 【解析】本题考核适用法的效力原则。法律之间对同一事项的新的一般规定与旧的特别规定不一致,不能确定如何适用时,由全国人民代表大会常务委员会裁决。

4. × 【解析】本题考核仲裁的适用范围。在合同范围内,当事人的法律地位是平等的,即公民与行政机关在合同关系中是平等主体,因此他们之间的经济纠纷可以提请仲裁。

5. × 【解析】本题考核仲裁机构设置。根据规定,仲裁委员会不按照行政区划层层设立,由双方当事人自愿选择仲裁委员会,不受级别管辖和地域管辖的规定。

6. × 【解析】本题考核仲裁的基本原则。依据《仲裁法》的规定,仲裁实行一裁终局制度。仲裁裁决作出后,当事人就同一纠纷

再申请仲裁或者向人民法院起诉的,仲裁委员会或者人民法院不予受理。所以本题中,人民法院不予受理的做法是对的。

7. × 【解析】本题考核仲裁协议的效力。仲裁协议独立存在,合同的变更、解除、终止或者无效,不影响仲裁协议的效力。
【应试技巧】仲裁协议的独立性特点是考试的重点,要注意在理解的基础上记忆。另外要注意仲裁协议有异议的处理、一方提起诉讼,另外一方提交仲裁协议的时间要求。

8. × 【解析】本题考核公开审判制度。不论案件是否公开审理,一律公开宣告判决。

9. × 【解析】本题考核公开审判制度。法院审理民事或行政案件,除涉及国家秘密、个人隐私或者法律另有规定的以外,应当公开进行。

10. × 【解析】本题考核专属管辖。因不动产提起的行政诉讼,由不动产所在地人民法院管辖。

11. √ 【解析】本题考核诉讼时效的中断。引起诉讼时效中断的事由有:权利人向义务人提出履行请求的;义务人同意履行义务的;权利人提起诉讼或者申请仲裁的;与提起诉讼或者申请仲裁具有同等效力的其他情形。本题中乙银行的行为属于权利人提起诉讼,引起诉讼时效中断。
【易错提示】注意与诉讼时效中止的区分。

12. × 【解析】本题考核复议申请。行政复议申请可以是书面的,也可以是口头的。
【应试技巧】只有仲裁协议法律要求必须采用书面形式订立,其他均可以口头申请。

13. × 【解析】本题考核行政复议机关。对海关、金融、外汇管理等实行垂直领导的行政机关和国家安全机关的具体行政行为不服的,向上一级主管部门申请行政复议。

14. √ 【解析】本题考核行政诉讼的适用范围。行政诉讼适用范围包括 12 项,主要记忆不适用行政诉讼的争议事项。

15. √ 【解析】本题考核刑事责任。

第2章　会计法律制度

考 情 分 析

　　本章为《经济法基础》2018年的新增章节。其虽为新增，实则为会计从业资格考试取消后的"托孤"，初级职称考试自此担当起"会计法律制度"学习的重任。

　　从2018年和2019年的考试来看，本章各个题型与考点均全面覆盖，分值比重很高，依然是名副其实的重点章节。

　　从学习体验来看，本章理解难度不大，均为与会计从业人员工作中息息相关的法律法规，因此学习中建议重点记忆核心法条和规则。

▶ **2020年考试变化**

　　本章2020年考核范围变化较大，主要包括：

　　(1)新增了原始凭证与记账凭证的内容、填写、遗失和外借的规范要求；

　　(2)完善了会计账簿启用、登记和更正的操作规范；

　　(3)调整了关于"总会计师"的相关要求。

核 心 考 点 及 真 题 详 解

模 块 一　　会 计 法 律 制 度 概 述

考点一　会计法律制度概述

扫我解疑难

💡 **考点精讲**

　　会计法律关系如图2.1所示。

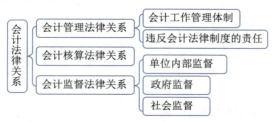

图2.1　会计法律关系

【图示说明】结合第一章总论中关于"法律关系"分析，会计法律关系属于多重法律关系，涉及"管理关系""核算关系"与"监督关系"三类。这三类会计法律关系是我们本章学习的基本框架。

会计关系的主体为会计机构和会计人员，客体为与会计工作相关的具体事务。

一、会计法律制度的适用范围★

国家机关、社会团体、公司、企业、事业单位和其他组织(以下统称单位)必须依照《会计法》办理会计事务。

《会计法》规定，国家实行统一的会计制度。

『提示』国家统一的会计制度由国务院财政部门根据《会计法》制定并公布。

二、会计工作管理体制

(一)会计工作的行政管理★

我国会计工作行政管理体制实行"统一领导，分级管理"的原则。

1. 统一领导

体现为"国务院财政部门"主管"全国"的会计工作。

2. 分级管理

体现为"县级以上"地方各级人民政府财政部门管理本行政区域内的会计工作。

(二)单位内部的会计工作管理★★★

单位内部会计工作管理如图2.2所示。

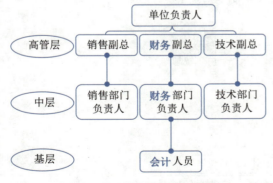

图2.2 单位内部会计工作管理

【图示说明】本章涉及多个主体名称，如：单位负责人、会计机构负责人、会计主管人员、会计人员、会计师、总会计师、注册会计师等。本图从一个单位内部组织框架中对这些人员进行定位，我们在后面讲义部分会逐一说明，以方便考生们理解与记忆。

1. 单位负责人(或单位领导人)的概念

单位负责人是指单位法定代表人或者法律、行政法规规定代表单位行使职权的主要负责人。

『提示』单位负责人俗称"一把手"，如公司制企业的董事长(执行董事或经理)、国有企业的厂长(经理)、国家机关的最高行政长官、代表合伙企业执行合伙企业事务的合伙人和个人独资企业的投资人等。

2. 单位负责人的职责

(1)单位负责人负责单位内部的会计工作管理，应当保证会计机构、会计人员依法履行职责。

(2)单位负责人不得授意、指使、强令会计机构和会计人员违法办理会计事项。

(3)单位负责人对本单位的会计工作和会计资料的"真实性、完整性"负责。

随学随练 限时2分钟

1.【单选题】(2018年)根据会计法律制度的规定，下列人员中，对本单位的会计工作和会计资料的真实性、完整性负责的是( )。

A. 总会计师

B. 单位负责人

C. 会计核算人员

D. 单位审计人员

2.【判断题】(2018年)县级以上地方各级人民政府财政部门管理本行政区域内的会计工作。 ( )

3.【判断题】(2018年)单位负责人对本单位的会计工作和会计资料的真实性、完整性负责。 ( )

随学随练参考答案及解析

1. B 【解析】本题考核会计工作管理体制。单位负责人对本单位的会计工作和会计资料的真实性、完整性负责。

2. √

3. √ 【解析】本题考核会计工作管理体制。

模块二　会计核算与会计监督

考点一　会计核算基本要求

扫我解疑难

考点精讲

一、依法建账

各单位发生的各项经济业务事项应当在依法设置的会计账簿上统一登记、核算，不得违反规定私设会计账簿进行登记、核算。

『提示』依法设立的会计账簿包括总账、明细账、日记账和备查账簿。

二、根据实际发生的经济业务进行会计核算

(1)各单位必须根据实际发生的经济业务事项进行会计核算，填制会计凭证，登记会计账簿，编制财务会计报告。

(2)会计核算以实际发生的经济业务为依据，体现了会计核算的真实性和客观性要求。

三、保证会计资料的真实和完整

会计资料是在会计核算过程中形成的、记录和反映实际发生的经济业务事项的资料，包括会计凭证、会计账簿、财务会计报告等会计核算专业资料。

(一)真实性与完整性

(1)真实性是指会计资料的内容和结果，与实际发生的经济业务的内容和结果相一致。

(2)完整性是指会计资料的各项要素齐全。

(3)会计资料的真实完整是最基本的质量要求，是会计工作的生命。

(二)造成会计资料不真实、不完整的违法手段

1. 伪造会计资料

以虚假的经济业务为前提来编制会计凭证和会计账簿。

2. 变造会计资料

用涂改、挖补等手段来改变会计凭证和会计账簿的真实内容。

【示例】试辨别下列哪些会计违法行为属于伪造？哪些属于变造？

行为1：会计人员张三采用涂改的手段将对外送出礼品的发票用途改为了办公用品。

行为2：会计主管李四以虚假的经济合同指使会计人员王某为本单位记录销售收入业务。

行为3：总账会计马某直接将会计账簿中记载的一项经济业务涂销。

行为4：甲公司当年亏损，但通过虚假经济业务直接在财务报告中虚构利润，并将利润分配给股东。

分析1：属于变造。

分析2：属于伪造。

分析3：属于变造。

分析4：属于伪造。

四、正确采用会计处理方法

『提示』会计处理方法，如存货计价方法、固定资产折旧方法、外币折算方法等，在不同会计期间采用不同会计处理方法，会影响会计资料的一致性和可比性。

(1)各单位采用的会计处理方法，前后各期应一致，不得随意变更。

(2)确需变更，按照国家统一的会计制度规定变更，并将变更原因、情况及影响体现在财务会计报告中。

『提示1』会计处理方法并非严格不得变更，而是需要满足条件才可变更。

『提示2』会计处理方法变更的信息需要充分披露于财务会计报告(报表附注)。

五、正确使用会计记录文字

(一)一般情况

会计记录的文字应当使用中文。

(二)特殊情况

(1)民族自治地区。会计记录可以"同时使用"当地通用的一种民族文字。

（2）境内外商投资企业、外国企业及其他外国组织，可以"同时使用"一种外国文字。

六、记账本位币

（一）一般规定

会计核算以"人民币"为记账本位币。

（二）例外情形

（1）业务收支以人民币以外的货币为主的单位，可以选定"其中一种"货币作为记账本位币。

（2）编报的财务会计报告应当折算为人民币。★

『提示1』会计记录文字可以"多种"，中文+外文或中文+民族文字；一个会计主体的记账本位币只能设置"一种"。

『提示2』只要是业务收支以人民币以外货币为主的"单位"，均可选择外币为记账本位币，并非限定于外资企业，这一点与会计记录文字的规定不同。

七、会计年度

1. 采用公历年度

每年公历的1月1日起至12月31日止为一个会计年度。

『提示』目前我国会计年度同纳税年度一致。

2. 中期

每一个会计年度按照公历日期具体划分为半年度、季度、月度。

八、使用电子计算机进行会计核算必须符合法律规定

此处掌握三个"合法合规"。

（一）软件本身合法合规

用电子计算机进行会计核算的单位，其使用的会计软件必须符合国家统一的会计制度的规定。

（二）软件处理流程合法合规

使用电子计算机进行会计核算的，其会计账簿的登记、更正，应当符合国家统一的会计制度的规定。

（三）软件生成的会计资料合法合规

使用电子计算机生成的会计凭证、会计账簿、财务会计报告和其他会计资料，必须符合国家统一的会计制度的规定。

『提示』注意，应符合国家统一会计制度规定的范围不包括"计算机操作系统"。

📝 随学随练 ⏱限时5分钟

1. 【单选题】（2018年）根据会计法律制度的规定，下列行为中属于伪造会计资料的是（ ）。

A. 用挖补的手段改变会计凭证和会计账簿的真实内容

B. 由于过失导致会计凭证与会计账簿记录不一致

C. 以虚假的经济业务编制会计凭证和会计账簿

D. 用涂改的手段改变会计凭证和会计账簿的真实内容

2. 【多选题】（2018年）根据会计法律制度的规定，使用电子计算机进行会计核算的，下列各项中，应当符合国家统一的会计制度规定的有（ ）。

A. 计算机操作系统

B. 会计软件

C. 计算机生成的会计资料

D. 对使用计算机生成的会计账簿的登记和更正

3. 【判断题】（2019年）在中国境内的外商独资企业可以不使用中文作为会计记录的文字。 （ ）

4. 【判断题】（2019年）会计年度为每年公历的1月1日至12月31日。 （ ）

5. 【判断题】（2019年）以人民币以外的货币作为记账本位币的单位，编制财务会计报表时应当折算为人民币。 （ ）

📝 随学随练参考答案及解析

1. C 【解析】本题考核伪造与变造会计资料的区别。伪造会计资料，是以虚假的经济业务为前提来编制会计凭证和会计账簿；变造会计资料，是用涂改、挖补

等手段来改变会计凭证和会计账簿的真实内容。选项 AD 属于变造行为；选项 B 并非主观故意从事的会计违法行为，不属于伪造和变造。

2. BCD 【解析】本题考核会计电算化的规定。选项 A，《会计法》对会计电算化做出的规定中，不包括对计算机操作系统的规定。需要满足国家统一会计制度的内容包括三项：(1)软件本身合法合规；(2)软件处理流程合法合规(如账簿登记与更正)；(3)软件生成的会计资料合法合规。

3. × 【解析】本题考核会计记录的文字。会计记录的文字应当使用中文。在中国境内的外商投资企业、外国企业和其他外国组织的会计记录可以同时使用一种外国文字。

4. √ 【解析】本题考核会计年度。我国是以公历年度为会计年度，即以每年公历的 1 月 1 日起至 12 月 31 日止为一个会计年度。

5. √

考点二 会计核算的内容 ★★

扫我解疑难

考点精讲

根据《会计法》的相关规定，会计核算的主要内容包括：

(1)款项和有价证券的收付。

(2)财物的收发、增减和使用。

(3)债权债务的发生和结算。

(4)资本、基金的增减。

(5)收入、支出、费用、成本的计算。

(6)财务成果的计算和处理。

知识链接

(7)需要办理会计手续、进行会计核算的其他事项。

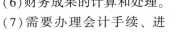

随学随练

1.【单选题】(2018 年)根据会计法律制度规定，下列各项中，不属于会计核算内容的是( )。

A. 固定资产盘盈

B. 合同的审核和签订

C. 无形资产的购入

D. 货币资金的收入

2.【多选题】(2018 年)根据会计法律制度的规定，下列各项中，属于会计核算内容的有( )。

A. 资本、基金的增减

B. 财务成果的计算和处理

C. 款项和有价证券的收付

D. 债券债务的发生和结算

随学随练参考答案及解析

1. B 【解析】本题考核会计核算的内容。根据《会计法》规定，对于款项和有价证券的收付，财物的收发、增减和使用，债权债务的发生和结算，资本、基金的增减，收入、支出、费用、成本的计算，财务成果的计算和处理，以及需要办理会计手续、进行会计核算的其他事项，均应当办理会计手续、进行会计核算。

2. ABCD 【解析】本题考核会计核算的内容。对于款项和有价证券的收付，财物的收发、增减和使用，债权债务的发生和结算，资本、基金的增减，收入、支出、费用、成本的计算，财务成果的计算和处理，以及需要办理会计手续、进行会计核算的其他事项，均应当办理会计手续、进行会计核算。

考点三 会计凭证、账簿、财务会计报告

扫我解疑难

考点精讲

一、会计凭证和会计账簿 ★★★

(一)会计凭证(见表 2-1)

表 2-1　会计凭证

原始凭证（单据）	内容	原始凭证的内容必须具备：①凭证的名称；②填制凭证的日期；③填制凭证单位名称或者填制人姓名；④经办人员的签名或者盖章；⑤接受凭证单位名称；⑥经济业务内容；⑦数量、单价和金额
	保管	对于**数量过多**的原始凭证，可单独装订保管，在封面上注明记账凭证日期、编号、种类，同时在记账凭证上注明"**附件另订**"和原始凭证名称及编号
	外借（2020年新增）	原始凭证不得外借，其他单位如因特殊原因需要使用原始凭证时，经本单位**会计机构负责人、会计主管人员**批准，可以**复制**
	遗失（2020年新增）	外来原始凭证遗失： ①应取得原开出单位盖有**公章**的证明，并注明原来凭证的号码、金额和内容等，由**经办单位**会计机构负责人、会计主管人员和单位领导人批准后，才能代作原始凭证； ②确实无法取得证明的，由**当事人**写出详细情况，由**经办单位**会计机构负责人、会计主管人员和单位领导人批准后，代作原始凭证
	取得	业务经办人员直接取得或填制
	用途	表明经济业务已经发生或完成情况，明确有关经济责任
	审核	会计机构、会计人员必须按照国家统一会计制度的规定对原始凭证进行审核 ①对**不真实、不合法**的原始凭证有权不予接受，并向**单位负责人**报告； ②对**记载不准确、不完整**的原始凭证**予以退回**，并要求经办人员按照国家统一的会计制度的规定进行**更正、补充**
	错误更正	原始凭证所记载的各项内容均不得涂改 原始凭证内容有错误的，应由开具单位重开或更正，并在"**更正处**"加盖"出具单位印章" 原始凭证"**金额**"出现错误的，不得更正，**只能**由开具单位**重新开具**
记账凭证（传票）	分类	①收款凭证、付款凭证和转账凭证； ②可以使用通用记账凭证
	内容	记账凭证的内容必须具备：①填制凭证的日期；②凭证编号；③经济业务摘要；④会计科目；⑤金额；⑥所附原始凭证张数；⑦填制凭证人员、稽核人员、记账人员、会计机构负责人（会计主管人员）签名或者盖章，收款或付款凭证应当由"**出纳人员**"签名或者盖章
	保管（2020年新增）	应连同所附的原始凭证或者原始凭证汇总表，按照编号顺序，折叠整齐，**按期**装订成册，并加具封面，注明单位名称、年度、月份和起讫日期、凭证种类、起讫号码，由**装订人**在装订线封签外签名或者盖章
	用途	分类归纳原始凭证；登记会计账簿
	除部分**转账、结账**和**更正错误**记账凭证外，记账凭证必须附有原始凭证	
	一张原始凭证所列的支出需要由两个以上的单位共同负担时，应当由"**保存该原始凭证的单位**"开具**原始凭证分割单**给其他应负担的单位。 『提示』不得使用原始凭证的复印件或影印件	

（二）会计账簿（见表2-2）

表2-2　会计账簿

类别	总账	形式分为订本账、活页账
	明细账	一般使用活页账
	日记账	逐日逐笔登记，包括现金日记账和银行存款日记账。通常使用订本账
	其他辅助账簿	也称备查账簿。主要包括各种租借设备、物资的辅助登记或有关应收、应付款项的备查簿，担保、抵押备查簿等
启用（2020年新增）	基本要求	①账簿封面上写明单位名称和账簿名称。 ②账簿扉页上应附启用表
	订本账	应从第一页到最后一页顺序编定页数，不得跳页、缺号
	活页账	应当按账户顺序编号，并须定期装订成册
登记要求		必须依据经过审核的会计凭证登记会计账簿
		①登记完毕后，要在记账凭证上签名或者盖章，并注明已经登账的符号，表示已经记账。 ②登记账簿要用蓝黑墨水或者碳素墨水书写，不得使用圆珠笔（银行的复写账簿除外）或者铅笔书写。 ③各种账簿按页次顺序连续登记，不得跳行、隔页。如果发生跳行、隔页，应当将空行、空页划线注销，或者注明"此行空白""此页空白"字样，并由记账人员签名或者盖章。 ④实行会计电算化的单位，用计算机打印的会计账簿必须连续编号，经审核无误后装订成册，并由记账人员和会计机构负责人、会计主管人员签字或者盖章。 ⑤账簿记录发生错误，不准涂改、挖补、刮擦或者用药水消除字迹，不准重新抄写，必须依法进行更正。 ⑥登记账簿错误的，应当将错误的文字或者数字划红线注销，但必须使原有字迹仍可辨认；然后在划线上方填写正确的文字或者数字，并由记账人员在更正处盖章。 【链接】原始凭证内容有错误的，应由开具单位重开或更正，并在"更正处"加盖"出具单位印章"
		任何单位都不得在法定会计账簿之外私设会计账簿

二、财务会计报告★★★

（一）概念

财务会计报告是单位对外提供的、反映单位某一特定日期财务状况、某一会计期间经营成果、现金流量等会计信息的文件。

（二）构成（见图2.3）

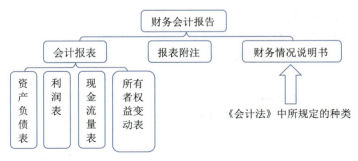

图2.3　财务会计报告的构成

[图示说明]《会计法》中所规定的财务会计报告的种类俗称"四表一注+财务情况说明书",其中,财务会计报告分为年度、半年度、季度和月度。季度、月度财务会计报告通常仅指会计报表,会计报表至少应当包括资产负债表和利润表。国家统一的会计制度规定季度、月度财务会计报告需要编制会计报表附注的,从其规定。

『提示』财务会计报告的组成中不包括凭证、账簿、计划、审计报告。

(三)企业对外提供财务会计报告的要求

(1)财务会计报告的会计信息应当真实、完整。

(2)各单位应当按规定及时对外提供财务会计报告。

(3)国有企业、国有控股的或者占主导地位的企业,应当**"至少每年一次"**向本企业的**"职工代表大会"**公布财务会计报告。

(4)财务会计报告**"须"**经注册会计师审计的,注册会计师及其所在的会计师事务所出具的审计报告应当随同财务会计报告**"一并"**提供。

(5)财务会计报告的签名并盖章的要求。

★★★

需在财务报告上**"签名并盖章"**的主体包括:

①单位负责人;

『提示』如图2.2所示,此为单位的"一把手"。

②会计机构负责人(会计主管人员);

『提示』如图2.2所示,此为单位的"中层领导"。

③总会计师签名(如设置)。

『提示1』总会计师是单位行政领导成员,协助单位主要行政领导人工作,直接对单位主要行政领导人负责。

『提示2』根据规定,国有和国有资产占控股地位或者主导地位的大、中型企业必须设置总会计师。其他单位根据业务需要,自行决定是否设置。

『提示3』需特别注意,一个会计主体如

设置了总会计师的,在单位行政领导成员中,不设与总会计师职权重叠的副职。

三、账务核对及财产清查★

(一)账务核对

(1)会计账簿记录与实物、款项等核对(账实核对)。

『提示』银行存款日记账与银行对账单核对属于账实相符。

(2)会计账簿记录与会计凭证核对(账证核对)。

(3)会计账簿之间对应记录核对(账账核对)。

(4)会计账簿记录与会计报表核对(账表核对)。

(二)财产清查

(1)财产清查按照清查范围可以分为全面清查、局部清查。

(2)财产清查按照清查时间可以分为定期清查、不定期清查。

『提示』编制年度财务会计报告之前必须进行财产清查。

📝 随学随练 ⏰用时4分钟

1.**【单选题】**(2018年)根据会计法律制度的规定,下列关于原始凭证的表述中,正确的是( )。

A. 原始凭证必须来源于单位外部

B. 除日期外,原始凭证记载的内容不得涂改

C. 对不真实的原始凭证,会计人员有权拒绝接受

D. 原始凭证金额有错误的,应当由出具单位更正并加盖印章

2.**【单选题】**(2019年)根据会计法律制度的规定,下列各项中,不属于企业财务会计报告组成的是( )。

A. 年度财务预算

B. 会计报表附注

C. 会计报表

D. 财务情况说明书

3.**【单选题】**(2018年)根据会计法律制度的

规定，下列关于账务核对的表述中，不正确的是(　　)。

A. 保证会计账簿记录与实物及款项的实有数额相符

B. 保证会计账簿记录与年度财务预算相符

C. 保证会计账簿之间相对应的记录相符

D. 保证会计账簿记录与会计凭证的有关内容相符

4. 【多选题】（2019年）根据会计法律制度的规定，下列各项中，属于会计账簿类型的有(　　)。

　　A. 备查账簿　　　B. 日记账

　　C. 明细账　　　　D. 总账

5. 【多选题】（2019年）根据会计法律制度的规定，下列人员中，应当在财务会计报告上签名并盖章的有(　　)。

A. 企业会计机构负责人

B. 企业负责人

C. 企业总会计师

D. 企业主管会计工作负责人

6. 【判断题】（2019年、2018年）国有企业应当至少每两年一次向本企业的职工代表大会公布财务会计报告。(　　)

📝 随学随练参考答案及解析

1. C　【解析】本题考核会计凭证。选项A，原始凭证可能来源于单位外部，也有单位自制原始凭证；选项B，原始凭证记载的各项内容均不得涂改；选项D，原始凭证金额有错误的，应当由出具单位重开，不得在原始凭证上更正；选项C，会计机构、会计人员必须按照国家统一的会计制度的规定对原始凭证进行审核，对不真实、不合法的原始凭证有权不予接受，并向单位负责人报告。

2. A　【解析】本题考核企业财务会计报告的种类。企业财务会计报告包括会计报表、会计报表附注和财务情况说明书。

3. B　【解析】本题考核账务核对。《会计法》规定，各单位应当定期将会计账簿记录与实物、款项及有关资料相互核对，保证会计账簿记录与实物及款项的实有数额相符、会计账簿记录与会计凭证的有关内容相符、会计账簿之间相对应的记录相符、会计账簿记录与会计报表的有关内容相符。不包括与年度财务预算的核对。

4. ABCD　【解析】本题考核会计账簿的种类。会计账簿主要有总账、明细账、日记账、备查账。

5. ABCD　【解析】本题考核企业财务会计报告对外提供。企业对外提供的财务会计报告应当由企业负责人和主管会计工作的负责人、会计机构负责人（会计主管人员）签名并盖章。设置总会计师的企业，还应由总会计师签名并盖章。

6. ×　【解析】本题考核财务会计报告的发布。国有企业、国有控股的或者占主导地位的企业，应当至少每年一次向本企业的职工代表大会公布财务会计报告。

考点四　会计档案管理★★★

扫我解疑难

✦ 考点精讲

一、会计档案的概念

会计档案是指单位在进行会计核算等过程中接收或形成的，记录和反映单位经济业务事项的，具有保存价值的文字、图表等各种形式的会计资料，包括通过计算机等电子设备形成、传输和存储的电子会计档案。

二、会计档案的具体范围

（一）会计凭证

包括原始凭证、记账凭证。

（二）会计账簿

包括总账、明细账、日记账、固定资产卡片及其他辅助性账簿。

（三）财务会计报告

包括月度、季度、半年度、年度财务会

计报告。

（四）其他会计资料

包括**银行存款余额调节表**、**银行对账单**、**纳税申报表**、会计档案**移交清册**、会计档案**保管清册**、会计档案**销毁清册**、会计档案**鉴定意见书**及其他具有保存价值的会计资料。

『提示』关于会计档案的范围，我们需要记忆两个层次的范围，一是会计档案与非会计档案的范围，如预算、计划、制度等文件属于文书档案，而不属于会计档案；二是会计档案范围内四个类别的划分，我们可以主要记忆"其他会计资料"的内容。

三、会计档案的归档要求

（一）可仅以电子会计档案保存的情况

同时满足下列条件，单位内部形成的属于归档范围的电子会计资料可仅以电子形式保存，形成电子会计档案：

（1）形成的电子会计资料来源真实有效，由计算机等电子设备形成和传输；

（2）使用的会计核算系统能够准确、完整、有效接收和读取电子会计资料，能够输出符合国家标准归档格式的会计凭证、会计账簿、财务会计报表等会计资料，设定了经办、审核、审批等必要的审签程序；

（3）使用的电子档案管理系统能够有效接收、管理、利用电子会计档案，符合电子档案的长期保管要求，并建立了电子会计档案与相关联的其他纸质会计档案的检索关系；

（4）采取有效措施，防止电子会计档案被篡改；

（5）建立电子会计档案备份制度，能够有效防范自然灾害、意外事故和人为破坏的影响；

（6）形成的电子会计资料不属于具有永久保存价值或者其他重要保存价值的会计档案。

满足上述条件，单位从外部接收的电子会计资料附有符合《中华人民共和国电子签名法》规定的电子签名的，可仅以电子形式归档保存，形成电子会计档案。

（二）会计档案的归档和移交（见图2.4）

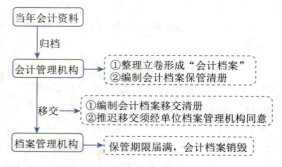

图2.4 会计档案的归档和移交

【图示说明】单位会计管理机构按照规定，定期将应归档的会计资料整理立卷，编制会计档案保管清册，在规定的临时保管期限届满后，应将会计档案移交给单位的档案管理部门。

1. 临时保管期限

当年形成的会计档案，在**会计年度终了后**，可由**单位会计管理机构**临时保管**一年**，再移交单位档案管理机构保管。因工作需要确需**推迟移交**的，应当经**"单位档案管理机构"**同意。

『提示1』单位会计管理机构临时保管会计档案**最长不超过3年**。

『提示2』出纳人员不得兼管会计档案保管，也不得兼任稽核以及收入、支出、费用、债权债务等账目的登记工作。

2. 会计档案的移交

（1）会计档案移交时需要编制会计档案移交清册，并按规定办理移交手续。

（2）纸质会计档案的移交应保持**"原卷的封装"**；电子会计档案的移交应将**电子档案**及其**元数据**一并移交，并且格式合规（特殊格式还需移交读取平台）。

（3）单位档案管理机构接收电子会计档案时，应对电子档案的准确性、完整性、可用性、安全性进行检测，符合要求才予以接收。

（三）会计档案的利用

（1）会计档案可以查阅、复制、借出。

（2）会计档案一般不得借出，确因工作需要且根据国家有关规定必须借出的，应当严格按照规定办理相关手续。

四、会计档案的保管期限

（1）会计档案的保管期限分为**永久、定期**两类。

（2）定期保管期限一般分为**10年**和**30年**。

（3）会计档案的保管期限，从**"会计年度终了后"**的第一天算起。

会计档案保管期限如图2.5所示。

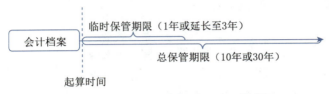

图2.5　会计档案临时保管期限与保管期限

【图示说明】"临时"保管期限从年度终了后的第一天开始计算，其包含在《会计档案管理办法》规定的"正式"保管期限内。如2019年形成的会计档案，从2020年1月1日同时开始计算临时保管期限（1年）和总保管期限（10年或30年）。

企业和其他组织会计档案保管期限如表2-3所示。

表2-3　企业和其他组织会计档案保管期限表

保管期限	档案名称	备注内容
永久	①年度财务会计报告； ②会计档案保管清册； ③会计档案销毁清册； ④会计档案鉴定意见书	注意财务会计报告为**年度**
10年	①银行存款余额调节表； ②银行对账单； ③纳税申报表； ④月度、季度、半年度财务报告	注意财务会计报告为**月度、季度、半年度**等中期报告
5年	①固定资产卡片； ②发票存根联和发票登记簿	①固定资产卡片是自固定资产**报废清理后保管5年**； ②为方便学习，将第七章税收征收管理法律制度中涉税资料保管期限与会计档案保管期限整合
30年	略	内容较多，就应试学习来说，可采用"排除法"掌握

五、会计档案的鉴定和销毁

会计档案鉴定与销毁的程序如图2.6所示。

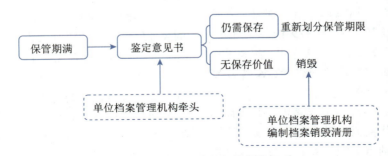

图2.6　会计档案鉴定与销毁的程序

【图示说明】首先，会计档案保管期满的，并非立即销毁，而是要通过鉴定工作进行甄别；其次，应注意单位档案管理机构仅负责"牵头"鉴定工作，还需要组织其他部门共同完成鉴定工作；最后，鉴定工作形成的会计档案是"会计档案鉴定意见书"；销毁后形成的会计档案是"会计档案销毁清册"。

（一）鉴定

根据《会计档案管理办法》的规定，会计档案鉴定工作应当由"单位档案管理机构"牵头，组织单位会计、审计、纪检监察等机构或人员共同进行，并形成会计档案鉴定意见书。

（二）销毁

1. 编制销毁清册

单位档案管理机构编制会计档案销毁清册。

2. 销毁清册中签署意见的人

单位负责人、档案管理机构负责人、会计管理机构负责人、档案管理机构经办人、会计管理机构经办人在会计档案销毁清册上"签署意见"。

『提示』可简单记忆为"三个负责人+两个经办人"。

3. 销毁工作的组织与监销

（1）单位档案管理机构负责组织会计档案销毁工作，并与会计管理机构共同派员监销。

（2）监销人在会计档案销毁后，应当在会计档案销毁清册上"签名或盖章"。

『提示1』综合理解档案管理部门的"四个负责"：第一，牵头组织会计档案鉴定；第二，编制会计档案销毁清册，并经其部门负责人签署意见；第三，执行销毁工作并派人监销；第四，销毁后其监销人应在会计档案销毁清册上签名或盖章。

『提示2』电子会计档案的销毁还应当符合国家有关电子档案的规定，并由单位档案管理机构、会计管理机构和信息系统管理机构共同派员监销。

4. 不得销毁的会计档案

不得销毁：

（1）保管期满但未结清的债权债务会计凭证。

（2）涉及其他未了事项的会计凭证。

具体要求：保管到未了事项完结时为止。

（1）纸质会计档案应当单独抽出立卷。

（2）电子会计档案单独转存。

【归纳总结1】会计档案相关清册的编制主体（见表2-4）

表2-4　会计档案相关清册的编制主体

移交清册	保管清册	销毁清册	鉴定意见书
单位会计管理机构编制	单位会计管理机构编制	单位档案管理机构编制	①单位定期鉴定，并形成会计档案鉴定意见书； ②单位档案管理机构牵头，组织单位会计、审计、纪检监察等机构或人员共同进行

（三）特殊情况下的会计档案处置

1. 单位分立

（1）单位分立后原单位存续的，其会计档案应当由"分立后的存续方"统一保管，其他方可以查阅、复制与其业务相关的会计档案。

【示例】甲公司分立出A与B，甲公司存续。会计档案由甲公司统一保管，A与B可依法向甲公司申请查阅、复制。

（2）单位分立后原单位解散的，其会计档案应当经各方协商后由其中一方代管或按照国家档案管理的有关规定处置，各方可以查阅、复制与其业务相关的会计档案。

【示例】甲公司分立出A与B，甲公司注销。会计档案可协商由A或B一方统一保管，另外一方可依法向其申请查阅、复制。

（3）单位分立中未结清的会计事项所涉及的会计凭证，应当单独抽出由业务相关方保存，并按照规定办理交接手续。

【示例】甲公司分立出A与B，甲公司存续。其中A所承接的建设项目业务尚未结清工程款项，该项业务有关的会计档案可单独抽出由A保存，甲公司应与A就该批会计档案办理交接手续。

（4）单位因业务移交其他单位办理所涉及的会计档案，应当由原单位保管，承接业务单位可以查阅、复制与其业务相关的会计档案。对其中未结清的会计事项所涉及的会计凭证，应当单独抽出由承接业务单位保存，并按照规定办理交接手续。

【示例1】甲公司主体未发生分立，仅将一个经营项目移交给乙公司，该经营项目所涉及"已结清"的会计档案还由甲公司保管，乙公司有权查阅与复制。

【示例2】甲公司主体未发生分立，仅将一个经营项目移交给乙公司，该经营项目所涉及"未结清"的会计档案应移交给乙公司保存。

2. 单位合并

（1）原单位解散或一方存续。由合并后单位统一保管。

（2）原单位仍各自存续。各单位分别保管。

3. 建设单位项目建设期间形成的会计档案需要移交给建设项目接受单位的，应当在办理竣工财务决算后及时移交，并按照规定办理交接手续。

4. 单位之间交接会计档案的手续

（1）移交单位编制会计档案移交清册并列明相关信息；

（2）双方按照移交清册逐项交接，有关负责人监督；

（3）交接完毕，双方经办人和监督人在移交清册上签名或盖章；

【链接1】会计档案从会计管理部门移交到档案管理部门时，应由会计管理部门编制会计档案移交清册。

【链接2】监销人在会计档案销毁后，应当在会计档案销毁清册上签名或盖章。

（4）电子会计档案应当与其元数据一并移交，特殊格式的电子会计档案应当与其读取平台一并移交。

【归纳总结2】会计档案"三交一销"综合归纳（见2-5）

表2-5 会计档案销毁与移交的类似规定

类别	概念	具体规定
交接（一）	会计人员交接工作，由第三人监督交接	①一般会计人员办理交接手续，由会计机构负责人（会计主管人员）监交； ②会计机构负责人（会计主管人员）办理交接手续，由单位负责人监交，必要时主管单位可以派人共同监交； ③交接双方+监交人要在移交清册上签名或者盖章； ④移交清册一式三份，交接双方各执一份，单位存档一份
交接（二）	单位内部移交会计档案	①各单位每年形成的会计档案，应当由单位会计管理机构归档，编制会计档案保管清册； ②临时保管期满后，单位会计管理机构应当编制会计档案移交清册，依规定移交给单位档案管理机构
交接（三）	单位之间移交会计档案	①交接双方单位有关负责人负责监督； ②交接双方经办人与监督人在会计档案移交清册签名或盖章
监销	会计档案保管期限届满依法销毁的程序	**一、鉴定意见书** 会计档案鉴定意见书由单位定期鉴定，并形成。单位档案管理机构牵头，组织单位会计、审计、纪检监察等机构或人员共同进行 **二、监销人员** ①纸质档案。单位档案管理机构+会计管理机构共同派员监销。 ②电子档案。单位档案管理机构+会计管理机构+信息管理系统共同派员监销 **三、销毁清册上签署意见** 三个负责人+两个经办人 ①单位负责人、档案管理机构负责人、会计管理机构负责人； ②档案管理机构经办人+会计管理机构经办人

随学随练 ⏱6分钟

1. 【单选题】(2019年)根据会计法律制度的规定, 下列企业会计档案中, 应永久保管的是( )。

   A. 会计档案移交清册

   B. 会计档案保管清册

   C. 原始凭证

   D. 季度财务报告

2. 【单选题】(2018年)根据会计法律制度的规定, 记账凭证的保管时间应达到法定最低期限。该期限为( )。

   A. 5年   B. 30年

   C. 10年   D. 20年

3. 【多选题】(2019年)根据会计法律制度的规定, 下列各项中, 属于会计档案的有( )。

   A. 原始凭证   B. 记账凭证

   C. 会计账簿   D. 年度预算

4. 【多选题】(2019年)单位档案管理机构在接受电子会计档案时, 应当对电子档案进行检测, 下列各项中, 属于应检测的内容有( )。

   A. 可用性   B. 安全性

   C. 准确性   D. 完整性

5. 【多选题】(2019年)根据会计法律制度的规定, 单位下列机构中, 应派员监销电子会计档案的有( )。

   A. 人事管理部门

   B. 信息系统管理部门

   C. 会计管理部门

   D. 档案管理部门

6. 【多选题】(2018年)根据会计法律制度的规定, 下列关于单位之间会计档案交接的表述中, 正确的有( )。

   A. 电子会计档案应当与其原数据一并移交

   B. 档案接受单位应当对保存电子会计档案的载体和其技术环境进行检验

   C. 交接双方的单位有关负责人负责监督会计档案交接

   D. 交接双方经办人和监督人应当在会计档案移交清册上签名或盖章

7. 【判断题】(2019年)单位会计管理机构临时保存会计档案的期限是3年。( )

8. 【判断题】(2019年)单位合并后原各单位解散的, 原各单位的会计档案应当由合并后的单位全部销毁。( )

9. 【判断题】(2018年)会计档案销毁之后, 监销人应该在销毁清册上签名并且盖章。( )

📝 随学随练参考答案及解析

1. B 【解析】本题考核会计档案的保管期限。选项AC, 会计档案移交清册、原始凭证保管30年; 选项D, 季度财务报告保管10年。

2. B 【解析】本题考核会计档案的保管期限。《会计档案管理办法》规定的会计档案保管期限为最低保管期限, 记账凭证的最低保管期限为30年。

3. ABC 【解析】本题考核会计档案的范围。预算、计划、制度等文件材料, 应当执行文书档案管理规定, 不属于会计档案。

4. ABCD 【解析】本题考核电子会计档案的管理。单位档案管理机构接收电子会计档案时, 应当对电子会计档案的准确性、完整性、可用性、安全性进行检测, 符合要求的才能接收。

5. BCD 【解析】本题考核电子会计档案的销毁程序。电子会计档案的销毁应当符合国家有关电子档案的规定, 并由单位档案管理机构、会计管理机构和信息系统管理机构共同派员监销。

6. ABCD 【解析】本题考核单位之间会计档案的处置。

7. × 【解析】本题考核会计档案的保管期限。当年形成的会计档案, 在会计年度终了后, 可由单位会计管理机构临时保管1年, 再移交单位档案管理机构保管。因工作需要确需推迟移交的, 应当经单位档案管理机构同意。单位会计管理机构临时保管会计档案最长不超过3年。

8. × 【解析】本题考核单位之间会计档案的处置。单位合并后原各单位解散或者一方存续、其他方解散的，原各单位的会计档案应当由合并后的单位统一保管。单位合并后原各单位仍存续的，其会计档案仍应当由原各单位保管。

9. × 【解析】本题考核会计档案销毁程序。监销人在会计档案销毁前应当按照会计档案销毁清册所列内容进行清点核对；在会计档案销毁后，应当在会计档案销毁清册上签名"或"盖章。

考点五　会计监督

扫我解疑难

📖 **考点精讲**

一、单位内部会计监督 ★★

内部会计监督的主体是各单位的会计机构、会计人员；内部会计监督的对象是单位的经济活动。

（一）单位内部会计监督的要求

（1）会计机构、会计人员对违反《会计法》和国家统一的会计制度规定的会计事项，有权拒绝办理或者按照职权予以纠正。

（2）发现会计账簿记录与实物、款项及有关资料不相符的，按照国家统一的会计制度的规定有权自行处理的，应当及时处理；无权处理的，应当立即向单位负责人报告，请求查明原因，作出处理。

【链接】原始凭证审核中，对不真实、不合法的原始凭证有权不予接受，并向单位负责人报告；对记载不准确、不完整的原始凭证予以退回，并要求经办人员按照国家统一的会计制度的规定进行更正、补充。

（3）（2020年新增）单位内部监督制度的内容（四个明确）。①记账人员与经济业务事项和会计事项审批人员、经办人员、财物保管人员的职责权限应当明确，并相互分离、相互制约；②重大对外投资、资产处置、资金调度和其他重要经济业务事项的决策和执行的相互监督、相互制约程序应当明确；③财产清查的范围、期限和组织程序应当明确；④对会计资料定期进行内部审计的办法和程序应当明确。

（二）内部控制

1. 建立原则（见表2-6）

表2-6　内部控制制度的建立原则

一般企业	小企业
全面性原则	风险导向原则
重要性原则	
制衡性原则	实质重于形式原则
适应性原则	适应性原则
成本效益原则	成本效益原则

2. 内部控制措施（见表2-7）

表2-7　内部控制制度措施

项目	企业	行政事业单位
控制人员	不相容职务分离控制	不相容岗位分离控制
	授权审批控制	内部授权审批控制
	—	归口管理

项目	企业	行政事业单位
控制流程	会计系统控制	会计控制
		单据控制
	预算控制	
控制财产	财产保护控制	
控制信息	绩效考评、运营分析	信息内部公开

『提示』不相容职务包括：授权批准与业务经办、业务经办与会计记录、会计记录与财产保管、业务经办与稽核检查、授权批准与监督检查等。★★★

二、会计工作的政府监督★

(一)主体

1. 主要监督主体

财政部门按照行政区域，对会计事项实施监督。

"财政部门"具体包括：

(1)国务院财政部门；

(2)"县级以上"人民政府财政部门；

(3)"省级以上"人民政府财政部门的派出机构。

2. 其他监督主体

审计、税务、人民银行、证券监管、保险监管。

『提示1』政府监督中涉及"行政处罚权"，而其他两类监督中不涉及。

『提示2』审计、税务、人民银行、证券监管、保险监管等部门依照有关法律、行政法规规定的职责和权限，可以对有关单位的会计资料实施监督检查。

(二)对象

(1)各单位的会计行为，并对发现的有违法会计行为的单位和个人实施行政处罚。

(2)各单位必须依法接受有关监督检查部门依法实施的监督检查。

(三)财政部门实施会计监督的主要内容

(1)对单位依法设置会计账簿的检查；

(2)对单位会计资料真实性、完整性的检查；

(3)对单位会计核算情况的检查；

(4)对单位会计人员是否具备专业能力、遵守职业道德情况的检查。

『提示』符合条件的情况下，国务院财政部门及其派出机构可以向与被监督单位有经济业务往来的单位和被监督单位开立账户的金融机构查询有关情况，有关单位和金融机构应予以支持。对监督检查中知悉的国家秘密和商业秘密负有保密义务。

三、会计工作的社会监督★★★

(一)主体、对象

1. 主体

(1)主要监督主体。注册会计师及其所在的会计师事务所。

(2)其他监督主体。单位和个人检举违反《会计法》和国家统一的会计制度规定的行为，也属于会计工作社会监督。

2. 监督对象

被审计单位的经济活动。

(二)注册会计师审计报告

1. 审计报告要素

(1)标题、收件人、引言段；

(2)管理层对财务报表的责任段、注册会计师责任段；

(3)审计意见段；

(4)注册会计师的签名和盖章；

(5)会计师事务所的名称、地址和盖章；

(6)报告日期。

2. 审计报告种类(见表2-8)

第2章 会计法律制度

表 2-8　审计报告种类

类型	具体内容
标准	①不附加说明段、强调事项段或任何修饰性用语时； ②包含其他报告责任段，但不含有强调事项段或其他事项段的无保留意见的审计报告也被视为标准审计报告
非标准	保留意见、否定意见和无法表示意见三种

3. 审计意见类型(见表 2-9)

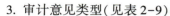

知识链接

表 2-9　审计意见决策类型

意见类型	划分标准			
无保留意见	①财务报表已经按照适用的会计准则和相关会计制度的规定编制，在所有重大方面公允反映了被审计单位的财务状况、经营成果和现金流量； ②注册会计师已经按照中国注册会计师审计准则的规定计划和实施审计工作，在审计过程中未受到限制			
非无保留意见 (均影响重大)	类型	证据获取程度	错报影响	广泛性
	保留意见	充分"或者"不充分	重大	不具有
	否定意见	充分	重大	具有
	无法表示意见	不充分	重大	具有

注：①充分与否是指注册会计师在审计中是否能获取充分、适当的审计证据；
　　②广泛性，是审计专业术语，用以描述存在的错报或可能存在的错报对财务报表可能产生影响的范围程度。

表 2-10　三位一体的监督体系

比较项目	内部监督	政府监督	社会监督
监督主体	会计机构 会计人员	①财政部门； ②其他相关部门	①注册会计师及所在会计师事务所； ②社会各界
监督对象	单位经济活动	各单位会计行为	单位的经济活动
监督措施	内部会计监督制度	①对违法行为进行行政处罚； ②保守商业秘密	从事社会审计，出具审计报告

随学随练　⏱ 用时 4分钟

1. 【单选题】(2019 年)根据会计法律制度的规定，注册会计师已经获取充分、适当的审计证据作为形成审计意见的基础，但认为未发现的错报对财务报表可能产生的影响重大且具有广泛性时，应发表的审计意见类型是(　　)。
   A. 无保留意见
   B. 保留意见
   C. 无法表示意见
   D. 否定意见

2. 【单选题】(2018 年)下列选项中，不属于不相容职务的是(　　)。
   A. 授权批准与业务经办
   B. 业务经办与会计记录
   C. 现金日记账与出纳
   D. 业务经办与稽核检查

3. **【单选题】**(2018年)根据会计法律制度的规定，下列行为中，属于会计工作政府监督的是( )。

A. 个人检举会计违法行为

B. 会计师事务所对单位经济活动进行审计

C. 单位内部审计机构审核本单位会计账簿

D. 财政部门对各单位的会计工作进行监督检查

4. **【多选题】**(2019年)根据会计法律制度的规定，下列各项中，属于甲公司内部会计监督主体的有( )。

A. 甲公司纪检部门　B. 甲公司债权人

C. 甲公司会计机构　D. 甲公司会计人员

5. **【多选题】**(2018年)根据会计法律制度的规定，下列各项中，属于小企业建立与实施内部控制应遵循的原则的有( )。

A. 风险导向原则　B. 实质重于形式原则

C. 成本效益原则　D. 适应性原则

6. **【多选题】**(2018年)下列各项中，有权依法对有关单位的会计资料实施监督检查的有( )。

A. 财政部门　　　B. 税务部门

C. 商业银行　　　D. 证券监管

7. **【判断题】**(2019年)任何单位和个人都有权检举违反会计法的行为。( )

📝 随学随练参考答案及解析

1. D **【解析】**本题考核注册会计师审计意见类型。

2. C **【解析】**本题考核内部控制制度。不相容职务主要包括：授权批准、业务经办、会计记录、财产保管、稽核检查等职务。

3. D **【解析】**本题考核会计工作的政府监督范围。

4. CD **【解析】**本题考核企业内部会计监督主体。内部会计监督的主体是各单位的会计机构、会计人员；内部会计监督的对象是单位的经济活动。

5. ABCD **【解析】**本题考核企业内部控制建立原则。小企业建立与实施内部控制，应

当遵循下列原则：(1)风险导向原则；(2)适应性原则；(3)实质重于形式原则；(4)成本效益原则。

6. ABD **【解析】**本题考核政府监督的主体。《会计法》规定，除财政部门外，审计、税务、人民银行、证券监管、保险监管等部门依照有关法律、行政法规规定的职责和权限，可以对有关单位的会计资料实施监督检查。

7. √ **【解析】**本题考核社会监督的主体。《会计法》规定，任何单位和个人对违反《会计法》和国家统一的会计制度规定的行为，有权检举。

模块三　会计机构和会计人员

考点一　会计机构设置

扫我解疑难

📘 考点精讲

一、会计机构设置基本要求★★★

《会计法》规定的会计机构设置原则是"根据会计业务需要"。

具体设置情况包括三种：

(1)**单独设置**会计机构。

『提示』指单独设置"会计机构"这个职能部门，并在其中设置"部门负责人"这个中层领导职务，即会计机构负责人。(参见本章图2.2)。

(2)**不单独设置**会计机构的应设置会计人员并指定会计主管人员。

『提示』指会计机构不单独作为职能科室而挂牌，但要招用专职会计人员，并在这些会计人员中指定一名负责人，称其为"会计主管人员"。由于不存在"部门"，因此不能称其为"部门负责人"，但其职责与会计机构负责人类似，亦为单位的中层领导。这些会计人员一般与其他部门合并办公。

(3)不具备设置条件的应委托经批准从事

会计代理记账业务的中介机构代理记账。

『提示』不仅不设置会计机构，更不招用专职会计人员，而将会计核算工作委托外部独立的"代理记账机构"完成。

二、代理记账 ★★

(一)代理记账机构的审批

(1)我国对代理记账资格实行**"审批制"**。

(2)申请设立"除会计师事务所以外"的代理记账机构，应当经县级以上人民政府财政部门批准，并领取由财政部统一规定样式的代理记账许可证书。

『提示1』依法设立的会计师事务所从事代理记账的，无须再单独申请代理记账资格。

『提示2』代理记账不能是个人，个人可以做兼职会计，但是不能代理记账。

(二)代理记账业务范围

(1)根据委托人提供的原始凭证和其他资料，按照国家统一会计制度的规定进行会计核算，包括审核原始凭证、填制记账凭证、登记会计账簿、编制财务会计报告等；

(2)对外提供财务会计报告；

(3)向税务机关提供税务资料；

(4)委托人委托的其他会计业务。

(三)委托人、代理记账机构及其从业人员各自的义务

1. 基础

双方相互协商，订立书面委托合同。

2. 双方义务(见表2-11)

表2-11 代理记账业务双方义务归纳表

项目	委托人	代理记账机构及其从业人员
记账业务	①填制或者取得符合规定的原始凭证；②及时向代理记账机构提供真实、完整的原始凭证和其他相关资料	按照委托合同办理代理记账业务
更正补充拒绝	对于代理记账机构依法退回的，应依法进行更正、补充	对委托人要求其作出不当的会计处理，提供不实的会计资料，以及其他不符合法律、法规和国家统一的会计制度行为的，予以拒绝
日常货币	应当配备专人负责日常货币收支和保管	—
保密	—	对在执行业务中知悉的商业秘密予以保密
解释	—	对委托人提出的有关会计处理相关问题予以解释

3. 财务会计报告的签章

代理记账机构编制的财务会计报告，经**代理记账机构负责人**和**委托人负责人"签名并盖章"**后，方能按照规定对外提供。

【链接】单位自行记账的，需在财务会计报告上"签名并盖章"的主体包括：(1)单位负责人；(2)主管会计工作的负责人；(3)会计机构负责人(会计主管人员)；(4)总会计师签名(如设置)。

📝 随学随练 ⏱3分钟

1.【单选题】《会计法》规定，规模较小、业务和人员不多的单位可以不单独设置会计机构，而应在有关机构中配备(　　)。

A. 会计助理

B. 聘请或兼任会计机构负责人

C. 会计主管人员

D. 会计人员并指定会计主管人员

2.【多选题】(2018年)根据会计法律制度的规定，下列关于代理记账机构及其从业人员义务表述中，正确的有(　　)。

A. 对执行代理记账业务中知悉的商业秘密予以保密

B. 拒绝委托人提供不实会计资料的要求

C. 对委托人提出的有关会计处理相关问题予以解释

D. 拒绝委托人作出不当会计处理的要求

3.【判断题】(2019年)代理记账公司能够接受委托人委托对外出具财务会计报告。(　　)

1. D 【解析】本题考核会计机构。《会计法》规定，规模较小、业务和人员不多的单位可以不单独设置会计机构，而应在有关机构中配备会计人员并指定会计主管人员。

2. ABCD

3. √ 【解析】本题考核代理记账的业务范围。代理记账机构可以接受委托办理下列业务：(1)根据委托人提供的原始凭证和其他资料，按照国家统一的会计制度的规定进行会计核算，包括审核原始凭证、填制记账凭证、登记会计账簿、编制财务会计报告等；(2)对外提供财务会计报告；(3)向税务机关提供税务资料；(4)委托人委托的其他会计业务。

考点二　会计岗位的设置 ★★★

扫我解疑难

考点精讲

一、会计工作岗位的范围

会计工作岗位的范围如表2-12所示。

表2-12　会计岗位与非会计岗位

会计岗位	非会计岗位
①会计机构负责人或会计主管人员； ②出纳； ③财产物资核算； ④职工薪酬核算； ⑤成本费用核算； ⑥财务成果核算； ⑦资金核算、往来结算； ⑧总账报表； ⑨稽核	①单位内部审计、社会审计、政府审计； ②与计划、统计、营销等有关其他人员
"会计档案"管理岗位	档案管理部门的人员管理会计档案

二、会计工作岗位设置要求

(一)设置依据

根据本单位会计业务需要设置会计工作岗位。

【链接】会计机构设置原则亦为"根据会计业务需要"。

(二)内部牵制制度的要求

1. 基本要求

会计工作岗位可以一人一岗、一人多岗或一岗多人。

『提示』不存在"有岗无人"或"多岗多人"的说法，注意选择题。

2. 出纳岗位特殊规定 ★★★

出纳人员不得兼管会计档案保管，也不得兼任稽核以及收入、支出、费用、债权债务等账目的登记工作。

『提示1』出纳负责现金日记账和银行存款日记账的记载。

『提示2』出纳业务不多，可以兼记固定资产明细账。

(三)会计机构负责人(会计主管人员)的任职资格 ★★★

『提示』此类人员为单位的"中层领导"(参见本章图2.2)。

具备会计师以上专业技术职务资格"或者"从事会计工作3年以上的经历。

『提示』两个条件为"或者"的关系，满足其一即可担任。

(四)其他要求

(1)会计工作岗位应有计划地进行轮岗。

(2)会计人员应当具备从事会计工作所需专业能力+职业道德。

(3)因与会计职务有关的违法行为"被追究刑事责任"的人员，不得再从事会计工作。

★★★

【链接】本章"违反会计法律制度的法律责任"，若从事会计违法行为"未被处以刑罚"的，"5年内"不得从事会计工作。

（五）总会计师（2020年调整）

1. 任职资格

总会计师由具有会计师以上专业技术资格的人员担任。

2. 设置的主体范围

（1）必须设置。国有和国有资产占控股地位或者主导地位的大、中型企业。

（2）根据需要设置。①事业单位和业务主管部门根据需要，经批准可以设置总会计师；②其他单位可以根据业务需要，自行决定是否设置总会计师。

3. 设置职务要求

凡设置总会计师的单位，在单位行政领导成员中，不设与总会计师职权重叠的副职。

三、会计人员回避制度

（一）适用范围

国家机关、国有企业、事业单位。

（二）具体要求（见图2.7）

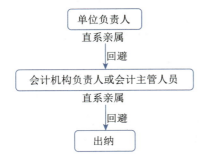

图2.7　会计人员回避制度

（1）"单位负责人"的直系亲属不得担任本单位的会计机构负责人、会计主管人员。

（2）会计机构负责人、会计主管人员的直系亲属不得在本单位会计机构中担任"出纳"工作。

（三）直系亲属范围

（1）夫妻关系；

（2）直系血亲关系；

（3）三代以内旁系血亲；

（4）配偶亲关系。

四、会计工作交接

『提示』交接的为"会计工作"，切勿与前述知识点"会计档案移交"相混淆。

（一）会计工作交接的情况

（1）调动工作；

（2）离职；

（3）因病暂时不能工作。

（二）监交人员

『提示』注意与"会计档案监销"和"不同单位之间会计档案监交"进行区分。

1. 一般会计人员离职

由会计机构负责人（会计主管人员）监交。

2. 会计机构负责人（会计主管人员）离职

（1）由"单位负责人"负责监交；

（2）必要时可由主管单位派人会同监交。

（三）交接程序

移交人员按移交清册"逐项移交"，接替人员逐项"核对点收"。

（四）交接后事项

（1）会计工作交接完毕后，交接双方和监交人要在移交清册上签名或盖章。

（2）移交清册一般应填制一式三份，交接双方各执一份，存档一份。

（3）接管人员应继续使用移交前的账簿，不得擅自另立账簿，以保证会计记录的连续性。

（五）责任承担

"移交人员"应当对所移交的会计资料的合法性、真实性负责。

五、会计专业职务与会计专业技术资格

（一）会计专业职务

会计专业职务分为高级会计师（高级职务）、会计师（中级职务）、助理会计师（初级职务）、会计员（初级职务）。

『提示』正高级会计师属于高级职务，会计专业职务不包括总会计师，也不包括注册会计师。

(二)会计专业技术资格

1. 类别

初级资格、中级资格、高级资格。

2. 取得方式

初级与中级会计资格实行全国统一考试

制度,高级会计师资格实行考试与评审相结合制度。

【归纳总结3】《会计法》规定的五类人员综合比较(见表2-13)

表2-13　《会计法》规定的五类人员综合比较

人员	行政级别	相关规定
单位(领导)负责人	高层	①对单位会计工作和会计资料的真实性、完整性负责; ②不得授意、指示、强令会计机构和会计人员违法办理会计事项
会计机构负责人 (会计主管人员)	中层	具备会计师以上专业技术职务资格"或者"从事会计工作3年以上的经历
总会计师	高层	①国有和国有资产占控股地位或者主导地位的大、中型企业必须设置; ②其他单位根据业务需要,自行决定是否设置
会计师	专业职务	①助理级和员级(初级职务); ②会计师(中级职务); ③高级会计师(高级职务) 正高级+副高级
注册会计师	执业资格	注册会计师及其所在的会计师事务所是会计社会监督的主要主体

六、会计人员继续教育

(一)参与继续教育的主体

(1)各类组织中具有**"会计专业技术资格"**的人员。

(2)不具有技术资格,但从事会计工作的人员。

(二)用人单位的义务

用人单位应当保障本单位会计专业技术人员参加继续教育的权利。

(三)继续教育内容

1. 公需科目

专业技术人员应当普遍掌握的法律法规、政策理论、职业道德、技术信息等基本知识。

2. 专业科目

包括专业技术人员从事专业工作应当掌握的新理论、新知识、新技术、新方法等专业知识。

(四)学分要求

(1)**每年累计**不少于**90学分**。

(2)专业科目一般不少于总学分的**2/3**。

(3)学分当年度有效,**不得结转以后年度**。

(五)登记管理

对会计专业技术人员参加继续教育情况实行登记管理。

随学随练 8分钟

1.【单选题】(2019年)根据会计法律制度的规定,会计专业技术人员参加继续教育实行学分制管理,每年参加继续教育取得的学分不得低于( )。

A. 30学分　　　　B. 90学分

C. 60学分　　　　D. 15学分

2.【单选题】(2019年)根据会计法律制度的规定,下列企业中,必须设置总会计师的是( )。

A. 普通合伙企业　B. 个人独资企业

C. 外商独资企业　D. 国有大中型企业

3.【单选题】(2019年)根据会计法律制度的规定,负责对一般会计人员办理会计工作交接手续进行监交的是( )。

A. 纪检部门负责人

B. 会计机构负责人

C. 档案管理机构负责人

D. 人事部门负责人

4. 【多选题】(2019年)根据会计法律制度的规定,下列各项中,属于会计工作岗位的有( )。

A. 稽核　　　　　B. 往来结算

C. 总账报表　　　D. 财产物资核算

5. 【多选题】(2019年)根据会计法律制度的规定,下列各项中,属于会计专业技术资格的有( )。

A. 助理会计师　　B. 高级会计师

C. 注册会计师　　D. 中级会计师

6. 【多选题】(2019年)根据会计法律制度的规定,下列各项中,出纳不得兼任的有( )。

A. 会计档案保管

B. 稽核

C. 收入费用账目的登记工作

D. 债权债务账目的登记工作

7. 【多选题】(2018年)根据会计法律制度的规定,下列关于总会计师地位的表述中,正确的有( )。

A. 是单位内部审计机构负责人

B. 是单位会计机构负责人

C. 是单位会计工作的主要负责人

D. 是单位行政领导成员

8. 【多选题】下列关于会计人员回避制度的说法中,正确的有( )。

A. 会计机构负责人、会计主管人员的直系亲属不得在本单位会计机构中担任出纳工作

B. 国家机关、国有企业、事业单位、私营企业任用会计人员均应当实行回避制度

C. 需要回避的直系亲属中不包括旁系血亲

D. 单位领导人的直系亲属不得担任本单位的会计机构负责人、会计主管人员

9. 【判断题】(2019年)从事会计工作2年且具有助理会计师专业技术资格人员,可担任单位会计机构负责人。 ( )

10. 【判断题】(2019年)因故意销毁会计凭证被依法追究刑事责任的会计人员,不得再从事会计工作。 ( )

随学随练参考答案及解析

1. B 【解析】本题考核会计继续教育。

2. D 【解析】本题考核总会计师的设置。国有的和国有资产占控股地位或者主导地位的大、中型企业必须设置总会计师。

3. B 【解析】本题考核会计人员的交接程序。一般会计人员办理交接手续,由会计机构负责人(会计主管人员)监交;会计机构负责人(会计主管人员)办理交接手续,由单位负责人监交,必要时主管单位可以派人会同监交。

4. ABCD 【解析】本题考核会计工作岗位的范围。会计工作岗位一般可分为:会计机构负责人或者会计主管人员、出纳、财产物资核算、工资核算、成本费用核算、财务成果核算、资金核算、往来结算、总账报表、稽核、档案管理等。

5. ABD 【解析】本题考核会计专业技术资格范围。选项C,注册会计师不属于会计专业技术资格。

6. ABCD 【解析】本题考核会计工作岗位设置要求。根据规定,出纳人员不得兼管会计档案保管,也不得兼任稽核以及收入、支出、费用、债权债务等账目的登记工作。

7. CD 【解析】本题考核总会计师的性质。总会计师是主管本单位会计工作的行政领导,是单位行政领导成员,是单位会计工作的主要负责人,全面负责单位的财务会计管理和经济核算。

8. AD 【解析】本题考核人员回避制度。国家机关、国有企业、事业单位任用会计人员应当实行回避制度,不包括私营企业。需要回避的直系亲属为:夫妻关系、直系血亲关系、三代以内旁系血亲以及配偶亲关系。

9. × 【解析】本题考核会计机构负责人的任职资格。担任单位会计机构负责人(会计主管人员)的,应当具备会计师以上专业技术职务资格或者从事会计工作3年以上经历。

10. √

模块四　会计职业道德

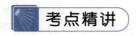

考点一　会计职业道德

扫我解疑难

知识链接

一、会计职业道德的主要内容
（见表 2-14）★★

表 2-14　会计职业道德的主要内容

主要内容	基本要求
爱岗敬业	①正确认识会计职业，树立职业荣誉感； ②热爱会计工作，敬重会计职业； ③安心工作，任劳任怨； ④严肃认真，一丝不苟； ⑤忠于职守，尽职尽责
廉洁自律	①树立正确的人生观和价值观； ②公私分明，不贪不占； ③遵纪守法，一身正气
诚实守信	①做老实人，说老实话，办老实事，不搞虚假； ②保密守信，不为利益所诱惑； ③执业谨慎，信誉至上。 『提示』秘密包括国家秘密、商业秘密和个人隐私
客观公正	①依法办事； ②实事求是，不偏不倚； ③如实反映，保持应有的独立性
坚持准则	①熟悉准则； ②遵循准则； ③维护国家利益、社会公共利益
提高技能	①具有不断提高会计技能的意识和愿望； ②具有勤学苦练、刻苦钻研的精神和科学学习方法。 『提示』准则不仅指会计准则，而且包括会计法律、国家统一的会计制度以及与会计工作相关的法律制度
参与管理	①努力钻研业务，熟悉财经法规和相关制度，提高业务技能，为参与管理打下坚实的基础； ②熟悉服务对象的经营活动和业务流程，使参与管理的决策更具针对性和实效性
强化服务	①强化服务意识，树立文明服务形象； ②提高服务质量

1. 【多选题】(2019年)根据会计法律制度的规定,下列各项中,属于会计职业道德内容的有( )。
   A. 坚持准则　　B. 客观公正
   C. 参与管理　　D. 廉洁自律

2. 【判断题】(2018年)会计法律是会计职业道德的最高要求。 ( )

📝 **随学随练参考答案及解析**

1. ABCD 【解析】本题考核会计职业道德的内容。会计职业道德主要包括爱岗敬业、诚实守信、廉洁自律、客观公正、坚持准则、提高技能、参与管理、强化服务等内容。

2. × 【解析】本题考核会计法律制度与会计职业道德的关系。会计职业道德是对会计法律制度的重要补充,会计法律制度是对会计职业道德的最低要求。

模块五　违反会计法律制度的法律责任

考点一　违反会计法律制度的法律责任

扫我解疑难

📖 **考点精讲**

一、违反国家统一的会计制度行为的法律责任 ★★★

(一)违法行为的种类

『提示』根据《会计法》的规定,应承担法律责任的违法会计行为包括十项,我们可按会计工作的两大基本职能—核算职能与监督职能为构成体系,将这十项违法行为纳入表2-15中,这样有助于理解与记忆。

表2-15　一般会计违法行为归类

类别		违法行为种类
核算问题	账簿设置问题	①不依法设置会计账簿的行为;②私设会计账簿的行为
	凭证记账问题	①未按照规定填制、取得原始凭证或者填制、取得的原始凭证不符合规定的行为;②以未经审核的会计凭证为依据登记会计账簿或者登记会计账簿不符合规定的行为
	核算基本要求问题	①向不同的会计资料使用者提供的财务会计报告编制依据不一致的行为;②未按照规定使用会计记录文字或者记账本位币的行为
	会计处理方法问题	随意变更会计处理方法的行为
监督问题	违反内部监督	①未按照规定建立并实施单位内部会计监督制度;②拒绝依法实施监督;③不如实提供有关会计资料及有关情况的行为
	违反档案保管	未按照规定保管会计资料,致使会计资料毁损、灭失的行为
	违反会计人员设置	任用会计人员不符合《会计法》规定的行为

(二)法律责任(五点)

1. 责令限期改正

2. 行政罚款

(1)对单位。处 3 000 元以上 5 万元以下的罚款。

(2)对其直接负责的主管人员和其他直接责任人员。处 2 000 元以上 2 万元以下的罚款。

【链接】行政责任包括行政处罚与行政处分,行政处罚的种类中包括"罚款"。

3. 行政处分

属于国家工作人员的应给予行政处分。

【链接】行政处分包括：警告；记过；记大过；降级；撤职；开除。

4. 依法追究刑事责任（造成严重后果）

5. 行业禁入

会计人员有上述行为之一，情节严重的，**"5年内"**不得从事会计工作。

【链接】因与会计职务有关的违法行为"被追究刑事责任"的人员，不得再从事会计工作。

二、其他会计违法行为的法律责任 ★★★

『提示』与上述十项会计违法行为相比，此处的违法行为可理解为危害程度更严重，我们可简化记忆为"做假账+毁尸灭迹"。

（一）违法行为的种类

1. "做假账"

伪造、**变造**会计凭证、会计账簿，编制**虚假**财务会计报告。

2. "毁尸灭迹"

隐匿或者**故意销毁**依法应当保存的会计凭证、会计账簿、财务会计报告。

（二）法律责任（五点）

1. 通报

【链接】"一般会计违法行为"此项内容为"责令限期改正"。

2. 行政罚款

（1）对单位。**处5 000元以上10万元以下**的罚款。

（2）对其直接负责的主管人员和其他直接责任人员。**处3 000元以上5万元以下的罚款**。

3. 行政处分

属于国家工作人员的应给予行政处分。

4. 刑事责任

隐匿或者故意销毁依法应当保存的会计凭证、会计账簿、财务会计报告，情节严重的，处5年以下有期徒刑或者拘役，并处或者单处2万元以上20万元以下罚金。

5. 行业禁入

会计人员**"5年内"**不得从事会计工作。

【链接】因与会计职务有关的违法行为"被追究刑事责任"的人员，不得再从事会计工作。

（三）"幕后指使者"的法律责任

1. 情形

授意、指使、强令会计机构、会计人员及其他人员伪造、变造会计凭证、会计账簿，编制虚假财务会计报告或者隐匿、故意销毁依法应当保存的会计凭证、会计账簿、财务会计报告行为的法律责任。

2. 法律责任

（1）行政罚款。由县级以上人民政府财政部门对违法行为人处以5 000元以上5万元以下的罚款。

（2）行政处分。属于国家工作人员的应给予行政处分。

（3）刑事责任。构成犯罪的，依法追究刑事责任。

三、单位负责人实行打击报复的法律责任 ★

（一）刑事责任

情节恶劣的，构成打击报复会计人员罪。根据《刑法》规定，对犯有打击报复会计人员罪的单位负责人，可处3年以下有期徒刑或者拘役。

（二）行政责任

情节轻微，危害性不大，不构成犯罪的，由其所在单位或者有关单位依法给予行政处分。

（三）对受打击报复的会计人员的补救措施

（1）恢复其**"名誉"**。

（2）恢复原有**"职务、级别"**。

四、财政部门及有关行政部门工作人员职务违法行为的法律责任 ★

（1）滥用职权、玩忽职守、徇私舞弊或者泄露国家秘密、商业秘密，构成犯罪的，依法追究刑事责任；尚不构成犯罪的，依法给予行政处分。

（2）将检举人姓名和和检举材料**转给被检举单位和个人**的，由**"所在单位或有关单位"**依法给予**"行政处分"**。

📝 随学随练 ⏰限时5分钟

1. 【单选题】（2018年）对于变造、伪造会计凭证，下列说法正确的是（　　）。
   A. 对单位罚款3 000元以上5万元以下
   B. 对个人罚款3 000元以上5万元以下
   C. 对单位罚款5 000元以上5万元以下
   D. 对个人罚款5 000元以上10万元以下

2. 【单选题】（2018年）对因会计违法行为触犯刑律被追究刑事责任的会计人员，（　　）不得从事会计工作。
   A. 终身　　　　　　　B. 5年内
   C. 10年内　　　　　　D. 15年内

3. 【单选题】（2018年）根据会计法律制度的规定，会计人员故意隐匿会计账簿，尚不构成犯罪的，一定期限内不得从事会计工作。该期限为（　　）。
   A. 5年　　　　　　　　B. 2年
   C. 3年　　　　　　　　D. 1年

4. 【多选题】（2018年）根据会计法律制度的规定，下列情形中，属于违法行为的有（　　）。
   A. 指使会计人员编制虚假财务会计报告
   B. 变造会计账簿
   C. 隐匿依法应当保存的会计凭证
   D. 拒绝接收金额记载错误的原始凭证

📝 随学随练参考答案及解析

1. B 【解析】本题考核会计法律责任。伪造、变造会计凭证、会计账簿，编制虚假财务会计报告，构成犯罪的，依法追究刑事责任。尚不构成犯罪的，由县级以上人民政府财政部门予以通报，可以对单位并处5 000元以上10万元以下的罚款；对其直接负责的主管人员和其他直接责任人员，可以处3 000元以上5万元以下的罚款；属于国家工作人员的，还应当由其所在单位或者有关单位依法给予撤职直至开除的行政处分；其中的会计人员，5年内不得从事会计工作。

2. A 【解析】本题考核会计法律责任。因有提供虚假财务会计报告，做假账，隐匿或者故意销毁会计凭证、会计账簿、财务会计报告，贪污，挪用公款，职务侵占等与会计职务有关的违法行为被依法追究刑事责任的人员，不得再从事会计工作。

3. A 【解析】本题考核会计法律责任。隐匿或者故意销毁依法应当保存的会计凭证、会计账簿、财务会计报告，其中的会计人员，5年内不得从事会计工作。

4. ABC 【解析】本题考核会计违法行为的种类。选项A属于授意、指使、强令会计机构、会计人员及其他人员伪造、变造会计凭证、会计账簿，编制虚假财务会计报告或者隐匿、故意销毁依法应当保存的会计凭证、会计账簿、财务会计报告；选项B属于伪造、变造会计凭证、会计账簿，编制虚假财务会计报告；选项C属于隐匿或者故意销毁依法应当保存的会计凭证、会计账簿、财务会计报告。选项D属于符合会计法律制度要求的行为。

本 章 综 合 练 习 （限时60分钟）

一、单项选择题

1. 主管本行政区域内会计工作的是（　　）。
   A. 省级以上地方人民政府财政部门
   B. 县级以上地方人民政府
   C. 国务院财政部门
   D. 县级以上地方人民政府财政部门

2. 根据《会计法》的规定，会计核算的内容不包括（　　）。

A. 资本、基金的增减

B. 制订下年度开支计划

C. 财务成果的计算和处理

D. 财物的收发、增减和使用

3. 对记载不准确、不完整的原始凭证,会计人员应当( )。

A. 拒绝接受,并报告领导,要求查明原因

B. 应予以销毁,并报告领导,要求查明原因

C. 予以退回,并要求经办人员按规定进行更正、补充

D. 拒绝接受,且不能让经办人员进行更正、补充

4. 下列关于企业设置账簿的说法中,不正确的是( )。

A. 企业应当依法建账

B. 企业可以设置总账、明细账、日记账等

C. 实施会计电算化的单位,其会计账簿的设立也要符合国家统一会计制度的规定

D. 企业可以依据自己的业务特点另行设置一套账簿

5. 《中华人民共和国会计法》规定,单位负责人、主管会计工作的负责人、会计机构负责人(会计主管人员)在财务会计报告上签章的下列做法中,符合规定的是( )。

A. 只签名   B. 只签章

C. 签名或盖章   D. 签名并盖章

6. 关于记账本位币,下列说法中,表述错误的是( )。

A. 业务收支以人民币以外的货币为主的单位,可以选定两种以上货币为记账本位币

B. 我国会计核算原则上以人民币为记账本位币

C. 记账本位币是指日常登记账簿和编制财务会计报告用以计量的货币

D. 以人民币以外的货币为记账本位币的,在编制财务会计报告时应折算成人民币反映

7. 国有企业、国有控股的或者占主导地位的企业,应当向本企业的职工代表大会公布

财务会计报告,该公布报告的时间要求是( )。

A. 每年一次

B. 每个月一次

C. 每个季度一次

D. 每半年一次

8. 下列各项中,不属于会计档案的是( )。

A. 会计档案鉴定意见书

B. 银行对账单

C. 纳税申报表

D. 预算计划书

9. 关于会计档案的移交,表述错误的是( )。

A. 纸质会计档案移交时应当保持原卷的封装

B. 电子会计档案移交时应当将电子会计档案及其元数据一并移交,且文件格式应当符合国家档案管理的有关规定

C. 特殊格式的电子会计档案应当与其读取平台一并移交

D. 单位会计管理机构在办理会计档案移交时,应当编制会计档案移交清册,不需要办理移交手续

10. 下列关于会计档案保管期限,说法正确的是( )。

A. 单位会计管理机构临时保管会计档案最长不超过 3 年

B. 会计档案保管期限从单位会计管理机构向档案管理机构移交会计档案之日起开始计算

C. 会计档案保管期限分为不定期与定期两类

D. 企业固定资产卡片的保管期限,应自卡片建立起 5 年

11. 根据《会计档案管理办法》的规定,下列属于永久保管期限的会计档案是( )。

A. 纳税申报表

B. 会计档案销毁清册

C. 银行存款余额调节表

D. 明细账

12. 在我国,单位内部会计监督的主体一般

是( )。

    A. 财政、税务、审计机关

    B. 注册会计师及其事务所

    C. 本单位的会计机构和会计人员

    D. 本单位的内部审计机构及人员

13. 根据《会计基础工作规范》的规定，内部会计监督的对象是( )。

    A. 单位的货币资金

    B. 单位的财产物资

    C. 单位的经济活动

    D. 单位的财务工作

14. 会计机构、会计人员发现会计账簿记录与实物、款项及有关资料不相符的，按照规定有权自行处理的应当及时处理，无权处理的应当( )。

    A. 予以退回

    B. 要求更正

    C. 拒绝办理

    D. 立即向单位负责人报告，请求查明原因，作出处理

15. 财政部门代表国家对单位和单位中的相关人员的会计行为实施监督检查，及对发现违法会计行为实施行政处罚，属于会计工作的( )。

    A. 群众监督

    B. 社会监督

    C. 单位内部监督

    D. 政府监督

16. 企业定期将银行对账单与银行存款日记账进行核对，编制银行存款余额调节表，该项工作性质是( )。

    A. 账表核对   B. 账账核对

    C. 账证相符   D. 财产清查

17. 申请设立除会计师事务所以外的代理记账机构，应当经所在地的县级以上人民政府财政部门批准，并领取由( )统一规定样式的代理记账许可证书。

    A. 国务院

    B. 财政部

    C. 省、自治区、直辖市人民政府

    D. 省、自治区、直辖市人民政府财政部门

18. 下列关于会计机构和会计人员的说法中，正确的是( )。

    A. 各单位必须设置会计机构

    B. 会计机构内部应当建立稽核制度

    C. 国有企业单位负责人的直系亲属可在本单位担任会计机构负责人

    D. 会计人员办理交接手续，由单位负责人负责监交

19. 根据《会计法》的规定，担任单位会计机构负责人的，除具备从事会计工作的能力外，还应当具备的法定条件是( )。

    A. 具备会计师以上专业技术职务资格或从事会计工作3年以上的经历

    B. 具备注册会计师资格或者从事会计工作3年的经历

    C. 在国有控股公司中担任过总会计师职务

    D. 具备助理会计师专业技术职务资格或从事会计工作5年以上的经历

20. 以下岗位属于会计岗位的是( )。

    A. 会计电算化岗位

    B. 医院门诊收费员岗位

    C. 医院药品库房记账员岗位

    D. 单位内部审计岗位

21. 下列各项中，出纳人员可以做的工作是( )。

    A. 稽核

    B. 银行日记账的登记

    C. 会计档案的保管

    D. 收入、支出、费用账目的登记

22. 下列关于国有企业的表述中，没有违背回避制度的是( )。

    A. 法定代表人的妻子担任本单位财务部门经理

    B. 财务科科长的同学担任本部门出纳员

    C. 厂长的女婿担任财务部门的经理

    D. 会计负责人的女儿担任本部门出纳

23. 张某准备参加2019年会计继续教育，以

下选项中，张某当年继续教育符合规定学分要求的是（   ）。

A. 累计 60 学分，其中专业科目学分为 40 分

B. 累计 90 学分，其中公需科目学分为 60 分

C. 累计 90 学分，其中专业科目学分为 60 分

D. 累计 60 学分，其中公需科目学分为 50 分

24. "严肃认真，一丝不苟"是会计职业道德中（   ）的基本要求。

A. 服务群众　　　B. 爱岗敬业

C. 提高技能　　　D. 参与管理

25. "理万金分文不沾"体现的会计职业道德是（   ）。

A. 参与管理　　　B. 廉洁自律

C. 提高技能　　　D. 强化服务

26. 下列不属于违反会计制度规定的行为的是（   ）。

A. 不依法设置会计账簿的行为

B. 向不同的会计资料使用者提供的财务会计报告编制依据不一致的行为

C. 未按照规定保管会计资料，致使会计资料损毁、灭失的行为

D. 将应收账款的坏账计提由按年末余额一定比例计提依法改为按账龄分析计提

27. 根据《会计法》的规定，单位随意变更会计处理方法的，由县级以上人民政府财政部门责令限期改正，并可以处以（   ）。

A. 2 000 元以上 5 万元以下的罚款

B. 2 000 元以上 2 万元以下的罚款

C. 3 000 元以上 5 万元以下的罚款

D. 4 000 元以上 5 万元以下的罚款

28. 《会计法》规定，县级以上财政部门对于伪造、变造会计凭证、会计账簿或者编制虚假财务会计报告，尚不构成犯罪的，在对违法单位进行通报的同时，对直接主管人员和其他直接责任人员，可处（   ）罚款。

A. 3 000 元以上 5 万元以下

B. 5 000 元以上 5 万元以下

C. 5 000 元以上 3 万元以下

D. 3 000 元以上 3 万元以下

29. 授意、指使、强令会计机构、会计人员及其他人员伪造、变造会计凭证、会计账簿，编制虚假财务会计报告或者隐匿、故意销毁依法应当保存的会计凭证、会计账簿、财务会计报告，尚不构成犯罪的，可处以罚款的金额是（   ）。

A. 50 元以上 5 万元以下

B. 5 000 元以上 5 万元以下

C. 5 元以上 5 万元以下

D. 500 元以上 5 万元以下

二、多项选择题

1. 国有企业厂长为了粉饰业绩，指使财务负责人采取虚提返利、推迟财务费用列账等手段，虚增利润 1 000 多万元，造成极坏的社会影响。事发后该厂长以会计工作应当由会计机构负责人承担责任、自己不懂会计为由推脱责任。下列说法中正确的有（   ）。

A. 国有企业厂长应对该事件负责

B. 国有企业会计机构负责人对该事件负全责

C. 国有企业厂长不得授意、指使、强令会计人员违法办理会计事项

D. 国有企业厂长对本单位的会计工作和会计资料的真实性、完整性负责

2. 下列各项中，属于变造会计凭证行为的有（   ）。

A. 某公司为一客户虚开假发票一张，并按票面金额的 10% 收取好处费

B. 某业务员将购货发票上的金额 50 万元，用"消字灵"修改为 80 万元报账

C. 某企业出纳将一张报销凭证上的金额 7 000 元涂改为 9 000 元

D. 购货部门转来一张购货发票，原金额计算有误，出票单位已作更正并加盖出票单位公章

3. 下列关于会计核算要求的说法中错误的有（　　）。

A. 我国的会计年度为阴历的 1 月 1 日至 12 月 31 日

B. 业务收支以人民币以外的货币为主的单位，可以选择其中一种外币作为记账本位币来编制财务会计报告

C. 在民族自治地方，会计记录可以仅使用当地通用的一种民族文字

D. 使用电子计算机进行会计核算的，其使用的会计核算软件也必须符合国家统一的会计制度的规定

4. 下列属于《会计法》对会计电算化作出的规定的有（　　）。

A. 使用的会计核算，计算机必须为国家指定的品牌

B. 使用的会计核算软件必须符合国家统一的会计制度的规定

C. 使用电子计算机软件生成的会计资料必须符合国家统一的会计制度的要求

D. 使用电子计算机进行会计核算的人员必须经过国家统一培训

5. 对原始凭证发生的错误，正确的更正方法有（　　）。

A. 由出具单位重开或更正

B. 由本单位的会计人员代为更正

C. 金额发生错误的，可由出具单位在原始凭证上更正

D. 金额发生错误的，应当由出具单位重开

6. 某单位会计人员王某在填制记账凭证过程中发生了以下事项，其中正确的有（　　）。

A. 记账凭证应当根据经过审核的原始凭证及有关资料编制

B. 一张更正错误的记账凭证未附原始凭证

C. 由于一张购货发票涉及了另一单位，发票原件被对方保存，故根据发票复印件填制记账凭证

D. 填制记账凭证时，因出现文字错误，遂予以划线更正法更正

7. 下列会计账簿中，通常使用订本账形式的

有（　　）。

A. 备查账　　　　B. 银行存款日记账

C. 明细账　　　　D. 现金日记账

8. 下列关于财务会计报告的编制要求的说法中，错误的有（　　）。

A. 依据经过审核的会计账簿和有关资料编制财务会计报告

B. 向不同的会计资料使用者提供的财务会计报告，其编制依据可以不一致

C. 企业在编制年度财务会计报告后，必须进行财产清查

D. 接受企业财务会计报告的组织或者个人，在企业财务会计报告未正式对外披露前，应当对其内容保密

9. 下列各项中，属于会计档案的有（　　）。

A. 会计凭证

B. 会计账簿

C. 财务会计报告

D. 年度财务计划

10. 单位内部形成的属于归档范围的电子会计资料可仅以电子形式保存的，应满足的条件包括（　　）。

A. 形成的电子会计资料来源真实有效，由计算机等电子设备形成和传输

B. 使用的会计核算系统能够准确、完整、有效接收和读取电子会计资料

C. 建立电子会计档案备份制度，能够有效防范自然灾害、意外事故和人为破坏的影响

D. 形成的电子会计资料不属于具有永久保存价值或者其他重要保存价值的会计档案

11. 关于会计档案的查阅说法正确的有（　　）。

A. 单位应当严格按照相关制度利用会计档案，在进行会计档案查阅、复制、借出时履行登记手续

B. 单位保存的会计档案不得对外借出

C. 确因工作需要且根据国家有关规定必须借出的，应当严格按照规定办理相关手续

D. 会计档案借用单位应当妥善保管和利用借入的会计档案，确保借入会计档案的安全完整，并在规定时间内归还

12. 下列各项中，需要在会计档案销毁清册上签署意见的有(　　)。
    A. 单位负责人
    B. 档案管理机构负责人
    C. 会计管理机构负责人
    D. 会计管理机构经办人

13. 根据《会计档案管理办法》的规定，下列需要由会计管理机构编制的档案清册有(　　)。
    A. 会计档案销毁清册
    B. 会计档案移交清册
    C. 会计档案鉴定意见书
    D. 会计档案保管清册

14. 下列属于一般企业建立与实施内部控制应当遵循的原则有(　　)。
    A. 全面性原则
    B. 重要性原则
    C. 实质重于形式原则
    D. 成本效益原则

15. 对企业而言，内部控制的措施包括(　　)。
    A. 授权审批控制
    B. 不相容职务分离控制
    C. 财产保护控制
    D. 预算控制

16. 下列各项中，属于行政事业单位内部控制的措施的有(　　)。
    A. 不相容岗位相互分离
    B. 内部授权审批控制
    C. 归口管理
    D. 运营分析控制

17. 根据《会计法》的规定，下列属于单位内部监督制度的内容有(　　)。
    A. 重大对外投资、资产处置、资金调度和其他重要经济业务事项的决策和执行的相互监督、相互制约程序应当明确
    B. 记账人员与经济业务事项和会计事项审批人员、经办人员、财物保管人员的

职责权限应当明确，并相互分离、相互制约
    C. 财产清查的范围、期限和组织程序应当明确
    D. 对会计资料定期进行内部审计的办法和程序应当明确

18. 下列关于注册会计师审计报告的说法中，正确的有(　　)。
    A. 审计报告分为标准审计报告和非标准审计报告
    B. 注册会计师应当就财务报表是否在所有重大方面按照适用的财务报告编制基础编制并实现公允反映形成审计意见
    C. 含有强调事项段的审计报告，为标准审计报告
    D. 非无保留意见，包括保留意见、否定意见和无法表示意见三种类型

19. 下列关于会计监督主体及对象的说法中，正确的有(　　)。
    A. 单位内部会计监督的对象限于会计核算活动
    B. 国务院财政部门是会计工作政府监督的唯一主体
    C. 会计监督体系中，仅有会计工作政府监督存在行政处罚的可能
    D. 注册会计师及其所在的会计师事务所监督的对象是委托单位的经济活动

20. 下列有关各单位会计机构设置的说法中，正确的有(　　)。
    A. 单位可以根据领导意愿决定需不需要单独设置会计机构
    B. 大、中型企业应单独设置会计机构
    C. 不具备设置条件的，应当委托具有会计代理记账资格的中介机构代理记账
    D. 单位必须设置会计机构并指定会计机构负责人

21. 代理记账机构的业务范围包括(　　)。
    A. 根据委托人提供的原始凭证和其他资料，按照国家统一的会计制度的规定进行会计核算

B. 对外提供财务会计报告

C. 向税务机关提供税务资料

D. 委托人委托的其他会计业务

22. 下列属于代理记账机构及其从业人员的义务的有（　　）。

A. 按照委托合同办理代理记账业务，遵守有关法律、行政法规和国家统一的会计制度的规定

B. 对在执行业务中知悉的商业秘密应当保密

C. 对委托人示意其作出不当的会计处理，提供不实的会计资料，以及其他不符合法律、行政法规和国家统一的会计制度规定的要求，应当拒绝

D. 对委托人提出的有关会计处理原则问题应当予以解释

23. 根据《会计基础工作规范》的有关规定，下列各项中，属于国有企业聘任会计人员需要回避的关系有（　　）。

A. 配偶　　　　B. 女婿

C. 战友兼同学　　D. 岳父母

24. 根据《会计基础工作规范》的规定，出纳人员不得兼管的工作有（　　）。

A. 办公室文秘工作

B. 收入、费用账目的登记工作

C. 会计档案保管工作

D. 债权、债务账目的登记工作

25. 下列关于会计工作交接的说法中正确的有（　　）。

A. 做好会计交接工作，可以使会计工作前后衔接

B. 做好会计交接工作，可以保证会计工作连续进行

C. 做好会计交接工作，可以防止因会计人员的更换而出现的账目不清

D. 做好会计交接工作，也是分清移交人员和接管人员工作责任的一项有效措施

26. 下列选项中，属于会计专业职务的有（　　）。

A. 高级会计师　　B. 助理会计师

C. 会计员　　　　D. 总会计师

27. 根据会计法律制度的规定，下列各项中，属于会计职业道德内容的有（　　）。

A. 提高技能　　　B. 强化服务

C. 诚实守信　　　D. 爱国敬业

28. 下列各项中，体现会计职业道德"诚实守信"要求的有（　　）。

A. 安心工作、任劳任怨

B. 做老实人、说老实话、办老实事

C. 保守秘密、不为利益所诱惑

D. 执业谨慎、信誉至上

29. 根据《会计法》的规定，对于"不依法设置账簿"的行为，应当承担的法律责任有（　　）。

A. 由县级以上人民政府财政部门责令限期改正

B. 对单位处以3 000元以上5万元以下的罚款

C. 对其直接负责的主管人员处2 000元以上2万元以下的罚款

D. 属于国家工作人员的，由其所在单位或者有关单位依法给予行政处分

30. 隐匿或者故意销毁依法应当保存的会计凭证、会计账簿、财务会计报告，尚不构成犯罪的，由县级以上人民政府财政部门予以通报，可以依法对单位并处罚款。下列关于此种情形下处以罚款数额的表述，不正确的有（　　）。

A. 500元以上10万元以下

B. 5 000元以上10万元以下

C. 5万元以上10万元以下

D. 5 000元以上5万元以下

31. 某合伙企业在一次会计检查中被查出有私设会计账簿的行为，有可能受到法律制裁措施的有（　　）。

A. 由县级以上财政部门责令限期改正

B. 由县级以上人民政府财政部门责令限期改正，可以对单位并处3 000元以上10万元以下的罚款

C. 情节严重的，相关会计人员5年内不得从事会计工作

D. 构成犯罪的，依法追究刑事责任

32. 甲公司因连年亏损，单位负责人张某要求单位会计主管人员刘某把公司财务报表调整成利润收益 20 万元，遭到刘某拒绝，单位负责人张某则将刘某调到车间从事生产工作，据此，下列表述正确的有( )。

A. 张某有权利调动刘某工作岗位

B. 单位负责人授意、指使、强令会计人员编制虚假财务会计报告是违法行为

C. 对受打击报复的会计人员应当恢复其名誉

D. 对受打击报复的会计人员应当恢复其原有职务、级别

三、判断题

1. A 单位会计王某采用涂改手段，将金额为 10 000 元的购货发票改为 40 000 元。根据《会计法》有关规定，该行为属于伪造会计账簿的行为。 ( )

2. 2019 年，技术市场中一项互联网技术取得重大突破，XYZ 上市公司将其原有的一项专利技术无形资产摊销年限进行了变更，该项变更直接影响其当年利润 500 万元，XYZ 公司在会计报表附注中对此会计估计变更事项进行了说明，XYZ 公司的做法符合法律规定。 ( )

3. 会计记录的文字应当使用中文。在中华人民共和国境内的外商投资企业、外国企业和其他外国组织的会计记录，可以同时使用一种外国文字。 ( )

4. 我国境内的所有企业必须以人民币为记账本位币。 ( )

5. 未设立档案机构的，应当在会计机构内部指定专人保管，出纳人员可以酌情兼管会计档案。 ( )

6. 当年形成的会计档案，可暂由本单位会计机构保管至本年年底。 ( )

7. 单位档案管理机构负责组织会计档案销毁工作，并与会计管理机构共同派员监销。 ( )

8. 单位合并后一方存续其他方解散的，各单位的会计档案应由存续方统一保管。 ( )

9. 单位业务经办人员可以兼任会计记录工作。 ( )

10. 会计工作的政府监督主体是县级以上的人民政府财政部门，财政部门实施会计监督的对象是会计行为。 ( )

11. 运营分析控制和绩效考评控制属于行政事业单位内部控制的控制方法。 ( )

12. 代理记账公司可经委托人授权向税务机关提供税务资料。 ( )

13. 会计机构负责人办理交接手续，应由主管单位派人进行监交。 ( )

14. 会计工作交接后，原移交人员因会计资料已办理移交，因而不再对这些会计资料的合法性、真实性负责。 ( )

15. 当会计人员遇到违法行为的胁迫时，可以适当放松抵抗，屈服于压力。 ( )

16. 会计人员应具有勤学苦练的精神和科学的学习方法，这属于会计职业道德中"提高技能"的要求。 ( )

17. 会计职业道德的"强化服务"就是要求会计人员树立服务意识，提高服务质量，努力维护和提升会计职业的良好社会形象。 ( )

18. 在必要情况下，收到检举材料和处理检举的相关部门及人员可以将被检举人姓名和检举材料转给被检举单位。 ( )

四、不定项选择题

光华设备厂为工业生产企业，其会计相关工作情况如下：

(1)由于业务调整，安排出纳人员小张负责登记库存现金、银行存款日记账、费用明细账以及会计档案保管。

(2)单位招聘一名管理会计人员小马，已知小马已从事会计工作 3 年，但因交通肇事罪被判处有期徒刑，现已刑满释放满 1 年。

(3)往来会计小钱由于个人原因离职，与小孙进行了会计工作交接，由单位会计机

构负责人监交。小孙接替之后为了分清责任，将原账簿保存好之后另立账簿进行接手之后会计事项的记录。后发现小钱任职期间存在账目问题，小钱与小孙之间相互推卸责任。

(4)税务部门发现报税资料存在疑点，因此派专员到该企业进行调查，遭到拒绝，该企业认为只有财政部门有权对本企业进行监管。

要求：根据上述资料，不考虑其他因素，分析回答下列小题。

(1)根据资料(1)，下列表述错误的是( )。

A. 小张作为出纳可以负责会计档案保管

B. 小张登记库存现金、银行存款日记账以及费用明细账符合规定

C. 小张在财务部负责的会计档案管理岗位属于会计工作岗位

D. 小张作为出纳不能负责登记费用明细账

(2)根据资料(2)，下列表述正确的是( )。

A. 小马因被追究过刑事责任，不得再从事会计工作

B. 小马刑满释放只满1年，未满5年不得从事会计工作

C. 小马可以担任光华设备厂的会计人员

D. 刑满释放时间不影响小马能否从事会计工作

(3)根据资料(3)，下列表述正确的是( )。

A. 单位会计机构负责人监交符合规定

B. 小孙另立账簿符合规定

C. 出现的账目问题应由小钱承担责任

D. 出现的账目问题应由小孙承担责任

(4)根据资料(4)，下列表述正确的是( )。

A. 税务部门有权对该企业进行监督检查

B. 该企业拒绝接受税务部门调查的做法合理

C. 税务部门的检查属于会计工作的政府监督范畴

D. 除财政部门外，审计、税务、人民银行、证券监管、保险监管等部门均依法有权对有关单位的会计资料实施监督检查

本章综合练习参考答案及解析

一、单项选择题

1. D 【解析】本题考核会计工作的行政管理体制。国务院财政部门主管全国的会计工作，县级以上地方各级人民政府财政部门管理本行政区域内的会计工作。

2. B 【解析】本题考核会计核算的内容。制定计划不属于会计核算的内容。

3. C 【解析】本题考核填制与审核会计凭证的要求。根据规定，会计机构、会计人员对不真实、不合法的原始凭证，不予受理；对记载不准确、不完整的原始凭证，予以退回，要求更正、补充。

4. D 【解析】本题考核会计账簿的相关规定。根据规定，任何单位都不得在法定会计账簿之外私设会计账簿。

5. D 【解析】本题考核法律对于财务会计报告上签章人员的规定。单位负责人、主管会计工作的负责人、会计机构负责人(会计主管人员)在财务会计报告上签章是签名并盖章。设置总会计师的企业，还应由总会计师签名并盖章。

6. A 【解析】本题考核记账本位币。根据规定，业务收入以人民币以外的货币为主的单位，可以选定其中一种货币作为记账本位币，但是编报的财务会计报告应当折算成人民币。

7. A 【解析】本题考核财务会计报告的公布。国有企业、国有控股的或者占主导地位的企业，应当至少每年一次向本企业的职工代表大会公布财务会计报告，并重点

说明相关的事项。

8. D 【解析】本题考核会计档案的范围。预算、计划、制度等文件材料，应当执行文书档案管理规定，不属于会计档案。

9. D 【解析】本题考核会计档案的移交。单位会计管理机构在办理会计档案移交时，应当编制会计档案移交清册，并按照国家档案管理的有关规定办理移交手续。

10. A 【解析】本题考核会计档案的保管。根据规定，会计档案的保管期限是从会计年度终了后的第一天算起，因此选项 B 的说法错误；会计档案保管期限分为永久与定期两类，因此选项 C 的说法错误；企业固定资产卡片的保管期限，应自固定资产报废清理后 5 年，因此选项 D 的说法错误。

11. B 【解析】本题考核会计档案保管期限。根据规定，纳税申报表、银行对账单、银行存款余额调节表和月度、季度、半年度财务会计报告保存期限为 10 年；明细账保存期限为 30 年。

12. C 【解析】本题考核单位内部会计监督。我国单位内部会计监督的主体是各单位的会计机构和会计人员。

13. C 【解析】本题考核单位内部会计监督。根据规定，内部会计监督的对象为单位的经济活动。

14. D 【解析】本题考核单位内部会计监督。会计机构、会计人员应当对实物、款项进行监督，督促建立并严格执行财产清查制度。发现账簿记录与实物、款项不符时，应当按照国家有关规定进行处理。超出会计机构、会计人员职权范围的，应当立即向本单位领导报告，请求查明原因，作出处理。

15. D 【解析】本题考核会计工作的政府监督。

16. D 【解析】本题考核财务核对与财产清查。财产清查制度是通过定期或不定期、全面或部分地对各项财产物资进行实地盘点和对库存现金、银行存款、债权债务进行清查核实的一种制度。

17. B 【解析】本题考核代理记账。我国对代理记账资格实行审批制，申请设立除会计师事务所以外的代理记账机构，应当经所在地的县级以上人民政府财政部门批准，并领取由财政部统一规定样式的代理记账许可证书。

18. B 【解析】本题考核会计岗位设置。选项 A，不具备设置条件的，可以委托经批准设立从事会计代理记账业务的中介机构代理记账；选项 C，国有企业单位负责人的直系亲属不能担任会计机构负责人、会计主管人员；选项 D，一般会计人员办理交接手续时，由单位会计机构负责人、会计主管人员负责监交。

19. A 【解析】本题考核会计工作岗位设置要求。担任单位会计机构负责人（会计主管人员）的，应具备会计师以上专业技术职务资格"或者"从事会计工作三年以上的经历。

20. A 【解析】本题考核会计工作岗位设置要求。

21. B 【解析】本题考核会计工作岗位设置要求。出纳人员不得兼管会计档案保管，也不得兼任稽核以及收入、支出、费用、债权债务等账目的登记工作。

22. B 【解析】本题考核会计人员回避制度。单位负责人的直系亲属不得担任本单位的会计机构负责人、会计主管人员；会计机构负责人、会计主管人员的直系亲属不得在本单位会计机构中担任出纳工作。

23. C 【解析】本题考核会计人员继续教育的规定。专业技术人员参加继续教育的时间，每年累计不少于 90 学分，其中专业科目一般不少于总学分的 2/3。

24. B 【解析】本题考核会计职业道德的主要内容。爱岗敬业的基本要求是正确认识会计职业，树立职业荣誉感；热爱会计工作，敬重会计职业；安心工作，任劳任怨；严肃认真，一丝不苟；忠于职守，尽职尽责。

25. B 【解析】本题考核会计职业道德的主要内容。

26. D 【解析】本题考核违反国家统一的会计制度行为的法律责任。选项D，只要按照规定进行更改，就是符合法律规定的。

27. C 【解析】本题考核违反国家统一的会计制度行为的法律责任。

28. A 【解析】本题考核伪造、变造会计凭证、会计账簿，编制虚假财务会计报告的法律责任。

29. B 【解析】本题考核违反会计法律制度的法律责任。

二、多项选择题

1. ACD 【解析】本题考核单位内部的会计工作管理。选项B，应该是单位负责人对本单位的会计工作和会计资料的真实性、完整性负责。

2. BC 【解析】本题考核会计核算基本要求。变造会计凭证的行为，是指采取涂改、挖补以及其他方法改变会计凭证真实内容的行为。选项A，属于伪造会计凭证的行为；选项D，属于更正有误，不属于变造会计凭证。

3. ABC 【解析】本题考核会计核算。选项A，我国的会计年度为公历的1月1日至12月31日；选项B，业务收支以人民币以外的货币为主的单位，可以选择其中一种外币作为记账本位币，但是编制财务会计报告时必须折算为人民币；选项C，在民族自治地方，会计记录，在使用中文的前提下可以同时使用当地通用的一种民族文字。

4. BC 【解析】本题考核会计核算基本要求。《会计法》规定："使用电子计算机进行会计核算的，其软件及其生成的会计凭证、会计账簿、财务会计报告和其他会计资料，也必须符合国家统一的会计制度的

规定。"

5. AD 【解析】本题考核会计凭证。原始凭证有错误的，应当由出具原始凭证的单位重开或更正，更正处应当加盖出具原始凭证单位的印章。原始凭证金额有错误的不得更正，只能由出具原始凭证的单位重开。

6. AB 【解析】本题考核记账凭证的相关规定。根据规定，更正错误的记账凭证可以不附原始凭证。不同内容和类别的原始凭证不得汇总在一张记账凭证上。一张记账凭证所列支出需要几个单位共同负担的，应当将其他单位的部分，开给对方原始凭证分割单进行结算，而不应该用复印件代替。如果在填制记账凭证时发生错误，应当重新填制。

7. BD 【解析】本题考核会计账簿的相关规定。总账一般有订本账和活页账两种；明细账通常使用活页账；日记账通常使用订本账。

8. BC 【解析】本题考核财务会计报告的编制要求。根据规定，向不同的会计资料使用者提供的财务会计报告，其编制基础、编制依据、编制原则和方法应当一致，因此选项B的说法错误。企业在编制年度财务会计报告前，必须进行财产清查，因此选项C的说法错误。

9. ABC 【解析】本题考核会计档案的概念。预算、计划、制度等文件属于文书档案，不是会计档案。

10. ABCD 【解析】本题考核会计档案的归档。

11. ACD 【解析】本题考核会计档案的利用。单位保存的会计档案一般不得对外借出，确因工作需要且根据国家有关规定必须借出的，应当严格按照规定办理相关手续。

12. ABCD

13. BD 【解析】本题考核会计档案的相关清册。会计档案销毁清册由单位档案管理机构编制；会计档案鉴定意见书由单位

定期鉴定，并形成。其鉴定工作由单位档案管理机构牵头，组织单位会计、审计、纪检监察等机构或人员共同进行。

14. ABD 【解析】本题考核建立与实施内部控制的原则。选项C，属于小企业建立与实施内部控制应当遵循的原则。

15. ABCD 【解析】本题考核企业内部控制制度的措施。对企业而言，控制措施一般包括：不相容职务分离控制、授权审批控制、会计系统控制、财产保护控制、预算控制、运营分析控制和绩效考评控制等。

16. ABC 【解析】本题考核行政事业单位内部控制制度的措施。行政事业单位内部控制措施包括：不相容岗位分离控制；内部授权审批控制；归口管理；会计控制；单据控制；预算控制；财产保护控制；信息内部公开。选项D属于企业内部控制制度的措施。

17. ABCD 【解析】本题考核单位内部会计监督的内容。具体包括：(1)记账人员与经济业务事项和会计事项审批人员、经办人员、财物保管人员的职责权限应当明确，并相互分离、相互制约；(2)重大对外投资、资产处置、资金调度和其他重要经济业务事项的决策和执行的相互监督、相互制约程序应当明确；(3)财产清查的范围、期限和组织程序应当明确；(4)对会计资料定期进行内部审计的办法和程序应当明确。

18. ABD 【解析】本题考核审计报告的类型。标准审计报告，是指不附加说明段、强调事项段或其他任何修饰性用语的无保留意见的审计报告。包含其他报告责任段，但不含有强调事项段或其他事项段的无保留意见的审计报告也被视为标准审计报告。

19. CD 【解析】本题考核会计监督体系的内容。单位内部会计监督的对象是单位经济活动，主体是会计机构和会计人员，

因此选项A的说法错误；财政部门是政府监督的主要监督人，此外还包括审计、税务、人民银行等其他部门，因此选项B的说法错误；会计工作政府监督的对象是会计行为和会计资料，主要是指财政部门代表国家对各单位和单位中相关人员的会计行为实施的监督检查，以及对发现的违法会计行为实施行政处罚。

20. BC 【解析】本题考核会计机构。选项A，规模很小、经济业务简单、业务量相对较少的单位，为了提高经济效益，可以不单独设置会计机构，将会计职能并入其他职能部门，并设置会计人员，同时指定会计主管人员；选项D，各单位可以根据本单位的会计业务繁简程度和会计管理工作的需要决定是否设置会计机构。

21. ABCD 【解析】本题考核代理记账机构的业务范围。

22. ABCD 【解析】本题考核代理记账机构及其从业人员的义务。

23. ABD 【解析】本题考核会计人员回避制度。根据规定，需要回避的直系亲属包括夫妻、直系血亲、三代以内旁系血亲、配偶亲关系，女婿属于配偶亲关系。

24. BCD 【解析】本题考核会计工作岗位的设置。根据规定，出纳人员不得兼管会计档案保管，也不得兼任稽核以及收入、支出、费用、债权债务等账目的登记工作。

25. ABCD 【解析】本题考核会计工作交接。

26. ABC 【解析】本题考核会计专业职务的范围。会计专业职务分为高级会计师、会计师、助理会计师和会计员。

27. ABCD 【解析】本题考核会计职业道德的主要内容。会计职业道德主要包括爱岗敬业、诚实守信、廉洁自律、客观公正、坚持准则、提高技能、参与管理、强化服务等内容。

28. BCD 【解析】本题考核会计职业道德的主要内容。选项A，体现的是爱岗敬业的基本要求。

29. ABCD 【解析】本题考核违反国家统一的会计制度行为的法律责任。

30. ACD 【解析】本题考核违反会计法律制度的法律责任。隐匿或者故意销毁依法应当保存的会计凭证、会计账簿、财务会计报告，尚不构成犯罪的，由县级以上人民政府财政部门予以通报，在通报的同时，可以对单位并处 5 000 元以上 10 万元以下的罚款。

31. ACD 【解析】本题考核违反会计法律制度的法律责任。根据规定，私设会计账簿的，由县级以上人民政府财政部门责令限期改正，可以对单位并处 3 000 元以上 5 万元以下的罚款，因此选项 B 不正确。

32. BCD 【解析】本题考核单位负责人实行打击报复的法律责任。

三、判断题

1. × 【解析】本题考核会计资料的伪造与变造。伪造会计资料，包括伪造会计凭证和会计账簿，是以虚假的经济业务为前提来编制会计凭证和会计账簿，旨在以假充真。变造会计资料，包括变造会计凭证和会计账簿，是用涂改、挖补等手段来改变会计凭证和会计账簿的真实内容，以至曲事实真相。本题表述的情况属于伪造"会计凭证"的行为。

2. √ 【解析】本题考核会计处理方法的规定。根据规定，各单位正确采用会计处理方法，前后各期应一致，不得随意变更。确需变更，按照国家统一的会计制度规定变更，并将变更原因、情况及影响体现在财务会计报告中。

3. √ 【解析】本题考核会计核算基本要求。根据《会计法》的规定，在我国境内的企业、事业单位会计记录使用的文字为中文。民族自治地方，会计记录还可以同时使用当地通用的一种民族文字。在中华人民共和国境内的外商投资企业、外国企业和其他外国组织的会计记录，可以同时使用一种外国文字。

4. × 【解析】本题考核会计核算—记账本位币。业务收支以人民币以外的货币为主的单位，也可以选定其中一种货币作为记账本位币。

5. × 【解析】本题考核会计档案的归档。未设立档案机构的，应当在会计机构内部指定专人保管。出纳人员不得兼管会计档案。

6. × 【解析】本题考核会计档案的归档。会计档案，在会计年度终了后可暂由本单位会计机构保管一年。

7. √ 【解析】本题考核会计档案的销毁。

8. √ 【解析】本题考核会计档案单位之间的处置程序。单位合并后原各单位解散或者一方存续其他方解散的，原各单位的会计档案应当由合并后的单位统一保管。

9. × 【解析】本题考核内部控制制度。不相容职务主要包括：授权批准与业务经办、业务经办与会计记录、会计记录与财产保管、业务经办与稽核检查、授权批准与监督检查等。

10. √ 【解析】本题考核会计工作的政府监督。

11. × 【解析】本题考核内部控制。运营分析控制和绩效考评控制属于企业内部控制的控制措施。

12. √

13. × 【解析】本题考核会计工作交接。会计机构负责人办理交接手续时，由单位领导人负责监交，必要时，主管单位可以派人会同监交。

14. × 【解析】本题考核会计工作交接。移交人员应当对所移交的会计资料的合法性、真实性负责。

15. × 【解析】本题考核会计职业道德的主要内容。会计人员在实际工作中，应当以准则作为自己的行动指南，在与相关人员发生道德冲突时，应坚持准则，维护国家利益、社会公众利益和正常的经济秩序。

16. √ 【解析】本题考核会计职业道德的主

要内容。

17. √ 【解析】本题考核会计职业道德的主要内容。

18. × 【解析】本题考核违反会计法律制度的法律责任。任何单位和个人对违反《会计法》和国家统一的会计制度的行为，都有权进行检举。为保护检举人的合法权益，收到检举材料和处理检举的部门及其相关人员应当为检举人保密，不得将检举人姓名和检举材料转给被检举单位和被检举个人。转交的，尚未构成犯罪的，应被给予行政处分。

四、不定项选择题

(1) AB 【解析】出纳人员不得兼任稽核、"会计档案保管"和收入、支出、"费用"、债权债务账目的登记工作。

(2) CD 【解析】因提供虚假财务会计报告，做假账，隐匿或者故意销毁会计资料，贪污，挪用公款，职务侵占等与会计职务有关的违法行为被依法追究刑事责任

的人员，不得再从事会计工作。本题小马因交通肇事被判刑罚，不影响其再次从事会计工作。

(3) AC 【解析】一般会计人员办理交接手续，由会计机构负责人(会计主管人员)监交，选项 A 正确；交接人员应当继续使用移交的会计账簿，不得自行另立新账，以保持会计记录的连续性，选项 B 错误；移交人员对所移交的会计凭证、会计账簿、会计报表和其他有关资料的合法性、真实性承担法律责任，选项 C 正确，选项 D 错误。

(4) ACD 【解析】财政部门对各单位是否依法设置会计账簿；会计凭证、会计账簿、财务会计报告和其他会计资料是否真实、完整；会计核算是否符合《会计法》和国家统一的会计制度的规定；从事会计工作的人员是否具备专业能力、遵守职业道德等情况实施会计监督。

第3章 支付结算法律制度

考情分析

本章为本课程重点章，在近几年考试中平均分值为 16 分，各种题型均有涉及，而且是不定项选择题的"重头戏"章节，题目的广度和深度是所有章节中最为耀眼的。

本章涉及的体系庞杂，支付结算工具繁多，若要将其全部辨别理解并有效运用，则需付出非常大的努力。这些支付结算工具毕竟与我们会计人员的工作紧密相连，虽内容抽象、记忆复杂，但在实践工作中却十分有用。从考试情况看，本章大量题目主要还是考核基础内容，因此我们需要耐心细致地投入时间，按照不同结算体系，逐一将其攻破。

▶ **2020 年考试变化**

本章 2020 年考核范围变化不大，调整内容主要包括：

（1）删除"托收承付"结算方式的全部内容；

（2）根据《企业银行结算账户管理办法》的规定，调整完善了单位银行结算账户管理的相关内容。

核心考点及真题详解

模块一 支付结算概述

考点一 支付结算概述

扫我解疑难

考点精讲

一、支付结算工具的种类

支付结算工具如图 3.1 所示。

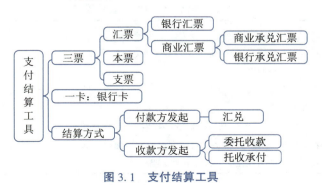

图 3.1 支付结算工具

【图示说明】除上述非现金支付工具之外，本章还介绍了网上银行、第三方支付和商业预付卡的内容。我国目前形成以"三票一卡"为主体、以电子支付为发展方向的非现金支付工具体系。

二、支付结算的原则
(1)恪守信用，履约付款原则；
(2)谁的钱进谁的账，由谁支配原则；
(3)银行不垫款原则。

『提示』"银行不垫款"的前提是银行履行"中介职责"。若银行履行的是"付款人职责"，银行应依照对应的法律关系履行付款义务。

三、支付结算的基本要求
(一)票据与结算凭证的签章要求(见表3-1)

表3-1 票据与结算凭证的签章要求

签章主体	签章类型	
	单位章	自然人签章
银行	单位、银行的盖章	法定代表人或其
单位(非银行)	(注：公章或专用章)	授权代理人的签章
个人	—	该个人本人的签名或盖章

(二)伪造与变造

『提示』此处为对票据与结算凭证的伪造和变造，注意其与会计法律制度中所述"对会计资料的伪造和变造"的差异，莫把张飞当李逵。

1. 伪造
无权限人假冒他人或虚构他人名义"签章"的行为。

【示例1】张三私刻李四的印章后，假冒李四在票据上签章的，为假冒他人名义签章。

【示例2】张三虚构一个不存在的"张三疯"，私刻了其印章后在票据上签章的，为虚构他人名义签章。

2. 变造
无权更改票据内容的人，对票据上"签章以外"的记载事项加以改变的行为。

3. 三个不得更改的事项
"出票金额、出票日期、收款人名称"不得更改。

若以上三个事项更改的：
(1)更改的"票据"无效；
(2)更改的"结算凭证"，银行不予受理。

『提示』票据更改 VS 票据变造

更改，是有权限人变更，如出票人出票后发现金额错误，于是将其修改，此时导致票据无效。

变造，是无权限人变更，如票据在背书流转过程中，某人将金额进行了修改，此时按照票据变造处理。

知识链接

(三)票据与结算凭证的填写规范

票据与结算凭证填写要求如表3-2所示。

表3-2 票据与结算凭证填写要求

填写内容	填写要求
收款人名称	单位和银行的名称应当记载"全称"或者"规范化简称"
出票日期	①出票日期"必须"使用中文大写；②月为壹、贰和壹拾的，日为壹至玖和壹拾、贰拾和叁拾的，应当在其前加零；日为拾壹至拾玖的，应当在其前加壹。『提示』注意"3月"前面不加"零"，"11月"应写为"壹拾壹月"
金额	票据和结算凭证"金额"以中文大写和阿拉伯数字同时记载，二者必须一致，二者不一致的票据无效；二者不一致的结算凭证，银行不予受理

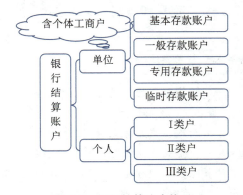

1. 【多选题】（2018年）根据支付结算法律制度的规定，下列关于支付结算基本要求的表述中，正确的有（   ）。

   A. 票据和结算凭证上的签章和其他记载事项应当真实，不得伪造、变造

   B. 票据上的出票金额、出票日期、收款人名称不得更改

   C. 票据和结算凭证金额以中文大写和阿拉伯数码同时记载，二者必须一致

   D. 票据的出票日期必须用中文大写和阿拉伯数码同时记载，二者必须一致

2. 【多选题】（2016年）根据支付结算法律制度的规定，下列各项中，属于变造票据的行为有（   ）。

   A. 原记载人更改付款人名称并在更改处签章证明

   B. 剪接票据改变票据记载事项

   C. 涂改出票金额

   D. 假冒他人在票据上背书签章

3. 【多选题】（2015年）根据支付结算法律制度的规定，下列各项中，属于单位、个人在社会经济活动中使用的人民币非现金支付工具的有（   ）。

   A. 股票　　　　　B. 支票

   C. 汇票　　　　　D. 本票

4. 【判断题】（2019年）票据伪造和票据变造是欺诈行为，应追究刑事责任。（   ）

5. 【判断题】（2018年）在填写票据出票日期时，"10月20日"应写成"壹拾月零贰拾日"。（   ）

随学随练参考答案及解析

1. ABC　【解析】本题考核支付结算的基本要求。选项D，票据的出票日期必须使用中文大写。

2. BC　【解析】本题考核票据变造的概念。票据的变造，是指无权更改票据内容的人，对票据上签章以外的记载事项加以改

变的行为。选项A，属于有权更改人的更改行为；选项D，属于假冒他人名义在票据上"签章"的行为，应为票据伪造行为。

3. BCD　【解析】本题考核支付结算工具。非现金支付工具主要包括"三票一卡"和结算方式。"三票一卡"是指汇票、本票、支票和银行卡，结算方式包括汇兑、托收承付和委托收款等。

4. √　【解析】本题考核票据伪造与变造的法律后果。伪造、变造票据属于欺诈行为，应追究其刑事责任。

5. ×　【解析】本题考核票据的填写要求。10月20日应写成"零壹拾月零贰拾日"。

模块二　银行结算账户

考点一　银行结算账户的分类

扫我解疑难

考点精讲

银行结算账户体系如图3.2所示。

图 3.2　银行结算账户体系

【图示说明】银行结算账户按存款人不同，分为单位银行结算账户和个人银行结算账户；单位银行结算账户按用途不同，分为基本存款账户、一般存款账户、专用存款账户、临时存款账户。个体工商户凭营业执照以字号或经营者姓名开立的银行结算账户纳入单位银行结算账户管理。存款人凭个人身份证件以自然人名称开立的银行结算账户为个人银行结算账户。

随学随练 限时 1分钟

1. **【多选题】** 银行结算账户按存款人不同可以分为（　　）。
   - A. 一般存款账户
   - B. 个人银行结算账户
   - C. 单位银行结算账户
   - D. 基本存款账户

2. **【多选题】** 单位银行结算账户按用途分为（　　）。
   - A. 基本存款账户　　B. 一般存款账户
   - C. 专业存款账户　　D. 临时存款账户

随学随练参考答案及解析

1. **BC** **【解析】** 本题考核银行结算账户的分类。银行结算账户按存款人不同分为单位银行结算账户和个人银行结算账户。

2. **ABD** **【解析】** 本题考核银行结算账户的分类。单位银行结算账户按"用途"不同，分为基本存款账户、一般存款账户、专用存款账户和临时存款账户。

考点二　银行结算账户的开立、变更和撤销★★★

扫我解疑难

考点精讲

一、银行结算账户的开立

『提示1』我国银行结算账户开立按照开立主体分为企业与机关、事业单位等其他单位。其中，企业开立银行结算账户遵循《企业银行结算账户管理办法》的规定，该办法取消了账户"核准制"，全部改为"备案制"，中国人民银行不再核发开户许可证。对于机关、事业单位等其他单位（以下统称非企业类存款人），依然遵循现行的银行结算账户管理制度执行，特定银行结算账户的开立依然须经中国人民银行核准。

『提示2』《企业银行结算账户管理办法》中所称的"企业"，包括：境内依法设立的企业法

人、非法人企业、个体工商户（以下统称企业）。

（一）开立程序

1. 开户申请的签章要求

（1）单位。**"公章"**和法定代表人或其授权代理人的签名或者盖章。

『提示』单位与银行之间业务往来分内外两个层面：一是存款业务与结算业务的外部缔约层面，决定的是双方"业务有无"，因此用"公章"；二是缔约后存款业务与结算业务的执行层面，遵循的是法定"业务流程"，因此依法用"公章"或"财务专用章"。

（2）个人。本人的签章。

2. 非企业类存款人的核准制与备案制

非企业类存款人核准制与备案制账户开立程序见图3.3。

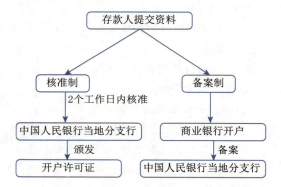

图3.3　非企业类存款人核准制与备案制账户开立程序

3. 企业类存款人的开户程序

（1）银行完成企业**"基本存款账户信息备案"**后，账户管理系统生成基本存款账户编号，代替原基本存款账户核准号使用。

（2）银行应打印《基本存款账户信息》和存款人查询密码，并交付企业。持有基本存款账户编号的企业申请开立一般存款账户、专用存款账户、临时存款账户时，应当向银行提供**"基本存款账户编号"**。

（二）企业申请开立基本账户的银行核实程序

1. 基本要求

银行应当向企业**"法定代表人"**或**"单位**

负责人"核实企业开户意愿，并留存相关工作记录。核实开户意愿，可采取面对面、视频等方式。

2. 核实的具体方式

银行根据客户"风险程度"选择。

（三）存款人账户的生效时间

1. 非企业类存款人

非企业类存款人开立单位银行结算账户，自正式开立之日起**3个工作日后**，方可办理"付款"业务。

除外规定（不用等到3个工作日后才可付款）：

（1）注册验资临时存款账户转为基本存款账户。

（2）因"借款转存"开立的一般存款账户。

2. 企业存款人★★★

"企业"银行结算账户，自"开立之日起"即可办理收付款业务。

二、银行结算账户的变更

（一）非企业类存款人账户的变更

银行结算账户的变更程序见图3.4。

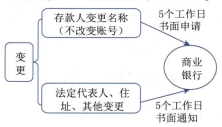

图3.4 银行结算账户的变更程序

属于变更开户许可证记载事项的，存款人办理变更手续时，应交回开户许可证，由中国人民银行当地分支行换发新的开户许可证。

（二）企业存款人的账户变更

1. 企业名称、法定代表人或单位负责人发生变更

（1）银行应当**及时通知**企业办理变更手续；

（2）企业自"通知送达之日"起在合理期限内仍未办理变更手续，且未提出合理理由

的，银行有权采取措施适当"控制账户交易"；

（3）账户管理系统重新生成新的基本存款账户编号，银行应当打印《基本存款账户信息》并交付企业。

2. 企业营业执照或相关人员身份证件到期

企业营业执照、法定代表人或者单位负责人有效身份证件列明有效期限的，银行应当于到期日前提示企业及时更新，有效期到期后，在合理期限内企业仍未更新，且未提出合理理由的，银行应当按规定"中止其办理业务"。

3. 交回开户许可证原件

对因企业办理变更手续收回的企业开户许可证原件，不再换发新的开户许可证。

三、银行结算账户的撤销

（一）撤销的法定情形

发生下列情形之一的，存款人应向开户银行提出撤销银行结算账户的申请：

（1）被撤并、解散、宣告破产或关闭的；

『提示』5个工作日内提出申请。

（2）注销、被吊销营业执照的；

『提示』5个工作日内提出申请。

（3）因"迁址"需要变更开户银行的；

『提示1』需要重新开立基本存款账户的，应在撤销其原基本存款账户后10日内申请重新开立基本存款账户。

『提示2』"企业"因转户原因撤销基本存款账户的，银行还应打印"已开立银行结算账户清单"并交付企业。

（4）其他原因需要撤销银行结算账户的。

『提示』（3）为存款人继续存续；（1）、（2）均为存款人主体资格消灭而导致银行结算账户撤销的情形。

（二）撤销账户的顺序

撤销银行结算账户时，应先撤销一般存款账户、专用存款账户、临时存款账户，将账户资金转入"基本存款账户"后，方可办理基本存款账户的撤销。

『提示』单位开立银行账户时，应先开立

基本存款账户，然后再根据基本存款账户的资料开立一般存款账户、专用存款账户和临时存款账户。

（三）不得撤销的情形

存款人"尚未清偿"其开户银行债务的，不得申请撤销该银行结算账户。

（四）未发生业务账户的撤销

1. 前提条件

同时满足：

（1）"单位"银行结算账户；

（2）依法应撤销而未撤销；

（3）未欠开户银行债务。

2. 撤销程序

（1）银行通知单位自"发出通知之日"起"30日内"办理销户手续；

（2）逾期视同自愿销户。

3. 撤销后的资金去向

列入"久悬未取专户"管理。

随学随练 （随时 5分钟）

1. 【单选题】（2018年）根据支付结算法律制度的规定，下列关于银行结算账户管理的表述中，正确的是（　　）。
   A. 撤销基本存款账户，应交回开户许可证
   B. 撤销基本存款账户，可以保留未使用的空白支票
   C. 单位的地址发生变更，不需要通知开户银行
   D. 撤销单位银行结算账户应先撤销基本存款账户，再撤销其他类别账户

2. 【单选题】（2018年）根据相关规定，中国人民银行当地分支行应于规定时间内对开户银行报送的核准类账户的开户资料的合规性予以审核，符合开户条件的，予以核准，颁发基本存款账户开户许可证。该规定时间为（　　）。
   A. 10个工作日　　　B. 2个工作日
   C. 5个工作日　　　D. 1个工作日

3. 【单选题】（2015年）甲国家机关因结算需要向P银行申请开立基本存款账户。甲国

家机关使用该账户办理付款业务的起始时间是（　　）。
   A. P银行为甲国家机关办理开户手续之日起
   B. 中国人民银行当地分支行核准之日起
   C. 正式开立该账户之日起3个工作日后
   D. 正式开立该账户之日起5个工作日后

4. 【多选题】（2016年）根据支付结算法律制度的规定，下列情形中，存款人应向开户银行提出撤销银行结算账户申请的有（　　）。
   A. 存款人被宣告破产的
   B. 存款人因迁址需要变更开户银行的
   C. 存款人被吊销营业执照的
   D. 存款人被撤并的

5. 【多选题】根据支付结算法律制度的规定，下列非企业类银行结算账户的开立，需要中国人民银行核准的有（　　）。
   A. 基本存款账户
   B. 临时存款账户（因注册验资和增资验资开立的除外）
   C. 预算单位专用存款账户
   D. 个人银行结算账户

6. 【判断题】根据支付结算法律制度的规定，企业银行结算账户，自开立之日起3个工作日后，即可办理收付款业务。（　　）

随学随练参考答案及解析

1. A 【解析】本题考核银行结算账户的撤销。存款人撤销银行结算账户，必须与开户银行核对银行结算账户存款余额，交回各种重要空白票据及结算凭证和开户许可证，银行核对无误后方可办理销户手续，选项A正确，选项B错误；单位的地址发生变更应于5个工作日内书面通知开户银行并提供有关证明，选项C错误；撤销银行结算账户时，应先撤销一般存款账户、专用存款账户、临时存款账户，将账户资金转入基本存款账户后，方可办理基本存款账户的撤销，选项D错误。

2. B 【解析】本题考核开立银行结算账户的审核期限。中国人民银行当地分支行应于

2个工作日内对开户银行报送的核准类账户的开户资料的合规性予以审核。

3. C 【解析】本题考核基本存款账户开立后的付款时间。甲国家机关在P银行开立的基本存款账户，是因"结算需要"，而非"注册验资的临时存款账户转为基本存款账户"，因此应受到生效日的限制，自正式开立之日起3个工作日后，方可办理付款业务。

4. ABCD 【解析】本题考核银行结算账户的撤销情形。有下列情形之一的，存款人应向开户银行提出撤销银行结算账户的申请：①被撤并、解散、宣告破产或关闭的；②注销、被吊销营业执照的；③因迁址需要变更开户银行的；④其他原因需要撤销银行结算账户的。

5. ABC 【解析】本题考核银行结算账户的开立。需要中国人民银行核准的账户包括基本存款账户、临时存款账户（因注册验资和增资验资开立的除外）、预算单位专用存款账户、合格境外机构投资者在境内从事证券投资开立的人民币特殊账户和人民币结算资金账户。

6. × 【解析】本题考核银行结算账户生效时间。根据规定，"企业"银行结算账户，自"开立之日起"即可办理收付款业务。

考点三　单位银行结算账户的具体规定★★

扫我解疑难

考点精讲

一、基本存款账户

（一）性质

（1）基本存款账户是存款人的主办账户。

（2）一个单位只能开立"一个"基本存款账户。

（二）开户存款人资格

特别注意以下常考的五项：

（1）个体工商户出具营业执照后，可以以"字号"或"经营者姓名"开立。

（2）包括**团级（含）以上**的军队、武警部队及分散执勤的支（分）队。

（3）包括异地**"常设"**机构，而非"临时"机构。

『提示』异地临时机构开立的是"临时存款账户"。

（4）包括单位设立的"独立核算"的附属机构（食堂、招待所、幼儿园等）。

（5）包括依法成立的居委会、村委会、社区委员会等。

（三）使用

（1）存款人日常经营活动的资金收付。

（2）存款人工资、奖金。

（3）现金的存取（存现金＋取现金）★★★。

二、一般存款账户

（一）性质

一般存款账户是指存款人因借款或其他结算需要，在**"基本存款账户开户银行以外"**的银行营业机构开立的银行结算账户。

（二）使用范围

（1）存款人借款转存、借款归还和其他结算的资金收付。

（2）可以办理**"现金缴存"**，但不得办理**"现金支取"**。

三、专用存款账户

（一）性质

存款人依法对其**"特定用途"**资金进行专项管理和使用而开立的银行结算账户。

『提示』专用存款账户强调资金"专款专用"。

（二）适用范围（13＋3）

『提示』《企业银行结算账户管理办法》中规定了13项专用存款账户的适用范围，均强调"专款专用"，因条目较多，在此不作具体列示。需要注意的是，纳入专用存款账户管理的资金用途不仅上述13项，在中国人民银行发布的其他规章文件中也有涉及，因此我们再补充3项。

（1）合格境外机构投资者（QFII）境内从事证券投资开立的账户：①人民币特殊账户；②人民币结算资金账户。

（2）商业预付卡的发卡机构必须在商业银行开立"备付金专用存款账户"存放预付资金。

（三）使用

专用存款账户的使用见表3-3。

表3-3　专用存款账户的使用

现金存取问题	专用存款账户
不得现金收付	"单位银行卡"专用存款账户
不得支取	①证券交易结算资金； ②期货交易保证金； ③信托基金专用存款账户； ④"收入汇缴"账户
不得存入	"业务支出"账户

四、临时存款账户

（一）使用范围

（1）设立临时机构。如设立工程指挥部、摄制组、筹备领导小组等。

（2）异地临时经营活动。如建筑施工及安装单位等在异地的临时经营活动。

（3）注册验资、增资。

（4）军队、武警单位承担基本建设或者异地执行作战、演习、抢险救灾、应对突发事件等临时任务。

（二）使用规定

1. 有效期

临时存款账户的有效期"**最长**"不得超过"**2年**"。

2. 支取现金

应按国家现金管理的规定办理。

3. 注册验资的临时存款账户

验资期间"**只收不付**"。

五、预算单位零余额账户

『提示』预算单位零余额账户，可按"**基本存款账户**"或"**专用存款账户**"进行管理。

（一）开户要求

一个基层预算单位开设"**一个**"零余额账户。

（二）开户程序

预算单位应向"**财政部门**"申请开立零余额账户。

（三）使用要求

1. 基本用途

预算单位零余额账户用于"**财政授权支付**"，可以办理**转账**、**提取现金**等结算业务。

2. 划拨资金的限制

不得违反规定向本单位其他账户和上级主管单位及所属下级单位账户划拨资金。预算单位零余额账户可以向本单位按账户管理规定保留的相应账户划拨工会经费、住房公积金及提租补贴，以及财政部门批准的特殊款项。各类单位银行结算账户的使用规定见表3-4。

表3-4　各类单位银行结算账户的使用规定

账户名称		存现	取现
基本存款账户		√	√
一般存款账户		√	×
专用存款账户	单位银行卡账户	×	×
	证券交易结算资金	√	×
	期货交易保证金	√	×
	信托基金	√	×
	收入汇缴	√	×
	业务支出	×	√
临时存款账户	验资	√	×
	其他	√	√
预算单位零余额账户		×	√

注：本表中"√"是"可以"，"×"是"不可以"，下同。

随学随练 ⏱6分钟

1. 【单选题】（2019年）根据支付结算法律制度的规定，临时存款账户的有效期最长不得超过一定期限，该期限为（　　）。

A. 1年　　　　　　B. 10年

C. 5年　　　　　　D. 2年

2. 【单选题】（2019年）未在银行开立账户的W市退役军人事务局，经批准在银行开立了预算单位零余额账户，下列账户种类中，该零余额账户应按其管理的是（　　）。

A. 一般存款账户　　B. 基本存款账户

　　C. 专用存款账户　　D. 临时存款账户

3.【单选题】(2018年)甲地为完成棚户区改造工程，成立了W片区拆迁工程指挥部。为发放拆迁户安置资金，该指挥部向银行申请开立的存款账户的种类( )。

　　A. 基本存款账户　　B. 临时存款账户

　　C. 一般存款账户　　D. 专用存款账户

4.【单选题】(2018年)根据支付结算法律制度的规定，下列专用存款账户中，不能支取现金的是( )。

　　A. 证券交易结算资金专用存款账户

　　B. 社会保障基金专用存款账户

　　C. 住房基金专用存款账户

　　D. 工会经费专用存款账户

5.【单选题】(2017年)根据支付结算法律制度的规定，关于基本存款账户的下列表述中，不正确的是( )。

　　A. 基本存款账户可以办理现金支取业务

　　B. 一个单位只能开立一个基本存款账户

　　C. 单位设立的独立核算的附属机构不得开立基本存款账户

　　D. 基本存款账户是存款人的主办账户

6.【单选题】(2016年)某电影制作企业临时到外地拍摄，其在外地设立的摄制组可以开立的账户是( )。

　　A. 基本存款账户　　B. 一般存款账户

　　C. 专用存款账户　　D. 临时存款账户

7.【单选题】(2014年)根据支付结算法律制度的规定，下列关于预算单位零余额账户的使用，说法正确的是( )。

　　A. 不得支取现金

　　B. 可以向所属下级单位账户划拨资金

　　C. 可以向上级主管单位账户划拨资金

　　D. 可以向本单位按账户管理规定保留的相应账户划拨工会经费

8.【多选题】(2015年)下列银行结算账户中，可以支取现金的有( )。

　　A. 基本存款账户　　B. 一般存款账户

　　C. 临时存款账户　　D. 单位银行卡账户

9.【判断题】(2019年)一个单位只能申请开立一个银行基本存款账户。　　　( )

随学随练参考答案及解析

1. D 【解析】本题考核存款账户的最长期限。临时存款账户应根据有关开户证明文件确定的期限或存款人的需要确定其有效期限，最长不得超过2年。

2. B 【解析】本题考核预算单位零余额账户的性质。预算单位未开立基本存款账户，或者原基本存款账户在国库集中支付改革后已按照财政部门的要求撤销的，经同级财政部门批准，预算单位零余额账户作为基本存款账户管理。

3. D 【解析】本题考核专用存款账户的开立。发放拆迁户安置资金，开立专用存款账户，专款管理。

4. A 【解析】本题考核专用存款账户的使用。证券交易结算资金、期货交易保证金和信托基金专用存款账户不得支取现金。

5. C 【解析】本题考核基本存款账户的开立。单位设立的独立核算的附属机构，包括食堂、招待所、幼儿园，可以申请开立基本存款账户。

6. D 【解析】本题考核临时存款账户的开立。设立临时机构，如设立工程指挥部、摄制组、筹办领导小组等，可以开立临时存款账户。

7. D 【解析】本题考核预算单位零余额账户的使用。选项A，预算单位零余额账户可以办理转账"提取现金"等结算业务；选项B和选项C，预算单位零余额账户不得违反规定向"本单位其他账户"和"上级主管单位""所属下级单位账户"划拨资金；选项D，预算单位零余额账户可以向本单位按账户管理规定保留的相应账户划拨工会经费、住房公积金及提租补贴，以及财政部门批准的特殊款项。

8. AC 【解析】本题考核各项银行结算账户的使用。选项A，存款人日常经营活动的资金收付，以及工资、奖金和现金支取应通过基本存款账户办理；选项 B，一般存款账户可以办理现金缴存，但不得办理现金支取；选项 C，临时存款账户可以支取现金，但应当按照国家现金管理的规定办理；选项 D，单位银行卡账户的资金必须由基本存款账户转入，该账户不得办理现金收付业务。

9. √ 【解析】本题考核基本存款账户的开立。一个单位只能选择一家银行的一个营业机构开立一个基本存款账户，不得同时开立多个基本存款账户。

考点四　个人银行结算账户的具体规定★★

扫我解疑难

一、个人银行结算账户的开户

（一）个人银行结算账户的开户证明文件

1. 有效身份证件

存款人申请开立个人银行结算账户时，应向银行出具本人有效身份证件。

2. 辅助身份证明材料

银行通过有效身份证件无法准确判断开户申请人身份的，应要求其出具辅助身份证明材料。

有效身份证明与辅助身份证明材料具有区分，个人银行结算账户开户的证明文件如表 3-5 所列示。

表 3-5　个人银行结算账户开户的证明文件

开户人		有效身份证件	辅助身份证明
大陆居民	境内常住户口	居民身份证 『提示』不满 16 周岁的，可以使用户口簿	户口簿、护照、机动车驾驶证、居住证、社会保障卡、军人和武装警察身份证件、公安机关出具的户籍证明、工作证
	定居国外	中国护照	定居国外的证明文件
港澳居民		往来内地通行证、港澳居民居住证	香港、澳门居民身份证
台湾居民		来往大陆通行证、台湾居民居住证	台湾居住的有效身份证明
外国籍公民		护照或者外国人永久居留证	外国居民身份证、使领馆人员身份证件或者机动车驾驶证等其他带有照片的身份证件

『提示 1』军人、武装警察尚未领取居民身份证的，除出具军人和武装警察身份证件外，还应出具军人保障卡或所在单位开具的尚未领取居民身份证的证明材料。

『提示 2』上述人员的完税证明、水电煤缴费单等税费凭证，可作为辅助身份证明

（二）开户方式与程序

1. 三类账户的开户方式

个人银行结算账户三类账户的开立如表 3-6 所示。

表 3-6　个人银行结算账户三类账户的开立

开户渠道	开立账户类型
银行柜面	I 类户、II 类户、III 类户 『提示 1』个人开立 II、III 类户，可以绑定 I 类户或者信用卡账户进行身份验证，不得绑定非银行支付机构开立的支付账户进行身份验证。 『提示 2』在银行柜面开立的，则无须绑定 I 类账户或者信用卡账户进行身份验证

开户渠道		开立账户类型
自助机具	现场核验	Ⅰ类户、Ⅱ类户、Ⅲ类户
	未现场核验	Ⅱ类户、Ⅲ类户
电子渠道		Ⅱ类户、Ⅲ类户

『提示』Ⅰ类户相当于"金库"；Ⅱ类户相当于"钱包"；Ⅲ类户相当于"零钱包"。如同潜水艇的"隔舱"，分类管理能有效降低个人网上结算与消费的资金风险。

2. 开户程序

原则上应由开户申请人"本人"办理；符合条件的，可以由他人代理办理。代理开户的要求如表3-7所示。

表3-7　代理开户的要求

情形	要求
出具证明的形式	①代理人应出具"代理人、被代理人的有效身份证件"以及合法的"委托书"等；②银行认为有必要的，应要求代理人出具证明代理关系的"公证书"
单位为代理人	被代理人（个人）持本人有效身份证件到开户银行办理激活手续前，"只收不付"
监护人为代理人	无民事行为能力或限制民事行为能力的开户申请人，由法定代理人或者人民法院等有关部门依法指定的人员代理办理

二、个人银行结算账户的使用

（一）结算款项（11项）

『提示』只要是合法款项，均可使用个人银行结算账户办理转账收付和现金存取。禁止"公款私存"。

（二）单位向个人银行结算账户付款的限制

1. 金额

每笔"超过5万元"的，应向其开户银行提供"付款依据"。

2. 完税证明

税收代扣单位付款时应向其开户银行提供完税证明。

（三）Ⅱ类户与Ⅲ类户的使用限制

个人银行结算账户Ⅱ类户与Ⅲ类户的使用限制如表3-8所示。

表3-8　个人银行结算账户Ⅱ类户与Ⅲ类户的使用限制

用途			Ⅱ类账户	Ⅲ类账户
购买理财			可购买、无限制	不可购买
贷款发放、归还			①开户银行贷款；②不受限额限制	不可贷款
银行卡实体卡片			可配发	不可配发
转账	绑定账户	转入	无限制	无限制（余额限2 000元）
		转出	无限制	无限制
转账	非绑定账户	转入	①现场核验；②日累计1万元、年累计20万元	现场核验
		转出	①可自助办理；②日累计1万元、年累计20万元	可自助办理

用途	Ⅱ类账户	Ⅲ类账户
存取现金	①现场核验； ②日累计1万元、年累计20万元	不可以
限额缴费、限额消费	①自助办理； ②日累计1万元、年累计20万元	可自助办理

随学随练 限时4分钟

1. 【单选题】(2018年)根据个人银行结算账户实名制的要求，下列人员出具的身份证件中，不属于在境内银行申请开立个人银行账户的有效身份证件是( )。

A. 20周岁的吴某出具的机动车驾驶证

B. 定居美国的周某出具的中国护照

C. 25周岁的王某出具的居民身份证

D. 15周岁的学生赵某出具的户口簿

2. 【单选题】(2017年)甲拟通过电子渠道申请开立两个个人银行存款账户，根据规定，下列选项中，甲可以成功开立的是( )。

A. Ⅰ类银行账户和Ⅱ类银行账户

B. Ⅰ类银行账户和Ⅲ类银行账户

C. Ⅱ类银行账户和Ⅲ类银行账户

D. 两个均为Ⅰ类银行账户

3. 【判断题】(2019年)通过手机银行等电子渠道受理开户申请的，银行可为开户申请人开立Ⅰ类账户。( )

4. 【判断题】(2019年)新入学大学生开立交学费的个人银行结算账户，可由所在大学代理。( )

随学随练参考答案及解析

1. A 【解析】本题考核个人银行结算账户的开立资料。有效身份证件包括：①在中华人民共和国境内已登记常住户口的中国公民为居民身份证(选项C)；不满16周岁的，可以使用居民身份证或户口簿(选项D)。②香港、澳门特别行政区居民为港澳居民往来内地通行证。③台湾地区居民为台湾居民来往大陆通行证。④国外的中国公民为中国护照(选项B)。⑤外国公民为护照或者外国人永久居留证。机动车驾驶证属于辅助身份证明材料。

2. C 【解析】本题考核个人银行结算账户的开立。根据规定，电子渠道开立账户，是指通过网上银行和手机银行等电子渠道受理银行账户开户申请的，银行可以为申请人开立Ⅱ类银行账户和Ⅲ类银行账户。

3. × 【解析】本题考核个人银行结算账户的开立。通过网上银行和手机银行等电子渠道受理银行账户开户申请的，银行可为开户申请人开立Ⅱ类或Ⅲ类户。

4. √ 【解析】本题考核个人银行结算账户的开立。开立申请人开立个人银行账户或办理其他个人银行账户业务，原则上应当由开户申请人本人亲自办理；符合条件的，可以由他人代理办理。

考点五 银行结算账户的管理 ★

扫我解疑难

考点精讲

一、实名制管理

(一)基本要求

存款人应当以"实名开立"银行结算账户，并对其出具的开户(变更、撤销)申请资料实质内容的真实性负责，但法律、行政法规另有规定的除外。

（二）不得利用银行账户从事违法行为

不得出租、出借银行结算账户和利用银行结算账户套取银行信用或洗钱。

二、预留银行签章管理

（一）遗失签章

1. 单位遗失预留公章或财务专用章

应向开户银行出具：

（1）书面申请；

（2）开户许可证；

（3）营业执照。

2. 个人遗失预留个人印章

应向开户银行出具：

（1）经签名确认的书面申请；

（2）签字人的个人身份证件。

（二）更换签章

1. 单位更换预留公章、财务专用章

（1）有原印章的。

书面申请+原预留公章、财务专用章。

（2）无法提供原印章的。

书面申请+原印鉴卡片+开户许可证+营业执照正本+司法部门的证明

2. 个人更换个人印章或更换签字人

应向开户银行出具：

（1）经签名确认的书面申请；

（2）签字人的个人身份证件。

3. 单位存款人申请更换预留个人签章

（1）法定代表人或单位负责人直接办理。

加盖单位公章的书面申请+身份证件

（2）授权"他人"办理。

加盖单位公章的书面申请+法定代表人或单位负责人身份证件+授权委托书+被授权人的身份证件

📓 随学随练 ⏱3分钟

1. 【单选题】（2017年）根据支付结算法律制度的规定，关于银行结算账户管理的下列表述中，不正确的是（　）。

A. 存款人可以出借银行结算账户

B. 存款人不得出租银行结算账户

C. 存款人应当以实名开立银行结算账户

D. 存款人不得利用银行结算账户洗钱

2. 【多选题】（2018年）甲公司预留银行单位公章不慎丢失，向开户银行申请更换印章。下列文件中，甲公司应向开户银行出具的有（　）。

A. 开户许可证

B. 营业执照正本

C. 司法部门的证明

D. 原印鉴卡片

3. 【多选题】（2016年）甲公司法定代表人为李某，其授权的代理人为张某。下列关于甲公司到开户银行办理银行手续的表述中，正确的有（　）。

A. 申请临时存款账户展期，张某不能办理

B. 变更银行结算账户事项，可由张某办理

C. 申请补发开户许可证，可由张某办理

D. 撤销单位银行结算账户，张某不能办理

📝 随学随练参考答案及解析

1. A 【解析】本题考核银行结算账户的管理。存款人应当按照账户管理规定使用银行结算账户办理结算业务，不得出租、出借银行结算账户，不得利用银行结算账户套取银行信用或进行洗钱活动。

2. ABCD 【解析】本题考核预留银行签章管理。单位存款人申请更换预留公章或财务专用章但无法提供原预留公章或财务专用章的，应向开户银行出具原印鉴卡片、开户许可证、营业执照正本、司法部门的证明等相关证明文件。

3. BC 【解析】本题银行结算账户的管理。存款人申请临时存款账户展期，变更、撤销单位银行结算账户以及补（换）发开户许可证时，可由法定代表人或单位负责人直接办理，也可授权他人办理。

模块三　票据结算方式

票据的种类如图 3.5 所示。

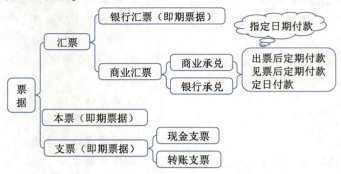

图 3.5　票据的种类

【图示说明】票据可分为即期票据和远期票据。在指定日期付款的是远期票据，见票即付的是即期票据。所谓见票即付，是从出票日起，持票人即可选择一个时间向付款人提示付款，持票人见到票据时即要付款，而不是指定一个出票日以后的时点为"到期日"，在到期日之后才能要求付款。需注意，汇票中的远期汇票（商业承兑汇票、银行承兑汇票)一是具有信用功能，持票人只能在指定日期才可获得票据款项兑付；二是具有融资功能，可以在到期日之前依法向金融机构申请贴现。此外，远期票据中才涉及"承兑"制度。

票据法律关系的形成与三要素如图 3.6 所示。

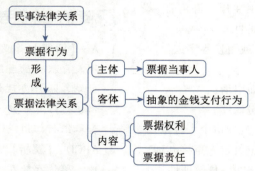

图 3.6　票据法律关系的形成与三要素

【图示说明】民事法律关系，如交易合同中会约定债务人一方以票据结算作为履行义务的方式。债务人通过签发、背书等"票据行为"产生一系列票据法律关系。正如我们在第一章总论中关于"法律关系"的学习，票据法律关系也可以产生主体、客体和内容三要素，分别对应我们将要学习的"票据当事人""票据权利"和"票据责任"等内容。

考点一　票据当事人

扫我解疑难

考点精讲

票据当事人包括基本当事人和非基本当事人。

汇票和支票的基本当事人有出票人、收款人与付款人；本票的基本当事人包括出票人与收款人。票据的当事人如表 3-9 所示。

表 3-9　票据的当事人

当事人		含义	各种票据基本当事人	
基本当事人	出票人	依法定方式签发票据并将票据交付给收款人的人	银行汇票	银行
			商业汇票	银行以外的企业和其他组织
			银行本票	出票银行
			支票	在银行开立支票存款账户的企业、其他组织和个人
	付款人	由出票人委托付款或自行承担付款责任的人	商业承兑汇票	合同中应给付款项的一方当事人，也是该汇票的承兑人
			银行承兑汇票	承兑银行
			本票	出票银行
			支票	出票人的开户银行
	收款人	票据正面记载的日期到期后有权收取票据所载金额的人	—	
非基本当事人	承兑人	接受汇票出票人的付款委托，同意承担支付票款义务的人，是汇票主债务人	—	
	背书人与被背书人	背书人是指在转让票据时，在票据背面或粘单上签字或盖章，并将该票据交付给受让人的票据收款人或持有人	—	
	保证人	为票据债务提供担保的人，由票据债务人以外的第三人担当	—	

『提示1』对于银行汇票、本票和支票不存在承兑人。

『提示2』本票的出票人与付款人一致，所以基本当事人只有两个

随学随练 ⏱3分钟

1. 【单选题】（2018年）根据支付结算法律制度的规定，下列关于票据付款人的表述中正确的是（　）。
   A. 支票的付款人是出票人
   B. 商业承兑汇票的付款人是承兑人
   C. 银行汇票的付款人是申请人
   D. 银行承兑汇票的付款人是出票人

2. 【单选题】（2015年）根据票据法律制度的规定，以下票据的付款人不是银行的是（　）。
   A. 支票
   B. 商业承兑汇票
   C. 银行承兑汇票
   D. 银行本票

3. 【单选题】下列选项中，属于票据基本当事人的是（　）。
   A. 背书人
   B. 出票人
   C. 保证人
   D. 被背书人

随学随练参考答案及解析

1. B 【解析】本题考核票据当事人。选项A，支票的出票人，为在银行开立支票存款账户的企业、其他组织和个人，支票的付款人是出票人的开户银行；选项C，银行汇票的付款人是出票银行；选项D，银行承兑汇票的付款人是承兑银行。

2. B 【解析】本题考核票据的付款人。选项A，支票的付款人是出票人的开户银行；选项B，商业承兑汇票的付款人为其承兑人，即非银行的商业主体；选项C，银行

承兑汇票的付款人是承兑银行；选项 D，银行本票的付款人是出票银行。

3. B 【解析】本题考核票据当事人。票据当事人包括基本当事人和非基本当事人。汇票和支票的基本当事人有出票人、收款人与付款人；本票的基本当事人包括出票人与收款人。

考点二　票据权利★★

扫我解疑难

考点精讲

一、票据权利的种类

（一）付款请求权

第一顺序权利：持票人向汇票的承兑人、本票的出票人、支票的付款人出示票据要求付款的权利。

（二）追索权

第二顺序权利：票据当事人行使付款请求权被拒绝或其他法定原因存在时，向其前手请求偿还票据金额及其他法定费用的权利。

二、票据权利的取得

（一）基础关系的要求

签发、取得和转让票据，应当遵守诚实信用的原则，具有真实的交易关系和债权债务关系。

（二）基于**"对价"**而取得

票据的取得，必须给付对价。

【示例】A 公司与 B 公司订立 100 万元的买卖合同，A 公司为此向 B 公司签发一张 100 万元的商业汇票。B 公司取得票据的方式是向 A 公司发出了 100 万元的货物，该货物即为取得票据的"对价"，B 公司可以获得票据权利。

（三）不享有票据权利的情形

（1）因**"欺诈、偷盗、胁迫"**或者明知有前列情形，出于**"恶意"**取得票据的，不得享有票据权利。

【示例】B 公司通过欺诈方式获得 A 公司向其签发的一张 100 万元商业汇票，B 公司不得享有票据权利。

（2）持票人因**"重大过失"**取得不符合《中华人民共和国票据法》规定的票据的，也不得享有票据权利。

（四）基于**"无偿"**而取得的情形

因**"税收、继承、赠与"**可以依法无偿取得票据的，则不受给付对价的限制，但是所享有的票据权利**"不得优于其前手"**的权利。票据流通与对价关系如图 3.7 所示。

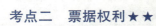

图 3.7　票据流通与对价关系

【图示说明】C 通过欺诈方式获得 B 的票据，因此 C 不享有票据权利。C 又将票据"赠与"D，由于 D 是"无偿取得"票据，其票据权利不得优于其直接前手 C，C 不享有票据权利，D 也不享有票据权利。

三、票据权利的行使与保全

票据权利的行使是指持票人请求票据的付款人支付票据金额的行为。票据权利行使和保全的方法通常包括**"按期提示"**和**"依法证明"**两种。

四、票据权利丧失补救

票据丧失后，可以采取挂失止付、公示催告、普通诉讼三种形式进行补救。

（一）挂失止付

挂失止付并非票据丧失后采取的必经措施，而只是一种暂时的预防措施。

1. 可挂失止付的票据种类

只有确定"付款人或代理付款人"的票据丧失时才可进行挂失止付。

包括：

（1）已承兑的商业汇票；

（2）支票；

（3）填明**"现金"**字样和**"代理付款人"**的**银行汇票**；

（4）填明**"现金"**字样的**银行本票**。

2. 程序

（1）付款人或者代理付款人收到挂失止付通知书后，查明挂失票据确未付款时，应立即暂停付款。

（2）付款人或者代理付款人自收到挂失止付通知书之日起"12日内"没有收到人民法院的止付通知书的，自"第13日"起，**不再承担**止付责任。

『提示』承兑人或者承兑人开户行收到挂失止付通知或者公示催告等司法文书并确认相关票据未付款的，应当于当日依法暂停支付并在票据市场基础设施登记或者委托开户行在票据市场基础设施登记相关信息。

（二）公示催告

【链接1】公示催告属于民事诉讼的适用范围，是非讼案件的一种。

【链接2】票据纠纷的特殊地域管辖之一是"支付地"的人民法院。

公示催告流程示意图见图3.8。

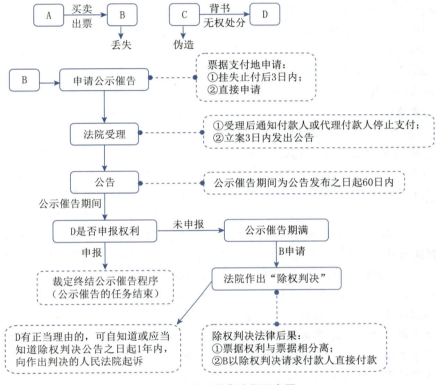

图3.8 公示催告流程示意图

【图示说明】公示催告是通过司法程序对丧失票据所采取的救济措施，其目的之一是可以暂时停止支付，防止票据款项被冒领；二是查找利害关系人。利害关系人出现的，终结公示催告程序，失票人再与利害关系人通过确权诉讼解决彼此争议。催告期限结束利害关系人未出现的，经申请人依法申请，人民法院可作出"除权判决"，该判决可使票据与票据权利相分离。

（三）普通诉讼

（1）丧失票据的人为原告，以承兑人或出票人为被告，请求法院判决其向失票人付款的诉讼活动。

（2）如果与票据上的权利有利害关系的人是明确的，无须公示催告，可按一般的票据纠纷向法院提起诉讼。

随学随练 5分钟

1.【单选题】（2019年）根据支付结算法律制度的规定，失票后持有人可以办理挂失止付的是（ ）。

A. 未承兑的商业汇票

B. 支票

C. 未填写代理付款行的银行汇票

D. 转账银行本票

2. 【单选题】（2016年）张某因采购货物签发一张票据给王某，胡某从王某处窃取该票据，陈某明知胡某系窃取所得但仍受让该票据，并将其赠与不知情的黄某，下列取得票据的当事人中，享有票据权利的是(   )。

A. 王某　　　　　B. 胡某

C. 陈某　　　　　D. 黄某

3. 【单选题】（2015年）下列关于票据权利丧失救济的表述中，不正确的是(   )。

A. 可以申请挂失止付的票据包括，已承兑的商业汇票、支票、填明"现金"字样和代理付款人的银行汇票以及填明"现金"字样的银行本票四种

B. 付款人或者代理付款人自收到挂失止付通知之日起12日内没有收到人民法院的止付通知书的，自第13日起，不再承担止付责任，持票人提示付款即依法向持票人付款

C. 失票人应当在通知挂失止付后的3日内依法向票据支付地的人民法院申请公示催告，不能不通知挂失止付而直接申请公示催告

D. 在公示催告期间，转让票据权利的行为无效，以公示催告的票据质押、贴现而接受该票据的持票人主张票据权利的，人民法院不予支持，但公示催告期间届满以后人民法院作出除权判决以前取得该票据的除外

4. 【多选题】（2018年）根据《中华人民共和国票据法》的规定，票据持有人有下列(   )情形，不得享有票据权利。

A. 以欺诈、偷盗、胁迫等手段取得票据的

B. 明知前手欺诈、偷盗、胁迫等手段取得票据而出于恶意取得票据的

C. 因重大过失取得不符合《中华人民共和国票据法》规定的票据

D. 自合法取得票据的前手处因赠与取得票据的

5. 【多选题】（2016年、2008年）根据票据法

律制度的规定，下列各项中，属于票据丧失后可以采取的补救措施有(   )。

A. 挂失止付　　　B. 公示催告

C. 普通诉讼　　　D. 仲裁

随学随练参考答案及解析

1. B 【解析】本题考核票据的挂失止付。已承兑的商业汇票、支票、填明"现金"字样和代理付款人的银行汇票以及填明"现金"字样的银行本票可以挂失支付。

2. A 【解析】本题考核票据权利的取得。持票人以欺诈、偷盗或者胁迫等手段取得票据的，或者明知有上述情形，出于恶意取得票据的，不享有票据权利。胡某和陈某均不享有票据权利；因税收、继承、赠与可以依法无偿取得票据的，票据权利不得优于其前手。黄某虽然是善意不知情的，但是其未支付合理对价，其票据权利不优于其前手陈某，故黄某不享有票据权利。

3. C 【解析】本题考核票据权利丧失的补救措施。挂失止付不是票据丧失后采取的必经措施，所以可以直接申请公示催告。

4. ABC 【解析】本题考核票据权利的取得。取得票据不享有票据权利的情形：①以欺诈、偷盗或者胁迫等手段取得票据的，或者明知有上述情形，出于恶意取得票据的；②持票人因重大过失取得不符合《中华人民共和国票据法》规定的票据的。

5. ABC 【解析】本题考核票据权利丧失的补救措施。票据丧失后可以采取挂失止付、公示催告、普通诉讼三种形式进行补救。

考点三　票据责任

扫我解疑难

考点精讲

一、概念

票据责任是指票据债务人向持票人支付票据金额的义务。

二、责任人

（1）"汇票承兑人"因承兑而承担付款义务。

（2）"本票的出票人"因出票而承担自己付款的义务。

（3）"支票的付款人"在与出票人有资金关系时承担付款义务。

（4）汇票、本票、支票的"背书人"、汇票的出票人和保证人、支票的出票人，在票据不获承兑或不获付款时承担付款义务。

三、提示付款

持票人应在规定的"提示付款期限内"提示付款。

『提示』涉及票据所有期限的规定，见考点五详述。

四、付款人付款

（一）当日足额付款

持票人依照规定提示付款的，付款人"必须在当日"足额付款。

（二）付款审查

（1）应当审查票据背书的连续。

（2）应当审查提示付款人合法身份证明或者有效证件。

五、票据责任解除

付款人依法足额付款后，全体票据债务人的责任解除。

六、票据的抗辩 ★★★

（一）概念

票据债务人在法定情形下，可以对票据权利人拒绝履行义务。

『提示』"抗辩权"并不否定对方的请求权。持票人行使票据权利的请求权，相当于攻击的"矛"。满足特定条件下，票据债务人享有"持盾"的权利，这个"盾"可以阻挡持票人的"矛"，即有权对持票人行使抗辩权，拒绝承担票据债务。

（二）抗辩权的行使条件

票据债务人可以对不履行约定义务与自己有"直接"债权债务关系的持票人进行抗辩，如图 3.9 所示。

图 3.9　票据抗辩权

【图示说明】A 向 B 购买货物，A 向 B 签发票据，B 向 A 主张票据权利时，A 可以以 B 未按合同规定交付货物为由进行抗辩。原因关系中的抗辩只能对抗直接当事人（A 与 B 之间）。

（三）票据抗辩的限制

（1）票据债务人"不得"以"自己"与"出票人"之间的抗辩事由对抗持票人，如图 3.10 所示。

图 3.10　票据抗辩权的限制类别 1

【图示说明】A 向 B 购买货物，A 向 B 签发票据，由甲作为承兑人，即"票据债务人"。因 A 未履行与甲之间的承兑协议，未将资金交付于甲。若 B 向甲行使付款请求权，承兑人甲不能以其与 A 之间的"资金关系"，对抗 B 的付款请求权。

（2）票据债务人"不得"以"自己"与"持票人的前手"之间的抗辩事由对抗持票人，如图 3.11 所示。

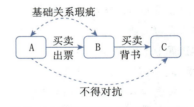

图 3.11　票据抗辩权的限制类别 2

【图示说明】A 向 B 购买货物，A 向 B 签发票据，由 A 作为承兑人，即"票据债务人"。B 未向 A 发出货物。B 将票据背书给 C，C 为善意且支付了对价的持票人，票据债务人 A 不能以其与 B 之间的"基础关系抗辩事由"对抗 C 的票据权利。此举目的是保证票据这种有价证券的"流通效率"，即 A 与 B 之间的"恩怨"不会延续至 C。

（四）票据抗辩限制的除外

持票人"明知"存在抗辩事由而取得票据的，票据债务人有权对持票人行使票据抗辩权。

『提示』再次重申，持票人的请求权为"矛"，票据债务人的抗辩权为"盾"，此处理解应注意逻辑层次关系。第一，法定情况下，票据债务人"有权举盾"；第二，票据抗辩法定限制的情况，票据债务人对"特定持票人""不能举盾"。第三，票据法定抗辩限制的"反限制"情况下，票据债务人对"特定持票人"仍然"有权举盾"。

【示例】 若上述图 3.10 中的"B"与图 3.11 中的"C"明知其前手存在抗辩事由而取得票据的，则票据债务人有权向其行使票据抗辩权。

随学随练 限时3分钟

1. 【单选题】甲公司向乙公司签发一张商业承兑汇票，由甲公司承兑。乙公司为支付货款将汇票背书给丙公司，丙公司为归还借款将汇票背书给丁公司。乙公司未按合同约定向甲公司发出货物。根据规定，甲公司可以对其行使票据抗辩的是（ ）。

   A. 丁公司付款请求权

   B. 丁公司的追索权

   C. 丙公司的再追索权

   D. 乙公司的再追索权

2. 【多选题】（2017 年）下列主体中，应当向持票人承担票据责任的有（ ）。

   A. 空头支票出票人的开户行 Q 银行

   B. 不获承兑的汇票出票人乙公司

   C. 签发银行本票的 P 银行

   D. 对汇票予以承兑的甲公司

3. 【多选题】下列关于票据责任的表述中，错误的有（ ）。

   A. 票据债务人不得以自己与出票人或者与持票人的前手之间的抗辩事由对抗持票人

B. 持票人明知前手之间存在抗辩事由而取得票据的，票据债务人有权对持票人行使票据抗辩权

C. 付款人依法足额付款后，背书人的票据责任解除，出票人票据责任依然存在

D. 持票人依照规定提示付款的，付款人审查无误，应当在 3 个工作日内足额付款

随学随练参考答案及解析

1. D 【解析】本题考核票据的抗辩。根据规定，票据债务人不得以自己与"持票人的前手"之间的抗辩事由对抗持票人，甲公司作为票据债务人，不得以自己与乙公司的抗辩事由对抗丙公司。丙公司为票据权利人，将票据背书给丁公司，丁公司亦为票据权利人，甲公司亦不能对抗丁公司的付款请求权。票据债务人可以对不履行约定义务与自己有"直接"债权债务关系的持票人进行抗辩，由于甲公司与乙公司之间有直接债权债务关系，因此乙未向甲公司发货，甲可以该抗辩事由来对抗乙的票据权利。

2. BCD 【解析】本题考核票据债务人。选项 A，出票人签发空头支票的，出票人的开户行，不承担票据责任。

3. CD 【解析】本题考核票据责任的相关规定。选项 C 错误，付款人依法足额付款后，全体票据债务人的责任解除；选项 D 错误，持票人依照规定提示付款的，付款人"必须在当日"足额付款。

考点四　票据行为

扫我解疑难

考点精讲

票据行为是指以在票据上"签名或盖章"为权利义务成立要件的法律行为。

票据行为包括"出票、承兑、背书和保证"。

『提示』票据行为不包括"提示付款、行

使追索权和付款人付款"，注意这些在选择题中的区分。

一、出票行为 ★★

（一）概念

出票是指出票人"签发"票据并将其"交付"给收款人的票据行为。

（二）票据记载事项

『提示』记载事项作为一种"形式要件"，是票据行为必须具备票据法所规定的要式性条件，满足法定规定形式条件的，票据行为才能生效。

票据记载事项见表3-10。

表3-10　票据记载事项

记载事项	具体内容
必须记载事项	如不记载，票据行为即为无效的事项。 【示例】《中华人民共和国票据法》规定汇票、本票、支票的出票行为的必须记载事项，违反规定的，出票行为无效
相对记载事项	如果未记载，由法律另做相应规定予以明确，并不影响票据的效力。 『提示』相对记载事项也属于应该记载事项，但是如果未记载，适用法律的有关规定而不使票据失效。即有记载，按记载；无记载，按法定
任意记载事项	不强制当事人必须记载而允许当事人自行选择，不记载时不影响票据效力，记载时则产生票据效力的事项。 【示例】出票人的出票行为和背书人的背书行为中记载"不得转让"字样
记载不产生《中华人民共和国票据法》上效力的事项	不具有票据关系的效力，但可以具有原因关系或资金关系等基础关系层面的效力。 【示例】背书附有条件，所附条件不具有汇票上的效力

（三）出票的效力

出票人签发票据后，即承担该票据"承兑或付款"的责任。

二、背书行为 ★★★

背书是在票据背面或者粘单上记载有关事项并签章的行为。

（一）背书的种类

1. 转让背书

以转让"票据权利"为目的的背书。

2. 非转让背书

授予他人行使一定的票据权利为目的的背书。具体包括"委托收款背书"和"质押背书"。

（二）背书记载事项

背书记载事项见表3-11。

表3-11　背书记载事项

背书种类		必须记载事项	相对记载事项
转让背书		①背书人签章； ②被背书人名称。 【特殊】背书人未记载被背书人名称即将票据交付他人的，持票人在票据被背书人栏内记载自己的名称与背书人记载具有同等法律效力	背书未记载"背书日期"的，视为在票据"到期日前"背书
非转让背书	质押背书	①"质押"字样； ②出质人签章； ③质权人名称	
	委托收款背书	①"委托收款"字样； ②背书人签章； ③被背书人名称	

转让背书与非转让背书格式如图 3.12 所示。

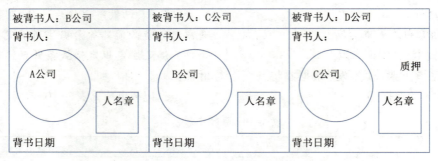

图 3.12　转让背书与非转让背书格式

【图示说明】第一次背书为 A 公司将票据背书给 B 公司；第二次背书为 B 公司将票据背书给 C 公司；第三次背书为 C 公司将票据质押给 D 公司。第一次背书和第二次背书为"转让背书"，第三次背书为"非转让背书"。

（三）粘单的使用

『提示』粘单(zhān dān)

（1）票据凭证不能满足背书人记载事项的需要，可以加附粘单，粘附于票据凭证上。

（2）粘单上的"第一记载人"，应当在"票据"和"粘单的粘接处"签章。

『提示』谁贴粘单，谁盖骑缝章，谁是粘单上的第一背书记载人。

（四）背书连续的界定和举证

1. 认定

票据转让中，转让汇票的背书人与受让汇票的被背书人在汇票上的签章依次前后衔接，背书连续示意如图 3.13 所示。

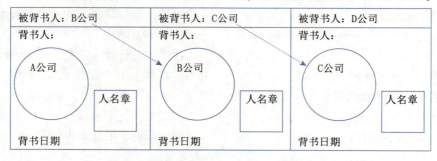

图 3.13　背书连续示意

【图示说明】上图中"斜箭头"对应位置的相应名称，应为同一主体，此为票据形式上的背书连续。

2. 以背书方式转让的汇票

（1）以背书转让的汇票，背书应当连续。

（2）持票人以背书的连续，证明其汇票权利。

3. 非经背书转让的汇票

非经背书转让，而以"其他合法方式"取得汇票的，依法举证，证明其汇票权利。

『提示』其他合法方式，如税收、继承、赠与、企业合并等方式。

（五）背书的效力

背书人以背书转让票据后，即承担保证其后手所持票据"承兑和付款"的责任。

（六）背书的特别规定

1. 条件背书

背书附有条件。背书时附有条件的，所附条件不具有票据上的效力。

『提示 1』背书人记载"不得转让"字样，这是任意记载事项，有票据法效力，并非附条件。

『提示 2』特别注意"背书有效"，所附条件无效。

【示例】张三作为背书人在票据背面记载"如果你今晚跟我吃饭，我就承担票据责任"，此为附条件背书。

2. 部分背书

将票据金额的一部分转让的背书或者将票据金额分别转让给二人以上的背书无效。

『提示』部分背书属于无效背书。

3. 禁转背书

背书人在汇票上记载"不得转让"字样，其后手再背书转让的，"原背书人"对"后手"的"被背书人"不承担保证责任，禁止背书的记载如图3.14所示。

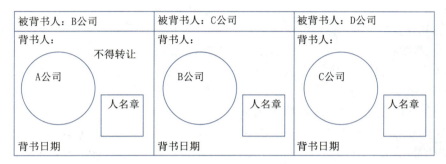

图 3.14　禁止背书的记载

【图示说明】A 将票据背书给 B 的同时记载了"不得转让"字样。B 将票据背书给 C 的，则 A 对 B 的后手 C 不承担担保承兑与担保付款的责任。即 C 若被拒绝承兑或被拒绝付款时，无权向 A 追索，但仍可以向 B 追索。B 若承担票据责任后，仍可以向 A 追索。

4. 期后背书

票据"被拒绝承兑、被拒绝付款或超过付款提示期限"的，不得背书转让；背书转让的，背书人应当承担票据责任。

『提示』《中华人民共和国票据法》理论中，将被拒绝承兑和被拒绝付款后的背书与超过提示付款期限的背书，统称为"期后背书"。

三、承兑行为★★

承兑是指汇票付款人承诺在汇票到期日支付汇票金额的票据行为。

『提示』承兑是远期汇票特有的规则。见票即付的汇票、本票、支票均为"见票即付"，不存在承兑。

(一)承兑程序

(1)商业汇票的付款人接到出票人或持票人向其提示承兑的汇票时，应当向出票人或持票人签发收到汇票的回单。

(2)付款人应当在自收到提示承兑的汇票之日起"3 日内"承兑或者拒绝承兑。

(3)付款人拒绝承兑的，必须出具拒绝承兑的证明。

(二)承兑记载事项

1. 必须记载事项

(1)应当在汇票正面记载"承兑"字样并签章。

(2)见票后定期付款的汇票，应当在承兑时记载付款日期。

2. 相对记载事项

汇票上未记载"承兑日期"的，以收到提示承兑的汇票之日起"第 3 日"为承兑日期。

3. 不得记载的事项

付款人承兑汇票，不得附有条件；承兑附有条件的，视为"拒绝承兑"。

(三)承兑的法律效力

付款人承兑汇票后，应当承担到期付款的责任。

『提示』汇票一经承兑，承兑人即成为汇票的主债务人。

四、保证行为

票据债务人以外的人，为担保特定债务人履行票据债务而在票据上记载有关事项并签章的行为。

【示例】A 公司向 B 公司签发一张 100 万元的票据，B 公司将票据转让给 C，在该转让中，甲为 B 公司的背书行为提供保证，此时甲为 B 公司背书行为的保证人。A 公司与 B

公司均为票据债务人，不能成为保证人。

（一）票据保证人资格

1. 基本要求

保证人是"票据债务人以外"的人。

『提示』商业承兑汇票中，出票人可以是承兑人。

2. 不得担任保证人的主体

（1）国家机关；

（2）以公益为目的的事业单位、社会团体；

（3）企业法人的分支机构（未取得书面授权）；

（4）职能部门。

（二）保证的记载事项

1. 必须记载事项

保证人必须在汇票或者粘单上记载下列事项：

（1）表明"保证"的字样；

（2）"保证人"签章；

（3）"保证人"名称和住所。

『提示』一般认为，保证人的住所对于认定票据权利和义务没有意义，上述必须记载事项第（3）项中仅为"保证人名称"即可。

2. 相对记载事项

（1）"被保证人"的名称。已承兑的汇票，承兑人为被保证人；未承兑的票据，出票人为被保证人。

（2）保证日期。未记载保证日期的，以"出票日期"为保证日期。

『提示』《中华人民共和国票据法》第46条规定上述五项均为"必须记载"，在此基础上，其第47条又进行了两项未记载事项的法律推定，因此我们区分出"必须记载"的三项与"相对记载"的两项。考试中需"见招拆招"，若直接考核《中华人民共和国票据法》第46条的原文规定，则上述所有事项均需选择；若考核两项相对记载事项的推定效力，则依规定直接选择。

（三）保证的限制

保证不得附有条件；附有条件的，不影响对汇票的保证责任。关于票据所附条件的法律效力如表3-12所示。

表3-12　关于票据所附条件的法律效力

票据行为	法律效力
出票附条件	票据无效 『提示』出票时应记载"无条件支付的委托或承诺"
背书附条件	票据有效，背书有效，所附条件无效
承兑附条件	票据有效，视为拒绝承兑
保证附条件	票据有效，保证有效，所附条件无效

（四）票据保证人的票据责任

保证人对合法取得汇票的持票人所享有的汇票权利，承担保证责任。但是，被保证人的债务因汇票记载事项欠缺而无效的除外。

（五）票据保证责任的承担

1. 被保证人与保证人之间

被保证的汇票，保证人应当与被保证人对持票人承担"连带责任"。

2. 共同保证人之间

保证人为"二人以上"的，保证人之间承担"连带责任"。

随学随练 限时5分钟

1.【单选题】（2019年）根据支付结算法律制度的规定，下列表述中，正确的是（　　）。

A. 背书未记载背书日期，背书无效

B. 承兑未记载承兑日期，承兑无效

C. 保证未记载保证日期，保证无效

D. 出票人未记载出票日期，票据无效

2.【单选题】（2017年）根据支付结算法律制度的规定，关于票据背书效力的下列表述中，不正确的是（　　）。

A. 背书人在票据上记载"不得转让"字样，其后手再背书转让的，原背书人对后手的被背书人不承担保证责任

B. 背书附有条件的，所附条件不具有票据上的效力

C. 背书人背书转让票据后，即承担保证其后手所得票据承兑和付款的责任

D. 背书未记载日期的，属于无效背书

3.【单选题】（2016年）根据支付结算法律制度的规定，下列属于背书任意记载事项的是（　　）。

A."不得转让"字样

B. 背书日期

C. 被背书人名称

D. 背书人签章

4.【单选题】（2016年）根据支付结算法律制度的规定，持票人取得的下列票据中，须向付款人提示承兑的是（　　）。

A. 丙公司取得的由P银行签发的一张银行本票

B. 戊公司向Q银行申请签发的一张银行汇票

C. 乙公司收到的由甲公司签发的一张支票

D. 丁公司收到的一张见票后定期付款的商业汇票

5.【单选题】（2015年）根据支付结算法律制度的规定，票据凭证不能满足背书人记载事项的需要，可以加附粘单。粘单上的第一记载人，应当在票据和粘单的粘接处签章。该记载人是（　　）。

A. 粘单上第一手背书的被背书人

B. 粘单上最后一手背书的背书人

C. 粘单上第一手背书的背书人

D. 票据持票人

6.【多选题】（2018年）下列关于保证人在票据或者粘单上未记载"被保证人名称"的说法正确的有（　　）。

A. 已承兑的票据，承兑人为被保证人

B. 已承兑的票据，出票人为被保证人

C. 未承兑的票据，出票人为被保证人

D. 未承兑的票据，该保证无效

7.【多选题】（2017年、2014年）根据支付结算法律制度的规定，下列各项中，属于票据行为的有（　　）。

A. 背书　　　　　　B. 付款

C. 承兑　　　　　　D. 出票

8.【判断题】（2019年）付款人对银行承兑汇票可以附条件承兑。（　　）

随学随练参考答案及解析

1. D 【解析】本题考核票据行为中的记载事项。选项A，背书未记载日期的，视为在票据到期日前背书；选项B，汇票上未记载承兑日期的，应当以收到提示承兑的汇票之日起3日内的最后一日为承兑日期；选项C，保证人在票据或者粘单上未记载"保证日期"的，出票日期为保证日期。

2. D 【解析】本题考核票据的背书行为。选项D，背书未记载日期的，视为在票据到期日前背书。

3. A 【解析】本题考核票据的背书行为。任意记载事项指《中华人民共和国票据法》不强制当事人必须记载而允许当事人自行选择，不记载时不影响票据的效力，记载时则产生票据效力的事项，"不得转让"事项即为任意记载事项。

4. D 【解析】本题考核票据承兑行为。提示承兑仅限于商业汇票。

5. C 【解析】本题考核票据的背书行为。背书人是指在转让票据时，在票据背面或粘单上签字或盖章，并将该票据交付给受让人的票据收款人或持有人。粘单上的第一记载人，为粘单上第一手背书的背书人，应当在票据和粘单的粘接处签章。

6. AC 【解析】本题考核票据的保证行为。保证人在票据或者粘单上未记载"被保证人名称"的，已承兑的票据，承兑人为被保证人；未承兑的票据，出票人为被保证人。

7. ACD 【解析】本题考核票据行为的概念。票据行为包括出票、背书、承兑和保证。

8. × 【解析】本题考核票据承兑行为。付款人承兑汇票，不得附有条件；承兑附有条件的，视为拒绝承兑。

考点五　票据期限的综合 ★★★

扫我解疑难

一、商业汇票的最长付款期限

（1）纸质商业汇票的付款期限，最长不得超过"6个月"。

（2）电子承兑汇票期限自出票日至到期日不超过"1年"。

二、商业汇票提示承兑期限

（一）期限规定

1. 定日付款或者出票后定期付款

汇票"到期日前"提示承兑。

2. 见票后定期付款的汇票

自出票日起"1个月内"提示承兑。

『提示』见票后定期付款的汇票，在出票时无法确定到期日，为了尽快确认，特别规定了1个月内提示见票承兑的期限。

（二）超过提示承兑期限的法律后果

汇票未按照规定期限提示承兑，丧失对其"前手"的追索权。

【补充】持票人不丧失对票据出票人的追索权。

三、票据提示付款期限

（一）期限规定

1. 汇票

（1）见票即付的汇票，提示付款期限自"出票日"起"1个月内"向付款人提示付款。

（2）定日付款、出票后定期付款或见票后定期付款的汇票，提示付款期限自"到期日"起"10日内"向承兑人提示付款。

2. 本票

本票提示付款期限自"出票日"起最长不得超过"2个月"。

3. 支票

支票的提示付款期限自"出票日"起"10日"。

（二）超过提示付款期限的法律后果

1. 汇票

（1）持票人未按照前款规定期限提示付款的，在作出说明后，"承兑人"或者"付款人"仍应当继续对持票人承担付款责任。

『提示1』以上"承兑人"，特指商业汇票中已承兑的承兑人。

『提示2』以上"付款人"，特指银行汇票的付款人。

（2）银行汇票。持票人超过期限向"代理付款银行"提示付款却不获付款的，须在"票据权利时效内"向出票银行作出说明，并提供本人身份证件或单位证明，持银行汇票和解讫通知向"出票银行"请求付款。

2. 银行本票

（1）持票人超过提示付款期限不获付款的，在票据权利时效内向出票银行作出说明，并提供本人身份证件或单位证明，可持银行本票向出票银行请求付款。

（2）丧失对"出票人以外"的前手的追索权。

3. 支票

（1）支票的持票人超过提示付款期限提示付款的，持票人的开户银行不予受理，付款人不予付款。

（2）支票的持票人超过提示付款期限提示付款的，丧失对前手的追索权，但出票人仍应当承担付款责任。

四、追索权的行使期限

（一）通知前手的期限

（1）持票人应当自收到被拒绝承兑或者被拒绝付款的有关证明之日起"3日内"，将被拒绝事由书面通知其前手；

（2）其前手应当自收到通知之日起"3日内"书面通知其再前手。

（二）未按规定通知的法律后果

（1）持票人"仍可以"行使追索权。

（2）因延期通知给其前手或者出票人造成

损失的，由没有按照规定期限通知的汇票当事人，承担对该损失的赔偿责任，但是所赔偿的金额以"汇票金额"为限。

五、票据权利时效

（一）期限规定

（1）持票人对票据的出票人和承兑人的权利，自票据"到期日"起"2年"；

（2）见票即付的汇票、本票，自"出票日"起"2年"；

（3）持票人对支票出票人的权利，自"出票日"起"6个月"；

（4）持票人对前手的追索权，自被拒绝承兑或者被拒绝付款之日起"6个月"；

『提示』此处"前手"不包括出票人和承兑人。

（5）持票人对前手的再追索权，自清偿日或者被提起诉讼之日起"3个月"。

『提示』此处"前手"不包括出票人和承兑人。

（二）超过票据权利时效期限法律后果

持票人仍享有"民事权利"，可以请求出票人或承兑人返还其与未支付的票据款金额相当的利益。

商业汇票期限示例图如图3.15所示。

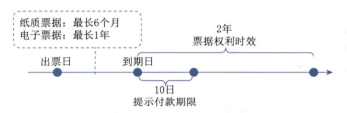

图 3.15　商业汇票期限示例图

【图示说明】票据关系形成于基础的民事关系，超过2年票据权利时效的，票据权利消灭，票据关系被"打回原形"，回归为基础的民事关系。此时，持票人只能向出票人或承兑人请求"民事权利"。

有关票据期限的归纳如表3-13所示。

表 3-13　有关票据期限的归纳

票据种类			提示承兑期限	提示付款期限	票据权利时效
汇票	银行汇票		无需承兑	出票日起1个月	出票日起2年
	商业汇票	定日付款	到期日前	到期日起10日	到期日起2年
		出票后定期付款			
		见票后定期付款	出票日起1个月		
本票			无须承兑	自出票日起最长不得超过2个月	出票日起2年
支票			无须承兑	出票日起10日	出票日起6个月
追索权			—	—	6个月
再追索权			—	—	3个月

随学随练 限时8分钟

1.【单选题】（2019年）根据支付结算法律制度的规定，持票人对支票出票人的权利时效是（　）。

　A. 出票日起6个月

　B. 票据到期日起3个月

　C. 被拒绝付款之日起6个月

　D. 提示付款之日起3个月

2.【单选题】（2019年）根据支付结算法律制度的规定，下列关于票据权利时效的表述中，正确的是（　）。

A. 持票人对支票出票人的权利自出票日起1年

B. 持票人对银行汇票出票人的权利自出票日起2年

C. 持票人对前手的追索权自被拒绝承兑或拒绝付款之日起2年

D. 持票人对商业汇票承兑人的权利自到期日起1年

3. 【单选题】(2018年)甲公司将一张商业承兑汇票背书转让给乙公司，乙公司于汇票到期日2017年5月10日向付款人请求付款时遭到拒绝，乙公司向甲公司行使追索权的最后日期为(   )。

A. 2017年8月10日

B. 2017年11月10日

C. 2017年10月10日

D. 2017年6月10日

4. 【单选题】(2017年)根据支付结算法律制度的规定，电子承兑汇票的付款期限自出票日至到期日不能超过的一定期限是(   )。

A. 3个月   B. 6个月

C. 1年   D. 2年

5. 【单选题】(2015年)甲公司为支付货款，于6月7日向开户银行A银行申请签发了一张银行本票，并交付给乙公司，8月9日，乙公司持该本票委托自己的开户银行B银行收款，被拒绝，则下列说法中正确的是(   )。

A. 乙公司可以向甲公司追索

B. 乙公司可以向B银行追索

C. 乙公司可以向A银行追索

D. 乙公司未在规定期限内提示付款，票据权利消灭

6. 【多选题】(2019年、2018年)根据票据法律制度的规定，下列各项中，关于票据提示付款期限说法正确的有(   )。

A. 银行本票的提示付款期限自出票日起最长10日

B. 银行汇票的提示付款期限自出票日起10日

C. 商业汇票的提示付款期限自到期日起10日

D. 支票的提示付款期限自出票日起10日

7. 【多选题】(2018年)根据支付结算法律制度的规定，下列关于商业汇票付款期限记载形式的表述中，正确的有(   )。

A. 见票后定期付款

B. 定日付款

C. 出票后定期付款

D. 见票即付

8. 【多选题】(2015年)2014年2月18日，甲公司签发一张转账支票交付乙公司，乙公司于2月20日将该支票背书转让给丙公司，丙公司于3月3日向甲公司开户银行P银行提示付款，P银行拒绝付款，关于丙公司行使票据权利的下列表述中，正确的有(   )。

A. 丙公司有权向乙公司行使追索权

B. 丙公司有权向P银行行使追索权

C. P银行有权拒绝付款

D. 丙公司有权向甲公司行使追索权

随学随练参考答案及解析

1. A 【解析】本题考核票据权利时效。持票人对支票出票人的权利，自出票日起6个月。

2. B 【解析】本题考核票据权利时效。选项A，持票人对支票出票人的权利，自出票日起6个月；选项C，持票人对前手的追索权，自被拒绝承兑或者被拒绝付款之日起6个月；持票人对前手的再追索权，自清偿日或者被提起诉讼之日起3个月；选项D，持票人对票据的出票人和承兑人的权利自票据到期日起2年。见票即付的汇票、本票自出票日起2年。

3. B 【解析】本题考核票据权利时效。持票人对前手的追索权，自被拒绝承兑或者被拒绝付款之日起6个月。

4. C 【解析】本题考核商业汇票的付款期限。电子承兑汇票付款期限自出票日至到

期日不超过1年。

5. C 【解析】本题考核银行本票超期提示付款的法律后果。银行本票持票人超过提示付款期限不获付款的，在票据权利时效内向出票银行作出说明，并提供本人身份证件或单位证明，可持银行本票向出票银行请求付款。

6. CD 【解析】本题考核票据提示付款期限的综合。银行本票的提示付款期限自出票日起最长不得超过2个月。银行汇票的提示付款期限自出票日起1个月。

7. ABC 【解析】本题考核商业汇票的付款期限类型。商业汇票的付款期限记载有三种形式：①定日付款的商业汇票（选项B）；②出票后定期付款的商业汇票（选项C）；③见票后定期付款的商业汇票（选项A）。

8. CD 【解析】本题考核支票超期提示付款的法律后果。选项C，支票的持票人超过提示付款期限提示付款的，持票人的开户银行不予受理，付款人不予付款；选项ABD，支票的付款人超过提示付款期限提示付款的，丧失对前手的追索权，但持票人仍应当付款责任。

考点六　票据的追索 ★★★

扫我解疑难

考点精讲

汇票到期被拒绝付款的，持票人可以对背书人、出票人以及汇票的其他债务人行使追索权。

一、追索权行使的情形

（一）期前追索

汇票**"到期日前"**，有下列情形之一的，持票人也可以行使追索权：

（1）汇票被拒绝**"承兑"**的；

（2）**"承兑人或者付款人"**死亡、逃匿的；

（3）**"承兑人或者付款人"**被依法宣告破产的或者因违法被责令终止业务活动的。

『提示』上述（2）、（3）点中的主体是"承兑人或付款人"，不是出票人、背书人等，注意选择题。

（二）期后追索

票据到期被拒绝付款的，持票人对背书人、出票人以及票据的其他债务人行使的追索。

二、被追索人的确定

被追索人的确定如表3-14所示。

表3-14　被追索人的确定

特点	具体规定
选择性	①持票人可以不按照票据债务人的先后顺序行使追索权； ②持票人可以对其中任何一人、数人或者全体行使追索权
变更性	持票人对票据债务人中的一人或者数人已经进行追索的，对其他尚未被追索的债务人仍可以行使追索权
替换性	被追索人清偿债务后，其责任解除，与持票人享有同一权利

『提示1』若某一前手有"抗辩权"，则对持票人有权行使抗辩权。

『提示2』若某一前手背书人背书时记载了"不得转让"字样，则其后手的被背书人不能向其行使追索权

【示例】甲公司为支付50万元货款向乙公司签发并承兑一张定日付款的商业汇票，汇票到期日为2020年1月8日。乙公司将该商业汇票背书转让给丙公司，并记载"不得转让"字样。丙公司再次将该汇票转让给丁公司，丁公司将汇票背书转让给戊公司。戊公司在提示付款期内向甲公司提示付款遭到拒绝，遂向前手发起追索。

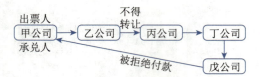

问题：戊公司可以向谁行使追索权？

分析：乙公司记载了"不得转让"字样，对后手的被背书人不承担票据责任。戊公司有权向甲公司、丙公司和丁公司行使追索权。

三、追索的内容（标的）

追索的内容如表3-15所示。

表3-15　追索的内容

追索权顺位	具体规定
首次追索权	①被拒绝付款的票据金额； ②票据金额自到期日或者提示付款日起至清偿日止，按照中国人民银行规定的利率计算的利息； ③取得有关拒绝证明和发出通知书的费用
再追索权	①已清偿的全部金额； ②前项金额自清偿日起至再追索清偿日止，按照中国人民银行规定的利率计算的利息； ③发出通知书的费用

四、追索权的行使程序

（一）取得证明

1. 证明的种类

（1）持票人行使追索权时，应当提供被拒绝承兑或者被拒绝付款的有关证明。

（2）持票人因承兑人或者付款人死亡、逃匿或者其他原因，不能取得拒绝证明的，可以依法取得其他有关证明。

（3）承兑人或者付款人被人民法院依法宣告破产的，人民法院的有关司法文书具有拒绝证明的效力。

（4）承兑人或者付款人因违法被责令终止业务活动的，有关行政主管部门的处罚决定具有拒绝证明的效力。

2. 未取得证明的法律后果

持票人不能出示拒绝证明、退票理由书或者未按照规定期限提供其他合法证明的，丧失对其前手的追索权。但是，承兑人或者付款人仍应当对持票人承担责任。

（二）取得证明后的行使期限

"考点五票据期限的综合"已述及。

📝 随学随练 ⏰ 限时5分钟

1.【单选题】（2018年）根据支付结算法律制度的规定，下列关于票据追索权行使的表述中，正确的是（　　）。

A. 持票人在行使追索权时，不必提供被拒绝承兑或拒绝付款的有关证明

B. 持票人不得在票据到期前追索

C. 持票人未按照规定期限将被拒绝付款的事由书面通知前手的，丧失追索权

D. 持票人可以不按照票据的承兑人、背书人、保证人和出票人的顺序行使追索权

2.【单选题】根据票据法律制度的规定，下列选项中，属于持票人可以依法行使追索权的情形是（　　）。

A. 票据上有伪造签章的

B. 汇票被拒绝承兑

C. 出票人的保证人死亡、逃匿

D. 背书人在背书时未记载被背书人名称

3.【多选题】（2018年）甲公司签发并承兑了一张汇票给乙公司。乙公司将汇票背书转让给丙公司，并在汇票背面记载"不得转让"字样。丙公司又将汇票背书转让给丁公司。丁公司在向甲公司提示付款时遭到拒绝。下列关于该汇票的表述中，正确的有（　　）。

A. 甲公司不承担票据责任

B. 丁公司可以向丙公司行使追索权

C. 丁公司享有票据权利

D. 丁公司可以向乙公司行使追索权

4.【多选题】（2017年）根据支付结算法律制

度的规定，关于票据追索权行使的下列表述中，正确的有( )。

A. 持票人收到拒绝证明后，应当将被拒绝事由书面通知其前手

B. 汇票被拒绝承兑的，持票人可以行使追索权

C. 持票人可以对出票人、背书人、承兑人和保证人中的任何一人、数人或全体行使追索权

D. 持票人不能出示拒绝证明或退票理由书的，丧失对全部票据债务人的追索权

5.【多选题】(2016年)根据支付结算法律制度的规定，下列各项中，票据持票人行使追索权时，可以请求被追索人支付的金额和费用有( )。

A. 因汇票资金到位不及时，给持票人造成的税收滞纳金损失

B. 取得有关拒绝证明和发出通知书的费用

C. 票据金额自到期日或提示付款日起至清偿日止，按规定的利率计算的利息

D. 被拒绝付款的票据金额

6.【判断题】(2019年)票据追索权的行使以获得拒绝付款证明或退票理由书等有关证明为前提。 ( )

7.【判断题】(2019年)持票人应当按照票据债务人的先后顺序依次行使追索权。 ( )

随学随练参考答案及解析

1. D 【解析】本题考核票据追索权的行使。选项A，持票人行使追索权时，应当提供被拒绝承兑或者拒绝付款的有关证明。选项B，到期前追索，是指票据到期日前，持票人对下列情形之一行使的追索：①汇票被拒绝承兑的；②承兑人或者付款人死亡、逃匿的；③承兑人或者付款人被依法宣告破产的或者因违法被责令终止业务活动的。选项C，未按照规定期限通知的，持票人仍可以行使追索权。因延期通知给其前手或者出票人造成损失的，由没有按照规定期限通知的票据当事人，承担对该

损失的赔偿责任。

2. B 【解析】本题考核追索权的行使情形。根据规定，汇票到期日前：①汇票被拒绝承兑的；②承兑人或者付款人死亡、逃匿的；③承兑人或者付款人被依法宣告破产的或者因违法被责令终止业务活动的，持票人也可以行使追索权。

3. BC 【解析】本题考核票据追索权的行使。选项A，甲公司为出票人(承兑人)，承担票据责任；选项B，背书人以背书转让票据后，即承担保证其后手所持票据承兑和付款的责任；选项C，背书连续，丁公司享有票据权利；选项D，背书人在票据上记载"不得转让"字样，其后手再背书转让的，原背书人对后手的被背书人不承担保证责任，所以丁公司不得追索乙公司。

4. ABC 【解析】本题考核追索权的行使。选项D，持票人不能出示拒绝证明、退票理由书或者未按照规定期限提供其他合法证明的，丧失对"其前手"(非全部票据债务人)的追索权。

5. BCD 【解析】本题考核票据追索权的内容。选项A，税收滞纳金损失属于间接损失，持票人可以请求被追索人支付的金额和费用不包括间接损失。

6. √ 【解析】本题考核票据追索权行使的形式要件。持票人提示承兑或者提示付款被拒绝的，承兑人或者付款人必须出具拒绝证明，或者出具退票理由书。

7. × 【解析】本题考核追索权的行使。持票人可以不按照票据债务人的先后顺序，对其中任何一人、数人或者全体行使追索权。

考点七 银行汇票★

扫我解疑难

考点精讲

一、概念

银行汇票是"出票银行"签发的，由其在

见票时按照"实际结算金额"无条件支付给收款人或者持票人的票据。

『提示』银行汇票与商业汇票相比有较大差异，具体体现在：①是见票即付的汇票；②有出票金额、实际结算金额和多余金额三种金额形式；③由银行签发并作为付款人。

二、银行汇票适用范围

（1）银行汇票可用于转账，填明"现金"字样的银行汇票也可以支取现金。

（2）单位和个人的各种款项结算，均可使用银行汇票。

三、银行汇票的记载事项

签发银行汇票"必须"记载下列事项：

（1）表明"银行汇票"的字样；

（2）无条件支付的"承诺"；

『提示』银行本票与银行汇票均为银行签发，措辞为"承诺"；支票与商业汇票均为非银行签发，措辞为"委托"。

（3）出票金额；

（4）付款人名称；

（5）收款人名称；

（6）出票日期；

（7）出票人签章。

四、银行汇票的特殊规定

（一）关于记载"现金"字样银行汇票的特殊要求

1. 使用限制

签发现金银行汇票，申请人和收款人**必须均为"个人"**，申请人或者收款人为单位的，银行不得为其签发现金银行汇票。

【补充】现金银行汇票必须填写唯一的"代理付款人"名称；转账银行汇票不得填写"代理付款人"名称，这是因为全国任何银行机构均可作为转账银行汇票的代理付款人受理兑付。

2. 背书转让限制

银行汇票可以背书转让，但填明"现金"字样的银行汇票**不得背书转让**。

3. 允许挂失

填明"现金"字样和代理付款人的银行汇票丧失，可以由失票人通知付款人或者代理付款人挂失止付。

『提示』其"代理付款人"是唯一确定的，因此失票人可以挂失止付。

（二）银行汇票的实际结算金额

银行汇票共涉及三种金额：出票金额、实际结算金额与多余金额。

【解释】出票金额是汇票金额，属于必须记载事项。"实际结算金额"和"多余金额"在出票时可以不填写，但持票人提示付款时应填写"实际结算金额"和"多余金额"，若不填写，银行不会受理。

1. 更改限制

实际结算金额一经填写不得更改，更改实际结算金额的银行汇票无效。

2. 兑付受理限制

提示付款时，未填明实际结算金额和多余金额或实际结算金额超过出票金额的，银行不予受理。

3. 背书转让限制

银行汇票的背书转让以**"不超过"**票据金额的实际结算金额为准。未填写实际结算金额或实际结算金额超过出票金额的银行汇票**不得背书转让**。

（三）解讫通知

『提示』"银行汇票"属于"票据"；"解讫通知"属于"结算凭证"，两者性质与功能均不相同。

根据规定，持票人向银行提示付款时，须**"同时提交"**银行汇票和解讫通知，**缺少任何一联，银行不予受理**。

（四）银行汇票退款

1. 转账银行汇票

出票银行对于转账银行汇票的退款，只能转入**"原申请人"**账户。

2. 现金银行汇票

符合规定填明**"现金"**字样的银行汇票的**退款，可以退付现金**。

3. 代理付款银行查询的要求退款的银行汇票

应在汇票提示付款期满后方能办理退款。

4. 缺少解讫通知办理退款

出票银行应于银行汇票提示付款期满"1个月后"办理。

📝 **随学随练** ⏰随时5分钟

1.【单选题】(2018 年)下列款项结算中,可以使用现金银行汇票的是( )。

　A. 赵某向张某支付购房款 20 万元

　B. 丙公司向刘某支付劳务费 15 万元

　C. 孙某向戊公司支付装修款 15 万元

　D. 甲公司向乙公司支付材料款 20 万元

2.【单选题】(2018 年)根据支付结算法律制度的规定,下列票据中,出票人为银行的是( )。

　A. 银行汇票　　　B. 现金支票

　C. 银行承兑汇票　D. 商业承兑汇票

3.【单选题】(2016 年)根据支付结算法律制度的规定,下列关于银行汇票使用的表述中,正确的是( )。

　A. 银行汇票不能用于个人款项结算

　B. 银行汇票不能支取现金

　C. 银行汇票的提示付款期限为自出票日起1个月

　D. 银行汇票必须按出票金额付款

4.【判断题】 申请人缺少解讫通知要求退款的,出票银行应于银行汇票提示付款期满1个月后办理。　　　　　　　　 ( )

📝 **随学随练参考答案及解析**

1. A 【解析】 本题考核银行汇票的相关规定。申请人或者收款人有一方为"单位"的,不得申请"现金"银行汇票。

2. A 【解析】 本题考核银行汇票的相关规定。银行汇票的出票人为银行;商业汇票的出票人为银行以外的企业和其他组织;银行本票的出票人为银行;支票的出票人为在银行开立支票存款账户的企业、其他组织和个人。

3. C 【解析】 本题考核银行汇票的相关规

定。选项 A,单位和个人各种款项结算,均可使用银行汇票;选项 B,银行汇票可用于转账,填明"现金"字样的银行汇票也可以支取现金;选项 D,银行汇票按不超过出票金额的实际结算金额办理结算。

4. √

考点八　银行本票★★

扫我解疑难

🔆 **考点精讲**

银行本票是银行签发的,承诺自己在见票时无条件支付票据金额给收款人或持票人的票据。

『提示』其基本当事人只有出票人和收款人,为"自付票据"。

一、适用范围

(1)单位和个人在"同一票据交换区域"支付各种款项时,均可以使用银行本票。

(2)银行本票可以用于转账,注明"现金"字样的银行本票可以用于支取现金。

(3)申请人或收款人为单位的,不得申请签发现金银行本票。

【链接】 签发现金银行汇票,申请人和收款人必须均为"个人",申请人或者收款人为单位的,银行不得为其签发现金银行汇票。

二、必须记载事项(六项)

(1)表明"银行本票"的字样;

(2)无条件支付的"承诺";

(3)确定的金额;

(4)收款人名称;

(5)出票日期;

(6)出票人签章。

『提示』汇票必须记载事项共"七项"。

三、银行本票与银行汇票退款的比较

银行汇票与银行本票的退款要求很容易混淆,我们可以总结如表 3-16 所示。

表 3-16　银行汇票与银行本票的退票比较

比较	银行汇票	银行本票
退还现金	"现金"银行汇票	"现金"银行本票或者未在本行开立存款账户的申请人
转账退款	"转账"银行汇票，只能退还至原申请人账户	本行开立存款账户的申请人
提交资料	①银行汇票+解讫通知；②身份证明；③缺少解讫通知，出票银行在提示付款期限满1个月后办理	①银行本票；②身份证明

随学随练　限时3分钟

1. 【单选题】（2017年、2015年）根据支付结算法律制度的规定，关于银行本票使用的下列表述中，不正确的是（　）。

A. 银行本票的出票人在持票人提示见票时，必须承担付款责任

B. 注明"现金"字样的银行本票可以用于支取现金

C. 银行本票只限于单位使用，个人不得使用

D. 收款人可以将银行本票背书转让给背书人

2. 【多选题】（2018年）甲公司向P银行申请签发一张银行本票交付乙公司。下列票据事项中，乙公司在收票时应当审查的有（　）。

A. 大小写金额是否一致

B. 出票金额是否更改

C. 银行本票是否在提示付款期限内

D. 收款人是否为乙公司

3. 【判断题】（2017年、2015年）甲公司向开户银行P银行申请签发的本票超过提示付款期限后，甲公司申请退款，P银行只能将款项转入甲公司的账户，不能退付现金。（　）

随学随练参考答案及解析

1. C　【解析】本题考核银行本票的相关规定。选项C，"单位和个人"在同一票据交换区域需要支付各种款项，均可以使用银行本票。

2. ABCD　【解析】本题考核银行本票的相关规定。收款人受理银行本票时，应审查下列事项：①收款人是否确定为本单位或本人；②银行本票是否在提示付款期限内；③必须记载的事项是否齐全；④出票人签章是否符合规定，大小写出票金额是否一致；⑤出票金额、出票日期、收款人名称是否更改，更改的其他记载事项是否由原记载人签章证明。

3. √　【解析】本题考核银行本票的退款规定。首先，出票银行对于在本行开立存款账户的申请人，只能将款项转入原申请人账户；对于现金银行本票和未在本行开立存款账户的申请人，才能退付现金。其次，申请人或收款人为单位的，银行不得为其签发现金银行本票。本题中，甲公司申请签发的本票不能是现金银行本票，同时向开户银行P银行申请，属于在本行开立存款账户的申请人，因此，P银行只能将款项转入原申请人账户，不能退付现金。

考点九　商业汇票★★★

扫我解疑难

考点精讲

商业汇票是"出票人"签发的，委托付款人在"指定日期"无条件支付确定的金额给收款人或者持票人的票据。

一、商业汇票的种类

商业汇票的种类如表3-17所示。

表 3-17　商业汇票的种类

载体	种类	开具	承兑人
电子形式	电子商业承兑汇票	出票人依托上交所系统，以数据电文形式制作	金融机构以外的法人或其他组织
	电子银行承兑汇票		银行业金融机构、财务公司
纸质形式	商业承兑汇票	作成+记载签章+交付	银行以外的付款人
	银行承兑汇票		银行

二、商业汇票的适用范围

在银行开立存款账户的法人以及其他组织之间，必须具有真实的交易关系或债权债务关系，才能使用商业汇票。

三、商业汇票的出票

（一）出票人的资格条件

商业汇票出票人资格条件如表 3-18 所示。

表 3-18　商业汇票出票人资格条件

票据	单位条件
纸质商业汇票	①银行开立存款账户的"法人以及其他组织"； ②与付款人具有真实的"委托付款关系"； ③具有支付汇票金额的"可靠资金来源"
电子商业汇票	上述①、②、③同时具备的情况下，还需具备： ①签约开办对公业务的企业网银等电子服务渠道； ②与银行签订《电子商业汇票业务服务协议》

（二）电子商业汇票的强制使用

1."原则上"通过电子商业汇票办理单张出票金额在"100 万元"以上。

2."应当"通过电子商业汇票办理

单张出票金额在"300 万元"以上。

三、必须记载事项

商业汇票的必须记载事项如表 3-19 所示。

表 3-19　商业汇票的必须记载事项

纸质商业汇票（七项）	电子商业汇票（九项）
①表明"商业承兑汇票"或"银行承兑汇票"字样； ②无条件支付的委托； ③确定的金额； ④付款人名称； ⑤收款人名称； ⑥出票日期； ⑦出票人签章	①表明"电子商业承兑汇票"或"电子银行承兑汇票"的字样； ②无条件支付的委托； ③确定的金额； ④出票人名称； ⑤付款人名称； ⑥收款人名称； ⑦出票日期； ⑧票据到期日； ⑨出票人签章

『提示』电子商业汇票必须记载事项比纸质商业汇票多了"出票人名称"与"票据到期日"两项。

四、商业汇票的承兑

（一）承兑的法律效力

付款人承兑汇票后，应当承担到期付款的责任。

（二）手续费

银行承兑汇票的承兑银行，应按票面金额向出票人收取"万分之五"的手续费。

五、商业汇票贴现

(一)贴现条件

（1）票据**未到期**；

（2）未记载**"不得转让"**字样；

（3）持票人是在银行开立存款账户的企业法人及其他组织；

（4）持票人与出票人或者直接前手之间具有真实的商品交易关系。

(二)贴现利息的计算

贴现利息＝票面金额×贴现率×贴现期/360

贴现期限：贴现日至汇票到期日。

利息计算期：**贴现日至汇票到期日的前一天。**

『提示』纸质商业汇票承兑人在异地的，贴现的期限应另加3天的划款日期。

【示例】甲公司向乙企业购买一批原材料，开出一张票面金额为30万元的银行承兑汇票。出票日期为2月10日，到期日为5月10日。4月6日，乙企业持此汇票及有关发票和原材料发运单据复印件向银行办理了贴现。已知同期银行年贴现率为3.6%，一年按360天计算，贴现银行与承兑银行在同一城市。

问题：银行实付乙企业贴现金额是多少？

分析：实付贴现金额按票面金额扣除贴现日至汇票到期前1日的利息计算。本题中贴现日是4月6日，汇票到期前1日是5月9日，一共是34天。

企业从银行取出的金额 = 300 000 - 300 000×3.6%×(34÷360) = 298 980(元)

六、商业汇票电子化

商业汇票电子化分类如图3.16所示。

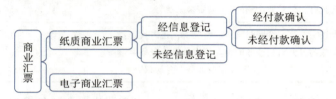

图 3.16 商业汇票电子化分类

【图示说明】目前商业汇票按照是否经过票据交易系统登记，分为未经过信息登记的纸制商业汇票、经过信息登记的纸质商业汇票和电子商业汇票三类。其中，经过信息登记的纸质商业汇票，还可以进一步分为"经付款确认"和"未经付款确认"两种。复杂点在于："纯纸质汇票""半电子化的纸质汇票"与"纯电子汇票"三类票据的规则目前是交叉并行的。

(一)票据信息登记与电子化

1. 纸质商业汇票信息登记

纸质票据**"贴现前"**，**"金融机构"**办理承兑、质押、保证等业务，应当不晚于业务办理的次一工作日在票据市场基础设施完成相关信息登记工作。

『提示』理论上讲，纸质商业汇票的流转环节中若没有任何银行"接触到"，那么这张商业汇票是游离于电子承兑信息登记之外的，完全有可能脱离票交所系统的掌控。但这张商业汇票只要被银行"摸到"，如办理银行承兑、银行质押或银行保证时，则必须进行承兑信息登记，此时即被电子系统"收入囊中"。

商业汇票信息登记要求如表3-20所示。

表 3-20 商业汇票信息登记要求

票据种类		信息登记要求
商业汇票	银行承兑汇票	银行承兑时申请信息登记
	商业承兑汇票	①承兑人委托开户银行申请信息登记；②承兑信息未能及时登记的，持票人有权要求承兑人补充登记承兑信息
纸质票据票面信息与登记信息不一致的，以**"纸质票据票面"**信息为准		

2. 电子商业汇票

电子商业汇票签发、承兑、质押、保证、贴现等信息应当通过电子商业汇票系统同步传送至票据市场基础设施。

『提示』电子商业汇票100%电子化办理。

(二)纸质商业汇票电子化贴现

1. 贴现前必须经过承兑信息登记

贴现人办理纸质票据贴现时，应当通过票据市场基础设施查询票据"承兑"信息，并在确认纸质票据必须记载事项与已登记承兑信息一致后，为贴现申请人办理贴现。

2. 贴现办理程序

(1)贴现申请人无须提供合同、发票等资料。

『提示』此处并非否定票据贴现的基本条件。由于在办理纸质票据"承兑信息登记"时，银行已审查过"持票人与出票人或者直接前手之间具有真实的商品交易关系"，因此之后办理贴现无须再提供交易关系的资料，这样可提高银行审查效率。

(2)信息不存在或者纸质票据必须记载事项与已登记承兑信息不一致的，"不得办理贴现"。

【链接】纸质票据票面信息与登记信息不一致的，以"纸质票据票面"信息为准。

3. 贴现后纸质票据的保管

『提示』此举目的在于银行贴现后的票据交易中，纸质票据能脱离其纸面载体，实现完全的电子化交易，避免出现同一纸质票据多次贴现的违规操作和欺诈行为。

(1)贴现人应当对纸质票据妥善保管。

(2)贴现人办理纸质票据贴现后，应当在票据上记载"已电子登记权属"字样。

(3)该票据不再以"纸质形式"进行背书转让、设立质押或者其他交易行为。

『提示』以上"贴现人"特指直贴行。如甲企业将票据贴现给A银行，A银行即为直贴行，为此处所说的"贴现人"。

4. 保证增信

(1)贴现人可以按市场化原则选择"商业银行"对纸质票据进行保证增信。

(2)保证增信行对纸质票据进行"保管"并为贴现人的偿付责任进行"先行偿付"。

5. 付款确认

(1)纸质汇票发起付款确认的程序如表3-21所列示。

表3-21　付款确认程序

情形		具体规定
发起人		纸质票据贴现后，其"保管人"可以向承兑人发起付款确认
向谁发起	银行承兑汇票	向承兑银行发起付款确认
	商业承兑汇票	向承兑人的开户银行发起付款确认
方式	实物确认	票据实物送达承兑人或者承兑人开户行
	影像确认	票据影像信息发送至承兑人或者承兑人开户行
	效力	实物确认与影像确认具有同等法律效力
实物确认保管	银行承兑汇票	"承兑银行"代票据权利人妥善保管
	商业承兑汇票	商业承兑汇票开户行代票据权利人妥善保管

『提示』纸质票据涉及三个保管：第一，汇票直贴的贴现人保管；第二，贴现后保证增信的保证增信人保管；第三，贴现后实物付款确认的，承兑银行或承兑人开户行保管。

(2)承兑人收到票据影像确认请求或者票据实物后，应当在3个工作日内做出或委托其开户行做出同意或者拒绝到期付款的应答。拒绝到期付款的，应当说明理由。

(3)电子商业汇票"一经承兑"即视同承兑人已进行付款确认。

6. 电子商业汇票贴现的特别要求

电子商业汇票贴现的特别要求如表3-22所示。

表 3-22　电子商业汇票贴现的特别要求

情形	具体规定
记载事项	①贴出人名称；②贴入人名称；③贴现日期；④贴现类型；⑤贴现利率；⑥实付金额；⑦贴出人签章
资金清算方式	①票款对付方式；②同城票据交换；③通存通兑；④汇兑
回购式贴现	应明确赎回开放日、赎回截止日

（三）票据交易

1. 转贴现

卖出方将未到期的已贴现票据向买入方转让的交易行为。

2. 质押式回购

正回购方在将票据出质给逆回购方融入资金的同时，双方约定在未来某一日期，由正回购方按约定金额向逆回购方返还资金、逆回购方向正回购方返还"原出质票据"的交易行为。

3. 买断式回购

正回购方将票据"卖给"逆回购方的同时，双方约定在未来某一日期，正回购方再以约定价格从逆回购方买回票据的交易行为。

关于三种票据交易方式的补充区分，可参见表 3-23 所列示。

表 3-23　票据交易种类的补充比较

比较项目	转贴现	质押式回购	买断式回购
市场主体	中国人民银行确定的市场参与者		
票据性质	同一张商业汇票		
权属变化	完全转移，买入方可继续卖出	不转移权属	①部分转移，买入方可以再质押；②买入方不得再卖出
票据状态	流通状态	质押状态	半流通状态
回购价格	—	约定价格	约定价格

（四）商业汇票的到期处理

1. 票据到期后的偿付顺序

票据到期后的偿付顺序如图 3.17 所示。

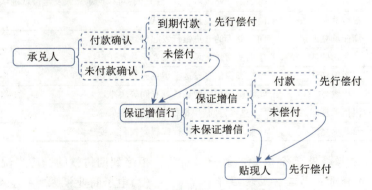

图 3.17　票据到期后的偿付顺序

2. 提示付款

（1）关于视为拒绝付款或视为同意付款的推定规则，我们可以总结如表 3-24 所示。

表 3-24　提示付款及应答

商业汇票种类			情形	推定结果
纸质票据	经信息登记	经付款确认	①商业汇票付款人开户银行提示付款当日未作应答的；②商业汇票账户资金不足的	视为**拒绝**付款
		未经付款确认	①银行汇票与商业汇票提示付款当日未作应答的；②商业汇票付款人同意付款，但账户资金不足的	视为**拒绝**付款
	未经信息登记		商业汇票承兑人接到银行付款通知的 3 日内未通知付款的	视为**同意付款**
电子商业汇票			①商业汇票付款人开户银行提示付款当日未作应答的；②商业汇票账户资金不足的	视为**拒绝**付款

(2)银行承兑汇票的出票人应于汇票到期前将票款足额交存其开户银行，银行承兑汇票的出票人于汇票到期日未能足额交存票款时，承兑银行付款后，对出票人尚未支付的汇票金额按照"**每天万分之五**"计收利息。

【链接】银行承兑汇票的承兑银行，应按票面金额向出票人收取"万分之五"的"手续费"。

随学随练 限时8分钟

1.【单选题】(2018 年)下列各项中，可以贴现的是( )。

A. 现金支票

B. 转账支票

C. 银行汇票

D. 商业汇票

2.【单选题】(2018 年)根据支付结算法律制度的规定，下列关于银行承兑汇票付款责任的表述中，不正确的是( )。

A. 承兑银行无抗辩事由的，应在汇票到期日或到期日后的见票当日支付票款

B. 出票人应于汇票到期前将票款足额交存开户银行

C. 承兑银行存在抗辩事由拒绝支付的，应出具拒绝付款证明

D. 汇票到期日出票人未足额交存票款的，承兑银行付款后应按票面金额计收利息

3.【单选题】(2017 年)2016 年 12 月 13 日，

乙公司持一张汇票向承兑银行 P 银行提示付款，该汇票出票人为甲公司，金额为 100 万元，到期日为 2016 年 12 月 12 日。经核实，甲公司当日在 P 银行的存款账户余额为 10 万元。关于 P 银行对该汇票处理措施的下列表述中，符合法律规定的是( )。

A. P 银行待甲公司票款足额到账后向乙公司付款 100 万元

B. P 银行当日向乙公司付款 100 万元

C. P 银行向乙公司出具拒绝付款证明，不予付款

D. P 银行当日向乙公司付款 10 万元

4.【多选题】(2018 年)根据支付结算法律制度的规定，下列关于商业汇票出票的表述中，正确的有( )。

A. 商业承兑汇票可以由收款人签发

B. 签发银行承兑汇票必须记载付款人名称

C. 银行承兑汇票应当由承兑银行签发

D. 商业承兑汇票可以由付款人签发

5.【多选题】(2018 年)2017 年 12 月 12 日，甲公司持有一张出票人为乙公司，金额为 100 万元，到期日为 2017 年 12 月 12 日，承兑人为 P 银行的银行承兑汇票。甲公司于 12 月 12 日去 P 银行提示付款，发现乙公司账户只有存款 20 万元。P 银行拟采取的下列做法中，正确的有( )。

A. 于 2017 年 12 月 12 日起对乙公司欠款 80 万元开始计收利息

127

B. 于 2017 年 12 月 12 日起向甲公司付款 20 万元

C. 于 2017 年 12 月 12 日拒绝付款并出具拒绝付款证明

D. 于 2017 年 12 月 12 日向甲公司付款 100 万元

6. 【多选题】(2017 年、2016 年)根据支付结算法律制度的规定，下列各项中，属于商业汇票持票人向银行办理贴现必须具备的条件有( )。

A. 票据未到期

B. 持票人与出票人或者直接前手之间具有真实的商品交易关系

C. 持票人是在银行开立有存款账户的企业法人或者其他组织

D. 票据未记载"不得转让"事项

7. 【多选题】纸质票据贴现后，其保管人可以向承兑人发起付款确认，付款确认的方式有( )。

A. 邮寄确认　　　B. 实物确认

C. 电子确认　　　D. 影像确认

8. 【判断题】(2019 年、2018 年)某人开出一张 500 万元的纸质商业汇票，该做法符合法律规定。　　　　　　( )

📝 随学随练参考答案及解析

1. D 【解析】本题考核商业汇票的贴现。只有商业汇票可以办理贴现，其余票据见票即付，不涉及贴现。

2. D 【解析】本题考核商业汇票的承兑与付款。选项 D，银行承兑汇票的出票人于汇票到期日未能足额交存票款时，承兑银行除凭票向持票人无条件付款外，对出票人"尚未支付的汇票金额"按照每天万分之五计收利息。

3. B 【解析】本题考核商业汇票的提示付款期限。银行承兑汇票的提示付款期限，自汇票到期日起 10 日内。持票人依照规定提示付款的，承兑银行必须在当日足额付款。

4. ABD 【解析】本题考核商业汇票的出票。选项 A 与选项 D，商业承兑汇票可以由付款人签发并承兑，也可以由收款人签发交由付款人承兑；选项 B，付款名称是商业汇票的必须记载事项；选项 C，银行承兑汇票应由在承兑银行开立存款账户的存款人签发。

5. AD 【解析】本题考核银行承兑汇票的付款。银行承兑汇票的出票人于汇票到期日未能足额交存票款时，承兑银行除凭票向持票人无条件付款外，对出票人"尚未支付"的汇票金额按照每天万分之五计收利息。

6. ABCD 【解析】本题考核商业汇票的贴现。商业汇票的持票人向银行办理贴现必须具备下列条件：票据未到期；票据未记载"不得转让"事项；在银行开立存款账户的企业法人以及其他组织；与出票人或者直接前手之间具有真实的商品交易关系；提供与其直接前手之间的增值税发票和商品发送单据复印件。

7. BD 【解析】本题考核纸质商业汇票贴现后的付款确认程序。纸质票据贴现后，其保管人可以向承兑人发起付款确认。付款确认可以采用实物确认或者影像确认，两者具有同等效力。

8. × 【解析】本题考核电子商业汇票的出票。单张出票金额在 100 万元以上的商业汇票原则上应全部通过电子商业汇票办理；单张出票金额在 300 万元以上的商业汇票应全部通过电子商业汇票办理。

考点十　支票★★

扫我解疑难

✦ 考点精讲

支票是"出票人"签发的、委托办理支票"存款业务的银行"在见票时无条件支付确定的金额给收款人或者持票人的票据。

一、适用范围

单位和个人在同一票据交换区域的各种款项结算，均可以使用支票。

『提示』目前，全国支票影像系统支持全国使用。

二、支票的种类

关于支票的种类，如表3-25所列示。

表3-25　支票的种类

种类		用途
现金支票		只能用于支取现金
转账支票		只能用于转账
普通支票	非划线支票	既可以用于支取现金，也可以用于转账
	划线支票	①在普通支票"左上角"划两条平行线的，为划线支票；②划线支票只能用于转账，不得支取现金

三、出票

(一)必须记载事项(六项)

(1)表明"支票"字样；

(2)无条件支付的委托；

(3)确定的金额；

(4)付款人名称；

(5)出票日期；

(6)出票人签章。

『提示』支票必须记载事项中，无"收款人名称"；本票必须记载事项中，无"付款人名称"。

(二)相对应记载事项

1. 付款地

支票上未记载付款地的，付款人的营业场所为付款地。

2. 出票地

支票上未记载出票地的，出票人的营业场所、住所或者经常居住地为出票地。

各类票据的记载事项如表3-26所示。

表3-26　各类票据的记载事项

记载事项	内容	商业汇票	银行汇票	银行本票	支票
必须记载事项	表明"××"的字样	√	√	√	√
	无条件支付委托/承诺	√	√	√	√
	确定的金额	√	出票金额	√	√
	付款人名称	√	√	×	√
	收款人名称	√	√	√	×
	出票日期	√	√	√	√
	出票人签章	√	√	√	√
相对应记载事项	付款日期	—	×	×	×
	付款地	—	—	—	√
	出票地	—	—	—	√

说明：上表中"√"代表"是"；"×"代表"不是"；"—"代表"考试不做考核要求"。

(三)授权补记事项

1. 支票金额的授权补记

支票上的金额可由出票人授权收款人补记，未补记前的支票，收款人不得背书转让、提示付款。

2. 收款人名称的授权补记

出票人可以授权收款人在支票上补记其名称，收款人名称在未补记前，收款人不得提示付款。

(四)签章

1. 出票人为单位

该单位在银行"预留签章一致"的财务专用章或者公章加其法定代表人或者其授权委托代理人的签名或者盖章。

2. 出票人为个人

该个人在银行"预留签章一致"的签名或者盖章。

四、签发空头支票的处罚

(一)界定

支票的出票人签发支票的金额不得超过"付款时"在付款人处实有的金额。

『提示1』注意多选题,排除"签发时""交付时""开具时"。

『提示2』银行承兑汇票中,银行为"承兑人",应承担无条件兑付票据款项的责任,因此出票人在承兑银行账户资金不足的,银行也应付款,不能以其与出票人之间的"资金关系"对抗持票人。

(二)行政处罚

出票人签发"空头支票""签章与预留银行签章不符"的支票,银行应予以退票,并按票面金额处以5%但不低于1 000元的罚款。

(三)民事赔偿金

(1)持票人有权要求出票人赔偿支票金额2%的赔偿金。

(2)对屡次签发的,银行应停止其签发支票。

票据涉及提取现金和适用主体的比较如表3-27所示。

表3-27　票据涉及提取现金和适用主体的比较

票据种类	具体规定	
	是否可以提取现金	个人是否可以结算
商业汇票	×	×
银行汇票	①记载"现金"字样; ②仅限个人之间使用	√
银行本票	①记载"现金"字样; ②仅限个人之间使用	√
支票	仅限"现金支票"	√

说明:上表中"√"代表"是";"×"代表"不是"。

随学随练 限时5分钟

1.【单选题】(2019年)根据支付结算法律制度的规定,下列各项关于支票提示付款的说法正确的是(　　)。

A. 转账支票提示付款日期为出票日起1个月

B. 出票人记载自己为收款人,提示付款不予受理

C. 支票未记载收款人名称,可以提示付款

D. 现金支票仅限于收款人向付款人提示付款

2.【单选题】(2019年)根据支付结算法律制度的规定,下列关于签发空头支票但尚未构成犯罪行为后果的表述中正确的是(　　)。

A. 出票人屡次签发空头支票,中国人民银行有权停止其开户银行办理支票业务

B. 出票人不以骗取财产为目的,应处以票面金额10%但不低于1万元的罚款

C. 出票人不以骗取财产为目的,持票人有权要求其赔偿支票余额10%的赔偿金

D. 出票人不以骗取财产为目的,应由中国人民银行给予处罚

3.【单选题】(2016年)甲公司向乙公司签发金额为200 000元的支票,用于支付货款,乙公司按期提示付款时被告知甲公司在付款人处实有的存款金额仅为100 000元,乙公司有权要求甲公司支付的赔偿金是(　　)。

A. 100 000×5%＝5 000元

B. 100 000×2%＝2 000元

C. 200 000×5%＝10 000元

D. 200 000×2%＝4 000元

4. 【多选题】(2019年)根据支付结算法律制度的规定，下列关于支票出票的表述中，正确的有( )。

A. 出票人签发的支票金额不得超过其付款时在付款人处实有的存款金额

B. 出票人不得签发与其预留银行签章不符的支票

C. 支票上未记载付款行名称的，支票无效

D. 出票人不得在支票上记载自己为收款人

5. 【多选题】(2018年、2015年)根据支付结算法律制度的规定，下列支票记载事项中，可以授权补记的有( )。

A. 支票金额　　　B. 付款人名称

C. 出票日期　　　D. 收款人名称

6. 【多选题】(2014年)支票可以分为( )。

A. 划线支票　　　B. 现金支票

C. 转账支票　　　D. 普通支票

密码错误的支票，不以骗取财物为目的的，由中国人民银行处以票面金额5%但不低于1 000元的罚款；持票人有权要求出票人赔偿支票金额2%的赔偿金。屡次签发空头支票的，银行有权停止为其办理支票或全部支付结算业务。

3. D 【解析】本题考核签发空头支票的处罚。出票人签发空头支票，持票人有权要求出票人赔偿支票金额2%的赔偿金。

4. ABC 【解析】本题考核支票的出票。出票人可以在支票上记载自己为收款人。

5. AD 【解析】本题考核支票的授权补记事项。支票的金额、收款人名称可以由出票人授权补记。

6. BCD 【解析】本题考核支票的分类。支票分为现金支票、转账支票和普通支票三种。

📝 随学随练参考答案及解析

1. D 【解析】本题考核支票的付款。选项A，支票的提示付款期限为出票日起10日；选项B，支票出票人可以记载自己为收款人；选项C，支票的金额、收款人名称，可以由出票人授权补记，未补记前不得提示付款。

2. D 【解析】本题考核签发空头支票的处罚。单位或个人签发空头支票或者签发与其预留的签章不符、使用支付密码但支付

模块四　银行卡与预付卡

考点一　银行卡★★

扫我解疑难

🔆 考点精讲

一、银行卡的分类

银行卡的分类如表3-28所示。

表3-28　银行卡的分类

项目			具体规定		
是否可透支	信用卡	贷记卡	消费形式	透支情况	计付利息
			先消费后还款	可透支	不计付利息
			以下两项待遇享受条件和标准，发卡机构自主确定：①免息还款期。记账日至到期还款日。②最低还款额。全部还款有困难，可按发卡银行规定的最低还款金额还款		
		准贷记卡	先存款后消费	可透支	计付利息
		借记卡	先存款后消费	不可透支	

项目		具体规定
币种不同	人民币卡	—
	外币卡	VISA(维萨)、MasterCard(万事达)、American Express(美国运通)、Diners Club(大来)
发行对象不同		单位卡(商务卡)
		个人卡
信息载体不同		磁条卡
		芯片卡(IC 卡)

二、银行卡的申领

银行卡的申领和提供资料如表3-29所示。

表 3-29　银行卡的申领和提供资料

主体	申领卡种	申领条件	提供资料
单位	单位卡	开立基本存款账户	开户许可证或企业基本存款账户编号
城乡居民	贷记卡	①年满18周岁； ②有固定职业和稳定收入； ③工作单位和常住户口所在地； ④填写申请表，并在持卡人处亲笔签名	提供本人及附属卡持卡人、担保人的身份证"复印件"

三、银行卡注销

(1)还清全部交易款项、透支本息和有关费用后可销户。

(2)发卡行受理注销之日起"45 日后"，可清户。

四、发卡银行追偿透支款项和诈骗款项的途径

(1)扣减持卡人保证金；

(2)依法处理抵押物和质物；

(3)向保证人追偿透支款项；

(4)通过司法机关的诉讼程序进行追偿。

五、人民币卡与外币卡的特殊规定

人民币卡与外币卡的特殊规定如表3-30所示。

表 3-30　人民币卡与外币卡

主体		人民币卡	外币卡
个人		①现金存入； ②合法的工资性款项、劳务报酬、投资回报等收入转账存入	①外币现钞存入； ②个人外汇账户(含外钞账户)"转账"存入
单位	资金来源	一律从**基本存款账户转账存入**，**不得存取现金**，**不得将销货收入存入**	从其单位的外汇账户转账存入，不得在境内存取外币现钞
	销户	**转入其基本存款账户**	转回相应的外汇账户，不得提取现金

六、银行卡交易的基本规定

(一)信用卡预借现金业务

(1)通过 ATM 自助机，每卡每日累计不超过**1 万元**。

(2)通过柜面，协议约定。

(二)借记卡提取现金业务

通过 ATM 自助机，每卡每日累计不超过**2 万元**。

『提示』储值卡的面值或卡内币值不得超过 1 000 元人民币。

七、银行卡计息与收费

(一)透支消费的利息(上限下限管理)

(1)上限为日利率的万分之五。

(2)下限为日利率万分之五的0.7倍。

发卡机构调整信用卡利率标准的，应至少提前45个自然日按照约定方式通知持卡人。

(二)协议收取与禁止收取的项目

银行卡计息和收费的综合问题如表3-31所示。

表3-31　银行卡计息和收费的综合问题

类型	协议收取 & 禁止收取
信用卡溢缴款利息	是否计息和利率由发卡机构确定
违约金	协议收取
超限费	禁止收取
滞纳金	禁止收取
年费、货币兑换费、取现手续费等服务费	协议收取
以上服务费所产生的利息	禁止收取

『提示』简要记忆为"三禁、三协"。

八、银行卡清算市场

(一)主体资格

符合条件的"内外资企业"，均可申请在中国境内设立银行卡清算机构。

(二)最低注册资本

申请成为银行卡清算机构的，注册资本不低于"10亿元"人民币。

(三)唯一经国务院批准同意的清算机构

"中国银联股份有限公司"。

九、银行卡收单

(一)特约商户管理

(1)"实名制"管理。

(2)收单机构应当对"实体特约商户"收单业务进行"本地化"经营和管理，不得跨省域开展收单业务。

(3)特约商户为个体工商户或自然人的，可使用其同名个人银行结算账户作为收单银行结算账户。

(二)业务与风险管理

1. 风险事件

套现、洗钱、欺诈、移机、留存或泄露持卡人账户信息。

『提示』实体商户与网络商户分别进行风险评级。

2. 风险应对措施

银行卡业务与风险管理的总结如表3-32所示。

表3-32　银行卡业务与风险管理的总结

银行对特约商户采取的措施，针对两种情况，分为两组	
风险等级较高	疑似风险事件的
①对其开通的受理卡种和交易类型进行限制； ②采取强化交易监测； ③设置交易限额； ④延迟结算； ⑤增加检查频率； ⑥建立特约商户风险准备金	①延迟资金结算； ②暂停银行卡交易； ③收回受理终端(关闭网络支付接口)； ④涉嫌违法，向公安机关报案

3. 差错及退货处理

收单机构应根据交易发生时的"原交易信息"发起银行卡交易差错处理、退货交易，将资金退至持卡人"原银行卡"账户。

(三)收单业务涉及的结算收费

收费项目共三项，分别是：收单服务费、发卡行服务费和网络服务费。银行卡结算收费如图3.18所示。

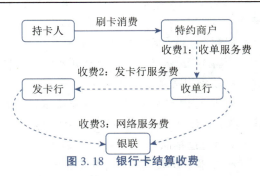

图3.18　银行卡结算收费

【图示说明】 收单服务费由收单机构向特约商户收取；发卡行服务费由发卡机构向收单机构收取；网络服务费由银行卡清算机构向发卡行和收单行分别收取。

1. 收单服务费

收单机构向商户收取的收单服务费由收单机构与商户"协商确定"具体费率。

『提示』此项收费价格未实行政府限价，遵循市场机制形成。

2. 发卡行服务费

发卡行服务费不区分商户类别，实行政府指导价(上限管理)。

按照单笔刷卡消费的"交易金额"的一定费率结算：

(1)借记卡交易不超过交易金额的0.35%(单笔收费封顶13元)。

(2)贷记卡交易不超过交易金额的0.45%。

(3)全额减免的行业(含网络服务费)。

①非营利性的医疗机构；

②教育机构；

③社会福利机构；

④养老机构；

⑤慈善机构。

【示例】 2020年2月12日，客户马某在甲房地产开发公司处购房，马某通过A银行布置的POS机用一张带有银联标识的B银行借记卡刷卡消费80万元(已知A银行按照交易金额的0.6%，单笔80元封顶的标准收取借记卡结算手续费)。

问题1：谁向谁收取收单服务费？收多少？

问题2：谁向谁收取发卡服务费？收多少？

问题3：谁向谁收取网络服务费？

分析1：A银行向甲房地产开发公司收取收单服务费；收取金额为80元。

分析2：B银行向A银行收取发卡行服务费。收取借记卡发卡行服务费封顶金额13元。

分析3：银联作为银行卡清算机构向A银行和B银行分别收取网络服务费。

随学随练 限时5分钟

1.【单选题】(2019年)根据支付结算法律制度的规定，下列关于银行卡分类的表述中，不正确的是( )。

A. 按是否具有透支功能分为信用卡和贷记卡

B. 按币种不同分为外币卡和人民币卡

C. 按发行对象分为单位卡和个人卡

D. 按信息载体分为磁条卡和芯片卡

2.【单选题】(2019年)刘某在P银行申领了一张信用额度为10 000元的银行卡，P银行与刘某约定，刘某需存入备用金5 000元，当备用金余额不足支付时，刘某可在10 000元的信用额度内透支，该银行卡是( )。

A. 储蓄卡   B. 借记卡

C. 贷记卡   D. 准贷记卡

3.【单选题】(2018年)甲公司在某开户银行开立了一个单位人民币卡账户，甲公司拟通过该账户办理的下列业务中，正确的是( )。

A. 存入销售收入8万元

B. 从一般存款账户转存银行借款50万元

C. 从基本存款账户转存10万元

D. 缴存现金6万元

4.【单选题】(2017年)根据支付结算法律制度的规定，关于信用卡透支利率及利息管理的下列表述中，不正确的是( )。

A. 透支的计结息方式由发卡机构自主确定

B. 透支的利率标准由发卡机构与申请人协商确定

C. 透支利率实行下限管理

D. 透支利率实行上限管理

5.【多选题】(2018年)根据支付结算法律制度的规定，下列关于银行卡交易的表述中，正确的有( )。

A. 信用卡持卡人不得通过银行柜面办理现金提取业务

B. 信用卡持卡人通过ATM办理现金提取

业务有限额控制

C. 借记卡持卡人在 ATM 机上取款无限额控制

D. 储值卡的面值具有上限

6. 【多选题】（2018 年、2017 年）根据支付结算法律制度的规定，下列关于银行卡收单机构对特约商户管理的表述中，正确的有（　　）。

A. 特约商户是单位的，其收单银行结算账户可以使用个人银行结算账户

B. 对特约商户实行实名制管理

C. 对实体特约商户与网络特约商户分别进行风险评级

D. 对实体特约商户收单业务实行本地化经营，不得跨省域开展收单业务

7. 【多选题】（2017 年）徐女士在 P 银行申请一张信用卡，关于该信用卡计息和收费的下列表述中，符合法律规定的有（　　）。

A. 若徐女士欠缴信用卡年费，P 银行可对该欠费计收利息

B. P 银行应在信用卡协议中以显著方式提示信用卡利率标准和计结息方式，并经徐女士确认接受

C. P 银行确定的信用卡透支利率可为日利率万分之五

D. 若 P 银行要调整信用卡利率，应至少提前 45 个自然日按照约定方式通知徐女士

8. 【多选题】（2015 年）根据支付结算法律制度的规定，下列各项中，属于发卡银行追偿透支款项和诈骗款项的途径的有（　　）。

A. 冻结持卡人账户

B. 通过司法机关诉讼程序进行追偿

C. 依法处理抵押物和质物

D. 向保证人追索透支款项

随学随练参考答案及解析

1. A 【解析】本题考核银行卡的分类。选项 A，银行卡按照是否透支分为信用卡和借记卡，信用卡按是否向发卡银行交存备用金分为贷记卡、准贷记卡两类。

2. D 【解析】本题考核银行卡的分类。准贷记卡是指持卡人须先按发卡银行要求交存一定金额的备用金，当备用金账户余额不足支付时，可在发卡银行规定的信用额度内透支的信用卡。

3. C 【解析】本题考核银行卡的使用。单位人民币卡账户的资金一律从其基本存款账户转账存入，不得存取现金，不得将销货收入存入单位卡账户。

4. B 【解析】本题考核银行卡计息和收费。选项 A 与选项 B，信用卡透支的计息方式，以及对信用卡溢缴款是否计付利息及其利率标准，由发卡机构自主确定。选项 CD，发卡银行对信用卡透支利率实行上限和下限管理。

5. BD 【解析】本题考核银行卡的交易。选项 A，信用卡持卡人可通过柜面办理现金提取业务；选项 B，信用卡持卡人通过 ATM 等自助机办理现金提取业务，每卡每日累计不得超过人民币 1 万元；选项 C，发卡银行应当对借记卡持卡人在自动柜员机（ATM 机）取款设定上限，每卡每日累计提款不得超过 2 万元人民币；选项 D，储值卡的面值或卡内币值不得超过 1 000 元人民币。

6. BCD 【解析】本题考核银行卡收单业务。选项 A，特约商户的收单银行结算账户应当为其同名单位银行结算账户，或其指定的、与其存在合法资金管理关系的单位银行结算账户。

7. BCD 【解析】本题考核信用卡的计息和收费。选项 A，发卡机构对向持卡人收取的违约金和年费、取现手续费、货币兑换费等服务费用不得计收利息；选项 B，发卡机构应在信用卡协议中以显著方式提示信用卡利率标准和计结息方式、免息还款期和最低还款额待遇的条件和标准，以及向持卡人收取违约金的详细情形和收取标准等与持卡人有重大利害关系的事项，确保持卡人充分知悉并确认接受；选项 C，对信用卡透

支利率实行上限和下限管理，透支利率上限为日利率万分之五，透支利率下限为日利率万分之五的0.7倍；选项D，发卡机构调整信用卡利率标准的，应至少提前45个自然日按照约定方式通知持卡人。

8. BCD 【解析】本题考核发卡银行追偿透支款项和诈骗款项的方式。发卡银行通过下列途径追偿透支款项和诈骗款项：扣减持卡人保证金、依法处理抵押物和质物；向保证人追索透支款项；通过司法机关的诉讼程序进行追偿。选项A，仅为止损手段，而非追偿途径。

考点二　预付卡★★

扫我解疑难

考点精讲

预付卡是发卡机构以特定载体和形式发布的，可在"发卡机构之外"购买商品和服务的预付价值。

一、预付卡的分类

预付卡的分类如表3-33所示。

表3-33　预付卡的分类

类别	发行机构	使用范围	举例
多用途预付卡	专营机构	跨地区、跨行业、跨法人	商通卡
单用途预付卡	商业企业	本企业或同一品牌连锁商业企业购买商品、服务	美容卡、健身卡

二、预付卡的发卡机构

（一）核准制

预付卡发卡机构必须是经中国人民银行核准，取得《支付业务许可证》的支付机构。

（二）资金管理

1. 预付卡内资金的性质

客户用于未来支付需要的预付卡资金，不属于发卡机构的自有财产，发卡机构不得挪用、挤占。

2. 专户管理

（1）发卡机构必须在商业银行开立"备付金专用存款账户"存放预付资金。

『提示』发卡机构对客户备付金需100%集中交存中国人民银行。

（2）"中国人民银行"负责对发卡机构的预付卡备付金专用存款账户的开立和使用进行监管。

三、预付卡使用的相关规定

『提示』此处是针对"多用途预付卡"的监管规则。

（一）记名预付卡与不记名预付卡的比较

记名预付卡与不记名预付卡的比较如表3-34所示。

表3-34　记名预付卡与不记名预付卡的比较

比较项目	记名预付卡	不记名预付卡
区分标准	记载持卡人身份信息	不记载持卡人身份信息
单张限额	5 000元	1 000元
是否可挂失	可	不可
是否可赎回	购卡后3个月可赎回	不可赎回
有效期	无	3年以上
实名登记	需要	一次购买1万元以上需要
是否可透支	否	

（二）预付卡的购买与充值

预付卡的购买与充值如表3-35所示。

表3-35 预付卡的购买与充值

情形		具体规定
购买	信用卡购买	不可以
	转账购买标准	单位：一次性购买5 000元以上
		个人：一次性购买50 000元以上
	现金购买标准	低于转账购买标准的
充值	转账充值	一次性充值5 000元以上
	信用卡充值	不可以信用卡充值
	自助充值	单张预付卡同日累计现金充值200元以下
	现金充值	低于转账充值标准的

四、购买预付卡的实名登记

『提示』购买预付卡实名登记不仅限于"记名预付卡"，不记名预付卡购买金额达到一定标准的，也需实名登记购买信息。

（一）识别身份

发卡机构应当识别购卡人、单位经办人的身份，核对有效身份证件，登记身份基本信息，并留存有效身份证件的复印件或影印件。

（二）实名登记的信息

（1）姓名或单位名称；

（2）单位经办人姓名、有效身份证件名称和号码、联系方式；

（3）购卡数量；

（4）购卡日期；

（5）购卡总金额；

（6）预付卡卡号及金额。

五、赎回记名预付卡时应提交的资料

（一）持卡人本人赎回

（1）预付卡；

（2）持卡人和购卡人的有效身份证件。

（二）他人代理赎回

（1）预付卡；

（2）持卡人和购卡人的有效身份证件；

（3）代理人和被代理人的有效身份证件。

📝 随学随练 ⏰预时4分钟

1.【单选题】（2019年）根据支付结算法律制度的规定，下列关于记名预付卡的表述中，正确的是（ ）。

A. 可以挂失

B. 有效期最长为3年

C. 单张限额1万元

D. 不可以赎回

2.【单选题】（2018年）根据支付结算法律制度的规定，下列关于预付卡的表述中，正确的是（ ）。

A. 购卡人不得使用信用卡购买预付卡

B. 单张记名预付卡的资金限额不得超过1 000元

C. 不记名预付卡的有效期最长为2年

D. 预付卡具有透支功能

3.【单选题】（2018年、2016年）根据规定，单张记名预付卡资金限额不得超过（ ）元。

A. 1 000   B. 2 000

C. 5 000   D. 10 000

4.【单选题】（2017年、2015年）根据支付结算法律制度的规定，关于预付卡使用的下列表述中，正确的是（ ）。

A. 可在发卡机构签约的特约商户中使用

B. 可向银行账户转移卡内资金

C. 可用于提取现金

D. 可用于购买非本发卡机构发行的预付卡

5.【多选题】（2019年）郑某个人一次性购买

不记名预付卡 2 000 元，一次性充值记名预付卡 3 000 元，下列表述中，符合法律规定的有（　　）。

A. 郑某可以使用信用卡购买预付卡
B. 郑某可以使用现金 3 000 元为预付卡充值
C. 郑某购买预付卡时应提供有效身份证件
D. 郑某可以使用现金 2 000 元购买不记名预付卡

6.【判断题】（2019 年）预付卡不具有透支功能。 　　（　　）

随学随练参考答案及解析

1. A　【解析】本题考核预付卡的限额和期限。选项 ABD，记名预付卡可挂失，可赎回，不得设置有效期；不记名预付卡不挂失，不赎回，另有规定的除外；不记名预付款有效期不得低于 3 年。选项 C，单张记名预付卡资金限额不得超过 5 000 元，单张不记名预付卡资金限额不得超过 1 000 元。

2. A　【解析】本题考核预付卡的限额和期限。选项 B，单张记名预付卡资金限额不得超过 5 000 元，单张不记名预付卡资金限额不得超过 1 000 元。选项 C，不记名预付卡有效期不得低于 3 年。选项 D，预付卡以人民币计价，不具有透支功能。

3. C　【解析】本题考核预付卡的限额。单张记名预付卡资金限额不得超过 5 000 元，单张不记名预付卡资金限额不得超过 1 000 元。

4. A　【解析】本题考核预付卡的使用。选项 BCD，预付卡在发卡机构拓展、签约的特约商户中使用，不得用于或变相用于提取现金，不得用于购买、交换非本发卡机构发行的预付卡、单一行业卡及其他商业预付卡或向其充值，卡内资金不得向银行账户或向非本发卡机构开立的网络支付账户转移。

5. BD　【解析】本题考核预付卡的购买和充值。选项 A，购卡人不得使用信用卡购买预付卡；选项 B，一次性充值金额 5 000 元以上的，不得使用现金；选项 C，个人或单位购买记名预付卡或一次性购买不记名

预付卡 1 万元以上的，应当使用实名并向发卡机构提供有效身份证件，郑某购买不记名预付卡可以不提供有效身份证件；选项 D，单位一次性购买预付卡 5 000 元以上，个人一次性购买预付卡 5 万元以上的，应当通过银行转账等非现金结算方式购买，不得使用现金。

6. √　【解析】本题考核预付卡的限额。预付卡以人民币计价，不具有透支功能。

模块五　网上支付

考点一　网上支付★

扫我解疑难

考点精讲

一、网上银行分类
网上银行分类如表 3-36 所示。

表 3-36　网上银行分类

项目	具体规定
主要服务对象	①企业网上银行；②个人网上银行
经营组织	①分支型网上银行；②纯网上银行：只有一个站点的银行
业务种类	①零售银行；②批发银行

二、网上支付的主要功能
网上支付的主要功能如表 3-37 所示。

表 3-37　网上支付的主要功能

企业网上银行子系统	个人网上银行子系统
账户信息查询	账户信息查询
支付指令	人民币转账业务
B2B 网上支付	B2C 网上支付
批量支付	银证转账业务
—	外汇买卖业务
—	账户管理业务

三、第三方支付

(一)第三方支付的开户要求

1. 个人开户要求

"**非银行支付机构**"为个人开立支付账户的,同一个人在**同一家**支付机构只能开立一个Ⅲ类账户。

2. 单位开户要求

"**非银行支付机构**"为单位开立支付账户。

以下两种核实客户身份的措施,选择其一:

(1)面对面核实客户身份。

应自主或委托合作单位以"**面对面**"方式核实客户身份。

(2)非面对面多重交叉验证。

通过"**至少3个**"合法安全的外部渠道对单位基本信息进行"**多重交叉验证**"。

(二)第三方支付的种类、行业分类和品牌

第三方支付的种类、行业分类和品牌如表3-38所示。

表3-38 第三方支付的种类、行业分类和品牌

项目		具体规定
种类	线上支付	互联网在线支付、移动支付中的远程支付
	线下支付	POS机刷卡支付、拉卡拉等自助终端支付、电话支付、"手机近端支付"、电视支付
行业分类	金融型	银联商务、快钱、易宝支付、汇付天下、拉卡拉。 【注意1】无担保功能。 【注意2】侧重服务于企业端
	互联网型	支付宝、财付通。 【注意1】有担保功能。 【注意2】侧重服务于个人消费端
品牌		交易规模前三位:支付宝、银联商务、财付通

(三)第三方支付交易流程(了解)

第三方平台结算支付模式的资金划拨是在"**平台内部**"进行的,此时划拨的是"**虚拟**"的资金,实体资金需要通过"**实际支付层**"完成。

 随学随练 限时3分钟

1.【单选题】(2018年)根据支付结算法律制度的规定,下列关于个人网上银行业务的表述中,不正确的是( )。

A. B2B网上支付

B. 查询银行卡的人民币余额

C. 查询信用卡网上支付记录

D. 网上购物电子支付

2.【单选题】(2016年)根据支付结算法律制度的规定,下列情形中,属于线上支付的是( )。

A. 董某在机场购物,使用手机近端支付

购物款

B. 吴某在超市购物,使用公交一卡通支付购物款

C. 周某在商场购物,通过POS机刷卡支付购物款

D. 郑某网上购物,通过支付宝支付货款

3.【单选题】(2016年)消费者在超市购物,消费总金额500元,通过支付宝扫码方式使用中信银行信用卡结账。根据支付结算法律制度的规定,下列说法正确的是( )。

A. 支付宝属于银行卡清算机构

B. 支付宝属于第三方支付机构

C. 支付宝属于网上银行

D. 消费者应支付收单结算手续费1.9元

随学随练参考答案及解析

1. A 【解析】本题考核网上银行的主要功能。B2B是企业网上银行子系统的功能。

2. **D 【解析】** 本题考核第三方支付。线上支付包括直接使用网上银行进行的支付和通过第三方支付平台间接使用网上银行进行的支付。

3. **B 【解析】** 本题考核第三方支付。选项AC，支付宝属于第三方支付机构；选项D，通过支付宝扫码使用信用卡结账，其收单业务手续费由收单机构向特约商户收取。

模块六　结算方式

考点一　汇兑

扫我解疑难

考点精讲

一、适用范围

单位和个人的各种款项结算均可使用。

二、汇兑的记载事项（9项）

签发汇兑凭证必须记载下列事项：

(1)表明"信汇"或"电汇"的字样；(2)无条件支付的委托；(3)确定的金额；(4)收款人名称；(5)汇款人名称；(6)汇入地点、汇入行名称；（7）汇出地点、汇出行名称；(8)委托日期；(9)**汇款人签章**。

『提示』汇兑凭证记载的汇款人名称、收款人名称，其在银行开立存款账户的，必须记载其账号。欠缺记载的，银行不予受理。

三、汇款回单与收账通知的区别★★

(一)汇款回单

只能作为汇出银行**"受理"**汇款的依据。**不能**作为该笔汇款已转入收款人账户的证明。

(二)收账通知

银行将款项**"确已收入"**收款人账户的凭证。

四、汇兑撤销

汇款人对**"汇出银行"尚未汇出**的款项可以申请**撤销**。

随学随练
限时3分钟

1. **【单选题】**（2018年）5月20日，甲报社以汇兑方式向李某支付稿费2 000元。下列情形中，甲报社可以申请撤销汇款的是（　）。

A. 银行已经汇出但李某尚未领取

B. 银行尚未汇出

C. 银行已向李某发出收账通知

D. 拒绝领取

2. **【多选题】**（2019年）根据支付结算法律制度的规定，下列事项中，签发汇兑凭证必须记载的有（　）。

A. 确定的金额　　B. 收款人名称

C. 委托日期　　　D. 汇款人签章

3. **【多选题】**（2018年）根据支付结算法律制度的规定，下列关于办理汇兑业务的表述中，正确的有（　）。

A. 汇款回单可以作为该笔汇款已转入收款人账户的证明

B. 汇兑凭证记载的汇款人、收款人在银行开立存款账户的，必须记载其账号

C. 汇款回单是汇出银行受理汇款的依据

D. 收款通知单是银行将款项确已转入收款人账户的凭据

4. **【判断题】**（2016年）在办理汇兑业务时，汇款人对汇出银行尚未汇出的款项可以申请撤销。　　　　（　）

随学随练参考答案及解析

1. **B 【解析】** 本题考核汇兑的撤销。汇款人对汇出银行尚未汇出的款项可以申请撤销。

2. **ABCD 【解析】** 本题考核汇兑凭证的记载事项。签发汇兑凭证必须记载下列事项：表明"信汇"或"电汇"的字样；无条件支付的委托；确定的金额；收款人名称；汇款人名称；汇入地点、汇入行名称；汇出地点、汇出行名称；委托日期；汇款人签章。汇兑凭证记载的汇款人、收款人在银行开立存款账户的，必须记载其账号。

3. BCD **【解析】** 本题考核汇兑业务的办理。选项A，汇款回单只能作为汇出银行受理汇款的依据，不能作为该笔汇款已转入收款人账户的证明。

4. √

考点二 委托收款

扫我解疑难

考点精讲

一、适用范围

（一）主体

单位和个人均可以使用委托收款结算方式。

（二）债务证明种类

凭"已承兑"商业汇票、债券、存单。

（三）范围

同城、异地均可使用。

二、程序

（一）必须记载事项（7项）

表明"委托收款"的字样；确定的金额；付款人名称；收款人名称；委托收款凭据名称及附寄单证张数；委托日期；收款人签章。欠缺记载上列事项之一的，银行不予受理。

『提示』委托收款是"收款人"发起的结算方式，因此在结算凭证中的签章是"收款人签章"，注意与票据与汇兑区分。

（二）委托

收款人办理委托收款应向银行提交委托收款凭证和有关债务证明。

（三）付款★★

（1）以银行为付款人的，银行应当在"当日"将款项主动支付给收款人。

（2）以单位为付款人的，银行应及时通知付款人，付款人应于"接到通知的当日"书面通知银行付款，如果未在接到通知的次日起3日内通知银行付款的，视为"同意付款"。

（3）付款人存款账户不足支付的，应通过"被委托银行"向收款人发出未付款项通知书。

1. **【多选题】**（2018年）根据支付结算法律制度的规定，下列债务证明中，办理款项结算可以使用委托收款结算方式的有（　）。

A. 已承兑的商业汇票　　B. 支票
C. 到期的债券　　　　　D. 到期的存单

2. **【多选题】**（2017年）根据支付结算法律制度的规定，关于委托收款结算方式的下列表述中，正确的有（　）。

A. 银行在为单位办理划款时，付款人存款账户不足支付的，应通知付款人交足存款

B. 单位凭已承兑的商业汇票办理款项结算，可以使用委托收款结算方式

C. 以银行以外的单位为付款人的，委托收款凭证必须记载付款人开户银行名称

D. 委托收款仅限于异地使用

3. **【判断题】**（2019年）委托收款结算方式在同城和异地均可以使用。（　）

4. **【判断题】**（2016年）委托收款以单位为付款人的，银行收到委托收款凭证及债务说明，审查无误后应于当日将款项主动支付给收款人。（　）

随学随练参考答案及解析

1. ABCD **【解析】** 本题考核委托收款结算方式的债务证明种类。单位和个人凭已承兑商业汇票、债券、存单等付款人债务证明办理款项的结算，均可以使用委托收款结算方式。选项B，也属于付款人债务证明，也可以使用委托收款方式结算。

2. BC **【解析】** 本题考核委托收款结算方式的适用。委托收款在同城、异地均可以使用。银行在办理划款时，付款人存款账户不足支付的，应通过被委托银行向收款人发出未付款项通知书，所以选项A错误。

3. √

4. × **【解析】** 本题考核委托收款的付款程序。委托收款以银行为收款人的，银行应当在当日将款项主动支付给收款人。

考点三　国内信用证

扫我解疑难

考点精讲

一、性质★★

（1）"人民币"计价；

（2）中文记载；

（3）不可撤销；

（4）跟单；

（5）可转让。

二、适用范围★★

（1）国内"企事业单位"之间"货物和服务"贸易提供结算服务。

（2）国内信用证只限于"转账"结算，"不得支取现金"。

三、分类

（一）即期信用证

开证行应在收到相符单据次日起"5个营业日"内付款。

（二）远期信用证

开证行应在收到相符单据次日起"5个营业日"内确认到期付款，并在到期日付款。

『提示』远期信用证付款期限最长不超过1年。

【链接】纸质商业汇票的付款期限最长为6个月；电子商业汇票付款期限最长为1年。

四、程序

知识链接

国内信用证结算程序要点整理如表3-39所示。

表3-39　国内信用证结算程序要点整理

涉及主体	产生方式	具体规定
开证行	申请人申请	①开证行可要求申请人交存一定数额的保证金； ②采用"电开"或"信开"的方式开立； ③保证金不足的，开证行仍要依法承担付款责任
通知行	①开证申请人指定； ②开证行指定	①通知行可自行决定是否通知； ②通知行同意通知的，应于收到信用证次日起3个营业日内通知受益人
交单行	受益人委托	交单行应在收单次日起5个营业日内对其审核相符的单据寄单并附寄一份交单面函
保兑行	开证行授权	①收到单据次日起5个营业日内及时核对。 ②付款： 即期付款：收到单据次日起5个营业日内付款； 远期付款：收到单据次日起5个营业日内发出"到期付款确认书"。 ③不付款：收到单据次日起5个营业日内一次性将全部不符点以电子方式或其他快捷方式通知。 注：以上规定同样适用"开证行"
转让行	开证行指定	①开证行指定后，第一受益人委托其转让。 ②信用证注明"可转让"的，才可转让。 ③只可转让一次
议付行	开证行指定	①信用证未明示可议付，任何银行不得办理。 ②信用证明示可议付，开证行仅指定一家议付行，未被指定为议付行的银行不得办理。 ③被指定的议付行可自行决定是否办理。 ④议付行在受理议付申请的次日起5个营业日内审核单据并决定是否议付

第3章　法律制度　支付结算

国内信用证关于寄单索款提交资料的总结如表3-40所示。

表3-40　国内信用证关于寄单索款提交资料的总结

情形	谁向谁交	提交资料
受益人委托交单行交单	受益人→交单行	①信用证交单委托书； ②单据； ③信用证正本及信用证通知书； ④信用证修改书正本及信用证修改通知书
	交单行→开证行	收单次日起5个营业日内对其审核相符的单据寄单并附寄一份交单面函(寄单通知书)
受益人直接交单	受益人→开证行	①信用证正本及信用证通知书； ②信用证修改书正本及信用证修改通知书单据； ③身份证明文件
	受益人→保兑行	
	受益人→议付行	

随学随练 限时4分钟

1.【单选题】(2015年)根据支付结算法律制度的规定，下列结算方式中，仅适用于单位之间款项结算的是（　）。

A. 电汇　　　　B. 信汇

C. 国内信用证　D. 委托收款

2.【多选题】(2010年)根据票据法律制度的规定，下列票据中，允许个人使用的有（　）。

A. 支票

B. 银行承兑汇票

C. 银行本票

D. 银行汇票

3.【多选题】下列关于国内信用证办理和使用要求的表述中，不符合支付结算法律制度规定的有（　）。

A. 信用证结算方式可以用于转账，也可以支取现金

B. 开证行可要求申请人交存一定数额的保证金，但不得要求申请人提供其他任何形式的担保

C. 信用证未明示可议付，任何银行不得办理议付

D. 信用证明示可议付，如开证行仅指定一家议付行，被指定的议付行应当办理议付

4.【判断题】(2016年)信用证申请人交存的保证金和其存款账户余额不足支付

的，开证行仍应在规定的付款时间内进行付款。（　）

5.【判断题】(2015年)国内信用证结算方式适用于单位和个人之间商品交易产生的贷款结算。（　）

随学随练参考答案及解析

1. C 【解析】本题考核支付结算工具的适用主体。选项ABD所表述的结算工具，单位和个人均可使用。

2. ACD 【解析】本题考核支付结算工具的适用主体。选项B，商业汇票只有在银行开立存款账户的法人以及其他组织才可以使用。

3. ABD 【解析】本题考核国内信用证。信用证结算方式只能用于转账结算，不得支取现金，选项A错误；开证行可要求申请人交存一定数额的保证金，并可根据申请人资信情况要求其提供抵押、质押、保证等合法有效的担保，选项B错误；信用证未明示可议付，任何银行不得办理议付，选项C正确；信用证明示可议付，如开证行仅指定一家议付行，未被指定为议付行的银行不得办理议付，被指定的议付行"可自行决定"是否办理议付，选项D错误。

4. √

5. × 【解析】本题考核国内信用证的适用范围。信用证结算适用于银行为国内企事业单位之间货物和服务贸易提供的结算服务。

模块七　结算纪律与法律责任

考点一　结算纪律与法律责任

扫我解疑难

考点精讲

一、结算纪律

（一）与单位有关的限制

（1）不准签发没有资金保证的票据或远期支票，套取银行信用。

（2）不准签发、取得和转让没有真实交易和债权债务的票据，套取银行和他人资金。

（3）不准无理拒绝付款，任意占用他人资金。

（二）与银行有关的限制

（1）不准以任何理由压票、任意退票、截留挪用客户和他行资金。

（2）不准无理拒绝支付应由银行支付的票据款项。

（3）不准受理无理拒付、不扣或少扣滞纳金。

（4）不准违章签发、承兑、贴现票据，套取银行资金。

（5）不准签发空头银行汇票、银行本票和办理空头汇款。

（6）不准在支付结算制度之外规定附加条件，影响汇路畅通。

（7）不准违反规定为单位和个人开立账户。

（8）不准拒绝受理、代理他行正常结算业务。

二、与票据有关的法律责任

商业承兑汇票的付款人对见票即付或者到期的票据，**故意压票、拖延支付**的，按照规定处以压票、拖延支付期间内**每日票据金额0.7‰**的罚款。

『提示』第三章仅有此处为"万分之七"，其他大部分类似知识点均为"万分之五"。

三、违反账户管理规定行为的处罚

违反账户规定行为的法律责任如表3-41所示。

表3-41　违反账户规定行为的法律责任

违法行为		经营性存款人	非经营性存款人
开立&撤销	①违反规定开立银行结算账户；②伪造、变造证明文件，欺骗银行开立银行结算账户；③违反规定不及时撤销银行结算账户	①警告；②1万~3万元罚款	①警告；②1 000元罚款
使用	①违反规定将单位款项转入个人银行结算账户；②违反规定支取现金；③利用开立银行结算账户逃废银行债务；④出租、出借银行结算账户；⑤从基本存款账户之外的银行结算账户转账存入、将销货收入存入或现金存入单位信用卡账户	①警告；②5 000~3万元罚款	
变更	存款人的法定代表人或主要负责人、存款人地址以及其他开户资料的变更事项未在规定期限内通知银行	①警告；②1 000元罚款	
伪造、变造、私自印制开户登记证的存款人		1万~3万元罚款	1 000元罚款
		构成犯罪的，移交司法机关依法追究刑事责任	

四、信用卡诈骗行为（承担刑事责任）

信用卡诈骗行为如表3-42所示。

表3-42　信用卡诈骗行为

情形		具体内容
伪造信用卡		—
妨碍信用卡管理	持有运输	①明知是伪造的信用卡而持有、运输； ②明知是伪造的**"空白"**信用卡而持有、运输，**"数量较大"**的
	非法持有	非法持有他人信用卡，数量较大的
	骗领	①使用虚假的身份证明骗领信用卡的； ②出售、购买、为他人提供伪造的信用卡或者以虚假的身份证明骗领信用卡的
	信息资料	窃取、收买或者非法提供他人信用卡信息资料的
使用		①使用伪造的信用卡； ②使用以虚假的身份证明骗领的信用卡； ③使用作废的信用卡； ④冒用他人的信用卡； ⑤恶意透支

随学随练（限时5分钟）

1.【单选题】（2017年、2016年）根据支付结算法律制度的规定，下列关于结算纪律的表述中，正确的是（　　）。

A. 银行办理支付结算，不得以任何理由压票

B. 单位和个人办理支付结算，不得以任何理由拒绝付款

C. 银行办理支付结算，可以在支付结算制度之外附加条件

D. 单位和个人办理支付结算，可以签发无资金保证的票据

2.【多选题】（2018年）下列信用卡诈骗活动中，数额较大的，当事人应负刑事责任的有（　　）。

A. 郑某冒用他人信用卡

B. 王某恶意透支信用卡

C. 吴某使用作废的信用卡

D. 周某使用伪造的信用卡

3.【多选题】（2015年）根据支付结算法律制度的规定，下列各项中，属于银行办理支付结算必须遵守的结算纪律有（　　）。

A. 不准违反规定为单位和个人开立账户

B. 不准签发空头银行汇票、银行本票和办

理空头汇票

C. 不准签发没有资金保证的票据，套取银行信用

D. 不准受理无理拒付、不扣或少扣滞纳金

4.【判断题】（2019年）付款人同出票人、持票人恶意串通签发无可靠资金来源的汇票骗取资金的，应依法追究法律责任。（　　）

5.【判断题】（2018年）非法持有他人信用卡，数量较大的，应追究其刑事责任。（　　）

随学随练参考答案及解析

1. A　【解析】本题考核结算纪律。选项B，单位和个人办理支付结算，不准"无理"拒绝付款，任意占用他人资金，以合理的理由拒绝付款是合法行为；选项C，银行办理支付结算，不准在支付结算制度之外规定附加条件，影响汇路畅通；选项D，不准签发没有资金保证的票据或远期支票，套取银行信用。

2. ABCD　【解析】本题考核信用卡欺诈行为。根据规定，使用伪造的信用卡，或者使用以虚假的身份证明骗领的信用卡的；使用作废的信用卡的；冒用他人信用卡的；恶意透支的，均属于信用卡诈骗活

动。进行信用卡诈骗活动，数额较大的，处5年以下有期徒刑或者拘役，并处2万元以上20万元以下罚金。

3. ABD 【解析】本题考核结算纪律。选项C，属于单位和个人办理支付结算必须遵守的结算纪律。

4. √ 【解析】本题考核结算纪律及法律责

任。付款人同出票人、持票人恶意串通签发无可靠资金来源的汇票、本票骗取资金的行为为票据欺诈，应依法追究刑事责任。

5. √ 【解析】本题考核信用卡欺诈行为。非法持有他人信用卡，数量较大的，处3年以上10年以下有期徒刑，并处2万元以上20万元以下罚金。

本章综合练习（限时60分钟）

一、单项选择题

1. 根据支付结算法律制度的规定，下列关于票据填写要求的表述中，不正确的是（ ）。
   A. 单位名称应当记载全称或者规范化简称
   B. 银行名称应当记载全称或者规范化简称
   C. 出票日期可选择使用中文大写或阿拉伯数字
   D. 金额以中文大写和阿拉伯数字同时记载，二者必须一致

2. 某票据的出票日期为"2020年3月15日"，其规范写法是（ ）。
   A. 贰零贰零年零叁月壹拾伍日
   B. 贰零贰零年叁月壹拾伍日
   C. 贰零贰零年零叁月拾伍日
   D. 贰零贰零年叁月拾伍日

3. 根据相关规定，中国人民银行当地分支行应于规定时间内对开户银行报送的核准类账户的开户资料的合规性予以审核，符合开户条件的，予以核准，颁发基本存款账户开户许可证。该规定时间为（ ）。
   A. 10个工作日　　B. 5个工作日
   C. 2个工作日　　D. 1个工作日

4. 下列有关基本存款账户的说法中，错误的是（ ）。
   A. 单位设立的独立核算的附属机构可以申请开立基本存款账户
   B. 居民委员会、村民委员会、社区委员会均可以申请开立基本存款账户
   C. 基本存款账户是存款人因办理日常转账

结算和现金收付需要开立的银行结算账户
   D. 企业法人开立基本存款账户的，应出具企业法人营业执照副本

5. 下列关于各类银行结算账户的表述中，正确的是（ ）。
   A. 预算单位零余额账户的开设没有数量限制
   B. 一般存款账户的开设没有数量限制
   C. 临时存款账户的有效期最长不超过1年
   D. 注册验资的临时存款账户在验资期间只付不收

6. 单位从其银行结算账户支付给个人银行结算账户的款项，应按规定向其开户银行提供依据的数额是（ ）。
   A. 每笔超过1万元
   B. 每笔超过2万元
   C. 每笔超过5万元
   D. 每笔超过10万元

7. 下列关于Ⅱ类户为存款人提供的服务中说法中，错误的是（ ）。
   A. 可以办理存款业务
   B. 可以限定金额的消费
   C. 可以购买投资理财产品
   D. 可以办理存取现金业务，存入现金日累计限额为2万元

8. 关于票据的当事人，下列各项中，说法错误的是（ ）。
   A. 本票的付款人是出票人
   B. 银行本票的出票人为申请出票的企业
   C. 支票的出票人，为在银行开立支票存款

账户的企业、其他组织和个人

D. 商业承兑汇票的付款人是合同中应给付款项的一方当事人，也是该汇票的承兑人

9. 甲公司持有一张商业汇票，到期委托开户银行向承兑人收取票款。甲公司行使的票据权利是( )。

A. 付款请求权 B. 利益返还请求权

C. 票据追索权 D. 票据返还请求权

10. 甲公司受乙公司欺诈而向其签发一张汇票，乙公司为支付货款将该汇票背书给不知情的丙公司，丙公司被丁公司吸收合并，丁公司为支付工程款，将该汇票背书给善意并支付合理对价的戊公司。下列取得汇票的主体中，不享有票据权利的是( )。

A. 丙公司 B. 丁公司

C. 乙公司 D. 戊公司

11. 根据票据法律制度的规定，下列关于票据债务人承担票据义务说法错误的是( )。

A. 支票的出票人承担付款的义务

B. 本票出票人因出票而承担自己付款的义务

C. 汇票承兑人因承兑而应承担付款义务

D. 汇票的背书人、出票人、保证人在票据不获承兑或者不获付款时承担付款清偿义务

12. 下列关于票据责任的说法中，正确的是( )。

A. 票据债务人可以以自己与出票人或者与持票人的前手之间的抗辩事由，对抗持票人

B. 持票人未按照规定期限提示付款的，付款人的票据责任解除

C. 持票人委托的收款银行的责任，限于按照票据上记载事项将票据金额转入持票人账户

D. 付款人委托的付款银行的责任，限于按照票据上记载事项从付款人账户支付票据金额，不必审查背书连续

13. 甲将一汇票背书转让给乙，但该汇票上未记载乙的名称。其后，乙在该汇票被

背书人栏内记载了自己的名称。根据票据法律制度的规定，下列有关该汇票背书与记载效力的表述中，正确的是( )。

A. 甲的背书无效，因为甲未记载被背书人乙的名称

B. 甲的背书无效，且将导致该票据无效

C. 乙的记载无效，应由背书人甲补记

D. 乙的记载有效，其记载与背书人甲记载具有同等法律效力

14. 根据票据法律制度的规定，付款人承兑时如附有条件，下列说法正确的是( )。

A. 所附条件不具有汇票上的效力

B. 所附条件满足，承兑方能成立

C. 所附条件满足，承兑人应当承担到期付款的责任

D. 视为拒绝承兑

15. 甲公司为支付货款向乙公司签发一张银行承兑汇票，到期日为见票后6个月。A银行对此票据进行了承兑，并注明"甲公司在汇票到期后账户资金足以支付票据金额时，承兑生效"，A银行未记载承兑日期。根据支付结算法律制度的规定，下列关于承兑行为的表述中，错误的是( )。

A. A银行在票据到期后应当向持票人付款

B. A银行应当在承兑时记载付款日期

C. A银行的承兑日为收到提示承兑的汇票之日起的第3日

D. 持票人应当自出票日起1个月内向A银行提示承兑

16. 甲公司签发一张由自己承兑的商业承兑汇票给乙公司，乙公司将该票据背书转让给丙公司，同时在该票据的背面注明"不得转让"，丙公司又将其背书转让给丁公司，A公司为丙公司的背书行为提供票据保证。票据到期丁公司提示付款被拒，则丁公司不得向( )追索。

A. 甲公司 B. 乙公司

C. 丙公司 D. A公司

17. A公司签发一张银行承兑汇票给B公司，C银行对该汇票进行承兑。D公司为该汇

票保证，并注明"B公司不得背书转让"，但未记载被保证人名称和保证日期。后B公司为支付货款将该汇票背书转让给E公司。根据规定，下列关于该汇票，说法正确的是( )。

A. D公司的保证附有条件，视为拒绝保证

B. A公司为被保证人

C. D公司对B公司的后手被背书人E公司不承担保证责任

D. 未记载保证日期，出票日期为保证日期

18. 甲公司于2019年8月5日向乙公司签发了一张见票后3个月付款的银行承兑汇票，根据票据法律制度的规定，乙公司应于规定时间前向付款人提示承兑。该时间为( )。

A. 2019年9月5日

B. 2019年9月15日

C. 2019年10月5日

D. 2019年11月15日

19. 甲公司从异地乙公司购进中药材一批，于2020年4月20日开出了10万元的见票后3个月付款的银行承兑汇票支付该笔货款，乙公司于4月28日提示承兑，则乙公司提示付款的最后期限为( )。

A. 2020年5月20日

B. 2020年6月20日

C. 2020年7月30日

D. 2020年8月6日

20. 丙公司持有一张以甲公司为出票人、乙银行为承兑人、丙公司为收款人的汇票，汇票到期日为2018年6月5日，但是丙公司一直没有主张票据权利。根据票据法律制度的规定，丙公司对甲公司的票据权利的消灭时间是( )。

A. 2018年6月15日

B. 2018年12月5日

C. 2019年6月5日

D. 2020年6月5日

21. 根据支付结算法律制度的规定，关于票据追索权行使的下列表述中，正确的是( )。

A. 持票人不得在票据到期前追索

B. 持票人应当向票据的出票人、背书人、承兑人和保证人同时追索

C. 持票人在行使追索权时，应当提供被拒绝承兑或拒绝付款的有关证明

D. 持票人应当按照票据的承兑人、背书人、保证人和出票人的顺序行使追索权

22. 在我国票据法律制度规定的票据种类中，记载出票金额和实际结算金额两种金额的票据是( )。

A. 银行本票   B. 银行承兑汇票

C. 银行汇票   D. 支票

23. 根据票据法律制度的规定，下列对银行汇票的表述中，不正确的是( )。

A. 未填明实际结算金额和多余金额或者实际结算金额超过出票金额的银行汇票，银行不予受理

B. 更改实际结算金额的银行汇票无效

C. 银行汇票的背书转让以出票金额为准

D. 未填写实际结算金额或者实际结算金额超过出票金额的银行汇票不得背书转让

24. 下列关于银行本票性质的表述中，不正确的是( )。

A. 银行本票见票即付

B. 持票人超过提示付款期限不获付款的，可向出票银行请求付款

C. 单位和个人均可使用记载"现金"字样的银行本票

D. 在我国，本票仅限于银行本票

25. 银行承兑汇票的承兑银行，应按票面金额向出票人收取一定比例的手续费，该比例为( )。

A. 千分之一   B. 万分之五

C. 千分之三   D. 万分之三

26. 根据票据法律制度的规定，下列商业汇票中，可以办理贴现的是( )。

A. 甲公司持有一张已经超过提示付款期限的银行承兑汇票

B. 张某通过偷盗取得一张经承兑的商业承兑汇票

C. 乙公司持有一张 A 公司签发并承兑的未到期电子商业汇票

D. 丙公司持有一张出票人记载"不得转让"字样的银行承兑汇票

27. 下列有关票据贴现的说法中，正确的是( )。

A. 商业汇票、银行汇票、本票和支票均可以申请贴现

B. 出票人在票据上记载"不得转让"字样的，该票据不得贴现

C. 实付贴现金额按票面金额扣除贴现日至汇票到期日止的利息计算

D. 贴现的期限为从其贴现之日至汇票到期前 1 日

28. 2017 年 12 月 13 日，乙公司持一张汇票向承兑银行 P 银行提示付款，该汇票出票人为甲公司，金额为 100 万元，到期日为 2017 年 12 月 12 日。已知 12 月 13 日，甲公司账户余额为 10 万元。后又于 12 月 18 日存入 100 万元。P 银行拟对该汇票采取的下列处理方式中，正确的是( )。

A. 于 12 月 18 日向乙公司付款 100 万元

B. 于 12 月 13 日拒绝付款，退回汇票

C. 于 12 月 13 日向乙公司付款 100 万元

D. 于 12 月 13 日向乙公司付款 10 万元

29. 下列支付结算方式中个人可以使用的是( )。

A. 商业汇票　　　B. 托收承付

C. 国内信用证　　D. 支票

30. 根据《中华人民共和国票据法》的规定，下列有关汇票与支票区别的表述中，正确的是( )。

A. 汇票可以背书转让，支票不能背书转让

B. 银行汇票的提示付款期限自出票日起 1 个月，支票的提示付款期限自出票日起 10 日

C. 汇票和支票均为见票即付

D. 汇票上的收款人名称可以经出票人授权予以补记，支票上的收款人名称，则不能补记

31. 根据支付结算法律制度的规定，信用卡按是否向发卡银行交存备用金分为( )。

A. 专用卡与储值卡

B. 人民币卡与贷记卡

C. 外币卡与信用卡

D. 贷记卡与准贷记卡

32. 下列关于银行卡清算市场的表述中，说法正确的是( )。

A. 我国开放银行卡清算市场，所有内外资企业均可申请在中国境内设立银行卡清算机构

B. 目前中国银联股份有限公司，是唯一经国务院同意，由中国人民银行批准设立的银行卡清算机构

C. 申请成为银行卡清算机构的，注册资本不低于 20 亿元人民币

D. 符合条件的机构经国务院同意后予以批准，依法取得"银行卡清算业务许可证"

33. 根据支付结算法律制度的规定，单张记名预付卡资金限额不得超过( )元。

A. 1 000　　　　B. 2 000

C. 5 000　　　　D. 10 000

34. 根据支付结算法律制度的规定，下列关于预付卡期限的说法中，正确的是( )。

A. 记名预付卡可设置 3 个月有效期

B. 不记名预付卡有效期应为固定的 3 年期限

C. 不记名预付卡卡面记载有效期限或有效期截止日

D. 超过有效期的预付卡，一律作废不得使用

35. 根据支付结算法律制度的规定，下列关于第三方支付的说法中，错误的是( )。

A. 线上支付是指通过互联网实现的用户和商户、商户和商户之间在线货币支付、资金清算、查询统计过程

B. 目前第三方支付机构主要有金融型支付企业和互联网型支付企业两类模式

C. 在第三方支付模式下，支付者必须在第三方支付机构平台上开立账户

D. 第三方平台结算支付模式的资金划拨是在平台内部进行的，此时划拨的是实际的资金

36. 根据支付结算法律制度的规定，下列关于网上银行的表述中，正确的是（　）。

A. 企业网上银行主要适用于企业单位，事业单位不适用

B. 纯网上银行是只有一个站点的银行

C. B2C 指的是企业与企业之间进行的电子商务活动

D. 企业网上银行子系统的功能包括银证转账业务

37. 根据《支付结算办法》的规定，汇款人委托银行将其款项支付给收款人的结算方式是（　）。

A. 汇兑　　　　　B. 信用证

C. 托收承付　　　D. 委托收款

38. 根据《支付结算办法》的规定，下列选项中，不属于签发汇兑凭证必须记载的事项是（　）。

A. 收款人名称　　B. 委托日期

C. 汇款人签章　　D. 付款人名称

39. 甲公司委托乙银行向丙企业收取款项，丙企业开户银行在债务证明到期日办理划款时，发现丙企业存款账户不足支付，根据规定，开户行可以采取的行为是（　）。

A. 直接向甲公司出具拒绝支付证明

B. 应通过乙银行向甲公司发出未付款通知书

C. 先按委托收款凭证及债务证明标明的金额向甲公司付款，然后向丙企业追索

D. 应通知丙企业存足相应款项，如果丙企业在规定的时间内未存足款项的，再向乙银行出具拒绝支付证明

40. 下列关于国内信用证的说法中，正确的是（　）。

A. 我国信用证为以人民币计价、不可撤销、不得转让的跟单信用证

B. 信用证结算适用于银行为国内企事业之间货物贸易提供的结算服务，不适用于服务贸易

C. 即期信用证，开证行应在收到相符单据次日起 5 个营业日内付款

D. 信用证付款期限为固定的 1 年

二、多项选择题

1. 下列选项中，属于支付结算原则的有（　）。

A. 银行不垫款

B. 谁的钱进谁的账，由谁支配

C. 存款自由，取款自愿

D. 恪守信用，履约付款

2. 根据支付结算法律制度的规定，下列票据中，属于见票即付的有（　）。

A. 转账支票　　　B. 银行汇票

C. 银行承兑汇票　D. 商业承兑汇票

3. 下列存款人中，可以申请开立基本存款账户的有（　）。

A. 个体工商户　　B. 外国驻华机构

C. 居民委员会　　D. 民办非企业组织

4. 根据支付结算法律制度的规定，下列关于一般存款账户的说法正确的有（　）。

A. 存款人申请开立一般存款账户应出具其开立基本存款账户规定的证明文件

B. 存款人申请开立一般存款账户应出具其基本存款账户的开户许可证

C. 存款人因借款需要开立一般存款账户的应出具借款合同

D. 存款人办理现金支取可以通过一般存款账户

5. 下列选项中，属于银行结算账户管理的基本内容有（　）。

A. 实名制管理

B. 账户变更事项的管理

C. 存款人预留银行签章的管理

D. 对账管理

6. 自然人甲拟通过银行柜台申请开立两个个人银行存款账户，根据规定，下列选项中，甲可以成功开立的有（　）。

A. Ⅰ类银行账户和Ⅱ类银行账户

B. Ⅰ类银行账户和Ⅲ类银行账户

C. Ⅱ类银行账户和Ⅲ类银行账户

D. 无法开立两个个人银行结算账户

7. 根据个人银行账户实名制的要求，存款人申请开立个人银行结算账户时，应向银行出具本人有效证件。下列属于有效身份证件的有( )。

A. 中华人民共和国境内已登记常住户口的中国公民的居民身份证

B. 中国台湾地区居民的台湾居民来往大陆通行证

C. 国外中国公民的中国护照

D. 中国香港、澳门特别行政区居民的香港、澳门特别行政区居民身份证

8. 张三拥有 A 银行所开立的 I 类账户、II 类账户和 III 类账户各一个。下列关于张三使用个人银行结算账户办理业务的说法中，正确的有( )。

A. 张三可以通过 II 类账户和 III 类账户购买银行理财产品

B. 张三可以通过绑定账户向 II 类账户转账存入资金

C. 张三可以通过自助操作方式，从 III 类账户转账资金至非绑定账户，没有限额限制

D. 张三可以通过 II 类账户和 III 类账户网上购物消费

9. 甲单位需要更换预留银行的财务专用章，但无法提供原预留财务专用章，根据银行结算账户管理的规定，甲单位应向开户银行提供的资料有( )。

A. 原印鉴卡片

B. 开户许可证

C. 司法部门的证明

D. 营业执照正本

10. 下列各项票据中，可以挂失止付的包括( )。

A. 已承兑的商业汇票

B. 支票

C. 填明"现金"字样的银行本票

D. 未填明"现金"字样的银行汇票

11. 根据票据法律制度的规定，下列选项中，当事人能够获得票据权利的有( )。

A. 甲公司通过交付货物获得一张支票

B. 乙公司通过无偿受赠获得一张本票

C. 丙公司因重大过失取得一张伪造的汇票

D. 丁公司取得一张金额被涂改的汇票

12. 根据票据法律制度的规定，下列人员中，对行使付款请求权的持票人负有付款义务的有( )。

A. 汇票的承兑人

B. 银行本票的出票人

C. 支票的付款人

D. 汇票的背书人

13. 甲将一张 100 万元的汇票背书转让给乙，并注明"乙不得对甲行使追索权"。下列有关该背书效力的表述中正确的有( )。

A. 背书转让无效

B. 背书转让有效

C. 乙可以对甲行使追索权

D. 乙不得对甲行使追索权

14. 根据支付结算法律制度的规定，下列票据背书行为中，属于非转让背书的有( )。

A. 甲公司将自己持有的一张银行汇票背书转让给乙公司以偿付货款

B. 乙公司将自己持有的一张商业汇票背书转让给丙公司作为向丙公司借款的质押

C. 丙公司将自己持有的一张支票背书转让给丁银行，委托丁银行代为行使收款权

D. 丁公司将自己持有的一张银行本票背书转让给戊公司作为合同定金

15. 下列关于票据背书连续的效力表述中，正确的有( )。

A. 第一背书人为票据的出票人

B. 第一背书人为票据的收款人

C. 中间背书人为前手背书的被背书人

D. 最后持票人为最后背书人

16. 下列关于追索权行使通知期限的说法中，正确的有( )。

A. 持票人被拒绝承兑的，应在取得证明之日起 3 日内，将被拒绝事由书面通知其前手

B. 持票人被拒绝付款的，应在取得证明之日起 5 日内，将被拒绝事由书面通知其前手

C. 持票人取得证明后超过期限向前手发出追索通知的，仍可行使追索权

D. 持票人取得证明后超过期限向前手发出追索通知的，因延期通知给其前手或者出票人造成损失的，由没有按照规定期限通知的汇票当事人，承担对该损失的赔偿责任，赔偿的金额可以超过汇票金额

17. 根据《中华人民共和国票据法》的规定，下列各项中，属于可以行使追索权的情形有（ ）。

A. 汇票到期被拒绝付款的

B. 汇票到期日前被拒绝承兑的

C. 汇票到期日前承兑人逃匿的

D. 汇票到期日前付款人被依法宣告破产的

18. 根据票据法律制度的规定，被追索人在向持票人支付有关金额及费用后，可以向其他汇票债务人行使再追索权。下列各项中，属于被追索人可请求其他汇票债务人清偿的款项有（ ）。

A. 被追索人已清偿的全部金额

B. 被追索人发出追索通知书的费用

C. 已清偿的全部金额自清偿日起至再追索清偿日止，按照中国人民银行规定的利率计算的利息

D. 持票人因票据金额被拒绝支付而导致的利润损失

19. 2020 年 1 月 1 日，甲公司向乙公司签发一张金额为 10 万元、付款人为 A 银行、见票后 3 个月付款的银行承兑汇票。2020 年 1 月 5 日，乙公司将其背书转让给丙公司以支付货款，丁公司作为乙公司的保证人在票据上签章。2020 年 1 月 15 日，丙公司提示承兑时，遭到 A 银行拒绝。根据规定，丙公司有权行使追索权的对象有（ ）。

A. 甲公司　　　　B. A 银行

C. 乙公司　　　　D. 丁公司

20. 根据票据法律制度的规定，申请人应将银行汇票和解讫通知一并交给汇票上记明的收款人。下列选项中，属于收款人

受理银行汇票时，应审查的事项有（ ）。

A. 银行汇票和解讫通知是否齐全

B. 收款人是否确为本单位或本人

C. 出票人签章是否符合规定，大小写出票金额是否一致

D. 出票金额、出票日期、收款人名称是否更改，更改的其他记载事项是否由原记载人签章证明

21. 根据支付结算法律制度的规定，下列关于银行汇票与银行本票的表述中，正确的有（ ）。

A. 银行汇票与银行本票都是由银行签发且见票即付的票据

B. 单位和个人均可使用银行汇票与银行本票

C. 银行汇票与银行本票对出票人的票据权利时效均为出票日起 2 年

D. 银行汇票与银行本票的基本当事人均为出票人、收款人和付款人

22. 根据支付结算法律制度规定，关于银行本票，下列选项中说法正确的有（ ）。

A. 在我国，本票仅限于银行本票，即银行出票，银行付款

B. 银行本票可以用于转账，注明"现金"字样的银行本票可以用于支取现金

C. 单位和个人在同一票据交换区域需要支付各种款项，均可以使用银行本票

D. 银行本票申请人或收款人为单位的，需要支取现金的，应在"金额"栏先填写"现金"字样

23. 根据《票据交易管理办法》的规定，关于商业汇票保证增信行为中，下列说法正确的有（ ）。

A. 保证增信行对纸质票据进行保管并为贴现人的偿付责任进行先行偿付

B. 保证增信行为贴现人的偿付责任进行先行偿付

C. 上市的商业银行不得作为保证增信行

D. 保证增信行承担偿付责任时，应当委托票据市场基础设施代其发送指令，划

付资金至持票人资金账户

24. 下列关于电子商业汇票的说法中，正确的有( )。

A. 单张出票金额80万元的商业汇票，必须通过电子商业汇票办理

B. 票据到期日为其必须记载事项

C. 付款期限自出票日至到期日不超过1年

D. 出票日是指出票人记载在电子商业汇票上的出票日期

25. 纸质商业承兑汇票依法贴现后，下列关于其付款确认程序的说法中，正确的有( )。

A. 实物确认的，汇票保管人应当将票据直接送达承兑人处

B. 实物确认的，汇票保管人应当将票据通过承兑人开户行送达承兑人处

C. 影像确认的，承兑人收到票据影像确认请求后，应当在3个工作日内委托其开户行作出同意或者拒绝到期付款的应答

D. 实物确认的法律效力高于影像确认

26. 甲银行将自己持有的一张未到期商业汇票向乙银行出质，双方约定，在未来一定日期，由甲银行向乙银行返还资金，乙银行依约向甲银行返还原出质票据。关于该票据交易方式，下列说法正确的有( )。

A. 甲银行与乙银行的票据交易种类为质押式回购

B. 甲银行与乙银行的票据交易种类为买断式回购

C. 甲银行为正回购方

D. 乙银行为逆回购方

27. 下列关于支票记载事项的说法中，正确的有( )。

A. "无条件支付的承诺"是支票必须记载事项

B. 收款人名称和金额，均为支票的必须记载事项

C. 收款人名称和金额，均为支票的授权补记事项

D. 支票付款人为支票上记载的出票人开

户银行

28. 下列关于银行卡申领、使用、注销的说法中，不正确的有( )。

A. 持卡人在还清全部交易款项、透支本息和有关费用后，可申请办理销户。销户时，单位人民币卡账户的资金应当转入其基本存款账户，单位外币卡账户的资金应当转回相应的外汇账户，不得提取现金

B. 个人申领信用卡时，发卡银行可以根据其资信程度要求其提供相应的担保，担保的方式必须是保证方式

C. 个人取得银行卡的，可以出租或转借

D. 单位人民币卡账户的资金可以从其基本存款账户转账存入，也可以将销货收入存入单位卡账户

29. 下列有关单位银行卡账户的资金管理，符合支付结算法律制度的规定的有( )。

A. 由其基本存款账户转账存入

B. 由其一般存款账户转账存入

C. 不得办理现金支取业务

D. 不得办理银行转账业务

30. 根据银行卡计息的相关规定，下列持卡人所欠项目中，银行不得计收利息的有( )。

A. 违约金

B. 超过信用额度用卡的消费金额

C. 年费

D. 取现手续费

31. 根据银行卡业务管理的相关规定，收单机构发现特约商户发生疑似信用卡套现、洗钱、欺诈、移机、留存或泄露持卡人信息等风险事件的，应当对特约商户采取的措施有( )。

A. 暂停银行卡交易

B. 关闭网络支付接口

C. 延迟资金结算

D. 收回受理终端

32. 根据支付结算法律制度的规定，下列关于预付卡使用的表述中，正确的有( )。

A. 记名预付卡可挂失，可赎回

B. 有资金余额但超过有效期的预付卡可通过延期、激活、换卡等方式继续使用

C. 记名预付卡不得设置有效期

D. 不记名预付卡有效期可设置为 2 年

33. 根据支付结算法律制度的规定，下列有关预付卡的表述中，正确的有（　　）。

A. 不得使用信用卡为预付卡充值

B. 一次性充值金额 2 000 元以上的，不得使用现金

C. 单位购买的记名预付卡，只能由单位办理赎回

D. 个人购买记名预付卡，应当使用实名并向发卡机构提供有效身份证件

34. 根据支付结算法律制度的规定，下列关于网上支付的表述中，正确的有（　　）。

A. 在第三方支付模式下，支付者必须在第三方支付机构平台上开立账户

B. 狭义的线上支付仅指通过第三方支付平台实现的互联网在线支付

C. 客户开通网上银行只能前往银行柜台办理

D. 个人和银行网上银行子系统都可以进行账户信息查询

35. 根据支付结算法律制度的规定，下列选项中，属于个人网上银行子系统的具体业务功能的有（　　）。

A. 账户信息查询

B. 人民币转账业务

C. 银证转账业务

D. 外汇买卖业务

36. 根据票据法律制度的规定，汇款人签发汇兑凭证时，必须记载的事项有（　　）。

A. 表明"信汇"或"电汇"的字样

B. 无条件支付的委托

C. 确定的金额

D. 委托日期

37. 根据支付结算法律制度的规定，下列有关委托收款的表述中，正确的有（　　）。

A. 委托收款是收款人委托银行向付款人收取款项的结算方式

B. 委托收款在同城、异地均可使用

C. 银行在办理划款时，发现付款人存款账户不足支付的，应通过被委托银行向收款人发出未付款通知书

D. 付款人应当于接到通知的当日书面通知银行付款，如果付款人未在发出通知的次日起 3 日内通知银行付款的，视为同意付款

38. 下列各项中，符合违反支付结算法律制度法律责任规定的有（　　）。

A. 单位或个人签发空头支票，由中国人民银行对其处以票面金额 5% 但不低于 1 000 元的罚款

B. 单位或个人签发空头支票，持票人有权要求出票人赔偿支票金额 5% 的赔偿金

C. 单位或个人签发空头支票，持票人有权要求出票人赔偿支票金额 2% 的赔偿金

D. 商业承兑汇票的付款人对到期的票据故意压票拖延支付的，由中国人民银行处以压票、拖延支付期间内每日票据金额 5‰ 的罚款

三、判断题

1. 支付结算是指单位、个人在社会经济活动中使用票据、银行卡、发票和汇兑等结算方式进行货币给付及其资金清算的行为。（　　）

2. 法人和其他单位在票据和结算凭证上的签章，为该法人或单位的公章或财务专用章，加上其法定代表人或者其授权的代理人的签名或盖章。（　　）

3. 存款人更改名称，但不改变开户银行及账号的，应于 5 个工作日内向开户银行提出银行结算账户的变更申请，并出具有关部门的证明文件。（　　）

4. 存款人只能在注册地开立一个基本存款账户，不得异地开立银行结算账户。（　　）

5. 存款人尚未清偿其开户银行债务的，可先申请撤销该账户，10 天内还清银行债务。（　　）

6. 基本存款账户的存款人可以通过本账户办理日常转账结算和现金缴存，但不能办理现金支取。（　　）

7. 单位的工资、奖金等现金的支取可以通过一般存款账户办理。（ ）

8. 票据的取得，正常情况下必须给付票据双方当事人认可的相对应的代价。（ ）

9. 挂失止付不是票据丧失后采取的必经措施，是一种暂时的预防措施，最终要申请公示催告或提起普通诉讼。（ ）

10. 甲公司丢失一张汇票，挂失止付后得知乙银行在收到挂失止付通知书之前，已经向持票人付款，乙银行不再承担责任。（ ）

11. 见票即付的汇票的付款请求权，如果自出票日起 1 年内不行使，则丧失其票据权利。（ ）

12. 票据当事人无营业场所的，持票人对票据债务人行使票据权利的地点为其住所所在地。（ ）

13. 在公示催告期间，转让票据权利的行为无效，以公示催告票据质押、贴现，因质押、贴现而接受票据的持票人主张票据权利的，人民法院不予支持。（ ）

14. 汇票的持票人未在法定期限内提示付款的，则承兑人的票据责任解除。（ ）

15. 出票人在票据上的签章不符合法律规定的，其签章无效，但不影响其他符合规定签章的效力。（ ）

16. 背书人背书时，必须在票据上签章，背书才能成立，否则，背书行为无效。（ ）

17. 甲将一张汇票背书转让给乙，并注明"仅用于支付定金"，乙可以将该汇票用于其他用途。（ ）

18. 保证人为二人以上的，按约定承担责任，约定不明的，保证无效。（ ）

19. 商业汇票未按照规定期限提示承兑的，持票人丧失对其前手的追索权。（ ）

20. 汇票被拒绝承兑、被拒绝付款或者超过付款提示期限的，不得背书转让。（ ）

21. 保证人清偿票据债务后，不得行使持票人对被保证人及其前手的追索权。（ ）

22. 持票人对汇票债务人中的一人已经进行追索的，对其他汇票债务人不得再行使追索权。（ ）

23. 甲公司向乙公司开具一张经 A 银行承兑的银行承兑汇票，乙公司持有到期后在法定期限内向银行提示付款，此时甲公司在 A 银行账户中的资金不足以支付票据款，本着办理支付结算业务中"银行不垫款"的原则，A 银行有权拒绝向乙公司支付票据款。（ ）

24. 票据上最后一手背书的背书人应当在票据和粘单的粘接处签章。（ ）

25. 支票分为现金支票、转账支票和普通支票。现金支票只能用于支取现金，不得进行转账；转账支票只能用于转账；普通支票可以用于支取现金，也可以用于转账。（ ）

26. 支票的出票人于 2019 年 9 月 9 日出票时，在票面上记载"到期日为 2019 年 9 月 18 日"，该记载有效。（ ）

27. 支票的出票人签发支票的金额可以超过付款时在付款人处实有的存款金额。（ ）

28. 单位人民币卡销户时，其账户资金可以转入其基本存款账户，也可以提取现金。（ ）

29. 发卡机构对向持卡人收取的违约金和年费、取现手续费、货币兑换费等服务费用不得计收利息。（ ）

30. 发卡机构收取的发卡行服务费，实行政府指导价、上限管理，并对借记卡、贷记卡差别计费。其中，借记卡交易不超过交易金额的 0.35%，单笔收费金额不超过 13 元。（ ）

31. 预付卡按是否记载持卡人身份信息分为记名预付卡、不记名预付卡。（ ）

32. 企业网上银行子系统和个人网上子系统都可以进行账户信息查询。（ ）

33. 采用汇兑结算方式的，汇款回单可以作为该笔汇款已转入收款人账户的证明。（ ）

34. 汇款回单既能作为汇出银行受理汇款的依据，又能作为该笔汇款已转入收款人账户的证明。（ ）

35. 委托收款是收款人委托银行向付款人收

取款项的一种结算方式，无论是同城还是异地都可使用。（　　）

36. 以单位为付款人的，银行在接到寄来的委托收款凭证及债务证明，并经审查无误之后，应及时通知付款人。如果付款人在接到通知日的次日起3日内没有通知银行付款，表示付款人拒绝付款。（　　）

37. 违反规定不及时撤销银行结算账户，属于非经营性存款人的，给予警告并处以1 000元的罚款。（　　）

四、不定项选择题

A企业和B企业于2017年4月1日签订买卖合同，合同标的额为50万元。根据合同约定，B企业于4月10日交付全部货物，A企业验收合格后，于2017年4月20日签发给B企业一张出票后1个月付款的银行承兑汇票，汇票金额为50万元，出票日为4月20日，承兑人、付款人为甲银行。

5月10日B企业在与C企业的买卖合同中将该汇票背书转让给C企业，B企业在背书时在汇票上记载了"不得转让"字样，C企业已支付对价。5月20日，C企业在与D企业的买卖合同中将该汇票背书转让给D企业，D企业已支付对价。D企业要求C企业提供票据保证，在C企业的请求下，乙企业作为C企业的保证人在汇票的正面记载"保证"字样并签章，但未记载保证日期。

2017年5月28日，持票人D企业向甲银行提示付款，但甲银行拒绝付款。D企业于同日取得拒绝证明后，5月29日，D企业向B企业发出追索通知，B企业以自己在背书时曾记载"不得转让"为由表示拒绝。5月30日，D企业向保证人乙企业发出追索通知，要求乙企业支付汇票金额、相关利息和费用共计52万元，乙企业以D企业尚未向C企业进行追索，且追索金额超出汇票金额为由表示拒绝。6月10日，D企业向C企业发出追索通知，C企业以D企业未在取得拒绝证明的3日内发出追索通知已丧失对C企业的追索权为由表示拒绝。

2019年5月31日，D企业向A企业请求行使票据权利，A企业以D企业已丧失票据权利为由拒绝承担票据责任。

要求：根据上述资料，不考虑其他因素，分析回答下列小题。

(1)2017年，D企业取得拒绝证明后，可以行使追索权的对象是（　　）。
A. 背书人C企业　　B. 保证人乙企业
C. 出票人A企业　　D. 背书人B企业

(2)关于保证人乙企业拒绝持票人D企业的理由，下列表述正确的是（　　）。
A. 被保证的汇票，保证人应与被保证人对持票人承担连带责任
B. 被保证的汇票，被保证人不能向持票人承担票据责任的，持票人才能要求保证人承担责任
C. 保证人对超出汇票金额的部分不承担保证责任
D. 持票人可以不按照汇票债务人的先后顺序，对出票人、背书人、承兑人和保证人其中任何一人、数人或者全体行使追索权

(3)关于C企业拒绝持票人D企业的理由，下列表述正确的是（　　）。
A. 该理由成立，持票人已经丧失追索权
B. 该理由不成立，但持票人请求付款时已经超过提示付款期限，已经丧失对C企业的追索权
C. 该理由不成立，持票人没有丧失追索权
D. 该理由不成立，如果持票人未在规定期限发出追索通知，持票人仍可以行使追索权，因延期通知给其前手或者出票人造成损失的，持票人不承担赔偿责任

(4)关于A企业以票据权利消灭为由拒绝持票人D企业的理由，下列表述不正确的是（　　）。
A. 该理由不成立，持票人没有超过票据权利时效，仍享有票据权利
B. 该理由成立，持票人对出票后定期付款的票据出票人的票据权利，自票据到期日起2年不行使而消灭

C. 该理由成立，持票人对出票后定期付款的票据出票人的票据权利，自出票日起2年不行使而消灭

D. 该理由成立，持票人对出票后定期付款的票据出票人的票据权利，自出票日起6个月不行使而消灭

本章综合练习参考答案及解析

一、单项选择题

1. C 【解析】本题考核填写票据和结算凭证时应注意的事项。根据规定，票据的出票日期必须使用中文大写，不可以使用阿拉伯数字。

2. B 【解析】本题考核票据和结算凭证的填写规范。为防止变造票据的出票日期，在填写月、日时，月为壹、贰和壹拾的，日为壹至玖和壹拾、贰拾、叁拾的，应在其前加"零"；日为拾壹至拾玖的，应在其前加"壹"。

3. C 【解析】本题考核银行结算账户的开立。中国人民银行当地分支行应于2个工作日内对开户银行报送的核准类账户的开户资料的合规性予以审核，符合开户条件的，予以核准，颁发基本存款账户开户许可证。不符合开户条件的，应在开户申请书上签署意见，连同有关证明文件一并退回报送银行，由报送银行转送存款人。

4. D 【解析】本题考核基本存款账户的相关规定。根据规定，企业法人申请开立基本存款账户的，应出具企业法人营业执照"正本"。

5. B 【解析】本题考核单位银行结算账户的开立。选项A，一个基层预算单位开设一个零余额账户；选项C，临时存款账户应根据有关开户证明文件确定的期限或存款人的需要确定其有效期限，最长不得超过2年；选项D，注册验资的临时存款账户在验资期间只收不付。

6. C 【解析】本题考核个人银行结算账户的使用。单位从其银行结算账户支付给个人银行结算账户的款项，且每笔超过5万元的，应向其开户银行提供相应的付款依据。

7. D 【解析】本题考核个人银行结算账户的

使用。Ⅱ类户可以办理存款、购买投资理财产品等金融产品、限额消费和缴费、限额向非绑定账户转出资金业务，可以配发银行卡实体卡片。经银行柜面、自助设备加以银行工作人员现场面对面确认身份的，Ⅱ类户还可以办理存取现金、非绑定账户资金转入业务，非绑定账户转入资金、存入现金日累计限额合计为1万元、年累计限额合计为20万元；消费和缴费、向非绑定账户转出资金、取出现金日累计限额合计为1万元、年累计限额合计为20万元。

8. B 【解析】本题考核票据当事人。银行本票的出票人为出票银行。

9. A 【解析】本题考核票据权利种类。付款请求权，是指持票人向汇票的承兑人、本票的出票人、支票的付款人出示票据要求付款的权利，是第一顺序权利。

10. C 【解析】本题考核票据权利的取得。持票人以欺诈、偷盗或者胁迫等手段取得票据的，或者明知有上述情形，出于恶意取得票据的，不享有票据权利。本题中，乙公司是因欺诈取得的票据，其不享有票据权利。乙公司将其背书给丙公司，因丙公司善意无过失，且支付了对价，因此丙公司享有票据权利；丁公司通过吸收合并方式获得该项票据权利；戊公司通过支付对价方式获得票据权利。

11. A 【解析】本题考核票据责任。支票的付款人在与出票人有资金关系时承担付款义务。

12. C 【解析】本题考核票据责任。票据债务人不得以自己与出票人或者与持票人

的前手之间的抗辩事由，对抗持票人，选项A错误；持票人未按照规定期限提示付款的，在作出相关说明后，付款人仍应当承担付款责任，而不能因此解除付款责任，选项B错误；付款银行付款，应按照规定审查背书是否连续，背书不连续，不应予以付款，选项D错误。

13. D 【解析】本题考核汇票背书的相关规定。根据规定，如果背书人未记载被背书人名称而将票据交付他人的，持票人在票据被背书人栏内记载自己的名称与背书人记载具有同等法律效力。

14. D 【解析】本题考核汇票的承兑。根据规定，付款人承兑汇票，不得附有条件；承兑附有条件的，视为拒绝承兑。

15. A 【解析】本题考核商业汇票承兑的规定。选项A，承兑附条件，视为拒绝承兑，因此，A银行可以不承担付款责任；选项B，见票后定期付款的汇票，应当在承兑时记载付款日期；选项C，未记载承兑日期的，应当以收到提示承兑的汇票之日起3日内的最后一日为承兑日期；选项D，见票后定期付款的汇票，自出票之日起1个月内提示承兑。

16. B 【解析】本题考核票据的背书。背书人在票据上记载"不得转让"字样，其后手再背书转让的，原背书人(乙公司)对后手的被背书人(丁公司)不承担保证责任。

17. D 【解析】本题考核票据的保证效力。根据规定，保证不得附有条件，保证附有条件的，所附条件无效，但不影响保证的效力，因此选项A与选项C的说法错误；在票据上未记载"被保证人名称"的，已承兑的票据，承兑人为被保证人；未承兑的票据，出票人为被保证人，因此选项B的说法错误。未记载"保证日期"的，出票日期为保证日期。

18. A 【解析】本题考核提示承兑的期限。见票后定期付款的汇票，持票人应当自出票之日起1个月内向付款人提示承兑。

19. D 【解析】本题考核提示付款期限。该商业汇票在4月28日提示承兑，即4月28日见票，则该票据到期日为2020年7月28日。根据《中华人民共和国票据法》规定，见票后定期付款的商业汇票，自到期日起10天内向承兑人提示付款。则乙公司提示付款的最后期限为2020年8月6日。

20. D 【解析】本题考核票据权利时效。根据规定，持票人对票据的出票人和承兑人的权利，自票据到期日起2年。本题中，汇票到期日为2018年6月5日，持票人丙公司对出票人甲公司的票据权利消灭时间自票据到期日起2年，即2020年6月5日。

21. C 【解析】本题考核票据追索权的行使。选项A，在票据到期日前，出现特定情形的，持票人可以行使追索权；选项BD，持票人行使追索权，可以不按照票据债务人的先后顺序，对其中任何一人、数人或者全体行使追索权。

22. C 【解析】本题考核银行汇票的概念。银行签发银行汇票时，基于所收妥的金额填写"出票金额"。银行汇票申请人在取得汇票后，由其自己或者取得汇票的相对人根据实际应支付的款项，另行填写"实际结算金额"，其数额不得超过出票金额。

23. C 【解析】本题考核银行汇票的相关规定。银行汇票的背书转让以不超过出票金额的实际结算金额为准。

24. C 【解析】本题考核银行本票的相关规定。根据规定，申请人和收款人均为个人的，才能使用"现金"字样的银行本票。

25. B 【解析】本题考核银行承兑汇票的承兑手续费。根据规定，银行承兑汇票的承兑银行，应按票面金额向出票人收取万分之五的手续费。

26. C 【解析】本题考核商业汇票贴现的条件。商业汇票的持票人向银行办理贴现必须具备的条件包括：①票据未到期(选项A)；②票据未记载"不得转让"事项

（选项D）；③在银行开立存款账户的企业法人以及其他组织（选项B）；④与出票人或者直接前手之间具有真实的商品交易关系（选项B）。

27. B 【解析】本题考核票据贴现的规定。只有商业汇票才涉及贴现的问题，银行汇票、本票和支票是见票即付的票据，不用贴现，选项A的表述错误。贴现的期限从其贴现之日起至汇票到期日止，选项D的说法错误；实付贴现金额按票面金额扣除贴现日至汇票到期前1日的利息计算。承兑人在异地的纸质商业汇票，贴现的期限以及贴现利息的计算应另加3天的划款日期，选项C的说法错误。

28. C 【解析】本题考核银行承兑汇票的付款。银行承兑汇票的出票人于汇票到期日未能足额交存票款时，承兑银行除凭票向持票人无条件付款外，对出票人尚未支付的汇票金额按照每天万分之五计收利息。

29. D 【解析】本题考核支付结算方式。单位和个人均可使用支票。

30. B 【解析】本题考核汇票与支票的区别。选项A，汇票和支票都可以背书转让；选项C，银行汇票是见票即付，商业汇票不是见票即付；选项D，支票的收款人名称、金额，可以由出票人授权补记，而汇票和本票不能进行授权补记。

31. D 【解析】本题考核银行卡的分类。信用卡按是否向发卡银行交存备用金分为贷记卡、准贷记卡两类。

32. B 【解析】本题考核银行卡清算市场的相关规定。选项A，根据规定，2015年6月1日起，我国开放银行卡清算市场，符合条件的内外资企业，均可申请在中国境内设立银行卡清算机构；选项C，申请成为银行卡清算机构的，注册资本不低于10亿元人民币；选项D，符合条件的机构经中国人民银行征求中国银行保险监督管理委员会同意后予以批准，依法取得"银行卡清算业务许可证"。

33. C 【解析】本题考核预付卡的限额。单张记名预付卡资金限额不得超过5 000元，单张不记名预付卡资金限额不得超过1 000元。

34. C 【解析】本题考核预付卡期限的规定。根据规定，记名预付卡可挂失、可赎回、不得设置有效期，因此选项A的说法错误；不记名预付卡有效期不得低于3年，因此选项B的说法错误；超过有效期尚有资金余额的预付卡，可通过延期、激活、换卡等方式继续使用，因此选项D的说法错误。

35. D 【解析】本题考核第三方支付的业务定义和支付方式种类。第三方平台结算支付模式的资金划拨是在平台内部进行的，此时划拨的是虚拟的资金，真正的实体资金还需要通过实际支付层来完成。

36. B 【解析】本题考核网上银行。选项A，根据规定，企业网上银行适用于企事业单位；选项C，B2B指的是企业与企业之间进行的电子商务活动；选项D，银证转账业务是个人网上子系统的业务功能。

37. A 【解析】本题考核汇兑的概念。根据支付结算办法的规定，汇款人委托银行将其款项支付给收款人的结算方式为汇兑结算方式。

38. D 【解析】本题考核汇兑凭证的必须记载事项。签发汇兑凭证必须记载下列事项：表明"信汇"或"电汇"的字样；无条件支付的委托；确定的金额；收款人名称；汇款人名称；汇入地点、汇入行名称；汇出地点、汇出行名称；委托日期；汇款人签章。选项D付款人名称不属于签发汇兑凭证必须记载的事项。

39. B 【解析】本题考核委托收款的相关规定。根据委托收款的有关规定，银行在办理划款时，发现付款人存款账户不足支付的，应通过被委托银行向收款人发出未付款通知书。

40. C 【解析】本题考核信用证的相关规定。转让是指由转让行应第一受益人的要求，将可转让信用证的部分或者全部转为可由第二受益人兑用。可转让信用证只能转让一次。选项 A 的说法错误；信用证结算适用于银行为国内企事业之间货物和服务贸易提供的结算服务，选项 B 的说法错误；信用证付款期限"最长"不超过 1 年。

二、多项选择题

1. ABD 【解析】本题考核支付结算原则。支付结算原则包括：①恪守信用，履约付款原则；②谁的钱进谁的账，由谁支配原则；③银行不垫款原则。

2. AB 【解析】本题考核见票即付的票据。见票即付的票据包括支票、本票、银行汇票。银行承兑汇票和商业承兑汇票属于商业汇票。

3. ABCD 【解析】本题考核可以申请开立基本存款账户的存款人。根据规定，企业法人；非法人企业；机关、实行预算管理的事业单位；团级(含)以上军队、武警部队及分散执勤的支(分)队；社会团体；民办非企业组织；异地常设机构；外国驻华机构；个体工商户；居民委员会、村民委员会、社区委员会，包括单位附属独立核算的食堂、幼儿园、招待所；其他组织可以申请开立基本存款账户。

4. ABC 【解析】本题考核一般存款账户的规定。一般存款账户可以办理现金缴存，但不得办理现金支取。存款人申请开立一般存款账户，应向银行出具其开立基本存款账户规定的证明文件、基本存款账户的开户许可证和下列证明文件：①存款人因向银行借款需要，应出具借款合同；②存款人因其他结算需要，应出具有关证明。

5. ABCD 【解析】本题考核银行结算账户管理的基本内容。银行结算账户管理的基本内容包括四项：实名制管理、账户变更事项的管理、存款人预留银行签章的管理、对账管理。

6. ABC 【解析】本题考核个人银行结算账

户。根据规定，电子渠道开立账户，是指通过网上银行和手机银行等电子渠道受理银行账户开户申请的，银行可以为申请人开立 II 类银行账户和 III 类银行账户。

7. ABC 【解析】本题考核个人银行结算账户的开立。选项 D 属于辅助身份证明材料。香港、澳门特别行政区居民的有效身份证件为港澳居民往来内地通行证、港澳居民居住证。

8. BD 【解析】本题考核个人银行结算账户的开立。根据规定，III 类账户不能购买理财产品，选项 A 错误；III 类户可以办理限额消费和缴费、限额向非绑定账户、转出资金业务。经银行柜面、自助设备加以银行工作人员现场面对面确认身份的，III 类户还可以办理非绑定账户资金转入业务。其中，III 类户账户余额不得超过 2 000 元。

9. ABCD 【解析】本题考核银行结算账户的管理。根据规定，单位存款人申请更换预留公章或财务专用章但无法提供原预留公章或财务专用章的，应向开户银行出具原印鉴卡片、开户许可证、营业执照正本、司法部门的证明等相关证明文件。

10. ABC 【解析】本题考核可以挂失止付的票据。可以挂失止付的票据包括四种：①已承兑的商业汇票；②支票；③填明"现金"字样和代理付款人的银行汇票；④填明"现金"字样的银行本票。

11. AB 【解析】本题考核票据权利的相关规定。票据的取得，必须给付对价，选项 A 的情形可以取得票据权利；因税收、继承、赠与可以依法无偿取得票据，可以获得票据权利，选项 B 正确；持票人因重大过失取得不符合《中华人民共和国票据法》规定的票据的，不能获得票据权利，选项 C 不选；金额、收款人名称与出票或签发日期不得更改，更改的票据无效，选项 D 不选。

12. ABC 【解析】本题考核票据的付款人。汇票的承兑人、支票的付款人、本票的出票人是票据的付款人。

13. BC 【解析】本题考核背书附条件的规定。根据规定，背书不得附条件，否则所附条件不具有汇票上的效力，但该背书转让有效。

14. BC 【解析】本题考核票据背书。委托收款背书与质押背书，为非转让背书。

15. BC 【解析】本题考核背书的相关规定。选项AB，根据规定，票据背书需要连续，转让票据的背书人与受让票据的被背书人在票据上的签章依次前后衔接。具体来说，第一背书人为票据收款人；选项C，中间的背书人为前手背书的被背书人；选项D，最后持票人为最后背书的被背书人。

16. AC 【解析】本题考核追索权的行使期限。选项A与选项B，持票人应当自收到被拒绝承兑或者被拒绝付款的有关证明之日起3日内，将被拒绝事由书面通知其前手，其前手应当自收到通知之日起3日内书面通知其再前手；选项C与选项D，持票人未按规定期限通知的，持票人仍可以行使追索权。因延期通知给其前手或者出票人造成损失的，由没有按照规定期限通知的汇票当事人，承担对该损失的赔偿责任，但是所赔偿的金额以"汇票金额"为限。

17. ABCD 【解析】本题考核行使追索权的条件。追索权发生的实质条件：①汇票被拒绝付款；②汇票到期日前被拒绝承兑；③承兑人或者付款人死亡、逃匿的；④承兑人或者付款人被依法宣告破产或者因违法被责令禁止活动的。本票、支票追索权的行使，适用《中华人民共和国票据法》有关汇票的规定。

18. ABC 【解析】本题考核票据追索权。被追索人依照规定清偿后，可以向其他票据债务人行使再追索权，请求其他票据债务人支付下列金额和费用：①已清偿的全部金额；②前项金额自清偿日起至

再追索清偿日止，按照中国人民银行规定的利率计算的利息；③发出通知书的费用。行使再追索权的被追索人获得清偿时，应当交出汇票和有关拒绝证明，并出具所收到利息和费用的收据。

19. ACD 【解析】本题考核票据追索权的相关规定。由于付款人未承兑票据，付款人非票据债务人，不承担票据责任。

20. ABCD 【解析】本题考核银行汇票的签发并交付。收款人受理银行汇票时，应审查下列事项：①银行汇票和解讫通知是否齐全、汇票号码和记载的内容是否一致；②收款人是否确为本单位或本人；③银行汇票是否在提示付款期限内；④必须记载的事项是否齐全；⑤出票人签章是否符合规定，大小写出票金额是否一致；⑥出票金额、出票日期、收款人名称是否更改，更改的其他记载事项是否由原记载人签章证明。

21. ABC 【解析】本题考核银行汇票与银行本票。根据规定，银行汇票基本当事人是出票人、收款人和付款人；银行本票的基本当事人是出票人和收款人。

22. ABC 【解析】本题考核银行本票的相关规定。申请人和收款人均为个人需要支取现金的，应在"金额"栏先填写"现金"字样，后填写支付金额。申请人或收款人为单位的，不得申请签发现金银行本票。

23. ABD 【解析】本题考核保证增信的相关规定。选项C错误，贴现人可以按市场化原则选择商业银行对纸质票据进行保证增信。

24. BCD 【解析】本题考核电子商业汇票的相关规定。根据规定，单张出票金额在100万元以上的商业汇票原则上应全部通过电子商业汇票办理；单张出票金额在300万元以上的商业汇票应全部通过电子商业汇票办理。

25. BC 【解析】本题考核商业汇票的付款确认程序。①选项A错误，此项为"银行承

兑汇票"付款确认时的送达程序，因此其表述错误。②选项 B 正确，商业承兑汇票保管人应当将票据通过承兑人开户行送达承兑人进行实物确认。③选项 C 正确，承兑人收到票据影像确认请求或者票据实物后，应当在 3 个工作日内作出或者委托其开户行作出同意或者拒绝到期付款的应答。拒绝到期付款的，应当说明理由。④选项 D 错误，付款确认可以采用实物确认或者影像确认，两者具有同等效力。

26. ACD 【解析】本题考核票据交易。选项 B 错误，质押式回购是指正回购方（甲银行）在将票据出质给逆回购方（乙银行）融入资金的同时，双方约定在未来某一日期，由正回购方（甲银行）按约定金额向逆回购方（乙银行）返还资金、逆回购方（乙银行）向正回购方返还"原出质票据"的交易行为。

27. CD 【解析】本题考核支票记载的相关规定。根据规定，支票必须记载事项中包括"无条件支付的委托"，选项 A 的说法错误；收款人名称不是支票必须记载事项之一，因此选项 B 的说法错误。

28. BCD 【解析】本题考核银行卡的申领和使用。选项 B，根据规定，发卡银行可根据申请人的资信程度，要求其提供担保，担保的方式可采用保证、抵押或质押；选项 C，银行卡及其账户只限经发卡银行批准的持卡人本人使用，不得出租和转借；选项 D，单位人民币卡账户的资金一律从其基本存款账户转账存入，不得存取现金，不得将销货收入存入单位卡账户。

29. AC 【解析】本题考核单位银行卡账户的资金管理。根据规定，单位人民币卡账户的资金一律从其基本存款账户转账存入，不得存取现金。

30. ACD 【解析】本题考核银行卡计息的规定。向持卡人收取违约金和年费、取现手续费、货币兑换费等服务费用不得计

收利息。

31. ABCD 【解析】本题考核银行卡业务风险管理。收单机构发现特约商户发生疑似银行卡套现、洗钱、欺诈、移机、留存或泄露持卡人账户信息等风险事件的，应当对特约商户采取延迟资金结算、暂停银行卡交易或收回受理终端（关闭网络支付接口）等措施，并承担因未采取措施导致的风险损失责任；涉嫌违法犯罪活动的，应当及时向公安机关报案。

32. ABC 【解析】本题考核预付卡的相关规定。不记名预付卡不挂失，不赎回，有效期不得低于 3 年。

33. ACD 【解析】本题考核预付卡的规定。预付卡通过现金或银行转账方式进行充值，不得使用信用卡为预付卡充值。一次性充值金额 5 000 元以上的，不得使用现金。

34. ABD 【解析】本题考核网上支付的相关知识。根据规定，客户开通网上银行有两种方式，一是客户前往银行柜台办理；二是客户先网上自助申请，后到柜台签约。

35. ABCD 【解析】本题考核个人网上银行子系统。根据规定，个人网上银行子系统的具体业务功能包括：账户信息查询、人民币转账业务、银证转账业务、外汇买卖业务、账户管理业务、B2C。

36. ABCD 【解析】本题考核签发汇兑凭证的要求。签发汇兑凭证必须记载下列事项：表明"信汇"或"电汇"的字样；无条件支付的委托；确定的金额；收款人名称；汇款人名称；汇入地点、汇入行名称；汇出地点、汇出行名称；委托日期；汇款人签章。汇兑凭证记载的汇款人、收款人在银行开立存款账户的，必须记载其账号。

37. ABC 【解析】本题考核委托收款结算方式。根据规定，付款人应当于接到通知的当日书面通知银行付款，如果付款人未在"接到"通知的次日起 3 日内通知银行付款的，视为同意付款。

38. AC 【解析】本题考核违反支付结算法律制度的法律责任。选项B，单位或个人签发空头支票，持票人有权要求出票人赔偿支票金额2%的赔偿金；选项D，商业承兑汇票的付款人对到期的票据故意压票拖延支付的，由中国人民银行处以压票、拖延支付期间内每日票据金额0.7‰的罚款。

三、判断题

1. × 【解析】本题考核支付结算的概念。支付结算是指单位、个人在社会经济活动中使用票据、银行卡和汇兑、托收承付、委托收款等结算方式进行货币给付及其资金清算的行为。无"发票"。

2. √ 【解析】本题考核票据和结算凭证上签章的规定。单位、银行在票据和结算凭证上的签章，为该单位、银行的盖章加其法定代表人或者其授权的代理人的签名或者盖章。个人在票据和结算凭证上的签章，为个人本人的签名或盖章。注意单位的签章必须同时盖两个章，而自然人的签章可以是签名，也可以是盖章，二者选其一。

3. √

4. × 【解析】本题考核异地存款账户的开立。单位和个人只要符合相关条件，均可根据需要在异地开立相应的银行结算账户。

5. × 【解析】本题考核银行账户的撤销。存款人尚未清偿其开户银行债务的，不得申请撤销该账户。

6. × 【解析】本题考核基本存款账户。基本存款账户是指存款人因办理日常转账结算和现金收付需要开立的银行结算账户。存款人的工资、奖金等现金支取，只能通过本账户办理。

7. × 【解析】本题考核银行账户的使用。单位的工资、奖金等现金的支取只能通过基本存款账户办理。

8. √ 【解析】本题考核票据权利的取得。根据规定："除例外情形，票据的取得，必须给付对价，即应当给付票据双方当事人认可的相对应的代价。"

9. √ 【解析】本题考核票据丧失和补救。票据丢失后，当事人可以直接提起民事诉讼程序或公示催告程序。

10. √ 【解析】本题考核挂失止付。付款人或者代理付款人在收到挂失止付通知书之前，已经向持票人付款的，不再承担责任。但是，付款人或者代理付款人以恶意或者重大过失付款的除外。

11. × 【解析】本题考核票据权利时效。见票即付的汇票、本票的付款请求权，自出票日起2年内不行使，其权利归于消灭。

12. √ 【解析】本题考核票据权利行使地点的相关规定。根据规定：持票人对票据债务人行使票据的权利，或者保全票据权利，应当在票据当事人的营业场所和营业时间内进行，票据当事人无营业场所的，应当在其住所所在地进行。

13. √ 【解析】本题考核公示催告期间票据权利的相关规定。在公示催告期间，转让票据权利的行为无效，以公示催告票据质押、贴现，因质押、贴现而接受票据的持票人主张票据权利的，人民法院不予支持，但是公示催告期间届满以后人民法院作出除权判决以前取得的票据除外。

【易错提示】注意此处的时间段，是在公示催告期间届满到作出除权判决这段时间，当事人"取得"票据的，如果涉及质押、贴现的，接受票据的持票人是可以主张票据权利的。

14. × 【解析】本题考核承兑的效力。持票人未按照法定期限提示付款的，在作出说明后，承兑人或者付款人仍应当继续对持票人承担付款责任。

15. × 【解析】本题考核票据签章无效的情况。根据规定，出票人在票据上的签章不符合法律规定的，票据无效；背书人在票据上的签章不符合法律规定的，其签章无效，但不影响其前手符合规定签章的效力。

16. √ 【解析】本题考核票据背书的形式。背书人签章是确定背书的债务人地位及其担保责任的依据，故属于绝对应记载事项。

17. √ 【解析】本题考核背书附条件的规定。背书不得附条件，否则所附条件不具有汇票上的效力，但该背书转让有效。

18. × 【解析】本题考核票据的保证。保证人为二人以上的，保证人之间承担连带责任。

19. √ 【解析】本题考核商业汇票超过提示承兑期限的法律后果。根据规定，汇票未按照规定期限提示承兑的，持票人丧失对其前手的追索权。

20. √ 【解析】本题考核期后背书。根据规定，汇票被拒绝承兑、被拒绝付款或者超过付款提示期限的，不得背书转让；背书转让的，背书人应当承担汇票责任。

21. × 【解析】本题考核票据中保证人的权利。保证人清偿票据债务后，可以行使持票人对被保证人及其前手的追索权。

22. × 【解析】本题考核票据追索对象。根据规定，持票人对汇票债务人中的一人或数人已经进行追索的，对其他汇票债务人仍可以行使追索权。

23. × 【解析】本题考核商业汇票的付款。在银行承兑汇票中，银行是承兑人，是承担绝对付款义务的人，而办理支付结算原则中所说的"银行不垫款"是针对银行为代理付款人的情况，因此在银行承兑汇票的关系中，银行不能再遵循什么"银行不垫款"的原则，是应该以绝对付款人的身份付款的。

24. √

25. √ 【解析】本题考核支票的种类。现金支票只能用于支取现金，不能用于转账。

26. × 【解析】本题考核支票的出票。支票限于见票即付，不得另行记载付款日期，另行记载付款日期的，该记载无效。

27. × 【解析】本题考核支票签发金额的有关规定。根据规定，支票的出票人签发支票的金额不得超过付款时在付款人处实有的存款金额，否则属于签发空头支票的行为。

28. × 【解析】本题考核银行卡注销的有关规定。单位人民币卡销户时，其账户的资金应当转入其基本存款账户，单位外币卡账户的资金应当转回其相应的外汇账户，不得提取现金。

29. √ 【解析】本题考核银行卡计息。

30. √ 【解析】本题考核银行卡收单结算收费。

31. √ 【解析】本题考核预付卡的分类。

32. √

33. × 【解析】本题考核汇兑的程序。汇款回单只能作为汇出银行受理汇款的依据，不能作为该笔汇款已转入收款人账户的证明。

34. × 【解析】本题考核汇款回单的作用。汇款回单只能作为汇出银行受理汇款的依据，不能作为该笔汇款已转入收款人账户的证明。

35. √ 【解析】本题考核委托收款的概念和适用范围。

【易错提示】注意比较委托收款与托收承付在适用范围上的区别。

36. × 【解析】本题考核委托收款的付款规定。以单位为付款人的，付款人应于接到通知的当日书面通知银行付款；如果付款人未在接到通知日的次日起3日内通知银行付款的，视同付款人同意付款，银行应于付款人接到通知日的次日起第4日上午开始营业时，将款项划给收款人。

37. √

四、不定项选择题

（1）ABC 【解析】根据规定，汇票到期被拒绝付款的，持票人可以对背书人、出票人以及汇票的其他债务人行使追索权。所以持票人D企业可以向背书人C企业、保证人乙企业和出票人A企业发出追索。背书人在汇票上记载"不得转让"字样，其后手再背书转让的，原背书人对后手的被背书人不承担保证责任。在本题中，B企业在向C企业背书转让时记载"不得转让"字样，因此 D 企业不得向 B 行使追索权。

（2）AD 【解析】选项 A，根据规定，被保证的汇票，保证人应与被保证人对持票人承担连带责任；选项 BD，持票人可以不按照汇票债务人的先后顺序，对出票人、背书人、承兑人和保证人其中任何一人、数人或者全体行使追索权；选项 C，持票人在行使追索权时，请求清偿的金额包括：①被拒绝付款的汇票金额；②汇票金额自到期日或者提示付款日起至清偿日止，按照中国人民银行规定的同档次流动资金贷款利率计算的利息；③取得有关拒绝证明和发出通知书的费用。

（3）C 【解析】选项 AD，根据规定，如果持票人未在规定期限发出追索通知，持票人仍可以行使追索权，因延期通知给其前手或者出票人造成损失的，由持票人承担该损失的赔偿责任，但赔偿的金额以汇票金额为限。所以，C 企业拒绝持票人 D 企业的理由不成立，持票人没有丧失追索权；选项 B，"出票后定期付款"的银行承兑汇票，提示付款期限是到期日起 10 日内；题目中，出票日为 4 月 20 日，且到期日是出票日起 1 个月，即 5 月 20 日，则持票人要在 5 月 30 日之前（到期日起 10 日内）提示付款，题目中是在 5 月 28 日提示付款，没有超过提示付款期限。

（4）ACD 【解析】根据规定，持票人对出票后定期付款的票据出票人的票据权利，自票据到期日起 2 年不行使而消灭。在本题中，汇票到期日为 2017 年 5 月 20 日。持票人 D 企业的票据权利因其未在 2017 年 5 月 20 日～2019 年 5 月 20 日，2 年的期间行使而消灭。所以，A 企业以票据权利消灭为由拒绝持票人 D 企业的理由成立。

第4章 增值税、消费税法律制度

考 情 分 析

本章为财税法律制度的"龙头章节",也是考试的重点章节,在近几年考试中平均分值为20分。本章考试出题形式多种多样,单选、多选、判断和不定项题型遍地开花;理解型、记忆型和计算型题目百花齐放。另外,增值税与消费税两项流转税既可各自"单打独斗"独立出题,也可结合"协同作战"综合出现。

本章备考可依照税收实体法的构成要素作为脉络,逐一攻破两项流转税各自的"纳税义务人""征税范围""税率""计税依据"等要素,然后再通过练习题进行穿针引线和整合。

▶ **2020 年考试变化**

本章 2020 年考核范围变化较大,主要包括:

(1)根据《财政部 税务总局 海关总署关于深化增值税改革有关政策的公告》调整了增值税税率、免税农产品扣除率、购进国内旅客运输服务的增值税抵扣规定、不动产进项税额扣减和转入等内容。

(2)根据《关于小规模纳税人免征增值税政策有关征管问题的公告》调整了增值税税收优惠的内容。

核 心 考 点 及 真 题 详 解

模块一 税收法律制度概述

考点一 税收的概念、特征、税收法律关系

扫我解疑难

考点精讲

一、税收的概念★

税收是政府为了满足社会公共需要,凭借政治权力,按照法律的规定,强制、无偿地取得财政收入的一种形式。

二、特征

强制性、无偿性、固定性。

三、税收法律关系

(一)主体

1. 代表国家行使征税职责的征税主体

(1)各级税务机关;

(2)海关。

2. 履行纳税义务的主体

(1)法人;

(2)自然人;

(3)其他组织。

『提示』会计师事务所、代理记账机构、税务师事务所等涉税中介机构,不属于"税

第4章 增值税、消费税法律制度

收"法律关系的主体。

（二）客体★★★

税收法律关系主体的权利和义务所**共同指向**的对象，即**"征税对象"**。

（三）内容（税法的灵魂）

税收法律关系主体所享受的权利和所应承担的义务。

随学随练 限时2分钟

1. **【多选题】**（2017年）2016年9月，主管税务机关对甲公司2015年度企业所得税纳税情况进行检查，要求甲公司补缴企业所得税税款56万元，并在规定时限内申报缴纳。甲公司以2015年企业所得税税款是聘请乙税务师事务所计算申报为由，请求主管税务机关向乙税务师事务所追缴税款。主管税务机关未接受甲公司的请求，并依照法律规定责令甲公司提供纳税担保。甲公司请丙公司提供纳税担保并得到税务机关的确认。上述事件中涉及的机关和企业中，属于税收法律关系主体的有（　）。

A. 乙税务师事务所　　B. 主管税务机关

C. 甲公司　　　　　　D. 丙公司

2. **【多选题】**（2016年、2015年）下列各项中，属于税收法律关系主体的有（　）。

A. 税务机关　　　　　B. 海关

C. 纳税人　　　　　　D. 扣缴义务人

3. **【判断题】**税收与其他财政收入形式相比，具有强制性、无偿性和固定性的特征。　　　　　　　　　　　（　）

随学随练参考答案及解析

1. **BCD　【解析】**本题考核税收法律关系的主体范围。税收法律关系主体分为征税主体和纳税主体，征税主体包括国家各级税务机关和海关，纳税主体包括纳税人、扣缴义务人和纳税担保人。本题中，选项B属于征税主体，选项CD属于纳税主体。

2. **ABCD　【解析】**本题考核税收法律关系的主体范围。选项AB，属于征税主体；选项

CD，属于纳税主体。

3. **√　【解析】**本题考核税收的特征。

考点二　税法要素★★★

扫我解疑难

考点精讲

一、纳税义务人

纳税义务人是税法规定的，直接负有纳税义务的单位和个人。

注意与扣缴义务人的区别：

扣缴义务人是**税法规定**的，负有代扣代缴税款义务的**单位**。

二、征税对象

（一）性质

征税对象也称为**"课税对象"**，是税收法律关系的**"客体"**。

（二）地位

征税对象是**"区别不同税种"**的重要标志。

三、税目

征税对象的**"具体范围"**。

四、税率

（一）性质

计算税额的**"尺度"**。

（二）地位

税率是衡量"税负轻重与否"的重要标志。

（三）税率的分类

1. 比例税率

应纳税额＝计税金额×税率（％）

2. 累进税率

『提示』我国现行税法体系的累计税率形式包括超额累进税率和超率累进税率，其详细的计算方法我们在后面的章节详细介绍。

（1）超额累进税率。将征税对象按数额划分为若干等级，对每个等级分别规定相应税率，当税基超过某个级距时，对超过的部分按提高后级距的相应税率征税。

代表税种：个人所得税中的"综合所得"和"经营所得"，见图4.1。

第4章　增值税、消费税法律制度

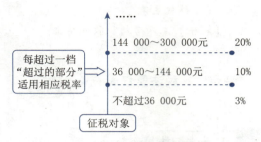

图 4.1　超额累进税率计算示例

【图示说明】假设某纳税人当年应纳税所得额（计税依据）为 250 000 元，按照上图的累进税率计算方法，我们可以计算该纳税人当年应纳税额 = 36 000×3%+108 000×10%+106 000×20% = 33 080（元）。

（2）超率累进税率。按征税对象数额相对率划分若干等级，按等级规定相应的差别税率，当相对率超过某个级距时，对超过的部分按提高后级距的相应税率征税。

代表税种：<u>土地增值税</u>。

3. 定额税率

按照征税对象的计算单位，直接规定一个固定的税额。

【示例 1】甲类啤酒的消费税按照"每吨" 250 元的税额标准计征。

【示例 2】乘用车的车船税按照"每辆" 260 元的税额标准计征。

【示例 3】营业执照的印花税按照"每件" 5 元的税额标准计征。

五、计税依据

（一）性质

计算应纳税额的依据或标准。

（二）分类

1. 从价计征

特点：与价格相关，以金额为计算基准。

应纳税额 = 计税金额×适用税率

2. 从量计征

特点：与应税财产或商品的物理属性相关，以数量为计算基准。

应纳税额 = 计税数量×单位适用税额

『提示』我国某些税种的计征办法中，还包括上述从价计征与从量计征相结合的"复合

计征方式"。

六、纳税环节

税法上规定的征税对象从生产到消费的流转过程中应当缴纳税款的环节。

【示例】A 厂将商品生产后直接出售给 B 批发商；B 批发商将商品批发给 C 零售商；C 零售商将商品零售给消费者。在此商品从生产到被消费者消费的流转链条中，包含了 A 厂向 B 批发商出售的生产环节；B 批发商向 C 零售商出售的批发环节；C 零售商向消费者出售的零售环节。如果税法明确规定某类税种在某个环节征税的，那么该流转环节即为该税种的"法定纳税环节"。

七、纳税期限

每隔固定时间汇总一次纳税义务的时间。

八、纳税地点

根据各个税种纳税对象的纳税环节和有利于对税款的源泉控制而规定的纳税人的具体纳税地点。

九、税收优惠

（一）减税和免税

（1）减税是对应征税款减少征税；

（2）免税是对应征税款免予征收。

（二）起征点

（1）征税对象的数额"达到"起征点的就"全部数额征税"；

（2）征税对象的数额"未达到"起征点的"不征税"。

【示例】假设征税金额 500 元，起征点 300 元，此时应就 500 元全额征税。

（三）免征额

（1）对征税对象的"一部分"免予征税的数额；

（2）对征税对象减除免予征税的"剩余部分"计征税款。

【示例】假设征税金额 500 元，免征额 300 元，此时应就 200 元差额征税。

十、法律责任

对违反国家税收法律规定的行为人采取的处罚措施。

『提示』行为人包括纳税人和税务人员。

随学随练 限时3分钟

1. 【单选题】（2019年、2018年）下列税法要素中，可以作为区别不同税种的重要标志的是（　）。

　　A. 税收优惠　　　B. 纳税期限

　　C. 征税对象　　　D. 税率

2. 【单选题】下列关于税法要素的说法中，正确的是（　）。

　　A. 税收法律关系权利、义务所指向的对象，是税基

　　B. 土地增值税和个人所得税的部分税目均采用超额累进税率

　　C. 以征税对象的数量、体积或重量等为计税依据的是从量定额征收方式

　　D. 在其经营活动中负有代扣税款并向国库缴纳义务的主体是纳税义务人

3. 【多选题】（2018年）下列各项中，属于税法要素的有（　）。

　　A. 税率　　　　　B. 征税对象

　　C. 纳税义务人　　D. 税收优惠

4. 【多选题】（2018年）我国现行的税率主要有（　）。

　　A. 比例税率　　　B. 比率税率

　　C. 定额税率　　　D. 累进税率

随学随练参考答案及解析

1. **C** 【解析】本题考核税法要素—征税对象。征税对象又称课税对象，是纳税的客体。它是指税收法律关系中权利、义务所指的对象，即对什么征税。不同的征税对象是区别不同税种的重要标志。

2. **C** 【解析】本题考核税法要素。税收法律关系权利、义务所指向的对象，是征税对象，因此选项A的说法错误；土地增值税的税率形式是超率累进税率，因此选项B的说法错误；扣缴义务人是税法规定的，在其经营活动中负有代扣税款并向国库缴纳义务的"单位"，因此选项D的说法错误。

3. **ABCD** 【解析】本题考核税法要素的范围。税法要素一般包括纳税义务人、征税对象、税目、税率、计税依据、纳税环节、纳税期限、纳税地点、税收优惠、法律责任等。

4. **ACD** 【解析】本题考核税法要素—税率。

考点三　现行税种与征收机关★★

扫我解疑难

考点精讲

现行税种与征收机关见表4-1。

表4-1　现行税种与征收机关

征收机关	负责征收的税种
税务机关	①大部分税种由税务机关负责征收（可采取排除法方式应对）；②非税收入和社会保险费的征收也由税务机关负责
海关	①关税；②船舶吨税；③委托代征的"进口环节"增值税、消费税

随学随练 限时3分钟

1. 【单选题】（2019年、2018年）下列税种中，由海关系统负责征收和管理的是（　）。

　　A. 契税　　　　　B. 船舶吨税

　　C. 车船税　　　　D. 车辆购置税

2. 【单选题】（2018年）下列税种中，由海关系统负责征收和管理的是（　）。

　　A. 房产税　　　　B. 个人所得税

　　C. 契税　　　　　D. 关税

3. 【多选题】（2019年）下列税种中，由税务机关负责征收和管理的有（　）。

　　A. 关税　　　　　　B. 企业所得税

　　C. 资源税　　　　　D. 土地增值税

4. 【多选题】（2019年）下列税种中，由海关系统负责征收和管理的有（　）。

　　A. 资源税　　　　　B. 关税

　　C. 进口增值税　　　D. 船舶吨税

随学随练参考答案及解析

1. B 【解析】本题考核我国税收管理体制。海关主要负责关税、船舶吨税、委托代征的进口环节增值税、消费税的征收和管理。

2. D 【解析】本题考核我国税收管理体制。海关主要负责关税、船舶吨税、委托代征的进口环节增值税、消费税的征收和管理。

3. BCD 【解析】本题考核我国税收管理体制。

4. BCD 【解析】本题考核我国税收管理体制。海关主要负责关税、船舶吨税、委托代征的进口环节增值税、消费税的征收和管理，选项BCD正确。

模块二 增值税

考点一 增值税纳税人与扣缴义务人

扫我解疑难

考点精讲

一、纳税人

（一）基本范围

在中华人民共和国境内（以下简称境内）销售货物或者提供加工、修理修配劳务，销售服务、无形资产或者不动产的单位和个人，为增值税纳税人。

特殊情况：

1. 单位以承包、承租、挂靠方式经营

承包人、承租人、挂靠人以发包人、出租人、被挂靠人名义对外经营并由发包人承担相关法律责任的，以该"**发包人**"为纳税人。否则，以承包人为纳税人。

2. 资管产品

资管产品运营过程中发生的增值税应税行为，以"**资管产品管理人**"为增值税纳税人。

（二）一般纳税人和小规模纳税人 ★★★

根据纳税人"**经营规模**"及"**会计核算水平**"等标准，增值税的纳税人分为小规模纳税人和一般纳税人。

一般纳税人是指年应税销售额超过小规模纳税人标准，除另有规定外，应当向税务机关办理登记手续的企业和企业性单位。

小规模纳税人是指年应税销售额在规定标准以下，并且会计核算不健全，不能按规定报送有关税务资料的增值税纳税人。

关于一般纳税人和小规模纳税人的认定标准和计税方法，如表4-2所示。

表4-2 一般纳税人和小规模纳税人的认定标准和计税方法

分类	标准	特殊情况	计税方法
小规模纳税人	年不含税销售额500万元及以下	不办理一般纳税人登记的情况：①年应税销售额超过标准的其他个人（个体经营者）；②按照政策规定，选择按照小规模纳税人纳税的	简易征税
一般纳税人	超过小规模纳税人认定标准	年应税销售额"未超过"规定标准的纳税人"会计核算健全"，能够准确提供税务资料的，可以向主管税务机关办理一般纳税人登记	购进扣税法

『提示1』年应税销售额：在连续不超过12个月或4个季度的经营期内累计应征增值税销售额，包括纳税申报销售额、稽查查补销售额、纳税评估调整销售额。

『提示2』纳税人登记为一般纳税人后，**不得转为小规模纳税人**，国家税务总局另有规定的除外。

二、扣缴义务人

中华人民共和国"**境外**"的单位或者个人在境内销售劳务，在境内"**未设有**"经营机构的：

（1）境内"**代理人**"为扣缴义务人；

（2）在境内**"没有"**代理人的，以**"购买方"**为扣缴义务人。

📝 **随学随练** ⏰ 限时 5分钟

1. 【单选题】（2017 年）根据增值税法律制度的规定，下列关于小规模纳税人征税规定的表述中，不正确的是（　）。

A. 实行简易征税办法

B. 一律不使用增值税专用发票

C. 不允许抵扣增值税进项税额

D. 可以申请税务机关代开增值税专用发票

2. 【单选题】根据《中华人民共和国增值税暂行条例》的规定，关于增值税纳税人的表述中，正确的是（　）。

A. 单位以承包方式经营的，承包人以发包人名义对外经营并由发包人承担相关法律责任的，以该承包人为纳税人

B. 单位以承租方式经营的，承租人以出租人名义对外经营并由出租人承担相关法律责任的，以该出租人为纳税人

C. 单位以承包方式经营的，承包人以发包人名义对外经营，但是由承包人承担相关法律责任的，以该发包人为纳税人

D. 单位以承租方式经营的，承租人以出租人名义对外经营，但是由承租人承担相关法律责任的，以该出租人为纳税人

3. 【多选题】根据《中华人民共和国增值税暂行条例》的规定，下列纳税人中，符合增值税小规模纳税人认定标准的有（　）。

A. 年销售额为 70 万元的从事鉴证咨询服务的个体工商户

B. 年销售额为 100 万元的从事货物批发的其他个人

C. 年销售额为 510 万元的从事货物生产的企业

D. 年销售额为 90 万元的从事交通运输服务的企业

4. 【判断题】（2018 年）除个体经营者以外的其他个人，即便年应税销售额超过了规定标准，亦不属于增值税一般纳税人。（　）

5. 【判断题】（2018 年）中国境外单位或者个人在境内发生应税行为，在境内未设有经营机构的，以其境内代理人为增值税扣缴义务人。（　）

6. 【判断题】增值税年应税销售额，是指纳税人在连续不超过 12 个月或四个季度的经营期内累计应征增值税销售额，包括纳税申报销售额、稽查查补销售额，但不包括纳税评估调整销售额。（　）

7. 【判断题】年应税销售额超过小规模纳税人标准，但是不经常发生应税行为的企业，必须按照小规模纳税人纳税。（　）

📝 **随学随练参考答案及解析**

1. B 【解析】本题考核增值税小规模纳税人的相关规定。(1) 选项 AC，小规模纳税人实行简易征税办法，不得抵扣进项税额；(2) 选项 BD，一般情况下，小规模纳税人不得自行对外开具增值税专用发票，但可以申请税务机关代开。

2. B 【解析】本题考核增值税纳税人。单位以承包、承租、挂靠方式经营的，承包人、承租人、挂靠人（以下称承包人）以发包人、出租人、被挂靠人（以下称发包人）名义对外经营并由发包人承担相关法律责任的，以该发包人为纳税人。否则，以承包人为纳税人。

3. ABD 【解析】本题考核增值税小规模纳税人认定标准。增值税小规模纳税人标准为年应征增值税销售额 500 万元及以下。

4. √ 【解析】本题考核增值税纳税人。个体工商户以外的其他个人和按照政策规定选择按照小规模纳税人纳税的纳税人，不办理一般纳税人资格登记。

5. √ 【解析】本题考核增值税扣缴义务人。中华人民共和国境外单位或者个人在境内发生应税行为，在境内未设有经营机构的，以其境内代理人为扣缴义务人；在境内没有代理人的，以购买方为扣缴义务人。

6. × 【解析】本题考核增值税纳税人应征增

值税销售额的范围。年应税销售额，是指纳税人在连续不超过12个月或4个季度的经营期内累计应征增值税销售额，包括纳税申报销售额、稽查查补销售额、"纳税评估调整销售额"。

7. × 【解析】本题考核小规模纳税人的认定标准。根据规定，年应税销售额超过小规模纳税人标准的不经常发生应税行为的企业，"可选择"按小规模纳税人纳税，而不是必须按小规模纳税人纳税。

考点二 增值税征税范围★★★

扫我解疑难

 考点精讲

增值税征税范围包括：在境内"销售货物或者劳务，销售服务、销售无形资产、销售不动产以及进口货物"。

『提示』增值税征税范围包括了传统行业（销售货物、加工劳务、修理修配劳务）和"营改增"改革后"逐步搬迁"至增值税大家庭中的服务类行业。这两部分征税范围整合后的考核难度产生了1+1>2的效果。建议大家在学习中先按照政策的"纵向顺序"学习，再逐步按照同一行业的"横向顺序"学习，最终，横纵两条线应汇集成体系，这样我们才能熟练应对各种考试题型。

一、销售货物

是指在中国境内有偿转让货物的"**所有权**"。

（一）货物

指"**有形动产**"，包括电力、热力、气体。

（二）有偿

指从购买方取得货币、货物或"其他经济利益"。

二、销售劳务

境内有偿提供"**加工、修理修配劳务**"。

『提示1』加工、修理修配的对象一般为有形动产，不包括不动产。

『提示2』单位或个体工商户**聘用的员工**为"**本单位**"或"**雇主**"提供加工、修理修配劳务，**不属于增值税征税范围**。

随学随练 限时2分钟

1.【单选题】根据增值税法律制度的规定，下列增值税征税范围中，属于销售货物的是（　　）。
A. 热力公司为居民楼供暖
B. 修理厂提供设备修理
C. 加工厂提供金银首饰加工业务
D. 数码产品商店提供手机贴膜业务

2.【多选题】根据增值税法律制度的规定，下列各项中，征收增值税的有（　　）。
A. 提供维修保养汽车的业务
B. 缝纫业务
C. 超市零售烟酒的业务
D. 电力公司销售电力

3.【判断题】单位或个体工商户聘用的员工为本单位或雇主提供加工、修理修配劳务，属于增值税征税范围。（　　）

随学随练参考答案及解析

1. A 【解析】本题考核增值税征税范围。销售货物，是指在中国境内有偿转让货物的"所有权"，货物，是指有形动产，包括电力、热力和气体在内。选项BCD均属于销售劳务，即加工、修理修配劳务，而非销售货物。

2. ABCD 【解析】本题考核增值税征收范围。选项AB属于提供加工、修理修配劳务；选项CD属于销售有形动产。

3. × 【解析】本题考核增值税征收范围。单位或个体工商户聘用的员工为本单位或雇主提供加工、修理修配劳务，"不属于"增值税征税范围。

三、销售服务（7类）

（一）交通运输服务

包括陆路运输服务、水路运输服务、航空运输服务、管道运输服务。增值税交通运输服务见表4-3。

『提示』"无运输工具承运"业务，按照交通运输服务缴纳增值税。注意，此项业务不属于"商务辅助服务—经纪代理服务"。

表4-3 增值税交通运输服务

子目	核心内容	特殊规定
陆路运输	①通过陆路(地上或地下)；②包括铁路运输和其他陆路运输	出租车公司向使用本公司自有出租车的出租车司机收取的管理费用，属于陆路运输服务
水路运输	江、河、湖、海、川	"程租、期租"业务，属于水路运输服务
航空运输	空中航线	①航天运输，属于航空运输服务；②航空运输的"湿租"业务，属于航空运输服务
管道运输	通过管道设施输送气体、液体、固体物质	—

(二)邮政服务

(1)邮政普遍服务。

(2)邮政特殊服务。

包括义务兵平常信函、机要通信、盲人读物和革命烈士遗物的寄递等。

(3)其他邮政服务。

包括邮册等邮品销售、"邮政代理"等业务活动。

(三)电信服务

1. 基础电信服务

包括语音通话服务；出售或出租带宽、波长等网络元素。

2. 增值电信服务

包括短信和彩信服务；电子数据和信息的传输及应用服务；互联网接入服务；卫星电视信号落地转接服务等。

随学随练

限时3分钟

1.【单选题】(2018年)根据增值税法律制度的规定，下列各项中，应按照"提供应税劳务"税目计缴增值税的是( )。

A. 制衣厂员工为本厂提供的加工服装服务

B. 有偿提供安装空调服务

C. 有偿修理机器设备服务

D. 有偿提供出租车服务

2.【单选题】经营者以承运人身份与托运人签订运输服务合同，收取运费并承担承运人责任，然后委托实际承运人完成运输服务的经营活动，该业务所适用增值税税目是( )。

A. 交通运输服务　　B. 物流辅助服务

C. 经纪代理服务　　D. 商务辅助服务

3.【多选题】根据增值税法律制度的规定，下列各项中，应按照"交通运输服务"计缴增值税的有( )。

A. 程租

B. 期租

C. 湿租

D. 出租车公司向使用本公司自有出租车的出租车司机收取的管理费用

4.【多选题】根据增值税法律制度的规定，下列各项中，应按照"电信服务—增值电信服务"计缴增值税的有( )。

A. 语音通话服务

B. 出售或出租带宽、波长

C. 短信服务

D. 互联网接入服务

随学随练参考答案及解析

1. C 【解析】本题考核增值税征税范围。选项A，单位或者个体工商户聘用的员工为本单位或者雇主提供加工、修理修配劳务，不征收增值税；选项B，属于建筑服务—安装服务；选项D，属于"交通运输服务—陆路运输服务"。

2. A 【解析】本题考核增值税征税范围—交通运输服务。该项业务属于"无运输工具承运业务"，是"交通运输服务"的税目类别。考生朋友们复习中请注意与之相关的其他易混淆税目。

3. ABCD 【解析】本题考核增值税征税范围—交通运输服务。

4. CD 【解析】本题考核增值税征税范围—电信服务。电信服务包括基础电信服务与增值电信服务，其中，基础电信服务包括：语音通话服务；出售或出租带宽、波长等；增值

电信服务包括短信和彩信服务；电子数据和信息的传输及应用服务；互联网接入服务；卫星电视信号落地转接服务等。

（四）建筑服务

建筑服务包括工程服务、安装服务、修缮服务、装饰服务和其他建筑服务。增值税建筑服务见表4-4。

表4-4 增值税建筑服务

子目	内容	特殊规定
工程服务	新建、改建各种**建筑物**或**构筑物**	—
安装服务	各类设备与设施的装配、安置工程作业	固定电话、有线电视、宽带、水、电、燃气、暖气等经营者向用户收取的安装费、初装费、开户费、扩容费以及类似收费，属于**"安装服务"**
装饰服务	对建筑物、构筑物修饰装修。 『提示』"锦上添花"	—
修缮服务	对建筑物、构筑物修补、加固、养护、改善。 『提示』"雪中送炭"	—
其他建筑服务	上述工程作业之外的各种工程作业服务	①**平整土地**； ②**园林绿化**； ③**建筑物平移**； ④**疏浚**（不包括航道疏浚）； ⑤搭脚手架、爆破、矿山穿孔； ⑥拆除建筑物或者构筑物； ⑦钻井（打井）

（五）金融服务

金融服务包括：贷款服务、直接收费金融服务、保险服务、金融商品转让服务。增值税金融服务见表4-5。

表4-5 增值税金融服务

子目	内容	特殊规定
贷款服务	各种利息性质的收入	①包括**"融资性售后回租"**、不包括**"融资租赁服务"**； ②包括信用卡透支利息收入； ③包括商业汇票贴现取得利息； ④包括以货币资金投资收取的固定利润或者保底利润。 『提示』存款利息收入不属于征税范围
直接收费金融	为货币资金融通及其他金融业务提供相关服务	包括： ①刷卡手续费收入； ②结算手续费； ③支票工本费； ④基金、账户、信托、资产、平台管理； ⑤资金清算、金融支付

子目	内容	特殊规定
金融商品转让	转让各项金融商品的所有权	转让的标的包括： ①外汇、有价证券、非货物期货； ②基金、信托、理财产品； ③各种金融衍生品
保险服务	人身保险+财产保险	投保人投保缴纳保险费，保险人收取保险费依法缴纳增值税。 『提示』被保险人获得的保险赔付，不属于征税范围

随学随练 限时4分钟

1.【单选题】(2018年)根据增值税法律制度的规定，下列服务中，应按照"金融服务—贷款服务"税目计缴增值税的是( )。

A. 资金结算

B. 金融商品转让

C. 信用卡透支利息收入

D. 货币兑换

2.【单选题】(2018年)根据增值税法律制度的规定，下列各项中，应按照"金融服务—贷款服务"税目计缴增值税的是( )。

A. 融资性售后回租

B. 账户管理服务

C. 金融支付服务

D. 资金结算服务

3.【单选题】根据增值税法律制度的规定，下列选项中，属于建筑服务—其他建筑服务的是( )。

A. 对建筑物外墙重新刷漆贴砖美化

B. 固定电话经营者向用户收取的初装费

C. 园林绿化

D. 航道疏浚

4.【多选题】(2019年)根据增值税法律制度的规定，下列各项中，应按照"金融服务"税目计算缴纳增值税的有( )。

A. 转让外汇

B. 融资性售后回租

C. 货币兑换服务

D. 财产保险服务

5.【判断题】(2019年)被保险人获得的保险赔付应征收增值税。   ( )

6.【判断题】(2019年)个人取得的存款利息应征收增值税。   ( )

随学随练参考答案及解析

1. C 【解析】本题考核增值税征税范围—金融服务。各种占用、拆借资金取得的收入，包括金融商品持有期间(含到期)利息(保本收益、报酬、资金占用费、补偿金等)收入、信用卡透支利息收入、买入返售金融商品利息收入、融资融券收取的利息收入，以及融资性售后回租、押汇、罚息、票据贴现、转贷等业务取得的利息及利息性质的收入，按照贷款服务缴纳增值税。选项AD，属于金融服务—直接收费金融服务；选项B，属于金融服务—金融商品转让。

2. A 【解析】本题考核增值税征税范围—金融服务。选项BCD属于"金融服务—直接收费金融服务"。

3. C 【解析】本题考核增值税征税范围—建筑服务。根据规定，其他建筑服务，是指法定工程作业之外的各种工程作业服务，如钻井(打井)、拆除建筑物或者构筑物、平整土地、园林绿化、疏浚(不包括航道疏浚)、建筑物平移、搭脚手架、爆破、矿山穿孔、表面附着物(包括岩层、土层、沙层等)剥离和清理等工程作业。选项A属于装饰服务；选项B属于安装服务；选项D不属于其他建筑服务，属于现代服务—物流辅助服务—港口码头服务。

4. ABCD 【解析】本题考核增值税征税范围—金融服务。选项A，转让外汇属于金融服务—金融商品转让服务；选项B，融资性售后回租属于金融服务—贷款服务；选项C，货币兑换服务属于金融服务—直接收费金融服务；选项D，财产保险服务属于金融服务—保险服务。

5. × 【解析】本题考核增值税征税范围。被保险人获得的保险赔付不征收增值税。

6. × 【解析】本题考核增值税征税范围。存款利息不征收增值税。

（六）现代服务（九项）

1. 研发和技术服务

(1)研发服务；

(2)合同能源管理服务；

(3)工程勘察勘探服务；

(4)专业技术服务。

『提示』工程勘察勘探服务，属于研发和技术服务，不属于"建筑服务"。

2. 信息技术服务

(1)软件服务；

(2)电路设计及测试服务；

(3)信息系统服务；

(4)信息系统增值服务；

(5)业务流程管理服务。

3. 文化创意服务

(1)设计服务；

(2)知识产权服务；

(3)广告服务；

(4)会议展览服务。

4. 物流辅助服务

包括航空服务、港口码头服务、货运客运场站服务、打捞救助服务、仓储服务、装卸搬运服务和收派服务。物流辅助服务与其他征税项目易混淆点见表4-6。

表4-6　物流辅助服务与其他征税项目易混淆点

要点	易混淆点
运输及配套	①提供运输服务的纳税人（水、陆、天）：按照交通运输服务征税； ②向提供交通运输服务的纳税人提供配套服务的纳税人：（水）港口码头服务、（陆）货运客运场站服务、（天）航空服务，按照物流辅助服务征税
搬家、快递	属于物流辅助服务，非"生活类服务"或"邮政服务"
仓储	属于物流辅助服务，非"租赁服务"
打捞救助	属于物流辅助服务，非"居民日常服务"

5. 租赁服务

包括融资租赁服务和经营租赁服务。租赁服务与其他征税项目易混淆点见表4-7。

『提示』租赁的标的物既包括有形动产，也包括不动产，但不包括无形资产。

表4-7　租赁服务与其他征税项目易混淆点

要点	易混淆点
融资性质	①融资性售后回租业务，属于"金融服务—贷款服务"； ②融资租赁，属于"租赁服务"
广告	①广告发布、播映、宣传、展示等，属于"文化创意服务—广告服务"； ②将建筑物、构筑物等不动产或者飞机、车辆等有形动产的广告位出租给其他单位或者个人用于发布广告，属于**经营租赁服务**
车辆停放、道路通行	不属于"生活服务"，而属于**不动产**"经营租赁"服务

6. 鉴证咨询服务

(1)认证服务；

(2)鉴证服务；

(3)咨询服务。

『提示』"翻译服务"和"市场调查服务"按照"咨询"服务缴纳。

7. 广播影视服务

包括广播影视节目(作品)的制作服务、发行服务和播映(含放映)服务。

8. 商务辅助服务

(1)企业管理服务;

(2)经纪代理服务;

(3)人力资源服务;

(4)安全保护服务。

【链接1】 无运输工具承运业务,属于"交通运输服务",不属于"经纪代理服务"。

【链接2】 翻译服务和市场调查服务属于"鉴证咨询服务",不属于"企业管理服务"。

【链接3】 "邮政代理"属于"邮政服务—其他邮政服务",不属于"经纪代理服务"。

(七)生活服务

包括文化体育服务、教育医疗服务、旅游娱乐服务、餐饮住宿服务、居民日常服务和其他生活服务。生活服务与其他征税项目易混淆点见表4-8。

表4-8　生活服务与其他征税项目易混淆点

要点	易混淆点
救助救济	①社会救助:生活服务—居民日常服务; ②打捞救助:物流辅助服务
停车场	属于"租赁服务—不动产租赁",而并非生活服务
旅游	属于"生活服务—旅游娱乐",而非商务辅助或经纪代理
酒店	①客房服务或餐饮:生活服务—餐饮住宿; ②会议服务:文化创意服务—会展服务; ③收费停车场:"租赁服务—不动产租赁"; ④单独出租闲置房屋:"租赁服务—不动产租赁"; ⑤KTV、保龄球等:生活服务—旅游娱乐

四、销售无形资产

(一)含义

是指转让无形资产"所有权"或者"使用权"的业务活动。

【链接】 租赁服务,仅指提供有形动产或不动产"使用权"的活动。

(二)范围

无形资产,包括技术、商标、著作权、商誉、自然资源使用权和其他权益性无形资产。

1. 技术

包括专利技术和非专利技术。

2. 自然资源使用权

包括土地使用权、海域使用权、探矿权、采矿权、取水权和其他自然资源使用权。

『提示』 土地使用权在"增值税征税范围体系"中,视为"无形资产",而非不动产。

3. 其他权益性无形资产

包括基础设施资产经营权、公共事业特许权、配额、经营权(包括特许经营权、连锁经营权、其他经营权)、经销权、分销权、代理权、会员权、席位权、网络游戏虚拟道具、域名、名称权、肖像权、冠名权、转会费等。

五、销售不动产

(一)含义

转让不动产"所有权"的业务活动。

(二)"房地合一"原则

在转让建筑物或者构筑物时一并转让其所占土地使用权的,按照"销售不动产"缴纳增值税。

【示例1】 甲公司转让自有办公楼一幢,该办公楼与其占有的土地使用权一并按照"销售不动产"纳税,不用分别确认房与地的收入。

【示例2】 乙公司转让自有一宗"七通一平"的土地,取得的收入按照"销售无形资产—自然资源使用权(土地使用权)"纳税。

（三）在建工程

转让在建的建筑物或者构筑物所有权的，属于"销售不动产"。

（四）建筑物有限产权与永久使用权

转让建筑物**"有限产权"**或者**"永久使用权"**的，按照**"销售不动产"**缴纳增值税。

【链接】转让不动产**"使用权"**，一般属于**"租赁服务"**。

六、进口货物

申报进入中华人民共和国海关境内的应税货物，均属于增值税征税范围，除享受免税政策外，在进口环节缴纳增值税。

『提示』进口货物的增值税由**"海关"**代征。

随学随练 5分钟

1.【单选题】（2018年、2017年）根据营业税改征增值税试点相关规定，下列各项中，应按照"销售服务—生活服务"税目计缴增值税的是（ ）。

A. 文化创意服务

B. 车辆停放服务

C. 广播影视服务

D. 旅游娱乐服务

2.【单选题】（2017年）根据增值税法律制度的规定，下列各项中，应按照"销售服务—建筑服务"税目计算增值税的是（ ）。

A. 平整土地

B. 出售住宅

C. 出租办公楼

D. 转让土地使用权

3.【单选题】（2017年）下列行为中，不属于销售无形资产的是（ ）。

A. 转让专利权

B. 转让建筑物永久使用权

C. 转让网络虚拟道具

D. 转让采矿权

4.【单选题】（2017年）根据营业税改征增值税试点相关规定，下列行为中，应按照"销售不动产"税目计缴增值税的是（ ）。

A. 将建筑物广告位出租给其他单位用于发布广告

B. 销售底商

C. 转让高速公路经营权

D. 转让国有土地使用权

5.【单选题】根据增值税法律制度的规定，下列关于租赁服务的表述中，不正确的是（ ）。

A. 将建筑物、构筑物等不动产或者飞机、车辆等有形动产的广告位出租给其他单位或者个人用于发布广告，按照经营租赁服务缴纳增值税

B. 车辆停放服务按照不动产经营租赁服务缴纳增值税

C. 水路运输的程租，属于交通运输服务

D. 融资性售后回租业务按照租赁服务缴纳增值税

6.【多选题】（2019年）根据增值税法律制度的规定，下列各项中，应按照"交通运输服务"计缴增值税的有（ ）。

A. 程租　　　　　　B. 期租

C. 湿租　　　　　　D. 道路通行服务

7.【多选题】根据增值税法律制度的规定，下列选项中，属于现代服务的有（ ）。

A. 信息技术服务

B. 物流辅助服务

C. 建筑服务

D. 文化创意服务

8.【多选题】根据增值税法律制度的规定，下列各项中，应当按照"商务辅助服务"征收增值税的有（ ）。

A. 市场调查服务　　B. 人力资源服务

C. 安全保护服务　　D. 翻译服务

9.【判断题】（2018年）将建筑物的广告位出租给其他单位用于发布广告，应按照"广告服务"税目计缴增值税。　　　　（ ）

随学随练参考答案及解析

1. D 【解析】本题考核增值税征税范围——生活服务。（1）选项A，按照"销售服

务—文化创意服务"税目计缴增值税；
（2）选项 B，按照"销售服务—租赁服
务"税目计缴增值税；（3）选项 C，按照
"销售服务—广播影视服务"税目计缴增
值税。

2. A 【解析】本题考核增值税征税范围—建
筑服务。选项 B，出售住宅属于销售不动
产；选项 C，属于现代服务中的租赁服务；
选项 D，转让土地使用权属于销售无形资
产—自然资源使用权。

3. B 【解析】本题考核增值税征税范围—销
售无形资产。转让建筑物有限产权或者永
久使用权的，属于销售不动产。

4. B 【解析】本题考核增值税征税范围—销
售不动产。选项 A，属于"现代服务—租赁
服务"计缴增值税；选项 CD，属于"销售
无形资产"计缴增值税。

5. D 【解析】本题考核增值税的征税范围—
租赁服务。融资性售后回租按金融服务中
的"贷款服务"缴纳增值税。

6. ABC 【解析】本题考核增值税征税范
围—交通运输服务。车辆停放服务、道路
通行服务（包括过路费、过桥费、过闸费
等）等按照不动产经营租赁服务缴纳增
值税。

7. ABD 【解析】本题考核增值税征税范
围—现代服务。现代服务包括研发和技术
服务、信息技术服务、文化创意服务、物
流辅助服务、租赁服务、鉴证咨询服务、
广播影视服务、商务辅助服务和其他现代
服务。

8. BC 【解析】本题考核增值税的征税范
围—商务辅助服务。翻译服务和市场调查
服务属于"鉴证咨询服务"。

9. × 【解析】本题考核增值税征税范围—租
赁。将建筑物、构筑物等不动产或者飞
机、车辆等有形动产的广告位出租给其他
单位或者个人用于发布广告，按照"经营
租赁服务"缴纳增值税。

七、视同销售

『提示』视同销售制度的设置目的，一是
防止增值税税款抵扣链条中断，若不将某些
特殊业务视为销售，则会出现仅有进项税而
无销项税或仅有销项税而无进项税的情况，
因此要通过配比方式保证抵扣链条完整；二
是防止出现逃避纳税义务的行为。

（一）视同销售货物

单位或者个体工商户的下列行为，视同
销售货物，如图 4.2 所示：

（1）将货物**交付**其他单位或者个人**代销**；

（2）**销售代销货物**；

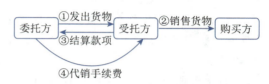

图 4.2　代销方式下的增值税视同销售

【图示说明】第一，受托方虽销售的是自己不
拥有所有权的货物，但依然要在实际销售时视同
销售自己的货物计算销项税额；第二，委托方与
受托方结算代销款项时，委托方确认销项税额，
受托方确认进项税额，委托方的销项税额即为受
托方的进项税额，因此不会出现重复征税的情况；
第三，受托方提供的代销服务属于"商务辅助服
务—经纪代理服务"，因此就其取得的代销手续费
缴纳增值税。

（3）设有两个以上机构并实行统一核算的
纳税人，将货物从一个机构移送其他机构用
于销售，**但相关机构设在同一县（市）的除外**；

（4）将自产、委托加工的货物用于**非增值
税应税项目**；

（5）将自产、委托加工的货物用于**"集体
福利或个人消费"**；

（6）将自产、委托加工或**购进**的货物作为
"投资"，提供给其他单位或个体工商户；

（7）将自产、委托加工或**购进**的货物**"分
配"**给股东或投资者；

（8）自产、委托加工或**购进**货物无偿**"赠
送"**其他单位或个人。

视同销售货物的归纳总结如表 4-9 所示。

表4-9　视同销售货物的归纳总结

来源		去向	结果
生产（从无到有）	自产委托加工	集体福利、个人消费	视同销售
		投资、分配、赠送	视同销售
流通（从此到彼）	购进	集体福利、个人消费	①非视同销售行为；②按不得抵扣增值税进项税额处理
		投资、分配、赠送	视同销售

（二）视同销售服务、无形资产、不动产

（1）单位或者个体工商户向其他单位或者个人"无偿"提供服务，但用于"公益事业"或者以"社会公众"为对象的除外。

『提示』根据国家指令无偿提供的铁路运输服务、航空运输服务，属于此处"公益事业"的服务。

（2）单位或者个人向其他单位或者个人"无偿"转让无形资产或者不动产，但用于"公益事业"或者以"社会公众"为对象的除外。

（3）其他。

八、不属于征税范围的项目

（一）非经营活动

（1）行政单位收取的同时满足条件的政府性基金或者行政事业性收费。

（2）单位或者个体工商户聘用的员工为本单位或者雇主提供取得工资的服务。

【链接】单位或个体工商户聘用的员工为"本单位"或"雇主"提供加工、修理修配劳务，不属于增值税征税范围。

（3）单位或者个体工商户为聘用的员工提供应税服务。

（4）房地产主管部门"或"其指定机构、公积金管理中心、开发企业以及物业管理单位"代收"的住宅专项维修资金，不属于增值税征税范围。

（二）不属于在境内销售服务或者无形资产

前提："境外"单位或者个人向"境内"单位或者个人：

（1）销售完全在"境外"发生的"服务"。

（2）销售完全在"境外"使用的"无形资产"。

（3）"出租"完全在"境外"使用的"有形动产"。

（三）企业资产重组

纳税人在资产重组中，通过合并、分立、出售、置换等方式，将全部或部分实物资产以及与其相关的债权、债务、不动产、土地使用权转让和劳动力一并转让给其他单位和个人，其中涉及的不动产、土地使用权、货物等转让行为，均不属于增值税的征税范围。

随学随练（限时3分钟）

1.【单选题】（2018年）根据增值税法律制度的规定，企业发生的下列行为中，不属于视同销售货物行为的是（　　）。

A. 将购进的货物作为投资提供给其他单位

B. 将购进的货物用于集体福利

C. 将委托加工的货物分配给股东

D. 将自产的货物用于个人消费

2.【单选题】（2017年）根据增值税法律制度的规定，下列各项中，应征收增值税的是（　　）。

A. 被保险人获得的保险赔付

B. 航空公司根据国家指令无偿提供用于公益事业的航空运输服务

C. 个人在银行的存款利息

D. 母公司向子公司出售不动产

3.【多选题】（2019年）根据增值税法律制度的规定，下列各项中，不征收增值税的有（　　）。

　　A. 物业管理单位收取的物业费

　　B. 被保险人获得的医疗保险赔付

　　C. 物业管理单位代收的住宅专项维修资金

　　D. 存款利息

4.【多选题】（2017 年）根据增值税法律制度的规定，下列各项中，应视同销售货物的有（　　）。

　　A. 将货物用于捐赠

　　B. 将货物用于偿债

　　C. 将货物用于广告

　　D. 将货物用于赞助

5.【判断题】（2019 年）根据国家指令无偿提供用于公益事业的铁路运输服务应征收增值税。（　　）

随学随练参考答案及解析

1. B 【解析】本题考核增值税视同销售行为。选项 B，应作进项税额转出，而非视同销售行为。

2. D 【解析】本题考核增值税征税范围。选项 A，被保险人获得的保险赔付，不征收增值税；选项 B，根据国家指令无偿提供的铁路运输服务、航空运输服务，属于《营业税改征增值税试点实施办法》规定的用于公益事业的服务，不征收增值税；选项 C，存款利息，不征收增值税；选项 D，属于"销售不动产"，应依法缴纳增值税。

3. BCD 【解析】本题考核增值税征税范围。下列项目，不征收增值税项目：（1）根据国家指令无偿提供的铁路运输服务、航空运输服务，用于公益事业的服务；（2）存款利息；（3）被保险人获得的保险赔付；（4）房地产主管部门或者其指定机构、公积金管理中心、开发企业以及物业管理单位代收的住宅专项维修资金；（5）纳税人在资产重组过程中，通过合并、分立、出售、置换等方式，将全部或者部分实物资产以及与其相关联的债权、负债和劳动力一并转让给其他单位和个人，不属于增值税的征税范围，其中涉及的货物转让，不征收增值税。

4. ABCD 【解析】本题考核增值税视同销售行为。

5. × 【解析】本题考核增值税征税范围。根据国家指令无偿提供的铁路运输服务、航空运输服务，属于《营业税改征增值税试点实施办法》规定的用于公益事业的服务，不征收增值税。

扫我解疑难

考点三　混合销售与兼营★★

考点精讲

一、混合销售

（一）特征

一项销售行为如果**"既涉及服务又涉及货物"**，为混合销售。

（二）税务处理

1. 从事货物的生产、批发或者零售的单位和个体工商户

按照**"销售货物"**缴纳增值税。

2. 从事其他服务的单位和个体工商户

按照**"销售服务"**缴纳增值税。

二、兼营

（一）特征

纳税人的经营中包括销售货物、劳务以及销售服务、无形资产和不动产的行为。

（二）税务处理

应当分别核算适用不同税率或者征收率的销售额；未分别核算的，**"从高适用"**税率或征收率。

增值税兼营与混合销售的比较见表4-10。

表 4-10　增值税兼营与混合销售的比较

行为特征	分类	税务处理
"一项"销售行为既涉及销售货物，又涉及服务、不动产或无形资产	混合销售	按"经营主业"缴纳增值税
	例外	自 2017 年 5 月起，纳税人销售活动板房、机器设备、钢结构件等自产货物的同时提供建筑、安装服务，"不属于"混合销售，应分别核算货物和建筑服务的销售额，分别适用不同税率或者征收率
纳税人"多元化"经营，既涉及销售货物、劳务又涉及应税服务、不动产、无形资产	兼营	①按"核算水平"，分别核算，分别适用税率或征收率；②未分别核算的，从高适用税率或征收率

【示例1】电梯生产厂商销售升降电梯的同时提供安装服务，此为"混合销售"，应按照"销售货物"缴纳增值税。

【示例2】酒店提供客房服务的同时在房间内设置冰箱销售饮料，此为"混合销售"，应按照"销售服务"缴纳增值税。

【示例3】交通运输公司既提供"交通运输服务"，又提供货车"租赁服务"，此为"兼营"，应分别核算，分别按照各自税率或征收率缴纳增值税。

随学随练 限时1分钟

1.【单选题】根据增值税法律制度的规定，纳税人发生下列行为的，属于增值税兼营行为的是（　　）。

A. 建筑公司为承建的某项工程既提供建筑材料又承担建筑、安装业务

B. 照相馆在提供照相业务的同时销售相框

C. 酒店开设客房、餐厅从事服务业务并附设商场销售货物

D. 饭店提供餐饮服务的同时销售酒水

2.【判断题】纳税人的经营中包括销售货物、劳务以及销售服务、无形资产和不动产的行为的，应当分别核算适用不同税率或者征收率的销售额；未分别核算的，由主管税务机关核定各自的销售额。（　　）

随学随练参考答案及解析

1. C　【解析】本题考核增值税兼营行为。选项 ABD，均属于增值税混合销售行为，既涉及销售服务，又涉及销售货物。

2. ×　【解析】本题考核增值税兼营行为的税务处理。纳税人的经营中包括销售货物、劳务以及销售服务、无形资产和不动产的行为的销售额，未分别核算的，从高适用税率或征收率。

扫我解疑难

考点四　增值税税率与征收率

考点精讲

一、销售货物，提供加工、修理修配劳务

（一）基本规定 ★★★

销售货物，提供加工、修理修配劳务的税率和征收率见表 4-11。

表 4-11　销售货物，提供加工、修理修配劳务的税率和征收率

按纳税人划分	税率或征收率	适用范围
一般纳税人（税率）	基本税率13%	①除了列举的执行 9% 低税率的商品以外的货物；②全部的加工、修理修配劳务

按纳税人划分	税率或征收率	适用范围		
一般纳税人（税率）	低税率9%	物质食粮	耕种	饲料、化肥、农药、农机、农膜、二甲醚
			食材	初级农产品（粮食等）
			配料	食用盐、食用植物油
			烹饪	自来水、暖气、冷气、热水、煤气、石油液化气、天然气、沼气、居民用煤炭制品
		精神食粮	纸质	图书、报纸、杂志
			电子	音像制品、电子出版物
	征收率：3%	一般纳税人采用简易办法征税（后详）		
	零税率	纳税人出口货物，税率为零；但是，国务院另有规定的除外		
小规模纳税人（征收率）	基本征收率3%	销售货物、提供应税劳务		
	减按2%	小规模纳税人销售自己使用过的固定资产		

（二）销售自己使用过的固定资产、旧货或物品的税率与征收率

销售使用过物品和旧货的税务处理见表4-12。

表4-12　销售使用过物品和旧货的税务处理

纳税人	销售分类	税务处理规定	计税公式
一般纳税人	销售旧货	按简易办法依3%征收率减按2%征收增值税	增值税=售价（含税）/（1+3%）×2%
	一般纳税人销售自己使用过的规定不得抵扣且未抵扣进项税额的固定资产		
	销售2009年以后购进或自制的固定资产	按正常销售货物适用税率	增值税=售价（含税）/（1+13%）×13%（正常税率）
	销售自己使用过的固定资产以外的物品		
小规模纳税人（除其他个人）	销售旧货	减按2%征收率	增值税=售价（含税）/（1+3%）×2%
	销售自己使用过的固定资产		
	销售自己使用过的固定资产以外的物品	按3%征收率	增值税=售价（含税）/（1+3%）×3%（正常征收率）

【链接】"其他个人"销售自己使用过的物品，属于《增值税暂行条例》中规定的"免税项目"。

『提示』增值税零税率 VS 免税 VS 不征税

（1）增值税零税率，是指免征出口环节的销项税额，符合条件的，还可以依法退还以前环节的进项税额。

（2）增值税免税，是指免征纳税人销售环节的销项税额，但是其对应的进项税额不得抵扣。

（3）增值税非征税范围，是指根本不涉及增值税计算的项目。

注意，零税率与免税均属于增值税征税范围，只是依照现行的税收政策，目前税率为零或处于免征的状态。

（三）一般纳税人简易办法征税 ★★★

『提示』一般纳税人按照简易办法征税的原因有两种，一是有权自己"依法选择"；二是有政策的强制性规定。

1. 暂按"3%的征收率"简易办法征收的特殊行业

一般纳税人下列销售行为：

（1）寄售商店代销寄售物品；

（2）典当业销售死当物品。

2. 一般纳税人销售特定货物（6类），可

选择按照"3%的征收率"

『提示』选择简易办法计算缴纳增值税后，36个月内不得变更。

（1）县级及县级以下小型"水力"发电单位生产的电力。

（2）建筑用和生产建筑材料所用的砂、土、石料。

（3）以自己采掘的砂、土、石料或其他矿物连续生产的砖、瓦、石灰（不含黏土实心砖、瓦）。

（4）用微生物、微生物代谢产物、动物毒素、人或动物的血液或组织制成的生物制品。

（5）自来水。

『提示』对属于一般纳税人的自来水公司销售自来水按简易办法依照3%征收率征收增值税，不得抵扣其购进自来水取得增值税扣税凭证上注明的增值税税款。

【链接】若采用一般计税办法，自来水适用9%的低税率。

（6）商品混凝土（仅限于以水泥为原料生产的水泥混凝土）。

3.（2020年新增）罕见病药品

（1）自2019年3月1日起，增值税一般纳税人生产销售和批发、零售罕见病药品，可选择按照简易办法依照3%征收率计算缴纳增值税。上述纳税人选择简易办法计算缴纳增值税后，36个月内不得变更。

（2）自2019年3月1日起，对进口罕见病药品，减按3%征收进口环节增值税。

二、销售服务、无形资产、不动产

（一）基本税率★

销售服务、无形资产、不动产的税率见表4-13。

表4-13 销售服务、无形资产、不动产的税率

应税服务		适用增值税率
交通运输服务		9%
邮政服务		
建筑服务		
"不动产"租赁		
销售不动产		
转让土地使用权		
电信服务	基础电信服务	9%
	增值电信服务	6%
"有形动产"租赁		13%
其余税率都是6%		

（二）征收率及零税率

销售服务、无形资产、不动产的征收率见表4-14。

表4-14 销售服务、无形资产、不动产的征收率

应税服务	适用比例
征收率（适用于小规模纳税人和一般纳税人简易办法征税）	3%
劳务派遣单位选择"差额征税"的	5%
不动产（详见不动产专题）	5%

应税服务	适用比例
涉及"跨境"销售应税服务、无形资产： ①国际运输服务； ②航天运输服务； ③向境外单位提供的完全在境外消费的 10 项特定服务。 『提示』注意与跨境行为"免征"增值税的政策区分，见表 4-15	零税率

表 4-15　跨境行为零税率与免税的比较

税目		零税率(12 项)	免税(21 项)
交通运输服务		①国际运输服务； ②航天运输服务	以无运输工具承运方式提供的国际运输服务
邮政服务		—	为出口货物提供的邮政服务
电信服务		—	向境外单位提供的完全在境外消费的电信服务
建筑服务		—	工程项目在境外的建筑服务
金融服务		—	①为出口货物提供保险服务； ②为境外单位之间的货币资金融通及其他金融业务提供的直接收费金融服务，且该服务与境内货物、无形资产和不动产无关
现代服务	研发和技术服务	①研发服务； ②合同能源管理服务	①工程、矿产资源在境外的工程勘察勘探服务； ②向境外单位提供的完全在境外消费的专业技术服务
	信息技术服务	①软件服务； ②电路设计及测试服务； ③信息系统服务； ④业务流程管理服务； ⑤离岸服务外包业务	—
	文化创意服务	设计服务	①会议展览地点在境外的会议展览服务； ②向境外单位提供的完全在境外消费的知识产权服务； ③广告投放地点在境外的广告服务
	物流辅助服务	—	①存储地点在境外的会议展览服务； ②为出口货物提供的收派服务； ③向境外单位提供的完全在境外消费的其他物流辅助服务
	租赁服务	—	标的物在境外使用的有形动产租赁服务
	鉴证咨询服务	—	向境外单位提供的完全在境外消费的鉴证咨询服务(含工程监理服务)
	广播影视服务	广播影视节目(作品)的制作和发行服务	在境外提供的广播影视节目(作品)的"播映"服务
	商务辅助服务	—	向境外单位提供的完全在境外消费的商务辅助服务
	生活服务	—	在境外提供： ①文化体育服务； ②教育医疗服务； ③旅游服务
	无形资产	转让技术	向境外单位提供无形资产

『提示』学习中建议只记忆"零税率"，免税项目可采用排除法方式选择。10 项零税率的服务我们可概括为"研发设计转技术、软件信息业务流；离岸外包作影视、合同能源测电路"。

随学随练 ⏱计时4分钟

1.【单选题】(2016 年)根据增值税法律制度规定，下列各项增值税服务中，增值税税率为 13% 的是( )。
    A. 邮政服务
    B. 交通运输服务
    C. 有形动产租赁服务
    D. 增值电信服务

2.【单选题】根据增值税法律制度的规定，下列适用税率的表述中，正确的是( )。
    A. 单位和个人提供的国际运输服务，税率为零
    B. 单位和个人提供的交通运输服务，税率为 6%
    C. 单位和个人提供的现代服务，税率为 13%
    D. 单位和个人提供有形动产租赁服务，税率为 6%

3.【多选题】(2018 年)根据增值税法律制度的规定，一般纳税人销售的下列货物中，可以选择简易计税方法计缴增值税的有( )。
    A. 食品厂销售的食用植物油
    B. 县级以下小型水力发电单位生产的电力
    C. 自来水公司销售自产的自来水
    D. 煤气公司销售的煤气

4.【多选题】根据增值税法律制度的规定，纳税人提供的下列应税服务，适用增值税零税率的有( )。
    A. 国际运输服务
    B. 国际货物运输代理服务
    C. 在境外提供研发服务
    D. 在境外提供的广播影视节目的播映服务

5.【判断题】某增值税一般纳税人销售自己使用过的机器一台(2007 年购进)，现行规定按简易办法依照 3% 征收率减按 2% 征收增值税。( )

6.【判断题】纳税人出口货物，适用零税率，但是，国务院另有规定的除外。( )

随学随练参考答案及解析

1. C【解析】本题考核增值税的税率与征收率。一般纳税人提供有形动产租赁服务，税率为 13%。选项 AB，税率为 9%；选项 D，税率为 6%。

2. A【解析】本题考核增值税的税率。选项 B，单位和个人提供的交通运输服务，税率为 9%；选项 C，单位和个人提供的现代服务，税率为 6%；选项 D，单位和个人提供有形动产租赁服务，税率为 13%。

3. BC【解析】本题考核一般纳税人可以选择按简易计税方法征税的情况。销售植物油与煤气不属于可以按照简易计税方法计税的范围。

4. AC【解析】本题考核销售服务的税率。选项 BD，属于适用增值税免税政策的跨境销售服务的行为。

5. √【解析】本题考核增值税的税率与征收率。根据现行政策，纳税人销售自己使用过的 2008 年 12 月 31 日以前购进的固定资产，按照 3% 征收率减按 2% 征收增值税。

6. √【解析】本题考核增值税货物出口的零税率。

考点五　一般计税方法应纳税额的计算 ★★★

扫我解疑难

考点精讲

一般纳税人销售货物、劳务、服务、无形资产、不动产，采取一般计税方法计算应

纳增值税额。

计算公式：应纳税额＝当期销项税额－当期进项税额

一、销项税额

（一）基本计算方法

销项税额＝销售额×税率

销售额包括向购买方收取的全部价款和价外费用。

价外费用，包括价外向购买方收取的手续费、补贴、基金、集资费、返还利润、奖励费、违约金、滞纳金、延期付款利息、赔偿金、**代收款项**、**代垫款项**、包装费、**包装物租金**、储备费、优质费、运输装卸费以及其他各种性质的价外收费。

价外费用不包括下列项目：

（1）向购买方收取的**"销项税额"**。

（2）受托加工应征消费税的消费品所**"代收代缴"**的**"消费税"**。

委托加工的流转环节如图 4.3 所示。

图 4.3　委托加工的流转环节

【图示说明】　第一，受托方提供加工劳务，因此是增值税纳税人；第二，受托方委托加工的产成品若为"应税消费品"的，委托方应缴纳消费税，委托方为消费税纳税人，但该项消费税依法应由"受托方代收代缴"；第三，委托方向受托方支付"加工费"和自己应缴纳的"消费税"；第四，受托方在确认加工劳务增值税销售额时，可以不将其"代收代缴的消费税"作为价外费用计算增值税。

（3）同时符合以下条件的代垫运费：

第一，承运者的运费发票**开给购货方**；

第二，纳税人将该项发票**转交给购货方**。

『提示』此处政策规定同时适用于增值税与消费税，后面消费税部分不再赘述。

符合规定的代垫运费如图 4.4 所示。

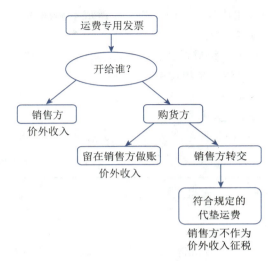

图 4.4　符合规定的代垫运费

【图示说明】　发票抬头单位开给"购货方"和销售方将该运费发票转交给购货方，这两个条件必须同时满足，才是"符合规定"的代垫运费。

（4）符合条件的**"代"**为收取的**政府性基金**和**行政事业性收费**。

（5）销售货物的同时**"代办"**保险等而向购买方收取的**保险费**，以及向购买方收取的代购买方缴纳的**车辆购置税**、**车辆牌照费**。

（二）含税销售额的换算

不含税销售额＝含税销售额÷（1＋增值税税率）

『提示』考试中需要换算的情况一般包括：（1）题目条件明确为"含税销售额"；（2）收取的价外费用；（3）零售价格。

（三）视同销售

1. 销售**"货物"**销售额的确定

（1）按**纳税人**最近时期同类货物的**平均销售价格**确定；

（2）按**其他纳税人**最近时期同类货物的**平均销售价格**确定；

（3）按组成计税价格确定。其计算公式为：

组成计税价格＝成本×（1＋成本利润率）

征收增值税的货物，同时又征收消费税的，其组成计税价格中应包含消费税税额。其计算公式为：

组成计税价格＝成本×（1+成本利润率）+消费税税额

或：组成计税价格＝成本×（1+成本利润率）÷（1-消费税税率）

2. 销售"服务、无形资产、不动产"销售额的确定

（1）按照纳税人最近时期销售同类服务、无形资产或者不动产的平均价格确定。

（2）按照其他纳税人最近时期销售同类服务、无形资产或者不动产的平均价格确定。

（3）按照组成计税价格确定。组成计税价格的公式为：

组成计税价格＝成本×（1+成本利润率）

视同销售销售额的确定如表4-16所示。

表4-16　视同销售销售额的确定

情形		货物	服务、无形资产、不动产
适用情形		特定视同销售行为	①纳税人价格明显偏低； ②价格明显偏高，且不具有合理商业目的； ③无销售额。 【链接】单位或者个体工商户向其他单位或者个人无偿提供服务、无偿转让无形资产、不动产，不具有公益性质的，属于视同销售
有价格参考	参考纳税人自己	最近时期同类货物的平均销售价格	最近时期同类服务、无形资产或者不动产的平均价格
	参考其他纳税人		
无价格参考	组成计税价格	成本×（1+成本利润率）÷（1-消费税税率）	成本×（1+成本利润率） 『提示』服务、无形资产、不动产均不属于消费税应税项目

『提示』确认销售额的顺序：有参考价格的，按照参考价格；无参考价格的，按照组成计税价格。注意，不能在有参考价格的前提下直接组价。

【示例】甲服装厂为增值税一般纳税人，2020年1月将自产的100件新型羽绒服作为福利发给本厂职工，该新型羽绒服生产成本为1 160元/件，无同类销售价格。已知增值税税率为13%，成本利润率为10%。

问题：甲服装厂当月该笔业务增值税销项税额为多少元？

分析：100×1 160×（1+10%）×13%＝16 588（元）

（四）特殊销售货物方式下的销售额确定

1. 折扣销售

（1）如果销售额和折扣额在同一张发票上分别注明，可按折扣后的销售额征收增值税；

（2）如果将折扣额另开发票，不论其在财务上如何处理，均不得从销售额中减除折扣额。

【示例】甲公司为增值税一般纳税人，2019年10月采取折扣方式销售货物一批，该批货物不含税销售额90 000元，折扣额9 000元，销售额和折扣额在同一张发票上分别注明。已知增值税税率13%。

问题：甲公司当月该笔业务增值税销项税额是多少？

分析：该企业当期销项税额＝（90 000－9 000）×13%＝10 530（元）

【链接】因销售折让、中止或者退回而退还给购买方的增值税额，应当从当期的销项税额中扣减；因销售折让、中止或者退回而收回的增值税额，应当从当期的进项税额中扣减。

2. 以旧换新

采取以旧换新方式销售货物的，应按"新货物"的同期销售价格确定销售额，"不得扣减"旧货物的收购价格。

『提示』"金银首饰以旧换新"业务，可以按销售方"实际收取"的不含增值税的全部价

款征收**增值税**和**消费税**。

3. 还本销售

还本销售是指纳税人在销售货物后，到一定期限将货款一次或分次退还给购货方全部或部分价款的一种销售方式，销售额就是货物的销售价格，**"不得"**从销售额中**"减除还本支出"**。

『提示』还本销售本质是一种融资行为，是以自有货物换取资金的使用。

4. 以物易物

以物易物**"双方都应作购销处理"**，以各自发出的货物核算销售额并计算销项税额，以各自收到的货物按规定核算购货额并计算进项税额。

5. 包装物押金

包装物押金的涉税处理如表4-17所示。

表4-17 包装物押金的涉税处理

包装物押金	增值税		消费税	
	取得时	逾期时	取得时	逾期时
一般货物	×	√	×	√
除啤酒、黄酒以外的其他酒	√	—	√	—
啤酒、黄酒	×	√	×	—

『提示1』逾期是指按照**"合同约定实际逾期"**或者**"收取1年以上"**。

『提示2』包装物押金是**"含税收入"**，需要进行不含税换算。

『提示3』包装物**"租金"**，应直接作为价外费用计算征税。

随学随练

限时5分钟

1. 【单选题】（2019年改）甲公司为增值税一般纳税人，2019年9月销售啤酒取得含税价款226万元，另收取包装物租金1.13万元，包装物押金3.39万元，已知增值税适用税率为13%，计算甲公司当月上述业务增值税销项税额的下列算式中，正确的是（　　）。

A. $(226+1.13)\div(1+13\%)\times13\%=26.13$（万元）

B. $226\div(1+13\%)\times13\%=26$（万元）

C. $226\times13\%=29.38$（万元）

D. $(226+1.13+3.39)\div(1+13\%)\times13\%=26.52$（万元）

2. 【单选题】（2018年改）甲公司为一般纳税人，2019年10月销售新型冰箱50台，每台含税价格5 800元；采取以旧换新方式销售同型号冰箱20台，收回的旧冰箱每台作价232元，实际每台收取款项5 568元。已知增值税税率为13%，计算甲公司当月增值税销项税额的下列算式中，正确的是（　　）。

A. $[50\times5\,800+20\times(5\,568-232)]\times13\%=51\,573.6$（元）

B. $(50\times5\,800+20\times5\,568)\div(1+13\%)\times13\%=46\,174.16$（元）

C. $(50+20)\times5\,800\div(1+13\%)\times13\%=46\,707.96$（元）

D. $(50\times5\,800+20\times5\,568)\times13\%=52\,176.8$（元）

3. 【单选题】（2015年改）甲首饰店是增值税一般纳税人。2019年11月采取"以旧换新"方式销售一批金项链。该批金项链含增值税售价为140 400元，换回的旧项链作价128 700元，甲首饰店实际收取差款11 700元。已知增值税税率为13%。甲首饰店当月该笔业务增值税销项税额的下列计算中，正确的是（　　）。

A. $[140\,400\div(1+13\%)]\times13\%=16\,152.21$（元）

B. $[128\,700\div(1+13\%)]\times13\%=14\,806.19$（元）

C. $140\,400\times13\%=18\,252$（元）

D. $[11\ 700 \div (1 + 13\%)] \times 13\% = 1\ 346.02$（元）

4.【单选题】某商场为一般纳税人，2019年10月份售出甲产品80套，含税金额9 828元，另外为回馈老客户，当月无偿赠送乙商品80套(每套含税价格17.55元)，则该商场当月的销项税额为( )元。

A. 1 460.16   B. 1 292.18

C. 1 670.76   D. 1 909.44

5.【多选题】(2017年)根据增值税法律制度的规定，纳税人销售货物向购买方收取的下列款项中，属于价外费用的有( )。

A. 延期付款利息

B. 赔偿金

C. 手续费

D. 包装物租金

📝 随学随练参考答案及解析

1. A 【解析】本题考核增值税价外费用的计算。包装物租金属于价外费用，需要计入销售额计算增值税；啤酒、黄酒的包装物押金在收取时不征收增值税，逾期时计算缴纳增值税。

2. C 【解析】本题考核增值税的计算。纳税人采取以旧换新方式销售货物的，应按新货物的同期销售价格确定销售额，不得扣减旧货物的收购价格。同时含税价格要做不含税的换算。

3. D 【解析】本题考核增值税的计算。纳税人采取以旧换新方式销售金银首饰，按销售方"实际收取"的不含增值税的全部价款确定销售额。

4. B 【解析】本题考核一般纳税人销项税额的确定。无偿赠送的商品要视同销售计算销项税额。则该商场当月的销项税额 ＝ (9 828 + 17.55 × 80) ÷ (1 + 13%) × 13% ＝ 1 292.18(元)。

5. ABCD 【解析】本题考核价外费用。销售货物时价外向买方收取的手续费、违约金、延期付款利息、赔偿金、包装费、优质费等均属于价外费用，无论会计上如何核算，均应计入销售额。

(五)"营改增"特殊行业的销售额确定

1. 交通运输服务

(1)航空运输服务企业的销售额**不包括代收的机场建设费**和**代售其他航空运输企业客票而代收转付**的价款。

『提示』改签费、变更费等属于航空公司的价外收入。

(2)航空运输服务中，注意与现代服务中"租赁服务"和"物流辅助服务"的区别。

航空运输服务与其他征税项目的易混淆点如表4-18所示。

表 4-18 航空运输服务与其他征税项目的易混淆点

要素	交通运输服务 (航空运输)	现代服务 (物流辅助)	现代服务 (租赁)
征税范围	①空中航线运送旅客或货物的业务； ②包括湿租业务	包括航空服务、客运场站服务、装卸搬运服务	飞机广告位出租，属于有形动产经营租赁服务
税率	9% 注意：航天运输服务和国际运输服务适用零税率	6%	13%
销售额	销售额+价外收入	销售额+价外收入	销售额+价外收入
特殊	不含机场建设费和代收转付价款	一般纳税人提供客运场站服务，以其取得的全部价款和价外费用，**扣除支付给承运方运费后的余额**为销售额	—

2. 金融服务

金融服务销售额的确定如表 4-19 所示。

表 4-19   金融服务销售额的确定

税目	销售额的确定
贷款服务	取得的全部利息及利息性质的收入为销售额。 『提示』不得扣减存款利息支出
直接收费金融服务	提供直接收费金融服务收取的手续费、佣金、酬金、管理费、服务费、经手费、开户费、过户费、结算费、转托管费等各类费用为销售额
金融商品转让	①卖出价扣除买入价后的余额为销售额。转让金融商品出现的正负差，按盈亏相抵后的余额为销售额。若相抵后出现负差，可结转下一纳税期与下期转让金融商品销售额相抵，但年末时仍出现负差，不得转入下一个会计年度。 ②金融商品转让，"不得开具"增值税专用发票

【链接】纳税人接受贷款服务向贷款方支付的与该笔贷款直接相关的投融资顾问费、手续费、咨询费等费用，其进项税额不得从销项税额中抵扣。

3. 现代服务—商务辅助（经纪代理）

以取得全部价款和价外费用，"扣除向委托方收取"并代为支付的政府性基金或者行政事业性收费后的"余额"为销售额。

4. 生活服务

（1）注意"生活服务"与"现代服务"在征税范围上的差异，不可混淆。

表 4-20   生活服务与现代服务

范围	现代服务（8 项）	生活服务（5 项）
征税范围	①研发和技术服务； ②信息技术服务； ③文化创意服务； ④物流辅助服务； ⑤租赁服务； ⑥鉴证咨询服务； ⑦广播影视服务； ⑧商务辅助服务	①文化体育服务； ②教育医疗服务； ③旅游娱乐服务； ④餐饮住宿服务； ⑤居民日常服务

（2）纳税人提供旅游服务。

可以选择以取得的全部价款和价外费用，扣除向旅游服务购买方收取并支付给其他单位或者个人的住宿费、餐饮费、交通费、签证费、门票费和支付给其他接团旅游企业的旅游费用后的余额为销售额。

选择上述办法计算销售额的试点纳税人，向旅游服务购买方收取并支付的上述费用，不得开具增值税专用发票，可以开具普通发票。

随学随练   限时 4分钟

1.【单选题】某运输公司为增值税一般纳税人，10 月份取得国内货运收入 277 500 元（含税），装卸收入 10 600 元（含税）。当月支付给其他运输单位运费，取得增值税专用发票上注明的税款 12 000 元，购入办公用品一批，取得增值税专用发票注明税款 1 700 元。已知：收入分开核算，发票均已通过认证。则该运输公司 10 月应纳的增值税为（　　）。（已知交通运输服务税率为9%，现代服务的税率为6%。）

A. 277 500÷（1+9%）×9%+10 600÷（1+9%）×9%-12 000-1 700=10 088.07（元）

B. 277 500÷（1+9%）×9%+10 600÷（1+6%）×6%-12 000-1 700=9 812.84（元）

C. 277 500÷（1+9%）×9%+10 600÷（1+17%）×17%-12 000-1 700=10 753.01（元）

D. 277 500÷（1+9%）×9%+10 600÷（1+3%）×3%-12 000-1 700=9 521.58（元）

2. 【单选题】上海市某公司专门从事商业咨询服务（增值税一般纳税人）。10月15日，向某一般纳税人企业提供资讯信息服务，取得含增值税销售额55万元；10月20日，向某小规模纳税人提供注册信息服务，取得含增值税销售额31.8万元。已知现代服务适用税率为6%，则该公司当月确认的销项税额为（　　）万元。

A. 4.8　　　　　　　B. 4.91

C. 4.46　　　　　　D. 0.66

3. 【判断题】（2019年）航空运输企业的增值税销售额包括代收的机场建设费（民航发展基金）和代售其他航空运输企业客票而代收转付的价款。　　　　（　　）

✍ 随学随练参考答案及解析

1. B　【解析】本题考核增值税的计算。货运收入属于交通运输服务，税率9%，装卸收入属于现代服务，税率6%。注意需换算为不含税收入再来计算增值税销项税额。注意，装卸服务属于"现代服务"税目，税率为6%。

2. B　【解析】本题考核增值税应纳税额的计算。提供资讯信息服务和注册信息服务，按6%的税率计算增值税。增值税销项税额=（55+31.8）÷（1+6%）×6%=4.91（万元）。

3. ×　【解析】本题考核增值税销售额的确定。根据规定，航空运输企业的销售额，不包括代收的机场建设费和代售其他航空运输企业客票而代收转付的价款。

二、进项税额

（一）准予抵扣的进项税额

1. 基本规定

从销售方取得"**增值税专用发票**"（含税控机动车销售统一发票）上注明的增值税额。

『提示』含购进货物、劳务、服务、无形资产、不动产。

2. 购进免税农产品的抵扣规定

（1）购进农产品，除取得增值税专用发票或者海关进口增值税专用缴款书外，按照农产品收购发票或者销售发票上注明的农产品"**买价**"和9%的"**扣除率**"计算的进项税额。

计算公式为：进项税额=买价×扣除率

『提示1』农产品的抵扣凭证包括：海关进口增值税专用缴款书、农产品收购发票、农产品销售发票。

『提示2』注意初级农产品"扣除率"与"税率"的区别，虽然数字上均为"9%"，但性质完全不同，如图4.5所示。

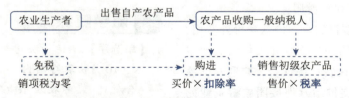

图4.5　农产品的扣除率与税率

【图示说明】农业生产者销售自产农产品，依照现行增值税税收优惠政策规定为"免税"，因此该环节不存在"销项税"，农产品收购企业本不涉及抵扣进项税的问题。但为了鼓励企业向农业生产者收购农产品，税法政策明确规定，即便收购价款中"不含增值税"，也允许购买方抵扣进项税，因无"税"便无"税率"，因此只能以"扣除率"为名义来计算抵扣进项税额。

【示例】甲公司为增值税一般纳税人，2019 年 8 月从农业合作社购进蔬菜，取得农产品销售发票注明买价 100 万元。

问题：该项收购蔬菜业务的增值税进项税额为多少元？

分析：农产品按照"销售发票"中注明买价的 9% 作为进项税额抵扣。可以抵扣的进项税 = $100 \times 9\% = 9$（万元）。

（2）购进农产品的抵扣凭证（见表 4-21）。

表 4-21　购进农产品的抵扣凭证

来源	抵扣凭证	处理
一般纳税人处购进	增值税专用发票	不含税价款×9%（税率）
进口	海关进口专用缴款书	注明的增值税额
小规模纳税人	增值税专用发票	注明的金额×9%（扣除率）
免税的农业生产者	①农产品收购发票；②农产品销售发票	买价×9%（扣除率）

（3）纳税人购进用于生产或者委托加工 13% 税率货物的农产品，按照 10% 的扣除率计算进项税额。

3. 进口货物

从海关取得的"海关进口增值税专用缴款书"上注明的增值税额。

『提示』此处指"货物"。

4. 跨境服务

自境外单位或者个人购进劳务、服务、无形资产或者境内的不动产，从税务机关或者扣缴义务人取得的"代扣代缴税款"的完税凭证上注明的增值税额。

『提示』此处指"非货物"。

5. 应征消费税的特殊货物

纳税人自用的应征消费税的"摩托车、汽车、游艇"，其进项税额"准予"从销项税额中抵扣。

6.（2020 年新增）购进国内旅客运输服务的进项税额抵扣

纳税人购进国内旅客运输服务，其进项税额允许从销项税额中抵扣。

纳税人未取得增值税专用发票的，暂按以下规定确定进项税额：

（1）取得增值税电子普通发票的，为发票上注明的税额；

（2）取得注明旅客身份信息的航空运输电子客票行程单的，为按照下列公式计算进项税额：

航空旅客运输进项税额 =（票价+燃油附加费）÷（1+9%）×9%

（3）取得注明旅客身份信息的铁路车票的，为按照下列公式计算的进项税额：

铁路旅客运输进项税额 = 票面金额÷（1+9%）×9%

（4）取得注明旅客身份信息的公路、水路等其他客票的，按照下列公式计算进项税额：

公路、水路等其他旅客运输进项税额 = 票面金额÷（1+3%）×3%

7. 进项税额抵扣时限

（1）自 2017 年 7 月 1 日起，增值税一般纳税人取得的 2017 年 7 月 1 日及以后开具的增值税专用发票和机动车销售统一发票，应自"开具之日起 360 日"内认证或登录增值税发票选择确认平台进行确认，并在规定的纳税申报期内，向税务机关申报抵扣进项税额。

（2）增值税一般纳税人取得 2017 年 7 月 1 日及以后开具的海关进口增值税专用缴款书，应自"开具之日起 360 日"内向税务机关报送《海关完税凭证抵扣清单》，申请稽核比对。

（二）不得抵扣的进项税额

理解进项税额不得抵扣的关系如图 4.6 所示。

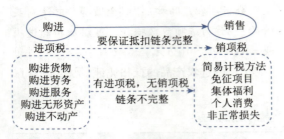

图 4.6　理解进项税额不得抵扣的关系图

【图示说明】把握不得抵扣进项税的范围，可以先盯住"购进端"是否有进项税，再盯住"销售端"是否能产生销项税。若购进的项目因用于简易计税方法、免征增值税项目、集体福利和个人消费等不产生销项税额的项目，一般不得抵扣相应的进项税额。

1. "购进"用于不产生销项税的项目

用于**简易计税方法计税项目、免征增值税项目、集体福利**或者**个人消费**的购进货物、加工修理修配劳务、服务、固定资产、无形资产和不动产。

【链接】将"自产"或"委托加工"的货物用于集体福利或个人消费的，属于视同销售行为（计算销项税）。

（1）纳税人**"交际应酬费"**属于**"个人消费"**。

（2）适用一般计税方法的纳税人，兼营简易计税方法计税项目、免征增值税项目而无法划分不得抵扣的进项税额，按照下列公式计算不得抵扣的进项税额：

不得抵扣的进项税额＝当期无法划分的全部进项税额×（当期简易计税方法计税项目销售额＋免征增值税项目销售额）÷当期全部销售额

（3）如**无形资产、不动产、固定资产**既用于上述**"不允许抵扣"**项目，又用于**"抵扣项目"**的，该进项税额**"准予全部"**抵扣。**"专用于"**上述**"不允许抵扣"**项目的，**不得抵扣**。

【示例1】甲企业"购进"一栋厂房，后将其1/3的面积改造为办公场所，2/3的面积改造为职工福利设施，购进不动产的进项税准予"全部"抵扣。

【示例2】甲企业"购进"一栋厂房，全部将其改造为幼儿园作为职工福利，购进不动产的进项税"不得"抵扣。

（4）2018年1月1日起，纳税人**"租入"**固定资产、不动产，既用于一般计税方法计税项目，又用于简易方法计税项目、免征增值税项目、集体福利或个人消费的，其进项税额准予从销项税额中**"全额"**抵扣。

【示例1】甲企业"租入"一栋厂房，后将其1/3的面积改造为办公场所，2/3的面积改造为职工福利设施，那么"不动产租赁"的进项税准予"全部"抵扣。

【示例2】甲企业"租入"一栋厂房，全部将其改造为幼儿园作为职工福利，那么"不动产租赁"的进项税"不得"抵扣。

2. 非正常损失

（1）"非正常损失"的购进货物，以及相关的加工、修理修配劳务和交通运输服务。

（2）"非正常损失"的在产品、产成品所耗用的购进货物、加工、修理修配劳务和交通运输服务。

（3）"非正常损失"的不动产，以及该不动产所耗用的购进货物、设计服务和建筑服务。

（4）"非正常损失"的不动产在建工程所耗用的购进货物、设计服务和建筑服务。

【注意】非正常损失的范围：

第一，因**"管理不善"**造成被盗、丢失、霉烂变质的损失。

第二，因违反法律法规造成货物或者不动产**被依法没收、销毁、拆除**。

3. 购进特定项目

（1）购进的**贷款**服务、**餐饮**服务、**居民日常**服务和**娱乐**服务。

『提示』生活服务——餐饮住宿服务中，餐饮服务不得抵扣，住宿服务允许依法抵扣。

（2）纳税人**接受贷款服务**向贷款方支付的与该笔贷款直接相关的**投融资顾问费、手续费、咨询费**等费用，其进项税额**不得**从销项税额中抵扣。

【链接】提供贷款服务的一般纳税人，按

照金融服务—贷款服务缴纳增值税，税率为6%。

4. 特定行业

"营改增"**一般纳税人**发生下列应税行为**可以选择适用简易计税方法**计税，不允许抵扣进项税。

（1）提供公共交通运输服务（包括轮客渡、公交客运、地铁、城市轻轨、出租车、长途客运、班车）。

『提示』铁路客运服务不得选择简易办法。

（2）经认定的动漫企业为开发动漫产品提供的动漫制作服务，以及在境内转让动漫版权（包括动漫品牌、形象或者内容的授权及再授权）。

（3）**电影放映**服务、**仓储**服务、**装卸搬运**服务、**收派**服务和**文化体育**服务。

5. 其他不得抵扣的情况

（1）一般纳税人会计核算不健全，或者不能提供准确税务资料的；

（2）应当办理一般纳税人资格登记而未办理的。

6. 进项税额"转出"的计算

『提示』"转出"是指前期该购进项目已经抵扣过进项税额，在本期该项目出现了改变用途，用于集体福利或者个人消费、发生非正常损失等不得抵扣情况的，应扣减本期发生的进项税额。

（1）已抵扣进项税额的购进货物或非应税劳务。

进项税额转出额＝不含税价款×适用税率×转出比例

【示例1】甲企业前期购进原材料成本100万元（不含税），本期发生5%的非正常损失，已知税率为13%。

分析：本期转出的进项税额＝100×13%×5%＝0.65（万元）

（2）已抵扣进项税额的购进服务。

【示例2】甲企业前期购进原材料成本100万元（不含税），其中包含5万元的运费成本。本期该批原材料发生50%的非正常损

失，已知原材料税率为13%、运输费税率为9%。

分析：本期转出的进项税额＝[（100−5）×13%＋5×9%]×50%＝6.4（万元）

（3）已抵扣的免税农产品。

进项税额转出额＝农产品成本÷（1−扣除率）×扣除率×转出比例

【示例3】甲企业前期购进免税农产品成本100万元，本期该批农产品发生50%的非正常损失，已知扣除率为9%。

分析：本期转出的进项税额＝100÷（1−9%）×9%×50%＝4.95（万元）

（4）已抵扣的固定资产、无形资产。

进项税额转出额＝固定资产净值、无形资产净值×适用税率

『提示』"净值"是纳税人根据财务会计制度计提折旧或摊销后的余额。

【示例4】甲企业前期购进固定资产成本不含税价款为100万元，本期该固定资产出现非正常损失，该固定资产已提折旧5万元，已知税率为13%。

分析：本期转出的进项税＝（100−5）×13%＝12.35（万元）

（5）已抵扣的不动产。

不得抵扣的进项税额（转出额）＝已抵扣进项税额×不动产净值率

不动产净值率＝（不动产净值÷不动产原值）×100%

【示例5】甲企业前期购进不动产不含税价款为600万元，本期该不动产专用于集体福利，该不动产已提折旧150万元，已知税率为9%。

分析：不动产净值率＝（600−150）÷600×100%＝75%

本期转出的进项税＝600×9%×75%＝40.5（万元）

7. 进项税额"转入"的计算

『提示』"转入"是指前期不得抵扣且未抵扣进项税额的固定资产、无形资产、不动产，发生用途改变，用于允许抵扣进项税额的应

税项目，可在用途改变的"次月"，计算可以抵扣的进项税额。

（1）前期未抵扣的固定资产、无形资产。

进项税额转入额＝固定资产净值、无形资产净值÷（1+适用税率）×适用税率

【示例1】 甲企业将职工浴室中的锅炉改用于热处理车间，该锅炉购入时的价税合计金额为80万元，截至改变用途时，该锅炉已计提折旧30万元，已知税率为13%。

分析：转增的进项税额＝（80-30）÷（1+13%）×13%＝5.75（万元）

（2）前期未抵扣的不动产。

可抵扣进项税额＝增值税扣税凭证注明或计算的进项税额×不动产净值率

【示例2】 甲企业将用于职工浴室的房产改用于生产经营用办公楼，该房产购入时的价税合计金额为800万元，截至改变用途时，该锅炉已计提折旧325万元，已知税率为9%。

分析：不动产净值率＝（800-325）÷800×100%＝59.38%

转增的进项税额＝800÷（1+9%）×9%×59.38%＝39.22（万元）

随学随练 限时5分钟

1. **【单选题】** 一般纳税人的下列行为中，涉及的进项税额不得从销项税额中抵扣的是（　　）。
   A. 将购进的货物一批投资到另外一家企业
   B. 将上年委托加工收回的材料用于偿还债务
   C. 将外购的货物用于交换生产所需材料
   D. 外购货物因管理不善发生损失

2. **【单选题】** 根据现行增值税规定，下列关于增值税一般纳税人取得的增值税专用发票进项税额抵扣时限的说法，正确的是（　　）。
   A. 一般纳税人申请抵扣的防伪税控系统开具的增值税专用发票，在开具之日起180日内到税务机关认证，否则不予抵扣
   B. 一般纳税人申请抵扣的防伪税控系统开具的增值税专用发票，在收到之日起360日内到税务机关认证，否则不予抵扣
   C. 一般纳税人申请抵扣的防伪税控系统开具的增值税专用发票，在开具之日起360日内到税务机关认证，否则不予抵扣
   D. 一般纳税人申请抵扣的防伪税控系统开具的增值税专用发票，在收到之日起90日内到税务机关认证，否则不予抵扣

3. **【单选题】** 甲企业当期出差人员报销一张注明旅客身份信息的航空运输电子客票行程单，注明票价200元，民航发展基金50元，燃油附加费70元。下列关于该行程单当月抵扣增值税进项税额的列式中，正确的是（　　）。
   A. （200+70）÷（1+9%）×9%
   B. （200+70）×9%
   C. （200+50+70）×9%
   D. （200+50+70）÷（1+9%）×9%

4. **【多选题】** （2019年）根据增值税法律制度的规定，下列各项中，符合条件的一般纳税人，可以选择简易计税方式的有（　　）。
   A. 装卸搬运服务
   B. 公共交通运输服务
   C. 文化体育服务
   D. 电影放映服务

5. **【多选题】** （2019年）根据增值税法律制度的规定，增值税一般纳税人购进的下列服务，不得抵扣进项税额的有（　　）。
   A. 娱乐服务　　　　B. 居民日常服务
   C. 餐饮服务　　　　D. 贷款服务

6. **【多选题】** （2018年改）一般纳税人购进的下列货物、服务中，其进项税额不得从销项税额中抵扣的有（　　）。
   A. 购进生产免税货物耗用材料所支付的进项税额
   B. 购进餐饮服务所支付的进项税额
   C. 购进试制新产品耗用材料所支付的进项税额

D. 购进贷款服务所支付的进项税额

7. 【多选题】（2018 年改）根据增值税法律制度的规定，一般纳税人购进货物取得的下列合法凭证中，属于增值税扣税凭证的有（　　）。

A. 税控机动车销售统一发票

B. 海关进口增值税专用缴款书

C. 农产品收购发票

D. 购进国内旅客运输服务取得的增值税电子普通发票

8. 【多选题】一般纳税人将原购的已按 13% 税率抵扣进项税的货物用于下列用途时，应作进项税额转出处理的有（　　）。

A. 用于免税项目

B. 用于个人消费

C. 用于生产专门销售给小规模纳税人的货物

D. 属于非正常损失的购进货物

📝 随学随练参考答案及解析

1. D 【解析】本题考核增值税进项税额抵扣。选项 A，属于视同销售行为，进项税额允许抵扣；选项 BC，属于特殊项目的销售行为，可以产生销项税，因此其相应的进项税额是可以正常抵扣的；选项 D，属于"非正常损失"，不得抵扣相应的进项税额。考试中注意区分视同销售和进项税额不得抵扣的情形。

2. C 【解析】本题考核进项税额抵扣时限。自 2017 年 7 月 1 日起，增值税一般纳税人取得的 2017 年 7 月 1 日及以后开具的增值税专用发票和机动车销售统一发票，应自开具之日起 360 日内认证或登录增值税发票选择确认平台进行确认，并在规定的纳税申报期内，向主管税务机关申报抵扣进项税额。

3. A 【解析】本题考核购进旅客运输服务的进项税额抵扣。根据规定，取得注明旅客身份信息的航空运输电子客票行程单的，为按照下列公式计算进项税额：航空旅客

运输进项税额 =（票价 + 燃油附加费）÷（1 + 9%）× 9%。注意，民航发展基金不作为计算进项税额的基数。

4. ABCD 【解析】本题考核一般纳税人可以选择按简易计税方法征税的情况。一般纳税人发生下列应税行为可以选择适用简易计税方法计税，不允许抵扣进项税额：公共交通运输服务、电影放映服务、仓储服务、装卸搬运服务、收派服务和文化体育服务。

5. ABCD 【解析】本题考核增值税的计算。一般纳税人购进的贷款服务、餐饮服务、居民日常服务和娱乐服务不得抵扣进项税额。

6. ABD 【解析】本题考核增值税进项税额的抵扣范围。购进的贷款服务、餐饮服务、居民日常服务和娱乐服务不得抵扣进项税额。纳税人接受贷款服务，以及向贷款方支付的与该笔贷款直接相关的投融资顾问费、手续费、咨询费等费用，其进项税额均不得从销项税额中抵扣。

7. ABC 【解析】本题考核增值税扣税凭证。增值税扣税凭证，一般包括增值税专用发票、海关进口增值税专用缴款书、农产品收购发票、农产品销售发票和符合规定的国内旅客运输发票。

8. ABD 【解析】本题考核不得抵扣进项税的有关规定。选项 C，一般纳税人实行凭票抵扣和计算扣除进项税，与购买方是否为一般纳税人无关。

考点六　简易计税方法、进口货物应纳税额计算和扣缴计税方法

扫我解疑难

💡 考点精讲

一、简易计税方法应纳税额的计算 ★★

小规模纳税人执行简易征收办法，征收率为 3%。

计算公式：应纳税额=含税销售额÷(1+征收率)×征收率

【示例】甲商店为增值税小规模纳税人，8月销售商品取得含税销售额618 000元，购入商品取得普通发票注明金额100 000元。已知增值税税率为13%，征收率为3%。

问题：甲商店当月应缴纳增值税是多少？

分析：小规模纳税人不得抵扣进项税额，按照征收率计算增值税。

该企业应纳增值税=618 000÷(1+3%)×3%=18 000(元)

二、进口货物应纳税额的计算 ★★★

(一)计算方法

无论是一般纳税人还是小规模纳税人，均应按照组成计税价格和规定的税率计算应纳税额，不允许抵扣发生在境外的任何税金。

(二)计算公式(见表4-22)

表4-22　进口货物组成计税价格公式

情形	计算公式
一般货物	组成计税价格=关税完税价格+关税
征收消费税的货物	组成计税价格=关税完税价格+关税+消费税=(关税完税价格+关税)÷(1-消费税比例税率)

【示例】甲公司进口一批设备，关税完税价格为150万元，已知关税税率为5%；增值税税率为13%。

问题：甲公司当月该笔业务海关代征的增值税为多少？

分析：进口设备海关代征的增值税=(150+150×5%)×13%=20.48(万元)

三、扣缴计税方法

(一)适用情形

境外单位或者个人在境内发生应税行为，在境内未设有经营机构的。

(二)基本公式

应扣缴税额=购买方支付的价款÷(1+税率)×税率

随学随练 随时5分钟

1. 【单选题】(2019年改)甲公司为增值税一般纳税人，2019年9月进口货物一批，海关审定的关税完税价格为116万元。已知增值税税率为13%，关税税率为10%。计算甲公司当月该笔业务应缴纳增值税税额的下列算式中，正确的是(　　)。

A. 116×(1+10%)÷(1+13%)×13%=14.68(万元)

B. 116÷(1+13%)×13%=13.35(万元)

C. 116×(1+10%)×13%=16.59(万元)

D. 116×13%=15.08(万元)

2. 【单选题】(2018年、2017年)甲便利店为增值税小规模纳税人，2019年第四季度零售商品取得收入103 000元，将一批外购商品无偿赠送给物业公司用于社区活动，该批商品的含税价格721元。已知增值税征收率为3%。计算甲便利店第四季度应缴纳增值税税额的下列算式中，正确的是(　　)元。

A. [103 000+721÷(1+3%)]×3%=3 111

B. (103 000+721)×3%=3 111.63

C. [103 000÷(1+3%)+721]×3%=3 021.63

D. (103 000+721)÷(1+3%)×3%=3 021

3. 【单选题】(2015年)甲设计公司为增值税小规模纳税人，2014年6月提供设计服务取得含增值税价款206 000元；因服务中止，退还给客户含增值税价款10 300元。已知小规模纳税人增值税征收率为3%，甲设计公司当月应缴纳增值税税额的下列计算中，正确的是(　　)。

A. [206 000÷(1+3%)]×3%=6 000(元)

B. 206 000÷3%=6 180(元)

C. [(206 000-10 300)÷(1+3%)]×3%=5 700(元)

D. $(206\ 000 - 10\ 300) \times 3\% = 5\ 871$（元）

4.【单选题】某会计代理公司，为增值税小规模纳税人。2019年12月取得会计代理收入5万元；会计咨询收入2万元；当月购进办公用品，支付价款1.03万元，并取得增值税普通发票。已知增值税征收率为3%，不考虑税收优惠政策。下列关于该公司当月应纳增值税税额的计算中，正确的是（　　）。

A. $(5+2) \div (1+3\%) \times 3\% - 1.03 \div (1+3\%) \times 3\% = 0.17$（万元）

B. $(5+2) \div (1+3\%) \times 3\% = 0.2$（万元）

C. $(5+2) \div (1+3\%) \times 3\% - 1.03 \times 3\% = 0.17$（万元）

D. $(5+2) \div (1+3\%) \times 2\% = 0.14$（万元）

5.【单选题】根据增值税法律制度的规定，进口消费税应税货物，其增值税的组成计税价格是（　　）。

A. 关税完税价格+关税

B. 货物到岸价格+关税+消费税

C. 关税完税价格+关税+消费税

D. 成本×(1+成本利润率)

随学随练参考答案及解析

1. C 【解析】本题考核进口货物应纳税额的计算。进口环节应纳增值税税额 = 关税完税价格×(1+关税税率)×增值税税率。

2. D 【解析】本题考核小规模纳税人增值税的计算。捐赠应视同销售，小规模纳税人零售收入与捐赠收入均为含税价格，因此一并换算为不含税金额再乘以征收率。

3. C 【解析】本题考核简易计税方法计税。纳税人适用简易计税方法计税的，因服务中止而退还给购买方的销售额，应当从当期销售额中扣减。

4. B 【解析】本题考核增值税简易计税方法。根据规定，小规模纳税人提供应税服务，采用简易办法征税，销售额中含有增值税税款的，应换算为不含税销售额，计算应纳税额，购进货物支付的增值税款不

允许抵扣。12月份应纳增值税税额 = $(5+2) \div (1+3\%) \times 3\% = 0.2$（万元）。

5. C 【解析】本题考核增值税组成计税价格。进口消费税应税货物，增值税的组成计税价格 = 关税完税价格+关税+消费税。

考点七 涉及建筑、不动产的综合专题

扫我解疑难

考点精讲

『提示』初级职称考试中，涉及房地产全行业涉税处理的考核体系不完整，因此大家只需掌握考核范围内的政策规定。

一、建筑、房地产行业

（一）销售自行开发的房地产项目

1. 税率或征收率

（1）一般纳税人提供建筑、不动产租赁服务，销售不动产，转让土地使用权，税率为9%。

（2）房地产开发企业（一般纳税人）销售自行开发的"房地产老项目"，"选择简易计税方法"计税的，按照5%的征收率征收。

『提示』房地产老项目，是指《建筑工程施工许可证》注明的合同开工日期在2016年4月30日前的房地产项目（下同）。

（3）房地产开发企业（小规模纳税人）销售自行开发的房地产项目，按照5%的征收率征收。

（二）一般计税方法中的计税依据★★★

房地产开发企业中的一般纳税人销售其开发的房地产项目（选择简易计税方法的房地产老项目除外），以取得的全部价款和价外费用，扣除受让土地时向政府部门支付的土地价款后的"余额"为销售额。

【示例】某房地产开发企业为增值税一般纳税人，8月销售自行开发的房地产项目（1 000平方米），取得含税销售收入500万元，另取得延期付款利息80万元。购买土地时支付的土地价款总额为200万元，当期房

地产项目全部售罄。已知销售不动产的增值税税率为9%。

问题：该房地产开发企业当期的增值税计税销售额为多少？

分析：第一步：当期允许扣除的土地价款

＝（当期销售房地产项目建筑面积÷房地产项目可供销售建筑面积）×支付的土地价款

＝（1 000÷1 000）×200＝200（万元）

第二步：计税销售额

＝（全部价款和价外费用－当期允许扣除的土地价款）÷（1+9%）

＝（500+80－200）÷（1+9%）

＝348.62（万元）

【链接】 房地产主管部门"或"其指定机构、公积金管理中心、开发企业以及物业管理单位"代收"的住宅专项维修资金，不属于增值税征税范围。

（三）建筑企业提供建筑服务的纳税

1. 征收率

建筑企业一般纳税人提供建筑服务属于"老项目"的，可以选择简易办法依照"3%的征收率"征收增值税。

2. 计税依据

试点纳税人提供建筑服务适用简易计税方法的，以取得的全部价款和价外费用"扣除"支付的"分包款"后的余额为销售额。

『提示』 分包款，是指支付给分包方的全部价款和价外费用。

（四）纳税人转让其"取得"的不动产

【补充说明】 此处的"取得"，是指直接购买、接受捐赠、接受投资入股、自建以及抵债等各种形式取得的不动产。不包括房地产开发企业销售自行开发的房地产项目。

（1）小规模纳税人转让其取得的不动产（不含个人出租住房），按照5%的征收率征收增值税。

（2）一般纳税人转让其2016年4月30日前取得的不动产，选择简易计税方法计税的，按照5%的征收率征收增值税。

涉及房地产建、卖、租的征收率与税率如表4-23所示。

表4-23 涉及房地产建、卖、租的征收率与税率

纳税人身份		取得方式	业务	情形	税率或征收率
非房地产开发企业	一般纳税人	2016年4月30日之前取得	转让	选择简易办法	征收率5%
				一般计税方法	税率9%
			出租	选择简易办法	征收率5%
				一般计税方法	税率9%
	小规模纳税人	取得	转让	注意，不含个人出租住房	征收率5%
			出租		
房地产开发企业	一般纳税人	自行开发的老项目	转让	选择简易办法	征收率5%
				一般计税方法	税率9%
	小规模纳税人	自行开发的项目	转让	—	征收率5%
建筑企业	一般纳税人	提供建筑服务	建筑服务	选择简易办法	征收率3%
				一般计税方法	税率9%

【链接】 纳税人提供劳务派遣服务，选择差额纳税的，按照5%的征收率征收增值税。

【示例】 某非房地产开发企业2016年10月转让5年前建造的办公楼，取得销售收入1 500万元，该办公楼账面原值900万元，已提折旧260万元，该企业为一般纳税人，选择按简易计税方法计税。

问题：2016年10月该企业应纳增值税？

分析：该办公楼为2016年4月30日之前取得，可以选择按简易计税方法计税，征收率为5%。

此项业务应缴纳增值税=1 500÷(1+5%)×5%=71.43(万元)

（五）一般纳税人取得的不动产进项税额抵扣

纳税人取得不动产或者不动产在建工程的进项税额不再分2年抵扣。此前按照原政策规定尚未抵扣完毕的待抵扣进项税额，可自2019年4月税款所属期起从销项税额中抵扣。

取得的不动产，包括以直接购买、接受捐赠、接受投资入股、自建以及抵债等各种形式取得不动产。

二、个人(含个体工商户)出售住房

（一）北、上、广、深四个一线城市

（1）个人将购买"**不足2年**"的住房对外销售的，按照5%的征收率全额缴纳增值税。

（2）个人将购买"**2年以上(含2年)**"的"**非普通住房**"对外销售的，以**销售收入**减去**购买住房价款**后的**差额**按照5%的征收率缴纳增值税。

（3）个人将购买"**2年以上(含2年)**"的"**普通住房**"对外销售的，**免征**增值税。

（二）除北、上、广、深四个一线城市以外的其他城市

（1）个人将购买"**不足2年**"的住房对外销售的，按照5%征收率**全额**缴纳增值税。

（2）个人将购买"**2年以上(含2年)**"的住房对外销售的，**免征**增值税。

『提示』个人销售"**自建自用**"的"**住房**"，**免征**增值税。

【链接1】个人转让自用达5年以上，且是唯一的家庭生活用房取得的所得，暂免征收个人所得税。

【链接2】自2008年11月1日起，对居民个人转让住房一律免征土地增值税。

📝 **随学随练** ⏰限时4分钟

1.【单选题】北京市的王某2018年10月购买

住房一套，2020年1月，王某打算将该套住房销售，下列说法中正确的是(　　)。

A. 按照5%的征收率全额缴纳增值税

B. 按照9%的税率全额缴纳增值税

C. 免征增值税

D. 以销售收入减去购买住房价款后的差额为计税依据缴纳增值税

2.【单选题】根据增值税法律制度的规定，下列关于增值税应税销售额确定的表述中，**不正确**的是(　　)。

A. 纳税人提供建筑服务适用简易计税方法的，以取得的全部价款和价外费用扣除支付的分包款后的余额为销售额

B. 纳税人提供旅游服务，可以选择以取得的全部价款和价外费用为销售额，不得扣除任何费用

C. 房地产开发企业中的一般纳税人销售其开发的房地产项目(选择简易计税方法的房地产老项目除外)以取得的全部价款和价外费用，扣除受让土地时向政府部门支付的土地价款后的余额为销售额

D. 航空运输企业的销售额不包括代收的机场建设费和代售其他航空运输企业客票而代收转付的价款

3.【判断题】上海的王某将3年前购买的非普通住房对外销售，免征增值税。(　　)

4.【判断题】(2019年)个人销售自建自用住房，应缴纳增值税。(　　)

📝 **随学随练参考答案及解析**

1. A 【解析】本题考核个人出售住房的增值税税收优惠。个人将购买不足2年的住房对外销售的，按照5%的征收率全额缴纳增值税。

2. B 【解析】本题考核增值税应税销售额的综合确定。选项B，旅游服务试点纳税人提供旅游服务，可以选择以取得的全部价款和价外费用，扣除向旅游服务购买方收取并支付给其他单位或者个人的住宿费、餐饮费、交通费、签证费、门票费和支付

给其他接团旅游企业的旅游费用后的余额为销售额。

3. × 【解析】本题考核个人出售住房的增值税税收优惠。根据规定，个人将购买2年以上（含2年）的非普通住房对外销售的，以销售收入减去购买住房价款后的差额按照5%的征收率缴纳增值税；个人将购买2年以上（含2年）的普通住房对外销售的，免征增值税。上述政策仅适用于北京市、上海市、广州市和深圳市。

4. × 【解析】本题考核增值税的税收优惠。个人销售自建自用住房，免征增值税。

考点八　增值税税收优惠

扫我解疑难

一、法定免税项目★★★

（1）**农业生产者**销售的**自产农产品**。

（2）避孕药品和用具。

（3）**古旧图书**。

【链接】图书、报纸、杂志的增值税适用税率为9%。

（4）直接用于科学研究、科学试验和教学的进口仪器、设备。

（5）**外国政府、国际组织（不包括外国企业）**无偿援助的进口物资和设备。

（6）由**残疾人的组织直接进口**供残疾人专用的物品。

（7）销售自己（指其他个人）使用过的物品。

二、"营改增"免税项目★★

『提示』此处免税政策繁多，我们可以简单分为四组，分别为"生老病残""婚丧嫁娶""文体娱教""吃住科融"。

（一）生老病残

"生老病残"涉及的重要免税项目如表4-24所示。

表4-24　"生老病残"涉及的重要免税项目

项目	免税主体	免税项目
生	托儿所、幼儿园	保育和教育服务
老	养老机构	养老服务（提供社区养老、抚育、家政）
	家政服务机构	员工制家政服务员提供服务
病	医疗机构	医疗服务
残	残疾人员本人	为社会提供服务
	残疾人福利机构	育养服务

（二）婚丧嫁娶

"婚丧嫁娶"涉及的重要免税项目如表4-25所示。

表4-25　"婚丧嫁娶"涉及的重要免税项目

项目	免税主体	免税项目
婚	婚姻介绍所	婚姻介绍服务
丧	殡葬机构	殡葬服务

（三）文体娱教

"文体娱教"涉及的重要免税项目如表4-26所示。

表 4-26 "文体娱教"涉及的重要免税项目

项目	免税主体	免税项目
文体	纪念馆、博物馆、文化馆、文物保护单位管理机构、美术馆、展览馆、书画院、图书馆	在自己的场所提供文化体育服务取得的第一道门票收入
	寺院、宫观、清真寺和教堂	举办文化、宗教活动的门票收入
	科普单位	门票收入
	个人	转让著作权
娱	福利彩票、体育彩票	发行收入
教	从事学历教育的学校	教育服务
	学生	勤工俭学提供的服务

(四)吃住科融

"吃住科融"涉及的重要免税项目如表 4-27 所示。

表 4-27 "吃住科融"涉及的重要免税项目

项目	免税主体	免税项目
吃	农业生产服务	①机耕、排灌、病虫害防治、植物保护、农牧保险以及相关技术培训业务。②配种和疾病防治
	土地转让	**转让给农业生产者用于农业生产**
住	个人	**销售自建自用住房**
	公租房单位	出租公共租赁住房
	企业、行政事业单位	按照标准价、成本价出售房改房
	军队	空余房产租赁收入
科	纳税人	提供技术转让、技术开发和与之相关的技术咨询、技术服务
融	金融同业	往来利息收入
	保险公司	开办的**1年期以上人身保险产品取得的保费收入**

三、起征点—适用范围仅限个人

『提示』增值税起征点的适用范围限于**"个人"**，且**不适用于登记为一般纳税人的个体工商户**。

(一)按期纳税(含销售货物和应税劳务)

月销售额 5 000~20 000 元(含本数)。

(二)按次纳税

每次(日)销售额 300~500 元(含本数)。

四、小规模纳税人免征增值税的规定

(一)基本规定

小规模纳税人发生增值税应税销售行为，合计**月**销售额未超过 **10 万元**，免征增值税。

其中，以 1 个季度为 1 个纳税期的，**季度销**售额未超过 **30 万元**，免征增值税。

(二)本期有不动产销售额

小规模纳税人发生增值税应税销售行为，合计月销售额超过 10 万元，但扣除本期发生的销售不动产的销售额后未超过 10 万元的，其销售**货物、劳务、服务、无形资产取得的销售额**免征增值税。

(三)"其他个人"取得不动产预收租金

采取一次性收取租金形式**"出租不动产"**取得的租金收入，可在对应的租赁期内平均分摊，**"分摊后"**的月租金收入**"未超过 10 万**

元"的，免征增值税。

五、其他减免税规定

纳税人**兼营**免税、减税项目的，应当分别核算免税、减税项目的销售额；未分别核算销售额的，**不得免税、减税**。

【链接】纳税人发行兼营行为，应当分别核算适用不同税率或征收率的销售额，未分别核算销售额的，**"从高适用"**税率或征收率。

随学随练 限时7分钟

1.【单选题】(2018年)根据增值税法律制度的规定，下列各项中，属于免税项目的是( )。

A. 超市销售保健品

B. 外贸公司进口供残疾人专用的物品

C. 商场销售儿童玩具

D. 外国政府无偿援助的进口物资

2.【单选题】(2017年)根据增值税法律制度的规定，下列各项中，免征增值税的是( )。

A. 商店销售糖果

B. 木材加工厂销售原木

C. 粮店销售面粉

D. 农民销售自产粮食

3.【单选题】(2017年)根据增值税法律制度的规定，纳税人销售货物或者应税劳务适用免税规定的，可以放弃免税，但放弃免税后，一定期限内不得再申请免税，该期限为( )。

A. 42个月　　　　B. 36个月

C. 60个月　　　　D. 48个月

4.【多选题】(2019年)根据增值税法律制度的规定，下列各项中，免征增值税的有( )。

A. 婚姻介绍所提供的婚姻介绍服务

B. 医疗机构提供医疗服务

C. 电信公司提供语音普通话服务

D. 科研机构进口直接用于科学研究的仪器

5.【多选题】(2018年)根据增值税法律制度的规定，下列服务中，免征增值税的有( )。

A. 学生勤工俭学提供的服务

B. 残疾人福利机构提供的育养服务

C. 婚姻介绍所提供的婚姻介绍服务

D. 火葬场提供的殡葬服务

6.【多选题】(2018年)根据增值税法律制度的规定，下列各项中属于增值税免税项目的有( )。

A. 除个体工商户以外的其他个人销售自己使用过的物品

B. 古旧图书

C. 直接用于科学研究的进口设备

D. 农业生产者销售的自产农产品

7.【判断题】境内单位和个人向中华人民共和国境外单位提供电信服务，需缴纳增值税。　　　　　　　　　　( )

8.【判断题】张某2020年1月1日一次收取2020年度房屋租金85万元，根据增值税法律制度的规定，张某取得的该项预收租金免征增值税。　　　　　　　( )

9.【判断题】(2018年)增值税起征点的适用范围限于个人，且不适用于登记为一般纳税人的个体工商户。　　　　　　　( )

随学随练参考答案及解析

1. D 【解析】本题考核增值税税收优惠。外国政府、国际组织无偿援助的进口物资和设备，免税；由残疾人的组织直接进口供残疾人专用的物品，免税；外贸企业进口残疾人专用物品不免税。

2. D 【解析】本题考核增值税免税项目。选项ABC，属于增值税的应税项目；选项D，农业生产者销售的自产农产品，免征增值税。

3. B 【解析】本题考核增值税税收优惠。纳税人销售货物、劳务、服务、无形资产或者不动产适用免税规定的，可以放弃免税，依照有关规定缴纳增值税；纳税人放弃免税后，36个月内不得再申请免税。

4. ABD 【解析】本题考核增值税税收优惠。婚姻介绍服务、医疗机构提供的医疗服务免征增值税，选项AB正确；直接用于科学研究、科学实验和教学的进口仪器、设备免税，选项 D 正确。

5. ABCD 【解析】本题考核增值税税收优惠。

6. ABCD 【解析】本题考核《增值税暂行条例》及其实施细则规定的免税项目。

7. × 【解析】本题考核增值税税收优惠。境内单位和个人向中华人民共和国境外单位提供电信业服务，免征增值税。

8. √ 【解析】本题考核个人出租不动产租金收入的优惠。根据规定，"其他个人"采取一次性收取租金形式"出租不动产"取得的租金收入，可在对应的租赁期内平均分摊，"分摊后"的月租金收入"未超过 10 万元"的，免征增值税。本题中，张某按月分摊后的月租金未超过 10 万元，因此免征增值税。

9. √ 【解析】本题考核增值税起征点的规定。

考点九　增值税税收征管

扫我解疑难

考点精讲

一、纳税义务发生时间 ★★★

（一）传统行业（生产、销售、加工、修理修配）

1. 一手交钱、一手交货

采取"**直接收款方式**"销售货物，不论货物是否发出，均为**收到销售额**或**取得索取销售额的凭据**，并将提货单交给买方的当天。

『提示』先开具发票的，为开具发票的当天。

2. 托收方式

采取托收承付和委托银行收款方式销售货物，为**发出货物"并"办妥托收手续**的当天。

3. 赊销 OR 分期收款

采取赊销和分期收款方式销售货物，为书面合同约定的**收款日期**的当天。

4. 预收货款

采取"**预收货款**"方式销售货物，为"**货物发出**"的当天。

『提示』生产销售"**生产工期超过 12 个月**"的大型机械设备、船舶、飞机等货物，为"**收到**"预收款或者书面合同约定的收款日期的当天。

5. 委托代销

委托其他纳税人代销货物，为收到代销单位的**代销清单**或者收到**全部或部分货款**的当天。未收到代销清单及货款的，为**发出**代销货物**满 180 天的当天**。

6. 视同销售货物

为货物"**移送**"的当天。

7. 进口环节

纳税人进口货物，为"**报关进口**"的当天。

（二）"营改增"行业 ★★★

1. 租赁服务+预收款方式结算

"**收到预收款**"的当天。

2. 金融商品转让

金融商品"**所有权转移**"的当天。

3. 视同销售

（1）不动产 OR 无形资产。

①无形资产"**转让完成**"的当天。

②不动产"**权属变更**"的当天。

（2）劳务、服务。

"**转让完成**"的当天。

二、纳税地点 ★

（一）固定业户

1. 一般情况

"**机构所在地**"的税务机关。

2. 总分机构不在同一（县）市

（1）总分机构分别申报纳税；

（2）经批准，可由总机构汇总向总机构所在地申报。

3. 外县（市）销售

（1）机构所在地报告外出经营，机构所在地申报；

（2）未报告：销售地或劳务发生地申报。

（二）非固定业户

销售地、劳务发生地的税务机关申报纳税。

（三）进口货物

向报关地海关申报纳税。

（四）其他个人

（1）提供建筑服务—**建筑服务发生地**。

（2）销售或者租赁不动产—**不动产所在地**。

（3）转让自然资源使用权—**自然资源所在地**。

三、纳税期限

增值税的纳税期限分别为 1 日、3 日、5 日、10 日、15 日、1 个月或 1 个季度。

（一）适用 1 个季度为一期纳税的主体 ★★★

（1）**小规模纳税人**；

（2）**银行**；

（3）**财务公司**；

（4）**信托投资公司**；

（5）**信用社**。

（二）申报期限

1. 1 个月或 1 个季度为一个纳税期

期满之日起**15 日内**申报纳税。

2. 1 日、3 日、5 日、10 日、15 日为一个纳税期

（1）期满之日起**5 日内**预缴税款；

（2）**次月 1 日起 15 日内**申报纳税并结清上月税款。

3. 纳税人进口货物

自海关填发海关进口增值税专用缴款书之日起**15 日内**缴纳税款。

随学随练 ⏱限时5分钟

1. 【单选题】（2019 年）根据增值税法律制度的规定，下列关于增值税纳税义务发生时间的表述中，正确的是（　）。

A. 委托他人代销货物的，为货物发出的当天

B. 从事金融商品转让的，为金融商品所有权转移的当天

C. 采用预收货款方式销售货物，货物生产工期不超过 12 个月的，为收到预收款的当天

D. 采取直接收款方式销售货物的，为货物发出的当天

2. 【单选题】（2019 年）李某户籍所在地在 Q 市，居住地在 L 市，工作单位在 M 市。2018 年 9 月李某将位于 N 市的住房出售，则出售该住房增值税的纳税地点是（　）。

A. Q 市税务机关　　B. L 市税务机关

C. M 市税务机关　　D. N 市税务机关

3. 【单选题】（2018 年）下列关于增值税纳税义务发生时间表述中，不正确的是（　）。

A. 纳税人发生应税行为先开具发票的，为开具发票的当天

B. 纳税人发生视同销售不动产的，为不动产权属变更的当天

C. 纳税人提供租赁服务采取预收款方式的，为交付租赁物的当天

D. 纳税人从事金融商品转让的，为金融商品所有权转移的当天

4. 【多选题】（2018 年改）根据增值税法律制度的规定，下列关于固定业户纳税地点的表述中，不正确的有（　）。

A. 销售商标使用权，应当向商标使用权购买方所在地主管税务机关申报纳税

B. 进口货物，应当向报关地税务机关申报纳税

C. 销售设计服务，应当向设计服务发生地主管税务机关申报纳税

D. 销售广告服务，应当向机构所在地主管税务机关申报纳税

5. 【多选题】下列关于增值税纳税期限的表述中，正确的有（　）。

A. 纳税人进口货物，应自海关填发进口增值税专用缴款书之日起 15 日内缴纳税款

B. 增值税的纳税期限分别为 1 日、3 日、5 日、10 日、15 日、1 个月或者 1 个季度

C. 纳税人的具体纳税期限，由主管税务机关根据纳税人应纳税额的大小分别核定

D. 以 1 个季度为纳税期限的规定仅适用于小规模纳税人

6.【判断题】 增值税纳税人以 1 个月或者 1 个季度为 1 个纳税期的，自期满之日起 10 日内申报纳税。（ ）

随学随练参考答案及解析

1. **B** **【解析】** 本题考核增值税的纳税义务发生时间。选项 A，委托其他纳税人代销货物，为收到代销单位的代销清单或者收到全部或部分货款的当天；选项 C，采取预收货款方式销售货物，为货物发出的当天，但生产销售生产工期超过 12 个月的大型机械设备、船舶、飞机等货物，为收到预收款或者书面合同约定的收款日期的当天；选项 D，纳税人生产经营活动中采取直接收款方式销售货物，已将货物移送对方并暂估销售收入入账，但既未取得销售款或取得索取销售款凭据也未开具销售发票的，其纳税义务发生时间为取得销售款或取得索取销售款凭据的当天；先开具发票的，为开具发票的当天。

2. **D** **【解析】** 本题考核增值税纳税地点。根据规定，"其他个人"提供建筑服务，销售或者租赁不动产，转让自然资源使用权，应向建筑服务发生地、不动产所在地、自然资源所在地税务机关申报纳税。

3. **C** **【解析】** 本题考核增值税纳税义务发生时间。纳税人提供租赁服务采取预收款方式的，为收到预收款的当天。

4. **ABC** **【解析】** 本题考核增值税纳税地点。固定业户应当向其机构所在地或者居住地主管税务机关申报纳税，因此选项 AC 的表述错误，选项 D 的表述正确；进口货物，应当向报关地"海关"申报纳税，因此选项 B 的表述错误。

5. **ABC** **【解析】** 本题考核增值税纳税期限。以 1 个季度为纳税期限的规定适用于小规模纳税人、银行、财务公司、信托投资公司，以及财政部和国家税务总局规定的其他纳税人。

6. **×** **【解析】** 本题考核增值税纳税期限。增值

税纳税人以 1 个月或者 1 个季度为 1 个纳税期的，自期满之日起 15 日内申报纳税。

考点十　增值税专用发票管理

扫我解疑难

考点精讲

一、增值税专用发票联次

增值税专用发票的基本联次为"三联"。包括发票联、记账联、抵扣联。

二、一般纳税人开具增值税专用发票 ★★★

一般纳税人发生应税销售行为，应当向索取增值税专用发票的购买方开具专用发票。

属于下列情形之一的，不得开具增值税专用发票：

(1)商业企业一般纳税人零售的烟、酒、食品、服装、鞋帽(不包括劳保专用部分)、化妆品等消费品。

(2)应税销售行为的购买方为"消费者个人"。

(3)发生应税销售行为适用"免税"规定的。

三、小规模纳税人(其他个人除外)增值税专用发票的规定

(一)可以自行开具

小规模纳税人发生增值税应税行为，需要开具增值税专用发票的，可以自愿使用增值税发票管理系统自行开具。

(二)申请代开

小规模纳税人销售其"取得的不动产"，需要开具增值税专用发票的，应当按照有关规定向税务机关申请代开。

四、最高开票限额限制 ★★

(1)最高开票限额由"一般纳税人"申请，区县税务机关依法审批。

(2)一般纳税人申请增值税专用发票最高开票限额"不超过 10 万元"的，主管税务机关不需要事前进行实地查验。

1. 【单选题】（2018 年）根据增值税法律制度的规定，一般纳税人发生的下列行为中，可以开具增值税专用发票的是（　）。

　　A. 律师事务所向消费者个人提供咨询服务

　　B. 生产企业向一般纳税人销售货物

　　C. 商业企业向消费者个人零售食品

　　D. 书店向消费者个人销售图书

2. 【单选题】（2017 年）根据增值税法律制度的规定，一般纳税人发生的下列业务中，允许开具增值税专用发票的是（　）。

　　A. 家电商场向消费者个人销售电视机

　　B. 百货商店向小规模纳税人零售服装

　　C. 手机专卖店向消费者个人提供手机修理劳务

　　D. 商贸公司向一般纳税人销售办公用品

3. 【多选题】（2018 年）商业企业一般纳税人零售下列各项物品，不得开具增值税专用发票的有（　）。

　　A. 食品　　　　　　B. 劳保鞋

　　C. 白酒　　　　　　D. 香烟

4. 【多选题】下列各项中，属于增值税专用发票基本联次的有（　）。

　　A. 发票联　　　　　B. 抵扣联

　　C. 存根联　　　　　D. 记账联

5. 【判断题】（2019 年）甲酒店为增值税小规模纳税人，出售其拥有的临街店铺，可自行开具增值税专用发票。（　　）

随学随练参考答案及解析

1. B　【解析】本题考核增值税专用发票的开具。向消费者个人销售货物、提供应税劳务或者发生应税行为的，不得开具增值税专用发票。

2. D　【解析】本题考核增值税专用发票的开具要求。选项 AC，向消费者个人销售货物或者提供应税劳务的，不得开具增值税专用发票；选项 B，商业企业一般纳税人零售烟、酒、食品、服装、鞋帽（不包括劳

保专用部分）、化妆品等消费品的，不得开具增值税专用发票。

3. ACD　【解析】本题考核增值税专用发票的开具要求。商业企业一般纳税人零售鞋帽（不包括劳保专用部分）是不得开具增值税专用发票的。

4. ABD　【解析】本题考核增值税专用发票基本联次。增值税专用发票基本联次有：发票联、抵扣联、记账联。

5. ×　【解析】本题考核小规模纳税人试点自行开具增值税专用发票的情形。根据规定，住宿业，鉴证咨询业，建筑业，工业，信息传输、软件和信息技术服务业，租赁和商务服务业，科学研究和技术服务业，居民服务、修理和其他服务业，发生增值税应税行为需要开具增值税专用发票的，可以自愿使用增值税发票管理系统自行开具（销售其取得的不动产除外），税务机关不再代开。

模块三　消费税

考点一　消费税纳税人和征税范围★★★

扫我解疑难

考点精讲

一、消费税纳税人

　　中华人民共和国境内生产、委托加工和进口本条例规定的消费品的单位和个人，以及国务院确定的销售《消费税暂行条例》规定的消费品的其他单位和个人，为消费税的纳税人。

二、消费税征税范围

　　『提示』增值税与消费税征税范围的结合是难点，考试中经常出现两者相结合后奇思妙想的选择题，其排列组合的出题方式也是千变万化。我们需要溯本清源，抓住两个税种在征税范围、应税商品和纳税环节等方面的本质区别。

　　增值税与消费税征税范围见图 4.7。

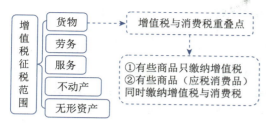

图 4.7 增值税与消费税征税范围

【图示说明】征收消费税的商品一般称之为"应税消费品"，《消费税暂行条例》中采用"列举法"的方式规定了 15 个税目。15 个税目之外的其他消费品不征收消费税，我们称之为"非应税消费品"。而所有的消费品均应依法征收增值税，因此，应税消费品实则为增值税应税货物的一个"子集"。

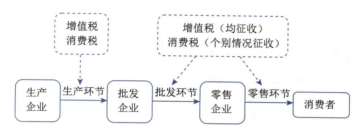

图 4.8 增值税与消费税纳税环节

【图示说明】应税消费品"从无到有"被生产出来后，必然要被课税。消费税纳税环节通常采用"一次课征制"，即仅在生产、批发或零售中的某一个环节征税后，在其他环节均不再征收，因此，可通俗理解为消费税仅对商品"扒一次皮"。增值税则是在商品的每一个流转环节以增值额来课征，其纳税环节采用"多次课征制"，因此可通俗理解为增值税对商品"道道扒皮"。需注意的是，政策对于某类应税消费品也存在多个环节同时征收消费税的个例，此为特殊情形，我们后面学习时需单独掌握。

『提示』判断增值税和消费税重叠问题的应试要点：一看商品种类，二看流通环节；商品种类盯"税目"；流通环节盯"范围"。

三、生产应税消费品

（一）纳税环节

纳税人生产的应税消费品，于纳税人"销售时"纳税。

（二）纳税人自产自用的应税消费品

1. 用于"连续生产应税消费品"

不纳税。

2. 用于其他方面

应当缴纳消费税。

所谓用于其他方面：

（1）生产非应税消费品；

（2）在建工程、管理部门、非生产机构、提供劳务；

（3）馈赠、赞助、集资、广告、样品、职工福利、奖励等。

自产应税消费品的来源与去向见图 4.9。

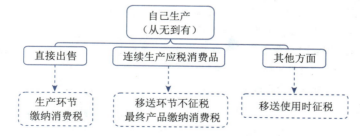

图 4.9 自产应税消费品的来源与去向

【图示说明】应税消费品"从无到有"被生产出来后，必然要被课税。此时有三个去向：一是直接出售，此为生产环节，应缴纳消费税；二是作为半成品"连续生产"应税消费品，如自产烟丝生产卷烟，烟丝在移送生产时不缴纳消费税，而在最终消费品卷烟出售时才按照"卷烟"缴纳消费税；三是自己将消费品"消费掉"，即自产自消，统称用于"其他方面"，应在移送使用时缴纳消费税。

四、委托加工应税消费品

（一）委托加工的条件

（1）委托方提供原料和主要材料，受托方只收取加工费和代垫部分辅助材料加工的应税消费品。

（2）由受托方提供原材料或其他情形的一律不能视同加工应税消费品。

（二）受托方为个人（含个体工商户）的

委托加工的应税消费品，"除受托方为个人外"，由受托方向委托方交货时代收代缴税款；委托个人加工的应税消费品，由委托方收回后缴纳消费税。

【示例1】甲公司将一批烟叶委托乙公司加工成烟丝，乙公司是增值税提供加工劳务的纳税人；甲公司为烟丝消费税的纳税人，消费税由乙公司"代收代缴"。

【示例2】甲公司将一批烟叶委托张某加工成烟丝，张某是增值税提供加工劳务的纳税人；甲公司为烟丝消费税的纳税人，由于张某是个人，因此消费税应由甲公司收回后自行缴纳。

（三）委托加工收回应税消费品的"用途"

1. 连续生产

委托加工的应税消费品，委托方用于"连续生产""应税消费品"的，所纳税款准予按规定抵扣。

2. 直接出售

委托方将收回的应税消费品"直接出售"，不再缴纳消费税。

『提示』直接出售，是指以"不高于"受托方的计税价格出售。委托方以高于受托方的计税价格出售的，需按照规定申报缴纳消费税，在计税时准予扣除受托方已代收代缴的消费税。

委托加工或外购应税消费品的来源与去向见图4.10。

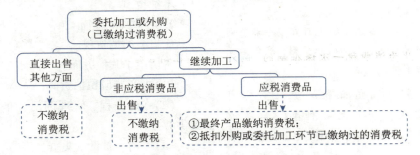

图4.10 委托加工或外购应税消费品的来源与去向

【图示说明】委托加工收回或外购的应税消费品已在上一环节缴纳过消费税，而消费税采用"一次课征制"，因此若将该消费品直接出售或用于其他方面时，不用再缴纳消费税；若将该消费品进一步加工，可分为"非连续加工"为非应税消费品和"连续加工"为应税消费品两种情况。前者在最终产品出售时不必缴纳消费税，后者在最终产品出售时缴纳消费税，同时可抵扣之前外购或委托加工环节已缴纳的消费税。需注意的是，消费税抵扣的税法政策采用"列举法"规定，即不在列举范围内的情形，一律不得抵扣。

五、进口应税消费品

单位和个人进口应税消费品，于"报关进口"时由"海关代征"消费税。

『提示』进口环节同时由海关代征"增值税"。

六、零售环节

（一）金银首饰、铂金首饰、钻石及钻石饰品

（1）金银首饰在零售环节缴纳消费税，生

产环节不缴纳。

（2）金银首饰仅限于金、银以及金基、银基合金首饰和金基、银基合金的镶嵌首饰。

『提示』不包括镀金首饰和包金首饰。

（二）超豪华小汽车

1. 税目

小汽车—超豪华小汽车。

2. 纳税环节（多次课征）

生产环节+进口环节+零售环节。

3. 零售环节纳税义务人

将超豪华小汽车销售给"消费者"的单位和个人。

『提示』此为消费税一次课征制的"例外之一"。

【链接】超豪华小汽车，是每辆零售价格为130万元（不含增值税）及以上的乘用车和中轻型商用客车，即乘用车和中轻型商用客车子税目中的超豪华小汽车。

七、批发销售卷烟

（一）缴纳消费税的纳税环节

烟草批发企业将卷烟销售给"零售单位"的，要再征一道消费税。

比例税率：11%。

定额税率：0.005元/支。

『提示』此为消费税一次课征制的"例外之二"。

（二）不缴纳消费税的纳税环节

烟草"批发"企业将卷烟销售给其他烟草"批发"企业的，不缴纳消费税。

随学随练 限时 4分钟

1.【单选题】（2019年）根据消费税法律制度的规定，下列各项中，属于消费税纳税人的是（　）。

A. 白酒批发商　　B. 卷烟生产商

C. 钻石进口商　　D. 高档化妆品零售商

2.【单选题】甲公司是一家卷烟厂，2019年8月从烟农乙手中收购一批烟叶，并将之委托给丙公司加工成烟丝，收回后一半直接出售给A企业，一半用于连续生产卷

烟，并将生产出的卷烟销售给丁卷烟批发公司，丁公司又将卷烟销售给戊卷烟批发公司，戊卷烟批发公司又将其批发给B、C、D等多家卷烟零售企业，则下列关于消费税的说法中，正确的是（　）。

A. 在将烟丝出售给A企业的业务中，甲公司是消费税的纳税人

B. 在用烟丝加工成卷烟的活动中，甲公司是消费税的纳税人

C. 在向丁公司销售卷烟的业务中，甲公司是消费税的纳税人

D. 在向戊公司的销售业务中，丁公司是消费税的纳税人

3.【多选题】（2019年）根据消费税法律制度的规定，下列各项中，属于消费税纳税人的有（　）。

A. 委托加工白酒的超市

B. 进口白酒的贸易商

C. 销售白酒的商场

D. 生产白酒的厂商

4.【多选题】根据消费税法律制度的规定，下列关于消费税纳税环节的表述中，正确的有（　）。

A. 纳税人生产应税消费品对外销售的，在销售时纳税

B. 纳税人自产自用应税消费品，不用于连续生产应税消费品而用于其他方面的，在移送使用时纳税

C. 纳税人委托加工应税消费品，收回后直接销售的，在销售时纳税

D. 纳税人委托加工应税消费品，由受托方向委托方交货时代收代缴税款，但受托方为其他个人和个体工商户的除外

5.【判断题】纳税人自产自用的应税消费品，均应于移送使用时缴纳消费税。
（　　　）

随学随练参考答案及解析

1. B　【解析】本题考核消费税纳税人和征税范围。选项A，白酒在生产销售、委托加工和进口环节征收消费税，批发环节不征

收消费税；选项C，钻石及钻石饰品、铂金首饰、金银首饰在零售环节征收消费税，进口环节不征；选项D，高档化妆品在生产销售、委托加工和进口环节征收消费税，零售环节不征收消费税。

2. C 【解析】本题考核消费税的纳税人。(1)委托方将直接收回的应税消费品，以不高于受托方的计税价格出售的，为直接出售，不再缴纳消费税；(2)烟草批发企业将卷烟销售给其他烟草批发企业的，不缴纳消费税。

3. ABD 【解析】本题考核消费税纳税人。白酒在生产销售、委托加工和进口环节征收消费税，零售销售白酒的零售商不属于消费纳税人。

4. ABD 【解析】本题考核消费税纳税环节。消费税选择生产、零售或进口某一环节一次征收，而不在各个流转环节多次征收。选项A，纳税人生产的应税消费品，对外销售的，在销售时纳税；选项B，纳税人自产自用的应税消费品，不用于连续生产应税消费品而用于其他方面的，在移送使用时纳税；选项D，委托加工的应税消费品，由受托方在向委托方交货时代收代缴税款（受托方为个人、个体的除外）；选项C，委托加工的应税消费品直接出售的，不再征收消费税。

5. × 【解析】本题考核消费税的纳税环节。自产自用用于连续生产应税消费品，不纳税；自产自用用于其他方面，于移送使用时缴纳消费税。

考点二　消费税税目★★★

扫我解疑难

考点精讲

《消费税暂行条例》规定的消费税税目包括：烟、酒、高档化妆品、贵重首饰及珠宝玉石、鞭炮和焰火、成品油、小汽车、摩托车、高尔夫球及球具、高档手表、游艇、木制一次性筷子、实木地板、涂料、电池。

学习消费税税目，我们把握不同税目中的考核要点即可，如表4-28所示。

表4-28　消费税税目（部分）

税目	特殊规定
酒	①包括白酒、黄酒、啤酒和其他酒； ②不包括"调味料酒"； ③不包括"酒精"
高档化妆品	①舞台、戏剧、影视演员化妆用的上妆油、卸妆油、油彩，不属于本税目的征收范围； ②不包括"普通护肤、护发，普通美容、修饰类化妆品"
贵重首饰及珠宝玉石	①包括在零售环节征收的金银首饰、铂金首饰和钻石及钻石饰品； ②包括各种珠宝玉石(珍珠等)、宝石坯和玻璃仿制品
鞭炮和焰火	不含"体育用的发令纸、鞭炮药引线"
小汽车 摩托车 成品油	①电动汽车不属于本税目征收范围； ②沙滩车、雪地车、卡丁车、高尔夫车、企业购进货车或厢式货车改装生产的商务车、卫星通讯车等专用汽车不属于消费税征收范围，不征收消费税； ③超豪华小汽车，是每辆零售价格为130万元(不含增值税)及以上的乘用车和中轻型商用客车，即乘用车和中轻型商用客车子税目中的超豪华小汽车； ④不包括"汽车轮胎"； ⑤包括"汽油"
高尔夫球及球具	包括高尔夫球、高尔夫球杆、高尔夫球包(袋)、高尔夫球杆的杆头、杆身和握把

税目	特殊规定
高档手表	包括不含增值税售价每只在10 000元以上的手表
电池	免征消费税：无汞原电池、金属氢化物镍蓄电池、锂原电池、锂离子蓄电池、太阳能电池、燃料电池和全钒液流电池
涂料	免征消费税：施工状态下挥发性有机物含量低于420克/升(含)的涂料

随学随练 12分钟

1. 【单选题】(2019年)根据消费税法律制度的规定，下列商品中，不属于消费税征税范围的是(   )。
   A. 金银首饰　　　B. 调味料酒
   C. 汽油　　　　　D. 烟丝

2. 【单选题】(2018年)下列各项中，不征收消费税的是(   )。
   A. 销售自产小汽车
   B. 金店零售黄金
   C. 烟酒公司购买葡萄酒
   D. 手表厂生产销售高档名表

3. 【单选题】(2018年)根据消费税法律制度的规定，企业将自产应税消费品用于下列情形中，不缴纳消费税的是(   )。
   A. 地板厂将自产的实木地板用于装修办公室
   B. 摩托车厂将自产的摩托车用于赞助
   C. 化妆品厂将自产的高档化妆品用于广告
   D. 卷烟厂将自产的烟丝用于连续生产卷烟

4. 【单选题】(2018年)下列各项中，不征收消费税的是(   )。
   A. 将自产白酒赠送给合伙企业
   B. 将自产的卷烟发放给员工当福利
   C. 零售金银首饰
   D. 零售高档化妆品

5. 【单选题】(2018年)根据消费税法律制度的规定，下列行为中，应缴纳消费税的是(   )。
   A. 烟草批发企业向某商场批发销售卷烟
   B. 白酒批发公司向某商场批发销售白酒
   C. 实木地板批发公司向某商场批发销售实木地板
   D. 高档化妆品批发公司向某商场批发销售高档化妆品

6. 【单选题】(2018年)根据消费税法律制度的规定，下列各项中，在零售环节加征消费税的是(   )。
   A. 电池　　　　　B. 高档手表
   C. 游艇　　　　　D. 超豪华小汽车

7. 【单选题】(2017年)根据消费税法律制度的规定，下列各项中，应征收消费税的是(   )。
   A. 超市零售白酒
   B. 汽车厂销售自产电动汽车
   C. 地板厂销售自产实木地板
   D. 百货公司零售高档化妆品

8. 【单选题】(2016年)根据消费税法律制度的规定，下列各项中，属于消费税征税范围的是(   )。
   A. 中轻型商用客车　　B. 高档西服
   C. 进口音响　　　　　D. 平板电脑

9. 【多选题】(2019年)根据消费税法律制度的规定，下列各项中，属于消费税征税范围的有(   )。
   A. 私人飞机　　　B. 高档手表
   C. 珠宝玉石　　　D. 游艇

10. 【多选题】(2019年)根据消费税法律制度的规定，下列情形中，属于消费税征税范围的有(   )。
    A. 甲服装厂生产销售服装
    B. 丙烟草批发企业将卷烟销售给其他烟草批发企业
    C. 丁商场零售金银首饰
    D. 乙汽车贸易公司进口小汽车

11. 【多选题】(2019年)根据消费税法律制度的规定，下列各项中属于消费税征税范围的有(   )。
    A. 黄酒　　　　　B. 调味料酒
    C. 白酒　　　　　D. 啤酒

12.【多选题】(2019年)根据消费税法律制度的规定,下列应税消费品在零售环节征收消费税的有( )。

A. 金银首饰　　B. 珍珠

C. 铂金首饰　　D. 钻石饰品

13.【多选题】(2018年)根据消费税法律制度的规定,下列各项中征收消费税的有( )。

A. 晾晒烟叶　　B. 批发烟叶

C. 生产烟丝　　D. 生产卷烟

14.【多选题】(2015年)下列各项中,属于消费税征税范围的有( )。

A. 电动汽车　　B. 汽油

C. 烟丝　　　　D. 啤酒

15.【多选题】下列各项中,应缴纳消费税的有( )。

A. 将自产的木制一次性筷子用于本企业职工食堂

B. 销售自产白酒同时收取的包装物押金,合同约定1个月后到期

C. 将自产的羽毛球及球拍作为福利发放给本企业职工

D. 使用自产高档香水精馈赠给客户

16.【判断题】农用拖拉机、收割机、手扶拖拉机的专用轮胎,属于消费税的征收范围。　　　　　　　　　　( )

17.【判断题】体育上用的发令纸、鞭炮药引线,属于鞭炮、焰火税目征收消费税。　　( )

📝 随学随练参考答案及解析

1. B 【解析】本题考核消费税的税目。调味料酒不征消费税。

2. C 【解析】本题考核消费税的纳税环节和税目。选项C,购买方不缴纳消费税。

3. D 【解析】本题考核消费税的纳税环节和税目。纳税人自产自用的应税消费品,用于连续生产应税消费品的,不纳税,因此选项D不纳税;用于其他方面的,于移送使用时纳税。用于其他方面,是指纳税人将自产自用的应税消费品用于生产非应税消费品、在建工程、管理部门、非生产机构、提供劳务、馈赠、赞助、集资、广告、样品、职工福利、奖励等方面。

4. D 【解析】本题考核消费税的纳税环节和税目。高档化妆品在生产销售环节、进口环节以及委托加工环节征收消费税,零售环节不征。将自产应税消费品用于集体福利、对外捐赠视同销售。

5. A 【解析】本题考核消费税税目与征税范围的结合。选项BCD所述的消费品,均在生产环节征收消费税。

6. D 【解析】本题考核消费税的纳税环节和税目。超豪华小汽车在消费环节加征一道消费税。加征消费税的情况还包括卷烟批发环节。

7. C 【解析】本题考核消费税的纳税环节和税目。选项AD,白酒、高档化妆品在生产销售、委托加工或进口环节征收税,在零售环节不征收消费税;选项B,电动汽车不属于消费税的征税范围。

8. A 【解析】本题考核消费税的税目。消费税的税目包括:烟;酒;高档化妆品;贵重首饰及珠宝玉石;鞭炮、焰火;成品油;摩托车;小汽车;高尔夫球及球具;高档手表;游艇;木制一次性筷子;实木地板;电池;涂料。其中,小汽车包括乘用车和中轻型商用客车。

9. BCD 【解析】本题考核消费税的税目。消费税的税目包括烟、酒、高档化妆品、贵重首饰及珠宝玉石、鞭炮焰火、成品油、小汽车、摩托车、高尔夫球及球具、高档手表、游艇、木制一次性筷子、实木地板、电池、涂料。

10. CD 【解析】本题考核消费税的纳税环节和税目。服装不属于消费税征税范围,选项A错误;烟草批发企业将卷烟销售给其他烟草批发企业的,不属于批发,不加征消费税。

11. ACD 【解析】本题考核消费税的税目。调味料酒不征消费税。

12. ACD 【解析】本题考核消费税的税目。

选项 B，珍珠在生产销售、委托加工和进口环节征收消费税。

13. CD 【解析】本题考核消费税的税目。烟叶不属于消费税的征税范围。

14. BCD 【解析】本题考核消费税的税目。选项 A，消费税税目中的小汽车不包括"电动汽车"。

15. ABD 【解析】本题考核消费税的纳税环节和税目。（1）选项 A、选项 D，属于自产的应税消费品用于集体福利、个人消费，馈赠、广告、样品等用途，应在移送使用环节缴纳消费税；（2）选项 B，对酒类（啤酒、黄酒除外）收取的包装物押金，无论押金是否返还，均应并入酒类产品销售额，征收消费税；（3）选项 C，羽毛球不属于应税消费品，不涉及消费税的缴纳，但属于增值税视同销售行为。

16. × 【解析】本题考核消费税税目。农用拖拉机、收割机、手扶拖拉机的专用轮胎不征收消费税。

17. × 【解析】本题考核消费税税目。体育上用的发令纸、鞭炮药引线，不按鞭炮、焰火税目征收消费税。

考点三 消费税税率★★★

扫我解疑难

考点精讲

一、比例税率

大部分应税消费品采用"比例税率"征收。

二、定额税率

黄酒、啤酒、成品油。

三、复合计征方法

卷烟（不包括烟丝）、白酒（不包括其他酒）。

四、从高适用税率的特殊规定

（一）兼营不同税率应税消费品

应分别核算不同税率应税消费品的销售额、销售数量。"未分别核算"销售额、销售

数量的，**从高适用**税率。

（二）组成成套消费品销售

（1）纳税人将不同税率的应税消费品"**组成成套消费品销售**"的，**一律从高**适用税率。

（2）金银首饰与其他产品组成**成套**消费品销售的，应按销售额"**全额**"征收消费税。

随学随练 限时4分钟

1. 【单选题】（2017 年）根据消费税法律制度的规定，下列应税消费品中，实行从价定率和从量定额相结合的复合计征办法征收消费税的是（ ）。
   A. 啤酒 　　　　 B. 汽油
   C. 卷烟 　　　　 D. 高档手表

2. 【单选题】纳税人将应税消费品与非应税消费品以及适用税率不同的应税消费品组成成套消费品销售的，应按（ ）。
   A. 应税消费品的平均税率计征
   B. 应税消费品的最高税率计征
   C. 应税消费品的不同税率，分别计征
   D. 应税消费品的最低税率计征

3. 【多选题】（2018 年）根据消费税法律制度的规定，下列应税消费品中，采用从量计征办法计缴消费税的有（ ）。
   A. 黄酒 　　　　 B. 葡萄酒
   C. 啤酒 　　　　 D. 药酒

4. 【多选题】根据消费税法律制度的规定，对下列各项应税消费品，在计算应纳消费税额时采用定额税率从量计征的有（ ）。
   A. 烟丝 　　　　 B. 酒精
   C. 汽油 　　　　 D. 黄酒

5. 【判断题】（2017 年）雪茄烟适用从价定率和从量定额相结合的复合计征办法征收消费税。（ ）

6. 【判断题】纳税人自产自用的卷烟应当按照纳税人外购的同牌号规格的卷烟销售价格确定征税类别和适用税率。（ ）

随学随练参考答案及解析

1. C 【解析】本题考核消费税的税率。选项

AB，从量定额计征消费税；选项 C，卷烟、白酒实行从价定率和从量定额相结合的复合计征办法征收消费税；选项 D，从价定率计征消费税。

2. B 【解析】本题考核消费税税率。纳税人将应税消费品与非应税消费品以及适用税率不同的应税消费品组成成套消费品销售的，应根据成套消费品的销售金额，按应税消费品中适用最高税率的消费品税率征税。

3. AC 【解析】本题考核消费税税率。选项BD，属于其他酒，采用从价定率办法计征消费税。

4. CD 【解析】本题考核消费税定额税率。实行定额税率征收的应税消费品包括啤酒、黄酒、成品油。备考时应特别注意消费税两类特殊的计税方法所涉及的消费品。卷烟与白酒适用复合计征，啤酒、黄酒和成品油适用从量定额征收方式，另外，取消了酒精的征税政策。

5. × 【解析】本题考核消费税税率。雪茄烟适用从价定率的计征办法征收消费税。

6. × 【解析】本题考核消费税的定额税率。纳税人自产自用的卷烟应当按照纳税人生产的同牌号规格的卷烟销售价格确定征税类别和适用税率。

考点四　消费税应纳税额计算 ★★★

扫我解疑难

考点精讲

一、从价定率

应纳税额＝不含税销售额×税率

销售额是纳税人销售应税消费品向购买方收取的全部价款和价外费用。

『提示』不包括向购货方收取的增值税税款。

二、从量定额（啤酒、黄酒、成品油）

应纳税额＝应税消费品的销售数量×单位税额

【示例】某啤酒厂 8 月份销售乙类啤酒

400 吨，每吨出厂价格 2 800 元。（乙类啤酒定额税率为 220 元/吨）

问题：8 月该啤酒厂应纳消费税税额是多少？

分析：消费税的从量定额

应纳税额＝销售数量×定额税率＝400×220＝88 000（元）

三、复合计征（卷烟、白酒）

应纳税额＝销售额×比例税率+销售数量×定额税率

【示例】某酒厂为增值税一般纳税人。4 月销售白酒 2 吨，取得销售收入 13 920 元（含增值税）。已知白酒消费税定额税率为 0.5 元/500 克，消费税比例税率为 20%，增值税税率为 13%。

问题：该酒厂 4 月应缴纳的消费税税额是多少？

分析：第一步：计算从价定率计征部分

消费税税额＝13 920÷（1+13%）×20%＝2 463.72（元）

第二步：计算从量定额计征部分

消费税税额＝2×1 000×2×0.5＝2 000（元）

第三步：消费税税额＝2 463.72+2 000＝4 463.72（元）

四、特殊情况下销售额和销售数量的确定

（一）非独立核算门市部

纳税人通过自设"非独立核算"门市部销售的自产应税消费品，应当按照"门市部"对外销售额或者销售数量征收消费税。

（二）"换、抵、投"

纳税人用于"换取生产资料和消费资料、投资入股和抵偿债务"等方面的应税消费品，应当以纳税人同类应税消费品的"最高销售价格"作为计税依据计算消费税。

【示例】某百货商场为增值税一般纳税人，本月以一批金银首饰抵偿 6 个月以前购进某批洗衣机的欠款。所欠款项价税合计234 000元。该批金银首饰的成本为140 000元，若按同类商品的平均价格计算，该批金

银首饰的不含税价格为 190 000 元；若按同类产品的最高销售价格计算，该批首饰的不含税价格为 220 000 元。

问题：该企业此业务应缴纳的消费税是多少？

分析：220 000×5%＝11 000（元）

表 4-29　增值税与消费税计税依据的归纳

情形	增值税	消费税
换取生产资料、换取消费资料	正常确定销售额（以物易物）	以纳税人同类应税消费品的**最高销售价格**作为计税依据
投资入股	视同销售行为	
抵偿债务	正常确定销售额	

（三）包装物押金的处理（增值税中已述及）

（四）品牌使用费

白酒生产企业向商业销售单位收取的"**品牌使用费**"应并入白酒的销售额中缴纳消费税。

（五）金银首饰以旧换新业务

按"**实际收取**"的不含增值税的**全部价款**征收消费税。

五、组成计税价格

（一）自产自用

（1）按照纳税人生产的"**同类**"消费品的销售价格计算纳税。

（2）无同类消费品销售价格的，按照组成计税价格计算纳税。

①一般应税消费品组成计税价格公式：

组成计税价格＝（成本＋利润）÷（1－比例税率）

②复合计征应税消费品组成计税价格公式：

组成计税价格＝（成本＋利润＋自产自用数量×定额税率）÷（1－比例税率）

【示例】某酒厂 1 月研发生产一种新型白酒 800 斤，成本为 20 万元，作为礼品赠送品尝，没有同类售价。已知白酒的成本利润率 10%，白酒消费税税率为 20% 加 0.5 元/500 克。

问题：该批白酒应缴纳消费税？

分析：组成计税价格＝［20×（1+10%）+800 ×2×0.5÷10 000］÷（1-20%）＝27.60（万元）

应纳消费税＝27.6×20%+800×2×0.5÷10 000＝5.6（万元）

（二）委托加工

（1）按照"**受托方**"的同类消费品销售价格计算纳税；

（2）没有同类消费品销售价格的，按照组成计税价格计算纳税。

①一般应税消费品组成计税价格公式：

组成计税价格＝（材料成本＋加工费）÷（1－比例税率）

②复合计征应税消费品组成计税价格公式：

组成计税价格＝（材料成本+加工费+委托加工数量×定额税率）÷（1－比例税率）

【示例】10 月，甲公司受托加工高档化妆品，收取不含增值税加工费 14 万元，委托方提供主要材料成本 56 万元。甲公司无同类高档化妆品销售价格。已知高档化妆品消费税税率为 15%。

问题：甲公司当月受托加工业务应代收代缴消费税？

分析：第一步：组成计税价格＝（材料成本+加工费）÷（1－比例税率）

＝（56+14）÷（1-15%）＝82.35（万元）

第二步：应纳税额＝组成计税价格×比例税率

＝82.35×15%＝12.35（万元）

（三）进口应税消费品

按照组成计税价格计算纳税。

（1）一般应税消费品组成计税价格公式：

组成计税价格＝（关税完税价格+关税）÷（1－消费税比例税率）

（2）复合计征应税消费品组成计税价格

公式：

组成计税价格=（关税完税价格+关税+进口数量×消费税定额税率）÷（1-消费税比例税率）

【示例】 某外贸进出口公司3月进口100辆小轿车，每辆车关税完税价格为人民币14.3万元，缴纳关税4.7万元。已知小轿车适用的消费税税率为5%。

问题：该批进口小轿车应缴纳的消费税税额？

分析：组成计税价格=（关税完税价格-关税）÷（1-比例税率）=（14.3+4.7）÷（1-5%）×100=2 000（万元）

应纳税额=2 000×5%=100（万元）

六、已纳消费税的扣除（领用扣税法）

（一）抵扣情形

（1）用外购和委托加工收回应税消费品；

（2）连续生产应税消费品；

（3）可按**"当期生产领用数量"** 计算准予扣除外购和委托加工的应税消费品已纳消费税税款。

（二）扣除范围

（1）以外购或委托加工收回的已税烟丝生产的卷烟；

（2）以外购或委托加工收回的已税高档化妆品原料生产的高档化妆品；

（3）以外购或委托加工收回的已税珠宝、玉石原料生产的贵重首饰及珠宝、玉石；

（4）以外购或委托加工收回的已税鞭炮、焰火原料生产的鞭炮、焰火；

（5）以外购或委托加工收回的已税杆头、杆身和握把为原料生产的高尔夫球杆；

（6）以外购或委托加工收回的已税木制一次性筷子原料生产的木制一次性筷子；

（7）以外购或委托加工收回的已税实木地板原料生产的实木地板；

（8）以外购或委托加工收回的已税石脑油、润滑油、燃料油为原料生产的成品油；

（9）以外购或委托加工收回的已税汽油、柴油为原料生产的汽油、柴油。

『提示』就考试学习，主要是记住不得抵扣的项目所涉及的税目。消费税一共有十五个税目，此处有九项（第8、9同属成品油税目）可以抵扣的项目，那么不得抵扣的项目有：①酒类产品（不含葡萄酒）；②摩托车；③小汽车；④游艇；⑤高档手表；⑥电池；⑦涂料。

【示例1】 外购已税珠宝为原料生产的金银首饰，消费税是否可以扣除？

分析：不得扣除。因为金银首饰消费税在零售环节征收，外购的应税消费品和销售时不在同一个"生产环节"，因此不得扣除。

【示例2】 外购已税白酒为原料勾兑生产的高档白酒，消费税是否可以扣除？

分析：不得扣除。因为消费税扣除范围中没有列举。

【示例3】 当期购进一批烟丝，准备在以后生产期间生产卷烟，消费税当期是否可以扣除？

分析："当期"不得扣除。消费税采用"生产领用扣税法"，而非"购进扣税法"，这一点与增值税的抵扣规定存在区别。

（三）计算公式（领用扣税法）

当期准予扣除的应税消费品已纳税款=当期生产领用数量×单价×应税消费品的适用税率

当期生产领用数量=期初库存外购或委托加工应税消费品成本+当期购进或委托加工收回应税消费品成本-期末库存的外购或委托加工收回应税消费品的成本

【示例】 某卷烟生产企业，某月初库存外购已税烟丝金额80万元，当月又外购应税烟丝500万元（不含增值税），月末库存烟丝金额40万元，其余被当月生产卷烟领用。已知烟丝适用的消费税税率为30%。

问题：该卷烟厂当月准许扣除的外购烟丝已缴纳的消费税？

分析：当月准许扣除的外购烟丝成本=80+500-40=540（万元）

当月准许扣除的外购烟丝已缴纳的消费税税额=540×30%=162（万元）

表 4-30　消费税征税范围、纳税环节、抵扣的综合

来源	去向		结果
自产	直接出售		缴纳消费税
	自用	连续生产应税消费品	①连续生产环节不缴纳消费税； ②最终应税消费品缴纳消费税
		其他方面	缴纳消费税
委托加工或购买	直接出售		不缴纳消费税
	自用	连续生产应税消费品	①连续生产环节不缴纳消费税； ②最终消费品缴纳消费税； ③符合规定的，可以抵扣消费税
		其他方面	不缴纳消费税

随学随练

限时10分钟

1. 【单选题】（2019年）甲公司为增值税一般纳税人，2018年10月销售自产柴油4 000吨，馈赠客户自产柴油30吨，本公司工程车辆领用自产柴油20吨，已知柴油1吨＝1 176升，消费税税率为1.2元/升，计算甲公司当月上述业务应缴纳的消费税的下列算式中，正确的是（　）。

A.（4 000＋30）×1 176×1.2＝5 687 136（元）

B.（4 000＋30＋20）×1 176×1.2＝5 715 360（元）

C. 4 000×1 176×1.2＝5 644 800（元）

D.（4 000＋20）×1 176×1.2＝5 673 024（元）

2. 【单选题】（2019年）甲公司为增值税小规模纳税人，2018年10月销售自产葡萄酒，取得含增值税销售额150 174元。已知增值税征收率为3%；葡萄酒消费税税率为10%。计算甲公司当月该笔业务应缴纳消费税税额的下列算式中，正确的是（　）。

A. 150 174×（1－10%）×10%＝13 515.66（元）

B. 150 174÷（1－10%）×10%＝16 686（元）

C. 150 174÷（1＋3%）×10%＝14 580（元）

D. 150 174×10%＝15 017.4（元）

3. 【单选题】（2018年改）甲化妆品公司为增值税一般纳税人，2019年12月销售高档化妆品元旦套装400套，每套含增值税售价702元，将同款元旦套装30套用于对外赞助，已知增值税税率为13%，消费税税率为15%，计算甲化妆品公司当月元旦套装应缴纳消费税税额的下列算式中，正确的是（　）。

A. 400×702÷（1＋13%）×15%＝37 274.34（元）

B. 400×702×15%＝42 120（元）

C.（400＋30）×702÷（1＋13%）×15%＝40 069.91（元）

D.（400＋30）×702×15%＝45 279（元）

4. 【单选题】（2018年改）某白酒生产企业是增值税一般纳税人，10月份销售白酒2吨，取得含税销售额232万元，另收取单独记账核算的包装物押金5.6万元。当月没收逾期未退还包装物的押金4.64万元。则该白酒生产企业当月应缴纳增值税和消费税合计为（　）万元。（计算结果保留至小数点后两位）

A. 95.88　　　　B. 85.74

C. 69.58　　　　D. 73.64

5. 【单选题】（2018年）2017年9月甲酒厂将自产的1吨药酒用于抵偿债务，该批药酒生产成本35 000元/吨，甲酒厂同类药酒不含增值税最高销售价格62 000元/吨，不含增值税平均销售价格60 000元/吨，

不含增值税最低销售价格 59 000 元/吨，已知消费税税率 10%，计算甲酒厂当月该笔业务应缴纳消费税税额的下列算式中，正确的是（　　）。

A. 1×59 000×10%＝5 900（元）

B. 1×60 000×10%＝6 000（元）

C. 1×62 000×10%＝6 200（元）

D. 1×35 000×10%＝3 500（元）

6. 【单选题】（2018 年）2017 年 5 月甲化妆品厂将一批自产高档化妆品用于馈赠客户，该批高档化妆品生产成本为 17 000 元，无同类高档化妆品销售价格，已知消费税税率为 15%；成本利润率为 5%。计算甲化妆品厂当月该笔业务应缴纳消费税税额的下列算式中，正确的是（　　）。

A. 17 000×（1+5%）×15%＝2 677.5（元）

B. 17 000×（1+5%）÷（1−15%）×15%＝3 150（元）

C. 17 000÷（1−15%）×15%＝3 000（元）

D. 17 000×15%＝2 550（元）

7. 【单选题】（2018 年）甲企业为增值税一般纳税人，2017 年 12 月初库存烟丝不含增值税买价 5 万元，本月外购烟丝不含增值税买价 40 万元，月末库存烟丝不含增值税买价 10 万元，领用的烟丝当月全部用于连续生产卷烟。已知烟丝消费税税率为 30%，计算甲企业本月准予扣除的外购烟丝已缴纳消费税额的下列算式中，正确的是（　　）。

A. （5+40）×30%＝13.57（万元）

B. （5+40−10）×30%＝10.5（万元）

C. 40×30＝12（万元）

D. （40−10）×30%＝9（万元）

8. 【单选题】（2017 年改）甲卷烟厂为增值税一般纳税人，受托加工一批烟丝，委托方提供的烟叶成本 49 140 元，甲卷烟厂收取含增值税加工费 2 457 元。已知增值税税率为 13%，消费税税率为 30%，无同类烟丝销售价格，计算甲卷烟厂该笔业务应代收代缴消费税税额的下列算式中，正确的

是（　　）。

A. ［49 140+2 457÷（1+13%）］÷（1−30%）×30%＝21 991.86（元）

B. （49 140+2 457）÷（1−30%）×30%＝22 113（元）

C. 49 140÷（1−30%）×30%＝21 060（元）

D. ［（49 140+2 457）÷（1+13%）］÷（1−30%）×30%＝39 727.4（元）

9. 【单选题】（2016 年）2015 年 10 月，甲烟草批发企业向乙卷烟零售店销售卷烟 200 标准条，取得不含增值税销售额 20 000 元；向丙烟草批发企业销售卷烟 300 标准条，取得不含增值税销售额为 30 000 元。已知卷烟批发环节消费税比例税率为 11%，定额税率为 0.005 元/支；每标准条 200 支卷烟。甲烟草批发企业上述业务应缴纳消费税税额的下列计算列式中，正确的是（　　）。

A. 20 000×11%＋200×200×0.005＝2 400（元）

B. 20 000×11%＋200×200×0.005＋30 000×11%＋300×200×0.005＝6 000（元）

C. 20 000×11%＋30 000×11%＝5 500（元）

D. 30 000×11%＋300×200×0.005＝3 600（元）

10. 【单选题】根据消费税法律制度的规定，下列各项中，委托加工收回的应税消费品已纳税款不可以扣除的是（　　）。

A. 以委托加工收回的已税燃料油为原料生产的燃料油

B. 以委托加工收回的已税鞭炮为原料生产的鞭炮

C. 以委托加工收回的已税烟丝为原料生产的高档烟丝

D. 以委托加工收回的已税汽油为原料生产的汽油

11. 【多选题】（2019 年）根据消费税法律制度的规定，下列行为中，应当以纳税人同类应税消费品的最高销售价格作为计税依据的有（　　）。

A. 将自产应税消费品用于对外捐赠

B. 将自产应税消费品用于投资入股

C. 将自产应税消费品用于换取生产资料

D. 将自产应税消费品用于抵偿债务

12.【多选题】（2018 年）根据消费税法律制度的规定，下列连续生产的应税消费品，在计征消费税时准予按当期生产领用数量计算扣除外购应税消费品已纳消费税税款的有（　　）。

A. 以外购已税高档化妆品原料生产的高档化妆品

B. 以外购已税实木地板原料生产的实木地板

C. 以外购已税烟丝生产的卷烟

D. 以外购已税汽油、柴油为原料生产的汽油、柴油

13.【多选题】某汽车贸易公司 2019 年 11 月从国外进口小汽车 50 辆，海关核定的每辆小汽车关税完税价格为 28 万元，已知小汽车关税税率为 20%，增值税税率为 13%，消费税税率为 25%。则下列正确的有（　　）。

A. 应缴纳的进口消费税为 420 万元

B. 应缴纳的进口消费税为 560 万元

C. 应缴纳的增值税税额为 291.2 万元

D. 应缴纳的增值税税额为 317.33 万元

14.【多选题】下列各项关于从量计征消费税计税依据确定方法的表述中，正确的有（　　）。

A. 销售应税消费品的，为应税消费品的销售数量

B. 进口应税消费品的为海关核定的应税消费品数量

C. 以应税消费品投资入股的，为应税消费品移送使用数量

D. 委托加工应税消费品的，为加工完成的应税消费品数量

随学随练参考答案及解析

1. B 【解析】本题考核消费税的计算。根据

规定，馈赠客户、本公司工程车辆领用柴油均属于自产自用行为，应视同销售应税消费品计算缴纳消费税。

2. C 【解析】本题考核消费税的计算。消费税应纳税额＝不含税销售额×税率。题目给出的为含增值税的销售额，因此需要换算为不含税价款，再计算消费税。

3. C 【解析】本题考核消费税应税税额的计算。将自产应税消费品用于赞助等行为，应于移送使用时缴纳消费税，本题中，用于对外赞助的 30 套高档化妆品应当视同销售应税消费品。按照纳税人生产的同类消费品的销售价格计算纳税。消费税从价计征的计税依据为不含税价格，本题中，每套化妆品售价 702 元为含税售价，所以应将其换算为不含税价格。应缴纳的消费税＝（400＋30）×702÷（1＋13%）×15%＝40 069.91（元）。

4. C 【解析】本题考核增值税和消费税的计算。增值税＝（232＋5.6）÷（1＋13%）×13%＝27.33（万元）；消费税＝（232＋5.6）÷（1＋13%）×20%＋2×1 000×2×0.5÷10 000＝42.25（万元）。增值税与消费税合计为：27.33＋42.25＝69.58（万元）。

5. C 【解析】本题考核消费税的计算。纳税人用于换取生产资料和消费资料、投资入股和抵偿债务等方面的应税消费品，应当以纳税人同类应税消费品的最高销售价格作为计税依据计算消费税。

6. B 【解析】本题考核消费税的计算。消费税税额＝组成计税价格×消费税税率＝成本×（1＋成本利润率）÷（1－消费税税率）×消费税税率＝17 000×（1＋5%）÷（1－15%）×15%＝3 150（元）。

7. B 【解析】本题考核消费税抵扣方法。消费税采用"当期生产领用数量"计算准予扣除外购和委托加工的应税消费品已纳消费税税款。

8. A 【解析】本题考核委托加工环节消费税的缴纳。（1）委托加工的应税消费品，按

照"受托方"的同类消费品的销售价格计算纳税，没有同类消费品销售价格的，按照组成计税价格计算纳税，故本题按照组成计税价格计算；（2）甲卷烟厂该笔业务应代收代缴消费税=组成计税价格×消费税税率=（材料成本+加工费）÷（1-消费税比例税率）×消费税税率=［49 140+2 457÷（1+13%）］÷（1-30%）×30%=21 991.86（元）。

9. A 【解析】本题考核消费税的计算。甲烟草批发企业向乙卷烟零售店销售卷烟，属于烟草批发企业将卷烟销售给"零售单位"，要加征一道消费税；甲烟草批发企业向丙烟草批发企业销售卷烟，属于烟草批发企业将卷烟销售给其他烟草批发企业，不缴纳消费税。

10. C 【解析】本题考核已纳消费税的扣除。以委托加工收回的已税烟丝为原料生产的卷烟是税法中所规定的准予扣除已纳消费税的范畴，而选项C的表述是不可以扣除的，故当选。

11. BCD 【解析】本题考核消费税特殊情况下销售额的确定。纳税人用于换取生产资料和消费资料、投资入股和抵偿债务等方面的应税消费品，应当以纳税人同类应税消费品的最高销售价格作为计税依据计算消费税，选项BCD正确。

12. ABCD 【解析】本题考核消费税抵扣范围。

13. BC 【解析】本题考核进口环节消费税和增值税的计算。进口环节按组成计税价格计算消费税和增值税，应纳关税税额=50×28×20%=280（万元）；组成计税价格=（50×28+280）÷（1-25%）=2 240（万元）。应纳消费税税额=2 240×25%=560（万元）；应纳增值税税额=2 240×13%=291.2（万元）。注意这一组成计税价格也是计算增值税的依据。

14. ABC 【解析】本题考核消费税销售数量的确定。销售数量是指纳税人生产、加工和进口应税消费品的数量。具体规定为：（1）销售应税消费品的，为应税消费品的销售数量；（2）自产自用应税消费品的，为应税消费品的移送使用数量；（3）委托加工应税消费品的，为纳税人收回的应税消费品数量；（4）进口的应税消费品，为海关核定的应税消费品进口征税数量。

考点五　消费税征税管理

扫我解疑难

考点精讲

一、纳税义务发生时间 ★★★

增值税与消费税纳税义务发生时间的比较见表4-31。

表4-31　增值税与消费税纳税义务发生时间的比较

比较项目		增值税	消费税
应税消费品	直接收款	收到销售款或取得索取销售款凭据当天	
	托收承付委托收款	发出货物并办妥托收手续	
	赊销分期收款	①合同约定当天；②无合同或无约定的，为货物发出当天	
	预收货款	货物发出当天	
	委托代销	①收到代销清单当天；②收到货款当天；③未收到清单或货款，发出满180日当天	
	视同销售或自产自用	货物移送的当天	
	进口货物	报关进口的当天	
	委托加工	受托方加工劳务纳税	纳税人提货的当天

二、纳税地点★

（一）销售应税消费品和自产自用

机构所在地或居住地（同增值税的固定业户纳税地点）。

（二）委托加工的应税消费品

1. 受托方为"单位"

"受托方"向"机构所在地"税务机关解缴。

2. 受托方为"个人"

"委托方"向"机构所在地"的税务机关解缴。

（三）进口应税消费品

报关地海关（同增值税）。

（四）外县（市）销售

纳税人到外县（市）销售或者委托外县（市）代销自产应税消费品。销售后，向"机构所在地或者居住地"税务机关申报纳税。

（五）销售退回

经机构所在地或居住地税务机关审核批准后，可退还已缴纳的消费税税款。

三、纳税期限★★

增值税与消费税纳税期限的比较见表4-32。

表4-32　增值税与消费税纳税期限的比较

比较项目	增值税	消费税
纳税期限	1日、3日、5日、10日、15日、1个月或1个季度	
季度纳税	小规模纳税人、银行、财务公司、信托投资公司、信用社	—
申报期	①1个月或1个季度—期满之日起15日内申报纳税； ②1日、3日、5日、10日、15日—期满之日起5日内预缴税款，于次月1日起15日内申报纳税并结清上月税款； ③纳税人进口货物海关填发海关进口增值税（消费税）专用缴款书之日起15日内缴纳税款	

随学随练 ⏱用时5分钟

1. 【单选题】（2018年）根据消费税法律制度的规定，下列关于消费税纳税义务发生时间的表述中，不正确的是（　）。

A. 委托加工应税消费品的，为纳税人提货的当天

B. 采取托收承付方式销售应税消费品的，为收到货款的当天

C. 进口应税消费品的，为报关进口的当天

D. 自产自用应税消费品的，为移送使用的当天

2. 【单选题】（2017年）根据消费税法律制度的规定，下列关于消费税纳税义务发生时间的表述中，不正确的是（　）。

A. 纳税人自产自用应税消费品的，为移送使用的当天

B. 纳税人进口应税消费品的，为报关进口的当天

C. 纳税人委托加工应税消费品的，为支付

加工费的当天

D. 纳税人采取预收货款结算方式销售应税消费品的，为发生应税消费品的当天

3. 【单选题】根据消费税法律制度的规定，进口应税消费品，应当缴纳消费税的时间为（　）。

A. 应税消费品报关进口当天

B. 海关填发进口消费税专用缴款书之日起15日内

C. 海关填发进口消费税专用缴款书次日起15日内

D. 海关填发进口消费税专用缴款书次日起7日内

4. 【单选题】根据消费税法律制度的规定，消费税纳税人以1个月或者1个季度为1个纳税期的，自期满之日起一定时间内申报缴纳消费税，该时间为（　）。

A. 7日　　　　　　B. 10日

C. 15日　　　　　　D. 30日

5. 【多选题】（2018年）甲公司为增值税一般

纳税人，机构所在地在 S 市。2017 年 2 月，在 S 市销售货物一批；在 W 市海关报关进口货物一批；接受 Y 市客户委托加工应缴纳消费税的货物一批。下列关于甲公司上述业务纳税地点的表述中，正确的有( )。

A. 委托加工货物应向 Y 市税务机关申报缴纳增值税

B. 委托加工货物应向 S 市税务机关解缴代收的消费税

C. 进口货物应向 W 市海关申报缴纳增值税

D. 销售货物应向 S 市税务机关申报缴纳增值税

随学随练参考答案及解析

1. B 【解析】本题考核消费税纳税义务发生时间。采取托收承付和委托银行收款方式的，为发出应税消费品并办妥托收手续的当天。

2. C 【解析】本题考核消费税纳税义务发生时间。纳税人委托加工应税消费品的，消

费税纳税义务发生时间为纳税人提货的当天。

3. B 【解析】本题考核进口消费品的纳税期限。进口应税消费品，应当自海关填发进口消费税专用缴款书之日起 15 日内缴纳消费税，另外纳税人还要同时缴纳增值税。

4. C 【解析】本题考核消费税纳税期限。纳税人以 1 个月或者 1 个季度为 1 个纳税期的，自期满之日起 15 日内申报纳税；以 1 日、3 日、5 日、10 日或者 15 日为 1 个纳税期的，自期满之日起 5 日内预缴税款，于次月 1 日起至 15 日内申报纳税并结清上月应纳税款。

5. BCD 【解析】本题考核消费税纳税地点。选项 AB，委托加工应税消费品除受托方是个人外，由受托方(甲公司)向机构所在地主管税务机关解缴税款；选项 C，进口货物应向报关地海关(W 市)申报纳税；选项 D，固定业户(甲公司)应当向其机构所在地(S 市)或者居住地主管税务机关申报纳税。

本章综合练习 (限时90分钟)

一、单项选择题

1. 下列各项中，属于税收特征的是( )。

   A. 有偿性   B. 公平性

   C. 固定性   D. 分配性

2. 下列各项中，不属于税法构成要素的是( )。

   A. 计税依据   B. 纳税义务人

   C. 税收优惠   D. 税务代理人

3. 根据增值税法律制度的规定，下列纳税人中，应当作为增值税一般纳税人的是( )。

   A. 选择按照小规模纳税人纳税的非企业性单位

   B. 年应税销售额超过 500 万元的交通运输企业

   C. 不经常发生增值税应税行为的企业

   D. 个体经营者以外的其他个人

4. 根据增值税法律制度的规定，下列各项中，不属于视同销售货物行为的有( )。

   A. 将购进的货物用于本单位领导的个人消费

   B. 将委托加工收回的货物用于集体福利

   C. 将购进的货物投资给其他单位

   D. 将购进的货物无偿赠送给其他单位

5. 根据增值税法律制度的规定，下列各项中，不属于交通运输服务征税范围的是( )。

   A. 铁路运输

   B. 管道运输

   C. 远洋运输的程租、期租

   D. 道路通行服务

6. 根据增值税法律制度的规定，企业下列行

为属于增值税兼营行为的是（　　）。

A. 企业在销售货物的同时提供运输服务

B. 照相馆在提供照相业务的同时销售相框

C. 饭店开设客房、餐厅从事服务业务并附设商场销售货物

D. 饭店提供餐饮服务的同时销售酒水饮料

7. 关于纳税人销售活动板房、机器设备、钢结构件等自产货物的同时提供建筑、安装服务，增值税税务处理的下列说法中正确的是（　　）。

A. 属于混合销售

B. 全部销售额按销售货物缴纳增值税

C. 全部销售额按提供建筑服务缴纳增值税

D. 应分别核算货物和建筑服务的销售额，分别适用不同的税率或者征收率

8. 根据增值税法律制度的规定，一般纳税人提供交通运输服务，适用的税率为（　　）。

A. 13%　　　　　B. 10%

C. 9%　　　　　D. 6%

9. 某企业（一般纳税人）于 2014 年 12 月将一辆自己使用过 7 年的小轿车（未抵扣增值税），以 10 万元的价格售出，其正确的税务处理方法是（　　）。

A. 按 2% 简易办法计算应纳增值税

B. 按 4% 简易办法计算应纳增值税

C. 按简易办法依照 3% 征收率减按 2% 计算应纳增值税

D. 不交增值税

10. 根据增值税法律制度的规定，下列销售服务的情形中，现行适用税率最高的税目是（　　）。

A. 航天运输服务

B. 基础电信服务

C. 公交车车身广告位出租，用于广告发布

D. 出租工业用厂房

11. 根据增值税法律制度的规定，下列向购买方收取的费用，不构成销售额的是（　　）。

A. 增值税税额

B. 应税消费品的消费税税额

C. 违约金

D. 优质费

12. 甲企业为增值税一般纳税人，2019 年 8 月销售空调取得含增值税价款 610.2 万元，另收取包装物押金 5.8 万元，约定 3 个月内返还；当月确认逾期不予退还的包装物押金为 11.3 万元。已知增值税税率为 13%。计算甲企业当月上述业务增值税销项税额的下列算式中，正确的是（　　）。

A. （610.2＋5.8＋11.3）×13%＝81.55（万元）

B. （610.2＋11.3）÷（1＋13%）×13%＝71.5（万元）

C. （610.2＋5.8＋11.3）÷（1＋13%）×13%＝72.17（万元）

D. （610.2＋11.3）×13%＝80.80（万元）

13. 甲公司为增值税一般纳税人，2019 年 10 月将自产的 100 件新产品赠送给乙公司，生产成本为 50 元/件，无同类产品销售价格，已知增值税税率为 13%，成本利润率为 10%。计算甲公司当月该笔业务增值税销项税额的下列算式中，正确的是（　　）。

A. 100×50×13%＝650（元）

B. 100×50×（1－10%）×13%＝585（元）

C. 100×50×10%×（1＋13%）＝565（元）

D. 100×50×（1＋10%）×13%＝715（元）

14. 某橡胶制品厂（增值税一般纳税人）3 月份销售生活用橡胶制品 113 万元（含税），销售避孕用具 50 万元，当月购入生产用原材料一批，取得增值税专用发票上注明税款 6.4 万元，生活用橡胶制品与避孕用品无法划分耗料情况，则该橡胶制品厂当月应纳增值税是（　　）万元。

A. 13.87　　　　　B. 8.73

C. 18.13　　　　　D. 9.6

15. 原增值税一般纳税人购进服务、无形资产或者不动产，下列项目的进项税额可以从销项税额中抵扣的是（　　）。

A. 自然灾害造成的损失

B. 非正常损失的不动产，以及该不动产所耗用的购进货物、设计服务和建筑服务

C. 购进的贷款服务、餐饮服务、居民日常服务和娱乐服务

D. 非正常损失的购进货物，以及相关的加工修理修配劳务和交通运输服务

16. 某商业零售企业为增值税小规模纳税人，2017年9月购进货物(商品)取得普通发票，共计支付金额120 000元；本月销售货物取得零售收入共计150 000元，另外取得包装费8 080元。本月还销售自己使用过的旧车一辆，取得收入45 000元。该企业9月份应缴纳的增值税为( )元。

A. 4 604. 27　　　B. 5 469. 65

C. 5 478. 06　　　D. 5 914. 95

17. 某公司专门从事鉴证咨询服务，营改增后，被认定为增值税小规模纳税人。2020年2月15日，向某一般纳税人企业提供鉴证服务，取得含增值税销售额5万元，2月25日，向小规模纳税人提供咨询服务，取得含增值税收入3万元。则该公司当月应纳增值税税额为( )。

A. (5+3)×3% = 0. 24(万元)

B. 5÷(1+3%)×3% = 0. 15(万元)

C. (5+3)÷(1+3%)×3% = 0. 23(万元)

D. (5+3)÷(1-3%)×3% = 0. 25(万元)

18. 某企业为增值税小规模纳税人。2019年10月进口一批高档化妆品，关税完税价格40万元。已知：高档化妆品关税税率为20%、消费税税率为15%、增值税税率为13%。该企业进口高档化妆品应纳进口增值税税额为( )万元。

A. 41. 6　　　B. 6. 80

C. 8. 16　　　D. 7. 34

19. 下列项目可以免征增值税的是( )。

A. 商场销售农产品

B. 残疾人组成的福利工厂为社会提供的加工和修理、修配劳务

C. 外国企业无偿援助的进口设备

D. 张某销售自己使用过的旧家具

20. 根据营业税改征增值税试点相关规定，下列各项中，不属于免税项目的是( )。

A. 养老机构提供的养老服务

B. 装修公司提供的装饰服务

C. 婚介所提供的婚姻介绍服务

D. 托儿所提供的保育服务

21. 根据增值税法律制度的规定，下列关于增值税纳税义务发生时间的表述中，不正确的是( )。

A. 委托其他纳税人代销货物，为代销货物移送给委托方的当天

B. 采取分期收款方式销售商品时，为书面合同约定的收款日期的当天

C. 采取托收承付和委托银行收款方式销售货物，为发出货物并办妥托收手续的当天

D. 采取直接收款方式销售货物，为收到销售款或者取得索取销售款凭据的当天

22. 根据增值税法律制度的规定，下列关于增值税纳税地点的表述中，不正确的是( )。

A. 固定业户应当向其机构所在地的主管税务机关申报纳税

B. 非固定业户销售货物或者应税劳务，应当向其机构所在地或者居住地的主管税务机关申报税款

C. 进口货物，应当向报关地海关申报纳税

D. 扣缴义务人应当向其机构所在地或者居住地的主管税务机关申报缴纳其扣缴的税款

23. 下列关于增值税专用发票记账联用途的表述中，正确的是( )。

A. 作为购买方核算采购成本的记账凭证

B. 作为销售方核算销售收入和增值税销项税额的记账凭证

C. 作为购买方报送主管税务机关认证和留存备查的扣税凭证

D. 作为购买方核算增值税进项税额的记账凭证

24. 增值税纳税人发生的下列业务中，可以

自行开具增值税专用发票的是( )。

　A. 商业企业一般纳税人零售食品

　B. 批发企业一般纳税人销售货物

　C. 小规模纳税人销售货物

　D. 农民销售农产品

25. 甲企业当期派出 5 名管理人员乘坐高铁去外地参加培训会议,共订火车票 10 张,每张票面金额为 150 元,此次培训出差共发生餐费 2 000 元,假设不考虑其他因素,下列关于甲企业当期可抵扣增值税进项税额的列式中,正确的是( )。

　A. 150×9%×10

　B. 150÷(1+9%)×9%×10

　C. 150÷(1-9%)×9%×10

　D. 150÷(1+9%)×9%×10+2 000×6%

26. 根据消费税法律制度的规定,属于消费税纳税人的是( )。

　A. 粮食批发企业

　B. 家电零售企业

　C. 卷烟进口企业

　D. 服装企业

27. 根据消费税法律制度的规定,下列项目中,应当征收消费税的是( )。

　A. 影视演员用的卸妆油

　B. 体育上用的鞭炮引线

　C. 不含税价格为 8 800 元的手表

　D. 以黄酒为酒基生产的泡制酒

28. 根据消费税法律制度的规定,下列行为中,应缴纳消费税的是( )。

　A. 卷烟厂销售自产的卷烟

　B. 汽车厂销售自产的载货汽车

　C. 外贸公司进口高档电器产品

　D. 银行销售金银纪念币

29. 2020 年 3 月,甲酒厂销售自产红酒,取得含增值税价款 46.8 万元,另收取包装物押金 2.34 万元、手续费 1.17 万元。已知红酒增值税税率为 13%,消费税税率为 10%。甲酒厂该笔业务应缴纳消费税的下列计算中,正确的是( )。

　A. (46.8+1.17)÷(1+13%)×10% = 4.25

（万元）

　B. 46.8÷(1+13%)×10% = 4.14(万元)

　C. (46.8+2.34+1.17)÷(1+13%)×10% = 4.45(万元)

　D. (46.8+2.34)÷(1+13%)×10% = 4.35(万元)

30. 甲公司为增值税一般纳税人,10 月将 1 辆生产成本 5 万元的自产小汽车用于抵偿债务,同型号小汽车含增值税平均售价 11.6 万元/辆,含增值税最高售价 13.92 万元/辆。已知增值税税率为 13%;消费税税率为 5%。计算甲公司当月该笔业务应缴纳消费税税额的下列算式中,正确的是( )。

　A. 1×5×5% = 0.25(万元)

　B. 1×11.6÷(1+13%)×5% = 0.51(万元)

　C. 1×5×(1+5%)×5% = 0.262 5(万元)

　D. 1×13.92÷(1+13%)×5% = 0.62(万元)

31. 某企业向摩托车制造厂(增值税一般纳税人)订购缸容量 250 毫升以上的摩托车 10 辆,支付货款(含税)共计 250 800 元,同时支付设计费 30 000 元。摩托车制造厂计缴消费税的销售额是( )元。

　A. 214 359　　B. 248 495.58

　C. 250 800　　D. 280 800

32. 下列有关消费税纳税地点的说法中,表述不正确的是( )。

　A. 纳税人到外省市销售应税消费品的,应向销售地税务机关申报缴纳消费税

　B. 纳税人销售的应税消费品及自产自用的应税消费品,除国务院、税务主管部门另有规定外,应向机构所在地或者居住地的主管税务机关申报纳税

　C. 委托非个人加工应税消费品的,由受托方向其所在地主管税务机关解缴消费税税款

　D. 进口应税消费品,由进口人或者其代理人向报关地海关申报纳税

二、多项选择题

1. 下列各项中,属于税务机关负责征收管理

的有( )。

A. 印花税

B. 企业所得税

C. 个人所得税

D. 进口环节缴纳的增值税、消费税

2. 根据增值税法律制度的规定，下列各项中属于非营业活动的有( )。

A. 非企业性单位按照法律和行政法规的规定，为履行国家行政管理和公共服务职能收取政府性基金或者行政事业性收费的活动

B. 单位聘用的员工为本单位提供应税服务

C. 个体工商户聘用的员工为雇主提供应税服务

D. 单位或者个体工商户为员工提供应税服务

3. 根据增值税法律制度的规定，下列行为应当按"建筑服务"征收增值税的有( )。

A. 有线电视安装服务

B. 装饰服务

C. 搭脚手架

D. 航道疏浚

4. 根据增值税法律制度的规定，下列各项中，属于"商务辅助服务"的有( )。

A. 市场调查服务

B. 人力资源服务

C. 知识产权服务

D. 经纪代理服务

5. 根据增值税法律制度的规定，企业发生的下列行为中，属于视同销售货物的有( )。

A. 将购进的货物用于免税项目

B. 将本企业生产的货物分配给投资者

C. 将委托加工的货物用于集体福利

D. 将购进的货物作为投资提供给其他单位

6. 下列各项中，属于增值税混合销售行为的有( )。

A. 歌舞厅在提供娱乐服务的同时销售食品

B. 餐厅提供餐饮服务的同时又销售烟酒

C. 建材商店在销售木质地板的同时提供安装服务

D. 百货公司既销售商品又从事房地产开发

7. 一般纳税人销售下列货物，暂按简易办法依照3%征收率计算缴纳增值税的有( )。

A. 寄售商店代销寄售物品

B. 直接用于科学研究的进口仪器、设备

C. 典当业销售死当物品

D. 农业生产者销售自产农产品

8. 根据增值税法律制度的规定，销售下列货物应当按增值税低税率9%征收的有( )。

A. 食用植物油　　　B. 图书

C. 暖气　　　　　　D. 电力

9. 一般纳税人销售自产的货物中，可选择按照简易办法依照3%征收率计算缴纳增值税的有( )。

A. 县及县级以下小型水力发电单位生产的电力

B. 建筑用和生产建筑材料所用的砂、土、石料

C. 用微生物、微生物代谢产物、动物毒素、人或动物的血液或组织制成的生物制品

D. 实木地板

10. 一般纳税人发生的下列应税行为中，可以选择适用简易计税方法计缴增值税的有( )。

A. 电影放映服务

B. 文化体育服务

C. 收派服务

D. 公交客运服务

11. 增值税纳税人取得的下列经营收入，在并入销售额计算销项税额时需换算为不含税销售额的有( )。

A. 商业企业零售收入

B. 向购买方收取的各项价外收入

C. 逾期包装物押金收入

D. 小规模纳税人开具的普通发票

12. 根据营业税改征增值税相关法律制度，一般纳税人企业下列各项购进服务中，准予抵扣进项税的有( )。

A. 餐饮服务　　　　B. 广告服务

C. 贷款服务　　　　D. 住宿服务

13. 下列属于法定的增值税扣税凭证的有（　　）。

A. 从一般纳税人处取得的普通发票

B. 从销售方取得的增值税专用发票

C. 符合规定的国内旅客运输发票

D. 海关进口增值税专用缴款书

14. 下列项目所包含的进项税额，不得从销项税额中抵扣的有（　　）。

A. 外购用于集体福利的车辆

B. 因自然灾害发生损失的原材料

C. 生产企业用于经营管理的办公用品

D. 为生产有机肥（免税产品）购入的原材料

15. 根据增值税法律制度的规定，企业下列项目的进项税额不得从销项税额中抵扣的有（　　）。

A. 外购货物用于个人消费

B. 生产应税产品购入的原材料

C. 因管理不善变质的库存购进商品

D. 因管理不善被盗的产成品所耗用的购进原材料

16. 根据增值税法律制度的规定，下列各项中，进项税额可以抵扣的有（　　）。

A. 甲公司外购一栋仓库，将其中 2/3 改造用于生产经营活动，1/3 改造为职工体育健身桑拿休闲会所，免费供本公司员工使用

B. 乙公司一辆汽车维修保养，取得的 4S 店开具的加工、修理修配业务增值税专用发票

C. 丙公司接受 A 银行的贷款服务

D. 丁公司购进原材料，运输过程中的发生的自然挥发损耗

17. 根据增值税法律制度的规定，下列各选项中，适用 5% 征收率征收增值税的有（　　）。

A. 从事房地产开发的小规模纳税人，销售自行开发的房地产项目

B. 非从事房地产开发的小规模纳税人，转让其取得的不动产

C. 建筑企业一般纳税人提供建筑服务属于老项目，选择简易办法征税的

D. 纳税人提供劳务派遣业务，选择差额纳税的

18. 下列各项中，免征增值税的有（　　）。

A. 中古书店销售古旧图书

B. 农业生产者销售自产农产品

C. 个人转让著作权

D. 残疾人的组织直接进口供残疾人专用的物品

19. 下列选项中，可以免征增值税的有（　　）。

A. 寺院、宫观、清真寺和教堂举办文化、宗教活动的门票收入

B. 土地所有者出让土地使用权和土地使用者将土地使用权归还给土地所有者

C. 纳税人提供技术转让、技术开发和与之相关的技术咨询、技术服务

D. 银行向企业发放贷款取得的利息收入

20. 下列关于增值税免税政策的说法中正确的有（　　）。

A. 纳税人兼营免税、减税项目的，应当分别核算免税、减税项目的销售额

B. 纳税人适用免税规定的，可以选择某一免税项目放弃免税权

C. 纳税人适用免税规定的，可以根据不同的销售对象选择部分货物或劳务放弃免税权

D. 纳税人适用免税规定的，可以放弃免税，放弃后 36 个月内不得再申请免税

21. 下列关于增值税纳税义务发生时间的表述中，正确的有（　　）。

A. 采取直接收款方式销售货物的，为货物发出的当天

B. 委托商场销售货物，为商场售出货物的当天

C. 将委托加工货物无偿赠与他人的，为货物移送的当天

D. 进口货物，为报关进口的当天

22. 根据增值税法律制度的规定，下列纳税人中，适用于以一个季度为纳税期限的有（　　）。

A. 财务公司　　　B. 银行

C. 小规模纳税人　D. 建筑企业

23. 下列选项中，不得开具增值税专用发票的是（　　）。
A. 房地产企业向消费者个人销售商品房
B. 超市向企业销售生产用手套
C. 某公司销售免税产品
D. 某餐厅向消费者个人提供餐饮服务

24. 根据消费税法律制度的规定，下列选项中，属于消费纳税环节的有（　　）。
A. 生产环节　　　B. 委托加工环节
C. 零售环节　　　D. 批发环节

25. 2019 年 12 月甲酒厂发生的下列业务中，应缴纳消费税的有（　　）。
A. 以自产低度白酒用于奖励职工
B. 以自产高度白酒用于馈赠客户
C. 以自产高度白酒用于连续加工低度白酒
D. 以自产低度白酒用于市场推广

26. 下列各项中，属于消费税征收范围的有（　　）。
A. 气缸容量 250 毫升（不含）以下的小排量摩托车
B. 车用含铅汽油
C. 电池、涂料
D. 气缸容量为 250 毫升的摩托车

27. 下列各单位经营的应税消费品中，应缴纳消费税的有（　　）。
A. 某酒楼销售的外购啤酒
B. 某公司提供原料委托加工企业生产的红木筷子
C. 某酒厂生产并销售给批发商的白酒
D. 某商场销售的黄金首饰

28. 下列项目中，属于成品油的征收范围的有（　　）。
A. 汽油　　　　　B. 柴油
C. 溶剂油　　　　D. 航空煤油

29. 下列不属于消费税税目的有（　　）。
A. 工业酒精
B. 电动汽车
C. 医用酒精
D. 一只 9 000 元的手表

30. 根据消费税法律制度的规定，下列各项中，应缴纳消费税的有（　　）。
A. 甲卷烟厂将自产卷烟连续生产卷烟
B. 乙日化厂将自产高档化妆品作为样品
C. 丙汽车厂将自产小汽车用于赞助
D. 丁酒厂将自产的黄酒移送生产调味料酒

31. 下列各项中，应当征收消费税的有（　　）。
A. 化妆品生产企业赠送给客户的高档化妆品
B. 将自产的烟丝用于连续生产卷烟
C. 白酒生产企业向百货公司销售的试制药酒
D. 汽车厂移送非独立核算门市部待销售的小汽车

32. 根据消费税法律制度的规定，下列关于卷烟消费税政策，说法正确的有（　　）。
A. 卷烟在批发环节加征一道从量税
B. 烟草批发企业将卷烟销售给零售单位的，要再征一道 11% 的从价税，并按 0.005 元/支加征从量税
C. 烟草批发企业将卷烟销售给其他烟草批发企业的，不缴纳消费税
D. 卷烟批发企业在计算应纳税额时不得扣除已含的生产环节的消费税税款

33. 根据消费税法律制度的规定，关于金银首饰的税务处理，下列说法正确的有（　　）。
A. 金银首饰连同包装物销售的，无论包装物是否单独计价，也无论会计上如何核算，均应并入金银首饰的销售额计征消费税
B. 对既销售金银首饰，又销售非金银首饰的单位，应将两类商品划分清楚，分别核算销售额
C. 金银首饰与其他产品组成成套消费品销售的，应单独核算金银首饰的销售额，以该销售额征收消费税
D. 纳税人采用以旧换新方式销售的金银首饰，应按新首饰的销售价格计征消费税

34. 根据消费税法律制度的规定，下列关于

消费税纳税义务发生时间的表述中，正确的有（　　）。

A. 纳税人委托加工应税消费品的，为签订委托加工合同的当天

B. 纳税人进口应税消费品的，为报关进口的当天

C. 纳税人自产自用应税消费品的，为移送使用当天

D. 纳税人采用预收货款结算方式销售货物的，为发出应税消费品的当天

三、判断题

1. 税收法律关系的内容是指税收法律关系主体双方的权利和义务所共同指向的对象。（　　）

2. 个人销售额未达到起征点的，免征增值税；达到起征点的，全额计算缴纳增值税。（　　）

3. 增值税一般纳税人资格实行登记制，登记事项由增值税纳税人向其主管税务机关办理。（　　）

4. 资管产品运营过程中发生的增值税应税行为，以资管产品管理人为增值税纳税人。（　　）

5. 某商业广场经营单位将该广场1号楼的外墙出租给一家广告公司用于发布公告，该经营业务取得的收入应按照"文化创意服务——广告服务"的税目缴纳增值税。（　　）

6. 物业管理单位代收的住宅专项维修资金应征收增值税。（　　）

7. 外购进口的原属于中国境内的货物，不征收进口环节增值税。（　　）

8. 根据增值税法律制度的规定，卫星电视信号落地转接服务，属于增值电信服务。（　　）

9. 根据增值税法律制度的规定，邮政代理业务活动，属于商务辅助服务中的经纪代理服务。（　　）

10. 某运输公司以自有的货车从事运输服务，后又划拨一部分货车成立租赁分公司。分公司专营对外出租货车的业务，分公司不能独立核算租赁收入。该运输公司从事运输服务和租赁服务的收入应全部按照"交通运输服务"的税目缴纳增值税。（　　）

11. 4S店销售汽车的同时代办保险等而向购买方收取的保险费，以及向购买方收取的代购买方缴纳的车辆购置税、车辆牌照费，均应并入其销售额，计算缴纳增值税。（　　）

12. 包装物押金均属于价外费用，在销售货物时随同货款一并计算增值税税款。（　　）

13. 一般纳税人因销售货物退回或者折让而退还给购买方的增值税税额，应从发生销售货物退回或者折让当期的销项税额中扣减。（　　）

14. 某企业将外购的货物（取得增值税专用发票）赠送儿童福利院，其进项税额不得抵扣。（　　）

15. 一般纳税人销售货物向购买方收取的包装物租金，应并入销售额计算增值税销项税额。（　　）

16. 一般纳税人销售其开发的房地产项目（选择简易计税方法的房地产老项目除外），以取得的全部价款和价外费用，扣除受让土地时向政府部门支付的土地价款后的余额为销售额。（　　）

17. 残疾人个人提供修理自行车劳务，应缴纳增值税。（　　）

18. 外国政府、国际组织、外国企业无偿援助的进口物资和设备，免征增值税。（　　）

19. 根据增值税法律制度的规定，纳税人提供有形动产租赁服务采取预收款方式的，其纳税义务发生时间为收到预收款的当天。（　　）

20. 根据消费税法的规定，在中华人民共和国境内，是指生产、委托加工和进口属于应当缴纳消费税的消费品的起运地或者所在地在境内。（　　）

21. 纳税人兼营卷烟批发和零售业务的，应当分别核算批发和零售环节的销售额、销售数量；未分别核算批发和零售环节销售额、销售数量的，按照全部销售额、销售数量计征零售环节消费税。（　　）

22. 酒厂将自产的5箱普通白酒移送到厂，工

会用于奖励先进员工，在移送使用环节不缴纳消费税。（　）

23. 企业购进中型商务客车改装生产的汽车不征收消费税。（　）

24. 企业加工生产的宝石坯，不属于消费税的征税范围。（　）

25. 实木地板和黄酒、啤酒，均采用从量计征方法计缴消费税。（　）

26. 红酒生产企业销售红酒收取的包装物押金应并入红酒销售额，征收消费税。（　）

27. 计算复合计税的应税消费品组成计税价格时，既要考虑从量的消费税税额，又要考虑从价的消费税税额。（　）

28. 委托加工的应税消费品，除受托方为个人外，由受托方向机构所在地或居住地的主管税务机关解缴消费税税款。（　）

29. 纳税人采取托收承付和委托银行收款方式销售的应税消费品，其纳税义务的发生时间，为发出应税消费品并办妥托收手续的当天。（　）

四、不定项选择题

1. 甲公司为增值税一般纳税人，某月有关经营情况如下：

（1）销售M型彩电，取得含增值税价款6 780 000元，另收取包装物租金56 500元。

（2）采取以旧换新方式销售N型彩电500台，N型彩电同期含增值税销售单价4 520元/台，旧彩电每台折价316.4元。

（3）购进生产用液晶面板，取得增值税专用发票注明税额480 000元。

（4）购进劳保用品，取得增值税普通发票注明税额300元。

（5）购进一辆销售部门和职工食堂混用的货车，取得税控机动车销售统一发票注明税额96 000元。

（6）组织职工夏季旅游，支付住宿费，取得增值税专用发票注明税额1 200元。

（7）将自产Z型彩电无偿赠送给某医院150台，委托某商场代销800台，作为投资提供给某培训机构400台；购进50台计算机

奖励给业绩突出的职工。

已知：增值税税率为13%；取得的扣税凭证已通过税务机关认证。

要求：根据上述资料，不考虑其他因素，分析回答下列小题。

（1）计算甲公司当月销售M型彩电增值税销项税额的下列算式中，正确的是（　）。

A.（6 780 000+56 500）÷（1+13%）×13%＝786 500（元）

B. 6 780 000×13%＝881 400（元）

C. 6 780 000÷（1+13%）×13%＝780 000（元）

D.（6 780 000+56 500）×13%＝888 745（元）

（2）计算甲公司当月采取以旧换新方式销售N型彩电增值税销项税额的下列算式中，正确的是（　）。

A. 500×（4 520－316.4）×13%＝273 234（元）

B. 500×（4 520－316.4）÷（1+13%）×13%＝241 800（元）

C. 500×4 520÷（1+13%）×13%＝260 000（元）

D. 500×[4 520÷（1+13%）－316.4]×13%＝239 434（元）

（3）甲公司的下列进项税额中，准予从销项税额中抵扣的是（　）。

A. 支付住宿费的进项税额1 200元

B. 购进劳保用品的进项税额300元

C. 购进货车的进项税额96 000元

D. 购进生产用液晶面板的进项税额480 000元

（4）甲公司的下列业务中，属于增值税视同销售货物行为的是（　）。

A. 将自产Z型彩电无偿赠送给某医院150台

B. 将自产Z型彩电委托某商场代销800台

C. 将自产Z型彩电作为投资提供给某培训机构400台

D. 购进50台计算机奖励给业绩突出的

职工

2. 甲商业银行 M 支行为增值税一般纳税人，主要提供相关金融服务，乙公司为其星级客户，甲商业银行 M 支行 2019 年第四季度有关经营业务的收入如下：

(1)提供贷款服务，取得含增值税利息收入 6 491.44 万元。

(2)提供票据贴现服务，取得含增值税利息收入 874.5 万元。

(3)提供资金结算服务，取得含增值税服务费收入 37.1 万元。

(4)提供账户管理服务，取得含增值税服务费收入 12.72 万元。

已知金融服务增值税税率为 6%，乙公司为增值税一般纳税人。

要求：根据上述资料，不考虑其他因素，分析回答下列问题。

(1)甲商业银行 M 支行 2019 年第四季度取得的下列收入中，应按照"金融服务—直接收费金融服务"税目计算增值税的是(   )。

A. 账户管理服务费收入 12.72 万元

B. 票据贴现利息收入 874.5 万元

C. 资金结算服务费收入 37.1 万元

D. 贷款利息收入 6 491.44 万元

(2)乙公司向甲商业银行 M 支行购进的下列金融服务中，不得从销项税额中抵扣进项税额的是(   )。

A. 票据贴现服务   B. 账户管理服务

C. 贷款服务   D. 资金结算服务

(3)计算甲商业银行 M 支行 2019 年第四季度贷款服务增值税销项税额的下列算式中，正确的是(   )。

A. （6 491.44＋874.5）÷（1＋6%）×6%＝416.94(万元)

B. 37.1×6%＋12.72÷（1＋6%）×6%＝2 946(万元)

C. 37.1÷（1＋6%）×6%＋874.5×6%＝54.57(万元)

D. （6 491.44＋37.1）×6%＝981.712 4(万元)

(4)计算甲商业银行 M 支行 2019 年第四季度直接收费金融服务增值税销项税额的下列算式中，正确的是(   )。

A. 37.1÷（1＋6%）×6%＋12.72×6%＝2.863 2(万元)

B. （37.1＋12.72）÷（1＋6%）×6%＝2.82(万元)

C. （6 491.44＋37.1）÷（1＋6%）×6%＝369.54(万元)

D. 874.5×6%＋12.72÷（1＋6%）×6%＝51.19(万元)

本章综合练习参考答案及解析

一、单项选择题

1. C 【解析】本题考核税收的特征。税收具有强制性、无偿性和固定性三个特征。

2. D 【解析】本题考核税法构成要素。税法的构成要素一般包括纳税义务人、征税对象、税目、税率、计税依据、纳税环节、纳税期限、纳税地点、税收优惠、法律责任等项目。

3. B 【解析】本题考核增值税纳税人。下列纳税人不属于一般纳税人：(1)年应税销售额未超过小规模纳税人标准的企业；(2)个人(除个体经营者以外的其他个人，D 选项)；(3)非企业性单位(A 选项)；(4)不经常发生增值税应税行为的企业(C 选项)。

4. A 【解析】本题考核增值税视同销售行为。将自产、委托加工或者购进的货物作为投资，提供给其他单位或者个体工商户、分配给股东或者投资者、无偿赠送其他单位或者个人均属于视同销售的情形；

将外购的货物用于非增值税应税项目、免税项目、集体福利或者是个人消费均不属于视同销售的情形，其进项税额不可以抵扣。

5. D 【解析】本题考核增值税的征税范围——交通运输服务。选项 D，道路通行服务（过路费、过桥费、过闸费）属于"租赁服务——不动产经营租赁"。

6. C 【解析】本题考核增值税的混合销售与兼营行为。选项 ABD 属于增值税混合销售行为，是一项销售行为既涉及服务又涉及货物。

7. D 【解析】本题考核增值税的混合销售与兼营行为。自 2017 年 5 月起，纳税人销售活动板房、机器设备、钢结构件等自产货物的同时提供建筑、安装服务，"不属于"混合销售，应分别核算货物和建筑服务的销售额，分别适用不同税率或者征收率。

8. C 【解析】本题考核增值税的税率与征收率。提供交通运输服务，税率为 9%。

9. C 【解析】本题考核增值税的税率与征收率。根据现行政策，一般纳税人销售自己使用过的以前购进未抵扣过进项税额的固定资产，按照 3% 征收率减按 2% 征收增值税。

10. C 【解析】本题考核增值税销售服务的税率。选项 C 属于"有形动产租赁"服务，适用 13% 的税率，为目前增值税销售服务中税率最高的税目。

11. A 【解析】本题考核销售额的确定。增值税是价外税，其税款不应包含在销售货物的价款之中。

12. B 【解析】本题考核增值税的计算。纳税人为销售货物而出租、出借包装物收取的押金，单独记账核算的，且时间在 1 年以内，又未过期的，不并入销售额征税；但对因逾期未收回包装物不再退还的押金，应按所包装货物的适用税率计算增值税款。

13. D 【解析】本题考核增值税视同销售行

为的计算。组成计税价格 = 成本 ×（1 + 成本利润率），因此选项 D 正确。

14. B 【解析】本题考核增值税进项税额的抵扣。纳税人兼营免税项目或免征增值税项目无法准确划分不得抵扣的进项税额部分，按公式计算不得抵扣的进项税额 = 当月无法划分的全部进项税额 ×（当期简易计税方法计税项目销售额 + 免征增值税项目销售额）÷ 当月全部销售额，不得抵扣的进项税额 = 6.4×50÷［113÷（1+13%）+50］= 2.13（万元），应纳税额 = 113÷（1+13%）×13% −（6.4−2.13）= 8.73（万元）。

15. A 【解析】本题考核增值税进项税额的抵扣。选项 A，自然灾害造成的损失允许抵扣进项税额。"非正常损失"涉及的进项税额不得抵扣。

16. C 【解析】本题考核小规模纳税人应纳税额的计算。小规模纳税人销售自己使用过的固定资产，减按 2% 征收率征收增值税。该小规模纳税人 9 月份应纳增值税 =（150 000+8 080）÷（1+3%）×3%+45 000÷（1+3%）×2% = 5 478.06（元）。

17. C 【解析】本题考核增值税应纳税额的计算。小规模纳税人提供应税服务，采用简易办法计税，应纳增值税 =（5+3）÷（1+3%）×3% = 0.23（万元）。

18. D 【解析】本题考核进口环节增值税的计算。进口货物增值税税率与企业性质无关，所以，该企业进口高档化妆品应纳进口增值税税额 = 关税完税价格 ×（1+关税税率）÷（1−消费税税率）× 增值税税率 = 40×（1+20%）÷（1−15%）×13% = 7.34（万元）。注意进口应税消费品的，增值税与消费税的组成计税价格相同。

19. D 【解析】本题考核增值税免税规定。选项 A，税法规定，农业生产者销售自产的农产品，免征增值税，但是商场销售农产品，正常纳税；选项 B，对残疾人个人提供的加工、修理修配劳务免征增值税，对残疾人组成的福利工厂提供的上述劳务，没有免税的规定；选项 C，外国政府、国际组织无偿援助的进口物资和设备，才可免征增值税。

20．B 【解析】本题考核增值税税收优惠。选项 ACD，免征增值税。

21．A 【解析】本题考核增值税纳税义务发生时间。委托其他纳税人代销货物，为收到代销单位的代销清单或者收到全部或者部分货款的当天。未收到代销清单及货款的，为发出代销货物满 180 天的当天。

22．B 【解析】本题考核增值税纳税地点。非固定业户销售货物或者应税劳务，应当向销售地或者劳务发生地的主管税务机关申报纳税；未向销售地或者劳务发生地的主管税务机关申报纳税的，由其机构所在地或者居住地的主管税务机关补征税款。

23．B 【解析】本题考核增值税专用发票的联次。选项 AD，属于发票联的用途；选项 C，属于抵扣联的用途。

24．B 【解析】本题考核应当开具增值税专用发票的情形。选项 A，商业企业一般纳税人零售的烟、酒、食品、服装、鞋帽（不包括劳保专用部分）、化妆品等消费品不得开具专用发票；选项 C，增值税小规模纳税人和非增值税纳税人不得领购使用专用发票；选项 D，农民销售农产品不能开具增值税专用发票。

25．B 【解析】本题考核购进旅客运输服务的进项税额抵扣。根据规定，取得注明旅客身份信息的铁路车票的，为按照下列公式计算的进项税额：铁路旅客运输进项税额 ＝ 票面金额 ÷（1+9%）×9%。注意，购进餐饮服务的，不得抵扣进项税额。

26．C 【解析】本题考核消费税纳税人和税目。在中华人民共和国境内生产、委托加工和进口消费税暂行条例规定的消费

品的单位和个人，以及国务院确定的销售消费税暂行条例规定的消费品的其他单位和个人，为消费税的纳税人。选项 ABD，粮食、家电和服装均不属于应税消费品。

27．D 【解析】本题考核消费税的征税范围和税目。舞台、戏剧、影视演员化妆用的上妆油、卸妆油不属于"高档化妆品"税目征税范围，不征收消费税；体育上用的发令纸、鞭炮引线不属于"鞭炮、焰火"税目，不征收消费税；销售价格（不含增值税）每只在 10 000 元（含）以上的各类手表为高档手表，征收消费税，价值为 8 800 元的手表不属于高档手表，不征收消费税。对以黄酒为酒基生产的配制或泡制酒，按其他酒征收消费税。

28．A 【解析】本题考核消费税税目与征税范围的结合。目前征收消费税的应税消费品有：烟、酒、高档化妆品、成品油、贵重首饰和珠宝玉石、鞭炮焰火、高尔夫球及球具、高档手表、游艇、木制一次性筷子、实木地板、小汽车、摩托车、电池、涂料，所以选项 A 正确。

29．C 【解析】本题考核消费税的计算。除啤酒、黄酒以外的其他酒类产品在销售同时收取的包装物押金，在收取时就并入销售额，征收消费税；销售应税消费品同时收取的手续费作为价外费用并入销售额计征消费税；本题中给出的销售额及价外费用（包装物押金、手续费）均为含增值税的销售额，应换算为不含增值税的销售额。

30．D 【解析】本题考核消费税的计算。纳税人用于换取生产资料和消费资料、投资入股和抵偿债务等方面的应税消费品，应当以纳税人同类应税消费品的最高销售价格作为计税依据计算消费税。

31．B 【解析】本题考核计征消费税的销售额的确定。计征消费税的销售额是销售应税消费品向购买方收取的全部价

款和价外费用，但不包括取得的增值税。价外费用视为含税收入，需要换算为不含税收入。因此，计缴消费税的销售额=（250 800+30 000）÷（1+13%）=248 495.58（元）。

32. A 【解析】本题考核消费税纳税地点。纳税人到外县（市）销售应税消费品的，于应税消费品销售后，向机构所在地或者居住地主管税务机关申报纳税。

二、多项选择题

1. ABC 【解析】本题考核我国现行税种与征收机关。选项D，进口环节缴纳的增值税由海关系统负责征收。

2. ABCD 【解析】本题考核增值税非征税范围。非营业活动，是指：（1）非企业性单位按照法律和行政法规的规定，为履行国家行政管理和公共服务职能收取政府性基金或者行政事业性收费的活动。（2）单位或者个体工商户聘用的员工为本单位或者雇主提供应税服务。（3）单位或者个体工商户为员工提供应税服务。（4）财政部和国家税务总局规定的其他情形。

3. ABC 【解析】本题考核增值税征税范围——建筑服务。建筑服务包括工程服务、安装服务、修缮服务、装饰服务和其他建筑服务。其中，选项A，固定电话、有线电视、宽带、水、电、燃气、暖气等经营者向用户收取的安装费、初装费、开户费、扩容费以及类似收费，属于"安装服务"；选项C，搭脚手架属于"其他工程服务"；选项D，疏浚（不包括航道疏浚）属于"其他工程服务"。

4. BD 【解析】本题考核增值税征税范围——商务辅助服务。商务辅助服务包括企业管理服务、经纪代理服务、人力资源服务和安全保护服务。选项A，翻译服务和市场调查服务属于"鉴证咨询服务——咨询服务"；选项C，属于"文化创意服务"。

5. BCD 【解析】本题考核视同销售货物。选项A，属于外购货物进项税额不得从销

项税额中抵扣的情形。视同销售行为包括：（1）将货物交付其他单位或者个人代销；（2）销售代销货物；（3）设有两个以上机构并实行统一核算的纳税人，将货物从一个机构移送其他机构用于销售，但相关机构设在同一县（市）的除外；（4）将自产、委托加工的货物用于集体福利或者个人消费；（5）将自产、委托加工或者购进的货物作为投资，提供给其他单位或者个体工商户；（6）将自产、委托加工或者购进的货物分配给股东或者投资者；（7）将自产、委托加工或者购进的货物无偿赠送其他单位或者个人。

6. ABC 【解析】本题考核增值税混合销售与兼营。混合销售是指同一项销售业务中涉及货物和应税服务，同时从同一客户处收取价款，选项ABC均为混合销售；兼营是纳税人兼有销售货物、劳务、服务、无形资产或不动产，并非发生在同一业务中，选项D是兼营行为。

7. AC 【解析】本题考核增值税征收率的适用。选项BD，适用免税政策。

8. ABC 【解析】本题考核增值税的税率与征收率。初级农产品、食用植物油；自来水、暖气、冷气等；图书、报纸、杂志适用增值税9%的低税率。

9. ABC 【解析】本题考核增值税征收率的适用。选项D，一般纳税人销售实木地板的，不适用选择简易办法征税，应适用一般计税方法，按照13%的税率计算销项税额。

10. ABCD 【解析】本题考核简易计税方法适用范围。

11. ABCD 【解析】本题考核含增值税销售额的换算。销售价款中是否含税的判断可以遵循以下的原则：（1）普通发票中注明的价款一定是含税价格。例如：商场向消费者销售的"零售价格"；（2）增值税专用发票中记载的"价格"一定是不含税价格；（3）增值税纳税人销售货物同时收

取的价外收入或逾期包装物押金收入等一般为含税收入；（4）小规模纳税人开具的普通发票的收入视为含税收入。

12. BD 【解析】本题考核增值税进项税额的抵扣范围。购进的贷款服务、餐饮服务、居民日常服务和娱乐服务。纳税人接受贷款服务向贷款方支付的与该笔贷款直接相关的投融资顾问费、手续费、咨询费等费用，其进项税额不得从销项税额中抵扣。

13. BCD 【解析】本题考核增值税的扣税凭证。增值税扣税凭证，是指增值税专用发票、海关进口增值税专用缴款书、农产品收购发票、农产品销售发票、完税凭证和符合规定的国内旅客运输发票。

14. AD 【解析】本题考核增值税中不得做进项税额抵扣的事项。选项A，外购用于集体福利的车辆，其进项税额不得抵扣；选项B，非正常损失的购进货物及相关的应税劳务不得抵扣进项税额，其中非正常损失是指因管理不善造成被盗、丢失、霉烂变质的损失，以及被执法部门依法没收或者强令自行销毁的货物，不包括自然灾害；选项C，办公用品如果取得增值税专用发票的是可以抵扣进项税额的；选项D，有机肥为免税产品，为生产免税产品购入的材料不得抵扣进项税额。注意非正常损失情况下，只有管理不善造成的损失，相应货物的进项税额才不得抵扣。

15. ACD 【解析】本题考核增值税进项税额抵扣的规定。选项A，用于简易计税方法计税项目、免征增值税项目、集体福利或者个人消费的购进货物、加工修理修配劳务、服务、无形资产和不动产不得抵扣进项税额；选项B，正常的连续生产过程领用原材料，可以抵扣进项税额；选项CD，非正常损失的购进货物及相关的应税劳务不得抵扣进项税额。非正常损失，是指因管理不善造成被盗、丢失、

霉烂变质的损失，以及被执法部门依法没收或者强令自行销毁的货物。

16. ABD 【解析】本题考核增值税进项税额抵扣。（1）选项A，用于集体福利的购进不动产，进项税额不得抵扣，但不得抵扣的不动产，仅指"专用"于上述项目的不动产；（2）选项B，属于购进加工、修理修配劳务，可以抵扣进项税额；（3）选项C，购入的贷款服务进项税额不得抵扣；（4）选项D，生产经营过程中，因管理不善造成非正常损失的进项税额不得抵扣，而合理损耗准予抵扣。

17. ABD 【解析】本题考核增值税中涉及不动产征收率的相关规定。选项C，建筑企业一般纳税人提供建筑服务属于老项目，选择简易办法依照3%的征收率计算缴纳增值税。

18. ABCD 【解析】本题考核增值税税收优惠。古旧图书免征增值税，图书、报纸、杂志适用低税率9%征收。

19. ABC 【解析】本题考核增值税税收优惠。选项D，银行向企业发放贷款取得的利息收入，应全额计征增值税。

20. AD 【解析】本题考核增值税免税政策。选项BC，纳税人一经放弃免税权，其生产销售的全部增值税应税货物或劳务均应按照适用税率征税，不得选择某一免税项目放弃免税权，也不得根据不同的销售对象选择部分货物或劳务放弃免税权。

21. CD 【解析】本题考核增值税纳税义务发生时间。选项A，采取直接收款方式销售货物，不论货物是否发出，均为收到销售额或取得索取销售额凭据的当天；选项B，委托其他纳税人代销货物，为收到代销单位的代销清单的当天；选项C，视同销售货物行为为货物移送当天；选项D，进口货物，为货物报关进口的当天。

22. ABC 【解析】本题考核增值税纳税期限。以1个季度为纳税期限的规定适用于

小规模纳税人、银行、财务公司、信托投资公司、信用社，以及财政部和国家税务总局规定的其他纳税人。

23. ACD 【解析】本题考核增值税专用发票的使用。向消费者个人销售服务、无形资产或者不动产，以及适用免税政策的行为都是不得开具增值税专用发票的。商业企业一般纳税人零售的烟、酒、食品、服装、鞋帽(不包括劳保专用部分)、化妆品等消费品不得开具专用发票。

24. ABCD 【解析】本题考核消费税征税范围。消费税纳税环节包括：生产环节、委托加工环节、进口环节、零售环节(金银首饰、钻石及钻石饰品、铂金首饰、超豪华小汽车)和批发环节(卷烟)。

25. ABD 【解析】本题考核消费税的纳税环节。纳税人自产的应税消费品，用于连续生产应税消费品的，不纳税；凡用于其他方面的，于移送使用时，照章缴纳消费税。

26. CD 【解析】本题考核消费税的征收范围。自2014年12月1日起，调整现行消费税政策，取消气缸容量250毫升(不含)以下的小排量摩托车消费税；取消汽车轮胎税目；取消车用含铅汽油消费税；取消酒精消费税。自2015年2月1日起对电池、涂料征收消费税。注意气缸容量为250毫升的摩托车和气缸容量在250毫升(不含)以上的摩托车并未取消征收消费税规定。

27. CD 【解析】本题考核消费税纳税人、纳税环节和税目。消费税一般在应税消费品的生产、委托加工和进口环节缴纳，金银首饰、钻石及钻石饰品、铂金首饰在零售环节征消费税。选项A，某酒楼不属于啤酒生产企业；选项B，红木筷子不是木制一次性筷子，不是应税消费品。

28. ABCD 【解析】本题考核消费税税目。成品油包括汽油、柴油、石脑油、溶剂油、航空煤油、润滑油、燃料油7个子目。

29. ABCD 【解析】本题考核消费税税目。选项AC，根据现行政策，工业酒精和医用酒精已不属于消费税税目；选项B，电动汽车不属于消费税征税范围，不征收消费税；选项D，高档手表是指销售价格(不含增值税)每只在10 000元(含)以上的各类手表，价值9 000元的手表不属于高档手表征税范围，不征收消费税。

30. BCD 【解析】本题考核消费税的征税范围。纳税人自产自用的应税消费品，用于连续生产应税消费品的，不纳税，因此选项A不选；纳税人自产自用的应税消费品，用于其他方面的(生产非应税消费品、在建工程、管理部门、馈赠、赞助、集资、广告、样品、职工福利、奖励等)，视同销售，在移送使用时纳税。

31. AC 【解析】本题考核消费税的征税环节。选项B，用于连续生产卷烟的烟丝，属于继续生产应税消费品，不征消费税；选项D，汽车厂移送非独立核算门市部待销售的小汽车，不征消费税，如果门市部已经对外销售了，应当按销售额计征消费税。该规定有两处关键词，一是"非独立核算"；二是"门市部"。

32. BCD 【解析】本题考核卷烟消费税的缴纳。选项A，卷烟批发环节从价税率为11%，并按0.005元/支加征从量税。

33. AB 【解析】本题考核金银首饰消费税的计算。选项C，金银首饰与其他产品组成成套消费品销售的，应按"销售额全额"征收消费税；选项D，纳税人采用以旧换新方式销售的金银首饰，应按"实际收取"的不含增值税的全部价款确定计税依据征收消费税(注意，增值税与消费税此处处理相同)。

34. BCD 【解析】本题考核消费税纳税义务发生时间。纳税人委托加工应税消费品的，为纳税人提货的当天。

三、判断题

1. × 【解析】本题考核税收法律关系。税收法律关系的内容是指税收法律关系主体所享受的权利和应承担的义务；题目表述为税收法律关系的客体。

2. √ 【解析】本题考核增值税起征点的规定。

3. √

4. √

5. × 【解析】本题考核增值税的征税范围——广告服务。根据规定，将建筑物、构筑物等不动产或者飞机、车辆等有形动产的广告位出租给其他单位或者个人用于发布广告的，按照经营租赁服务缴纳增值税。

6. × 【解析】本题考核增值税征税范围。房地产主管部门或者其指定机构、公积金管理中心、开发企业以及物业管理单位代收的住宅专项维修资金，不征收增值税。

7. × 【解析】本题考核增值税征税范围。根据规定，报关进口的应税货物，属于增值税的征税范围。

8. √

9. × 【解析】本题考核增值税征税范围。邮政服务包括：邮政普遍服务、邮政特殊服务和其他邮政服务。其他邮政服务中包括邮册等邮品销售、"邮政代理"等业务活动。

10. × 【解析】本题考核增值税兼营行为。根据规定，纳税人兼营销售货物、劳务、服务、无形资产或者不动产，适用不同税率或者征收率的，应当分别核算适用不同税率或者征收率的销售额；未分别核算的，从高适用税率。本题中，运输公司未分别核算运输业务和租赁业务的收入，应从高适用"租赁服务——有形动产租赁"13%的税率。

11. × 【解析】本题考核增值税销售额的确定。根据规定，销售货物的同时代办保险等而向购买方收取的保险费，以及向购买方收取的代购买方缴纳的车辆购置税、车辆牌照费，"不属于价外费用"。

12. × 【解析】本题考核增值税销售额的确定。包装物押金是否计入销售额征收增

值税，需要视情况而定。

13. √ 【解析】本题考核增值税中销售退回或折让的税务处理。

14. × 【解析】本题考核增值税的进项税抵扣。企业将外购的货物用于投资、分配和赠送，属于增值税的视同销售，其外购货物的进项税符合规定，准予抵扣。注意，将外购的货物用于集体福利和个人消费，其进项税额不得抵扣。

15. √

16. √

17. × 【解析】本题考核增值税税收优惠。残疾人个人提供的应税服务免征增值税。

18. × 【解析】本题考核增值税税收优惠。根据规定，外国政府、国际组织（不包括外国企业）无偿援助的进口物资和设备，免征增值税。

19. √ 【解析】本题考核增值税纳税义务发生时间。

20. √ 【解析】本题考核消费税纳税人。

21. × 【解析】本题考核消费税征收范围中批发销售卷烟的规定。纳税人兼营卷烟批发和零售业务的，应当分别核算批发和零售环节的销售额、销售数量；未分别核算批发和零售环节销售额、销售数量的，按照全部销售额、销售数量计征批发环节消费税。

22. × 【解析】本题考核消费税的征税范围。纳税人自产自用的应税消费品，用于其他方面的，于移送使用时纳税。其他方面，是指纳税人将自产自用的应税消费品用于生产非应税消费品、在建工程、管理部门、非生产机构、提供劳务、馈赠、赞助、集资、广告、样品、职工福利、奖励等方面。

23. × 【解析】本题考核消费税税目。对于购进的中轻型商用客车整车改装生产的汽车，应按规定征收消费税。

24. × 【解析】本题考核消费税税目。宝石坯是经采掘、打磨、初级加工的珠宝玉

石半成品，对宝石坯应按规定征收消费税。

25. × 【解析】本题考核消费税税率形式。实木地板采用从价定率计征方法计缴消费税。

26. √ 【解析】本题考核消费税销售额的确定。除啤酒、黄酒以外的其他酒类产品在销售的同时收取的包装物押金，在收取时就并入销售额，征收消费税。

27. √ 【解析】本题考核复合计税应税消费品的组成计税价格。注意复合计征应税消费品组成计税价格计算中，不仅包括从价计征的消费税，还应当包含从量计征部分的消费税。

28. √ 【解析】本题考核消费税的纳税地点。

29. √ 【解析】本题考核消费税的征收管理。

四、不定项选择题

1. (1)A 【解析】包装物租金属于价外费用，需要计入销售额计算增值税；价外费用和价款含增值税，需要换算为不含税金额。

(2)C 【解析】纳税人采取以旧换新方式销售货物的，应按新货物的同期销售价格确定销售额，不得扣减旧货物的收购价格。含税金额需要换算为不含税金额。

(3)CD 【解析】选项A，组织职工夏季旅游，支付住宿费属于职工福利，进项税额不允许扣除；选项B，增值税普通发票不允许抵扣进项税额；选项C，固定资产、不动产如果是既用于不允许抵扣项目的，

又用于抵扣项目的，该进项税额准予全部抵扣；选项D，可正常抵扣进项税额。

(4)ABC 【解析】单位或者个体工商户的下列行为，视同销售货物，征收增值税：(1)将货物交付其他单位或者个人代销；(2)销售代销货物；(3)设有两个以上机构并实行统一核算的纳税人，将货物从一个机构移送至其他机构用于销售，但相关机构设在同一县(市)的除外；(4)将自产或者委托加工的货物用于非增值税应税项目；(5)将自产、委托加工的货物用于集体福利或者个人消费；(6)将自产、委托加工或者购进的货物作为投资，提供给其他单位或者个体工商户；(7)将自产、委托加工或者购进的货物分配给股东或者投资者；(8)将自产、委托加工或者购进的货物无偿赠送其他单位或者个人。

2. (1)AC 【解析】选项AC，账户管理和资金结算服务属于直接收费金融服务；选项BD贷款服务和票据贴现服务属于贷款服务。

(2)AC 【解析】购进的贷款服务、餐饮服务、居民日常服务和娱乐服务的进项税额不得从销项税额中抵扣。

(3)A 【解析】业务(1)、(2)属于贷款服务，且都是含税收入，销项税额 = (6 491.44＋874.5)÷(1＋6%)×6% = 416.94(万元)。

(4)B 【解析】业务(3)、(4)属于直接收费金融服务，且都是含税收入，销项税额 = (37.1 + 12.72)÷(1 + 6%)×6% = 2.82(万元)。

中华会计网校 www.chinaacc.com

梦想成真® 系列辅导丛书

2020 年度 全国会计专业技术资格考试

经济法基础

经典题解 下册

■ 张 稳 主编 　■ 中华会计网校 组编

高等教育出版社·北京

内容简介

本书是初级会计职称考试"经济法基础"科目的配套用书,主要包括会计法律制度、支付结算法律制度、税收法律制度及劳动合同与社会保险法律制度。

本书包括四部分:第一部分 命题趋势预测与应试技巧,可以帮助考生对初级会计职称考试有一个整体把握,对"经济法基础"科目的全貌有一个整体了解。第二部分 核心考点精析及习题训练。其中,"考情分析"可以帮助考生迅速把握重点的考核内容,便于考生提高学习效率,帮助考生了解未来的考题方向,便于考生备考;"考点精讲"可以帮助考生系统地把握知识点,更牢固地掌握和灵活运用知识点;"随学随练"让考生第一眼就知道考试考什么,出题角度是怎样的,做到知己知彼;"本章综合练习"帮助考生巩固所学知识点,提高学习效果。第三部分 不定项选择题专项训练,帮助考生更有针对性地按照章节顺序对各章不定项选择题进行专项训练。第四部分 机考通关题库演练,使考生在熟悉真题的基础上进行全方位练习。

本书还运用二维码技术,读者可以使用移动终端扫码观看与该知识点相关的"知识点内容""课程"和"答疑"的具体内容,通过多方面的讲解使考生对该内容有更深、更透彻的理解。

本书可以作为初级会计职称考试"经济法基础"科目的主要备考辅导用书。

图书在版编目(CIP)数据

经济法基础经典题解 : 全 2 册/中华会计网校组编;张稳主编. -- 北京 : 高等教育出版社,2019.11
ISBN 978-7-04-052919-7

Ⅰ.①经… Ⅱ.①中… ②张… Ⅲ.①经济法–中国–资格考试–题解 Ⅳ.①D922.29-44

中国版本图书馆 CIP 数据核字(2019)第 235186 号

经济法基础经典题解
JINGJIFA JICHU JINGDIAN TIJIE

策划编辑	贾玉婷	责任编辑 马 一	封面设计 杨立新	版式设计 范晓红
责任印制	刘思涵			

出版发行	高等教育出版社		网 址	http://www.hep.edu.cn
社 址	北京市西城区德外大街 4 号			http://www.hep.com.cn
邮政编码	100120		网上订购	http://www.hepmall.com.cn
印 刷	山东鸿君杰文化发展有限公司			http://www.hepmall.com
开 本	787mm× 1092mm 1/16			http://www.hepmall.cn
本册印张	17.5			
本册字数	460 千字		版 次	2019 年 11 月第 1 版
购书热线	010-58581118		印 次	2019 年 11 月第 1 次印刷
咨询电话	400-810-0598		总 定 价	64.00 元

本书如有缺页、倒页、脱页等质量问题,请到所购图书销售部门联系调换
版权所有 侵权必究
物 料 号 52919-001

目 录

下 册

第三部分　不定项选择题专项训练

第四部分　机考通关题库演练

第5章 企业所得税、个人所得税法律制度

考情分析

本章为考试重点章节，试卷分值在15分至20分。每套试卷至少会出现一道不定项选择题。

本章所得税法律制度包括企业所得税与个人所得税。其中，企业所得税计税方法由于采用"综合计征制"，企业的收入与成本、费用支出一脉相承，因此学习难度较大，而考试出题难度"理论上"也可以很难，但实际考核难度相对适中。个人所得税近些年改革力度较大，计税方法从单项计征制改为"综合与单项计征结合制"，而且税目较为琐碎，因此复习难度有所提升。

▶ 2020年考试变化

本章2020年考核变化较大，主要包括：

(1)新增地方政府债券和铁路债券利息的企业所得税减免政策。

(2)新增"企业扶贫捐赠支出"的扣除规定。

(3)新增"党组织工作经费的扣除"。

(4)新增"集成电路设计企业和软件企业""经营性文化事业单位"的税收优惠政策。

(5)更新了小型微利企业企业所得税的减免政策。

(6)新增了养老、家政等服务机构的企业所得税减计收入政策。

(7)本章个人所得税部分按照最新的政策增加了一些条目。

核心考点及真题详解

模块一 企业所得税

考点一 纳税人和征税对象

扫我解疑难

考点精讲

一、基本规定

在中华人民共和国境内，企业和其他取

得收入(以下统称企业)的组织为企业所得税纳税人。

『提示』个体工商户、个人独资企业和合伙企业不是企业所得税的纳税人。

二、企业所得税纳税人分类和征税对象 ★★

(一)纳税人分类

按照"收入来源地管辖权"和"居民管辖权"相结合的双重管辖权，企业分为居民企业和非居民企业，如表5-1所示。

表 5-1 企业所得税居民企业与非居民企业

纳税人	判定标准		征税范围
居民企业	①依法在"中国境内成立"的企业;②依照外国(地区)法律成立但"实际管理机构"在中国境内的企业		无限纳税义务来源于中国境内、境外的所得
非居民企业	依照外国(地区)法律、法规成立且实际管理机构不在中国境内	在中国境内设立机构、场所的企业	有限纳税义务来源于中国境内的所得
		在中国境内未设立机构、场所,但有来源于中国境内所得的企业	

『提示1』实际管理机构,是指对企业的生产经营、人员、账务、财产等实施实质性全面管理和控制的机构。

『提示2』非居民企业委托营业代理人在中国境内从事生产经营活动的,该营业代理人视为非居民企业在中国境内设立的"机构、场所"。

（二）征税对象★

企业所得税征税对象如图 5.1 所示。

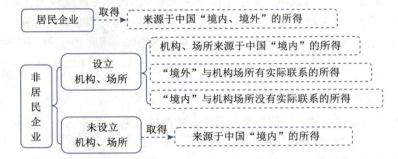

图 5.1 企业所得税征税对象

【图示说明】实际联系,是指非居民企业在中国境内设立的机构、场所拥有据以取得所得的股权、债权,以及拥有、管理、控制据以取得所得的财产等。

随学随练 6分钟

1.【单选题】(2018 年)根据企业所得税法律制度的规定,下列各项中,不属于企业所得税纳税人的是( )。

A. 外商投资企业

B. 一人有限责任公司

C. 个人独资企业

D. 社会团体

2.【单选题】(2018 年)根据企业所得税法律制度的规定,下列各项中,不属于企业所得税纳税人的是( )。

A. 甲有限责任公司

B. 乙事业单位

C. 丙个人独资企业

D. 丁股份有限公司

3.【单选题】(2015 年)根据企业所得税法律制度的规定,以下属于非居民企业的是( )。

A. 根据中国法律成立,实际管理机构在中国的丙公司

B. 根据外国法律成立,实际管理机构在我国的甲公司

C. 根据外国法律成立且实际管理机构在国外,在我国设立机构场所的

D. 根据中国法律成立,在国外设立机构场所的

4.【多选题】(2019 年)根据企业所得税法律制度的规定,下列各项中,属于企业所得税纳税人的有( )。

A. 在中国境内注册的个人独资企业

B. 在中国境内注册的一人有限责任公司

C. 在中国境内注册的社会团体

D. 外国公司在中国境内的分公司

5. 【多选题】（2019 年）根据企业所得税法律制度的规定，下列依照中国法律在中国境内设立的企业，属于企业所得税纳税人的有（　）。

A. 股份有限公司

B. 有限责任公司

C. 国有独资公司

D. 个人独资公司

6. 【多选题】（2018 年）根据企业所得税法律制度的规定，下列所得中，属于企业所得税征税对象的有（　）。

A. 在中国境内设立机构、场所的非居民企业，其机构、场所来源于中国境内的所得

B. 居民企业来源于中国境外的所得

C. 在中国境内未设立机构、场所的非居民企业来源于中国境外的所得

D. 居民企业来源于中国境内的所得

7. 【判断题】（2018 年）在中国境内设立机构、场所的非居民企业取得的发生在中国境外但与其境内所设机构、场所有实际联系的所得无须缴纳企业所得税。（　）

8. 【判断题】（2018 年）企业所得税非居民企业委托营业代理人在中国境内从事生产经营活动，该营业代理人视为非居民企业在中国境内设立的机构、场所。（　）

9. 【判断题】（2018 年）居民企业来源于中国境外的租金所得不征收企业所得税。（　）

随学随练参考答案及解析

1. C 【解析】本题考核企业所得税纳税人。选项 AB，外商投资企业与一人有限责任公司，均属于依照中国法律、行政法规设立的公司制企业，因此是企业所得税纳税人；选项 C，依照中国法律、行政法规成立的个人独资企业、合伙企业，不属于企业所得税纳税义务人，不缴纳企业所得税；选项 D，属于其他取得收入的"组织"，为企业所得税纳税人。

2. C 【解析】本题考核企业所得税纳税人。企业所得税纳税人包括各类企业、事业单位、社会团体以及其他取得收入的组织。依照中国法律、行政法规成立的个人独资企业、合伙企业，不属于企业所得税纳税义务人，不缴纳企业所得税。

3. C 【解析】本题考核企业所得税纳税人的分类。选项 AD，为按照我国商事法律制度设立的企业，属于居民企业；选项 B，虽根据外国法律设立，但实际管理机构在我国境内，为居民企业；选项 C，属于依照外国（地区）法律成立且实际管理机构不在中国境内，但在中国境内设立机构、场所的非居民企业。

4. BCD 【解析】本题考核企业所得税纳税人。企业所得税纳税人包括各类企业、事业单位、社会团体以及其他取得收入的组织。依照规定成立的个人独资企业、合伙企业，不属于企业所得税纳税义务人，不缴纳企业所得税。选项 A，个人独资企业应依法缴纳个人所得税。

5. ABC 【解析】本题考核企业所得税纳税人。企业所得税纳税人包括各类企业、事业单位、社会团体以及其他取得收入的组织。依照中国法律、行政法规成立的个人独资企业、合伙企业，不属于企业所得税纳税义务人，不缴纳企业所得税。

6. ABD 【解析】本题考核企业所得税征税对象。选项 C，非居民企业来源于境外的所得不属于我国境内所得，不是企业所得税征税范围。

7. × 【解析】本题考核企业所得税征税对象。发生在中国境外但与其所设机构、场所有实际联系的所得，应当在我国缴纳企业所得税。

8. √

9. × 【解析】本题考核企业所得税征税对象。居民企业应当就其来源于中国境内、境外的所得缴纳企业所得税。

考点二　所得来源地的确定 ★

扫我解疑难

考点精讲

根据《中华人民共和国企业所得税法实施条例》的规定，来源于中国境内、境外的所得的确定原则，如表5-2所列示。

表5-2　所得来源地确定原则

项目	内容	确定原则
日常业务	销售货物所得	"交易活动发生地"
	提供劳务所得	"劳务发生地"
利得	不动产转让所得	不动产所在地
	动产转让所得	转让动产的企业或者机构、场所所在地
	权益性投资资产转让所得	"被投资企业"所在地
投资收益	股息、红利	分配所得的企业所在地（被投资企业）
	利息所得、租金所得、特许权使用费所得	①负担、支付所得的企业所在地；②负担、支付所得的机构、场所所在地；③负担、支付所得的个人的住所地

随学随练　用时2分钟

1. 【单选题】（2019年）根据企业所得税法律制度的规定，下列关于来源于中国境内、境外所得确定来源地的表述中，不正确的是（　）。

A. 提供劳务所得，按照劳务发生地确定

B. 股息、红利等权益性投资收益所得，按照分配所得的企业所在地确定

C. 动产转让所得，按照转让动产活动发生地确定

D. 销售货物所得，按照交易活动发生地确定

2. 【多选题】（2018年）根据企业所得税法律制度的规定，下列关于来源于中国境内、境外所得确定原则的表述中，正确的有（　）。

A. 转让不动产所得，按照不动产所在地确定

B. 股息所得，按照分配所得的企业所在地确定

C. 销售货物所得，按照交易活动发生地确定

D. 提供劳动所得，按照劳务发生地确定

随学随练参考答案及解析

1. C 【解析】本题考核企业所得税所得来源地。动产转让所得按照转让动产的企业或者机构、场所所在地确定。

2. ABCD 【解析】本题考核企业所得税所得来源地。

考点三　税率 ★

扫我解疑难

考点精讲

企业所得税实行比例税率。具体税率如表5-3所列示。

表 5-3　企业所得税税率表

税率		适用对象
25%	居民企业	来源于中国境内、境外的所得
	非居民企业（设立机构、场所）	①所设**"机构、场所"**取得的来源于**"中国境内"**的所得。②发生在**"中国境外"**但与其所设机构、场所**"有实际联系"**的所得
20%	非居民企业 设立机构、场所	来源于**"中国境内"**与其所设机构、场所**"没有实际联系"**的所得
	未设立机构、场所	来源于**"中国境内"**的所得
优惠税率	10%	上述执行 20% 税率的非居民企业
	15%	①高新技术企业。②设在西部地区，以《西部地区鼓励类产业目录》中新增鼓励产业项目为主营业务，且其当年度主营业务收入占企业收入总额**70% 以上**的企业。③技术先进型企业（服务贸易类）
	20%	**（2020 年调整）小型微利企业** 小型微利企业是指从事国家非限制和禁止行业，且同时符合年度应纳税所得额不超过 300 万元、从业人数不超过 300 人、资产总额不超过 5 000 万元等三个条件的企业

随学随练　限时3分钟

1.【单选题】根据企业所得税法律制度的规定，在中国设立机构、场所且取得的所得与机构、场所有实际联系的非居民企业适用的企业所得税税率是（　）。

A. 10%　　　　　B. 20%

C. 25%　　　　　D. 33%

2.【多选题】下列关于企业所得税税率的说法中正确的有（　）。

A. 居民企业适用 25% 的税率

B. 非居民企业一律适用 20% 的税率

C. 国家重点扶持高新技术企业，减按 15% 的税率征收企业所得税

D. 设在西部地区，以《西部地区鼓励类产业目录》中新增鼓励类项目为主营业务，且其当年度主营业务收入占收入总额 70% 以上的企业适用 10% 的优惠税率

3.【判断题】（2016 年）在中国境内设立机构、场所且取得的所得与其所设机构、场所有实际联系的非居民企业，适用的企业所得税税率为 20%。（　）

随学随练参考答案及解析

1. C 【解析】本题考核企业所得税税率。在中国境内设立机构、场所且取得所得与其机构、场所有实际联系的非居民企业，适用 25% 的税率。

2. AC 【解析】本题考核企业所得税税率。选项 B，在中国境内设立机构场所且取得所得与所设机构场所有实际联系的非居民企业，其企业所得税税率为 25%；选项 D，应该是适用 15% 的优惠税率。

3. × 【解析】本题考核企业所得税税率。在中国境内设立机构、场所且取得的所得与其所设机构、场所有实际联系的非居民企业，适用的企业所得税税率为 25%。

考点四　应纳税所得额的计算

扫我解疑难

考点精讲

企业所得税的计税依据为"应纳税所得额"，应区分"应纳税所得额"与"应纳所得税额"的关系。

应纳所得税额＝应纳税所得额×税率−减免所得税额−抵免所得税额

按照企业所得税法的规定，"应纳税所得额"计算的基本公式为：

应纳税所得额＝收入总额−不征税收入−免税收入−各项扣除−以前年度亏损

『提示』针对考试，题目一般是以上述"直接法"的计算步骤展开的。在考核"收入总额"项目时，应注意将"不征税收入"与"免税收入"包含在内。

一、收入总额★★

（一）收入的形式

企业收入总额的形式包括货币形式和非货币形式两种，如表5-4所列示。

表5-4　企业所得税收入形式

收入形式	具体规定
货币	①现金、存款； ②应收账款、应收票据； ③准备持有至到期的债券投资、债务的豁免
非货币	固定资产、生物资产、无形资产、股权投资、存货、不准备持有至到期的债券投资、劳务以及有关权益。 『提示』非货币形式收入应按"公允价值"确定收入

（二）收入的类型

企业收入的来源包括：销售货物收入；提供劳务收入；转让财产收入；股息、红利等权益性投资收益；利息收入；租金收入；特许权使用费收入；接受捐赠收入；其他收入。具体如表5-5所列示。

表5-5　企业所得税收入类型

收入类型	记忆要点
销售货物	企业销售商品、产品、原材料、包装物、低值易耗品以及其他存货取得收入
提供劳务	加工、修理修配劳务收入＋其他服务收入
转让财产	转让固定资产、生物资产、无形资产、股权、债权等财产取得的收入
权益性投资收益	因权益性投资从被投资方取得的收入（股息、红利等）
利息	存款利息、贷款利息、债券利息、欠款利息
租金	提供固定资产、包装物或者其他有形资产的使用权
特许权使用费	企业提供专利权、非专利技术、商标权、著作权以及其他特许权的使用权取得的收入
接受赠与	企业接受的来自其他企业、组织或者个人无偿给予的货币性资产、非货币性资产。 『提示』企业以买一赠一等方式组合销售本企业商品的，不属于捐赠，应将总的销售金额按各项商品的公允价值的比例分摊确认各项销售收入
视同销售	企业发生"非货币资产交换"，以及将货物、财产、劳务用于捐赠、偿债、赞助、集资、广告、样品、职工福利或者利润分配等用途的，应当视同销售货物、转让财产或者提供劳务，但国务院、税务主管部门另有规定的除外
其他收入	①企业资产溢余收入； ②逾期未退包装物押金收入； ③确实无法偿付的应付款项； ④已作坏账损失处理后又收回的应收款项； ⑤债务重组收入； ⑥补贴收入； ⑦违约金收入； ⑧汇兑收益

（三）收入确认时间

关于各项收入类型的确认时间，一般采用权责发生制为原则，如表5-6所列示。

表5-6　各种收入类型的确认时间

收入类型		收入确认时间
销售货物	托收承付	办妥托收手续时 【链接】增值税和消费税的纳税义务发生时间，为"发出商品"并办妥"托收手续"时
	预收款	发出商品时
	安装和检验	①一般情况：购买方接受商品以及安装和检验完毕时； ②安装程序简单：发出商品时
	委托代销	收到代销清单时
	售后回购 符合确认条件	销售的商品按售价确认收入，回购的商品作为购进商品处理
	售后回购 不符合确认条件	①收到的款项确认为负债； ②回购价格大于原售价的，差额应在回购期间确认为"利息费用"
	以旧换新	①销售商品应当按照销售商品收入确认条件确认收入； ②回收的商品作为购进商品处理
	折扣 商业折扣	扣除商业折扣后的金额确认销售商品收入
	折扣 现金折扣	①扣除现金折扣前的金额确认销售商品收入； ②现金折扣在实际发生时作为**财务费用**扣除
	销售折让	企业已经确认销售收入的，应当在发生当期冲减当期销售商品收入
	分期收款	合同约定的收款日期
	产品分成	分得产品的日期 『提示』收入额按照产品公允价值确定
提供劳务		在各个纳税期末，提供劳务交易的结果能够可靠估计的，应采用完工进度（百分比）法确认
股息红利		被投资方"作出利润分配决定"的日期
利息		合同约定的"债务人应付利息"的日期
租金		①按照合同约定的承租人"应付租金的日期"确认收入。 ②合同规定租赁期限跨年度，且租金提前一次性支付的，出租人可对上述已确认的收入，在租赁期内，"分期均匀"计入相关年度收入
接受捐赠		"实际收到"捐赠资产的日期

（四）不征税收入与免税收入

1. 不征税收入

收入总额中的下列收入为不征税收入：

（1）财政拨款；

（2）依法收取并纳入财政管理的行政事业性收费、政府性基金；

（3）国务院规定的其他不征税收入。

2. 税收优惠—免税收入

企业的下列收入为免税收入：

（1）国债利息收入；

『提示』国债利息收入免税，国债的转让收益属于应税收入。

（2）符合条件的居民企业之间的股息、红利等权益性投资收益；

『提示』居民企业之间是指居民企业直接投资于其他居民企业取得的投资收益。

（3）在中国境内设立机构、场所的非居民企业从居民企业取得与该机构、场所有实际联系的股息、红利等权益性投资收益；

『提示』上述（2）、（3）中的免税收益不包括连续持有居民企业公开发行并上市流通的股票不足12个月取得的投资收益。

（4）符合条件的非营利组织的收入。

【示例1】 甲企业与乙企业均为居民企业，甲企业直接投资于乙企业取得股权。甲企业从乙企业分得的股息、红利收益，实则为乙企业税后利润的分配，甲企业获得该利润分配的，免税。

【示例2】 甲企业与乙上市公司均为居民企业，甲企业购买乙公司公开发行并上市流通的股份。根据《中华人民共和国企业所得税法实施条例》的规定，这种通过证券市场间接投资上市公司公开发行并上市流通股份的，要求投资方持股时间"连续12个月以上"后获得的股息、红利收益，才可免税。

『提示』不征税收入并非是企业营利性活动而取得的经济利益，而免税收入是企业经营活动取得的收益，属于征税范围，但按照目前国家政策予以鼓励和照顾，因此得以减免。不征税收入与免税收入的逻辑起点不同，它们所对应的成本、费用扣除政策也不相同，如表5-7所列示。

表5-7　不征税收入与免税收入对应的成本费用

收入类别	对应的成本费用（配比原则）
不征税收入	不征税收入用于支出所形成的费用或者财产，不得扣除或者计算对应的折旧、摊销扣除
免税收入	企业取得的各项免税收入所对应的各项成本费用，除另有规定者外，可以在计算企业应纳税所得额时扣除

3.（2020年新增）税收优惠—债券利息

（1）对企业取得的2012年及以后年度发行的**地方政府债券利息收入**，免征企业所得税。

（2）对企业投资者持有的2019—2023年发行的铁路债券取得的利息收入，**减半征收**企业所得税。

『提示』铁路债券是指以中国铁路总公司为发行和偿还主体的债券，包括中国铁路建设债券、中期票据、短期融资券等债务融资工具。

随学随练 用时5分钟

1.【单选题】（2018年）根据企业所得税法律制度的规定，关于确认收入实现时间的下列表述中，正确的是（　　）。

A. 接受捐赠收入，按照合同约定的捐赠日期确认收入的实现

B. 利息收入，按照合同约定的债务人应付利息的日期确认收入的实现

C. 权益性投资收益，按照投资方实际收到利润的日期确认收入的实现

D. 租金收入，按照出租人实际收到租金的日期确认收入的实现

2.【单选题】（2018年）2017年9月1日，甲公司与乙公司签订合同，采用预收款方式销售商品一批，并于9月10日收到全部价款。甲公司9月20日发出商品，乙公司9月21日收到该批商品。下列关于甲公司确认该业务企业所得税销售收入实现时间的表述中，正确的是（　　）。

A. 9月10日确认销售收入

B. 9月20日确认销售收入

C. 9月21日确认销售收入

D. 9月1日确认销售收入

3.【单选题】（2018年）根据企业所得税法律制度的规定，下列各项中，属于不征税收入的是（　　）。

A. 财政拨款

B. 国债利息收入

C. 接受捐赠收入

D. 转让股权收入

4. 【多选题】(2019 年)根据企业所得税法律制度的规定,企业取得的下列收入中属于货币形式的有( )。

A. 债务的豁免　　B. 现金

C. 应收账款　　　D. 存货

5. 【多选题】(2018 年)根据企业所得税法律制度的规定,下列各项中,在计算企业所得税应纳税所得额时,应计入收入总额的有( )。

A. 企业资产溢余收入

B. 逾期未退包装物押金收入

C. 确实无法偿付的应付款项

D. 汇兑收益

6. 【判断题】(2019 年)计算企业所得税收入总额时,以分期收款方式销售货物,以发货日期来确认收入。( )

随学随练参考答案及解析

1. B 【解析】本题考核企业所得税收入确认时间。选项 A,接受捐赠收入,按照实际收到捐赠资产的日期确认收入的实现。选项 C,股息、红利等权益性投资收益,除国务院财政、税务主管部门另有规定外,按照被投资方作出利润分配决定的日期确认收入的实现。选项 D,租金收入,按照合同约定的承租人应付租金的日期确认收入的实现。

2. B 【解析】本题考核企业所得税收入确认时间。销售商品采用预收款方式的,在发出商品时确认收入。

3. A 【解析】本题考核不征税收入与免税收入。选项 B 属于免税收入,选项 CD 属于应税收入。

4. ABC 【解析】本题考核企业所得税收入的形式。企业取得收入的货币形式,包括现金、存款、应收账款、应收票据、准备持有至到期的债券投资以及债务的豁免等。

5. ABCD 【解析】本题考核企业所得税其他收入的形式。所得税其他收入,是指企业取得《中华人民共和国企业所得税法》具体列举的收入外的其他收入,包括企业资产溢余收入、逾期未退包装物押金收入、确实无法偿付的应付款项、已作坏账损失处理后又收回的应收款项、债务重组收入、补贴收入、违约金收入、汇兑收益等。

6. × 【解析】本题考核企业所得税收入的确认方式。以分期收款方式销售货物的,按照合同约定的收款日期确认收入的实现。

二、税前各项扣除 ★★★

(一)基本扣除项目

1. 成本

2. 费用

3. 税金

『提示1』可以扣除的税金中,既不包括企业缴纳的增值税,也不包括企业所得税。

『提示2』增值税进项税额不得抵扣而计入成本的,可以在企业所得税前依法作为成本、费用或损失扣除。

4. 损失

(1)注意不能作为损失扣除的情况:

①各种行政性处罚,如罚款、被没收财物的损失等,不得扣除。

②刑事责任中的罚金、被没收的财物等,不得扣除。

③税收滞纳金不得扣除。

(2)损失减除责任人赔偿和保险赔款后的余额,依照规定扣除。

(3)企业已经作为损失处理的资产,在以后纳税年度又全部收回或部分收回时,应当计入当期收入。

(二)依照具体扣除标准的扣除项目(纳税调整项目)

1. 工资、薪金

企业发生的合理的工资薪金支出,准予扣除。

2. 三项经费扣除

(1)具体扣除比例如表 5-8 所示。

表5-8　三项经费具体扣除比例

经费名称	扣除标准	结转扣除
职工福利费	不超过工资薪金总额的**14%**	—
工会经费	不超过工资薪金总额的**2%**	—
职工教育经费	不超过工资薪金总额的**8%**	超过部分，准予在以后纳税年度结转扣除

『提示』三项经费中只有职工教育经费准予在以后纳税年度结转扣除。

【示例】某生产化妆品的企业，2019年计入成本、费用中的合理的实发工资540万元，当年发生的工会经费15万元、职工福利费80万元、职工教育经费11万元。

问题：计算该企业当年可以扣除的三项经费。

分析：可扣除的三项经费如表5-9所列示。

表5-9　三项经费扣除计算　　　　　　　　　　　　单位：万元

项目	限额	实际发生额	可扣除额	超支额
工会经费	540×2% = 10.8	15	10.8	4.2
职工福利费	540×14% = 75.6	80	75.6	4.4
职工教育经费	540×8% = 43.2	11	11	0
合计	129.6	106	97.4	8.6

（2）福利性支出的界定。

列入企业员工工资薪金制度、固定与工资薪金"一起"发放的福利性补贴，符合国家税务总局相关规定的，可作为企业发生的工资薪金支出，按规定在税前扣除。不能同时符合上述条件的福利性补贴应按规定计算限额税前扣除。

职工福利费，记忆要点包括：

①企业内部集体福利部门的设备、设施及维修保养费用和福利部门工作人员的工资薪金、社会保险费用、住房公积金、劳务费等。

②职工困难补助、"职工防暑降温费"、丧葬补助费、救济费、抚恤费、安家费、探亲假路费。

『提示1』此处可笼统记忆为："企业办社会、大恩大德、小恩小惠"。

『提示2』注意"职工防暑降温费"与"防暑降温用品支出"的区别，前者属于"职工福利费"，依照14%的限额比例扣除；后者属于"劳动保护支出"，合理的支出范围准予作为成本费用扣除。

3. 企业负担的社会保险费、商业保险费（扣除规定如表5-10所示）

表5-10　企业各项保险费的扣除

保险名称		扣除规定
社会保险	①基本养老保险费； ②基本医疗保险费； ③失业保险费； ④工伤保险费	准予扣除
	①补充养老保险费； ②补充医疗保险费	分别不超过工资薪金总额5%的部分准予扣除，超过部分不予扣除

保险名称		扣除规定
商业保险	企业参加财产保险，按照规定缴纳的保险费	准予扣除
	雇主责任险、公众责任险	准予扣除
	特殊工种人身安全保险	准予扣除
	企业职工因公出差乘坐交通工具发生的人身意外保险费支出	准予扣除
	除国务院财政、税务主管部门规定的可以扣除的商业保险费外，企业为投资者或职工支付的其他商业保险费	不得扣除

4. 手续费及佣金支出

（1）保险企业。

保险企业发生与其经营活动有关的手续费及佣金支出，不超过当年**全部保费收入扣除退保金**等后余额的**"18%"**的部分，在计算应纳税所得额时准予扣除；超过部分，允许结转以后年度扣除。

（2）其他企业。

按与具有合法经营资格中介服务机构或个人所签订服务协议或合同确认的收入金额的**"5%"**计算限额。

（3）从事代理服务、主营业务收入为手续费、佣金的企业（如证券、期货、保险代理等企业）其为取得该类收入而实际发生的营业成本（包括手续费及佣金支出），准予在企业所得税前据实扣除。

有关佣金及手续费扣除的具体要求，如表 5-11 所列示。

表 5-11 佣金和手续费扣除的具体要求

要点	具体规定
支付方式的限制	除委托个人代理外，企业以现金等非转账方式支付的手续费及佣金不得在税前扣除
不得扣除的情况	①企业为发行权益性证券支付给有关证券承销机构的手续费及佣金不得在税前扣除。②企业不得将手续费及佣金支出计入回扣、业务提成、返利、进场费等费用。③企业已计入固定资产、无形资产等相关资产的手续费及佣金支出，应当通过折旧、摊销等方式分期扣除，不得在发生当期直接扣除
入账	企业支付的手续费及佣金不得直接冲减服务协议或合同金额，并如实入账
支付对象	中介服务机构或个人，不含交易双方及其雇员、代理人和代表人等

5. 借款费用

企业在生产经营活动中发生的合理的"不需要资本化"的借款费用，准予扣除。

6. 利息费用

（1）企业在生产经营活动中发生的利息支出，在计算时需要区分全额扣除与限额扣除，如表 5-12 所示。

表 5-12 利息支出的扣除

扣除项目	具体规定
全额扣除	①**"非金融企业"**向**"金融企业"**借款的利息支出。②**"金融企业"**的各项存款利息支出和同业拆借利息支出。③企业经批准发行**"债券"**的利息支出
限额扣除	非金融企业向非金融企业借款的利息支出，不超过按照**"金融企业""同期同类贷款利率"**计算的数额的部分可据实扣除，超过部分不允许扣除

【示例】甲公司 2019 年 3 月因业务发展需要从工商银行借款 100 万元，期限半年，年利率 6%，5 月又向自己的供应商借款 200 万元，期限为半年，支付利息 10 万元，上述借款均用于经营周转，该企业无其他借款。

问题：该企业 2019 年可以在所得税前扣除的利息费用是多少？

分析：第一部分：向金融机构的借款费用可以全额扣除。

$100×6\%÷2=3$（万元）

第二部分：向非金融机构的借款费用应在金融企业同期同类贷款利率以内部分扣除。

$200×6\%÷2=6$（万元）

向供应商支付利息 10 万元，因此有 4 万元的利息不得在企业所得税前扣除。

（2）投资者未缴足出资，企业的利息支出。

企业投资者在规定期限内未缴足其应缴资本的，该企业对外借款利息，相当于投资者实缴资本额与在规定期限内应缴资本额的差额应计付的利息，不属于企业合理支出，应由投资者负担，不得在计算应纳税所得额时扣除。

『提示』注意，是针对"未按期"缴付的出资部分产生的利息不得税前扣除。

【示例】甲有限责任公司由张三、李四和王五三位投资人出资设立，注册资本为 150 万元，三位出资人各出资 50 万元。根据出资人协议约定，三位出资人在 2018 年 1 月 1 日当天应缴付全部出资额。2019 年 1 月 1 日，股东缴付了 120 万元，尚有 30 万元出资额直至当年年底仍未缴付。甲公司 2019 年 1 月 1 日同时向工商银行借入流动资金 100 万元，年利率 6%。

分析：

第一步：计算向金融机构的借款费用。

$100×6\%=6$（万元）

第二步：确定在规定期限内未缴付出资的部分。

当年应到位 150 万元（缺口 30 万元）

第三步：确定当年不得在税前扣除的借款费用。

$30×6\%=1.8$（万元）

第四步：确定当年可以在税前扣除的利息。

$6-1.8=4.2$（万元）

7. 汇兑损失

除已经计入有关资产成本以及向所有者进行利润分配相关的部分外，准予扣除。

8. 环境保护专项资金

（1）企业依法提取的用于**环境保护**、**生态恢复**等方面的专项资金，准予扣除；

（2）上述专项资金提取后改变用途的，不得扣除。

【链接】企业提取的"未经核准的准备金支出"，不得扣除。

9. 公益性捐赠

（1）界定。

通过公益性社会组织或者县级（含县级）以上人民政府及其组成部门和直属机构，用于慈善活动、公益事业的捐赠支出。

『提示』把握"间接性"和"公益性"的特点。

（2）限额比例，结转扣除。

公益性捐赠支出，不超过"年度利润总额"12% 的部分，准予扣除。超过部分，准予结转以后"三年内"扣除。

『提示』年度利润总额，为未弥补亏损之前的当年实现的会计利润。

【示例】某企业 2019 年税前会计利润为 250 万元，其中列支了 130 万元通过红十字会向某灾区的捐款、对外直接捐赠 6 万元。

问题：不考虑其他纳税调整因素，当期的应纳税所得额是多少？

分析：会计利润：250 万元

通过红十字会向灾区捐赠：130 万元

直接捐赠：6 万元

扣除标准：$250×12\%=30$（万元）

实际发生 130 万元，那么只能扣除 30 万元，超出的 100 万元不能在税前扣除。

直接捐赠 6 万元不得在税前扣除。

应纳税所得额 = 250+100+6 = 356（万元）

（3）（2020 年新增）企业扶贫捐赠支出。

自 2019 年 1 月 1 日至 2022 年 12 月 31 日，企业通过公益性社会组织或者县级（含县级）以上人民政府及其组成部门和直属机构，用于目标脱贫地区的扶贫捐赠支出，准予在计算企业所得税应纳税所得额时据实扣除。在政策执行期限内，目标脱贫地区实现脱贫的，可继续适用上述政策。

企业同时发生扶贫捐赠支出和其他公益性捐赠支出，在计算公益性捐赠支出年度扣除限额时，符合上述条件的扶贫捐赠支出不计算在内。

10. 业务招待费

（1）限额扣除规定。

企业发生的与经营活动有关的业务招待费支出，按"发生额的 60%"扣除，但最高不得超当年"销售（营业）收入的 5‰"。

【示例】某企业 2019 年度销售收入为 272 000 元，发生业务招待费 5 000 元。

问题：该企业当期可扣除业务招待费是多少？

分析：销售（营业）收入：272 000 元

实际发生业务招待费：5 000 元

扣除标准 1：实际发生额的 60% = 5 000×60% = 3 000（元）

扣除标准 2：销售收入的 5‰ = 272 000×5‰ = 1 360（元）

实际税前扣除金额为 1 360（元）

纳税调增额 = 5 000-1 360 = 3 640（元）

（2）特殊情况。

①企业在筹建期间，发生的与筹办活动有关的业务招待费支出，可按实际"发生额的 60%"计入企业筹办费，并按有关规定在税前扣除。

②从事股权投资业务的企业，其从被投资企业所分配的股息、红利以及股权转让收入，可以按规定的比例计算业务招待费扣除限额。

11. 广告费和业务宣传费

（1）企业发生的广告费和业务宣传费支出，应合并计算。

『提示』"赞助支出"不得在税前扣除。

（2）限额扣除。

①不超过当年销售（营业）收入 15% 的部分，准予扣除；

②超过部分，准予在以后纳税年度结转扣除。

【链接 1】"职工教育经费"准予在以后纳税年度结转扣除。

【链接 2】"公益性捐赠支出"准予结转三年内扣除。

（3）特殊行业的特别规定。

①化妆品"制造"或"销售"。

②医药制造和饮料制造（不含酒类制造）。

以上"①、②"涉及企业发生的广告费和业务宣传费支出，不超过当年"销售（营业）收入""30%"的部分，准予扣除；超过部分，准予在以后纳税年度结转扣除。

"烟草企业"的烟草广告费和业务宣传费支出，一律不得在计算应纳税所得额时扣除。

【示例 1】某汽车制造企业 2019 年度销售收入为 272 000 元，发生广告和业务宣传费 51 000 元。

问题：当年可以抵扣的广告宣传费是多少？

分析：销售（营业）收入：272 000 元

实际发生广告宣传费：51 000 元

扣除标准：销售收入的 15% = 272 000×15% = 40 800（元）

实际税前扣除金额为 40 800（元）

纳税调增额 = 51 000-40 800 = 10 200（元）

超支部分 10 200 元结转下年扣除。

【示例 2】沿用上例，假设该企业 2020 年度的销售收入为 300 000 元，发生广告和业务宣传费 21 000 元。

问题：当年可以抵扣的广告宣传费是多少？

分析：销售（营业）收入：300 000 元

实际发生广告宣传费：21 000 元

扣除标准：销售收入的 15% = 300 000 × 15% = 45 000（元）

实际税前扣除金额为 21 000 + 10 200（上年）= 31 200（元）

当年纳税调减 10 200 元

12. （2020 年新增）党组织工作经费的扣除

（1）国有企业（包括国有独资、全资和国有资本绝对控股、相对控股企业）纳入管理费用的党组织工作经费，实际支出不超过职工年度工资薪金总额**1%**的部分，可以**据实**在企业所得税前扣除。

（2）非公有制企业党组织工作经费纳入**"企业管理费"**列支，不超过职工年度工资薪金总额**1%**的部分，可以**据实**在企业所得税前扣除。

（三）不得扣除项目

在计算应纳税所得额时，下列支出不得扣除：

（1）向投资者支付的股息、红利等权益性投资收益款项；

（2）企业所得税税款；

（3）**税收滞纳金**；

（4）**罚金、罚款**和**被没收财物**的损失；

『提示』纳税人逾期归还银行贷款，银行按规定加收的罚息，不属于行政性罚款，允许在税前扣除。

（5）公益性捐赠以外的捐赠支出。纳税人的非公益性捐赠不得扣除。超过国家规定标准（年度利润额 12%）的公益性捐赠，不得扣除。

（6）**赞助支出**；

（7）未经核定的准备金支出；

（8）企业之间支付的管理费、企业内营业机构之间支付的租金和特许权使用费，以及非银行企业内营业机构之间支付的利息，不得扣除；

（9）与取得收入无关的其他支出。

随学随练 限时10分钟

1. 【单选题】（2019 年）甲公司 2018 年年度利润总额 2 000 万元，通过省教育部门向教育产业捐赠 200 万元，通过县民政部门向残疾人扶助项目捐赠 5 万元，已知公益性捐赠支出在年度利润总额的 12% 以内可扣除，甲公司在计算企业所得税应纳税额时，下列算式正确的是（　　）。

A.（2 000 + 200 + 5）× 25% = 551.25（万元）

B.（2 000 + 200）× 25% = 550（万元）

C. 2 000 × 25% = 500（万元）

D.（2 000 + 5）× 25% = 501.25（万元）

2. 【单选题】（2018 年）2017 年甲公司取得销售（营业）收入 2 000 万元，发生与生产经营活动有关的业务招待费支出 12 万元，已知业务招待费支出按照发生额的 60% 扣除，但最高不得超过当年销售（营业）收入的 5‰，甲公司在计算 2017 年度企业所得税应纳税所得额时，准予扣除的业务招待费金额为（　　）万元。

A. 12　　　　B. 7.2

C. 10　　　　D. 4.8

3. 【单选题】（2016 年）根据企业所得税法律制度的规定，下列关于企业所得税税前扣除的表述中，不正确的是（　　）。

A. 企业发生的合理的工资薪金的支出，准予扣除

B. 企业发生的职工福利费支出超过工资薪金总额的 14% 的部分，准予在以后纳税年度结转扣除

C. 企业发生的合理的劳动保护支出，准予扣除

D. 企业参加财产保险，按照规定缴纳的保险费，准予扣除

4. 【单选题】（2015 年）2014 年 5 月非金融企业甲公司向非关联关系的非金融企业乙公司借款 100 万元，用于生产经营，期限为半年，双方约定年利率为 10%，已知金融企业同期同类贷款年利率为 7.8%，甲公

司在计算当年企业所得税应纳税所得额时，准予扣除利息费用的下列计算中，正确的是( )。

A. 100×7.8% = 7.8(万元)

B. 100×10% = 10(万元)

C. 100×7.8%×50% = 3.9(万元)

D. 100×10%×50% = 5(万元)

5. 【多选题】(2019 年)根据企业所得税法律制度的规定，下列各项中，在计算企业所得税应纳税所得额时，不得扣除的有( )。

A. 罚金　　　　　B. 诉讼费用

C. 罚款　　　　　D. 税收滞纳金

6. 【多选题】(2018 年)根据企业所得税法律制度的规定，企业缴纳的下列税金中，准予在企业所得税税前扣除的有( )。

A. 允许抵扣的增值税

B. 消费税

C. 土地增值税

D. 印花税

7. 【判断题】(2019 年)职工因公出差乘坐交通工具发生的人身意外保险费支出，可以在计算企业所得税前进行扣除。　　( )

随学随练参考答案及解析

1. C 【解析】本题考核企业所得税公益性捐赠扣除。企业发生的公益性捐赠支出，在年度利润总额12%以内的部分，准予在计算应纳税所得额时扣除。2 000×12% = 240(万元)，甲公司 2018 年企业所得税应纳税额 = 2 000×25% = 500(万元)。

2. B 【解析】本题考核企业业务招待费限额扣除的计算。企业发生的与生产经营活动有关的业务招待费支出，按照发生额的60%扣除，但最高不得超过当年销售(营业)收入的5‰。12×60% = 7.2(万元)<2 000×5‰= 10(万元)，因此扣除7.2万元。

3. B 【解析】本题考核所得税税前扣除项目

和标准。企业发生的职工福利费支出超过工资薪金总额的14%的部分，不得在以后纳税年度结转扣除。

4. C 【解析】本题考核利息费用的扣除。非金融企业向非关联关系的非金融企业借款，不超过金融企业同期同类贷款利率的部分可以扣除，因双方借期半年，则准予扣除的利息费用 = 100×7.8%×50% = 3.9(万元)。

5. ACD 【解析】本题考核企业所得税扣除项目。在计算应纳税所得额时，下列支出不得扣除：①向投资者支付的股息、红利等权益性投资收益款项；②企业所得税税款；③税收滞纳金；④罚金、罚款和被没收财物的损失；⑤超过规定标准的捐赠支出；⑥赞助支出；⑦未经核定的准备金支出；⑧企业之间支付的管理费、企业内营业机构之间支付的租金和特许权使用费，以及非银行企业内营业机构之间支付的利息，不得扣除；⑨与取得收入无关的其他支出。

6. BCD 【解析】本题考核企业所得税扣除项目。增值税和企业所得税不允许在计算企业所得税时扣除。

7. √ 【解析】本题考核企业缴纳保险费的扣除。企业职工因公出差乘坐交通工具发生的人身意外保险费支出，准予企业在计算应纳税所得额时扣除。

(四)资产的税务处理

『提示』企业发生的支出可区分为收益性支出和资本性支出。其中，收益性支出可依法在发生当期直接扣除；而资本性支出应当分期扣除或者计入有关资产成本，不得在发生当期直接扣除。资本性支出涉及的长期资产，如固定资产、生产性生物资产、无形资产、投资等，在会计准则与税收政策处理上存在差异，由此会导致相应的纳税调整。会计与税法涉及纳税调整的差异原因如表5-13所列示。

表 5-13　资产的纳税调整涉及因素

企业所得税	会计准则
资产的计税基础	资产的入账价值
折旧(摊销)年限	折旧(摊销)年限
折旧(摊销)方法	折旧(摊销)方法
改良、改建、修理	改良、改建、修理

1. 固定资产

(1)扣除的方式。

企业按照规定计算的固定资产折旧,准予扣除。

(2)不得在税前计算折旧扣除的情形。

①"房屋、建筑物以外""未投入使用"的固定资产;

『提示』此项目措辞上采用"双重否定",学习中极易混淆、做题时极易绕晕。因此我们可简化记忆为"资产未使用,房提车不提"。

②以"经营租赁方式""租入"的固定资产;

③以"融资租赁方式""租出"的固定资产;

④已足额提取折旧仍继续使用的固定资产;

⑤与经营活动无关的固定资产;

⑥单独估价作为固定资产入账的土地;

⑦其他不得计算折旧扣除的固定资产。

(3)固定资产计税基础(如表 5-14 所示)。

表 5-14　固定资产计税基础

取得方式	计税基础	
外购	购买价款+支付的相关税费+直接归属于使该资产达到预定用途发生的其他支出	
自行建造	竣工结算前发生的支出	
融资租入	租赁合同约定付款总额	合同约定的付款总额+签订合同中发生的相关费用
	租赁合同未约定付款总额	资产的公允价值+签订合同中发生的相关费用
盘盈	同类固定资产的"重置完全价值"	
捐赠、投资、非货币性资产交换、债务重组	资产的公允价值+支付的相关税费	
改建	改建支出增加相应的计税基础	

(4)折旧计提方式—直线法。

①当月"投入使用"当月不提折旧,次月起计提;

②当月"停止使用"当月照提折旧,次月起不提。

固定资产预计净残值已经确定,不得变更。

(5)固定资产折旧最低年限(如表 5-15 所示)。

『提示』《中华人民共和国企业所得税法实施条例》中规定的固定资产折旧年限为"最低年限",而非固定年限,企业可根据固定资产使用情况和性质在政策规定最低年限的限制内,自行确定具体折旧年限。

表 5-15　固定资产折旧最低年限

固定资产	最低折旧年限
房屋、建筑物	20 年
机器、机械和其他生产设备	10 年

固定资产		最低折旧年限
交通工具	飞机、火车、轮船	10年
	飞机、火车、轮船以外的运输工具	4年
与生产经营活动有关的器具、工具、家具等		5年
电子设备		3年

(6)税收优惠—固定资产加速折旧与设备、器具一次性扣除(如表5-16所示)。

表5-16 固定资产加速折旧与设备、器具一次性扣除

项目	具体规定
范围	①技术进步,产品更新换代较快的固定资产。 ②常年处于强震动、高腐蚀状态的固定资产
要求	①缩短折旧年限:最低折旧年限不得低于税法规定折旧年限的"**60%**"。 ②加速折旧法:年数总和法 OR 双倍余额递减法
可一次性扣除	同时满足以下三项条件: ①企业"购进、自行建造"的; ②设备、器具; ③单位价值"**不超过500万元**"的。 允许"**一次性**"计入当期成本费用,在计算应纳税所得额时扣除,不再分年度计提折旧

2. 生产性生物资产

(1)"**生产性**"生物资产的范围。

经济林、薪炭林、产畜、役畜等。

(2)计税基础。

①外购。

购买价款+支付的相关税费

②捐赠、投资、非货币性资产交换、债务重组。

公允价值+支付的相关税费

(3)折旧计提方式—直线法。

『提示』与固定资产相同。

①当月"**投入使用**"当月不提折旧,次月起计提;

②当月"**停止使用**"当月照提折旧,次月起不提。

生产性生物资产的预计净残值已经确定,不得变更。

3. 无形资产

(1)扣除方式。

以"**摊销**"方式扣除。

『提示』无形资产的摊销年限不得低于10年。

(2)无形资产计税基础(如表5-17所示)。

表5-17 无形资产计税基础

取得方式	计税基础
外购	购买价款+支付的相关税费+直接归属于使该资产达到预定用途发生的其他支出 『提示』同固定资产
自行开发	开发过程中该资产符合资本化条件后至达到预定用途前发生的支出
捐赠、投资、非货币性资产交换、债务重组	资产的公允价值+支付的相关税费 『提示』同固定资产、生产性生物资产
改建	改建支出增加相应的计税基础

（3）无形资产不得计算摊销扣除的情况。

①自行开发的支出已在计算应纳税所得额时扣除的无形资产；

②自创商誉；

③与经营活动无关的无形资产；

④其他不得计算摊销费用扣除的无形资产。

『提示』外购商誉的支出，在企业"整体转让或清算"时，准予扣除。

4. 长期待摊费用

（1）已足额提取折旧的固定资产的"改建支出"，按照固定资产预计尚可使用年限分期摊销。

（2）经营租入固定资产的改建支出，按照合同约定的剩余租赁期间分期摊销。

（3）固定资产大修理支出，按照固定资产尚可使用年限分期摊销。

『提示』固定资产大修理界定：修理支出达到取得固定资产时的计税基础50%以上"并且"修理后固定资产使用年限"延长2年以上"。

5. 投资资产

（1）企业对外投资期间，投资资产的成本在计算应纳税额所得额时不得扣除。

（2）企业在转让或者处置投资资产时，投资资产的成本，准予扣除。

6. 存货

（1）企业使用或者销售的存货的成本计算方法可以在"先进先出法、加权平均法、个别计价法"中选用一种。

『提示』无"后进先出法"。

（2）计价方法一经选用，不得随意变更。

随学随练 ⏱10分钟

1.【单选题】（2019年）根据企业所得税法律制度的规定，下列固定资产计提的折旧允许在计算应纳税所得额前扣除的是（　　）。

A. 闲置生产设备计提的折旧

B. 经营租入设备计提的折旧

C. 融资租入资产计提的折旧

D. 已提足折旧但继续使用的生产设备

2.【单选题】（2019年）根据企业所得税法律制度的规定，企业中符合条件的固定资产可以缩短计提折旧年限，但不得低于税法规定折旧年限的一定比例，该比例最高为（　　）。

A. 30%　　　　　　B. 40%

C. 50%　　　　　　D. 60%

3.【单选题】（2017年）根据企业所得税法律制度的规定，下列各项中，应以同类固定资产的重置完全价值为计税基础的是（　　）。

A. 盘盈的固定资产

B. 自行建造的固定资产

C. 外购的固定资产

D. 通过捐赠取得的固定资产

4.【单选题】（2017年改）甲企业为增值税小规模纳税人，2019年11月购入一台生产用机器设备，取得普通发票60万元，税额为6.9万元，支付安装费，取得普通发票价款2万元，税额0.18万元，计算甲企业该项资产所得税计税基础的下列算式，正确的是（　　）。

A. 60+2=62（万元）

B. 60+6.9=66.9（万元）

C. 60+6.9+2+0.18=69.08（万元）

D. 60+6.9+2=68.9（万元）

5.【多选题】（2019年）根据企业所得税法律制度的规定，下列固定资产中，在计算企业所得税应纳税所得额时不得计算折旧扣除的有（　　）。

A. 以融资租赁方式租出的固定资产

B. 未投入使用的房屋

C. 与经营活动无关的固定资产

D. 已足额提取折旧仍继续使用的固定资产

6.【多选题】（2019年、2018年）根据企业所得税法律制度的规定，下列各项中，属于生产性生物资产的有（　　）。

A. 产畜　　　　　　B. 经济林

C. 役畜　　　　　　D. 薪炭林

7. 【多选题】(2018年)根据企业所得税法律制度的规定,下列固定资产中,不得计算折旧扣除的有( )。

A. 未投入使用的食堂

B. 以融资租赁方式租出的固定资产

C. 未投入使用的机器设备

D. 以经营租赁方式租入的固定资产

8. 【多选题】(2018年)根据企业所得税法律制度的规定,下列固定资产折旧的处理中,不正确的有( )。

A. 甲企业2017年3月5日购进一台起重机,2017年4月5日投入使用,应当自2017年4月起计算折旧

B. 丙企业2017年4月1日以融资租赁方式租出一架小型喷气式飞机,之后继续对该飞机计提折旧

C. 乙企业因生产经营调整,于2017年10月1日停止使用一批设备,应当自2017年11月起停止计算折旧

D. 丁企业2017年9月以经营租赁方式租入一辆大型巴士,在计算企业所得税时,对该巴士计提折旧

9. 【多选题】(2018年)根据企业所得税法律制度的规定,下列无形资产中,应当以该资产的公允价值和支付的相关税费为计税基础的有( )。

A. 通过债务重组取得的无形资产

B. 自行开发的无形资产

C. 接受投资取得的无形资产

D. 接受捐赠取得的无形资产

10. 【多选题】(2017年)根据企业所得税法律制度的规定,下列选项中,属于长期待摊费用的有( )。

A. 购入固定资产的支出

B. 固定资产的大修理

C. 租入固定资产的改建支出

D. 已足额提取折旧的固定资产的改建支出

11. 【判断题】(2019年)企业对外投资期间,投资资产的成本在计算企业所得税应纳税所得额时不得扣除。 ( )

随学随练参考答案及解析

1. C 【解析】本题考核固定资产的税务处理。下列固定资产不得计算折旧扣除:①房屋、建筑物以外未投入使用的固定资产;②以经营租赁方式租入的固定资产;③以融资租赁方式租出的固定资产;④已足额提取折旧仍继续使用的固定资产;⑤与经营活动无关的固定资产;⑥单独估价作为固定资产入账的土地;⑦其他不得计算折旧扣除的固定资产。

2. D 【解析】本题考核固定资产加速折旧政策。根据规定,采取缩短折旧年限方法的,最低折旧年限不得低于税法规定折旧年限的60%。

3. A 【解析】本题考核固定资产计税基础。选项B,以竣工结算前发生的支出为计税基础;选项C,以购买价款和支付的相关税费以及直接归属于使该资产达到预定用途发生的其他支出为计税基础;选项D,以该资产的公允价值和支付的相关税费为计税基础。

4. C 【解析】本题考核固定资产计税基础。根据规定,外购的固定资产,以"购买价款"和"支付的相关税费"以及直接归属于使该资产达到预定用途发生的"其他支出"为计税基础。本题中,企业性质为"小规模纳税人",购买设备和支付安装费取得的均为"普通发票",其进项税额不得抵扣,应计入购入固定资产成本作为其计税基础。

5. ACD 【解析】本题考核固定资产的税务处理。以融资租赁方式租出的固定资产,不属于出租方资产,其折旧不得在计算应纳税所得额时扣除,选项A正确;与经营活动无关的固定资产,其折旧不得在计算应纳税所得额时扣除,选项C正确;已足额提取折旧仍在继续使用的固定资产,因折旧已经计提完毕,故没有折旧可扣,选项D正确。

6. **ABCD** 【解析】本题考核生产性生物资产的范围。生产性生物资产,是指企业为生产农产品、提供劳务或者出租等而持有的生物资产,包括经济林、薪炭林、产畜和役畜等。

7. **BCD** 【解析】本题考核固定资产的税务处理。下列固定资产不得计算折旧扣除:①房屋、建筑物以外未投入使用的固定资产;②以经营租赁方式租入的固定资产;③以融资租赁方式租出的固定资产;④已足额提取折旧仍继续使用的固定资产;⑤与经营活动无关的固定资产;⑥单独估价作为固定资产入账的土地;⑦其他不得计算折旧扣除的固定资产。

8. **ABD** 【解析】本题考核固定资产的税务处理。①企业以经营租赁方式租入的固定资产、以融资租赁方式租出的固定资产不得计算折旧扣除。②企业应当自固定资产"投入使用月份"的"次月"起计算折旧;停止使用的固定资产,应当自"停止使用月份"的"次月"起停止计算折旧。

9. **ACD** 【解析】本题考核无形资产的税务处理。通过捐赠、投资、非货币性资产交换、债务重组等方式取得的无形资产,以该资产的公允价值和支付的相关税费为计税基础;自行开发的无形资产,以开发过程中该资产符合资本化条件后至达到预定用途前发生的支出为计税基础。

10. **BCD** 【解析】本题考核长期待摊费用的税务处理。在计算应纳税所得额时,企业发生的下列支出,作为长期待摊费用,按照规定摊销的,准予扣除:①已足额提取折旧的固定资产的改建支出,按照固定资产预计尚可使用年限分期摊销。②租入固定资产的改建支出,按照合同约定的剩余租赁期限分期摊销。③固定资产的大修理支出,按照固定资产尚可使用年限分期摊销。

11. √

三、税收优惠—减计收入和加计扣除 ★★★

(一)减计收入

(1)企业以《资源综合利用企业所得税优惠目录》规定的资源作为主要原材料,生产符合国家规定的收入,"减按90%"计入收入总额。

(2)(2020年新增)为社区(城市社区和农村社区)提供养老、托育、家政等服务的机构,提供社区养老、托育、家政服务取得的收入,在计算应纳税所得额时,减按90%计入收入总额。

(二)加计扣除

1. "三新"研究开发费用

(1)界定。企业为开发新产品、新技术、新工艺发生的研究开发费用。

(2)加计扣除规定。

2018 年 1 月 1 日至 2020 年 12 月 31 日期间:

①未形成无形资产计入当期损益的,在按规定据实扣除的基础上,按照研究开发费用的75%在税前加计扣除;

②形成无形资产的,在上述期间按照无形资产成本的175%在税前摊销。

(3)不适用"任何"加计扣除的行业。

①烟草制造业。

②住宿和餐饮业。

③批发和零售业。

④房地产业。

⑤租赁和商务服务业。

⑥娱乐业。

⑦财政部和国家税务总局规定的其他行业。

2. "残疾人工资"

企业安置残疾人员所支付的工资,在按照支付给残疾职工工资据实扣除的基础上,按照支付给残疾职工工资的100%加计扣除。

四、税收优惠—所得税额减免 ★★★

有关企业所得项目的免征与减半征收,如表5-18所列示。

表 5-18　减、免税所得

优惠政策	具体项目
免征	①八项，涉及农、林、牧、渔业； ②一个纳税年度内，居民企业技术转让所得"不超过 500 万元"的部分。 『提示1』上述"渔"特指"远洋捕捞"。 『提示2』技术转让所得＝技术转让收入－技术转让成本－相关税费（下同）。 【链接】纳税人提供技术转让、技术开发和与之相关的技术咨询、技术服务，免征增值税
减半征收	①花卉、茶以及其他饮料作物和香料作物的种植； ②海水养殖、内陆养殖； ③一个纳税年度内，居民企业技术转让所得"超过 500 万元"的部分
三免 三减半	①国家重点扶持的公共基础设施项目：港口码头、机场、铁路、公路、城市公共交通、电力、水利。 『提示』企业"承包经营、承包建设"和"内部自建自用"上述项目"不免税"。 ②从事符合条件的环境保护、节能节水项目的所得
	三免三减半：自项目取得第一笔生产经营收入所属纳税年度起，第 1 年至第 3 年"免征"企业所得税，第 4 年至第 6 年"减半"征收企业所得税
二免三减半 （2020 年新增）	依法成立且符合条件的集成电路设计企业和软件企业，在 2018 年 12 月 31 日前自获利年度起计算优惠期，第 1 年至第 2 年免征企业所得税，第 3 年至第 5 年按照 25% 的法定税率减半征收企业所得税，并享受至期满为止
五免 （2020 年新增）	经营性文化事业单位转制为企业，自转制注册之日起 5 年内免征企业所得税。 『提示』从事新闻出版、广播影视和文化艺术的事业单位

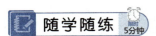
随学随练 ⏱5分钟

1. 【单选题】（2019 年）根据企业所得税法律制度的规定，企业从事下列项目的所得，减半征收企业所得税的是（　）。
   A. 花卉企业　　　B. 谷物企业
   C. 中药材企业　　D. 蔬菜企业

2. 【单选题】（2019 年）甲公司为居民企业，2018 年取得符合条件的技术转让所得 600 万元，在计算甲公司 2018 年度企业所得税应纳税所得额时，技术转让所得应纳税调减的金额是（　）。
   A. 550 万元　　　B. 100 万元
   C. 350 万元　　　D. 300 万元

3. 【多选题】（2019 年）根据企业所得税法律制度的规定，下列行业中，不适用研究开发费用税前加计扣除政策的有（　）。
   A. 烟草制造业
   B. 批发和零售业

C. 住宿和餐饮业
D. 租赁和商务服务业

4. 【多选题】（2019 年）根据企业所得税法律制度的规定，企业从事下列项目取得的所得，免征企业所得税的有（　）。
   A. 林木的培育和种植
   B. 蔬菜种植
   C. 海水养殖
   D. 家禽养殖

5. 【多选题】（2018 年）根据企业所得税法律制度的规定，下列支出中，可以在计算企业所得税应纳税所得额时加计扣除的有（　）。
   A. 研究开发费用
   B. 购置环保用设备所支付的价款
   C. 广告费和业务宣传费
   D. 安置残疾人员所支付的工资

6. 【判断题】（2015 年）企业综合利用资源，生产符合国家产业政策规定的产品所取得的收入，免征企业所得税。（　）

随学随练参考答案及解析

1. A 【解析】本题考核所得税减免规定。下列所得减半计征：花卉、茶以及其他饮料作物和香料作物的种植；海水养殖、内陆养殖。选项BCD取得的所得免征企业所得税。

2. A 【解析】本题考核所得税减免规定。符合条件的技术转让所得不超过500万元的部分，免征企业所得税；超过500万元的部分，减半征收企业所得税。因此需要调减金额是 $500+(600-500)\times50\%=550(万元)$。

3. ABCD 【解析】本题考核企业所得税加计扣除。下列行业不适用税前加计扣除政策：烟草制造业、住宿和餐饮业、批发和零售业、房地产业、租赁和商务服务业、娱乐业、财政部和国家税务总局规定的其他行业。

4. ABD 【解析】本题考核所得税减免规定。选项C，海水养殖、内陆养殖减半征收。

5. AD 【解析】本题考核企业所得税的加计扣除。选项B，环境保护、节能节水、安全生产等专用设备的，该专用设备的投资额的10%可以从企业当年的应纳税额中抵免；选项C，按照规定可以限额扣除。

6. × 【解析】本题考核企业所得税的减计收入。企业以规定的资源作为主要原材料，生产国家非限制和禁止并符合国家和行业

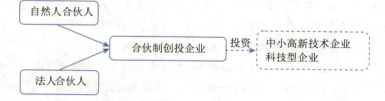

图5.2 有限合伙创投企业的抵扣

【图示说明】这种情况下，创业投资企业的组织形式为"合伙企业"，而合伙企业并非企业所得税的纳税人，其作为股权投资主体投资设立中小高新技术企业或初创期科技型企业。由于在合伙企业组织形式下，所得税采用"先分后税"的原则缴纳，法人合伙人取得的利润缴纳企业所得税；自然人合伙人取得的利润缴纳个人所得税。因此，企业所得

相关标准的产品取得的收入，减按90%计入收入总额。

五、税收优惠—应纳税所得额抵扣★★★

(一)抵扣条件

1. 何种投资

创业投资企业采取"股权投资方式"进行投资。

2. 被投资方何种性质

(1)"未上市"的中小高新技术企业。

(2)"种子期、初创期"科技型企业。

3. 股权持有期限

持股期间"满2年(24个月)"。

(二)抵扣规定

(1)创业投资企业按照其"投资额的70%"在股权持有"满两年"的当年抵扣该创业投资企业的"应纳税所得额"；

(2)当年不足抵扣的，可以在以后纳税年度结转抵扣。

(三)有限合伙制创投企业

1. 投资主体

有限合伙制的创业投资企业。

2. 适用抵扣所得额的主体

有限合伙制创业投资企业的"法人合伙人"。

3. 抵扣条件

同上述公司制创业投资企业。

有限合伙创投企业的抵扣如图5.2所示。

税中"应纳税所得额"的抵扣主体为设立该创业投资企业的"法人合伙人"。

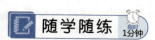

随学随练

计时 1分钟

【单选题】(2017年)甲企业为创业投资企业，2014年2月采取股权投资方式向乙公

司(未上市的中小高新技术企业)投资 300 万元,至 2016 年 12 月 31 日仍持有该股权。甲企业 2016 年在未享受股权投资应纳税所得额抵扣的税收优惠政策前的企业所得税应纳税所得额为 2 000 万元。已知企业所得税税率为 25%,甲企业享受股权投资应纳税所得额抵扣的税收优惠政策。计算甲企业 2016 年度应缴纳企业所得税税额的下列算式中,正确的是( )。

A.(2 000-300)×25% = 425(万元)

B.(2 000 - 300 × 70%)× 25% = 447.5(万元)

C. 2 000×70%×25% = 350(万元)

D.(2 000×70%-300)×25% = 275(万元)

随学随练参考答案及解析

B 【解析】本题考核创投企业抵扣所得额的规定。①创业投资企业采取股权投资方式投资于未上市的中小高新技术企业 2 年以上的,可以按照其投资额的 70% 在股权持有满 2 年的当年抵扣该创业投资企业的应纳税所得额;当年不足抵扣的,可以在

以后纳税年度结转抵扣。②甲企业 2016 年度应缴纳企业所得税税额 = (2 000-300×70%)×25% = 447.5(万元)。

六、亏损弥补 ★★

(一)税法所说的"亏损"概念

应纳税所得额 = 收入总额-不征税收入-免税收入-各项扣除-以前年度亏损

上述"直接法"计算公式中,"收入总额-不征税收入-免税收入-各项扣除"的结果若为"小于零的数额",即为亏损。

(二)一般企业亏损弥补的计算

企业某一纳税年度发生的亏损,可以用下一年度的所得弥补,下一年度的所得不足弥补的,可以逐年延续弥补,但是最长不得超过"5 年"。

『提示1』5 年内不论是盈利或亏损,都作为实际弥补期限计算。

『提示2』境外机构的亏损,不得抵减境内机构的盈利。

【示例】某企业 2013—2019 年的盈亏情况如下表,该企业适用的企业所得税税率为 25%。

单位:万元

年度	2013	2014	2015	2016	2017	2018	2019
盈亏	-120	-50	10	30	30	40	70

问题:该企业 2019 年应纳税所得额是多少?

分析:2015 年到 2018 年的利润为 110 万元,可以弥补 2013 年的亏损 120 万元,剩余 10 万元不能弥补,2019 年的利润可以弥补 2014 年的亏损 50 万元,剩余利润 20 万元。

(三)特殊类型企业亏损弥补的计算

1. 特殊企业类型

当年具备资格的两类企业:

(1)高新技术企业。

(2)科技型中小企业。

2. 亏损弥补期

(1)"具备资格"年度之前 5 个年度发生的尚未弥补完的亏损,准予结转以后年度弥补;

(2)最长结转年限由 5 年延长至 10 年。

 随学随练 用时 2分钟

【单选题】(2018 年)甲居民企业 2013 年设立,2013 至 2017 年年末弥补亏损前的所得情况如下:

单位:万元

年度	2013	2014	2015	2016	2017
未弥补亏损前所得	-20	100	-220	180	200

假设无其他纳税调整项目，甲居民企业2017年度企业所得税应纳税所得额为（　　）。

A. 200万元　　　　B. 160万元

C. 210万元　　　　D. 260万元

随学随练参考答案及解析

B 【解析】本题考核企业所得税亏损弥补的规定。①2013年亏损的20万元，可以以2014年的利润100万元进行弥补；②2015年亏损的220万元，以2016年的利润180万元弥补后尚有40万元未弥补；③2017年利润200万元弥补40万元亏损后，2017年应纳税所得额＝200－40＝160（万元）。

七、非居民企业应纳税所得额 ★

（一）应纳税所得额的计算

非居民企业在中国境内未设立机构、场所的，或者虽设立机构、场所但取得的所得与其所设机构、场所没有实际联系的，应当就其来源于中国境内的所得缴纳企业所得税。

应纳税所得额的计算方法，如表5-19所列示。

表5-19　非居民企业应纳税所得额的计算

项目	具体规定
收入全额	股息、红利等权益性投资收益和利息、租金、特许权使用费所得
收入余额	**转让财产所得＝收入全额－财产净值** 『提示』财产净值，是指资产、财产的计税基础减除已经按照规定扣除的折旧、折耗、摊销、准备金等后的余额

（二）非居民企业优惠

1. 适用优惠的非居民企业类型

（1）中国境内未设立机构、场所的非居民企业。

（2）虽设立机构、场所但取得的所得与其所设机构、场所没有实际联系的企业。

2. 优惠税率

非居民企业减按"**10%**"的税率征收企业所得税。

『提示』《中华人民共和国企业所得税法》规定非居民企业法定税率为20%。

3. 免税项目

下列所得可以免征企业所得税：

（1）外国政府向中国政府提供贷款取得的利息所得；

（2）国际金融组织向中国政府和居民企业提供优惠贷款取得的利息所得；

（3）经国务院批准的其他所得。

随学随练 限时5分钟

1.【单选题】（2018年）根据企业所得税法律制度的规定，在中国境内未设立机构、场所的非居民企业取得的来源于中国境内的下列所得中，以收入金额减除财产净值后的余额为应纳税所得额的是（　　）。

A. 转让财产所得

B. 特许权使用费所得

C. 股息所得

D. 租金所得

2.【单选题】（2018年）2017年6月，甲公司向境外乙公司分配股息折合人民币1 000万元（不符合免税要求）。已知预提所得税率为10%，计算甲公司应代扣代缴企业所得税税款的下列算式中，正确的是（　　）。

A. 1 000×10%×50%＝50（万元）

B. 1 000×10%＝100（万元）

C. 1 000×（1-25%）×10%＝75（万元）

D. 1 000×（1-25%）×10%×50%＝37.5（万元）

3.【单选题】（2018年）境外某公司在中国境内未设立机构、场所，2014年取得境内甲公司支付的股息500万元，发生相关支出1万元，取得境内乙公司支付的特许权使用费350万元，发生相关支出2万元。

2014 年度该境外公司在我国的应纳税所得额是（　　）。

A. 348 万元　　　　B. 499 万元

C. 847 万元　　　　D. 850 万元

4.【单选题】（2017 年）根据企业所得税法律制度的规定，关于在中国境内未设立机构、场所的非居民企业取得的来源于中国境内的所得，其应纳税所得额确定的下列表述中，不正确的是（　　）。

A. 股息所得以收入全额为应纳税所得额

B. 转让财产所得以收入全额为应纳税所得额

C. 特许权使用费所得以收入全额为应纳税所得额

D. 租金所得以收入全额为应纳税所得额

5.【多选题】（2019 年）根据企业所得税法律制度的规定，在中国境内未设立机构、场所，有来源于中国境内所得的非居民企业，取得下列所得中，应根据收入全额纳税的有（　　）。

A. 特许权使用费所得

B. 股息红利所得

C. 租金所得

D. 转让财产所得

随学随练参考答案及解析

1. A 【解析】本题考核非居民企业所得税源泉扣缴。股息、红利等权益性投资收益和利息、租金、特许权使用费所得，以收入全额为应纳税所得额；转让财产所得，以收入全额减除财产净值后的余额为应纳税所得额。

2. B 【解析】本题考核非居民企业所得税源泉扣缴。①在中国境内未设立机构、场所的非居民企业取得的股息、红利等权益性投资收益和利息、租金、特许权使用费所得，以"收入全额"为应纳税所得额；②甲公司应代扣代缴企业所得税税额 = 1 000 × 10% = 100（万元）。

3. D 【解析】本题考核非居民企业所得税源泉扣缴。非居民企业在中国境内取得的股息、红利等权益性投资收益和利息、租金、特许权使用费所得，以收入全额为应纳税所得额。实际适用税率 10%。2014 年度应纳税所得额 = 500 + 350 = 850（万元）。

4. B 【解析】本题考核非居民企业所得税源泉扣缴。在中国境内未设立机构、场所的非居民企业的应纳税所得额：股息、红利等权益性投资收益和利息、租金、特许权使用费所得，以收入全额为应纳税所得额；财产转让所得，以收入全额减除财产净值后的余额为应纳税所得额。

5. ABC 【解析】本题考核非居民企业所得税源泉扣缴。在中国境内未设立机构、场所的，或者虽设立机构、场所但取得的所得与其所设机构、场所没有实际联系的非居民企业，其取得的来源于中国境内的所得，按照下列方法计算其应纳税所得额：①股息、红利等权益性投资收益和利息、租金、特许权使用费所得，以收入全额为应纳税所得额；②转让财产所得，以收入全额减除财产净值后的余额为应纳税所得额。

考点五　企业所得税应纳税额的计算

扫我解疑难

考点精讲

应纳税所得额 = 收入总额 – 不征税收入 – 免税收入 – 各项扣除 – 以前年度亏损

按照上述"考点四"的计算过程，我们可以计算出"应纳税所得额"，下面我们延续后面的计算步骤。

应纳所得税额 = 应纳税所得额 × 税率 – 减免所得税额 – 抵免所得税额

应纳税额 = 应纳所得税额 + 境外所得应纳所得税额 – 境外所得抵免所得税额

一、税收优惠——减免"所得税额" ★★★

（一）（2020 年调整）小型微利企业

1. 认定条件

从事国家非限制和禁止行业，且同时符

合年度应纳税所得额不超过"300万元"、从业人数不超过"300人"、资产总额不超过"5 000万元"等三个条件的企业。

2. 减免规定

（1）对年应纳税所得额不超过100万元的部分，"减按25%"计入应纳税所得额，按"20%"的税率缴纳企业所得税；

（2）对年应纳税所得额超过100万元但不超过300万元的部分，"减按50%计入"应纳税所得额，按"20%"的税率缴纳企业所得税。

小型微利企业无论按查账征收方式或核定征收方式缴纳企业所得税，均可享受上述优惠政策。

【示例】某企业为小型微利企业，2019年当年应纳税所得额为300万元。已知：小微企业适用的企业所得税税率为20%。假设不考虑其他因素。

问题：该企业当年应缴纳的企业所得税是多少？

分析：该企业应纳税所得额超过100万元但不超过300万元的部分是"200万元"。

应纳税额 = （100×25% + 200×50%）×20% = 25（万元）

（二）民族自治地方

对民族自治地方内国家限制和禁止的企业，不得减征或者免征企业所得税。

（三）高新技术企业

国家重点扶持高新技术企业，减按"15%"的税率征收企业所得税。

（四）技术先进型企业

对经认定的技术先进型企业（服务贸易类），减按"15%"的税率征收企业所得税。

（五）西部地区

对设在西部地区，以《西部地区鼓励类产业目录》中新增鼓励产业项目为主营业务，且其当年度主营业务收入占企业收入总额70%以上的企业，可减按"15%"的税率缴纳企业所得税。

二、税收优惠—抵免"所得税额" ★★★

（一）购进专用设备

企业购置并实际使用政策规定的"环境保护、节能节水、安全生产"等专用设备。

（二）抵免规定

（1）该专用设备的"投资额的10%"可以从企业当年的"应纳税额"中抵免；

（2）当年不足抵免的，可以在以后"5个纳税年度"结转抵免。

『提示』注意与前述"应纳税所得额抵扣"的规定相区分。

关于环保、节能问题的归纳如表5-20所示。

表5-20 关于环保、节能问题的归纳

项目	具体规定
税前扣除项目	①企业依法提取的用于环境保护、生态恢复等方面的专项资金，准予扣除； ②上述专项资金提取后改变用途的，不得扣除
所得减免	①从事符合条件环境保护、节能节水项目的所得； ②"三免三减半"优惠
所得税抵免	①企业购置并实际使用政策规定的"环境保护、节能节水、安全生产"等专用设备； ②"投资额的10%"可以从企业当年的"应纳税额"中抵免

随学随练 限时7分钟

1.【单选题】甲企业为我国企业所得税居民企业，会计核算健全，从业人员20人，资产总额200万元。该企业2019年收入总额260万元，成本费用支出额165万元，因管理不善导致存货发生净损失为18.2万元，假设不考虑其他纳税调整因素，甲企业当年应纳企业所得税是（　）万元。

A. 5.76　　　　　B. 7.68

C. 9.5　　　　　D. 3.84

2.【多选题】（2015年）根据企业所得税法律

制度的有关规定，下列关于企业所得税相关税收优惠的说法中，正确的有(　　)。

A. 创业投资企业采取股权投资方式投资于未上市的中小高新技术企业 2 年以上的，可按其投资额的 10% 在股权持有满 2 年的当年抵扣该创业投资企业的应纳税额

B. 创业投资企业采取股权投资方式投资于未上市的中小高新技术企业 2 年以上的，可按其投资额的 70% 在股权持有满 2 年的当年抵扣该创业投资企业的应纳税所得额

C. 企业购置并实际使用规定的环境保护、节能节水、安全生产等专用设备的，该专用设备的投资额的 10% 可以从企业当年的应纳税额中抵免

D. 企业购置并实际使用规定的环境保护、节能节水、安全生产等专用设备的，该专用设备的投资额的 70% 可以从企业当年的应纳税所得额中抵免

3. 【多选题】(2014 年)企业所得税的税收优惠形式有(　　)。

　　A. 加速折旧　　　　B. 减计收入

　　C. 税额抵扣　　　　D. 加计扣除

4. 【多选题】根据企业所得税法律制度的规定，下列选项中，符合小型微利企业国家认定标准的有(　　)。

A. 某工业企业，从事国家非限制和禁止行业，年度应纳税所得额 250 万元，从业人数 100 人，资产总额 5 500 万元

B. 某企业，从事国家限制性行业，年度应纳税所得额 100 万元，从业人数 200 人，资产总额 2 000 万元

C. 某生产企业，从事国家非限制和禁止行业，年度应纳税所得额 200 万元，从业人数 280 人，资产总额不超过 4 500 万元

D. 某服务企业，从事国家非限制和禁止行业，年度应纳税所得额 230 万元，从业人数 200 人，资产总额不超过 3 000 万元

随学随练参考答案及解析

1. D 【解析】本题考核小型微利企业的税收

优惠。根据规定，自 2019 年 1 月 1 日至 2021 年 12 月 31 日，对小型微利企业年应纳税所得额不超过 100 万元的部分，减按 25% 计入应纳税所得额，按 20% 的税率缴纳企业所得税；对年应纳税所得额超过 100 万元但不超过 300 万元的部分，减按 50% 计入应纳税所得额，按 20% 的税率缴纳企业所得税。本题中，应纳税所得额为：$260-165-18.2=76.8$(万元)，其所得额不超过 100 万元，因此减按 25% 计入应纳税所得额，按 20% 的税率缴纳企业所得税。甲企业应缴纳企业所得税 = $(260-165-18.2)\times25\%\times20\%=3.84$(万元)。

2. BC 【解析】本题考核企业所得税税收优惠中的"所得额抵扣"与"所得税抵免"。根据规定，创业投资企业采取股权投资方式投资于未上市的中小高新技术企业 2 年以上的，可按其投资额的 70% 在股权持有满 2 年的当年"抵扣"该创业投资企业的"应纳税所得额"；企业购置并实际使用规定的环境保护、节能节水、安全生产等专用设备的，该专用设备的投资额的 10% 可以从企业当年的"应纳税额"中"抵免"。

3. ABCD 【解析】本题考核所得税的优惠形式。我国企业所得税的税收优惠包括免税收入、可以减免税的所得、优惠税率、民族自治地方的减免税、加计扣除、抵扣应纳税所得额、加速折旧、减计收入、抵免应纳税额和其他专项优惠政策。

4. CD 【解析】本题考核小型微利企业的认定标准。根据规定，小型微利企业是指从事国家非限制和禁止行业，且同时符合年度应纳税所得额不超过 300 万元、从业人数不超过 300 人、资产总额不超过 5 000 万元等三个条件的企业。选项 A，资产总额超过 5 000 万元，不符合小型微利企业标准；选项 B，企业从事国家限制性行业，因此不符合小型微利企业标准。

三、境外所得抵免税额 ★★

(一)基本计算

企业取得的所得已在境外缴纳的所得税税额，可以从其当期"应纳税额"中抵免，抵免限额为该项所得依照规定计算的应纳税额。

简化公式：

抵免限额 = 来源于某国（地区）的应纳税所得额（境外税前所得额）×25%

当期超过抵免限额的部分，可以在以后5个年度内，用每年度抵免限额抵免当年应抵税额后的余额进行抵补。

【示例】某企业从境外取得税后利润20万元（境外缴纳所得税时适用的税率为20%），未补缴企业所得税。已知：该企业适用的企业所得税税率为25%。

问题：该企业境外所得在我国补税金额是多少？

分析：境外税后利润还原 = 20÷(1−20%) = 25（万元）

抵免限额 = 25×25% = 6.25（万元）

补税额 = 6.25−25×20% = 1.25（万元）

（二）不同国家（地区）的汇总计算

（1）企业"可以选择"分国不分项或者不分国不分项；

（2）一经选择，5年内不得改变。

【示例】甲企业为居民企业，在A国的投资项目为A企业，A国适用的税率为20%；在B国的投资项目为B企业，B国适用的税率为30%。当年甲企业从A企业分得税后利润为80万元，从B企业分得税后利润为140万元。

分析1：分国不分项计算

A企业：税前利润 = 80÷(1−20%) = 100（万元）

（抵免限额）按我国税法规定纳税 = 100×25% = 25（万元）

境外纳税 = 100×20% = 20（万元）

A企业的所得需在我国补税 = 25−20 = 5（万元）

B企业：税前利润 = 140÷(1−30%) = 200（万元）

（抵免限额）按我国税法规定纳税 = 200×25% = 50（万元）

境外纳税 = 200×30% = 60（万元），因此不需要在我国补税。

超过抵免限额 = 60−50 = 10（万元），超过抵免限额的10万元，结转下年延续抵免（最长为5年）。

分析2：不分国不分项计算

A企业：税前利润 = 80÷(1−20%) = 100（万元）

B企业：税前利润 = 140÷(1−30%) = 200（万元）

（抵免限额）按我国税法规定纳税 = 300×25% = 75（万元）

境外纳税 = 20+60 = 80（万元）

超过抵免限额 = 80−75 = 5（万元），结转下年延续抵免（最长为5年）。

可以结转以后纳税年度处理的情形如表5-21所示。

表 5-21 可以结转以后纳税年度处理的情形

情形	限额比例	减除对象	结转年限
职工教育经费	工资总额的8%	纳税调整事项	无期限规定
广告费、业务宣传费	销售（营业）收入的15%	纳税调整事项	无期限规定
公益性捐赠	年度利润总额12%部分以内	纳税调整事项	3 年
保险企业的手续费及佣金	当年全部保费收入扣除退保金等后余额的18%	纳税调整事项	无期限规定
境外所得所纳税款	境外所得×25%	抵免所得税	5 年
亏损弥补	—	所得额	5年或10年
创投企业	投资额的70%	抵扣所得额	无期限规定

续表

情形	限额比例	减除对象	结转年限
购置环保、节能节水、安全生产的设备	投资额的 10%	抵免所得税	5 年

特殊类型企业的所得税优惠政策如表 5-22 所示。

表 5-22　特殊类型企业的所得税优惠政策的归纳

企业类型	优惠政策	备注
小型微利企业	①年应纳税所得额不超过 100 万元的部分，减按 25% 计入应纳税所得额，按 20% 的税率纳税； ②年应纳税所得额超过 100 万元但不超过 300 万元的部分，减按 50% 计入应纳税所得额，按 20% 的税率纳税	注意认定标准
高新技术企业	优惠税率 15%	国家需要重点扶持的高新技术企业
	创投企业投资中小型高新技术企业，满足三个条件，可抵扣所得额	①股权投资； ②未上市； ③持股 2 年
	亏损弥补期限 5 年延长至 10 年	①2018 年 1 月 1 日起； ②具备资格年度前 5 年的亏损
科技型中小企业	亏损弥补期限 5 年延长至 10 年	①2018 年 1 月 1 日起； ②具备资格年度前 5 年的亏损
	创投企业投资初创期科技型企业，满足三个条件，可抵扣所得额	①股权投资； ②未上市； ③持股 2 年
技术先进型服务贸易类企业	优惠税率 15%	经认定的

特定行业扣除的特殊规定如表 5-23 所示。

表 5-23　特定行业扣除的特殊规定

情形		特定行业
广告业务宣传费	销售（营业）收入的 15% 限额扣除	一般企业
	销售（营业）收入的 30% 限额扣除	①化妆品制造+销售； ②医药制造； ③饮料制造（不含酒类）
	不得扣除	烟草企业
不适用任何加计扣除	烟草制造、住宿餐饮、批发零售、房地产、租赁、商务服务业、娱乐业	

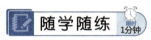

随学随练
限时 1 分钟

【单选题】（2018 年）甲公司为居民企业，2017 年度境内应纳税所得额 1 000 万元，来源于 M 国的应纳税所得额 300 万元，已在 M 国缴纳企业所得税税额为 60 万元，已知甲公司适用的企业所得税税率为 25%，计算甲公司 2017 年度应缴纳企业所得税税额的下列算式中，正确的是（　　）。

A. 1 000×25% = 250（万元）

B. （1 000+300）×25% = 325（万元）

C. （1 000+300）×25%-60 = 265（万元）

D. 1 000×25%-60 = 190（万元）

随学随练参考答案及解析

C 【解析】本题考核境外所得抵免税额的计算。①甲公司来源于M国的所得抵免限额：300×25%＝75（万元），境外实际缴纳税款60万元，小于抵免限额，因此可以全额抵免。②应缴纳的企业所得税＝（1 000+300）×25%－60＝265（万元）。

考点六 征收管理★★

扫我解疑难

考点精讲

一、纳税地点

企业所得税纳税地点如表5-24所示。

表5-24 企业所得税纳税地点

纳税人		纳税地点
居民企业	登记注册地在境内	登记注册地
	登记注册地在境外实际管理机构在境内	实际管理机构所在地
非居民企业	境内有机构、场所	境内机构、场所所在地
	①境内无机构、场所；②有机构、场所但取得的所得与所设机构、场所没有实际联系	扣缴义务人所在地

二、纳税期限

（1）企业所得税按年计征，分月或者分季预缴，年终汇算清缴，多退少补。

（2）企业在一个纳税年度中间开业或者终止经营活动，使该纳税年度的实际经营期不足12个月的，应当以"实际经营期"为1个纳税年度。

（3）企业依法清算时，应当以清算期间作为1个纳税年度。

三、纳税申报

（一）分月或分季预缴

应当自月份或者季度终了之日起"15日内"，向税务机关报送预缴企业所得税纳税申报表，预缴税款。

（二）汇算清缴

（1）企业应当自年度终了后"5个月内"向税务机关报送年度企业所得税纳税申报表，并汇算清缴，结清应缴或应退税款。

（2）企业在年度中间终止经营活动，应当自"实际经营期终止之日"起"60日内"，向税务机关办理当期企业所得税汇算清缴。

（三）报送资料

企业在报送企业所得税纳税申报表时，应当按照规定附送财务会计报告和其他有关

资料。

（四）亏损申报

企业在纳税年度内**无论盈利或者亏损**，都应当在规定期限内向税务机关报送各项涉税资料。

随学随练

限时3分钟

1.【单选题】根据企业所得税法律制度的规定，企业应当自纳税年度终了之日起一定期限内，向税务机关报送年度企业所得税申报表，并应缴应退税款。该期限为（ ）。

A. 3个月
B. 5个月
C. 6个月
D. 4个月

2.【多选题】（2016年）根据企业所得税法律制度的规定，下列关于企业所得税纳税期限的表述中，正确的有（ ）。

A. 企业所得税按年计征，分月或者分季预缴，年终汇算清缴，多退少补

B. 企业在一个纳税年度中间开业，使该纳税年度的实际经营不足12个月的，应当以其实际经营期为1个纳税年度

C. 企业依法清算时，应当以清算期作为1个纳税年度

D. 企业在纳税年度中间终止经营活动的，应当自实际经营终止之日起 60 日内，向税务机关办理当期企业所得税汇算清缴

3. **【判断题】**（2019 年）企业应当自年度终了之日起 5 个月内，向税务机关报送年度企业所得税纳税申报表，并汇算清缴，结清应缴应退税款。　　（　）

随学随练参考答案及解析

1. B 【解析】本题考核企业所得税纳税申报。企业应当自年度终了后"5 个月内"向税务机关报送年度企业所得税纳税申报表，并汇算清缴，结清应缴或应退税款。

2. ABCD 【解析】本题考核企业所得税征收管理。

3. √

模块二　个人所得税

考点一　纳税人和纳税义务★★★

扫我解疑难

考点精讲

个人所得税纳税人，包括中国公民、个体工商业户、个人独资企业、合伙企业投资者、在中国有所得的外籍人员（含无国籍人员）和香港、澳门、台湾同胞。

个人所得税纳税人依据住所和居住时间两项标准，区分为居民个人和非居民个人，两者的判断标准与承担的纳税义务各不相同。

一、居民个人与非居民个人的判断

居民个人与非居民个人的判断标准如表 5-25 所示。

表 5-25　个人所得税纳税人

纳税人	住所地标准	居住时间标准
居民个人	中国境内"有住所"	中国境内"无住所"，而一个纳税年度内在中国境内居住累计"满 183 天"的个人
非居民个人	中国境内"无住所、不居住"	中国境内无住所，而一个纳税年度内在中国境内居住累计"不满 183 天"的个人

『提示 1』纳税年度是指公历 1 月 1 日至 12 月 31 日止。

『提示 2』税法上的"住所"，不等同于实物意义上的住房。所谓有住所，是指因户籍、家庭、经济利益关系而在中国境内习惯性居住。因此，"习惯性居住"是判定纳税人是居民个人还是非居民个人的一个法律意义上的标准。

【示例】美国人杰克逊 2019 年 12 月 1 日来华工作，2020 年 7 月回国探亲 20 天，2021 年 12 月 20 日回国。

分析：杰克逊 2019 年是非居民纳税人；2020 年和 2021 年均为居民纳税人。

二、居民个人与非居民个人的纳税义务

（一）居民个人

无限纳税义务：从中国"境内和境外"取得的所得，依法缴纳个人所得税。

（二）非居民个人

有限纳税义务：从"中国境内"取得的所得，依法缴纳个人所得税。

（三）中国境内无住所的个人的纳税义务

中国境内无住所的个人的纳税义务如图 5.3 所示。

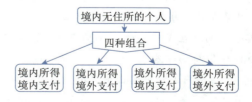

图 5.3　中国境内无住所的个人的纳税义务

271

【图示说明】所得来源地与所得支付地可能是一致的，也可能不一致。因此我们可以得出以上四种组合，而与之相关的个人所得税纳税义务，如表5-26所列示。

表5-26　中国境内无住所的个人的纳税义务

居住时间、纳税人身份			纳税义务			
			境内所得		境外所得	
居住天数	性质	连续年度	境内支付	境外支付	境内支付	境外支付
连续或累计不超过90天	非居民个人	—	√	免税	×	×
连续或累计超过90天但不满183天	非居民个人	—	√	√	×	×
累计满183天	居民个人	不满6年	√	√	√	免税
		满6年	√	√	√	√
		『提示』一次离境超过30天的，其在中国境内居住累计满183天的年度的连续年限重新起算				

『提示1』无住所个人一个纳税年度在中国境内累计居住满183天的，如果此前6年在中国境内每年累计居住天数都满183天而且没有任何一年单次离境超过30天，该纳税年度来源于中国境内、境外所得应当缴纳个人所得税；如果此前6年的任一年在中国境内累计居住天数不满183天或者单次离境超过30天，该纳税年度来源于中国境外且由境外单位或者个人支付的所得，免予缴纳个人所得税。所称此前6年，是指该纳税年度的前1年至前6年的连续6个年度，此前6年的起始年度自2019年（含）以后年度开始计算。

『提示2』无住所个人一个纳税年度内在中国境内累计居住天数，按照个人在中国境内累计停留的天数计算。在中国境内停留的当天满24小时的，计入中国境内居住天数，在中国境内停留的当天不足24小时的，不计入中国境内居住天数。

【示例】法国人克洛伊2019年12月31日来华工作，同时担任境内外职务。2020年7月至9月，每个月回法国总部工作各20天，其余时间均在境内。截至2020年12月31日，克洛伊取得的收入包括：

（1）国内工作期间由中国境内公司支付的工资。

（2）国内工作期间由法国总部支付的工资。

（3）国外工作期间由境内公司支付的工资。

（4）国外工作期间由法国总部支付的工资。

分析：2020纳税年度，克洛伊在境内居住满183天，因此当年为居民个人。但是其在中国境内居住累计满183天的年度连续不满六年。

克洛伊2020年应就"上述（1）、（2）、（3）"部分的工资，在我国缴纳个人所得税。

"（4）"的工资，属于来源于中国境外且由境外单位或者个人支付的所得，经向主管税务机关备案，免予缴纳个人所得税。

三、个人所得税所得来源地

除国务院财政、税务主管部门另有规定外，下列所得，不论支付地点是否在中国境内，均为来源于中国境内的所得：

（一）境内提供劳务

因"任职、受雇、履约"等在中国境内提供劳务取得的所得。

（二）境内使用

（1）将财产出租给承租人在中国境内使用而取得的所得；

（2）许可各种特许权在中国境内使用而取得的所得。

（三）境内转让财产

转让中国境内的不动产等财产或者在中国境内转让其他财产取得的所得。

（四）投资（被投资方在境内）

从中国境内企业、事业单位、其他组织以及居民个人取得的利息、股息、红利所得。

随学随练 限时4分钟

1.【单选题】（2017 年改）下列在境内无住所的外籍个人中，不属于居民个人的是（　）。

A. 怀特，2019 年 1 月 1 日入境，12 月 31 日离境、中间三次离境，每次 20 天

B. 汤姆，2019 年 2 月 1 日入境，当年 3 月 1 日离境

C. 海南维，2019 年 1 月 1 日入境，12 月 31 日离境

D. 麦克，2019 年 1 月 1 日入境，12 月 31 日离境，中间离开 25 天

2.【判断题】（2018 年改）在中国境内无住所的约翰 2019 年 3 月 1 日来中国工作，2019 年 12 月 31 日离境，约翰为 2019 年度中国个人所得税的非居民个人。（　）

3.【判断题】（2017 年）合伙企业的自然人合伙人，是个人所得税纳税人。（　）

4.【判断题】（2016 年改）某外籍个人跨期 2019 年 1 月 1 日入境，2020 年 2 月 10 日离境，期间离境 20 天，除此之外本年度无其他离境情况，则该外籍个人 2019 年纳税年度为个人所得税非居民个人。（　）

5.【判断题】（2015 年改）在中国境内有住所的居民个人张某，2019 年在美国工作，其当年只就来源于中国境外的所得征收个人所得税。（　）

随学随练参考答案及解析

1. B 【解析】本题考核个人所得税纳税人。中国境内无住所，而一个纳税年度内在中国境内居住累计"不满 183 天"的个人，为非居民个人。选项 B，由于汤姆在 2019 年一个纳税年度，在境内居住不满 183 天，因此不属于居民纳税人。

2. × 【解析】本题考核个人所得税纳税人。中国境内无住所，而一个纳税年度内在中国境内居住累计"不满 183 天"的个人，为非居民个人。本题约翰由于在 2019 年一个纳税年度在中国境内居住满 183 天，因此属于 2019 年度的居民个人。

3. √ 【解析】本题考核个人所得税纳税人。合伙企业以每一个自然人合伙人为个人所得税的纳税义务人。

4. × 【解析】本题考核个人所得税纳税人。根据规定，在中国境内无住所而一个纳税年度内在中国境内居住累计满 183 天的个人，为居民个人。本题中，该外籍个人 2019 年在中国境内居住已满 183 天，因此当年纳税年度应作为居民个人。

5. × 【解析】本题考核个人所得税纳税人和纳税义务。张某为在中国境内有住所的居民个人，其应就来源于中国境内、境外的全部所得缴纳个人所得税。

考点二 综合所得的应税项目 ★★★

扫我解疑难

考点精讲

"居民个人"取得的特定四项所得项目，属于综合所得，具体包括：工资、薪金所得；劳务报酬所得；稿酬所得；特许权使用费所得。

综合所得，按照"纳税年度""合并"计算个人所得税。

一、工资、薪金所得

（一）税目的基本范围

个人因"任职或者受雇"而取得的工资、薪金、奖金、年终加薪、劳动分红、津贴、补贴以及与任职或者受雇有关的其他所得。

不属于工资、薪金性质的补贴、津贴，不征收个人所得税。

包括：

（1）独生子女补贴；

（2）执行公务员工资制度未纳入基本工资总额的补贴、津贴差额和家属成员的副食补贴；

（3）托儿补助费；

（4）差旅费津贴、误餐补助。

（二）税目的特殊范围

1. 提前退休

提前退休一次性补贴按"工资、薪金所得"缴纳个税。

知识链接

2. 离退休人员

按规定领取离退休工资或养老金外，另从原任职单位取得的各类补贴、奖金、实物，不属于免税项目，应按"工资、薪金所得"缴纳个税。

【链接1】按规定发放的基本养老金或退休费、离休费、离休生活补助费，免征个人所得税。

【链接2】享受国家发放的政府特殊津贴的专家、学者，其在延长离休、退休期间的工资、薪金所得，视同离休、退休工资免征个人所得税。

3. 退休人员再任职

退休人员"再任职"取得的收入，在减除按个人所得税法规定的费用扣除标准后，按"工资、薪金所得"应税项目缴纳个人所得税。

4. 解除劳动关系一次性经济补偿金收入

（1）按"工资、薪金所得"缴纳个税。

（2）个人因与用人单位解除劳动关系而取得的一次性补偿收入，在当地上年职工平均工资"3倍数额以内的部分"，免征个人所得税；"超过3倍数额的部分"，不并入当年综合所得，单独适用综合所得税率表，计算纳税。

【链接】企业依照国家有关法律规定宣告破产，企业职工从该破产企业取得的"一次性安置费收入"，免征个人所得税。

5. 个人取得"公务交通、通讯补贴收入"

扣除一定标准的公务费用后，按照"工资、薪金所得"项目计征个人所得税。

6. 上市公司股权激励的征税规定

居民个人因任职、受雇上市公司取得"股票增值权""限制性股票"所得，按"工资、薪金所得"缴纳个税。

7. 失业保险费

缴付超过规定比例部分，按"工资、薪金所得"项目计征个人所得税。

8. 企业年金（职业年金）

（1）企业缴付。

超过标准的部分，应缴纳个人所得税。

（2）个人缴付。

个人缴付"超过"计税工资"4%"的部分并入本月工资，按"工资、薪金所得"项目计征个人所得税。

（3）领取时。

不并入综合所得，全额单独计算纳税：

①按月领取的，适用月度税率表计算纳税；

②按季领取的，平均分摊计入各月，按每月领取额适用月度税率表计算纳税；

③按年领取的，适用综合所得税率表计算纳税。

9. 兼职律师

（1）收入全额征税。

"兼职"律师从律师事务所取得工资薪金性质的收入以收入全额（取得分成收入的为扣除办理案件支出费用后的余额）为应纳税所得额，不扣减生计费，直接确定适用税率。

（2）自行申报。

兼职律师应自行申报两处或两处以上取得的"工资、薪金所得"，合并计算缴纳个人所得税。

【链接】律师以个人名义再聘请其他人员为其工作而支付的报酬，应由该律师按"劳务报酬所得"应税项目负责代扣代缴个人所得税。

10. 出租车驾驶员

出租车驾驶员应税项目的划分如表5-27所示。

表 5-27　出租车驾驶员应税项目的划分

税目	具体规定
工资、薪金所得	出租车经营单位对出租车驾驶员采取"单车承包或承租方式运营"
经营所得	①出租车属于"个人所有"，但挂靠出租车经营单位缴纳管理费的； ②出租车经营单位将出租车所有权转移给驾驶员的； ③从事个体出租车运营的出租车驾驶员取得收入

11. 非营利性科研机构及高校奖励

依法批准设立的非营利性科研机构和高等学校根据规定，从职务科技成果转化收入中给予科技人员的现金奖励，可"减按50%"计入科技人员当月"工资、薪金所得"，依法缴纳个人所得税。

12. 全年一次性奖金的征税规定

居民个人取得全年一次性奖金，符合规定的，在 2021 年 12 月 31 日前，不并入当年综合所得，以全年一次性奖金收入除以12个月得到的数额，按照按月换算后的综合所得税率表，确定适用税率和速算扣除数，单独计算纳税。

计算公式为：应纳税额=全年一次性奖金收入×适用税率−速算扣除数

居民个人取得全年一次性奖金，也可以选择并入当年综合所得计算纳税。

自 2022 年 1 月 1 日起，居民个人取得全年一次性奖金，应并入当年综合所得计算缴纳个人所得税。

随学随练 3分钟

1.【单选题】(2019 年)根据个人所得税法律制度的规定，在中国境内有住所的居民取得的下列所得中，属于综合所得的是(　)。

A. 经营所得

B. 劳务报酬所得

C. 利息、股息、红利所得

D. 财产租赁所得

2.【单选题】(2018 年)根据个人所得税法律制度的规定，下列各项中，应缴纳个人所得税的是(　)。

A. 年终加薪　　　B. 托儿补助费

C. 差旅费津贴　　　D. 误餐补助

3.【单选题】(2016 年)根据个人所得税法律制度，下列属于"工资、薪金所得"项目的是(　)。

A. 单位全勤奖

B. 参加商场活动中奖

C. 出租闲置房屋取得的所得

D. 国债利息所得

4.【判断题】(2015 年)离退休人员再任职取得的收入，免征个人所得税。(　)

随学随练参考答案及解析

1. B 【解析】本题考核个人所得税综合所得的范围。综合所得包括工资薪金所得、劳务报酬所得、稿酬所得和特许权使用费所得。

2. A 【解析】本题考核个人所得税工资薪金所得的范围。下列项目不属于工资、薪金性质的补贴、津贴，不予征收个人所得税。这些项目包括：①独生子女补贴；②执行公务员工资制度未纳入基本工资总额的补贴、津贴差额和家属成员的副食补贴；③托儿补助费；④差旅费津贴、误餐补助。

3. A 【解析】本题考核个人所得税工资薪金所得的范围。"工资、薪金"所得是个人因"任职或者受雇"而取得的工资、薪金、奖金、年终加薪、劳动分红、津贴、补贴以及与任职或者受雇有关的其他所得。全勤奖属于奖金，属于"工资、薪金所得"项目。

4. × 【解析】本题考核个人所得税工资薪金所得的范围。离退休人员"再任职"取得的收入，在减除按个人所得税法规定的费用扣除标准后，按"工资、薪金所得"应税项目缴纳个人所得税。

二、劳务报酬所得

(一)税目的基本范围

个人独立从事各种"非雇佣"的劳务所取得的所得。

(二)税目的特殊范围

1. 兼职

个人兼职取得的收入应按照"劳务报酬所得"应税项目缴纳个人所得税。

2. 保险营销员、证券经纪人

(1)从证券公司、保险公司取得的佣金收入,属于"劳务报酬所得"项目,缴纳个人所得税。

(2)以不含增值税的收入减除20%的费用后的余额为收入额。

(3)收入额减去展业成本以及附加税费后,并入当年综合所得,计算缴纳个人所得税。

(4)保险营销员、证券经纪人展业成本按照收入额的25%计算。

并入综合所得的金额=不含税收入×(1-20%)×(1-25%)-附加税费

工资、薪金与劳务报酬所得的易混淆点如表5-28所示。

表5-28 工资、薪金与劳务报酬所得的易混淆点

职业	收入性质	税目划分
翻译	受托从事翻译	劳务报酬所得
	受雇从事翻译	工资、薪金所得
	自行翻译后出版	稿酬所得
老师、演员	在受雇单位授课、演出	工资、薪金所得
	在外授课、走穴	劳务报酬所得

三、稿酬所得

(一)税目的一般范围

个人因其作品以图书、报刊形式"出版、发表"而取得的所得。

(二)税目的特殊范围—遗作稿酬

作者去世后,财产继承人取得的遗作稿酬,也"应征收"个人所得税。

四、特许权使用费所得

(一)税目的一般范围

个人提供或转让专利权、商标权、著作权(不含发表权的稿酬所得)、非专利技术以及其他特许权取得的所得。

(二)税目的特别范围

1. 手稿原件或复印件

作者将自己的文字作品"手稿原件或复印件"公开拍卖取得的所得,按"特许权使用费所得"计税。

2. 经济赔偿收入

个人取得特许权的"经济赔偿收入",按"特许权使用费所得"计税。

3. 剧本使用费

编剧从电视剧的制作单位取得的"剧本使用费",按"特许权使用费所得"计税。

【链接】 个人转让著作权免征增值税。

📝 随学随练 ⏱4分钟

1.【单选题】(2018年)根据个人所得税法律制度的规定,下列各项中,应按照"劳务报酬所得"税目计缴个人所得税的是( )。

A. 个人因与用人单位解除劳动关系而取得一次性补偿收入

B. 退休人员从原任职单位取得的补贴

C. 兼职律师从律师事务所取得的工资性质的所得

D. 证券经纪人从证券公司取得的佣金收入

2.【多选题】(2018年)根据个人所得税法律制度的规定,个人取得的下列收入中,应按照"劳务报酬所得"税目计缴个人所得税的有( )。

A. 某经济学家从非雇佣企业取得的讲学收入

B. 某职员取得的本单位优秀员工奖金

C. 某工程师从非雇佣企业取得的咨询收入

D. 某高校教师从任职学校领取的工资

3. 【多选题】(2018年改)根据个人所得税法律制度的规定，下列各项中，应按照"特许权使用费所得"税目计缴个人所得税的有(　)。

A. 个人取得特许权的经济赔偿收入

B. 作家公开拍卖自己的小说手稿原件取得的收入

C. 著作权人许可他人使用自己的著作权取得的收入

D. 编剧从电视剧的制作单位取得的剧本使用费

4. 【多选题】(2014年)下列收入中，按照"特许权使用费所得"税目缴纳个人所得税的有(　)。

A. 提供商标权的使用权收入

B. 转让土地使用权收入

C. 转让著作权收入

D. 转让专利权收入

5. 【判断题】(2017年)作者去世后其财产继承人的遗作稿酬免征个人所得税。(　)

📝 随学随练参考答案及解析

1. D 【解析】本题考核劳务报酬所得的范围。选项ABC的表述，属于工资、薪金性质的收入。

2. AC 【解析】本题考核劳务报酬所得的范围。选项BD，属于"工资、薪金所得"征税项目。

3. ABCD 【解析】本题考核特许权使用费所得的范围。题目四个选项均属于特许权使用费所得。

4. ACD 【解析】本题考核特许权使用费所得的范围。个人转让土地使用权，个人所得税法律制度中属于"财产转让所得"；增值税法律制度中属于"销售无形资产"。

5. × 【解析】本题考核稿酬所得的范围。作者去世后，财产继承人取得的遗作稿酬，也应征收个人所得税。

考点三　综合所得应纳税额的计算★★★

扫我解疑难

📘 考点精讲

"居民个人"取得工资、薪金所得；劳务报酬所得；稿酬所得；特许权使用费四项所得的，统称为"综合所得"，按纳税年度合并计算个人所得税；"非居民个人"取得的上述四项所得，"按月"或者"按次"分项计算个人所得税。

本考点我们先讲解居民个人综合所得应纳税额的计算，再讲解非居民个人四项所得的计缴所得税方法。

一、居民个人"综合所得"

(一)计税方法

居民个人的综合所得，按"年"计征所得税。

(二)税率

执行3%~45%七级超额累进税率(如表5-29所示)。

表5-29　综合所得适用七级超额累进税率表

级数	全"年"应纳税所得额 含税级距	税率(%)	速算扣除数
1	不超过36 000元的部分	3	0
2	超过36 000元至144 000元的部分	10	2 520
3	超过144 000元至300 000元的部分	20	16 920

续表

级数	全"年"应纳税所得额	税率(%)	速算扣除数
	含税级距		
4	超过 300 000 元至 420 000 元的部分	25	31 920
5	超过 420 000 元至 660 000 元的部分	30	52 920
6	超过 660 000 元至 960 000 元的部分	35	85 920
7	超过 960 000 的部分	45	181 920

(三)计税依据

应纳税所得额＝每一纳税年度的收入额－费用扣除数(60 000 元)－专项扣除－专项附加扣除－依法确定的其他扣除

应纳税额＝全年应纳税所得额×适用税率－速算扣除数

『提示』考试时请大家务必按照速算扣除数的简便方法计算。

1. 年收入额

(1)工资、薪金所得的收入额。

居民个人的工资、薪金所得"全额计入"收入额。

(2)劳务报酬所得、特许权使用费所得的收入额。

居民个人实际取得劳务报酬所得、特许权使用费收入的80%，即：

收入额＝收入×(1－20%)

(3)稿酬所得的收入额。

在扣除 20% 费用基础上，再减按 70% 计算，即：

收入额＝收入×(1－20%)×70%

『提示』也可按照实际取得稿酬收入的56%计算。

2. 费用扣除

每人每年扣除限额为"60 000 元"。

3. 专项扣除

三险一金：居民个人按照国家规定的范围和标准缴纳的基本养老保险、基本医疗保险、失业保险等社会保险费和住房公积金。

『提示』生育险和工伤保险是由单位负担缴纳，因此不在扣除范围内。

4. 专项附加扣除

包括子女教育、继续教育、大病医疗、住房贷款利息或者住房租金、赡养老人等6项支出。

(1)子女教育(如表 5-30 所示)。

表 5-30　专项附加扣除—子女教育

要点		具体规定
子女类型		婚生子女、非婚生子女、继子女、养子女
准予扣除的教育类型	学前教育	年满"3 岁"至小学入学前教育
	学历教育(全日制)	①义务教育：小学+初中；②高中教育：普通高中+中等职业+技工教育；③高等教育：专科、本科、硕士研究生、博士研究生
	境外接受教育	应当留存境外学校录取通知书、留学签证等相关教育的证明资料备查
扣除标准		"每个"子女每年 12 000 元(每月 1 000 元)
扣除方式		①父母"分别"按扣除标准的"50%"扣除；②经父母"约定"，由"其中一方"按扣除标准的"100%"扣除。『提示』扣除方式在"一个纳税年度内"不得变更

（2）继续教育（如表5-31所示）。

表 5-31　专项附加扣除—继续教育

要点	具体规定	
准予扣除类型	境内学历（学位）教育	①高中教育； ②高等教育：专科、本科、硕士研究生、博士研究生
	职业教育	①技能人员职业资格继续教育； ②专业技术人员职业资格继续教育
扣除标准	①学历（学位）教育：每月400元（每年4 800元）定额扣除； 『提示1』入学的当月至继续教育结束的当月。 『提示2』同一学历（学位）继续教育的扣除期限最长不得超过48个月。 ②职业教育："取得"相关证书的当年，一次性扣除3 600元（定额扣除）	
扣除方式	个人接受本科及以下学历（学位）继续教育，符合本办法规定扣除条件的，可以选择由其父母扣除，也可以选择由本人扣除	

（3）大病医疗扣除（如表5-32所示）。

表 5-32　专项附加扣除—大病医疗

要点	具体规定
扣除范围	一个纳税年度内，纳税人在医保管理信息系统记录的由"个人负担"累计超过"15 000元"的医药费用支出部分
扣除标准	纳税人办理年度汇算清缴时，按照每年80 000元限额内"据实扣除"。 『提示1』仅此一处为"据实限额扣除"，其他均为定额扣除。 『提示2』"大病"不具有特定性，只看钱数
扣除主体	①本人的：可以选择由本人或者其配偶扣除； ②未成年子女的：选择由父母一方扣除。 『提示』纳税人本人、配偶、未成年子女的，"分别"计算扣除
扣除凭证	医药服务收费及医保报销相关票据原件（或者复印件）

（4）住房贷款利息扣除（如表5-33所示）。

表 5-33　专项附加扣除—住房贷款利息

要点	具体规定
扣除范围	①谁买房：纳税人本人 OR 配偶； ②贷款类型：商业贷款 OR 公积金贷款； ③房屋类型："住房"+"首套"； ④扣除对象：贷款"利息"； ⑤扣除次数：纳税人只能享受一次首套住房扣除
扣除标准	偿还贷款期间，每年12 000元（每月1 000元）定额扣除
时间	①为贷款合同约定开始还款的当月至贷款全部归还或贷款合同终止的当月； ②扣除期限最长不得超过240个月（20年）

要点	具体规定
扣除方式	经夫妻双方约定，可以选择由**"其中一方"**扣除。 『提示』具体扣除方式一个纳税年度内不得变更
	夫妻双方婚前分别购买住房发生的首套住房贷款，婚后可以选择其中一套购买的住房，由**"购买方"**按扣除标准的100%扣除，也可以由夫妻双方对**"各自购买"**的住房分别按扣除标准的**"50%"**扣除。 『提示』具体扣除方式在一个纳税年度内不能变更

（5）住房租金扣除（如表5-34所示）。

表5-34 专项附加扣除—住房租金

要点	具体规定	
扣除范围	①纳税人在**"主要工作城市"**没有住房，而发生的住房租金支出。 ②夫妻双方**"主要工作城市"**相同的，只能由**"一方"**扣除租金支出。 ③夫妻双方**"主要工作城市"**不相同的，且各自在其中**"均无住房"**的，可以**"分别"**扣除租金支出	
扣除标准	直辖市、省会（首府）城市、计划单列市	每年18 000元（每月1 500元）
	市辖区户籍人口超过100万人的其他城市	每年13 200元（每月1 100元）
	市辖区户籍人口不超过100万人的其他城市	每年9 600元（每月800元）
时间	①为租赁合同（协议）约定的房屋租赁期开始的当月至租赁期结束的当月。 ②提前终止合同（协议）的，以实际租赁期限为准	
扣除人及其凭证	①签订租赁住房合同的承租人扣除。 ②房屋租赁合同为扣除凭证	
扣除限制	纳税人及其配偶在一个纳税年度内**不能同时分别享受"住房贷款利息"和"住房租金"**专项附加扣除	

（6）赡养老人扣除（如表5-35所示）。

表5-35 专项附加扣除—赡养老人

要点	具体规定	
扣除范围	赡养**"60岁"**以上父母（包括生父母、继父母、养父母）以及其他法定赡养人。 『提示』祖父母、外祖父母的子女已经去世，实际承担对祖父母、外祖父母赡养义务的孙子女、外孙子女	
扣除标准	纳税人赡养**"一位及以上"**被赡养人的支出，统一按照定额扣除：纳税人为独生子女的，每年24 000元（每月2 000元）。 『提示』夫妻双方分别扣除	
时间	被赡养人年满60周岁的当月至赡养义务终止的**"年末"**	
非独生子女的分摊	每人限额	不得超过每年12 000元（每月1 000元）
	分摊方式	①赡养人均摊； ②赡养人约定分摊； ③被赡养人指定分摊。 『提示1』约定与指定均须签订书面协议。 『提示2』指定分摊优先于约定分摊。 『提示3』具体分摊方式和额度在一个纳税年度内不能变更

5. 其他扣除

（1）个人缴付符合国家规定的企业年金、职业年金。

（2）个人购买符合国家规定的"**商业健康保险**"、税收递延型商业养老保险的支出，以及国务院规定可以扣除的其他项目。

『提示』个人购买商业健康保险支出，扣除限额为2 400元/年（200元/月）。

【示例】中国某公司职员张某2019年共取得工资薪金收入14万元、劳务报酬收入3万元、稿酬收入1万元、特许权使用费收入2万元。张某为独生子女且单身，全年缴纳规定的三险一金共计2.5万元。已知张某的父母均年过60岁；张某在居住城市有住房两套，使用公积金首套房贷款20万元，商业二套房贷款80万元，均在贷款偿还期内；张某2019年通过中级会计专业技术资格考试并获得证书。

分析：

（1）居民个人综合所得收入额合计＝140 000＋30 000×（1－20%）＋10 000×（1－20%）×70%＋20 000×（1－20%）＝185 600（元）

（2）费用扣除：60 000元

（3）专项扣除：25 000元

（4）专项附加扣除：

赡养老人：2 000×12＝24 000（元）

首套房贷款利息：1 000×12＝12 000（元）

继续教育：3 600元

共计：39 600元

（5）应纳税所得额＝185 600－60 000－25 000－39 600＝61 000（元）

（6）查表：税率为10%，速算扣除数为2 520元。

应纳税额＝61 000×10%－2 520＝3 580（元）

『提示』专项扣除、专项附加扣除和依法确定的其他扣除，以居民个人一个纳税年度的应纳税所得额为限额；一个纳税年度扣除不完的，不结转以后年度扣除。

随学随练 限时5分钟

1.【单选题】（2018年）根据个人所得税法律制度的规定，个人购买符合规定的商业健康保险产品的支出，允许在当年计算工资、薪金所得应纳税所得额时在一定限额内予以税前扣除，该限额为（ ）。

A. 3 600元/年　　B. 2 400元/年

C. 3 200元/年　　D. 2 800元/年

2.【多选题】（2019年）根据个人所得税法律制度的规定，下列各项中，可以作为个人专项附加扣除的有（ ）。

A. 子女抚养　　B. 继续教育

C. 赡养老人　　D. 子女教育

3.【多选题】（2019年）根据个人所得税法律制度的规定，下列各项中，属于专项扣除项目的有（ ）。

A. 基本医疗保险

B. 基本养老保险

C. 住房公积金

D. 首套住房贷款利息支出

4.【多选题】下列关于个人所得税综合所得税前扣除的表述中，正确的有（ ）。

A. 个人购买符合国家规定的"商业健康保险"、税收递延型商业养老保险的支出，可以在计算综合所得时扣除

B. 根据国家有关政策规定缴付的年金个人缴费部分，在不超过本人缴费工资计税基数的4%标准内的部分，允许从个人当期的应纳税所得额中扣除

C. 个人购买首套住房与二套住房的贷款利息，均可在税前据实扣除

D. 个人所得税专项附加扣除额一个纳税年度扣除不完的，不能结转以后年度扣除

5.【判断题】居民个人取得的工资、薪金所得，目前每月减除费用标准为5 000元/月。（ ）

随学随练参考答案及解析

1. B 【解析】本题考核个人所得税综合所得的其他扣除项目。自2017年7月1日起，

对个人购买符合规定的商业健康保险产品的支出，允许在当年（月）计算应纳税所得额时予以税前扣除，扣除限额为 2 400 元/年（200 元/月）。

2. BCD 【解析】本题考核专项附加扣除的范围。综合所得中允许扣除的专项附加扣除包括：子女教育、继续教育、赡养老人、首套住房贷款利息、住房租金、大病医疗。

3. ABC 【解析】本题考核专项扣除的范围。专项扣除，包括居民个人按照国家规定的范围和标准缴纳的基本养老保险、基本医疗保险、失业保险等社会保险费和住房公积金等；选项 D 属于专项附加扣除。

4. ABD 【解析】本题考核个人所得税综合所得税前扣除项目。选项 C，纳税人本人或者配偶单独或者共同使用商业银行或者住房公积金个人住房贷款为本人或者其配偶购买中国境内住房，发生的首套住房贷款利息支出，在实际发生贷款利息的年度，按照每月 1 000 元的标准定额扣除，扣除期限最长不超过 240 个月。纳税人只能享受一次首套住房贷款的利息扣除。

5. √

二、涉及"居民个人"的预扣预缴税款计算

（一）工资、薪金所得

1. 预扣预缴方法

扣缴义务人向居民个人支付工资、薪金所得时，应当按照"累计预扣法"计算预扣税款，并"按月"办理扣缴申报。

『提示 1』个人所得税纳税人中工薪阶层占有很大份额，单独对"工资、薪金所得"实行预扣预缴方法，可以使纳税年度终了时预扣预缴的税款基本上等于年度应纳税款，这样既可减轻纳税人自行纳税申报的压力，也可减轻纳税人年终纳税时的现金流压力。

累计预扣预缴应纳税所得额＝累计收入－累计免税收入－累计减除费用－累计专项扣除－累计专项附加扣除－累计依法确定的其他扣除

本期应预扣预缴税额＝（累计预扣预缴应纳税所得额×预扣率－速算扣除数）－累计减免税额－累计已预扣预缴税额

『提示 2』累计减除费用，按照 5 000 元/月乘以纳税人当年截至本月在本单位的任职受雇月份数计算。

『提示 3』此处适用的"预扣率"为七级超额累进预扣率。

2. 预扣率（如表 5-36 所示）

表 5-36　居民个人工资薪金所得预扣率表

级数	累计预扣预缴应纳税所得额	预扣率	速算扣除数
1	不超过 36 000 元的部分	3	0
2	超过 36 000 元至 144 000 元的部分	10	2 520
3	超过 144 000 元至 300 000 元的部分	20	16 920
4	超过 300 000 元至 420 000 元的部分	25	31 920
5	超过 420 000 元至 660 000 元的部分	30	52 920
6	超过 660 000 元至 960 000 元的部分	35	85 920
7	超过 960 000 的部分	45	181 920

【示例】某居民个人 2019 年每月取得工资收入 15 000 元，每月缴纳社保费用和住房公积金 1 500 元，该居民个人全年均享受每月 1 000 元子女教育和每月 2 000 元赡养老人专项附加扣除。

问题：该居民个人的工资薪金扣缴义务人 2019 年每月代扣代缴的税款是多少？

分析：

（1）1 月份。

累计预扣预缴应纳税所得额＝累计收入－

累计免税收入-累计减除费用-累计专项扣除-累计专项附加扣除-累计依法确定的其他扣除

　　=15 000-5 000-1 500-(1 000+2 000)

　　=5 500(元)

　　查表：预扣率3%，速算扣除数0元。

　　本期应预扣预缴税额=5 500×3%=165(元)

　　(2)2月份。

　　累计预扣预缴应纳税所得额=累计收入-累计免税收入-累计减除费用-累计专项扣除-累计专项附加扣除-累计依法确定的其他扣除

　　=30 000-10 000-3 000-(2 000+4 000)

　　=11 000(元)

　　查表：预扣率3%，速算扣除数0元。

　　本期应预扣预缴税额=11 000×3%-165=165(元)

　　(3)12月份。

累计预扣预缴应纳税所得额=累计收入-累计免税收入-累计减除费用-累计专项扣除-累计专项附加扣除-累计依法确定的其他扣除

　　=15 000×12-5 000×12-1 500×12-(1 000×12+2 000×12)

　　=66 000(元)

　　查表：预扣率10%，速算扣除数2 520元。

　　本期应预扣预缴税额=66 000×10%-2 520-165×11=2 265(元)

　　(二)劳务报酬所得、稿酬所得、特许权使用费所得

　　1. 预扣预缴方式

　　"按次"或"按月"预扣预缴个人所得税。

　　(1)属于一次性收入的，以取得该项收入为一次。

　　(2)属于同一项目连续性收入的，以1个月内取得的收入为一次。

　　2. 预扣率(如表5-37所示)

表 5-37　居民个人劳务报酬所得的预扣率表

级数	预扣预缴应纳税所得额	预扣率(%)	速算扣除数
1	不超过20 000元的	20	0
2	超过20 000元至50 000元的部分	30	2 000
3	超过50 000元的部分	40	7 000

　　3. 预扣预缴方法

　　(1)劳务报酬所得、稿酬所得、特许权使用费所得以收入减除费用后的余额为收入额。其中，稿酬所得的收入额减按70%计算。

　　(2)减除费用：劳务报酬所得、稿酬所得、特许权使用费所得每次收入不超过4 000元的，减除费用按800元计算；每次收入4 000元以上的，减除费用按20%计算。

　　(3)应纳税所得额：劳务报酬所得、稿酬所得、特许权使用费所得，以"每次收入额"为预扣预缴应纳税所得额。

　　劳务报酬所得应预扣预缴税额=预扣预缴应纳税所得额×预扣率-速算扣除数

　　稿酬所得、特许权使用费所得应预扣预缴税额=预扣预缴应纳税所得额×20%

　　【示例1】某歌星为居民个人，一次表演取得劳务收入100 000元。

　　分析：该表演收入为劳务报酬所得，扣除20%的费用后，应纳税所得额为80 000元。

　　查表：劳务报酬所得预扣率40%，速算扣除数7 000元

　　应预扣预缴税额=80 000×40%-7 000=25 000(元)

　　【示例2】某技术专家为居民个人，2019年10月取得一次性技术转让收入200 000元。

　　分析：该技术转让收入为"特许权使用费所得"，扣除20%费用后，应纳税所得额为160 000元。

　　应预扣预缴税额=160 000×20%=32 000(元)

随学随练 限时5分钟

1. 【单选题】居民个人李某 2020 年 1 月份取得工资收入 80 000 元，李某是独生子女，父母年满 60 周岁。已知应纳税所得额超过 36 000 元至 144 000 元的，适用预扣率 10%，速算扣除数 2 520 元。假设不考虑其他扣除因素，根据个人所得税法律制度的规定，李某在 1 月份应由单位预扣预缴的个人所得税为（　　）。

A. 30 元　　　　　　　　B. 4 780 元

C. 4 980 元　　　　　　　D. 7 300 元

2. 【单选题】居民个人张某取得工程设计收入 80 000 元，已知劳务报酬所得超过 50 000 元的，适用预扣率 40%，速算扣除数 7 000 元。根据个人所得税法律制度的规定，该笔收入应预扣预缴的个人所得税为（　　）。

A. 25 000 元　　　　　　B. 12 800 元

C. 18 600 元　　　　　　D. 21 760 元

3. 【单选题】2020 年 1 月，王某的一篇论文被编入某论文集出版，取得稿酬 5 000 元，已知稿酬所得预扣率为 20%。根据个人所得税法律制度的规定，王某当月预扣预缴的个人所得税为（　　）。

A. 560 元　　　　　　　B. 800 元

C. 840 元　　　　　　　D. 700 元

随学随练参考答案及解析

1. B 【解析】本题考核居民个人工资、薪金所得预扣预缴。工资、薪金费用扣除数为每月 5 000 元，赡养老人专项附加扣除每月限额扣除 2 000 元。李某 1 月份预扣预缴的个人所得税 =（80 000−5 000−2 000）× 10%−2 520 = 4 780（元）。

2. C 【解析】本题考核居民个人劳务报酬所得的预扣预缴。根据规定，劳务报酬收入属于一次性收入的，以取得该项收入为一次。劳务报酬所得、稿酬所得、特许权使用费所得每次收入不超过 4 000 元的，减

除费用按 800 元计算；每次收入 4 000 元以上的，减除费用按 20% 计算。张某取得该笔工程设计收入 80 000 元，应减除 20% 的费用，应纳税所得额 = 80 000×（1−20%）= 64 000（元）。该笔收入应预扣预缴税额 = 64 000×40%−7 000 = 18 600（元）。

3. A 【解析】本题考核居民个人稿酬所得的预扣预缴。根据规定，劳务报酬所得、稿酬所得、特许权使用费所得以收入减除费用后的余额为收入额。其中，稿酬所得的收入额减按 70% 计算。劳务报酬所得、稿酬所得、特许权使用费所得每次收入不超过 4 000 元的，减除费用按 800 元计算；每次收入 4 000 元以上的，减除费用按 20% 计算。王某所获稿酬应预扣预缴的个人所得税 = 5 000×（1−20%）×70%×20% = 560（元）。

三、非居民个人"四项所得"的扣缴税款计算

（一）扣缴方式

1. 工资、薪金所得

"按月"代扣代缴。

2. 劳务报酬所得、稿酬所得、特许权使用费所得

（1）"按次"代扣代缴。

（2）属于一次性收入的，以取得该项收入为一次。

（3）属于同一项目连续性收入的，以 1 个月内取得的收入为一次。

『提示』非居民个人由扣缴义务人按月或者按次代扣代缴税款，不办理汇算清缴。

（二）计税依据

1. 工资、薪金所得

应纳税所得额 = 每月收入额−5 000 元

2. 劳务报酬所得、特许权使用费所得

应纳税所得额 = 每次收入额×（1−20%）

3. 稿酬所得

应纳税所得额 = 每次收入额×（1−20%）×70%

（三）税率

按照七级超额累进税率表计算(如表5-38所示)。

表 5-38　个人所得税税率表

(非居民个人工资、薪金所得，劳务报酬所得，稿酬所得，特许权使用费所得适用)

级数	应纳税所得额	税率(%)	速算扣除数
1	不超过 3 000 元的	3	0
2	超过 3 000 元至 12 000 元的部分	10	210
3	超过 12 000 元至 25 000 元的部分	20	1 410
4	超过 25 000 元至 35 000 元的部分	25	2 660
5	超过 35 000 元至 55 000 元的部分	30	4 410
6	超过 55 000 元至 80 000 元的部分	35	7 160
7	超过 80 000 元的部分	45	15 160

(四)应纳税额

非居民个人工资、薪金所得，劳务报酬所得，稿酬所得，特许权使用费所得**应纳税额=应纳税所得额×税率-速算扣除数**

【示例1】杰瑞为美国在华留学生，为我国的非居民个人。2019年4月，杰瑞为境内某家钢琴培训机构担任调音师，当月分三次获得报酬，分别为1 000元、1 500元、1 500元，共计4 000元。

分析：

(1)杰瑞为非居民个人，劳务报酬应按次征收。

(2)同一事项连续取得收入，以一个月收入为"一次"。

(3)应纳税所得额=4 000×(1-20%)=3 200(元)。

查表：税率10%，速算扣除数210元。

(4)应纳税额=3 200×10%-210=110(元)。

【示例2】日本籍个人宫本茂(非居民个人)向我国一家动漫公司许可使用一个经典游戏角色形象的使用权。2019年获得报酬人民币50万元。

分析：

(1)宫本茂为非居民个人，其取得收入为我国境内获得的"特许权使用费所得"。

(2)特许权使用费所得"按次"征收。

(3)应纳税所得额=500 000×(1-20%)=400 000(元)。

查表：税率45%，速算扣除数15 160元。

(4)应纳税额=400 000×45%-15 160=164 840(元)。

【示例3】法国人布鲁斯(非居民个人)在我国出版一部中文爱情短篇小说，取得稿酬10 000元。

分析：

(1)布鲁斯取得收入为我国境内获得的"稿酬所得"。

(2)稿酬所得"按次"征收。

(3)应纳税所得额=10 000×(1-20%)×70%=5 600(元)。

查表：税率10%，速算扣除数210元。

(4)应纳税额=5 600×10%-210=350(元)。

四项所得个人所得税计征体系如图5.4所示。

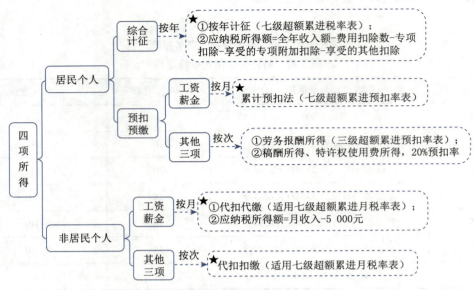

图 5.4 四项所得个人所得税计征体系图

【图示说明】工资、薪金所得一般以收入全额计算；劳务报酬所得和特许权使用费所得的收入额×(1-20%)；稿酬所得的收入额×(1-20%)×70%。注意，这一组的"收入额"计算方法同时适用于上图中标"★"的位置。

随学随练 限时3分钟

1.【单选题】汤姆为我国的非居民个人，其在 2019 年 5 月 15 日来北京工作，10 月 13 日离开中国。在中国工作期间，每月取得工资 28 000 元。已知工资、薪金所得超过 12 000 元至 25 000 元的，适用税率 20%，速算扣除数 1 410 元，根据个人所得税法律制度的规定，2019 年 10 月汤姆应缴纳的个人所得税为（　）。

A. 4 190 元　　　　B. 3 190 元
C. 1 290.3 元　　　D. 940.81 元

2.【单选题】(2018 年改)2018 年 1 月，非居民个人理查德为张某提供一个月的钢琴培训，分两次取得劳务报酬，分别为 1 000 元、5 000 元，共计 6 000 元。已知劳务报酬所得超过 3 000 元至 12 000 元的，适用税率 10%，速算扣除数 210元。根据个人所得税法律制度的规定，

计算理查德当月钢琴培训劳务报酬应缴纳个人所得税税额的下列算式中，正确的是（　）。

A. 6 000×10%-210=390(元)
B. (1 000-800)×10%-210+(5 000-800)×10%-210=20(元)
C. 6 000×(1-20%)×10%-210=270(元)
D. (6 000-800)×10%-210=310(元)

随学随练参考答案及解析

1. B 【解析】本题考核非居民个人工资、薪金所得应纳税额的计算。应缴纳个人所得税＝(28 000-5 000)×20%-1 410=3 190(元)。

2. C 【解析】本题考核非居民个人劳务报酬所得税款的计算。根据规定，属于同一事项连续取得收入的，以一个月内取得的收入为一次计算劳务报酬所得，因此劳务报酬收入为 6 000 元。劳务报酬所得、稿酬所得、特许权使用费所得以收入减除 20%的费用后的余额为收入额。稿酬所得的收入额减按 70%计算。应纳税额＝6 000×(1-20%)×10%-210=270(元)。

考点四 经营所得★★

扫我解疑难

考点精讲

一、税目的基本范围

经营所得，包括：

（1）个体工商户从事生产、经营活动取得的所得，个人独资企业投资人、合伙企业的个人合伙人来源于境内注册的个人独资企业、合伙企业生产、经营的所得；

（2）个人依法从事办学、医疗、咨询以及其他有偿服务活动取得的所得；

（3）个人对企业、事业单位承包经营、承租经营以及转包、转租取得的所得；

（4）个人从事其他生产、经营活动取得的所得。

二、税目的特殊范围

（一）个体工商户取得非经营所得

个体工商户取得与生产经营无关的其他所得，按有关规定计征个人所得税。

（二）出租车运营（前述及）

（三）企业为个人购置房屋或其他财产的税目划分

1. 适用情形

（1）企业"出资"购买房屋及其他财产，将"所有权登记为投资者个人"、投资者"家庭成员"或企业"其他人员"的。

（2）企业投资者个人、投资者家庭成员或企业其他人员向"企业借款"用于购买房屋及其他财产，将"所有权登记"为"投资者"、投资者"家庭成员"或企业"其他人员"，且借款年度终了后"未归还"借款的。

2. 税目划分

符合上述情形的，我们可以根据不同情况将其划入三个税目，如表5-39所列示。

表5-39 企业对个人实物分配的税目划分

企业类型	投资者个人	家庭成员	企业其他人员
个人独资企业和合伙企业	经营所得		综合所得（工资、薪金所得）
其他企业	利息、股息、红利所得		综合所得（工资、薪金所得）

三、应纳税额计算

（一）计税方法

按"年"计征。

（二）税率

5%~35%五级超额累进税率。

（三）计税依据

应纳税所得额＝每一纳税年度的收入总额−成本−费用−损失

『提示1』与企业所得税的计算方式类似。

『提示2』取得经营所得的个人，没有综合所得的，计算其每一纳税年度的应纳税所得额时，应当减除费用6万元、专项扣除、专项附加扣除以及依法确定的其他扣除。专项附加扣除在办理汇算清缴时减除。

（四）特殊扣除项目

1. 生产经营费用与个人、家庭费用

（1）应当"分别核算"生产经营费用和个人、家庭费用。

（2）对于生产经营与个人、家庭生活混用难以分清的费用，其40%视为与生产经营有关的费用，准予扣除。

2. 工资

（1）职工。

实际支付给从业人员的、合理的工资薪金支出，准予扣除。

（2）业主本人。

①工资、薪金支出不得扣除。

②允许在计算经营所得时，扣除每月5 000元的费用。

3. 三项经费（如表5-40所示）

表 5-40　经营所得三项经费与企业所得税比较

比较项目		企业所得税	个人经营所得
扣除限额基数		实发工资薪金	①职工：实发工资薪金；②业主：当地上年度社会平均工资的3倍
比例	工会经费	2%	2%
	职工福利费	14%	14%
	职工教育经费	8%	2.5%
		超过部分，准予在以后纳税年度结转扣除	

4. 购置研发专用设备

(1) 设备范围。

研究开发新产品、新技术而购置的测试仪器和试验性装置。

(2) 扣除规定。

①购置"单台"价值在"10万元以下"的测试仪器和试验性装置的购置费准予扣除；

②购置"单台"价值在"10万元以上(含10万)"的测试仪器和试验性装置，以及购置费达到固定资产标准的其他设备，按固定资产管理，不得在当期扣除。

【链接】企业所得税中，企业购进、自行建造设备、器具，单位价值"不超过500万元"的，允许"一次性"计入当期成本费用，在计算应纳税所得额时扣除，不再分年度计提折旧。

5. 个人购买商业健康保险支出

扣除限额为2 400元/年(200元/月)。

四、税收优惠

个体工商户、个人独资企业和合伙企业或个人，从事种植业、养殖业、饲养业、捕捞业取得的所得，暂不征收个人所得税。

【链接】企业所得税中，从事八项农业生产的所得，免征企业所得税。

随学随练 5分钟

1. 【单选题】(2019年)根据个人所得税法律制度的规定，个体工商户的下列支出中，在计算经营所得应纳税所得额时，不得扣除的是(　　)。

A. 代替从业人员负担的税款

B. 支付给金融企业的短期流动资金借款利息支出

C. 依照国家有关规定为特殊工种从业人员支付的人身安全保险金

D. 实际支付给从业人员合理的工资薪金支出

2. 【单选题】(2019年)根据个人所得税法律制度的规定，个体工商户发生的下列支出中，在计算个人所得税应纳税所得额时不得扣除的是(　　)。

A. 非广告性的赞助支出

B. 合理的劳动保护支出

C. 实际支付给从业人员的合理的工资薪金支出

D. 按规定缴纳的财产保险费

3. 【单选题】(2017年)个体工商户张某2016年度取得营业收入200万元，当年发生业务宣传费25万元，上年度结转未扣除的业务宣传费15万元。已知业务宣传费不得超过当年营业收入15%的部分，准予扣除，个体工商户张某在计算当年个人所得税应纳税所得额时，允许扣除的业务宣传费金额为(　　)。

A. 30万元　　　　B. 25万元

C. 40万元　　　　D. 15万元

4. 【多选题】(2018年)根据个人所得税法律制度的规定，个体工商户的下列支出中，在计算个人所得税应纳税所得额时，不得扣除的有(　　)。

A. 税收滞纳金

B. 个人所得税税款

C. 业主的工资薪金支出

D. 在生产经营活动中因自然灾害造成的损失

随学随练参考答案及解析

1. A 【解析】本题考核经营所得的计算。个体工商户代其从业人员或者他人负担的税款，不得税前扣除，选项 A 正确。

2. A 【解析】本题考核经营所得的计算。根据规定，个体工商户发生的赞助支出不得扣除。

3. A 【解析】本题考核经营所得的计算。①个体工商户每一纳税年度发生的与其生产经营活动直接相关的广告费和业务宣传费不超过当年销售（营业）收入 15% 的部分，可以据实扣除；超过部分，准予在以后纳税年度结转扣除；②200×15% = 30（万元）<25+15 = 40（万元），按照限额扣除，即允许扣除的业务招待费金额为 30 万元。

4. ABC 【解析】本题考核经营所得的计算。个体工商户下列支出不得扣除：①个人所得税税款；②税收滞纳金；③罚金、罚款和被没收财物的损失；④不符合扣除规定的捐赠支出；⑤赞助支出；⑥用于个人和家庭的支出；⑦与取得生产经营收入无关的其他支出；⑧国家税务总局规定不准扣除的支出。个体工商户实际支付给从业人员的、合理的工资薪金支出，准予扣除，个体工商户业主的工资薪金支出不得税前扣除。

考点五 财产租赁所得 ★★★

扫我解疑难

考点精讲

一、税目的一般范围

个人"出租"不动产、机器设备、车船以及其他财产取得的所得。

二、税目的特殊范围

（一）转租

（1）个人取得的财产"转租"收入，属于"财产租赁所得"项目，由财产转租人缴纳个人所得税。

（2）取得转租收入个人向房屋出租方支付的租金，凭房屋租赁合同和合法支付凭据允许在计算个人所得税时，从该项转租收入中扣除。

（二）个人带租约购买商铺

1. 界定

房地产开发企业与商店购买者个人签订协议，以优惠价格出售其商店给购买者个人，购买者个人在一定期限内必须将购买的商店无偿提供给房地产开发企业对外出租使用。

2. 计税规定

（1）对购买者个人少支出的购房价款，应视同个人财产租赁所得，按照"财产租赁所得"项目征收个人所得税。

（2）每次财产租赁所得的收入额，按照少支出的购房价款和协议规定的租赁月份数平均计算确定。

三、应纳税额计算

（一）计税方法

按"次"计征。

（二）"次"的规定

以"1个月内"取得的收入为一次。

（三）税率（20%）

『提示』个人出租住房取得的所得暂减按 10% 的税率征收个人所得税。

【链接】个人出租住房，不区分用途，按 4% 的税率征收房产税。

（四）计税依据

（1）每次（月）收入不超过 4 000 元，减除费用 800 元；

（2）每次收（月）入 4 000 元以上的，减除费用 20%。

『提示』若房屋租赁期间发生修缮费用同

样准予在税前扣除但以**每月800元**为限,多出部分在以后月份扣除。

(五)计税公式

1. 每次(月)收入不超过4 000元

应纳税额=[每次(月)收入额-财产租赁过程中缴纳的税费-修缮费用(800元为限)-800]×20%

2. 每次(月)收入在4 000元以上(含4 000元)

应纳税额=[每次(月)收入额-财产租赁过程中缴纳的税费-修缮费用(800元为限)]×(1-20%)×20%

『提示』判断是否超过4 000元的基数为"收入额-税费-修缮费"。

【示例】杨某2019年10月取得出租住房租金不含税收入3 000元,发生相关税费168元(不含增值税),当月发生下水道堵塞疏通费用2 000元。

问题:杨某当月取得的租金收入应缴纳多少个人所得税?

分析:

第一步:确定扣除实际发生的税费及修缮费用

3 000-168-800=2 032(元)

第二步:确定是否达到4 000元以上

未超过,费用扣除金额为800元

第三步:计算应纳税额

应缴纳个人所得税=(2 032-800)×10%=123.2(元)

 随学随练 限时3分钟

1. 【单选题】(2019年)张某出租住房取得租金收入3 800元,财产租赁缴纳税费152元,修缮费600元,已知个人出租住房暂减按10%征收个人所得税,收入不超过4 000元的,减除800元费用,下列关于张某当月租金收入应缴纳个人所得税税额的计算中,正确的是( )。

A. (3 800-800)×10%=300(元)

B. 3 800×10%=380(元)

C. (3 800-152-600-800)×10%=224.8(元)

D. (3 800-152-600)×10%=304.8(元)

2. 【单选题】(2017年)根据个人所得税法律的规定,下列各项中,暂减按10%税率征收个人所得税的是( )。

A. 周某出租机动车取得的所得

B. 夏某出租住房取得的所得

C. 林某出租商铺取得的所得

D. 刘某出租电子设备取得的所得

随学随练参考答案及解析

1. C 【解析】本题考核财产租赁所得个人所得税计算。财产租赁所得,每次(月)收入不超过4 000元的:应纳税额=[每次(月)收入额-财产租赁过程中缴纳的税费-由纳税人负担的租赁财产实际开支的修缮费用(800元为限)-800]×20%,个人出租住房暂减按10%征收个人所得税。

2. B 【解析】本题考核财产租赁所得适用税率。从2001年1月1日起,对个人出租住房取得的所得减按10%的税率征收个人所得税。

考点六 财产转让所得★★

扫我解疑难

考点精讲

一、税目的一般范围

(1)个人"转让"财产取得的收入。

(2)财产包括:

①有价证券;②股权;③建筑物;④土地使用权;⑤机器设备;⑥车船以及其他财产。

财产转让、出租、特许权许可转让易混淆点如表5-41所示。

表 5-41 财产转让、出租、特许权许可转让易混淆点

财产项目		增值税	个人所得税
有形动产	出租	有形动产租赁	财产租赁所得
	转让	销售商品	财产转让所得
不动产（房屋）	出租	不动产租赁	财产租赁所得
	转让	销售不动产	财产转让所得
股权	转让	金融商品转让	财产转让所得
债权	转让	—	财产转让所得
专利权商标权著作权	许可使用权	销售无形资产	特许权使用费所得
	转让所有权	销售无形资产	特许权使用费所得
转让土地使用权		销售无形资产	财产转让所得

二、税目的特殊范围

（一）个人转让限售股

个人转让"限售股"，以每次限售股转让收入，减除股票原值和合理税费后的余额，为应纳税所得额。

（二）个人转让债权

个人通过招标、竞拍或其他方式购置"债权"以后，通过相关司法或行政程序主张债权而取得的所得，应按照"财产转让所得"项目缴纳个人所得税。

（三）个人以非货币性资产投资

属于转让和投资同时发生，对转让所得应按"财产转让所得"征税。

（四）个人转让虚拟货币

个人通过网络收购玩家的虚拟货币，加价后向他人出售取得的收入，按"财产转让所得"征税。

三、应纳税额计算

（一）税率（20%）

（二）计税依据

应纳税所得额 = 转让收入总额 - 财产原值 - 合理税费

（三）应纳税额

应纳税额 = 应纳税所得额 × 20%

四、税收优惠政策

（一）股票转让所得

（1）个人在上海、深圳证券交易所转让从上市公司公开发行和转让市场取得的股票，转让所得暂不征收个人所得税。

（2）（2020 年新增）对个人转让全国中小企业股份转让系统（新三板）挂牌公司"非原始股"取得的所得，暂免征收个人所得税；转让"原始股"取得的所得，按照"财产转让所得"，适用 20% 的比例税率，征收个人所得税。

（二）个人住房转让（满五唯一）

个人转让自用"5 年以上"并且是"家庭唯一生活用房"取得的所得，继续免征个人所得税。

随学随练 限时 4分钟

1. 【单选题】（2019 年）2018 年 11 月，林某将一套三年前购入的普通住房出售，取得收入 160 万元，原值 120 万元，售房中发生合理费用 0.5 万元。已知财产转让所得个人所得税税率为 20%，计算林某出售该住房应缴纳个人所得税税额的下列算式中，正确的是（ ）。

A.（160 - 120 - 0.5）× 20% = 7.9（万元）

B. 160 ×（1 - 20%）× 20% = 25.6（万元）

C.（160 - 120）× 20% = 8（万元）

D.（160 - 0.5）× 20% = 31.9（万元）

2. **【多选题】**（2016年）根据个人所得税法律制度的规定，下列各项中，应按"财产转让所得"税目计征个人所得税的有（ ）。

A. 转让机器设备所得

B. 提供著作权的使用权所得

C. 转让股权所得

D. 提供非专利技术使用权所得

3. **【判断题】**（2017年）个人通过网络收购玩家的虚拟货币，加价后向他人出售取得的收入，不征收个人所得税。 （ ）

4. **【判断题】**个人转让自用5年以上并且是个人唯一生活用房取得的所得，免征个人所得税。 （ ）

📝 随学随练参考答案及解析

1. A **【解析】**本题考核财产转让所得的应纳税额计算。财产转让所得以一次转让财产收入额减去财产原值和合理费用后的余额为应纳税所得额，适用20%的税率计算缴纳个人所得税。

2. AC **【解析】**本题考核财产转让所得的范围。选项BD，"无形资产"（土地使用权除外）使用权、所有权的转让均应按"特许权使用费所得"税目计征个人所得税。

3. × **【解析】**本题考核财产转让所得的范围。个人通过网络收购玩家的虚拟货币，加价后向他人出售取得的收入，属于个人所得税应税所得，应按照"财产转让所得"项目计算缴纳个人所得税。

4. × **【解析】**本题考核财产转让所得的税收优惠政策。根据规定，个人转让自用"5年以上"并且是"家庭唯一生活用房"取得的所得，继续免征个人所得税。

考点七　利息、股息、红利、偶然所得★★

扫我解疑难

🔆 考点精讲

一、利息、股息、红利所得

（一）税目的一般范围

个人拥有债权、股权等而取得的利息、股息、红利所得。

（二）税目的特殊范围

1. 企业为个人购置房屋或其他财产的税目划分

前已述及，见前表5-39。

2. 企业改组改制过程中个人取得的量化资产征税规定（如表5-42所示）

表5-42　涉及量化资产的征税

情形		是否征税	划分税目
取得	拥有所有权	暂缓征税	—
	不拥有所有权	不征税	
转让量化资产		征税	财产转让所得
量化资产股息、红利		征税	利息、股息、红利所得

二、偶然所得

（一）税目的一般范围

个人得奖、中奖、中彩以及其他偶然性质的所得。

（二）税目的特殊范围

1. 担保收入

（2020年新增）个人"为单位或他人"提供担保获得收入，按照"偶然所得"项目计算缴纳个人所得税。

2. 房屋赠与

房屋产权所有人将房屋产权"无偿赠与"他人的，受赠人因无偿受赠房屋取得的受赠收入，按照"偶然所得"项目计算缴纳个人所得税。

3. 企业对个人赠送礼品

企业在业务宣传、广告等活动中，随机向"本单位以外"的个人赠送礼品（包括网络红包，下同），以及企业在年会、座谈会、庆典以及其他活动中向本单位以外的个人赠送礼品，个人取得的礼品收入，按照"偶然所得"项目计算缴纳个人所得税，但企业赠送的具有价格折扣或折让性质的消费券、代金券、抵用券、优惠券等礼品除外。

三、利息、股息、红利所得和偶然所得应纳税额计算

（一）计税方法

按"次"计征。

（二）税率（20%）

（三）计税依据

以"每次收入额"为应纳税所得额，不扣减任何费用。

（四）计税公式

应纳税额＝每次收入额×20%

四、利息、股息、红利所得和偶然所得涉及的税收优惠政策

（一）储蓄存款利息

自2008年10月9日（含）起"储蓄存款利息所得"暂免征收个人所得税。

（二）国债和国家发行的金融债券

国债和国家发行的金融债券利息免税。

【链接】企业所得税中，国债利息收入为免税收入。

（三）个人购买福利彩票、体育彩票、赈灾彩票

（1）一次中奖收入"在1万元以下（含1万元）"的暂免征收个人所得税；

（2）超过1万元的，全额征收个人所得税。

（四）有奖发票

（1）单张有奖发票奖金所得"不超过800元（含800元）"的，暂免征收个人所得税；

（2）超过800元的，全额征收个人所得税。

（五）房屋赠与涉及的暂免征税

符合以下情形的，赠与方（产权人）和受赠方均不征收个人所得税：

（1）房屋产权所有人将房屋产权"无偿赠与"配偶、父母、子女、祖父母、外祖父母、孙子女、外孙子女、兄弟姐妹；

（2）房屋产权所有人将房屋产权"无偿赠与"对其承担直接抚养或者赡养义务的抚养人或者赡养人；

（3）房屋产权所有人"死亡"，依法取得房屋产权的法定继承人、遗嘱继承人或者受遗赠人。

（六）个人取得上市公司股息红利所得优惠政策（如图5.5所示）

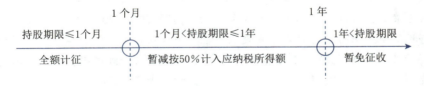

图5.5 上市公司股息红利所得优惠政策

【图示说明】①个人从公开发行和转让市场取得的上市公司股票持股期限在1个月以内（含1个月）的，其股息红利所得全额计入应纳税所得额；②持股期限在1个月以上至1年（含1年）的，暂减按50%计入应纳税所得额；③持股期限超过1年的，暂免征收个人所得税。上述所得统一适用20%的税率计征个人所得税。注意，上述政策同样适用"新三板"。

利息、股息、红利优惠政策的归纳如表5-43所示。

表 5-43 关于利息、股息、红利优惠政策的归纳

项目		个人所得税		企业所得税	
储蓄存款利息		免税		—	
国债	利息收入	免税		免税	
	转让收入	征税		征税	
上市公司股票(含新三板)股息收入		持股期限>1年	免税	持股期限<12个月	征税
		1个月<持股期≤1年	减半	持股期限≥12个月	免税
		持股期≤1个月	全额		
上市公司股票(含新三板非原始股)转让收入		暂免征税		—	
上市公司股票(限售股)	转让	收入-(原值+合理税费)		—	
	股息	解禁前取得	减半征收		
		解禁后取得	遵前实施差别化		

（七）其他优惠

个人举报、协查各种违法、犯罪行为而获得的奖金，暂免征收个人所得税。

随学随练 （限时5分钟）

1.【单选题】（2019年）根据个人所得税法律制度的规定，下列各项中，以一个月内取得的收入为一次的是（ ）。

A. 偶然所得

B. 利息、股息、红利所得

C. 财产租赁所得

D. 财产转让所得

2.【单选题】（2019年）2018年10月，李某购买福利彩票，取得一次中奖收入30 000元，购买彩票支出400元，已知偶然所得个人所得税税率为20%，计算李某中奖收入应缴纳个人所得税税额的下列算式中，正确的是（ ）。

A. 30 000×(1-20%)×20%=4 800(元)

B. (30 000-400)×20%=5 920(元)

C. 30 000×20%=6 000(元)

D. (30 000-400)×(1-20%)×20%=4 736(元)

3.【单选题】（2018年）根据个人所得税法律制度的规定，关于每次收入确定的下列表述中，不正确的是（ ）。

A. 偶然所得，以一个月内取得的收入为一次

B. 劳务报酬所得只有一次性收入的，以取得该项收入为一次

C. 利息所得，以支付利息时取得的收入为一次

D. 特权使用费所得，以一项特许权的一次许可使用所取得的收入为一次

4.【单选题】（2017年）根据个人所得税法律制度的规定，下列情形中，应缴纳个人所得税的是（ ）。

A. 王某将房屋无偿赠与其子

B. 杨某将房屋无偿赠与其外孙女

C. 张某转让自用达5年以上且唯一家庭生活用房

D. 赵某转让无偿受赠的商铺

5.【判断题】（2016年）集体所有制企业职工个人在企业改制过程中，以股份形式取得的仅作为分红依据，不拥有所有权的企业量化资产，应按"利息、股息、红利所得"计缴个人所得税。（ ）

随学随练参考答案及解析

1. C 【解析】本题考核应税所得"次"的规定。选项A，偶然所得，以每次取得该项收入为一次；选项B，利息、股息、红利所得，以支付利息、股息、红利时取得的收入为一次；选项C，财产租赁所得，以

一个月内取得的收入为一次。

2. C 【解析】本题考核偶然所得的应纳税额计算。获得的奖金按照偶然所得计算缴纳个人所得税。偶然所得计征个人所得税没有扣除项目。

3. A 【解析】本题考核个人所得税每次收入的确定。偶然所得，以每次收入为一次。

4. D 【解析】本题考核个人所得税税收优惠。选项AB，房屋产权所有权人将房屋产权无偿赠与近亲属，对当事人双方不征收个人所得税。选项C，属于满五唯一的优惠政策；选项D，应按照"财产转让所得"项目计算缴纳个人所得税。

5. × 【解析】本题考核量化资产的个人所得税处理。对职工个人以股份形式取得的仅作为分红依据，不拥有所有权的企业量化资产，不征收个人所得税。

考点八　应纳税额计算的特殊规定

扫我解疑难

考点精讲

一、个人所得税公益性捐赠★★★

个人所得税公益性捐赠扣除如表5-44所示。

表5-44　个人所得税公益性捐赠扣除

限额扣除	全额扣除
①间接捐赠：个人将其所得通过中国境内非营利的社会团体、国家机关向教育、公益事业和遭受严重自然灾害地区、贫困地区的捐赠； ②限额计算基数： 计算扣除捐赠额之前的"应纳税所得额"； ③限额扣除比例：30%	①向红十字事业的捐赠； ②向教育事业(含农村义务教育)的捐赠； ③向公益性青少年活动场所的捐赠； ④福利性、非营利性的养老服务机构； ⑤通过特定基金会(略)，用于公益捐赠的

【链接】企业所得税的公益性捐赠支出，不超过"年度利润总额"12%的部分，准予扣除。超过部分，允许在以后3年内结转扣除。

二、多人共同取得一项所得★★

两个以上个人共同取得同一项目收入的，应当对每个人取得的收入"分别"按照个人所得税法规定减除费用后计算纳税。

三、境外所得应纳税额★

居民个人从中国境外取得的所得，可以从其应纳税额中抵免已在境外缴纳的个人所得税税额，但抵免额不得超过该纳税人境外所得依照本法规定计算的应纳税额。

计算类似于企业所得税，但实行"分国分项计算"。

分三步：

1. 确定抵免限额

某国或地区的抵免限额＝综合所得抵免限额+经营所得抵免限额+其他所得抵免限额

2. 确定境外实际缴纳税额

已经在境外实际缴纳的税额。

3. 确定是否补税

原则：多不退、少要补。

【示例】张某2019年纳税年度从A国取得偶然所得20万元，已在当地纳税2万元；从B国取得一个月商铺租金收入4万元(不含税)，已在当地纳税1万元。(假设不考虑其他税费因素。)

分析：A国(偶然所得)：

抵免限额＝20×20%＝4(万元)

实纳税额：2万元

在我国补税：4-2＝2(万元)

B国(财产租赁所得)：

抵免限额＝4×(1-20%)×20%＝0.64(万元)

实纳税额：1万元

B国实纳税额超过抵免限额，差额部分0.36万元不能在当年抵免，但可结转以后5个纳税年度抵免。

居民个人应纳税额计算的总结如表5-45所示。

表5-45 居民个人应纳税额计算的总结

税目		应纳税额计算		
综合所得	工资薪金	月收入-5 000-专项扣除-专项附加扣除-其他扣除（预缴时计算累计数）	按月累计预扣预缴（预扣率）	年终汇算清缴（年税率）
	劳务报酬	按次或按月预扣预缴（预扣率）		
	特许权			
	稿酬			
经营所得		应纳税额=(全年收入-成本、费用及损失)×适用税率-速算扣除数		
财产租赁所得		①每次(月)收入<4 000元 应纳税额=(每月收入额-财产租赁中缴纳的税费-修缮费用800元为限-800)×20% ②每次(月)收入≥4 000元 应纳税额=(每月收入额-财产租赁中缴纳的税费-修缮费用800元为限)×(1-20%)×20% 『提示1』房屋修缮费每月最高扣除800元，其余部分在租赁期内，可以结转下月继续扣除。 『提示2』个人出租住房取得的所得暂减按10%的税率征收		
财产转让所得		应纳税额=(收入总额-财产原值-合理费用)×20%		
利息、股息、红利所得		应纳税额=每次收入额×20%		
偶然所得				

随学随练 限时4分钟

1.【单选题】(2015年)2014年5月，李某花费500元购买体育彩票，一次中奖30 000元，将其中1 000元直接捐赠给甲小学，已知偶然所得个人所得税税率为20%，李某彩票中奖收入应缴纳个人所得税税额的下列计算中，正确的是( )。

A.(20 000-500)×20%=5 900(元)
B.30 000×20%=6 000(元)
C.(30 000-1 000)×20%=5 800(元)
D.(30 000-1 000-500)×20%=5 700(元)

2.【多选题】(2014年)根据个人所得税法律制度的规定，个人发生的下列公益救济性捐赠支出，准予税前全额扣除的有( )。

A.通过国家机关向红十字事业的捐赠
B.通过国家机关向农村义务教育的捐赠
C.通过非营利社会团体向公益性青少年活动场所的捐赠
D.通过非营利社会团体向贫困地区的捐赠

3.【判断题】两个以上个人共同取得同一项目收入的，应当汇总后按照个人所得税法规定减除费用后，选择由其中一人计算纳税。( )

随学随练参考答案及解析

1.B 【解析】本题考核个人所得税公益性捐赠支出的扣除。偶然所得按收入全额计征个人所得税，不扣除任何费用。非公益性的直接捐赠税前不得扣除。

2.ABC 【解析】本题考核个人所得税公益性捐赠支出的扣除。选项D，捐赠额不超过应纳税所得额的30%的部分，可以在应纳税所得额中扣除。

3.× 【解析】本题考核个人所得税计算的特殊规定。根据规定，两个以上个人共同取得同一项目收入的，应当对每个人取得的收入"分别"按照个人所得税法规定减除费用后计算纳税。

考点九　个人所得税税收优惠★★★

扫我解疑难

考点精讲

一、免税项目或暂免征收

『提示』大部分暂免征税项目我们已在前面的税目中进行了整合，下面是其他的暂免征税项目（如表5-46所示）。

表5-46　免税项目与暂免征收

项目	免税规定
奖金	"省级"人民政府、国务院"部委"和中国人民解放军"军以上"单位，以及外国组织、国际组织颁发的科学、教育、技术、文化、卫生、体育、环境保护等方面奖金
利息	国债和国家发行的金融债券利息
补贴、津贴	按照国务院规定发放的政府特殊津贴、院士津贴
福利费	提留的福利费或者工会经费中支付给个人的生活补助费
救济金	民政部门支付给个人的生活困难补助费
商业保险金	保险赔款 【链接】被保险人获得的保险赔付，不属于增值税征税范围
军人	军人的转业费、复员费、退役金
三险一金	①单位为个人缴付和个人缴付的三险一金，从纳税义务人的应纳税所得额中扣除。 ②按照规定领取原提存的三险一金，免征个人所得税
工伤保险	对工伤职工及其近亲属按照《工伤保险条例》规定取得的工伤保险待遇
拆迁	个人取得拆迁补偿款按照有关规定免征
外籍个人 探亲	外籍个人取得每年不超过两次的探亲费免征个人所得税
外籍个人 股息红利	从外商投资企业取得的股息、红利，暂免征收
扣缴手续费	个人办理代扣代缴手续，按规定取得的扣缴手续费

二、减税项目（简要了解）

（1）残疾、孤老人员和烈属的所得。

（2）因严重自然灾害造成重大损失的。

（3）其他经国务院财政部门批准减免的。

随学随练

限时3分钟

1. 【单选题】（2018年）2017年9月退休职工张某取得的下列收入中，免征个人所得税的是（　　）。

A. 退休工资4 000元

B. 出租店铺取得租金6 000元

C. 发表一篇论文取得稿酬1 000元

D. 提供技术咨询取得的一次性报酬2 000元

2. 【多选题】（2018年改）根据个人所得税法律制度的规定，下列各项中，免征个人所得税的有（　　）。

A. 个人从出版社取得出版、发表小说的报酬

B. 省级人民政府颁发的教育方面的奖金

C. 按国家统一规定发给职工的退休工资

D. 按国务院规定发给的政府特殊津贴

3. 【多选题】（2018年）根据个人所得税法律制度的规定，下列各项中，暂免征收个人

所得税的有( )。

A. 赵某转让自用满10年，并且是唯一的家庭生活用房取得的所得500 000元

B. 在校学生李某因参加勤工俭学活动取得的1个月劳务所得1 000元

C. 王某取得的储蓄存款利息1 500元

D. 张某因举报某公司违法行为获得的奖金20 000元

4.【多选题】(2017年改)根据个人所得税法律制度的规定，下列各项中，免征个人所得税的有( )。

A. 保险赔款

B. 国家发行的金融债券利息

C. 军人转业费

D. 从任职公司取得股票增值权收入

📝 随学随练参考答案及解析

1. A 【解析】本题考核个人所得税税收优惠。离退休工资属于免税项目。

2. BCD 【解析】本题考核个人所得税税收优惠。选项A，应按照个人所得税法规定的"综合所得"中稿酬所得项目缴纳个人所得税。

3. ACD 【解析】本题考核个人所得税税收优惠。选项A，个人转让自用达5年以上，并且是唯一的家庭生活用房取得的所得，暂免征收个人所得税；选项C，自2008年10月9日(含)起，对储蓄存款利息所得暂免征收个人所得税；选项D，个人举报、协查各种违法、犯罪行为而获得的奖金，暂免征收个人所得税；选项B，按照"劳务报酬所得"，依法缴纳个人所得税，注意，学生勤工俭学提供的服务，免征"增值税"。

4. ABC 【解析】本题考核个人所得税税收优惠。选项ABC，均属于免征个人所得税的项目；选项D，应按照"工资、薪金所得"项目依法缴纳个人所得税。

考点十 个人所得税征收管理★

扫我解疑难

🔆 考点精讲

一、代扣代缴

(一)扣缴义务人

以支付所得的"单位"或"个人"为扣缴义务人。

(二)扣缴手续费

根据扣缴义务人所扣缴的税款，付给其"2%"手续费。

【链接】个人取得的该项手续费暂免征收个人所得税。

二、纳税人自行申报

1. 取得"综合所得"需要办理汇算清缴

(1)从"两处以上"取得综合所得，且综合所得年收入额减除专项扣除(三险一金)的余额超过6万元；

(2)取得劳务报酬所得、稿酬所得、特许权使用费所得中一项或者多项所得，且综合所得年收入额减除专项扣除(三险一金)的余额超过6万元；

(3)纳税年度内预缴税额低于应纳税额；

(4)纳税人申请退税。

『提示』纳税人申请退税，应当提供其在中国境内开设的银行账户，并在汇算清缴地就地办理税款退库。

2. 扣缴的问题

(1)取得应税所得，没有扣缴义务人。

(2)取得应税所得，扣缴义务人未扣缴税款。

3. 涉及境外

(1)取得境外所得。

(2)因移居境外注销中国户籍。

4. 非居民个人

"非居民个人"在中国境内从"两处以上"取得工资、薪金所得。

三、纳税期限

个人所得税纳税申报与纳税期限如表5-47所示。

表 5-47 个人所得税纳税申报与纳税期限

情形			办理纳税申报情况	纳税期限
居民个人取得综合所得汇算清缴	两处或两处以上取得		年收入-专项扣除>6 万元	①扣缴义务人预扣预缴：次月15 日内解缴；②自行申报汇算清缴：3 月 1 日至 6 月 30 日。『提示 1』纳税人可委托扣缴义务人或其他单位和个人办理汇算清缴(下同)。『提示 2』税务机关对扣缴义务人所扣缴税款，付2%的手续费(下同)
	取得一项或多项			
	其他情形		纳税年度预缴税额低于应纳税额	
纳税人取得利息、股息红利所得；财产租赁所得；财产转让所得；偶然所得	居民	均采用代扣代缴方式，一般不自行申报		扣缴义务人按月或按次代扣的税款，次月 15 日内解缴
	非居民			
非居民个人	中国境内从两处或两处以上取得"工资、薪金所得"		①自行申报纳税；②不办理汇算清缴	取得所得次月 15 日内申报
	取得一处工资薪金；稿酬、劳务报酬、特许权使用费所得		①代扣代缴；②一般不自行申报；③不办理汇算清缴	扣缴义务人按月或按次代扣的税款，次月 15 日内解缴
扣缴义务人"掉链子"	居民与非居民均适用	没有扣缴义务人		取得所得次月 15 日内申报
		应扣缴未扣		①取得所得次年 6 月 30 日前；②税务机关限期的，遵照执行
经营所得			分月或分季预缴，年终汇算清缴	①按年计算个税；②预缴：月度或季度终了后15 日内；③汇算清缴：次年 3 月 31 日前办理。【链接】企业所得税汇算清缴为年度终了之日起5 个月内
涉及境外			居民个人境外取得所得	取得所得次年 3 月 1 日至 6 月 30 日前办理纳税申报
			纳税人移居境外注销中国户籍	注销中国户籍前办理税款清算

随学随练 ⏰2分钟

1. 【单选题】(2019 年)根据个人所得税法律制度的规定，居民个人从中国境外取得所得的，应当在取得所得的一定期限内向税务机关申报纳税，该期限是( )。
   A. 次年 6 月 1 日至 6 月 30 日
   B. 次年 1 月 1 日至 3 月 1 日
   C. 次年 3 月 1 日至 6 月 30 日
   D. 次年 1 月 1 日至 1 月 31 日

2. 【多选题】(2016 年改)居民个人发生的下列情形中，应当按照规定向主管税务机关办理个人所得税自行纳税申报的有( )。
   A. 王某从英国取得所得
   B. 林某取得体育彩票中奖收入 10 万元
   C. 李某因移居境外而注销中国户籍
   D. 张某 2019 年度综合所得预缴税额 5 万元，应纳税额 6 万元

3. 【判断题】(2016 年改)在个人所得税自行纳税申报方式下，纳税期限的最后一日是法定休假日的，以休假日的次日为期限的最后一日。   ( )

随学随练参考答案及解析

1. C 【解析】本题考核个人所得税纳税期限。

2. ACD 【解析】本题考核个人所得税自行申报纳税的情形。选项A，属于从境外取得所得，应自行申报纳税汇算清缴；选项

B，取得偶然所得，应由支付单位代扣代缴，不用自行申报；选项C，因移居境外注销中国户籍的，应自行申报清税；选项D，纳税年度内预缴税额低于应纳税额的，应自行申报纳税汇算清缴。

3. √

本章综合练习（限时120分钟）

一、单项选择题

1. 根据企业所得税法律制度的规定，下列各项中，不属于企业所得税纳税人的是（　）。
   A. 在外国成立但实际管理机构在中国境内的股份制企业
   B. 在中国境内成立的外商独资企业
   C. 在中国境内成立的个人独资企业
   D. 在中国境内未设立机构、场所，但有来源于中国境内所得的外国企业

2. 根据企业所得税法律制度的规定，下列关于企业所得税所得来源的说法中，错误的是（　）。
   A. 提供劳务所得，按照劳务发生地确定
   B. 权益性投资资产转让，按照投资企业所在地确定
   C. 动产转让所得，按照转让动产的企业或机构、场所所在地确定
   D. 不动产转让所得，按照不动产所在地确定

3. 根据《中华人民共和国企业所得税法》的规定，非居民企业在中国境内未设立机构、场所的，或者虽设立机构、场所但取得的所得与其所设机构、场所没有实际联系的，应当就其来源于中国境内的所得缴纳企业所得税，适用的税率为（　）。
   A. 15%　　　　B. 20%
   C. 25%　　　　D. 30%

4. 根据企业所得税法律制度的规定，下列各项中，属于不征税收入的是（　）。

   A. 股权转让收入
   B. 特许权使用费收入
   C. 依法收取并纳入财政管理的行政事业性收费
   D. 国债利息收入

5. 2019年11月甲电子公司销售一批产品，含增值税价格45.59万元。由于购买数量多，甲电子公司给予购买方9折优惠。已知增值税税率为13%，甲电子公司在计算企业所得税应纳税所得额时，应确认的产品销售收入为（　）万元。
   A. 40.34　　　　B. 42.8
   C. 46.8　　　　D. 36.31

6. 根据企业所得税法的规定，在计算应纳税所得额时下列项目可以直接扣除的是（　）。
   A. 非广告性赞助支出
   B. 对补征企业所得税加收的滞纳金
   C. 非金融企业向金融企业借款的利息支出
   D. 企业内营业机构之间支付的特许权使用费

7. 甲公司2019年实现会计利润总额300万元，预缴企业所得税税额60万元，在"营业外支出"账目中列支了通过公益性社会团体向灾区的捐款38万元。已知企业所得税税率为25%，公益性捐赠支出不超过年度利润总额12%的部分，准予在计算企业所得税应纳税所得额时扣除，计算甲公司当年应补缴企业所得税税额的下列算式中，正确的是（　）。

A. （300+38）×25%−60＝24.5（万元）

B. 300×25%−60＝15（万元）

C. （300+300×12%）×25%−60＝24（万元）

D. ［300+（38−300×12%）］×25%−60＝15.5（万元）

8. 某居民企业，2019 年计入成本、费用的实发工资总额为 300 万元，拨缴职工工会经费 5 万元，支出职工福利费 40 万元、职工教育经费 15 万元，该企业 2019 年计算应纳税所得额时准予在税前扣除的工资和三项经费合计的下列计算中，正确的是（　　）。

A. 300+300×14%+300×2%+300×8%＝372（万元）

B. 300+40+300×2%+15＝361（万元）

C. 300+40+5+15＝360（万元）

D. 300+300×14%+5+15＝362（万元）

9. 某居民企业 2019 年度产品销售收入 4 800 万元，发生的成本费用 3 600 万元，材料销售收入 400 万元，境内分回的投资收益 761 万元（被投资方税率为 15%），实际发生业务招待费 15 万元，该企业 2019 年度所得税前可以扣除的业务招待费用为（　　）万元。

A. 9　　　　　　　B. 15

C. 18　　　　　　D. 26

10. 根据企业所得税法律制度的规定，企业发生的广告费和业务宣传费支出，不超过当年销售（营业）收入 30%的部分，准予扣除；超过部分，准予在以后纳税年度结转扣除。以下适用该扣除规定的行业是（　　）。

A. 化妆品销售

B. 烟草零售

C. 酒类饮料的制造

D. 销售药品的药店

11. 某汽车生产企业 2019 年销售货物取得收入 1 500 万元，出租一批货车取得收入 18 万元，取得投资收益 30 万元，企业当年发生广告费 180 万元，上年结转广告费 46 万元，该企业在计算 2019 年企业所得税应纳税所得额时，准予扣除的广告费金额是（　　）万元。

A. 227.7　　　　　B. 226

C. 225　　　　　　D. 232.2

12. 根据企业所得税法律制度的规定，以下各项中，最低折旧年限为 3 年的固定资产是（　　）。

A. 家具　　　　　B. 小汽车

C. 火车　　　　　D. 电子设备

13. 某企业 2019 年度的下列支出，在计算企业所得税时可以税前扣除的是（　　）。

A. 因签发空头支票而被中国人民银行处以的罚款

B. 因逾期偿还借款而被借款银行处以的罚息

C. 因逾期缴纳税款而被税务机关加收的税收滞纳金

D. 经营租入的固定资产折旧

14. 根据企业所得税法律制度的规定，2018 年 1 月 1 日至 2020 年 12 月 31 日期间，企业为开发新技术、新产品、新工艺发生的研究开发费用，未形成无形资产计入当期损益的，在按照规定据实扣除的基础上，按照研究开发费用的一定比例加计扣除。该比例为（　　）。

A. 75%　　　　　B. 100%

C. 150%　　　　　D. 200%

15. 某房地产开发公司 2019 年取得会计利润 400 亿元，研究新建筑材料生产技术发生研究支出 10 亿元已做管理费用扣除，已知该公司适用的企业所得税税率为 25%，假设该公司无其他纳税调整事项，则 2019 年应纳企业所得税的下列计算列式中，正确的是（　　）。

A. 400×25%＝100（亿元）

B. （400−10）×25%＝97.5（亿元）

C. （400−10×75%）×25%＝98.13（亿元）

D. （400−10×50%）×25%＝98.75（亿元）

16. 国内某居民企业 2019 年从国外某企业（在中国未设立机构、场所）租入价值 200

万元的通讯设备，合同约定使用期限一年，支付使用费80万元。该公司应代扣代缴的所得税为（　　）万元。

A. 7.6　　　　　　B. 8

C. 20　　　　　　D. 27.6

17. 甲公司2019年应纳税所得额为1 000万元，减免税额为10万元，抵免税额为20万元，所得税税率为25%，则企业所得税应纳税额的计算公式中，正确的是（　　）。

A. 1 000×25%−20

B. 1 000×25%−10−20

C. 1 000×25%−10

D. 1 000×25%

18. 甲公司2019年应纳税所得额为1 050万元，其中50万元为境外分回的税前利润（境外所得税税率为20%），减免税额为10万元，已知所得税税率为25%，则企业所得税应纳税额的计算公式中，正确的是（　　）。

A. （1 050−50）×25%+50×（25%−20%）−10=242.5（万元）

B. （1 050−50−10）×25%+50×（25%−20%）=250（万元）

C. 1 050×25%+50×（25%−20%）−10=255（万元）

D. （1 050−50−10）×25%=247.5（万元）

19. 下列关于个人所得税纳税人的说法中，正确的是（　　）。

A. 对合伙企业中的个人合伙人从合伙企业取得的所得应征收企业所得税

B. 判定个人所得税居民纳税人的标准为是否在我国境内有住所

C. A国甲，2019年5月1日入境，2019年12月20日离境，甲在2019年属于我国居民纳税人

D. B国乙，2019年10月10日入境，2020年5月1日离境，乙属于我国居民纳税人

20. 约翰是美国人，2019年7月10日来华工作，2020年5月15日回国，则该纳税人（　　）。

A. 2019年度为我国非居民个人，2020年度为我国居民个人

B. 2019年度为我国居民个人，2020年度为我国非居民个人

C. 2019年度和2020年度均为我国非居民个人

D. 2019年度和2020年度均为我国居民个人

21. 根据个人所得税相关规定，在中国境内无住所但在中国境内居住满183天但连续不满6年的无住所个人，下列税务处理中，正确的是（　　）。

A. 仅就其来源于中国境内的所得缴纳个人所得税

B. 属于中国境内所得，但是由境外支付的部分暂免征收个人所得税

C. 应当就其来源于中国境外的全部所得缴纳个人所得税

D. 其来源于中国境外的所得，经向主管税务机关备案，可以只就由中国境内企事业单位和其他经济组织或者居民个人支付的部分缴纳个人所得税

22. 根据个人所得税法律制度的规定，个人的下列收入，应按"特许权使用费所得"缴纳个人所得税的是（　　）。

A. 个人取得财产保险的赔款收入

B. 转让土地使用权取得的收入

C. 转让虚拟货币取得的收入

D. 个人专利权被侵权，通过诉讼取得的经济赔偿收入

23. 根据个人所得税法律制度的规定，下列所得应按特许权使用费所得缴纳个人所得税的是（　　）。

A. 房屋使用权转让所得

B. 运输工具使用权转让所得

C. 生产设备使用权转让所得

D. 商标权使用费所得

24. 某居民个人8周岁的儿子2019年发生重大疾病，全年发生的与基本医保相关的医疗

费支出为 122 000 元，全部取得医保定点医疗机构的医疗单据。其中 30 000 元为医保报销部分，剩余部分由自己负担，当年该居民个人在所得税汇算清缴时可以扣除的大病医疗支出最高为(　)元。

A. 0　　　　　　　B. 122 000

C. 77 000　　　　D. 80 000

25. 某著名作家出版自己的小说，全年取得稿酬 116 000 元，假设未取得其他综合所得，亦不考虑专项扣除、专项附加扣除与其他扣除项目。已知综合所得全年应纳税所得额不超过 36 000 元的，税率适用 3%，则该居民个人汇算清缴个人所得税时，应缴纳的税额为(　)元。

A. 3 080　　　　　B. 984

C. 148.8　　　　　D. 1 132

26. 某明星为居民个人，某日参加一个企业的揭幕活动，获得报酬 10 万元，已知劳务报酬所得应纳税所得额在 2 万元~5 万元的，预扣率为 30%，速算扣除数 2 000 元；超过 5 万元的，预扣率为 40%，速算扣除数 7 000 元。每次收入 4 000 元以上的，减除 20% 的费用。则该明星应预扣预缴个人所得税税额的下列算式中，正确的是(　)。

A. $100\ 000 \times (1-20\%) \times 30\% - 7\ 000 = 17\ 000(元)$

B. $100\ 000 \times (1-20\%) \times 30\% - 2\ 000 = 22\ 000(元)$

C. $100\ 000 \times (1-20\%) \times 40\% = 32\ 000(元)$

D. $100\ 000 \times (1-20\%) \times 40\% - 7\ 000 = 25\ 000(元)$

27. 日本人户田芳树是我国的非居民个人，其于 2019 年 9 月至 10 月为国内某建筑公司提供园林设计服务，协议规定按完工进度分 2 次付款，9 月支付 35 000 元，10 月支付 55 000 元。已知应纳税所得额超过 55 000 元至 80 000 元的，适用税率 35%，速算扣除数 7 160 元。该非居民个人提供设计劳务，建筑公司应扣缴的个

人所得税为(　)元。

A. 14 200　　　　B. 18 040

C. 24 340　　　　D. 16 400

28. 2019 年 7 月，王某出租住房取得不含增值税租金收入 3 000 元，房屋租赁过程中缴纳的可以税前扣除的相关税费 120 元，支付出租房屋维修费 1 000 元，已知个人出租住房取得的所得按 10% 的税率征收个人所得税，每次收入不足 4 000 元的减除费用 800 元。王某当月出租住房应缴纳个人所得税税额的下列算式中，正确的是(　)。

A. $(3\ 000 - 120 - 800 - 800) \times 10\% = 128(元)$

B. $(3\ 000 - 120 - 800) \times 10\% = 208(元)$

C. $(3\ 000 - 120 - 1\ 000) \times 10\% = 188(元)$

D. $(3\ 000 - 120 - 1\ 000 - 800) \times 10\% = 108(元)$

29. 赵某准备移民海外，将其家庭唯一的一套住房以 800 万元的价格出售，该住宅系 6 年前以 300 万元的价格购买，交易过程中支付相关税费及中介费等各项费用共计 10 万元，则赵某应缴纳的个人所得税的下列计算中，正确的是(　)。

A. $800 \times 10\% = 80(万元)$

B. $(800 - 300 - 10) \times 20\% = 98(万元)$

C. $(800 - 300) \times 20\% = 100(万元)$

D. 0

30. 张某 2015 年购置一临街的商铺，财产原值 50 万元，2019 年 10 月份，其将商铺转让，取得转让收入 90 万元。则张某 10 月份应缴纳个人所得税的下列计算中，正确的是(　)。

A. $(90 - 50) \times 20\% = 8(万元)$

B. $90 \times 20\% = 18(万元)$

C. $(90 - 50) \times (1 - 20\%) \times 20\% = 6.4(万元)$

D. $90 \times (1 - 20\%) \times 20\% = 14.4(万元)$

31. 2019 年 1 月周某在商场举办的有奖销售活动中获得奖金 4 000 元，周某领奖时支付交通费 30 元、餐费 70 元。已知偶然所

得个人所得税税率为20%，计算周某中奖奖金的所得税税额的下列算式中，正确的是（　）。

A．（4 000−70）×20%＝786（元）

B．（4 000−30−70）×20%＝780（元）

C．（4 000−30）×20%＝794（元）

D．4 000×20%＝800（元）

32. 李某2019年5月转让某公司限售股1万股，取得转让收入9万元，提供的原值凭证上注明限售股原值为4万元，转让时缴纳的相关税费300元。该业务李某应缴纳个人所得税（　）元。

A．20 000　　　　B．5 840

C．19 940　　　　D．9 940

33. 根据个人所得税法律制度的规定，下列支出不可以从其应纳税所得额中扣除的是（　）。

A．从个人工资所得中向高等学校研究开发新产品的资助

B．购买符合规定的商业健康保险产品的支出

C．通过国家机关向农村义务教育的捐赠

D．直接向公益性青少年活动场所的捐赠

34. 陈某在参加商场的有奖销售过程中，中奖所得共计价值20 000元。陈某领奖时告知商场，从中奖收入中拿出4 000元通过教育部门向某希望小学捐赠。商场按照规定代扣代缴个人所得税后，陈某实际可得中奖金额为（　）元。

A．16 800　　　　B．13 800

C．16 000　　　　D．12 800

35. 下列关于因移居境外注销中国户籍的个人所得税纳税申报，表述不正确的是（　）。

A．纳税人在注销户籍年度取得综合所得的，应当在出国前，办理当年综合所得的汇算清缴

B．纳税人在注销户籍年度取得经营所得的，应当在注销户籍前，办理当年经营所得的汇算清缴

C．纳税人有未缴或者少缴税款的，应当

在注销户籍前，结清欠缴或未缴的税款

D．纳税人存在分期缴税且未缴纳完毕的，应当在注销户籍前，结清尚未缴纳的税款

二、多项选择题

1. 下列各项中，不属于企业所得税纳税人的有（　）。

A．公民张某

B．个人独资企业

C．事业单位

D．民办非企业单位

2. 在中国境内无住所，在一个纳税年度内在中国境内居住累计不超过90天的，其来源于中国境内、境外工资薪酬所得，下列说法正确的有（　）。

A．境内所得境内企业支付的纳税

B．境内所得境外企业支付的部分不纳税

C．境内所得境外支付的部分也纳税

D．境外所得境内企业支付的部分纳税

3. 根据企业所得税法律制度的规定，下列各项中，属于企业所得税征税范围的有（　）。

A．居民企业来源于境外的所得

B．非居民企业来源于中国境内的所得

C．非居民企业来源于中国境外的所得

D．居民企业来源于中国境内的所得

4. 下列各项中，属于企业所得税规定的免税收入的有（　）。

A．符合条件的非营利组织的收入

B．符合条件的居民企业之间的股息、红利等权益性投资收益

C．财政拨款

D．国债转让收益

5. 根据企业所得税法律制度的规定，下列关于收入确认的表述中，正确的有（　）。

A．租金收入按照合同约定的承租人应付租金的日期确认收入的实现

B．以分期收款方式销售货物的，应按照合同约定的收款日期确认收入的实现

C．为特定客户开发软件的收费，应根据开发的完工进度确认收入

D. 接受捐赠收入，按照实际收到捐赠资产的日期确定收入

6. 根据企业所得税法律制度的规定，下列关于收入确认的表述中正确的有（　　）。

A. 通过买一赠一促销商品的，以各项商品的公允价值确认销售收入

B. 采取产品分成方式取得收入的，按照产品的公允价值确认收入

C. 转让财产收入按照从受让方已收或者应收的价款确认收入

D. 提供劳务收入按照从接受劳务方已收的价款确认当期收入

7. 根据企业所得税法律制度的规定，下列关于企业所得税收入表述中，正确的有（　　）。

A. 销售商品采用托收承付方式的，在办妥托收手续时确认收入

B. 企业促销提供的商业折扣，应按折扣后的金额计入企业的收入

C. 销售商品以旧换新的，销售商品应当按照销售商品收入确认条件确认收入，回收的商品作为购进商品处理

D. 企业为鼓励债务人在规定期限付款提供的现金折扣，应冲减企业的收入

8. 根据企业所得税法律制度的规定，在计算企业所得税应纳税所得额时，准予从收入总额中扣除的项目有（　　）。

A. 纳税人向职工支付的工资薪金

B. 纳税人为股东向保险公司购买财产保险

C. 纳税人支付的银行罚息

D. 纳税人支付的交通罚款

9. 根据企业所得税法律制度的规定，企业当期发生的下列保险费中，可以全额在计算企业所得税前扣除的有（　　）。

A. 企业依照投资协议，为自然人控股股东支付的肿瘤重疾险保险费

B. 企业参加公众责任险，按照规定缴纳的保险费

C. 企业为本企业职工支付的补充养老保险费

D. 企业按照国家规定支付的特殊工种人身安全保险费用

10. 根据企业所得税法律制度的有关规定，下列各项中，属于计算企业应纳税所得额时准予扣除的项目有（　　）。

A. 缴纳的消费税

B. 缴纳的税收滞纳金

C. 缴纳的行政性罚款

D. 缴纳的财产保险费

11. 根据企业所得税法律制度的规定，下列关于企业发生的手续费及佣金支出的扣除标准表述正确的有（　　）。

A. 保险企业按当年全部保费收入扣除退保金等后余额的10%计算扣除限额

B. 保险企业按当年全部保费收入扣除退保金等后余额的18%计算扣除限额

C. 企业以现金等非转账方式向个人支付的手续费及佣金不得在税前扣除

D. 企业支付的手续费及佣金不得直接冲减服务协议或合同金额，并如实入账

12. 甲企业2019年新购进生产设备一台，单位价值600万元；自行建造一套研发设备，价值100万元；新购进一套打磨器具，单位价值10万元。根据企业所得税法的规定，关于甲企业资产税务处理方式，正确的有（　　）。

A. 单位价值600万元的生产设备应分年度计算折旧，不得一次性扣除

B. 单位价值10万元的打磨器具，允许一次性计入当期成本费用扣除

C. 自行建造的研发设备，必须采用折旧方式分年度扣除

D. 自行建造的价值100万元的研发设备，允许一次性计入当期成本费用扣除

13. 根据企业所得税法律制度的规定，下列固定资产中，在计算企业所得税应纳税所得额时，不得计算折旧扣除的有（　　）。

A. 购入的一台尚在运输途中的生产设备

B. 经营租入的某街边门店

C. 已经提足了折旧，但仍可使用的某台机床

D. 融资租入的一台机器设备

14. 根据企业所得税法律制度的规定，下列固定资产中，在计算企业所得税应纳税所得额时，不得计算折旧扣除的有( )。

A. 以融资租赁方式租出的大型机床

B. 已投入使用的厂房

C. 以经营租赁方式租入的办公电脑

D. 已足额提取折旧仍继续使用的车辆

15. 根据企业所得税法律制度的规定，下列关于无形资产税务处理的表述中，正确的有( )。

A. 外购的无形资产，以购买价款和支付的相关税费以及直接归属于使该资产达到预定用途发生的其他支出为计税基础

B. 自行开发的无形资产，以开发过程中该资产符合资本化条件后至达到预定用途前发生的支出为计税基础

C. 通过捐赠、投资、非货币性资产交换、债务重组等方式取得的无形资产，以该资产的公允价值和支付的相关税费为计税基础

D. 无形资产按照直线法计算的摊销费用，准予扣除

16. 根据企业所得税法律制度的规定，下列各项关于长期待摊费用的表述中，正确的有( )。

A. 已提足折旧的固定资产改建支出作为长期待摊费用核算

B. 固定资产的大修理支出作为长期待摊费用核算的条件之一是修理后的固定资产使用年限延长3年以上

C. 长期待摊费用的摊销自支出发生月份的次月起算

D. 固定资产的大修理支出作为长期待摊费用核算的条件之一是修理支出达到取得固定资产时的计税基础50%以上

17. 根据企业所得税法律制度的规定，下列各项中，可以享有加计扣除的有( )。

A. 企业安置残疾人员所支付的工资

B. 企业购置节能节水专用设备的投资

C. 创业投资企业投资未上市的中小高新技术企业满3年

D. 新技术、新产品、新工艺的研究开发费用

18. 根据企业所得税法律制度的规定，下列表述正确的有( )。

A. 企业应自年度终了之日起4个月内，向税务机关报送年度企业所得税纳税申报表，并汇算清缴，结清应缴应退税款

B. 纳税年度自公历1月1日起至12月31日止

C. 企业在一个纳税年度中间开业，或者终止经营活动，使该纳税年度的实际经营期不足12个月的，应当以其实际经营期为1个纳税年度

D. 企业依法清算时，应当以清算期间作为1个纳税年度

19. 根据个人所得税法规定，区分居民纳税人和非居民纳税人的判断标准包括( )。

A. 住所　　　　B. 居住时间

C. 国籍　　　　D. 个人身份

20. 根据个人所得税法律制度的规定，下列各项中，属于工资、薪金性质的补贴、津贴的有( )。

A. 岗位津贴　　B. 加班补贴

C. 差旅费津贴　D. 工龄补贴

21. 根据个人所得税法律制度的规定，下列所得中，属于综合所得的有( )。

A. 财产转让所得

B. 工资、薪金所得

C. 劳务报酬所得

D. 财产租赁所得

22. 根据个人所得税法律制度的规定，下列各项中，属于综合所得计算应纳税额时可以作为专项附加扣除的有( )。

A. 个人缴纳的符合规定的商业健康保险支出

B. 子女教育支出

C. 继续教育支出

D. 首套住房贷款利息支出

23. 根据个人所得税法律制度的规定，下列各项中，属于综合所得计算应纳税额时可以扣除的有(　　)。

A. 章某5岁儿子和4岁女儿的学前教育支出

B. 李某使用商业贷款购买商铺所发生的贷款利息支出

C. 赵某赡养65岁父亲的支出

D. 王某在北京郊区拥有一套住房，其在市区工作地附近租房所发生的租金支出

24. 个体工商户业主王某聘请工人李某从事食品加工，在按"经营所得"项目计算王某应缴纳的个人所得税时，下列各项可以扣除的有(　　)。

A. 王某支取的工资

B. 李某支取的工资

C. 为王某缴纳的基本社会保险

D. 为李某缴纳的住房公积金

25. 根据个人所得税法律制度的规定，下列关于企业出资为个人购买房屋及其他财产的说法中，正确的有(　　)。

A. 有限责任公司出资购买房屋及其他财产，将所有权登记为普通职员的，按照"工资、薪金所得"项目计征个人所得税

B. 个人独资企业出资购买房屋及其他财产，将所有权登记为投资者个人、投资者家庭成员的，按照"经营所得"项目计征个人所得税

C. 合伙企业出资购买房屋及其他财产，将所有权登记为投资者个人、投资者家庭成员的，按照"利息、股息、红利所得"项目计征个人所得税

D. 股份制企业出资购买房屋及其他财产，将所有权登记为投资者个人、投资者家庭成员的，按照"利息、股息、红利所得"项目计征个人所得税

26. 下列关于个人出租房屋应纳税额计算的表述中，正确的有(　　)。

A. 个人出租房屋的个人所得税应税收入不含增值税

B. 个人出租房屋的个人所得税应税收入包含增值税

C. 个人出租房屋所得可扣除的税费不包括本次出租缴纳的增值税

D. 个人转租房屋的，其向房屋出租方支付的租金及增值税税额，可以扣除

27. 根据个人所得税法律制度的规定，个人取得的下列收入中应按"特许权使用费"税目缴纳个人所得税的有(　　)。

A. 从电视剧制作单位取得的剧本使用费

B. 特许权的经济赔偿收入

C. 转让著作权收入

D. 拍卖字画收入

28. 根据个人所得税法律制度的规定，下列关于"每次收入"确定的表述中正确的有(　　)。

A. 属于同一事项连续取得的劳务报酬，以1个月内取得的收入为1次

B. 分笔支付的特许权使用费收入，以每笔收入为1次

C. 财产租赁所得，以1个月内取得的收入为一次

D. 利息、股息、红利所得，以1个月内取得的收入为一次

29. 下列关于个人的股息红利所得的处理，表述正确的有(　　)。

A. 个人取得的上市公司股票，持有期限在1个月以内(含1个月)的，股息红利所得全额计入应纳税所得额

B. 个人取得的上市公司股票，持有期限在超过1个月至1年(含1年)的，股息红利所得减半计入应纳税所得额

C. 个人取得的上市公司股票，持有期限超过1年的，股息红利所得暂免征收个人所得税

D. 个人持有的上市公司限售股，解禁前取得的股息红利所得暂免征收个人所得税

30. 根据个人所得税法律制度的规定，下列所得中暂免征收个人所得税的有(　　)。

A. 残疾、孤老人员和烈属的所得

B. 个人领取原提存的住房公积金

C. 个人举报违法行为而获得的奖金

D. 个人取得单张有奖发票奖金所得 700 元

31. 根据个人所得税法律制度的规定，个人取得下列所得可以减免个人所得税的有（　）。

A. 军人的转业安置费

B. 保险赔款

C. 离退休人员的养老金

D. 个人兼职取得收入

三、判断题

1. 国外某企业取得的许可中国境内某公司使用的特许权使用费所得，属于来源于我国境内的所得。　　　　　　　　　（　）

2. 企业因存货盘亏、毁损、报废等原因不得从销项税金中抵扣的进项税额，不得与存货损失一起在所得税前扣除。（　）

3. 企业依照规定范围和标准为职工缴纳的社会保险费及住房公积金，准予在计算企业所得税应纳税所得额时扣除。但如企业职工因出差乘坐交通工具发生的人身意外保险费支出，则不能在税前扣除。（　）

4. 企业发生的职工福利费、工会经费和职工教育经费按标准扣除，超过部分也不得结转以后纳税年度扣除。（　）

5. 企业对外投资期间，投资资产的成本在计算应纳税所得额时不得扣除，但可以分期摊销。　　　　　　　　　（　）

6. 符合条件的技术转让所得免征、减征企业所得税，是指一个纳税年度内，居民企业技术转让所得不超过 500 万元的，免征企业所得税；超过 500 万元的，全额征收企业所得税。　　　　　　（　）

7. 企业所得税纳税人在纳税年度发生的经营亏损，可以用下一年度的所得弥补；下一纳税年度的年所得不足弥补的，可以逐年延续弥补，但是延续弥补期最长不得超过 5 年。　　　　　　　　（　）

8. 在中国境内未设立机构、场所的非居民企业取得的财产转让所得，应以收入全额为企业所得税应纳税所得额。（　）

9. 自 2019 年 1 月 1 日至 2021 年 12 月 31 日，对符合条件的小型微利企业年应纳税所得额不超过 100 万元的，减按 25% 计入应纳税所得额；对年应纳税所得额超过 100 万元的，减按 50% 计入应纳税所得额。（　）

10. 个人所得税法律制度中，个人转让中国境内的建筑物、土地使用权取得的所得，无论支付地点是否在中国境内，均为来源于中国境内的所得。　　（　）

11. 根据个人所得税法律制度的规定，在中国境内无住所，且在一个纳税年度中在中国境内连续或者累计居住不超过 90 天的个人，其来源于中国境内的所得应全部缴纳个人所得税。　　　（　）

12. 居民个人取得的工资、薪金所得，劳务报酬所得，稿酬所得，特许权使用费所得，属于综合所得。　　　　（　）

13. 保险营销员和证券经纪人从证券公司、保险公司取得的佣金收入，应按"工资、薪金所得"项目缴纳个人所得税。（　）

14. 王某将自己小说的手稿原件公开拍卖取得的所得按稿酬所得计征个人所得税。（　）

15. 取得经营所得的个人，没有综合所得的，计算其每一纳税年度的应纳税所得额时，应当减除费用 6 万元、专项扣除、专项附加扣除以及依法确定的其他扣除。（　）

16. 偶然所得按次计征个人所得税。　（　）

17. 房屋产权所有人将房屋产权无偿赠与他人的，受赠人因无偿受赠房屋取得的受赠收入，按照偶然所得项目计算缴纳个人所得税。　　　　　　　　　（　）

18. 企业和个人按照省级人民政府规定的比例提取缴付的基本养老金、失业保险金，不计入个人当期的工资、薪金收入，免予征收个人所得税。但个人领取时，则应征收个人所得税。　　　　（　）

19. 省级人民政府、国务院部委和中国人民解放军军以上单位，以及外国组织、国

际组织颁发的科学、教育、技术、文化、卫生、体育、环境保护等方面的奖金，免征个人所得税。（　　）

20. 纳税人同时从两处以上取得工资、薪金所得，并由扣缴义务人减除专项附加扣除的，对同一专项附加扣除项目，在一个纳税年度内只能选择从一处取得的所得中减除。（　　）

21. 县级以上人民政府将国有资产无偿划入企业，凡指定专门用途并按规定进行管理的，企业可作为不征税收入进行企业所得税处理。（　　）

22. 非居民企业从居民企业取得其公开发行并上市流通不足12个月的股票取得的股息、红利，属于企业所得税的免税收入。（　　）

四、不定项选择题

1. 甲公司为居民企业，主要从事饮料的生产和销售业务。2019年有关经营情况如下：

（1）饮料销售收入800万元；出租闲置设备收入500万元；国债利息收入100万元。

（2）对外捐赠一批饮料，已知该饮料的市场价格为200万元（不含税）。

（3）发生符合条件的广告费和业务宣传费470万元。

（4）支付税收滞纳金20万元；合同违约金30万元；银行罚息15万元；上一年度亏损280万元。

（5）缴纳增值税税额130万元；契税10万元；房产税18万元。

（6）预缴企业所得税税款30万元。

已知：饮料制造企业发生的广告费和业务宣传费支出，不超过当年销售（营业）收入30%的部分，准予扣除。

要求：根据上述资料，不考虑其他因素，分析回答下列小题。

（1）甲公司下列收入中，在计算2019年度企业所得税应纳税所得额时，应计入收入总额的是（　　）。

A. 饮料销售收入800万元

B. 出租闲置设备收入500万元

C. 国债利息收入100万元

D. 对外捐赠饮料200万元

（2）甲公司在计算2019年度企业所得税应纳税所得额时，准予抵扣的广告费和业务宣传费的是（　　）。

A. 450万元　　　　B. 480万元

C. 470万元　　　　D. 390万元

（3）甲公司的下列项目，在计算企业所得税应纳税所得额时，准予抵减或扣除的是（　　）。

A. 税收滞纳金20万元

B. 合同违约金30万元

C. 银行罚息15万元

D. 上一年度亏损280万元

（4）甲公司计算企业所得税应纳税所得额时，允许在计算企业所得税时扣除的是（　　）。

A. 增值税税额130万元

B. 契税10万元

C. 房产税18万元

D. 预缴企业所得税税款30万元

2. 中国公民张某为境内自由职业者，2019年全年有关收支情况如下：

（1）到同一企业连续开展专题技术培训两次，每次取得报酬20 000元。出版技术专著取得稿费收入150 000元，发生资料费支出4 000元。

（2）取得企业债券利息4 000元；取得国债利息6 000元。

（3）取得机动车保险赔偿款7 000元。

（4）在境内市场公开拍卖一部自己的小说手稿原件，取得收入60 000元。

（5）出租住房取得不含税租金收入5 000元，房屋租赁过程中缴纳的相关税费200元。

（6）取得境内A上市公司公开发行的股份股息2 000元，该股票于当月转让所得20 000元，该股票持有期限为10个月。

已知：对个人出租住房取得的所得暂减按

10%的税率征收个人所得税，每次收入4 000元以上的，减除20%的费用。

要求：根据上述资料，不考虑其他因素，分析回答下列问题。

(1)张某当年取得讲学收入与稿费收入，下列计算当年综合所得收入额的算式中，正确的是( )。

A. 讲学收入额 = 20 000×2×(1-20%) = 32 000(元)

B. 讲学收入额 = 20 000×2×(1-20%)×70% = 22 400(元)

C. 稿酬收入额 = (150 000-4 000)×(1-20%) = 116 800(元)

D. 稿酬收入额 = 150 000×(1-20%) = 120 000(元)

(2)张某当月公开拍卖手稿原件取得收入应计入综合所得的收入额是( )。

A. 60 000×(1-30%) = 42 000(元)

B. 60 000×(1-20%)×(1-30%) = 336 000(元)

C. 60 000×20% = 12 000(元)

D. 60 000×(1-20%) = 48 000(元)

(3)张某当月出租住房租金收入应缴纳个人所得税税额的下列计算列式中，正确的是( )。

A. (5 000-200)×(1-20%)×10% = 384(元)

B. 5 000×10% = 500(元)

C. (5 000-200)×20% = 480(元)

D. 5 000×(1-20%)×10% = 400(元)

(4)下列关于张某个人所得税纳税情况的说法中，正确的是( )。

A. 取得境内A上市公司股息2 000元免税

B. 转让境内A上市公司所得20 000元暂不征税

C. 国债利息收入6 000元和企业债券利息4 000元，均免征个人所得税

D. 保险赔款7 000元免征个人所得税

本章综合练习参考答案及解析

一、单项选择题

1. C 【解析】本题考核企业所得税纳税人。依照中国法律、行政法规成立的个人独资企业、合伙企业，不适用《中华人民共和国企业所得税法》调整范畴，不属于企业所得税纳税义务人，不缴纳企业所得税。

2. B 【解析】本题考核企业所得的来源。选项B，权益性投资资产转让，按照被投资企业所在地确定。

3. B 【解析】本题考核企业所得税税率。非居民企业在中国境内未设立机构、场所的，或者虽设立机构、场所，但取得的所得与其所设机构、场所没有实际联系的，其来源于中国境内的所得缴纳企业所得税时，适用税率为20%。

4. C 【解析】本题考核不征税收入和免税收入。财政拨款、依法收取并纳入财政管理的行政事业性收费、政府性基金和财政性资金等，属于税法规定的不征税收入。选项AB属于征税收入；选项D属于免税收入。

5. D 【解析】本题考核企业所得税收入确认。①商品销售涉及商业折扣的，应当按照扣除商业折扣后的金额确定销售商品收入金额；②应确认的产品销售收入 = 45.59÷(1+13%)×90% = 36.31(万元)。

6. C 【解析】本题考核企业所得税税前扣除项目。选项A，非广告性赞助支出，不得在计算应纳税所得额时扣除；选项B，税款滞纳金不得在税前扣除；选项D，企业内营业机构之间支付的租金和特许权使用费，不得在所得税前直接扣除。

7. D 【解析】本题考核企业所得税公益性捐赠扣除。①公益性捐赠税前扣除限额 = 300 × 12% = 36（万元）< 实际发生额 38 万元，故公益性捐赠支出税前可以扣除 36 万元，需要纳税调增 2 万元；②应纳企业所得税税额 = [300 + (38 − 300 × 12%)] × 25% − 60 = 15.5（万元）。

8. C 【解析】本题考核企业所得税税前扣除项目及标准。①企业发生的合理的工资、薪金支出准予据实扣除；②职工福利费：扣除限额 = 300 × 14% = 42（万元）> 实际发生 40 万元，准予扣除 40 万元；③工会经费：扣除限额 = 300 × 2% = 6（万元）> 实际发生 5 万元，可以据实扣除 5 万元；④职工教育经费：扣除限额 = 300 × 8% = 24（万元）> 实际发生 15 万元，可以据实扣除 15 万元；⑤税前准予扣除的工资和三项经费合计 = 300 + 40 + 5 + 15 = 360（万元）。

9. A 【解析】本题考核企业所得税业务招待费扣除限额。企业发生的与生产经营活动有关的业务招待费支出，按照发生额的 60% 扣除，但最高不得超过当年销售（营业）收入的 5‰。业务招待费扣除限额 = (4 800 + 400) × 5‰ = 26（万元）> 15 × 60% = 9（万元），可以扣除 9 万元。注意，超标准的业务招待费不能结转以后年度继续抵扣。

10. A 【解析】本题考核广告业务宣传费的扣除规定。自 2016 年 1 月 1 日起至 2020 年 12 月 31 日，对化妆品制造或销售、医药制造和饮料制造（不含酒类制造）企业发生的广告费和业务宣传费支出，不超过当年销售（营业）收入 30% 的部分，准予扣除；超过部分，准予在以后纳税年度结转扣除。烟草企业的烟草广告费和业务宣传费支出，一律不得在计算应纳税所得额时扣除。

11. B 【解析】本题考核企业所得税广告费的扣除。根据规定，企业发生的符合条件的广告费和业务宣传费，除国务院财政、税务主管部门另有规定外，不超过当年销售（营业）收入 15% 的部分，准予扣除；超过的部分，准予在以后纳税年度结转扣除。广告费和业务宣传费的扣除限额 = 销售（营业）收入 × 15% = (1 500 + 18) × 15% = 227.7（万元），当年实际发生额 180 万元与上年结转的广告费 46 万元共 226 万元，小于扣除限额 227.7 万元，当年准予在企业所得税前扣除的广告费金额是 226 万元。

12. D 【解析】本题考核固定资产的最低折旧年限。家具的最低折旧年限为 5 年；小汽车的最低折旧年限为 4 年；火车的最低折旧年限为 10 年；电子设备的最低折旧年限为 3 年。

13. B 【解析】本题考核企业所得税扣除项目。选项 A，签发空头支票是由中国人民银行进行的处罚，属于行政罚款不得税前扣除；选项 B，商业银行的罚息可以税前扣除；选项 C，税收滞纳金不得税前扣除；选项 D，经营租入的固定资产折旧不得税前扣除。

14. A 【解析】本题考核企业所得税税收优惠中的加计扣除。企业为开发新技术、新产品、新工艺发生的研究开发费用按照 75% 加计扣除。

15. A 【解析】本题考核企业所得税税收优惠中加计扣除的规定。不适用税前加计扣除政策的行业包括：烟草制造业；住宿和餐饮业；批发和零售业；房地产业；租赁和商务服务业；娱乐业。

16. B 【解析】本题考核非居民企业所得税应纳税额的计算。在中国境内未设立机构、场所的非居民企业，就其取得的来源于中国境内的所得应缴纳的所得税，实行源泉扣缴，以支付人为扣缴义务人，减按 10% 的税率征收企业所得税。应纳税额 = 80 × 10% = 8（万元）。注意非居民企业所得税 20% 的法定税率与 10% 的实际适用税率的区别。

17. B 【解析】本题考核企业所得税的计算。应纳税额抵免公式：应纳税额=应纳税所得额×税率-减免税额-抵免税额。

18. A 【解析】本题考核境外所得税额抵免。减免税税额从应纳税额中直接抵减，境外所得税税率低于25%，少缴纳的税款部分在境内予以补缴。

19. C 【解析】本题考核个人所得税纳税人。选项A，缴纳个人所得税；选项B，判定标准包括住所和居住时间；选项C，甲2019年度在中国境内居住满183天，属于居民纳税人；选项D，乙2019年度和2020年度在中国境内居住均不满183天，属于非居民个人。

20. C 【解析】本题考核个人所得税纳税人。在中国境内无住所又不居住，或者无住所而一个纳税年度内在中国境内居住累计不满183天的个人，为非居民个人。在2019年度和2020年度，约翰的在华时间都没有超过183天，因此这两年都属于我国的非居民个人。

21. D 【解析】本题考核个人所得税纳税人和纳税义务。在中国境内无住所的个人，在中国境内居住累计满183天的年度连续不满6年的，经向主管税务机关备案，其来源于中国境外且由境外单位或者个人支付的所得，免予缴纳个人所得税。

22. D 【解析】本题考核特许权使用费所得与财产转让所得的征税范围。①选项A，个人取得的保险赔款免征个人所得税，同时免征增值税；②选项BC，转让有形资产所有权、土地使用权、股权、债权、收购网络虚拟货币后转让的行为，按照"财产转让所得"税目征税；③选项D，个人取得特许权的经济赔偿收入，应按照"特许权使用费所得"税目征税。

23. D 【解析】本题考核特许权使用费所得的范围。特许权使用费收入，是指企业提供专利权、非专利技术、商标权、著作权以及其他特许权的使用权取得的

收入。

24. C 【解析】本题考核居民个人专项附加扣除的确认。纳税人及其配偶、未成年子女发生的医药费用支出可以在税前扣除，在一个纳税年度内，纳税人发生的与基本医保相关的医药费用支出，扣除医保报销后个人负担(指医保目录范围内的自付部分)累计超过15 000元的部分，由纳税人在办理年度汇算清缴时，在80 000元限额内据实扣除。自行负担的支出=122 000-30 000=92 000(元)，扣除15 000元的部分为92 000-15 000=77 000(元)，未超过80 000元，因此可以税前扣除的大病医疗支出为77 000元。

25. C 【解析】本题考核居民个人综合所得应纳税额计算。根据规定，稿酬所得的收入额在扣除20%费用基础上，再减按70%计算，即：收入额=收入×(1-20%)×70%。费用扣除数全年为60 000元，应纳税所得额=116 000×(1-20%)×70%-60 000=4 960(元)。适用税率3%，应纳税额=4 960×3%=148.8(元)。

26. D 【解析】本题考核劳务报酬所得的预扣预缴。根据规定，劳务报酬所得、稿酬所得、特许权使用费所得每次收入不超过4 000元的，减除费用按800元计算；每次收入4 000元以上的，减除费用按20%计算。劳务报酬收入100 000元，应减除20%的费用，应纳税所得额=100 000×(1-20%)=80 000(元)。该笔收入应预扣预缴税额=80 000×40%-7 000=25 000(元)。

27. B 【解析】本题考核非居民个人劳务报酬所得税款的计算。劳务报酬属于一次性收入的，以取得该项收入为一次纳税。本题中，非居民个人提供设计劳务取得两次付款应作为一次劳务报酬收入。另外，根据规定，劳务报酬所得、稿酬所得、特许权使用费所得以收入减除20%的费用后的余额为收入额，其中稿酬所

得的收入额减按70%计算。因此，应纳个人所得税=（35 000+55 000）×（1-20%）×35%-7 160=18 040（元）。

28. A 【解析】本题考核财产租赁所得个人所得税计算。房屋租赁期间发生修缮费用准予在税前扣除，但以每月800元为限，应纳税额=（3 000-120-800-800）×10%=128（元）。

29. D 【解析】本题考核个人所得税财产转让所得的优惠政策。对个人转让自用5年以上并且是家庭唯一生活用房取得的所得，免征个人所得税。

30. A 【解析】本题考核个人所得税财产转让所得的所得税计算。财产转让所得应纳税额的计算公式为：应纳税额=收入总额-财产原值-合理费用=（90-50）×20%=8（万元）。

31. D 【解析】本题考核偶然所得的应纳税额计算。获得的奖金按照偶然所得计算缴纳个人所得税。偶然所得计征个人所得税没有扣除项目。

32. D 【解析】本题考核股权转让所得的个人所得税计算。个人转让限售股，以每次限售股转让收入，减去股票原值和合理税费后的余额，为应纳税所得额。即：应纳税所得额=限售股转让收入-（限售股原值+合理税费）。应纳税额=[90 000-（40 000+300）]×20%=9 940（元）。

33. D 【解析】本题考核个人所得税的扣除项目。个人通过非营利性社会团体和国家机关对公益性青少年活动场所（其中包括新建）的捐赠，在计算缴纳个人所得税时，准予在税前的所得额中全额扣除，直接向公益性青少年活动场所的捐赠不得扣除。对个人购买符合规定的商业健康保险产品的支出，允许在当年（月）计算应纳税所得额时予以税前扣除，扣除限额为2 400元/年（200元/月）。

34. D 【解析】本题考核个人所得税公益性捐赠的扣除规定。公益性捐赠扣除限额=

20 000×30%=6 000（元），实际捐赠4 000元<6 000元，因此可据实扣除4 000元。应纳税所得额=偶然所得-捐赠额=20 000-4 000=16 000（元）。

应纳税额（即商场代扣代缴税款）=应纳税所得额×适用税率=16 000×20%=3 200（元）。

陈某实际可得金额=20 000-4 000-3 200=12 800（元）。

35. A 【解析】本题考核个人所得税纳税申报。纳税人在注销户籍年度取得综合所得的，应当在注销户籍前，办理当年综合所得的汇算清缴，并报送《个人所得税年度自行纳税申报表》。尚未办理上一年度综合所得汇算清缴的，应当在办理注销户籍纳税申报时一并办理。

二、多项选择题

1. AB 【解析】本题考核企业所得税纳税人。企业所得税的纳税人包括各类企业、事业单位、社会团体、民办非企业单位和从事经营活动的其他组织。个人独资企业、合伙企业不属于企业所得税纳税义务人，不缴纳企业所得税。

2. AB 【解析】本题考核纳税人和征税对象。在中国境内无住所的个人，在一个纳税年度内在中国境内居住累计不超过90天的，其来源于中国境内的所得，由境外雇主支付并且不由该雇主在中国境内的机构、场所负担的部分，免予缴纳个人所得税。

3. ABD 【解析】本题考核企业所得税的征税对象。居民企业承担全面纳税义务，就其来源于我国境内外的全部所得纳税；非居民企业承担有限纳税义务，一般只就其来源于我国境内的所得纳税。

4. AB 【解析】本题考核免税收入的范围。选项C，财政拨款，是不负有纳税义务的不征税收入，而非免税收入。选项D，属于征税收入。

5. ABCD 【解析】本题考核企业所得税中收入的确认。

6. BC 【解析】本题考核企业所得税中收入的确认。选项A，企业以买一赠一等方式组合销售本企业商品的，将总销售金额按各项商品的公允价值的比例来分摊确认各项的销售收入；选项D，企业应按照从接受劳务方已收或应收的合同或协议价款确定劳务收入总额，根据纳税期末提供劳务收入总额乘以完工进度扣除以前纳税年度累计已确认提供劳务收入后的金额，确认为当期劳务收入。

7. ABC 【解析】本题考核企业所得税中收入的确认。债权人为鼓励债务人在规定的期限内付款而向债务人提供的债务扣除属于现金折扣，销售商品涉及现金折扣的，应当按扣除现金折扣前的金额确定销售商品收入金额，现金折扣在实际发生时作为财务费用扣除。

8. AC 【解析】本题考核企业所得税的扣除项目。纳税人为其投资者或雇员个人向商业保险机构投保的财产保险，不得在税前扣除；纳税人支付的行政性罚款，不得在税前扣除。

9. BD 【解析】本题考核企业所得税中保险费的扣除。①选项A，企业为投资者或职工支付的商业保险费，不得扣除；②选项B，企业参加雇主责任险、公众责任险等责任保险，按照规定缴纳的保险费，准予在企业所得税税前扣除；③选项C，企业为本企业任职或者受雇的全体员工支付的补充养老保险、补充医疗保险，分别在不超过职工工资总额的5%标准内的部分准予扣除，超过的部分，不得扣除；④选项D，企业依照国家有关规定为特殊工种职工支付的人身安全保险费，可以全额扣除。

10. AD 【解析】本题考核企业所得税税前扣除项目。根据企业所得税法规定，税收滞纳金，违反国家法律、法规和规章，被有关部门处以的罚金、罚款，以及被没收财物的损失，不得在计算应纳税所得额时扣除。

11. BD 【解析】本题考核手续费与佣金的税前扣除规定。选项A错误，根据规定，保险企业发生与其经营活动有关的手续费及佣金支出，不超过当年全部保费收入扣除退保金等后余额的"18%"的部分，在计算应纳税所得额时准予扣除；超过部分，允许结转以后年度扣除；选项C错误，根据规定，除委托个人代理外，企业以现金等非转账方式支付的手续费及佣金不得在税前扣除。

12. ABD 【解析】本题考核资产的税务处理。根据规定，企业新购进（包括自行建造）的设备、器具，单位价值不超过500万元，允许一次性计入当期成本费用在计算应纳税所得额时扣除，不再分年度计算折旧。

13. ABC 【解析】本题考核固定资产的税务处理。选项D，融资租出的固定资产不计提折旧，租入方应视为自有资产计提折旧。选项A，企业应当自固定资产投入使用月份的次月起计算折旧；停止使用的固定资产，应当自停止使用月份的次月起停止计算折旧。

14. ACD 【解析】本题考核企业所得税中资产计提折扣的规定。选项AC，以融资租赁方式"租出"和以经营租赁"租入"的固定资产，不得计提折旧在企业所得税前扣除；选项D，已足额提取折旧仍继续使用的固定资产，不得计提折旧在企业所得税前扣除。

15. ABCD

16. ACD 【解析】本题考核长期待摊费用的税务处理。固定资产的大修理支出，按照固定资产尚可使用年限分期摊销，是指"同时符合"下列条件的支出：①修理支出达到取得固定资产时的计税基础50%以上；②修理后固定资产的使用年限延长2年以上。

17. AD 【解析】本题考核企业所得税税收优惠政策。选项A，按照100%加计扣除；

选项 B，企业购置并实际使用相关规定的环境保护、节能节水、安全生产等专用设备的，该专用设备的投资额的 10% 可以从企业当年的应纳税额中抵免；选项 C，创业投资企业采取股权投资方式投资于未上市的中小高新技术企业两年以上的，可以按照其投资额的 70% 在股权持有满两年的当年抵扣该创业投资企业的应纳税所得额；选项 D，计入当期损益的，按照研究开发费用的 75% 加计扣除，形成无形资产的，按照无形资产成本的 175% 摊销。注意优惠政策中抵免或抵扣的是"应纳税所得额"还是"应纳税额"。

18. BCD 【解析】本题考核企业所得税纳税期限。企业应自年度终了之日起 5 个月内，向税务机关报送年度企业所得税纳税申报表，并汇算清缴，结清应缴应退税款。

19. AB 【解析】本题考核个人所得税纳税人。个人所得税纳税人依据住所和居住时间两个标准，区分为居民个人与非居民个人，分别承担不同的纳税义务。

20. ABD 【解析】本题考核个人所得税工资、薪金所得的范围。对于一些不属于工资、薪金性质的补贴、津贴，不予征收个人所得税。这些项目包括：①独生子女补贴；②执行公务员工资制度未纳入基本工资总额的补贴、津贴差额和家属成员的副食补贴；③托儿补助费；④差旅费津贴、误餐补助。

21. BC 【解析】本题考核综合所得的范围。综合所得包括工资薪金所得、劳务报酬所得、稿酬所得和特许权使用费所得。

22. BCD 【解析】本题考核专项附加扣除。选项 A 属于综合所得计算中的"其他扣除"。

23. AC 【解析】本题考核个人所得税综合所得扣除项目。选项 A，子女教育支出包括学前教育和学历教育支出，其中，学前教育是指年满"3 岁"至小学入学前教育，按照"每个子女"进行定额扣除；选项 B，

住房贷款利息支出是指纳税人使用商业银行贷款为本人或其配偶购买住房，发生的"首套住房"贷款利息支出；选项 C，赡养老人支出是指赡养"60 岁"以上父母以及其他法定赡养人的支出；选项 D，住房租金支出是指主要工作城市没有住房，而在主要工作城市租赁住房发生的租金支出。

24. BCD 【解析】本题考核经营所得的计算。选项 A 错误，业主的工资不能扣除，只能扣除每月 5 000 元的生计费，个体工商户按照国家有关规定为其"业主和从业人员"缴纳的基本社会保险和住房公积金，准予扣除。

25. ABD 【解析】本题考核企业出资为个人购买房屋及其他财产的纳税规定。①个人独资企业、合伙企业的个人投资者或其家庭成员，属于"经营所得"；②除个人独资企业和合伙企业以外的其他企业的个人投资者或其家庭成员，属于"利息、股息、红利所得"；③除个人投资者或其家庭成员以外的"其他个人"，在任何企业中获得上述实物分配的，属于"工资、薪金所得"。

26. ACD 【解析】本题考核财产租赁所得的所得税计算。个人出租房屋的个人所得税应税收入不含增值税，选项 B 的表述错误。

27. ABC 【解析】本题考核个人所得税的应税所得项目。个人拍卖字画收入，属于个人所得税中"财产转让所得"税目。注意作者将自己的文字作品手稿原件或复印件公开拍卖（竞价）取得的所得，应按"特许权使用费所得"项目征收个人所得税。

28. AC 【解析】本题考核个人所得税应税收入"次"的规定。选项 B，使用权的转让取得的收入是分笔支付的，应将各笔收入相加为一次计征个人所得税。选项 D，利息、股息、红利所得与偶然所得，均

为"按次征收"。

29. ABC 【解析】本题考核个人取得利息、股息、红利所得的所得税优惠。对个人持有的上市公司限售股，解禁前取得的股息红利继续暂减按50%计入应纳税所得额，适用20%的税率计征个人所得税。

30. BCD 【解析】本题考核个人所得税税收优惠。残疾、孤老人员和烈属的所得属于减税项目；个人取得单张有奖发票奖金所得不超过800元(含800元)的，暂免征收个人所得税。

31. ABC 【解析】本题考核个人所得税税收优惠。选项D，个人兼职取得的收入应按照"劳务报酬所得"征收个人所得税。

三、判断题

1. √ 【解析】本题考核企业所得的来源。许可各种特许权在中国境内使用而取得的所得，属于来源于我国境内的所得。

2. × 【解析】本题考核企业所得税税前扣除项目。企业因存货盘亏、毁损、报废等原因不得从销项税金中抵扣的进项税金，可以与存货损失一起在所得税前扣除。

3. × 【解析】本题考核企业所得税扣除项目。企业职工因出差乘坐交通工具发生的人身意外保险费支出，准予企业在计算应纳税所得额时扣除。

4. × 【解析】本题考核企业所得税扣除项目。职工教育经费超过部分准予结转以后纳税年度扣除。

5. × 【解析】本题考核企业所得税税前扣除。企业对外投资期间，投资资产的成本在计算应纳税所得额时不得扣除，企业在转让或者处置投资资产时，投资资产的成本准予扣除。

6. × 【解析】本题考核企业所得税税收优惠中所得额减免的规定。根据规定，符合条件的技术转让所得免征、减征企业所得税，是指一个纳税年度内，居民企业技术转让所得不超过500万元的部分，免征企业所得税；超过500万元的部分，减半征

收企业所得税。

7. √

8. × 【解析】本题考核非居民纳税人所得税源泉扣缴。在中国境内未设立机构、场所的非居民企业取得的转让财产所得，以收入全额减除财产净值后的余额为应纳税所得额。

9. × 【解析】本题考核小型微利企业的税收优惠。自2019年1月1日至2021年12月31日，对小型微利企业年应纳税所得额"不超过100万元"的部分，减按25%计入应纳税所得额，按20%的税率缴纳企业所得税；对年应纳税所得额"超过100万元但不超过300万元"的部分，减按50%计入应纳税所得额，按20%的税率缴纳企业所得税。

10. √

11. × 【解析】本题考核个人所得税纳税人。在中国境内无住所的个人，在一个纳税年度内在中国境内居住累计不超过90天的，其来源于中国境内的所得，由境外雇主支付并且不由该雇主在中国境内的机构、场所负担的部分，免予缴纳个人所得税。

12. √

13. × 【解析】本题考核劳务报酬所得的范围。保险营销员、证券经纪人从证券公司、保险公司取得的佣金收入，应按"劳务报酬所得"项目缴纳个人所得税。

14. × 【解析】本题考核特许权使用费所得的特殊范围。作者将自己的文字作品手稿原件或复印件公开拍卖(竞价)取得的所得，属于提供著作权的使用所得，按"特许权使用费所得"项目征收个人所得税。

15. √

16. √

17. √ 【解析】本题考核偶然所得的范围。

18. × 【解析】本题考核个人所得税征免税规定。根据规定，个人领取原提存的住房公积金、医疗保险金、基本养老保险

金时，免予征收个人所得税。

19. √

20. √

21. √

22. × 【解析】本题考核非居民企业应税收入的确认。在中国境内设立机构、场所的非居民企业从居民企业取得与该机构、场所有实际联系的股息、红利等权益性投资收益，属于免税收入。该收益不包括连续持有居民企业公开发行并上市流通的股票不足 12 个月取得的投资收益。本题中，由于持股时间不足 12 个月，因此取得的股息、红利收入，不属于免税收入。

四、不定项选择题

1. (1) ABCD 【解析】货物对外捐赠应视同销售货物，计入收入总额。

(2) A 【解析】准予抵扣的广告费和业务宣传费的限额 =（800 + 500 + 200）× 30% = 450（万元），因此准予抵扣的广告费和业务宣传费是 450 万元。

(3) BCD 【解析】税收滞纳金不允许税前扣除，选项 A 错误。

(4) BC 【解析】增值税税额、预缴的企业所得税税款不得税前抵扣。

2. (1) A 【解析】综合所得，包括工资、薪金所得，劳务报酬所得，稿酬所得，特许权使用费所得四项。劳务报酬所得、稿酬所得、特许权使用费所得以收入减除 20% 的费用后的余额为收入额。稿酬所得的收

入额减按 70% 计算。此外，本题中稿酬所得所发生的资料费支出，不得税前扣除。

(2) D 【解析】对于作者将自己的文字作品手稿原件或复印件公开拍卖（竞价）取得的所得，属于提供著作权的使用所得，故应按"特许权使用费所得"项目征收个人所得税。居民个人取得的，应并入当年综合所得计征。劳务报酬所得、稿酬所得、特许权使用费所得以收入减除 20% 的费用后的余额为收入额。

(3) A 【解析】财产租赁所得按照每次收入额减除财产租赁过程中缴纳的税费后，余额大于 4 000 的适用公式：应纳税额 =［每次（月）收入额−财产租赁过程中缴纳的税费−由纳税人负担的租赁财产实际开支的修缮费用（800 元为限）］×（1−20%）× 税率。

(4) BD 【解析】选项 A，个人从公开发行和转让市场取得的上市公司股票持股期限在一个月以内（含 1 个月）的，其股息红利所得全额计入应纳税所得额；持股期限在 1 个月以上至 1 年（含 1 年）的，暂减按 50% 计入纳税所得税；持股期限超过 1 年的，暂免征收个人所得税。上述所得统一适用 20% 的税率计征个人所得税。选项 B，对股票转让所得暂不征收个人所得税。选项 C，企业债券利息不属于免税收入，应按照"利息、股息、红利所得"计征个人所得税。

第 5 章 企业所得税、个人所得税法律制度

317

第6章 其他税收法律制度

考 情 分 析

本章考试重要程度属中等，试卷分值在10分至12分，主要体现在单多判中，单独出现不定项选择题的情况比较罕见。

本章主要介绍14个小税种和1项附加费，考点非常分散，每个小税种单独成节，篇幅都不长，考点也不多。

本章从主观感受来看，似乎小税种很容易学，逐一击破就可以了，但实际学习中却有种逐渐潜入了"深水区"的感觉。这是因为，孤立的单一税种学习难度虽不高，但若将其放到一个"税种集群"的生态环境中，那么税种彼此之间的关联度会有非常显著的提升，诸如征税范围、税目、税率、计税依据等税法要素盘根错节，不同税种之间非常容易混淆，这也是本章学习中遇到的最大困境。

本章我们可以采用将不同小税种分组的方式进行学习，从逐一学习孤立的税种，过渡到全面攻破某一税类，这样便可以保证适当的复习强度和较好的学习效果。

▶▶ **2020年考试变化**

本章2020年考核变化较大，主要包括：

(1)根据《中华人民共和国车辆购置税法》的规定重新编写"车辆购置税"的内容。

(2)根据《中华人民共和国耕地占用税法》的规定重新编写"耕地占用税"的内容。

(3)新增农产品批发市场和农贸市场的房产税与城镇土地使用税优惠政策。

核心考点及真题详解

模块一 与房地产有关的税类

考点一 房产税

扫我解疑难

考点精讲

一、房产税纳税人 ★★

（一）特定坐落位置的房产

我国"城市、县城、建制镇"和"工矿区（不包括农村）"。

（二）纳税人

1. 基本规定

以上地区内拥有房屋"产权"的单位和个人。

具体包括：

（1）产权所有人；

（2）承典人；

（3）房产代管人或者使用人。

2. 具体规定

(1)产权属于国家所有的，由**"经营管理的单位"**纳税。

(2)产权属于集体和个人的，由**"集体单位"**和**"个人"**纳税。

(3)产权出典的，由**"承典人"**纳税。

(4)产权所有人、承典人均不在房产所在地的，由房产**"代管人"**或者**"使用人"**纳税。

(5)产权未确定以及租典纠纷未解决的，由房产**"代管人"**或者**"使用人"**纳税。

(6)纳税单位和个人**"无租使用"**房产管理部门、免税单位及纳税单位的房产，由**"使用人"**代为缴纳房产税。

(7)房地产开发企业建造的**"商品房"**，在**"出售前"**，不征收房产税，但对出售前房地产开发企业已使用或出租、出借的商品房应按规定征收房产税。

二、房产税征税范围★★

城市、县城、建制镇和工矿区的**"房屋"**。

『提示1』注意"坐落地点"，不包括农村的房屋。

『提示2』注意是"房屋"，因此独立于房屋之外的建筑物，如围墙、烟囱、水塔、室外游泳池等不属于房产税的征税范围。

与房屋、建筑物、土地有关的征税范围见图6.1。

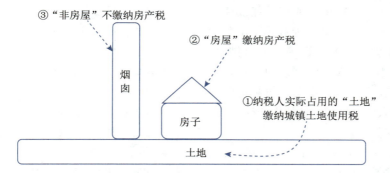

图6.1 与房屋、建筑物、土地有关的征税范围

【图示说明】房屋和土地涉及的税种较多，因此要准确区分不同税种征税范围的"边界"。第一，所说"城市、县城、工矿区和建制镇"的土地，我们不用区分土地所有制形式；第二，只要纳税人占用这些纳税区域内的土地，均属于"城镇土地使用税"的征税范围，而在这些土地之上建设的"房屋"，才属于"房产税的征税范围"；第三，在这些纳税区域内的"非房屋"，如烟囱、水塔等建筑物或构筑物，不属于"房产税征税范围"，但其占用的土地，依然应征收"城镇土地使用税"。

三、房产税应纳税额计算★★★

房产税的计税依据、税率见表6-1。

表6-1 房产税的计税依据、税率

计税方法	计税依据	税率	税额计算公式
从价计征	房产余值	1.2%	全年应纳税额=应税房产原值×(1-扣除比例)×1.2% 『提示』各地扣除比例由当地省、自治区、直辖市人民政府确定
从租计征	房产租金	12%	全年应纳税额=租金收入(不含税)×12%(或4%)
	税率优惠		①个人出租住房，不区分用途，按"4%"的税率征收。 ②对企事业单位、社会团体以及其他组织按市场价格向个人出租用于居住的住房，减按"4%"的税率征收房产税。 【链接】个人出租住房取得的所得，暂减按10%的税率征收个人所得税

『提示』房产税从价计征与从租计征是"互斥关系"，即同一处房产，按照从价计征房产税的同时不会再重复按照从租计征征收房产税，因此大家在练习中要注意，若题目条件对同一房屋用途发生变化的(如自用改为出租)，此时应分不同"时间段"，分别计算该房屋应缴纳的从价与从租计征的房产税。

(一)关于房产原值

1. 概念

房产原值，是指纳税人按照会计制度规定，在账簿固定资产科目中记载的房屋原价(不减除折旧)。

2. 房屋的附属、配套设施

为了维持和增加房屋的使用功能或使房屋满足设计要求，凡以房屋为载体，不可随意移动的附属设备和配套设施，如给排水、采暖、消防、中央空调、电气及智能化楼宇设备等，无论在会计核算中是否单独记账与核算，都应计入房产原值，计征房产税。

3. 房屋的改扩建

纳税人对原有房屋进行改建、扩建的，要相应"增加房屋的原值"。

(二)关于房屋投资联营

1. 从价计征

房产投资联营、投资者参与投资利润分红、共担风险的，按"房产余值"作为计税依据计缴房产税。

2. 从租计征

房产投资收取固定收入、"不承担"经营风险的，实际上是以联营名义取得房屋租金，应以出租方取得的租金收入为计税依据计缴房产税。

(三)关于融资租赁

对于融资租赁的房屋，以"房产余值"计征房产税。

【示例1】某企业2019年度自有生产用房原值5 000万元，账面已提折旧1 000万元。已知房产税税率为1.2%，当地政府规定计算房产余值的扣除比例为30%。

问题：该企业2019年度应缴纳的房产税

税额？

分析：

第一步：确定计征方式

从价计征

第二步：确定计税依据

5 000×(1−30%)=3 500(万元)

第三步：计算税额

应纳税额=3 500×1.2%=42(万元)

【示例2】甲企业出租仓库给乙公司，该仓库原值500万元，乙公司当年以30万元的生产资料抵付租金。已知：当地政府规定计算房产余值的扣除比例为30%，从价计征的税率为1.2%，从租计征的税率为12%。

问题：甲企业应缴纳的房产税税额？

分析：第一步：确定计征方式

从租计征

第二步：确定计税依据

30万元

第三步：计算税额

应纳税额=30×12%=3.6(万元)

【示例3】某企业有一处生产经营用房产，原值5 000万元，2019年6月30日用于投资联营(收取固定收入，不承担联营风险)，投资期为3年。已知该企业取得归属于当年的固定收入100万元，当地政府规定的扣除比例为20%。

问题：该企业2019年应缴纳的房产税税额？

分析：第一步：确定计征方式

2019年前半年从价计征、后半年从租计征。

第二步：确定计税依据

房屋租金：100万元

房产余值：5 000×(1−20%)=4 000(万元)

第三步：计算税额

应纳税额=100×12%+4 000×1.2%÷2=36(万元)

四、房产税税收优惠★★

(1)国家机关、人民团体、军队"自用"

的房产，免征房产税。

『提示』对军队空余房产租赁收入暂免征收房产税。

【链接】对军队空余房产租赁收入免征增值税。

（2）由国家财政部门拨付事业经费的单位所有的、"本身业务范围"内使用的房产，免征房产税。

（3）宗教寺庙、公园、名胜古迹"自用"的房产，免征房产税。

（4）个人所有"非营业用"的房产，免征房产税。

『提示』个人拥有的营业用房和出租房屋，均不免征房产税。

（5）经财政部批准免税的其他房产。

主要掌握：

①公共租赁住房，免征房产税。

②在纳税人因房屋大修导致连续停用半年以上的，在房屋大修期间免征房产税。

③在基建工地为基建工地服务的各种工棚、材料棚、休息棚和办公室、食堂、茶炉房、汽车房等临时性房屋，施工期间一律免征房产税。

④对高校学生公寓免征房产税。

【链接】对与高校学生签订的高校学生公寓租赁合同，免征印花税。

⑤对非营利性医疗机构、疾病控制机构和妇幼保健机构等卫生机构自用的房产，免征房产税。

⑥老年服务机构自用的房产免征房产税。

【链接】老年服务机构自用的土地，免征城镇土地使用税。

⑦（2020年新增）自2019年1月1日至2021年12月31日，对农产品批发市场、农贸市场（包括自有和承租）专门用于经营农产品的房产、土地，暂免征收房产税和城镇土地使用税。对同时经营其他产品的农产品批发市场和农贸市场使用的房产、土地，按其他产品与农产品交易场地面积的比例确定征免房产税和城镇土地使用税。

『提示』以上市场中的行政办公区、生活区，以及商业餐饮娱乐等非直接为农产品交易提供服务的房产、土地，不属于优惠范围。

五、房产税征收管理★

（一）纳税义务发生时间

根据房产的不同使用状态，《中华人民共和国房产税暂行条例》规定了8种确认纳税义务发生时间的情形，我们总结如表6-2所列示。

表6-2　房产税纳税义务发生时间的总结

房产来源		用途	纳税义务发生时间
原来自己有的房产		生产经营	生产经营之月
		出租、出借	交付的"次月"
		房地产开发企业自用、出租、出借商品房	使用或交付"次月"
新取得的房产	自建	生产经营	建成"次月"
	委建	生产经营	验收"次月"
	购置新房	生产经营	交付"次月"
	购置旧房	生产经营	签发权属证书次月

（二）纳税期限

按年计征、分期缴纳。

（三）纳税地点

（1）房产税在"房产所在地"

知识链接

缴纳。

（2）房产不在同一地方的纳税人，应按房产的坐落地点"分别"向"房产所在地"的税务机关申报纳税。

随学随练 限时5分钟

1. 【单选题】(2019年)2018年甲公司的房产原值为1 000万元,已提折旧400万元。已知从价计征房产税税率为1.2%,当地规定的房产税扣除比例为30%。甲公司当年应缴纳房产税税额的下列算式中,正确的是( )。

A.(1 000−400)×(1−30%)×1.2% = 5.04（万元）

B.(1 000−400)×1.2% = 7.2（万元）

C. 1 000×(1−30%)×1.2% = 8.4（万元）

D. 1 000×1.2% = 12（万元）

2. 【单选题】(2019年)2018年甲公司将一幢办公楼出租,取得含增值税租金92.43万元。已知增值税征收率为5%。房产税从租计征的税率为12%,下列关于甲公司2018年出租办公楼应缴纳房产税税额的计算中正确的是( )。

A. 92.43÷(1+5%)×12% = 10.56（万元）

B. 92.43÷(1+5%)÷(1−12%)×12% = 12（万元）

C. 92.43÷(1−12%)×12% = 12.6（万元）

D. 92.43×12% = 11.916（万元）

3. 【单选题】(2019年)根据房产税法律制度的规定,下列房产中,应缴纳房产税的是( )。

A. 国家机关自用的房产

B. 名胜古迹自用的办公用房

C. 个人拥有的市区经营性用房

D. 老年服务机构自用的房产

4. 【单选题】(2018年)根据房产税法律制度的规定,下列各项中,免征房产税的是( )。

A. 国家机关用于出租的房产

B. 公立学校附设招待所使用的房产

C. 公立幼儿园自用的房产

D. 公园附设饮食部使用的房产

5. 【单选题】(2015年)张某2014年年初拥有一栋自有住房,房产原值200万元,3月31日将其对外出租,租期1年,每月按照市场价格收取租金1万元。已知房产税税率从价计征的为1.2%,个人出租住房从租计征的为4%,当地省政府规定计算房产余值的减除比例为30%。2014年张某上述房产应缴纳房产税税额的下列计算中,正确的是( )。

A. 1×9×4% = 0.36（万元）

B. 200×(1−30%)×1.2%÷12×3+1×9×4% = 0.78（万元）

C. 200×(1−30%)×1.2%÷12×4+1×8×4% = 0.88（万元）

D. 200×(1−30%)×1.2% = 1.68（万元）

6. 【多选题】(2018年)根据《中华人民共和国房产税暂行条例》的规定,下列各项中,不符合房产税纳税义务发生时间规定的有( )。

A. 纳税人将原有房产用于生产经营,从生产经营之次月起,缴纳房产税

B. 纳税人自行新建房屋用于生产经营,从建成之次月起,缴纳房产税

C. 纳税人委托施工企业建设的房屋,从办理验收手续之月起,缴纳房产税

D. 纳税人购置新建商品房,自房屋交付使用之次月起,缴纳房产税

7. 【判断题】(2016年)房地产开发企业建造的商品房,出售前已使用的,不征收房产税。 ( )

随学随练参考答案及解析

1. C 【解析】本题考核房产税应纳税额的计算。房产税从价计征的应纳税额 = 应税房产原值×(1−扣除比例)×1.2%。

2. A 【解析】本题考核房产税应纳税额的计算。应纳税额 = 租金收入(不含增值税)×12%或4%。

3. C 【解析】本题考核房产税税收优惠。个人所有非营业用的房产免征房产税,经营性用房照常纳税。

4. C 【解析】本题考核房产税税收优惠。由国家财政部门拨付事业经费(全额或差额)

的单位(学校、医疗卫生单位、托儿所、幼儿园、敬老院以及文化、体育、艺术类单位)所有的、本身业务范围内使用的房产免征房产税。

5. A 【解析】本题考核房产税应纳税额的计算。①个人自有居住用房产免征房产税；②该房产于2014年收取9个月的租金共计9万元，则从租计征的房产税=9×4%=0.36(万元)。

6. AC 【解析】本题考核房产税的征收管理。选项A，纳税人将原有房产用于生产经营，从生产经营之月起，缴纳房产税；选项C，纳税人委托施工企业建设的房屋，从办理验收手续之次月起，缴纳房产税。

7. × 【解析】本题考核房产税的税收优惠。房地产开发企业建造的商品房，在出售之前不征收房产税；但对出售前房地产开发企业已经使用、出租、出借的商品房应当征收房产税。

考点二 城镇土地使用税

扫我解疑难

考点精讲

城镇土地使用税是以国有土地或集体土地为征税对象，对拥有土地使用权的单位和个人征收的一种税。

一、城镇土地使用税纳税人★★

(1)"城市、县城、建制镇和工矿区"范围内，拥有土地使用权的单位或个人，为纳税人。

(2)拥有土地使用权的纳税人不在土地所在地的，"代管人"或"实际使用人"为纳税人。

【链接】房产税中，产权所有人、承典人均不在房产所在地的，房产代管人或者使用人为纳税人。

(3)土地使用权未确定或权属纠纷未解决的，由"实际使用人"为纳税人。

【链接】产权未确定以及租典纠纷未解决的，房产代管人或者使用人为纳税人。

(4)土地使用权共有的，共有各方均为纳税人，由共有各方分别纳税。

『提示』用于租赁的房屋，由"出租方"缴纳城镇土地使用税和房产税。

二、征税范围★★

凡在城市、县城、建制镇、工矿区范围内，属于国家和集体所有的土地，都属于城镇土地使用税的征税范围。

【补充】城市、县城、建制镇、工矿区范围内个人所有的居住房屋及院落用地虽然属于征税范围，但目前暂免征税。

三、税率★★

(1)定额税率，即采用"有幅度的差别税额"。

(2)城镇土地使用税规定幅度税额，而且每个幅度税额的差距为"20倍"。

(3)经济落后地区，城镇土地使用税的适用税额标准可适当降低，但降低幅度"不得超过"规定最低税额的"30%"。

四、计税依据★

计税依据为纳税人"实际占用"的土地面积。

(一)测定

凡由"省级"人民政府确定的单位组织测定土地面积的，以"测定"的土地面积为准。

(二)证书记载

尚未组织测定，但纳税人持有政府部门核发的土地使用权证书的，以"证书确定"的土地面积为准。

(三)据实申报后调整

尚未核发土地使用权证书的，应当由纳税人"据实申报"土地面积，待核发土地使用权证书后再作调整。

五、城镇土地使用税应纳税额的计算★

全年应纳税额=实际占用应税土地面积(平方米)×适用税额

六、城镇土地使用税税收优惠★★

(一)免征、减征城镇土地使用税

（1）国家机关、人民团体、军队"自用"的土地。

（2）国家财政部门拨付事业经费的单位"自用"的土地。

（3）宗教寺庙、公园、名胜古迹"自用"的土地。

『提示』林业系统的森林公园、自然保护区，比照公园免征。

（4）老年服务机构的"自用"土地。

『提示1』上述（1）（2）（3）（4），房产税同样免征。

『提示2』名胜古迹内的"索道公司经营用地"，应按规定缴纳城镇土地使用税。

（5）市政街道、广场、绿化地带等公共用地。

（6）直接用于农、林、牧、渔业的生产用地。

【链接1】纳税人承受"四荒用地"，用于农、林、牧、渔业的，免征契税。

【链接2】将土地使用权转让给农业生产者用于农业生产，免征增值税。

（二）税收优惠的特殊规定

『提示』此处税收优惠内容繁多，我们主要以考试频率较高的内容为核心来归纳，如表6-3所列示。

表6-3 城镇土地使用税的税收优惠

情形		具体内容	
		免税	征税
免税单位和纳税单位相互无偿使用		免税单位无偿使用纳税单位的土地	纳税单位无偿使用免税单位的土地
企业铁路专用线、公路等用地		厂区外、与社会公用地段未加隔离的	企业厂区以内（包括生产、办公及生活区）
电力行业	火电厂	厂区"围墙外"的： ①灰场； ②输灰管、输油（气）管道； ③铁路专用线	①厂区"围墙内"用地； ②厂区"围墙外"的"其他用地"
	水电站	除征税用地之外的"其他用地"	发电厂房用地（包括坝内、坝外式厂房），生产、办公、生活用地
	供电部门	①输电线路用地； ②变电站用地	——
民航机场	工作区 生活区		①办公、生产和维修用地及候机楼、停车场用地； ②生活区用地； ③绿化用地
	飞行区	①跑道、滑行道、停机坪、安全带、夜航灯光区用地； ②飞行区四周排水防洪设施用地	
	通讯区	场内外"通讯导航设施"用地	——
	机场道路	"场外"道路用地	"场内"道路用地
盐场、盐矿		盐滩、盐矿的矿井用地	其他生产厂房、办公、生活区用地
林场		育林地、运材道、防火道、防火设施用地	其他生产用地及办公、生活区用地
		林区贮木场、水运码头用地	

情形	具体内容	
	免税	征税
体育场馆	①国家机关、军队、人民团体、财政补助事业单位、居委会、村委会拥有的体育场馆，用于体育活动； ②经费自理事业单位、体育社会团体、体育基金会、体育类民办非企业单位拥有并运营的体育场馆，用于体育活动	减半征收 "企业拥有并运营"管理的大型体育场馆，用于体育活动
	〖提示1〗享受以上优惠政策，条件为体育活动的天数不得低于全年自然天数的"70%"。 〖提示2〗关于体育场馆的优惠政策，房产税与城镇土地使用税均相同，因此可以一并掌握	

开发商品房	房产税	出售前，不征收	出售前已使用、出租、出借的商品房，应征收
	城镇土地使用税	开发建设经济适用房用地	开发建设其他商品房用地
	两者易混淆点	开发的商品房在产权出售之前，房产税一般不征收，而城镇土地使用税除了经济适用房用地外，一律征收	
与耕地占用税征税范围衔接		缴纳了耕地占用税，从批准征用之日起"满1年后"征收城镇土地使用税	

【示例1】 某火电厂总共占地面积80万平方米，其中围墙内占地40万平方米，围墙外灰场占地面积3万平方米，厂区及办公楼占地面积37万平方米，已知该火电厂所在地适用的城镇土地使用税为每平方米年税额1.5元。

问题：当年应缴纳城镇土地使用税？

分析：第一步：确定适用减免税部分的土地

火电厂围墙外灰场用地免征城镇土地使用税。

第二步：确定计税依据

应税土地占用面积：80-3=77(万平方米)

第三步：计算税额

应纳税额=77×1.5=115.5(万元)

【示例2】 某盐场占地面积为300 000平方米，其中办公用地35 000平方米，生活区用地15 000平方米，盐滩用地250 000平方米。已知当地规定的城镇土地使用税每平方米年税额为0.8元。

问题：甲盐场当年应缴纳城镇土地使用税税额？

分析：第一步：确定适用减免税部分的土地

盐场或盐矿的盐滩、矿井用地，暂免征收。

第二步：确定计税依据

应税土地占用面积：

35 000+15 000=50 000(平方米)

第三步：计算税额

应纳税额=50 000×0.8=40 000(元)

七、征收管理

(一)纳税义务发生时间★

房产税与城镇土地使用税纳税义务发生时间的比较如表6-4所示。

表6-4 房产税与城镇土地使用税纳税义务发生时间的比较

比较项目	房产税	城镇土地使用税
原有房产用于生产经营	生产经营之月起	—
纳税人自行新建房屋用于生产经营	从建成之次月起	—

比较项目	房产税	城镇土地使用税
纳税人委托施工企业建设的房屋	办理验收手续之次月起	—
房地产开发企业自用、出租、出借本企业建造的商品房	房屋使用或交付之次月起	—
新征用的耕地	—	自批准征用之日起满1年时
新征用的非耕地	—	自批准征用之次月起
以出让或转让方式有偿取得土地使用权的	—	①由受让方从合同约定交付土地时间的次月起缴纳城镇土地使用税；②合同未约定交付时间的，由受让方从合同签订的次月起缴纳城镇土地使用税
纳税人购置新建商品房	**房屋交付使用之次月起**	
购置存量房	自办理房屋权属转移、变更登记手续，房地产权属登记机关签发房屋权属证书之次月	
出租、出借房产	交付出租、出借房产之次月起	

（二）纳税期限

按年计算、分期缴纳。

（三）纳税地点

"土地所在地" 缴纳。

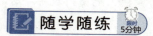 随学随练 限时5分钟

1.【单选题】（2019年、2018年）甲商贸公司位于市区，实际占用面积为5 000平方米，其中办公区占地4 000平方米，生活区占地1 000平方米，甲商贸公司还有一个位于农村的仓库，租给公安局使用，实际占用面积为15 000平方米，已知城镇土地使用税适用税率每平方米税额为5元，计算甲商贸公司全年应缴纳城镇土地使用税税额的下列算式中，正确的是（　　）。

A. 5 000×5＝25 000（元）

B.（5 000＋15 000）×5＝100 000（元）

C.（4 000＋15 000）×5＝95 000（元）

D. 4 000×5＝20 000（元）

2.【单选题】（2019年、2018年）根据城镇土地使用税法律制度的规定，下列城市用地中，不属于城镇土地使用税免税项目的是（　　）。

A. 市政街道公共用地

B. 国家机关自用的土地

C. 企业生活区用地

D. 公园自用的土地

3.【单选题】（2017年）甲房地产开发企业开发一住宅项目，实际占地面积12 000平方米，建筑面积24 000平方米，容积率为2，甲房地产开发企业缴纳的城镇土地使用税的计税依据为（　　）。

A. 18 000平方米　　B. 24 000平方米

C. 36 000平方米　　D. 12 000平方米

4.【单选题】（2015年）2014年甲服装公司（位于某县城）实际占地面积30 000平方米，其中办公楼占地500平方米，厂房仓库占地面积22 000平方米，厂区内铁路专用线、公路等用地7 500平方米。已知当地规定的城镇土地使用税每平方米年税额为5元。甲服装公司当年应缴纳城镇土地使用税税额的下列计算中，正确的是（　　）。

A. 30 000×5＝450 000（元）

B.（30 000－7 500）×5＝442 500（元）

C.（30 000－500）×5＝147 500（元）

D.（30 000－22 000）×5＝40 000（元）

5.【多选题】（2017年）根据土地使用税法律制度的规定，下列城市用地中，应缴纳城镇土地使用税的有（　　）。

A. 民航机场场内道路用地

B. 商业企业经营用地

C. 火电厂厂区围墙内的用地

D. 市政街道公共用地

6. 【判断题】（2019年）公园内的索道公司经营用地，不缴纳城镇土地使用税。（　　）

7. 【判断题】（2019年）纳税人购置新建商品房，自房屋交付使用当月缴纳城镇土地使用税。（　　）

随学随练参考答案及解析

1. A 【解析】本题考核城镇土地使用税的计算。城镇土地使用税的征税范围是税法规定的纳税区域内的土地。凡在城市、县城、建制镇、工矿区范围内，属于国家和集体所有的土地，都属于城镇土地使用税的征税范围。位于农村的仓库不属于征税范围。

2. C 【解析】本题考核城镇土地使用税的税收优惠。企业厂区以内的用地，包括生产、办公及生活区用地等，一般均不适用免税的政策规定。

3. D 【解析】本题考核城镇土地使用税的计算。城镇土地使用税的计税依据是实际占用的土地面积。

4. A 【解析】本题考核城镇土地使用税的计算。企业的铁路专用线、公路等用地，除另有规定外，在企业厂区以内的，应照章征收城镇土地使用税；在厂区以外、与社会公用地段未加隔离的，暂免征收城镇土地使用税。

5. ABC 【解析】本题考核城镇土地使用税征税范围。选项ABC，属于城镇土地使用税的征税范围；选项D，免征城镇土地使用税。

6. × 【解析】本题考核城镇土地使用税的征税范围。公园、名胜古迹内的索道公司经营用地，应按规定缴纳城镇土地使用税。

7. × 【解析】本题考核城镇土地使用税的征收管理。纳税人购置新建商品房，自房屋交付使用之次月起，缴纳城镇土地使用税。

考点三　契税

扫我解疑难

📖 考点精讲

契税，是以在中华人民共和国境内转移土地、房屋权属为征税对象，按照当事人双方签订的合同（契约），以及所确定价格的一定比例，向"权属承受人"征收的一种税。

一、契税纳税人★

在我国境内转移土地、房屋权属，"**承受**"权属转移的单位和个人。

二、契税征税范围★★

（一）属于征税范围

（1）国有土地使用权出让。

（2）土地使用权转让（包括出售、赠与、交换）。

『提示』不包括农村集体土地承包经营权的转移。

（3）房屋买卖。

（4）房屋赠与。

【链接】个人所得税中，符合条件的房屋赠与行为，双方均免征个人所得税。

（5）房屋交换。

（二）不属于征税范围

房屋权属的典当、"**继承**"、分拆（分割）、出租、抵押。

（三）特殊征税范围

（1）以土地、房屋权属抵债。

（2）以获奖方式承受土地、房屋权属。

（3）企业"**破产清算**"期间，对"**非债权人**"承受破产企业土地、房屋权属的，征收契税，另有规定的除外。

三、税率

3%至5%的"**幅度比例税率**"。

四、契税计税依据★★★

（一）成交价格

国有土地使用权出让、土地使用权出售、房屋买卖。

『提示』成交价格为不含增值税的价格。

(二)参照市场价格核定

土地使用权赠与、房屋赠与，由征税机关参照土地使用权出售、房屋买卖的"市场价格"确定。

(三)价格差额

土地使用权交换、房屋交换。

『提示』土地、房屋权属交换价格不相等的，由"多交付货币"的一方缴纳契税；交换价格相等的，免征契税。

(四)补交土地出让费用或土地收益

以划拨方式取得土地使用权，经批准转让房地产时，应由房地产转让者补缴契税。其计税依据为补缴的土地使用权出让费用或者土地收益。

【示例1】甲公司于2019年9月向乙公司购买一处闲置厂房，合同注明的土地使用权价款2 000万元，厂房及地上附着物价款500万元。已知当地规定的契税税率为3%。

问题：甲公司应缴纳的契税税额？

分析：第一步：确定承受房屋、土地的方式

买卖方式。

第二步：确定计税依据

成交价格：2 500万元

第三步：计算税额

应纳税额 = 2 500×3% = 75(万元)

【示例2】甲、乙两单位互换经营性用房，甲换入的房屋价格为490万元，乙换入的房屋价格为600万元，乙支付了差价，当地契税税率为3%。

问题：应当如何缴纳契税？

分析：

第一步：确定承受房屋、土地的方式

互换后补交市场差价。

第二步：确定纳税人

补交差价一方为纳税人，乙为纳税人。

第三步：确定计税依据

差价：600-490 = 110(万元)

第四步：计算税额

应纳税额 = 110×3% = 3. 3(万元)

【示例3】周某向谢某借款80万元，后因谢某急需资金，周某以一套价值90万元的房产抵偿所欠谢某债务，谢某取得该房产产权的同时支付周某差价款10万元。已知契税税率为3%。

问题：应当如何缴纳契税？

分析：

第一步：确定承受房屋、土地的方式

抵偿债务，本质为房屋买卖。

第二步：确定契税纳税人

谢某为房屋的承受人，其为契税的纳税人。

第三步：确定计税依据

成交价格：90万元

第四步：计算税额

应纳税额 = 90×3% = 2.7(万元)

五、契税税收优惠★

(1)国家机关、事业单位、社会团体、军事单位承受土地、房屋用于办公、教学、医疗、科研和军事设施的，免征契税。

(2)城镇职工按规定"第一次"购买公有住房的，免征契税。

(3)纳税人承受"荒山、荒沟、荒丘、荒滩"土地使用权，用于农、林、牧、渔业生产的，免征契税。

【链接1】直接用于农、林、牧、渔业的生产用地，免征城镇土地使用税。

【链接2】将土地使用权转让给农业生产者用于农业生产的，免征增值税。

六、税收征管★

(一)纳税义务发生时间

(1)纳税人签订土地、房屋权属转移合同的当天。

(2)纳税人取得其他具有土地、房屋权属转移合同性质凭证的当天。

(二)纳税期限

自纳税义务发生之日起"10日"内。

(三)纳税地点

"土地、房屋所在地"的税务征收机关申报缴纳。

1.【单选题】(2019 年)根据契税法律制度的规定,下列各项中,属于契税纳税人的是( )。

A. 受让土地使用权的单位

B. 出租房屋的个人

C. 承租房屋的个人

D. 转让土地使用权的单位

2.【单选题】(2019 年)根据契税法律制度的规定,下列各项中,属于契税征收范围的是( )。

A. 房屋继承　　　　B. 房屋出租

C. 房屋交换　　　　D. 房屋抵押

3.【单选题】(2019 年)2018 年 10 月张某与李某互换房屋,经房地产评估机构评估,陈某房屋价值 220 万元,李某房屋价值 180 万元,李某向陈某支付差价 40 万元,该房屋交换行为缴纳契税的计税依据是( )。

A. 220 万元　　　　B. 180 万元

C. 40 万元　　　　D. 400 万元

4.【单选题】(2019 年)2018 年 5 月,张某获得县人民政府奖励住房一套,经税务机关核定该住房价值 80 万元。张某对该住房进行装修,支付装修费用 5 万元。已知契税适用税率为 3%。计算张某应缴纳契税税额的下列算式中,正确的是( )。

A.(80+5)×3% = 2.55 万元

B. 80×3% = 2.4 万元

C.(80+5)×(1+3%)×3% = 2.626 5 万元

D.(80-5)×3% = 2.25 万元

5.【单选题】(2018 年)甲企业将价值 400 万元的房屋与乙企业价值 500 万元的土地使用权进行交换,并向乙企业支付 100 万元差价。已知契税适用税率为 3%。计算甲企业该笔业务应缴纳契税税额的下列算式中,正确的是( )。

A. 400×3% = 12(万元)

B. 500×3% = 15(万元)

C. 100×3% = 3(万元)

D.(400+500)×3% = 27(万元)

6.【单选题】(2017 年)2016 年 10 月王某购买一套住房,支付房价 97 万元、增值税税额 10.67 万元。已知契税适用税率为 3%,计算王某应缴纳契税税额的下列算式中,正确的是( )。

A.(97+10.67)×3% = 3.230 1 万元

B. 97÷(1-3%)×3% = 3 万元

C.(97-10.67)×3% = 2.589 9 万元

D. 97×3% = 2.91 万元

7.【多选题】(2015 年)根据契税法律制度的规定,下列各项中免征契税的有( )。

A. 国家机关承受房屋用于办公

B. 纳税人承受荒山土地使用权用于农业生产

C. 军事单位承受土地用于军事设施

D. 城镇居民购买商品房用于居住

8.【判断题】(2019 年)张某转让位于市区的一套自用房产,该交易涉及的契税应由张某申报缴纳。　　　　( )

9.【判断题】(2019 年)张某将自有房屋对外出租,不缴纳契税。　　　　( )

随学随练参考答案及解析

1. A 【解析】本题考核契税的纳税人。契税的纳税人,是在我国境内转移土地、房屋权属,"承受"权属转移的单位和个人。

2. C 【解析】本题考核契税的征税范围。土地、房屋典当、继承、分拆(分割)、抵押以及出租等行为,不属于契税的征税范围。

3. C 【解析】本题考核契税的计税依据。根据规定,交换房屋行为应缴纳的契税的计税依据为房屋交换价格差额。本题中,应由李某按照房屋交换价格差额 40 万元(220-180)作为计税依据,依法缴纳契税。

4. B 【解析】本题考核契税的应纳税额计算。土地使用权赠与、房屋赠与,由征税机关参照土地使用权出售、房屋买卖的"市场价格"确定。

5. C 【解析】本题考核契税的应纳税额计

算。房屋所有权与土地使用权之间相互交换，以交换的价格差额为计税依据，由多交付货币的一方缴纳契税。

6. D 【解析】本题考核契税的应纳税额计算。①房屋买卖，以成交价格作为计税依据，且该成交价格不含增值税；②王某应缴纳契税 = 97×3% = 2.91（万元）。

7. ABC 【解析】本题考核契税的税收优惠。选项A、C，国家机关、事业单位、社会团体、军事单位承受土地、房屋用于办公、教学、医疗、科研和军事设施的，免征契税；选项B，纳税人承受"荒山、荒沟、荒丘、荒滩"土地使用权，用于农、林、牧、渔业生产的，免征契税；选项D，没有相关免税政策，因此需要依法缴纳契税。

8. × 【解析】本题考核契税的纳税人。契税的纳税人，是在我国境内转移土地、房屋权属，"承受"权属转移的单位和个人。本题中，张某是房产的让出方，所以张某不缴纳契税。

9. √ 【解析】本题考核契税的征税范围。契税以在我国境内转移土地、房屋权属的行为作为征税对象，房屋出租不涉及房屋权属转移，不缴纳契税。

考点四　土地增值税

扫我解疑难

考点精讲

土地增值税是对有偿转让"**国有土地使用权**"及地上建筑物和其他附着物的产权，取得"**增值额**"的单位和个人征收的一种税。

『提示』土地增值税与契税的征税范围均关注土地所有制形式，仅针对"国有土地使用权"的流转进行征收，而不涉及"集体土地"；城镇土地使用税与房产税的征税范围则不关注土地所有制形式，仅关注"纳税区域"，既会涉及"国有土地"，又有可能涉及"集体土地"（如城市郊区的集体土地）。

一、土地增值税征税范围 ★★★

土地增值税是对国有土地使用权及其地上建筑物和附着物征收。

『提示』我们学习中可以把握四个关键词，作为理解其征税范围的主线：一是"国有非集体"；二是"土地和建筑"；三是"转让非出让"；四是"有偿有增值"，其具体范围和注意事项如表6-5所列示。

表6-5　土地增值税征税范围

情形	是否征税
土地使用权出让	不征收
土地使用权转让	征收
转让建筑物和附着物产权	征收
继承	不征收
赠与	（1）不征收： ①赠与直系亲属或者承担直接赡养义务人； ②通过中国境内非营利的社会团体、国家机关赠与教育、民政和其他社会福利、公益事业。 （2）征收：赠与其他人
房地产开发企业	①将部分开发房产转为自用或出租（商业用途）：不征收； ②将开发产品用于职工福利、奖励、对外投资、分配给股东或投资者、抵偿债务、换取非货币资产：视同销售房地产，应征收； ③出售开发的房产：应征收
抵押	**抵押期间不征收**，抵押期满且发生权属转移时征收
出租	不征收

情形		是否征税
合作建房		①建成后自用：暂不征收； ②建成后转让：征收
代建		不征收
房地产交换		①个人之间互换自有居住用房地产：免征； 【链接】个人交换房屋、土地权属的，应依法缴纳契税。 ②其他情况：应征收
重新评估增值		不征收
改制重组	整体改建	暂不征收 非公司制企业改制为有限公司或者股份公司
	合并	合并后，原投资主体存续的，暂不征收
	分立	分立后，原投资主体相同的，暂不征收
	作价入股	暂不征收 单位、个人在改制重组时以房地产作价入股投资
	一票否决	上述"**改制重组**"的政策"**不适用**"于房地产转移"**任意一方**"为"**房地产开发企业**"的情形

二、土地增值税税率 ★

土地增值税实行**四级超率累进税率**。如表 6-6 所示。

【链接】个人所得税综合所得、经营所得，实行超额累进税率。

表 6-6　土地增值税税率与速算扣除系数

级数	增值额与扣除项目金额的比率	税率（%）	速算扣除系数（%）
1	不超过50%的部分	30	0
2	超过50%至100%的部分	40	5
3	超过100%至200%的部分	50	15
4	超过200%的部分	60	35

三、土地增值税应纳税额计算 ★

（一）计税公式

土地增值税＝增值额×税率－扣除项目金额×速算扣除系数

增值额＝转让房地产取得的收入（不含增值税）－扣除项目金额

（二）计税收入

货币收入、实物收入和其他收入。

（三）不同项目的扣除项目

计算土地增值税应纳税额，并非直接对转让房地产所取得的收入征税，而是对收入额减除国家规定的各项扣除项目金额后的余额计算征税。土地增值税扣除项目分类如图6.2 所示。

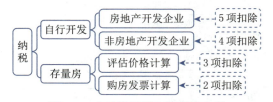

图 6.2　土地增值税扣除项目分类

【图示说明】第一，转让的房地产包括新开发的房产和存量房产；第二，自行开发的情况下，分为房地产开发企业与非房地产开发企业；第三，出售存量房的，凡不能取得评估价格，但能够提供购房发票的，可以按照发票所载金额并从购买年度起至转让年度止每年加计 5% 计算扣除。

1. 新建项目具体扣除标准

新建项目土地增值税计算时的扣除如表6-7所示。

表 6-7　新建项目土地增值税计算时的扣除

类别			扣除标准
房地产企业	①取得土地使用权所支付的金额		据实扣除（地价款+费用+契税）
	②房地产开发成本		据实扣除
	③房地产开发费用	利息明确	利息+（①+②）×省级政府确定的比例
		利息不明确	（①+②）×省级政府确定的比例
		『提示1』凡能够按转让房地产项目计算分摊"并"提供金融机构证明的，属于"利息明确"。『提示2』利息的两个不得扣除：第一，超过利息"上浮幅度"的部分；第二，"超过贷款期限"的利息部分和"加罚"的利息	
	④与转让房地产有关的税金		城建税、教育费附加（不包括印花税）『提示』增值税允许在销项税额中计算抵扣的，不计入扣除项目，不允许在销项税额中计算抵扣的，可以计入扣除项目
	⑤从事房地产开发的纳税人可以加计扣除		（①+②）×20%
非房地产企业	①取得土地使用权所支付的金额		同房地产开发企业
	②房地产开发成本		同房地产开发企业
	③房地产开发费用		同房地产开发企业
	④与转让房地产有关的税金		城建税、教育费附加、印花税

『提示』对从事房地产的纳税人建造"普通标准住宅"出售，增值额未超过扣除项目金额20%的，予以免税。

2. 销售旧房及建筑物的扣除标准

销售旧房及建筑物的扣除标准如表 6-8 所示。

『提示』优先按照评估价格扣除，不能取得评估价格的才按照购房发票扣除。

表 6-8　销售旧房及建筑物的扣除标准

方法	扣除项目	扣除方式
评估价格	①旧房及建筑物的评估价格	重置成本价×成新度折扣率
	②取得土地使用权所支付的地价款和按照国家统一规定缴纳的费用	据实扣除
	③转让房地产环节缴纳的税金	
购房发票	购房发票所记载金额	购买年度至转让年度止每年加计5%计算
	契税（与转让房地产有关的税金项目）	能提供契税完税凭证的，准予扣除，但不作为加计5%的基数

【示例】2019 年某房地产开发企业以拍卖方式取得土地进行写字楼的开发，支付土地出让金 3 000 万元；写字楼开发成本 2 800 万元，其中含公共配套设施费用 500 万元；房地产开发费用中的利息支出为 300 万元（能够按转让房地产项目计算分摊并提供金融机构证明）；当年写字楼全部销售完毕，取得销售收入共计 9 000 万元（不含税）；缴纳城市维护建设税和教育费附加 495 万元（不考虑增值税）；缴纳印花税 4.5 万元。省级政府确定的比例为 5%。

问题：计算该房地产开发企业土地增值税？

分析：

第一步：确认计税收入

9 000 万元

第二步：确认取得土地使用权成本

3 000万元

第三步：确认房地产开发成本

2 800万元

第四步：确认房地产开发费用

能够按转让房地产项目计算分摊并提供金融机构证明5%。

房地产开发费用＝300＋（3 000＋2 800）×5%＝590（万元）

第五步：转让的税费

495万元

第六步：确定是否有加计扣除项目（房地产开发企业）

（3 000＋2 800）×20%＝1 160（万元）

第七步：计算增值额及其比率

准予扣除的项目金额

＝3 000＋2 800＋590＋495＋1 160＝8 045（万元）

转让房地产的增值额

＝9 000－8 045＝955（万元）

增值额与扣除项目金额的比率＝955÷8 045＝11.87%

适用税率30%

第八步：确定是否有税收优惠

对从事房地产开发的纳税人建造"普通标准住宅"出售，增值额未超过扣除项目金额

20%的，予以免税；超过20%的，应按全部增值额缴纳土地增值税。

由于题目中是建造写字楼出售，而非普通住宅，因此不适用该优惠政策。

第九步：计算土地增值税

应纳土地增值税税额＝955×30%＝286.5（万元）

四、土地增值税税收优惠★

（1）对从事房地产开发的纳税人建造"普通标准住宅"出售。

①增值额未超过扣除项目金额20%，予以免税；

②超过20%，应按全部增值额缴纳土地增值税。

（2）征用、收回。

因国家建设需要依法征用、收回的房地产，免征土地增值税。

（3）个人住房转让。

自2008年11月1日起，对"个人""转让住房"暂免征收土地增值税。

（4）纳税人建造保障性住房出售，增值额未超过扣除项目金额20%的，免征土地增值税。

个人出租、出售住房的优惠政策如表6-9所示。

表6-9　关于个人出租、出售住房的优惠政策的汇总

税种		优惠政策		
出租	个人所得税	暂减按10%的税率征收个人所得税		
	房产税	①个人不区分用途，按4%的税率征收；②对企事业单位、社会团体以及其他组织按市场价格向个人出租用于居住的住房，减按4%的税率征收		
出售	增值税	北上广深四个一线城市	达到2年	普通	免税
				非普通	差额
			未达2年	普通	全额
				非普通	全额
		一线城市以外的其他城市	达到2年	—	免税
			未达2年	—	全额
		个人销售"自建自用"住房，免税			
	个人所得税	自用达5年以上，并且是唯一的家庭生活用房取得的所得，暂免征收个人所得税			
	土地增值税	对居民个人转让住房暂免征收			

五、土地增值税征收管理

（一）纳税申报

纳税人应在转让房地产"合同签订后7日内"，到房地产所在地主管税务机关办理纳税申报。

（二）纳税地点

纳税人应向"房地产所在地"主管税务机关缴纳税款。

（三）土地增值税纳税清算★★

1. 应当清算

符合下列情形之一的，纳税人"应当"进行土地增值税的清算：

（1）房地产开发项目全部竣工、完成销售的；

（2）整体转让未竣工决算房地产开发项目的；

（3）直接转让土地使用权的。

2. 可以要求清算

符合下列情形之一的，主管税务机关"可以要求"纳税人进行土地增值税清算：

（1）已竣工验收的房地产开发项目，已转让的房地产建筑面积占整个项目可售建筑面积的比例在"85%以上"，或该比例虽未超过85%，但剩余的可售建筑面积已经出租或自用的；

（2）取得销售（预售）许可证"满三年"仍未销售完毕；

（3）纳税人申请注销税务登记但未办理清算手续的。

随学随练　限时6分钟

1.【单选题】（2019年）根据土地增值税法律制度的规定，下列各项中，属于土地增值税纳税人的是（　　）。

A. 出售房屋的企业

B. 购买房屋的个人

C. 出租房屋的个人

D. 购买房屋的企业

2.【单选题】（2019年）根据土地增值税法律制度的规定，纳税人支付的下列款项中，在计算土地增值税计税依据时，不允许从房地产转让收入额中减除的是（　　）。

A. 在转让房地产时缴纳的城市维护建设税

B. 为取得土地使用权所支付的地价款

C. 超过贷款期限的利息部分

D. 开发房地产项目实际发生的土地征用费

3.【单选题】（2019年）2018年6月甲公司销售自行开发的房地产项目，取得不含增值税收入10 000万元，准予从房地产转让收入中减除的扣除项目金额为6 000万元，已知土地增值税适用税率为40%，速算扣除数为5%，计算甲公司该笔业务应缴纳土地增值税税额的下列算式中，正确的是（　　）。

A.（10 000 − 6 000）× 40% − 6 000 × 5% = 1 300（万元）

B. 10 000 × 40% = 4 000（万元）

C. 10 000 × 40% − 6 000 × 5% = 3 700（万元）

D.（10 000 − 6 000）× 40% + 6 000 × 5% = 1 900（万元）

4.【单选题】（2018年）2017年5月，某国有企业转让2009年5月在市区购置的一栋办公楼，取得收入10 000万元，签订产权转移书据，相关税费115万元，2009年购买时支付价款8 000万元，办公楼经税务机关认定的重置成本价为12 000万元，成新率70%。该企业在缴纳土地增值税时计算的增值额为（　　）万元。

A. 400　　　　　　B. 1 485

C. 1 490　　　　　D. 200

5.【单选题】（2017年）下列各项中，免征土地增值税的是（　　）。

A. 由一方出地，另一方出资金，企业双方合作建房，建成后转让的房地产

B. 因城市实施规划、国家建设的需要而搬迁，企业自行转让原房地产

C. 企业之间交换房地产

D. 企业以房地产抵债而发生权属转移的房地产

6. 【多选题】（2019年）根据土地增值税法律制度的规定，下列行为中应征收土地增值税的有（　　）。

　　A. 个人出租不动产

　　B. 企业出售不动产

　　C. 企业转让国有土地使用权

　　D. 政府出让国有土地使用权

7. 【判断题】（2018年）张某因父亲死亡继承其房屋，该行为应缴纳土地增值税。（　　）

8. 【判断题】（2017年）纳税人建造普通标准住宅出售，增值额超过扣除金额20%的，应按全部增值额计算缴纳土地增值税。（　　）

随学随练参考答案及解析

1. A 【解析】本题考核土地增值税的纳税人。土地增值税的纳税人为转让国有土地使用权、地上建筑物及其附着物（简称转让房地产）并取得收入的单位和个人。

2. C 【解析】本题考核土地增值税计算时扣除项目中利息的确认。选项A，属于在转让房地产时有关的税金，可以扣除；选项B，属于取得土地使用税所支付的地价款，可以扣除；选项C，财政部、国家税务总局对扣除项目金额中利息支出的计算问题作了两点专门规定：一是利息的上浮幅度按国家的有关规定执行，超过上浮幅度的部分不允许扣除；二是对于超过贷款期限的利息部分和加罚的利息不允许扣除；选项D，属于房地产开发成本，可以扣除。

3. A 【解析】本题考核土地增值税的计算。增值额＝房地产转让收入－扣除项目金额；土地增值税应纳税额＝增值额×适用税率－扣除项目金额×速算扣除系数

4. B 【解析】本题考核土地增值税的计算。纳税人销售旧房及建筑物的，可以扣除旧房及建筑物的评估价格、取得土地使用权所支付的地价款、按照国家统一规定缴纳的费用和转让房地产环节缴纳的税金。评估价格＝重置成本价×成新度折

扣率。增值额＝10 000－115－12 000×70%＝1 485（万元）。

5. B 【解析】本题考核土地增值税的征税范围和税收优惠。选项A，建成后转让的，需要缴纳土地增值税；选项B，因国家建设需要依法征用、收回的房地产，免征土地增值税；因城市实施规划、国家建设的需要而搬迁，由纳税人自行转让原房地产的，免征土地增值税。选项C，房地产交换既发生了房产产权、土地使用权的转移，交换双方又取得了实物形态的收入，属于土地增值税的征税范围；选项D，发生权属转移需要缴纳土地增值税。

6. BC 【解析】本题考核土地增值税的征税范围。个人出租不动产，不涉及土地使用权的转移，不缴纳土地增值税，选项A错误；政府出让国有土地使用权，不在土地增值税征税之列，选项D错误。

7. × 【解析】本题考核土地增值税的征税范围。土地增值税只对有偿转让的房地产征税，对以继承等方式无偿转让的房地产，不予征税。

8. √

考点五　耕地占用税★★★

扫我解疑难

考点精讲

一、纳税人与征税范围

（一）纳税人

在中华人民共和国境内**"占用耕地"**建设建筑物、构筑物或者从事**"非农业建设"**的单位和个人。

（二）征税范围

纳税人**"占用耕地"**建设建筑物、构筑物。

纳税人**"占用耕地"**从事**"非农业建设"**。

『提示1』耕地占用税征税范围关注点在

于"占用耕地"，无论该耕地属于国家所有还是集体所有，只要涉及"法定占用"行为的，均应依法缴纳耕地占用税。

『提示2』建设建筑物或构筑物，"不包括"农田水利设施，占用耕地建设农田水利设施的，不缴纳耕地占用税。

1. 耕地的一般范围

耕地是指用于"种植农作物"的土地。

2. 耕地的具体范围

耕地的具体范围如表6-10所示。

表6-10 耕地的具体范围

项目		具体规定
园		果园、茶园、橡胶园、其他园地(种植桑树、可可、咖啡、油棕、胡椒、药材等)
林	包括	乔木林地、竹林地、红树林地、森林沼泽、灌木林地、灌丛沼泽、其他林地(疏林地、未成林地、迹地、苗圃等)
	不包括	①城镇村庄范围内的绿化林木用地； ②铁路、公路征地范围内的林木用地； ③河流、沟渠的护堤林用地
草		天然牧草地、沼泽草地、人工牧草地等
养殖	水面	人工或者天然：水、湖、水库、坑塘及其附属设施
	滩涂	①专门用于种植或者养殖水生动植物的海水潮浸地带和滩地； ②用于种植芦苇并定期进行人工养护管理的苇田
农田水利用地		包括农田排灌沟渠及相应附属设施用地
直接为农业生产服务的生产设施		建设直接为农业生产服务的生产设施占用上述农用地的，不缴纳耕地占用税

二、税率

(一)定额税率

四档"地区差别"的幅度定额税率。

(二)适当提高

1. 人均耕地低于0.5亩*的地区

可以适当提高耕地占用税的适用税额，但"提高的部分"不得超过适用税额标准(每平方米10~50元)的"50%"。

2. 占用"基本农田"

占用基本农田的，应当按照适用税额"加按150%"征收。

(三)适当降低

占用园地、林地、草地、农田水利用地、养殖水面、渔业水域滩涂以及其他农用地建设建筑物、构筑物或者从事非农业建设的，适用税额可以适当低于本地区确定的适用税额(每平方米10~50元)，但"降低的部分""不得超过50%"。

三、应纳税额计算

(一)计税依据及征税方式

(1)按纳税人"实际占用"耕地面积为计税依据。

(2)"一次性"征收。

(二)应纳税额计算公式

1. 基本公式

应纳税额=应税土地面积(平方米)×适用税额

2. 占用基本农田

应纳税额=应税土地面积(平方米)×适用税额×150%

四、税收优惠及退税

耕地占用税税收优惠及退税如表6-11所示。

---

* 亩不是国际标准计量单位，1亩=666.67平方米。

表 6-11　耕地占用税税收优惠及退税

优惠项目		具体规定
免征	公益性	军事设施、学校、幼儿园、社会福利机构、医疗机构占用耕地，免征耕地占用税。 『提示1』学校内经营性场所和教职工住房占用耕地的，应缴纳耕地占用税。 『提示2』医疗机构内职工住房占用耕地的，应缴纳耕地占用税。 『提示3』纳税人改变原占地用途，不再属于免征，应补缴
	特定人员	在规定用地标准以内新建自用住宅： ①农村烈士遗属； ②因公牺牲军人遗属、残疾军人； ③符合农村最低生活保障条件的农村居民
减按每平方米 2 元		铁路线路、公路线路、飞机场跑道、停机坪、港口、航道、水利工程占用耕地。 『提示1』"专用铁路"和"铁路专用线"占用耕地的，不减征。 『提示2』"专用公路"和"城区内机动车道"占用耕地的，不减征。 『提示3』纳税人改变原占地用途，不再属于减征，应补缴
减半征收		①农村居民在规定用地标准以内占用耕地新建自用住宅，按照当地适用税额"减半征收"耕地占用税； ②其中农村居民"经批准搬迁"，新建自用住宅占用耕地不超过原宅基地面积的部分，"免征"耕地占用税
临时占用耕地	定义	经自然资源主管部门批准，在一般"不超过2年内"临时使用耕地"并且"没有修建永久性建筑物的行为
	占用原因	纳税人因"建设项目施工"或者"地质勘查"
	征税	应当依照缴纳耕地占用税
	退税	纳税人在批准临时占用耕地期满之日起"1年内"依法复垦，恢复种植条件的，"全额退还"
毁损耕地	原因	挖损、采矿塌陷、压占、污染等
	征税	视为非农业建设：应依照税法规定缴纳耕地占用税
	退税	自然资源、农业农村等相关部门认定损毁耕地之日起"3年内"依法复垦或修复，恢复种植条件的，"全额退还"已经缴纳的耕地占用税

五、征收管理

(一)纳税义务发生时间和纳税期限

耕地占用税纳税义务发生时间和纳税期限如表6-12所示。

表 6-12　耕地占用税纳税义务发生时间和纳税期限

情形		纳税义务发生时间	纳税期限
经批准占用		"收到"主管部门办理占用耕地手续的书面通知的当日	"30日内"申报缴纳税款
未经批准占用		主管部门"认定"的纳税人"实际占用"耕地的当日	
毁损耕地		"认定"损毁耕地的当日	
改变原占地用途，不再属于免征或减征	经批准	"收到"批准文件当日	"30日内"申报补缴税款 『提示』按照改变用途时当地适用税额
	未经批准	主管部门"认定"纳税人"改变原占地用途"的当日	

【链接1】 缴纳了耕地占用税的，从批准征用之日起"满1年后"征收城镇土地使用税。

【链接2】 纳税人新征用的非耕地，自批准征用"次月起"缴纳城镇土地使用税。

(二)纳税地点

应当在"耕地所在地"申报纳税。

房地产有关税类简要归纳见表6-13。

表6-13　房地产有关税类简要归纳

比较项目	房产税	城镇土地使用税	契税	土地增值税	耕地占用税
征税范围	①四类纳税区域；②房屋；③国有+集体	①四类纳税区域；②地+建筑；③国有+集体	①地+建筑；②国有土地	①地+建筑；②国有土地	占用耕地
纳税环节	持有期间	持有期间	转移权属	转移权属	占用时
税率	比例税率	差别幅度定额税率	差别幅度比例税率	超率累进税率	差别幅度定额税率
计税依据	房产余值房产租金	实际占用土地面积	成交价格市场价格价格差额	增值额	实际占用耕地面积
纳税地点	房产所在地	土地所在地	土地、房屋所在地	房地产所在地	耕地所在地
纳税义务发生时间	8种情况	6种情况	签订合同当天	签订合同当天	收到批复、认定实际占用当天
纳税期限	按年计征分期缴纳	按年计征分期缴纳	10日内	7日内	30日内

随学随练　限时4分钟

1. **【单选题】**（2017年）2016年7月，甲公司开发住宅社区经批准共占用耕地150 000平方米，其中800平方米兴建幼儿园，5 000平方米修建学校，已知耕地占用税适用税率为30元/平方米，甲公司应缴纳耕地占用税税额的下列算式中，正确的是（　　）。

A. 150 000×30＝4 500 000（元）

B. （150 000−800−5 000）×30＝4 326 000（元）

C. （150 000−5 000）×30＝4 350 000（元）

D. （150 000−800）×30＝4 476 000（元）

2. **【多选题】** 下列属于耕地占用税征税范围的有（　　）。

A. 占用林地建房的

B. 占用草地兴建农田水利设施的

C. 占用城镇村庄范围内的绿化林木用地修建便民菜市场的

D. 占用人工开挖用于水产养殖的河流水

面用于建设旅游码头的

3. **【多选题】** 下列关于耕地占用税的税率、计税依据和纳税环节，说法正确的是（　　）。

A. 以实际占用的耕地面积为计税依据

B. 以实际占用的耕地评估价格为计税依据

C. 实行有地区差别的幅度比例税率

D. 一次性征收

4. **【判断题】**（2019年）建设直接为农业生产服务的生产设施占用税法规定的农用地的，不征收耕地占用税。（　　）

随学随练参考答案及解析

1. B **【解析】** 本题考核耕地占用税的计算。①学校、幼儿园占用耕地，免征耕地占用税。②甲公司应缴纳耕地占用税＝（150 000−800−5 000）×30＝4 326 000（元）。

2. AD **【解析】** 本题考核耕地占用税的征税范围。选项A，耕地，是指用于种植农作物的土地，而占用园地、林地、草地、农田水利用地、养殖水面以及养殖滩涂等其他农用地建房或者从事非农业建设的，应征收耕地占用税；选项 B，建设直接为农业生产服务的生产设施占用上述规定的农用地的，不征收耕地占用税；选项 C，林地，包括乔木林地、竹林地、红树林地、森林沼泽、灌木林地、灌丛沼泽、其他林地，不包括城镇村庄范围内的绿化林木用地，铁路、公路征地范围内的林木用地，以及河流、沟渠的护堤林用地；选项 D，人工开挖或天然形成的水产养殖的河流水面，均属于耕地范围（养殖水面）。

3. AD 【解析】本题考核耕地占用税的计税依据和纳税环节。耕地占用税以纳税人实际占用的耕地面积为计税依据，按照规定的适用税额（有地区差别的幅度税额标准）一次性征收。

4. √

模块二　与车、船有关的税类

考点一　车船税

扫我解疑难

考点精讲

车船税是以车船为征税对象，向拥有车船的单位和个人征收的一种税。

一、车船税纳税人★

在中华人民共和国境内属于税法规定的车辆、船舶的"**所有人或者管理人**"。

二、车船税征税范围★

（1）依法应当在车船登记管理部门登记的机动车辆和船舶。

（2）依法不需要在车船登记管理部门登记的在单位内部场所行驶或者作业的机动车辆和船舶。

『提示』纯电动"**乘用车**"和燃料电池"**乘用车**"不属于车船税征税范围。

三、车船税税率★★

车船税实行"**有幅度的定额税率**"。

四、车船税税目★

车船税税目包括乘用车、商用车、挂车、其他车辆、摩托车和船舶。

五、车船税应纳税额计算★★★

车船税应纳税额计算如表 6-14 所示。

表 6-14　车船税应纳税额计算

税目		计税单位	应纳税额
拉人的车	乘用车	辆	辆数×适用年税额
	商用车—商用客车		
	摩托车		
拉货的车	商用车—商用货车	整备质量每吨	吨位数×适用年税额
	挂车		**挂车：吨位数×货车适用年税额×50%**
其他车辆	专用作业车	整备质量每吨	吨位数×适用年税额
	轮式专用机械车（不包括拖拉机）		
船舶	机动船舶	净吨位每吨	净吨位数×适用年税额
	非机动驳船、拖船	净吨位每吨	**净吨位数×机动船舶适用年税额×50%**
	游艇	艇身长度每米	艇身长度×适用年税额

六、车船税税收优惠★★★

（一）车船税的法定减免

（1）捕捞、养殖渔船。

（2）军队、武装警察部队专用的车船。

（3）警用车船。

（4）依照法律规定应当予以免税的外国驻

华使领馆、国际组织驻华代表机构及其有关人员的车船。

（5）节约能源的乘用车（排量为1.6升及以下）与商用车，"减半征收"车船税。

（6）新能源车船，免征车船税。

①不属于征税范围：纯电动乘用车+燃料电池乘用车。②免税：纯电动商用车+插电式混合动力车+燃料电池商用车。

（7）（2020年新增）国家综合性消防救援车辆由部队号牌改挂应急救援专用号牌的，一次性免征改挂当年车船税。

（二）其他特定减免

经批准临时入境的外国车船、港、澳、台的车船，不征收车船税。

七、征收管理★★

（一）纳税义务发生时间

（1）取得车船"所有权"或者"管理权"的"当月"。

（2）购买车船的发票或者其他证明文件所载日期的"当月"。

『提示』购置的新车船，购置当年的应纳税额自纳税义务发生的当月起按月计算。应纳税额为年应纳税额除以12再乘以应纳税月份数。

（二）纳税申报

1. 一般规定

按年申报，分月计算，一次性缴纳。

2. 买卖二手车

已缴纳车船税的车船在"同一纳税年度"内办理转让过户的，不另纳税，也不退税。

3. 扣缴义务人

从事"机动车第三者责任强制保险"业务的"保险机构"为机动车车船税的扣缴义务人，应当在"收取保险费"时依法代收车船税。

（三）纳税地点

车船税的纳税地点为车船的"登记地"或者车船税"扣缴义务人所在地"。

【示例】张某2019年4月15日购买1辆发动机气缸容量为1.6升的乘用车，已知适用年基准税额480元。

问题：张某2019年应缴纳车船税税额？

分析：

第一步：确定纳税义务发生时间

自取得车船所有权的"当月"。

第二步：确定当年纳税月份数

4月~12月共9个月。

第三步：看是否有优惠政策

1.6升及以下排量节约能源乘用车减半征收车船税。

第四步：计算应纳税额

应缴纳车船税=480（年税额）×1辆÷12个月×9个月÷2（减半）=180（元）

（四）车辆被盗抢、报废、灭失的

1. 退税

在一个纳税年度内，"已完税"的车船被盗抢、报废、灭失的，纳税人可向纳税所在地主管税务机关申请退还自"被盗抢、报废、灭失月份"起至该"纳税年度终了"期间的税款。

2. 继续缴税

已办理退税的被盗抢车辆"失而复得"的，纳税人应当从公安机关出具相关证明的"当月"起计算缴纳车船税。

【示例】某企业2019年年初拥有小轿车2辆；当年4月，1辆小轿车被盗，已按照规定办理退税。通过公安机关的侦查，9月份被盗车辆失而复得，并取得公安机关的相关证明。已知当地小轿车车船税年税额为500元/辆。

问题：该企业2019年实际应缴纳的车船税？

分析：

第一步：确定当年纳税月份数

两辆乘用车，其中一辆按照年税额缴纳1月~12月，另外一辆被盗抢车辆，缴纳1月~3月和9月~12月两个时间段的税款，共计7个月。

第二步：计算应纳税额

应纳税额=500×1+500×1×7÷12=791.67（元）

1. 【单选题】(2019年)根据车船税法律制度的规定,下列各项中,应缴纳车船税的是( )。
   A. 捕捞渔船　　　　B. 养殖渔船
   C. 商用货车　　　　D. 警务用车

2. 【单选题】(2019年)根据车船税法律制度的规定,非机动驳船的计税依据是( )。
   A. 净吨位数　　　　B. 艇身长度
   C. 辆数　　　　　　D. 整备质量吨位数

3. 【单选题】(2019年)根据车船税法律制度的规定,下列各项中,属于商用货车车船税计税依据的是( )。
   A. 辆数
   B. 整备质量吨位数
   C. 发动机气缸容量
   D. 车身长度

4. 【单选题】(2018年)我国车船税的税率形式是( )。
   A. 地区差别比例税率
   B. 有幅度的比例税率
   C. 有幅度的定额税率
   D. 全国统一的定额税率

5. 【单选题】(2017年)根据车船税法律制度的规定,下列车船中,应缴纳车船税的是( )。
   A. 商用客车　　　　B. 捕捞渔船
   C. 警用车船　　　　D. 养殖渔船

6. 【多选题】(2018年)根据车船税法律制度的规定,下列各项中,属于车船税征税范围的有( )。
   A. 地铁列车　　　　B. 游艇
   C. 两轮摩托车　　　D. 拖拉机

7. 【多选题】(2016年)下列关于车船税计税依据的表述中,正确的有( )。
   A. 商用货车以辆数为计税依据
   B. 商用客车以辆数为计税依据
   C. 机动船舶以净吨位数为计税依据
   D. 游艇以艇身长度为计税依据

8. 【判断题】扣缴义务人代收代缴车船税的,纳税地点为车船登记注册所在地。 ( )

9. 【判断题】国家综合性消防救援车辆由部队号牌改挂应急救援专用号牌的,一次性免征改挂当年车船税。 ( )

随学随练参考答案及解析

1. C 【解析】本题考核车船税的税收优惠。选项ABD免征车船税。

2. A 【解析】本题考核车船税的计税依据。机动船舶、非机动驳船、拖船,以净吨位数为计税依据。游艇以艇身长度为计税依据。

3. B 【解析】本题考核车船税计税依据。选项A,乘用车和商用客车以"辆数"为计税依据;选项B,商用货车与其他车辆,以"整备质量"为计税依据;选项C,"发动机气缸容量"不属于车船税的计税依据;选项D,"车身长度",不属于车船税的计税依据。

4. C 【解析】本题考核车船税的税率。根据规定,对车船税实行有幅度的定额税率。

5. A 【解析】本题考核车船税的税收优惠。选项BCD,免征车船税。

6. BC 【解析】本题考核车船税的征税范围。地铁列车、拖拉机不是车船税征税范围。

7. BCD 【解析】本题考核车船税的计税依据。商用货车计税依据为整备质量每吨。选项A错误。

8. × 【解析】本题考核车船税的纳税地点。扣缴义务人代收代缴车船税的,纳税地点为扣缴义务人所在地。纳税人自行申报缴纳车船税的,纳税地点为车船登记地的主管税务机关所在地。

9. √ 【解析】本题考核车船税的税收优惠。

考点二 车辆购置税 ★★★

扫我解疑难

考点精讲

车辆购置税是以在中国境内购置规定车

辆为课税对象、在特定的环节向车辆购置者征收的一种税。

口或者委托代理进口自用的应税车辆，不包括在境内购买的进口车辆。

一、纳税人

（1）在中华人民共和国境内**"购置应税车辆"**的单位和个人。

（2）购置，是指以购买、进口、自产、受赠、获奖或者其他方式取得并自用应税车辆的行为。

『提示』**"进口"**是指纳税人直接从境外进

二、征收范围

应税车辆，包括：汽车、有轨电车、汽车挂车、排气量**超过150毫升**的摩托车。

消费税、车船税与车辆购置税，均针对车与船这种财产进行课税，我们可以将这三个税种的征税范围和税目进行横向比较，如表6-15所列示。

表6-15　涉及车与船不同税种的税目比较

车船种类		消费税(3税目)	车船税(6税目)	车辆购置税(4税目)
乘用车		①乘用车； ②超豪华小汽车	乘用车	汽车税目
商用车	客车	中轻型商用客车	商用客车	汽车税目
	货车	×	商用货车	汽车税目
有轨电车 无轨电车		×	商用客车	有轨电车税目
挂车		×	挂车	汽车挂车税目
摩托车		摩托车税目	摩托车	摩托车税目 排气量>150毫升
专用车辆		×	①专用作业车； ②轮式专用机械车	若为设有固定装置的非运输专用作业车辆，免税
拖拉机		×	×	×
新能源 汽车		×	①纯电动乘用车+燃料电池乘用车，不属于征税范围； ②纯电动商用车+插电式混合动力车+燃料电池商用车，免税	免税
船舶		游艇税目(比例税率)	①机动船舶； ②游艇(定额税率)	×

注：本表中"×"代表"非征税范围"。

三、税率
车辆购置税采用**"10%"**的比例税率。

四、应纳税额计算
（一）一次课征制
车辆购置税实行**"一次性征收"**。购置已征车辆购置税的车辆，不再征收车辆购置税。

（二）计税价格与税额计算
应纳税额＝计税价格×税率
1. 纳税人购买自用应税车辆

纳税人实际支付给销售者的全部价款，不包括增值税税款。

2. 纳税人进口自用应税车辆
关税完税价格加上关税和消费税。

3. 纳税人自产自用应税车辆的计税价格
按照纳税人生产的同类应税车辆的销售价格确定，不包括增值税税款。

4. 纳税人以受赠、获奖或者其他方式取得自用应税车辆按照购置应税车辆时相关凭证载明的价格确定，不包括增值税税款。

【示例1】 张某2019年12月从某汽车有限公司购买一辆小汽车自用，支付了含增值税税款在内的款项224 000元，另支付车辆装饰费2 000元，已知增值税适用税率13%。

问题：张某应缴纳车辆购置税？

分析：

第一步：确认何种方式自用

购买自用。

第二步：确认计税价格

计税价格 = (224 000 + 2 000) ÷ (1 + 13%) = 200 000(元)

第三步：计算应纳税额

应纳税额 = 200 000 × 10% = 20 000(元)

【示例2】 某汽车贸易公司2020年1月进口11辆小轿车，海关审定的关税完税价格为25万元/辆，当月销售8辆，取得含税销售收入240万元；2辆企业自用，1辆用于抵偿债务。合同约定的含税价格为30万元。

已知：小轿车关税税率28%，消费税税率为9%，车辆购置税税率为10%。

问题：该公司应缴纳车辆购置税？

分析：

第一步：确认哪些车辆需要纳税

2辆进口自用的小汽车。

第二步：确认计税价格

组成计税价格 = 25 × 2 × (1 + 28%) ÷ (1 - 9%) = 70.33(万元)

第三步：计算车辆购置税

车辆购置税 = 70.33 × 10% = 7.03(万元)

五、税收优惠

下列车辆免征车辆购置税：

(1)依照法律规定应当予以免税的外国驻华使馆、领事馆和国际组织驻华机构及其有关人员自用的车辆；

(2)中国人民解放军和中国人民武装警察部队列入装备订货计划的车辆；

(3)悬挂应急救援专用号牌的国家综合性消防救援车辆；

(4)**设有固定装置的非运输专用作业车辆**；

(5)2016年1月1日至2020年12月31日，对城市公交企业购置的公共汽电车辆免征车辆购置税；

(6)自2018年1月1日至2020年12月31日，对购置的新能源汽车免征车辆购置税；

(7)自2018年7月1日至2021年6月30日，对购置挂车"减半征收"车辆购置税。

六、征收管理

(一)纳税义务发生时间

纳税人购置应税车辆的**"当日"**。

『提示』以纳税人购置应税车辆所取得的车辆相关凭证上注明的时间为准。

(二)纳税期限

纳税义务发生之日起**"60日内"**申报缴纳。

(三)纳税环节

纳税人应当在向公安机关交通管理部门办理车辆**"注册登记前"**缴纳。

(四)纳税地点

1. 需要登记的车辆

应当向**"车辆登记地"**的主管税务机关申报缴纳。

2. 不需要登记的车辆

向**"纳税人所在地"**的主管税务机关申报缴纳。

(五)准予申请退税

1. 退税情形

纳税人将已征车辆购置税的车辆退回车辆生产企业或者销售企业的，可以向主管税务机关申请退还车辆购置税。

2. 退税计算

(1)退税额以已缴税款为基准，自**"缴纳税款之日"**至**"申请退税之日"**，每满一年扣减**10%**。

(2)计算公式。

应退税额 = 已纳税额 × (1 - 使用年限 × 10%)

应退税额不得为负数。

【链接】 土地增值税中，销售旧房按照购房发票扣除的情况，购买年度起至转让年度止每年加计5%计算。

【示例】 张某2016年11月份购置一辆小汽车自用，当月办理纳税申报并缴纳车辆购置税5万元，2019年11月份该小汽车因安全气囊问题被生产企业召回。

分析：

第一步：确定拥有车辆期限

由于缴纳税款之日为2016年11月，而2019年11月申请退税。

第二步：计算退税额

应退税额＝5×(1−3×10%)＝3.5(万元)

随学随练 限时4分钟

1.**【单选题】**（2019年）根据车辆购置税法律制度的规定，下列车辆中，不属于车辆购置税免税项目的是( )。

A. 外国驻华使馆的自用小汽车

B. 设有固定装置的非运输专用作业车辆；

C. 城市公交企业购置的公共汽电车

D. 个人购买的经营用小汽车

2.**【单选题】**（2018年）进口自用小汽车一辆，海关审定的关税完税价格为60万元，缴纳关税15万元，消费税25万元，已知车辆购置税税率为10%。车辆购置税税额的下列算式中，正确的是( )。

A. (60+15)×10%＝7.5(万元)

B. (60+25)×10%＝8.5(万元)

C. (60+15+25)×10%＝10(万元)

D. 60×10%＝6(万元)

3.**【单选题】**（2018年）根据车辆购置税法律制度的规定，下列费用中计入车辆购置税价外费用的是( )。

A. 保管费

B. 车辆购置税

C. 车辆牌照费

D. 代办保险而向购买方收取的保险费

4.**【单选题】**（2018年）根据车辆购置税法律制度的规定，下列各项中，免征车辆购置

税的是( )。

A. 外国使馆购买自用的汽车

B. 个人购买自用的汽车

C. 企业自产自用的汽车

D. 个人受赠自用的摩托车

随学随练参考答案及解析

1. D **【解析】** 本题考核车辆购置税的税收优惠。

2. C **【解析】** 本题考核车辆购置税的计算。纳税人进口自用的应税车辆的计税价格的计算公式为：计税价格＝关税完税价格+关税+消费税。

3. A **【解析】** 本题考核车辆购置税的计算。保管费属于价外费用，计入车辆购置税的计税价格；销售方代办保险等而向购买方收取的保险费，以及向购买方收取的代购买方缴纳的车辆购置税、车辆牌照费不属于价外费用，不计入计税价格。

4. A **【解析】** 本题考核车辆购置税的优惠政策。外国驻华使馆、领事馆和国际组织驻华机构及其外交人员自用的车辆，免税。

考点三 船舶吨税★

扫我解疑难

考点精讲

一、征税范围

自中华人民共和国"境外港口"进入"境内港口"的船舶(应税船舶)，应当缴纳船舶吨税。

二、纳税人

以"应税船舶负责人"为纳税人。

三、税目与税率

1. 定额税率

(1)净吨位(四个等级)。

(2)停靠时间(30日、90日、1年)。

(3)普通与优惠两档。

2. 执行优惠税率的船只

（1）我国国籍的应税船舶；

（2）船籍国（地区）与我国签订含有互相给予船舶税费最惠国待遇条款的条约或者协定的应税船舶。

『提示』应税船舶负责人申报纳税时，可以根据《吨税税目税率表》选择申领一种期限的"吨税执照"。

四、计税依据

（1）以船舶"**净吨位**"为计税依据。

（2）**拖船和非机动驳船**按相同净吨位船舶税率的**50%**计征。

【链接】车船税中，非机动驳船、拖船的应纳税额＝净吨位数×机动船舶适用年税额×50%。

五、税收优惠

以下船舶免征船舶吨税：

（1）应纳税额在人民币**50元以下**的船舶。

【链接】一票货物关税税额、进口环节增值税或者消费税在人民币50元以下的，法定免税。

（2）自境外以购买、受赠、继承等方式取得船舶所有权的初次进口到港的空载船舶。

（3）吨税执照期满后24小时内不上下客货的船舶。

（4）非机动船舶（不包括非机动驳船）。

（5）捕捞、养殖渔船。

（6）避难、防疫隔离、修理、终止运营或者拆解，并不上下客货的船舶。

（7）军队、武装警察部队专用或者征用的船舶。

（8）警用船舶。

（9）依照法律规定应当予以免税的外国驻华使领馆、国际组织驻华代表机构及其有关人员的船舶。

车船税、车辆购置税、船舶吨税免税政策的比较如表6-16所示。

表6-16 车船税、车辆购置税、船舶吨税免税政策的比较

项目	车船税	车辆购置税	船舶吨税
军队警察	①军队、武装警察部队专用的车船；②警用车船	中国人民解放军和中国人民武装警察部队列入装备订货计划的车辆	①军队、武装警察部队专用或者征用的船舶；②警用船舶
使领馆	外国驻华使领馆、国际组织驻华代表机构及其有关人员的车船	外国驻华使馆、领事馆和国际组织驻华机构及有关人员自用的车辆	外国驻华使领馆、国际组织驻华代表机构及其有关人员的船舶
船舶	捕捞、养殖渔船	—	捕捞、养殖渔船
	拖船和非机动驳船按机动船舶适用年税额50%	—	拖船和非机动驳船按相同净吨位船舶税率50%
公交车	—	城市公交企业购置公共汽电车辆	—
挂车	货车适用年税额的50%	减半征收	—
专用车辆	—	设有固定装置的非运输专用作业车辆	—
	悬挂应急救援专用号牌的国家综合性消防救援车辆		

六、征收管理

（一）纳税义务发生时间

（1）为应税船舶进入境内港口的"**当日**"。

（2）应税船舶在吨税执照期满后尚未离开港口的，应当申领新的吨税执照，自上一次执照期满的"**次日起**"续缴吨税。

（二）纳税期限

自海关填发吨税缴款凭证之日起"**15日内**"缴清税款。

【链接1】进口小汽车增值税、消费税、关税的纳税期限，均为取得海关缴款书（凭证）之日起15日内。

【链接2】 进口自用小汽车的车辆购置税，应自取得之日起60日内。

（三）征收机关

船舶吨税由**"海关"**负责征收。

（四）纳税环节

应税船舶在进入港口办理入境手续时，应当向海关申报纳税领取吨税执照。

车、船有关税类简要归纳如表6-17所示。

表6-17　与车、船有关税类简要归纳

比较项目	车船税	车辆购置税	船舶吨税
征税范围	机动车辆+船舶	购置应税车辆（四个税目）	境外港口进入境内港口的船舶
纳税环节	持有期间	购买、进口、自产、受赠、获奖或者其他方式取得并自用	①入境时，申领吨税执照；②执照期满次日起续缴
税率	有幅度定额税率	比例税率10%	复式税率 净吨位+普通/优惠+执照期限
计税依据	辆、每吨、每米	价款、组成计税价格	净吨位
纳税地点	登记地 OR 扣缴义务人所在地	登记地 OR 机构所在地 OR 户籍所在地 OR 经常居住地	港口所在地海关
纳税义务发生	发票日期**"当月"**	购置**"当日"**	进入境内港口当日
纳税期限	按年申报，分月计算，一次性缴纳	**60日内**申报缴纳	海关填发吨税缴款凭证之日起15日内

随学随练　限时3分钟

1. **【单选题】**（2013年）根据船舶吨税法律制度的规定，下列船舶中，不予免征船舶吨税的是（　）。

A. 捕捞渔船　　　B. 非机动驳船

C. 养殖渔船　　　D. 军队专用船舶

2. **【单选题】**（2014年）应税船舶负责人应当自海关填发吨税缴款凭证之日起（　）内缴清船舶吨税。

A. 30日　　　　B. 20日

C. 15日　　　　D. 40日

3. **【多选题】** 下列关于拖船与非机动驳船的征税政策说法中，正确的是（　）。

A. 车船税按照机动船舶税额的50%计征

B. 船舶吨税免征

C. 车船税免征

D. 船舶吨税按照相同净吨位船舶税率的50%计征

随学随练参考答案及解析

1. B　**【解析】** 本题考核船舶吨税的税收优惠。根据规定，拖船和非机动驳船按相同净吨位船舶税率50%缴纳船舶吨税。

2. C　**【解析】** 本题考核船舶吨税的纳税期限。根据规定，应税船舶负责人，应自海关填发吨税缴款凭证之日起"15日内"缴清税款。

3. AD　**【解析】** 本题考核车船税与船舶吨税的综合。车船税中，拖船与非机动驳船分别按照机动船舶税额的50%计算；船舶吨税中，拖船与非机动驳船按照相同净吨位船舶税率的50%计征。

模块三　与流转税紧密联系的税类

考点一　关税

扫我解疑难

考点精讲

关税是依法对进出境货物、物品征收的一种税。

一、关税的纳税人 ★★

（1）进口货物的收货人。

（2）出口货物的发货人。

『提示』包括外贸进出口公司、工贸或农贸结合的进出口公司。

（3）进出境物品的所有人。

『提示』包括入境旅客随身携带行李、物品的持有人、个人邮递物品的收件人。

二、进口关税税率的种类 ★★

进口关税税率的种类如表6-18所示。

表6-18　进口关税税率的种类

种类	特点
普通税率	①原产于未与我国共同适用或订立最惠国税率、特惠税率或协定税率的国家或地区；②原产地不明
最惠国税率	①原产于共同适用"最惠国"条款的世贸组织成员国；②原产于与我国签订"最惠国"待遇双边协定的国家；③"原产于我国"
协定税率	原产于与我国签订含有"关税优惠条款"的国家
配额税率	配额与税率结合，配额内税率较低，配额外税率较高（限制进口）
特惠税率	原产于与我国签订含有"特殊关税优惠条款"的国家
暂定税率	在最惠国税率的基础上，对特殊货物可执行暂定税率

三、进口关税的计税方法

（一）从价计征

进口关税一般采用比例税率，实行从价计征的办法。

（二）从量定额

对**啤酒、原油**等少数货物。

（三）复合计征

广播用录像机、放像机、摄像机。

（四）滑准税

滑准税是一类特殊的从价关税，根据货物的不同价格适用不同税率，**"价格越高，税率越低"**，税率为比例税率。

四、应纳税额的计算

（一）进口货物的完税价格 ★★★

一般贸易项下进口的货物以**"海关审定"**的成交价格为基础的到岸价格（CIF价格）作为完税价格。

进口货物关税完税价格的组成如表6-19所示。

表6-19　进口货物关税完税价格的组成

项目	计入完税价格	不计入完税价格
货物本身	货价	正常回扣
运输费	运抵我国关境内输入地点"起卸前"发生的	运抵我国关境内输入地点"起卸后"发生的
包装费		
保险费		
佣金	进口人在成交价格外另支付给"卖方"的佣金	向境外采购代理人支付的"买方佣金"
卖方罚款	应计入，不得从成交价格中扣除	—

【示例】某企业进口一批货物，核定货价为90万元（已扣除境外卖方付给该企业的正常回扣1万元）。货物运抵我国关境内输入地点起卸前的包装费2万元、运费2万元、保险费0.3万元、成交价格外另支付给卖方的佣金3万元、向境外采购代理人支付的买方佣金5 000元。已知该货物关税税率为10%，增值税税率为13%，消费税税率为15%。

问题：企业应缴纳进口环节关税是多少？海关代征的消费税、增值税是多少？

分析：

第一步：确定关税完税价格

（1）到岸价格包括货价以及货物运抵我国关境输入地点起卸前的包装费、运费、保险费和其他劳务费用。

（2）支付给"卖方"的佣金计入完税价格。

（3）支付给境外采购代理人的"买方"佣金不计入完税价格。

关税完税价格= 90（货价）+2（包装费）+2（运费）+0.3（保险费）+3（卖方佣金）=97.3（万元）

第二步：计算进口关税

应按税额=97.3×10%= 9.73（万元）

第三步：确定增值税与消费税计税依据

计税依据=关税完税价格+关税+消费税=（97.3+9.73）÷（1-15%）= 125.92（万元）

增值税=125.92×13%=16.37（万元）

消费税=125.92×15%=18.89（万元）

（二）出口货物的完税价格

（1）出口货物应当以海关审定的货物售予境外的离岸价格（FOB价格），扣除出口关税后作为完税价格。

公式为：出口货物完税价格=离岸价格÷（1+出口税率）

（2）离岸价格应以该项货物运离关境前的最后一个口岸的离岸价格为实际离岸价格。

五、关税税收优惠★★

下列进出口货物免征关税：

（1）一票货物关税税额、进口环节增值税或者消费税税额在人民币**50元以下**的。

【链接】 应纳税额在人民币50元以下的船舶，免征船舶吨税。

（2）无商业价值的广告品及货样。

（3）国际组织、外国政府无偿赠送的物资。

【链接】 外国政府、国际组织（不包括外国企业）无偿援助的进口物资和设备，免征"**增值税**"。

（4）进出境运输工具装载的途中必需的燃料、物料和饮食用品。

（5）因故退还的中国出口货物，可以免征进口关税，但已征收的出口关税不予退还。

（6）因故退还的境外进口货物，可以免征出口关税，但已征收的进口关税不予退还。

六、关税征收管理★★

（一）纳税期限

进出口货物的收发货人或其代理人应当在海关签发税款缴款凭证"**之日**"起"**15日内**"，向指定银行缴纳税款。

【链接】 进口环节海关代征的增值税、消费税和海关征收的船舶吨税，均为海关填发缴款书之日起15日内。

（二）滞纳金、补征与追缴

1. 滞纳金

（1）逾期不缴的，依法追缴。

（2）到期日次日起至缴清税款之日止，**按日征收欠缴税额0.5‰的滞纳金**。

2. 补征

进出口货物完税后，如发现少征或漏征税款，海关有权在"**1年内**"予以补征。

3. 追缴

因收发货人或其代理人违反规定而造成少征或漏征税款的，海关在"**3年内**"可以追缴。

📝 **随学随练** ⏰ 限时8分钟

1. **【单选题】**（2019年、2018年）根据关税法律制度的规定，对原产于与我国签订含有特殊关税优惠条款的贸易协定的国家或地区的进口货物，适用特定的关税税率。该税率为（　）。

A．普通税率　　　　B．协定税率

C．特惠税率　　　　D．最惠国税率

2. **【单选题】**（2019年）2018年9月甲公司进口一批货物，海关审定的成交价格为1 100万元，货物运抵我国境内输入地点起卸前的运费96万元，保险费4万元。已知关税税率为10%。计算甲公司该笔业务应缴纳的关税税额的下列算式中，正确的是（　）。

A．（1 100+96+4）×10%= 120（万元）

B．（1 100+4）×10%= 110.4（万元）

C. 1 100×10% = 110（万元）

D. （1 100+96）×10% = 119.6（万元）

3. 【单选题】（2018年）根据关税法律制度的规定，下列应纳税额计算方法中，税率随着进口商品价格的变动而反方向变动的是（ ）。

A. 滑准税计算方法

B. 复合税计算方法

C. 从量税计算方法

D. 从价税计算方法

4. 【单选题】（2017年）根据关税法律制度的规定，对原产于与我国签订含有关税优惠条款的区域性贸易协定的国家或地区的进口货物征收关税时，适用的税率形式是（ ）。

A. 最惠国税率　　B. 普通税率

C. 特惠税率　　　D. 协定税率

5. 【多选题】（2017年）根据关税法律制度相关规定，下列各项进口货物中，实行从价加从量复合计税的有（ ）。

A. 啤酒　　　　　B. 放像机

C. 广播用录像机　D. 摄像机

6. 【多选题】（2015年）下列各项中，经海关审查无误，可以免征关税的有（ ）。

A. 进出境运输工具装载的途中必需的燃料、物料和饮食用品

B. 外国政府无偿赠送的物资

C. 无商业价值的广告品

D. 无商业价值的货样

7. 【判断题】（2016年）在进口货物成交过程中，卖方付给进口人的正常回扣，在计算进口货物完税价格时不得从成交价格中扣除。　　　　　　　　　　　（ ）

随学随练参考答案及解析

1. C 【解析】本题考核进口关税税率种类。对原产于与我国签订含有特殊关税优惠条款的贸易协定的国家或地区的进口货物，按特惠税率征收。

2. A 【解析】本题考核进口关税完税价格的确定。进口关税完税价格包括货价以及货物运抵我国关境内输入地点起卸前的包装

费、运费、保险费和其他劳务费等费用。

3. A 【解析】本题考核滑准税的概念。滑准税是指关税的税率随着进口商品价格的变动而反方向变动的一种税率形式，即价格越高，税率越低，税率为比例税率。

4. D 【解析】①选项A，最惠国税率适用于：原产于与我国共同适用"最惠国条款"的世界贸易组织成员国或地区的进口货物；原产于与我国签订含有相互给予"最惠国待遇"的双边贸易协定的国家或者地区的进口货物；"原产于我国"的进口货物。②选项B，普通税率适用于原产于未与我国共同适用最惠国条款的世界贸易组织成员国或地区，未与我国订有相互给予最惠国待遇、关税优惠条款贸易协定和特殊关税优惠条款贸易协定的国家或者地区的进口货物，以及原产地不明的进口货物。③选项C，对原产于与我国签订含有"特殊关税优惠条款"的贸易协定的国家或地区的进口货物，按特惠税率征收关税。④选项D，对原产于与我国签订含有关税优惠条款的"区域性贸易协定"的国家或地区的进口货物，按协定税率征收关税。

5. BCD 【解析】本题考核关税的税率形式。进口关税一般采用比例税率，实行从价计征的办法，但对啤酒、原油等少数货物则实行从量计征。对广播用录像机、放像机、摄像机等实行从价加从量的复合税率。

6. ABCD

7. × 【解析】本题考核进口货物关税完税价格的确定。根据规定，卖方付给进口人的正常回扣，应从成交价格中扣除。

考点二　资源税★★

扫我解疑难

考点精讲

一、资源税纳税人

资源税的纳税人，是指在我国境内从事应税矿产品开采或生产盐的单位和个人。

二、资源税税目、征税对象、税率

资源税税目、征税对象、税率要点如表6-20所示。

表6-20 资源税税目、征税对象、税率要点

税目		征税对象		税率
原油（不含人造石油）		原油		比例税率
天然气 ①含与原油同时开采的天然气； ②注意，"煤层气"属于非金属矿		原矿		比例税率
煤炭		原煤或洗选煤		比例税率
金属矿	铁、铜、金、铝土、铅锌、镍、锡、稀土、钨、钼、其他	铝土矿	原矿	比例税率
		金矿	金锭	
		其他	精矿	
非金属矿	石墨、黏土、砂石、井矿盐、湖盐、地下卤水盐等	盐	氯化钠初级产品	比例税率
		黏土砂石	原矿	定额税率
		其他	原矿或精矿	列举的从价计征，未列举的从价计征为主、从量计征为辅
海盐（不含提取地下卤水晒制的盐）		氯化钠初级产品		比例税率
水资源（河北省试点）		地表水、地下水		定额税率

三、计税方法

（1）实行从价计征的，应纳税额按照应税资源产品的销售额乘以具体适用税率计算。

（2）实行从量计征的，应纳税额按照应税产品的销售数量乘以具体适用税率计算。

四、计税依据

（一）销售数量

（1）纳税人开采或者生产应税产品销售的，以实际"销售数量"为课税数量。

（2）纳税人开采或者生产应税产品自用的，以移送使用时的"自用数量"为课税数量。

（二）销售额

销售额指纳税人销售应税产品向购买方收取全部价款和价外费用，不包括增值税销项税额和"运杂费用"。

1. 关于运杂费用和价外费用

应税产品从坑口或洗选（加工）地到车站、码头或购买方指定地点的运输费用、建设基金以及随运销产生的装卸、仓储、港杂费用。

（1）除上述运杂费用外，价外费用范围与增值税、消费税的规定相同。

（2）符合条件的代垫运输费用与增值税、消费税的规定相同。

（3）符合条件的行政事业性收费与政府性基金，与增值税、消费税的规定相同。

2. 煤炭资源税计算方法

（1）应税煤炭包括"原煤"和以未税原煤（即：自采原煤）加工的"洗选煤"。

煤炭资源税纳税环节见图6.3。

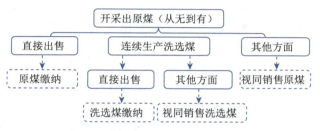

图6.3 煤炭资源税纳税环节

【图示说明】由于资源税也是"一次课征制"，因此可比照消费税纳税环节理解。煤的征税对象为"原矿或选矿"，因此原煤被开采出来后，直接出售的环节要缴纳资源税，而连续加工成洗选煤后再销售的，应就洗选煤的销售额依法缴纳资源税。无论原煤与洗选煤，用于自用、投资、福利、赠送等其他方面的，均视同销售，依法缴纳资源税。

（2）纳税人将其开采的原煤，自用于连续生产洗选煤的，在原煤移送使用环节不缴纳资源税。

（3）将开采的原煤加工为洗选煤销售的。

应税煤炭销售额＝洗选煤销售额×折算率

『提示』折算率由省、自治区、直辖市财税部门或其授权地市级财税部门确定。

（4）视同销售。

①纳税人将其开采的"原煤"自用于其他方面的，视同销售原煤。

②将其开采的原煤加工为"洗选煤自用"的，视同销售洗选煤缴纳资源税。

【示例】某煤矿本月共开采原煤 5 000吨，对外销售 3 000 吨，取得不含税销售额24 万元，剩余 2 000 吨全部移送生产洗选煤。本月销售洗选煤 800 吨，取得不含税销售额34.4 万元。已知，煤炭资源税税率为4%，当地政府规定的折算率为85%。

问题：该煤矿当期应缴纳资源税是多少？

分析：

第一步：销售原煤资源税

应缴纳资源税＝24×4%＝0.96（万元）

第二步：销售洗选煤资源税

计税销售额＝34.4×85%＝29.24（万元）

应缴纳资源税＝29.24×4%＝1.17（万元）

第三步：合计资源税

应缴纳资源税＝0.96＋1.17＝2.13（万元）

3. 一般金属矿与非金属矿资源税计算方法

对同一种应税产品：

（1）征税对象为精矿，纳税人销售原矿。

原矿销售额"换算"为精矿销售额计算资源税。

公式：精矿销售额＝原矿销售额×换算比。

（2）征税对象为原矿，纳税人销售加工精矿。

精矿销售额"折算"为原矿销售额缴纳资源税。

公式：原矿销售额＝精矿销售额×折算率

『提示』原矿便宜，精矿贵，因此，精矿的销售额向后倒算为原矿销售额的，用"折算率"；原矿的销售额向前推算为精矿销售额的，用"换算比"。换算比或折算率由省级财税部门确定，并报财政部、国家税务总局备案。

【示例】某钨矿企业2019年10月共开采钨矿石原矿 800 吨，直接对外销售钨矿石原矿 400 吨，取得不含税销售收入 2 400 万元，按照市场法确认的精矿换算比为1.2。以部分钨矿石原矿入选精矿 90 吨，精矿当月全部出售，取得不含税销售收入 530 万元。钨资源税当地适用税率为 6.5%。

问题：该企业 10 月份应缴纳多少资源税？

分析：第一步：确定应税产品的征税对象

金属矿产中稀土、钨、钼的征税对象为"选矿"，即精矿销售额。

第二步：确定计税依据

销售钨精矿直接按照销售额530万元计算

销售钨原矿应按照"换算比"换算为精矿销售额计算。

即：计税销售额＝2 400×1.2＝2 880（万元）

第三步：计算税额

销售钨精矿应缴纳资源税

＝530×6.5%＝34.45（万元）

销售钨原矿石应缴纳资源税

＝2 880×6.5%＝187.2（万元）

4. 金矿资源税计算方法

（1）金矿的征税对象为**"标准金锭"**。其纳税环节见图6.4。

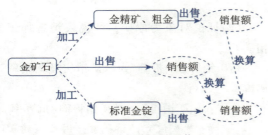

图6.4　金矿纳税环节

【图示说明】　黄金矿的资源税征税对象为"标准金锭"，因此无论销售金矿石，还是销售粗金和精矿，均应将各自的销售额按照"换算比"换算为标准金锭的销售额。

（2）销售标准金锭。

纳税人以自采原矿加工金锭的，在金锭销售或自用时缴纳资源税。

（3）销售原矿。

纳税人销售自采原矿，在原矿销售时缴纳资源税。

计税销售额＝原矿销售额×换算比

（4）销售金精矿、粗金。

自采原矿加工的金精矿、粗金，在金精矿、粗金销售时缴纳资源税，在原矿移送使用时不缴纳资源税。

计税销售额＝金精矿、粗金销售额×换算比

【示例】　某采金矿山本月销售金矿石取得不含税销售收入1 500万元；销售金精矿取得不含税收入2 000万元，销售标准金锭取得不含税销售收入5 100万元。已知，资源税税率为3%，当地政府规定的金精矿换算比为1.21；原矿换算比为1.47

问题：该金矿当期应缴纳资源税是多少？

分析：

第一步：销售黄金原矿资源税

应缴纳资源税＝1 500×1.47×3%＝66.51（万元）

第二步：销售金精矿资源税

应缴纳资源税＝2 000×1.21×3%＝72.6（万元）

第三步：销售金锭资源税

应缴纳资源税＝5 100×3%＝153（万元）

（三）应纳税额计算方法

1. 从价定率

应纳税额＝应税产品的销售额×适用的比例税率

2. 从量定额

应纳税额＝应税产品的销售数量×适用的定额税率

五、税收优惠

重点掌握：

（1）开采原油过程中用于加热、修井的原油免税。

（2）对依法在建筑物下、铁路下、水体下通过充填开采方式采出的矿产资源，资源税减征50%。

（3）对实际开采年限在15年以上的衰竭期矿山开采的矿产资源，资源税减征30%。

（4）纳税人开采销售共伴生矿，共伴生矿与主矿产品销售额分开核算的，对共伴生矿暂不计征资源税；没有分开核算的，共伴生矿按主矿产品的税目和适用税率计征资源税。

（5）自2018年4月1日至2021年3月31日，页岩气资源税（6%）减征30%。

六、征收管理

(一)纳税期限

与增值税、消费税相比,无"一个季度"纳税期的规定,其他均相同。

(二)纳税地点

1. 纳税人自行申报纳税

(1)应当向应税矿产品开采地主管税务机关申报缴纳。

(2)应当向盐的生产地主管税务机关申报缴纳。

2. 扣缴义务人。

应当向"收购地"主管税务机关缴纳。

📝 随学随练 随时8分钟

1. **【单选题】**(2019年)2018年9月,甲矿场将自采铅锌矿原矿对外销售,取得不含税销售额600万元。已知铅锌矿资源税的征税对象为精矿,适用税率为3%,换算比例为1.5,计算甲矿场当月应纳资源税的下列算式中,正确的是( )。

A. 600÷1.5×3%=12(万元)

B. 600×3%=18(万元)

C. 600×1.5×3%=27(万元)

D. 600×(1−1÷1.5)×3%=6(万元)

2. **【单选题】**(2019年)2018年9月,甲矿场销售自采锡矿原矿取得不含增值税销售额900万元,销售自产锡矿原矿加工的精矿取得不含增值税销售额1 500万元。已知锡矿的资源税征税对象为精矿,适用税率为4%,锡矿换算比为1.2,计算甲矿场当月应缴纳资源税税额的下列算式中,正确的是( )。

A. (900+1 500)×1.2×4%=115.2(万元)

B. (900+1 500÷1.2)×4%=86(万元)

C. (900×1.2+1 500)×4%=103.2(万元)

D. (900÷1.2+1 500)×4%=90(万元)

3. **【单选题】**(2017年)甲砂石企业开采砂石1 000吨,对外销售800吨,移送50吨砂石继续精加工并于当月销售。已知砂石的资源税税率为4元/吨,甲企业应当缴纳的

资源税的下列计算中,正确的是( )。

A. (800+50)×4=3 400(元)

B. 800×4=3 200(元)

C. 1 000×4=4 000(元)

D. 50×4=200(元)

4. **【单选题】**(2018年改)根据资源税法律制度的规定,纳税人以1个月为一期纳税的,自期满之日起一定期限内申报纳税,该期限为( )。

A. 10日　　　　B. 15日

C. 20日　　　　D. 25日

5. **【多选题】**(2019年)根据资源税法律制度的规定,下列各项中属于资源税征税范围的有( )。

A. 石灰石　　　　B. 硫酸钾

C. 黏土　　　　D. 砂石

6. **【多选题】**(2018年)下列各项中,免缴资源税的有( )。

A. 进口的原油

B. 出口的原油

C. 开采原油过程中用于加热的原油

D. 开采原油过程中用于修井的原油

7. **【多选题】**(2017年)根据资源税法律制度的规定,下列关于资源税纳税环节的表述中,正确的有( )。

A. 纳税人自采原矿销售的,在原矿销售环节缴纳资源税

B. 纳税人以自产原矿加工金锭销售的,在金锭销售环节缴纳资源税

C. 纳税人以自产原矿加工金锭自用的,在金锭自用环节缴纳资源税

D. 纳税人自采原矿加工金精矿销售的,在原矿移送环节缴纳资源税

8. **【判断题】**(2019年、2018年)纳税人将其开采的原煤自用于连续生产洗选煤的,在原煤移送使用环节,不缴纳资源税。( )

📝 随学随练参考答案及解析

1. C **【解析】**本题考核资源税应纳税额的计算。征税对象为精矿的,纳税人销售原矿

时，应将原矿销售额换算为精矿销售额缴纳资源税。即，精矿销售额=原矿销售额×换算比。本题中，甲矿场应缴纳资源税=600×1.5×3%=27（万元）。

2. C 【解析】本题考核资源税应纳税额的计算。征税对象为精矿的，纳税人销售原矿时，应将原矿销售额换算为精矿销售额缴纳资源税，即，精矿销售额=原矿销售额×换算比。本题中，甲矿场应缴纳资源税=（900×1.2+1 500）×4%=103.2（万元）。

3. A 【解析】本题考核资源税的从量定额征收。①矿石以销售数量为计税依据，纳税人开采或者生产应税产品销售的，以实际销售数量为销售数量；②纳税人开采应税产品，自用于连续生产应税产品的，移送使用时不缴纳资源税，最终产品出售时应当缴纳资源税。

4. A 【解析】本题考核资源税征收管理。资源税"按月"申报缴纳的，自期满之日起10日内申报纳税。

5. ABCD 【解析】本题考核资源税征税范围。

6. CD 【解析】本题考核资源税征税范围与税收优惠。选项A，进口的原油不属于资源税征税范围；选项B，出口的原油正常征税；选项C、D，开采原油过程中用于加热、修井的原油免税。

7. ABC 【解析】本题考核资源税中金矿的纳税环节。选项D，金矿以标准金锭为征税对象，纳税人自采原矿加工金精矿、粗金的，在金精矿、粗金销售环节缴纳资源税（销售额通过换算比换算为标准金锭销售额），在移送使用环节不缴纳资源税。

8. √ 【解析】本题考核煤炭资源税的缴纳。根据规定，纳税人将其开采的原煤，自用于连续生产洗选煤的，在原煤移送使用环节不缴纳资源税。将开采的原煤加工为洗选煤销售的，应就洗选煤销售额依法缴纳资源税。

考点三 城市维护建设税 ★★

扫我解疑难

考点精讲

城市维护建设税（以下简称城建税），是对从事工商经营，缴纳增值税、消费税的单位和个人征收的一种附加税。

一、城建税纳税人

负有缴纳增值税、消费税义务的单位和个人。

『提示』包括外商投资企业、外国企业和外籍个人。

二、城建税税率

城建税税率如表6-21所示。

表6-21 城建税税率

地区	税率
纳税人所在地在市区	7%
纳税人所在地不在市区	5%

『提示』由受托方代扣代缴、代收代缴增值税、消费税的单位和个人，其代扣代缴、代收代缴的城建税适用"受托方所在地"的税率。

三、城建税计税依据

（1）纳税人"实际缴纳"的"增值税、消费税"税额。

（2）出口货物、劳务或者跨境销售服务、无形资产增值税的"免抵税额"。

四、城建税应纳税额计算

应纳税额=（实际缴纳增值税+实际缴纳消费税+出口货物、劳务或者跨境销售服务、无形资产增值税的免抵税额）×适用税率

『提示』对实行增值税期末留抵退税的纳税人，允许其从城建税的计税依据中扣除退还的增值税税额。

五、税收优惠

（一）进口不征

对进口货物或者境外单位和个人向境内销售劳务、服务、无形资产缴纳的增值税、

消费税税额，不征收城建税。

（二）出口不退

对出口货物、劳务和跨境销售服务、无形资产以及因优惠政策退还增值税、消费税的，不退还已缴纳的城建税。

（三）不退税

对增值税、消费税实行先征后返、先征后退、即征即退办法，除另有规定外，对随增值税、消费税附征的城建税，一律"**不予退（返）还**"。

六、征收管理

（一）纳税义务发生时间

（1）缴纳增值税、消费税的当日。

（2）扣缴义务发生时间为扣缴增值税、消费税的当日。

（二）纳税地点

（1）实际缴纳增值税、消费税的地点。

（2）扣缴义务人应当向其机构所在地或者居住地的主管税务机关申报缴纳其扣缴的税款。

（三）纳税期限

城建税是由纳税人在缴纳增值税、消费税时同时缴纳的，因此其纳税期限分别与增值税、消费税的纳税期限一致。

1. 按月或者按季计征

月度或者季度终了之日起 15 日内申报并缴纳税款。

2. 按次计征

不能按固定期限计征的，可以按次计征，纳税人应当于纳税义务发生之日起 15 日内申报并缴纳税款。

【示例】某城市甲企业（工贸企业）7 月份销售应税货物缴纳增值税 34 万元、缴纳消费税 12 万元，当期出口商品适用免、抵、退税政策计算的期末免抵税额为 20 万元。甲企业当期进口货物向海关缴纳增值税 8 万元，出售房产缴纳增值税 10 万元、土地增值税 4 万元。已知该企业所在地适用的城建税税率为 7%。

问题：该企业 7 月份应缴纳的城建税？

分析：

第一步：确定计税依据

计税依据 = 34（应税货物增值税）+ 12（消费税）+ 10（出售房产增值税）+ 20（免抵税额）= 76（万元）

第二步：计算纳税

应缴纳城建税 = 76 × 7% = 5.32（万元）

随学随练 3分钟

1. 【单选题】（2018 年）根据城市维护建设税法律制度的规定，纳税人向税务机关实际缴纳的下列税款中，应作为城市维护建设税计税依据的是（   ）。

A. 城镇土地使用税　　　B. 增值税

C. 房产税　　　　　　　D. 土地增值税

2. 【单选题】（2018 年）甲企业位于 A 市，本月应缴纳的增值税为 7 000 元，实际缴纳的增值税为 6 000 元；本月应缴纳的消费税为 5 000 元，实际缴纳的消费税为 4 000 元。该企业本月应该缴纳的城市维护建设税是（   ）。

A.（7 000 + 5 000）× 7% = 840（元）

B.（6 000 + 4 000）× 7% = 700（元）

C.（7 000 + 5 000）× 5% = 600（元）

D.（6 000 + 4 000）× 5% = 500（元）

3. 【单选题】（2017 年改）2019 年 10 月甲公司向税务机关实际缴纳增值税 70 000 元、消费税 50 000 元；向海关缴纳进口环节增值税 40 000 元、消费税 30 000 元。已知城市维护建设税适用税率为 7%，计算甲公司当月应缴纳城市维护建设税税额的下列算式中，正确的是（   ）。

A.（70 000 + 50 000 + 40 000 + 30 000）× 7% = 13 300（元）

B.（70 000 + 40 000）× 7% = 7 700（元）

C.（50 000 + 30 000）× 7% = 5 600（元）

D.（70 000 + 50 000）× 7% = 8 400（元）

4. 【单选题】（2016 年）下列关于城市维护建设税税收优惠的表述中，不正确的是（   ）。

A. 对出口产品退还增值税的，可同时退还已缴纳的城市维护建设税

B. 海关对进口产品代征的增值税，不征收

城市维护建设税

C. 对增值税实行先征后退办法的，除另有规定外，不予退还对随增值税附征的城市维护建设税

D. 对增值税实行即征即退办法的，除另有规定外，不予退还对随增值税附征的城市维护建设税

随学随练参考答案及解析

1. B 【解析】本题考核城市维护建设税的计税依据。城建税的计税依据是纳税人实际缴纳的增值税、消费税税额。

2. B 【解析】本题考核城市维护建设税的计税依据。城建税的计税依据，是纳税人实际缴纳的增值税、消费税税额，以及出口货物、劳务或者跨境销售服务、无形资产增值税免抵税额。纳税人所在地区为市区的，税率为7%。

3. D 【解析】本题考核城市维护建设税的计税依据。①城市维护建设税的计税依据是纳税人实际缴纳的增值税、消费税税额；②对进口货物或者境外单位和个人向境内销售劳务、服务、无形资产缴纳的增值税、消费税税额，不征收城建税；③甲公司当月应缴纳城市维护建设税税额＝（70 000＋50 000）×7%＝8 400（元）。

4. A 【解析】本题考核城建税的税收优惠。对出口产品退还增值税、消费税的，不退还已缴纳的城市维护建设税。

考点四 教育费附加★★

扫我解疑难

考点精讲

一、征收范围

对缴纳增值税、消费税的单位和个人征收。

二、计征依据

纳税人实际缴纳的增值税、消费税税额

之和。

三、征收比率（费率）

3%。

四、计算公式

应纳教育费附加＝实际缴纳增值税、消费税税额之和×征收比率

五、减免规定

1. 进口不征

对海关进口产品征收的增值税、消费税，不征收教育费附加。

2. 出口不退

出口产品退还增值税、消费税的，不退还已征的教育费附加。

随学随练 限时2分钟

1. 【单选题】（2019年）2018年12月甲企业当月应缴增值税30万元，实际缴纳20万元，应缴消费税28万元，实际缴纳12万元，已知教育费附加征收比率为3%，则该企业当月应缴纳的教育费附加计算正确的是（　　）。

A. （30＋28）×3%＝1.74（万元）

B. （20＋12）×3%＝0.96（万元）

C. 30×3%＝0.9（万元）

D. 20×3%＝0.6（万元）

2. 【多选题】下列关于教育费附加的说法，正确的有（　　）。

A. 某公司出口电视机已退增值税60万元，但已缴纳的教育费附加不予退还

B. 现行教育费附加征收比率为3%

C. 某公司进口农产品缴纳增值税80万元，应同时按3%缴纳教育费附加

D. 某公司应纳增值税40万元，实际缴纳增值税30万元，该公司应以30万元为计税依据缴纳教育费附加

3. 【判断题】（2019年）对海关进口产品征收的增值税、消费税，不征收教育费附加。（　　）

随学随练参考答案及解析

1. B 【解析】本题考核教育费附加的计算。教育费附加以纳税人实际缴纳的增值税、

消费税税额之和为计征依据。

2. ABD 【解析】本题考核教育费附加的相关规定。教育费附加以纳税人实际缴纳的增值税、消费税为计征依据；教育费附加"进口不征、出口不退"。

3. √

考点五　烟叶税 ★★

扫我解疑难

考点精讲

烟叶税是以纳税人收购烟叶的收购金额为计税依据征收的一种税。

『提示』注意与消费税的结合，烟叶经过加工可生产出烟丝，烟丝进一步加工成卷烟，烟丝和卷烟均为消费税的征税范围(见图6.5)。

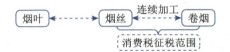

图 6.5　烟叶、烟丝与卷烟的关联

一、纳税人

在中华人民共和国境内**"收购烟叶"**的**"单位"**。

二、征税范围

晾晒烟叶（包括名录内和名录外）、烤烟叶。

三、税率

比例税率，税率为20%。

四、应纳税额的计算

应纳税额＝烟叶收购价款×（1＋10%价外补贴）×20%（税率）

五、征收管理

（1）纳税义务发生时间为**"收购烟叶的当天"**。

（2）纳税人应当自纳税义务发生之日起**"15日内"**申报纳税。

（3）纳税人应当向**"烟叶收购地"**的主管税务机关申报缴纳烟叶税。

随学随练 限时1分钟

1.【单选题】（2018年）根据烟叶税法律制度的规定，下列各项中，属于烟叶税纳税人的是（　　）。

A. 销售香烟的单位
B. 生产烟叶的个人
C. 收购烟叶的单位
D. 消费香烟的个人

2.【多选题】（2018年）根据烟叶税法律制度规定，下列各项中属于烟叶税征收范围的有（　　）。

A. 晾晒烟叶　　　B. 烟丝
C. 卷烟　　　　　D. 烤烟叶

3.【判断题】（2019年）烟叶税的纳税人是烟叶农户。（　　）

随学随练参考答案及解析

1. C 【解析】本题考核烟叶税的纳税人。烟叶税是以纳税人收购烟叶的收购金额为计税依据征收的一种税。纳税人为中华人民共和国境内"收购烟叶"的"单位"。

2. AD 【解析】本题考核烟叶税的征税范围。烟叶税的征税范围包括晾晒烟叶、烤烟叶。

3. × 【解析】本题考核烟叶税的纳税人。烟叶税是以纳税人收购烟叶的收购金额为计税依据征收的一种税。纳税人为中华人民共和国境内"收购烟叶"的"单位"。

模块四　与行为有关的税类

考点一　印花税 ★★

扫我解疑难

考点精讲

印花税是对经济活动和经济交往中对书立、领受、使用应税经济凭证的对象所征收的一种税。

『提示』印花税具有很强的"行为税"特征。

一、纳税人

以下两类纳税人：

订立、领受在我国境内具有法律效力的应税凭证的单位和个人。

在我国境内进行证券交易的单位和个人。

行为税特征。如果一份合同或应税凭证由两方或两方以上当事人共同签订，签订合同或应税凭证的各方都是纳税人，应各就其所持合同或应税凭证的计税金额履行纳税义务。

具体包括：

1. 立合同人（11 类合同）

（1）直接享有合同权利与义务的当事人。

（2）不包括合同的"担保人、证人、鉴定人"。

2. 立账簿人

该账簿指营业账簿，包括资金账簿和其他营业账簿。

3. 立据人

书立"产权转移书据"的单位和个人。

4. 领受人

领取权利、许可证照的单位和个人。

5. 使用人

国外书立、领受在国内使用应税凭证的单位和个人。

二、扣缴义务人

"证券登记结算机构"为证券交易印花税扣缴义务人。

三、征税范围（列举法）

印花税税目要点见表6-22。

表6-22　印花税税目要点

税目		特殊规定
合同	买卖	①电子形式签订的各类应税凭证应贴花。 ②电网与用户之间签订的供用电合同不征
	借款	不包括银行同业拆借所签订的借款合同。 【链接】金融同业往来利息收入，免征增值税
	租赁　经营租赁	①既包括动产租赁，又包括不动产租赁。 ②不包括企业与主管部门签订的租赁承包合同
	租赁　融资租赁	—
	承揽	加工、定做、修缮、修理、印刷、广告、测绘、测试
	建设工程	①勘察、设计、建筑、安装。 ②总包合同+分包合同+转包合同
	运输	民用航空运输、铁路运输、海上运输、内河运输、公路运输和联运合同（不包括管道运输）
	技术	①技术开发、转让、咨询、服务等合同。 ②技术转让包括：专利申请转让、非专利技术转让所书立的合同（不涉及"权属"转移）。 ③法律、会计、审计等咨询不属于技术咨询
	保管	①保管合同、作为合同使用的仓单、栈单。 ②非规范化的合同，可按结算单贴花
	仓储	—
	财产保险	财产、责任、保证、信用。 『提示』不包括再保险合同

税目		特殊规定
产权转移书据	性质	强调产权权属转移，其主体发生变更
	不动产	①土地使用权出让、转让书据。 ②建筑物和构筑物所有权转移书据
	股权	不包括上市和挂牌公司股票
	知识产权	商标专用权、著作权、专利权、**"专有技术"**使用权转让
营业账簿		①记载资金的账簿：反映**"实收资本"**和**"资本公积"**金额增减变化的账簿。 ②**其他营业账簿：不征收印花税**
权利、许可证照		**不动产权证书、营业执照、商标注册证、专利证书**
证券交易		①上市公司的股票。 ②国务院批准的其他证券交易场所的股票和以股票为基础发行的存托凭证。 ③(单向征)证券交易的出让方征收，受让方不征。 『提示』不包括公司债券、基金等。 【链接】非上市公司"股权"属于产权转移书据

四、印花税税率

印花税执行"比例税率"与"定额税率"相结合征收方式。印花税税率见表6-23。

表6-23 印花税税率

税率	税目
万分之零点五(0.05‰)	①借款合同；②融资租赁合同
万分之二点五(0.25‰)	营业账簿
万分之三(0.3‰)	①买卖合同(购销)；②建设工程合同；③承揽合同；④运输合同；⑤技术合同
万分之五(0.5‰)	产权转移书据
千分之一(1‰)	①租赁合同；②保管合同；③仓储合同；④财产保险合同；⑤证券交易
每件五元	权利、许可证照 不动产权证书、营业执照、商标注册证、专利证书

五、印花税计税依据

(一)应税合同

印花税应税合同的计税依据要点见表6-24。

表6-24 印花税应税合同的计税依据要点

应税合同	计税依据	备注
买卖合同	合同价款	特指动产买卖合同
借款合同	借款金额	不包括利息
租赁合同	租金	不包括租赁财产价值
融资租赁合同	租金	
承揽合同	报酬	不包括委托方提供的主要材料

应税合同	计税依据	备注
建设工程合同	合同价款	—
运输合同	运费	不包括装卸费和其他杂费
仓储合同	仓储费	
保管合同	保管费	
财产保险合同	保险费	不包括被保险标的物的价值
技术合同	价款、报酬、使用费	—

『提示』计税依据**不包括增值税**；合同中价款或者报酬与增值税税款未分开列明的，**按照合计金额确定**。

（二）产权转移书据

应税合同与产权转移书据印花税计税依据见图6.6。

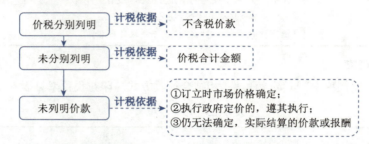

图6.6 应税合同与产权转移书据印花税计税依据

【图示说明】应税合同、产权转移书据未列明价款或者报酬的，按照上图的顺序确定计税依据。

（三）记载资金的营业账簿

以**"实收资本（股本）"**与**"资本公积"**两项的合计金额为计税依据。

『提示』只征一次，金额不变不再纳税，金额增加差额纳税。

（四）权利、许可证照

以**"件数"**作为计税依据（定额税率5元/件）。

（五）证券交易

1. 集中交易的一般情况

证券**"成交金额"**。

2. 非集中交易方式转让无转让价格

（1）办理过户登记手续前一个交易日收盘价计算确定计税依据。

（2）办理过户登记手续前一个交易日无收盘价的，按照证券面值计算确定计税依据。

（六）计税依据的其他规定

1. 从高适用税率

同一应税凭证载有两个或者两个以上经济事项并分别列明价款或者报酬的，按照各自适用税目税率计算应纳税额；未分别列明价款或者报酬的，按税率高的计算应纳税额。

2. 行为税（双向征收）

同一应税凭证由两方或者两方以上当事人订立的，应当按照各自涉及的价款或者报酬分别计算应纳税额。

3. 补缴和退税

"已缴纳"的印花税凭证：

（1）价款或报酬**"增加"**：应补缴。

（2）价款或报酬**"减少"**：可申请退税。

六、印花税应纳税额计算

（一）从价计征

应纳税额 = 价款或者报酬×适用税率

应纳税额 = 实收资本（股本）、资本公积

合计金额×适用税率

应纳税额＝成交金额或者依法确定的计税依据×适用税率

（二）从量征收

应纳税额＝应税凭证件数×定额税率

【示例1】 甲、乙双方签订一份仓储合同，合同上注明货物金额500万元，仓储费用10万元（价税合计未分别列明）。印花税税率为1‰。

问题：甲、乙双方共应缴印花税？

分析：

第一步：确定应税合同性质

合同性质是仓储合同。

第二步：确定计税依据

仓储费用10万元。

第三步：计算印花税税额

双方共应纳税额＝100 000×1‰×2＝200（元）

【示例2】 甲企业与乙企业签订了一份合同，由甲向乙提供货物，乙自行提货。合同中注明价格为300万元，其中包括货款和乙提货之前由甲保管的保管费用，价格与增值税未分别列明。已知，货物买卖合同适用的印花税税率为0.3‰；保管合同适用印花税税率为1‰。

问题：甲企业应纳印花税税额？

分析：

第一步：确定应税合同性质

保管合同与买卖合同金额未分别列明，从高适用税率。

第二步：确定计税依据

合同中注明的金额300万元。

第三步：计算印花税税额

应纳税额＝300×1‰＝0.3（万元）

【示例3】 甲公司开业后，领受了工商营业执照、外汇许可证、不动产权登记证书、商标注册证各一件。已知权利、许可证照印花税单位税额为每件5元。

问题：甲公司应缴纳的印花税额？

分析：

第一步：确定应税凭证、证照

营业执照、不动产登记证书、商标注册证、专利证属于印花税的征税范围。外汇许可证不属于印花税的征税范围。

第二步：确定计税依据

每件5元。

第三步：计算印花税税额

应纳税额＝3×5＝15（元）

七、税收优惠

（一）法定免税

印花税法定免税项目具体规定见表6-25。

表6-25 印花税法定免税

项目	具体规定
避免重复征税	应税凭证的副本或者抄本
支持农业	农民、农民专业合作社、农村集体经济组织、村民委员会购买农业生产资料或者销售自产农产品订立的买卖合同和农业保险合同
特定主体融资	①无息或者贴息借款合同；②国际金融组织向我国提供优惠贷款订立的借款合同；③金融机构与小型微型企业订立的借款合同
支持公共事业	财产所有权人将财产赠与政府、学校、社会福利机构订立的产权转移书据
国防建设	军队、武警部队订立、领受的应税凭证
减轻住房负担	对个人转让、租赁住房订立的应税凭证（不包括个体工商户）

外国政府与外国组织常见税种的免税规定见表6-26。

表 6-26 关于外国政府与外国组织的综合

项目	具体规定
增值税	外国政府、国际组织无偿援助的进口物资和设备，免征增值税
关税	国际组织、外国政府无偿赠送的物资，免征关税
企业所得税	非居民企业以下项目免征所得税： ①外国政府向中国政府提供贷款取得的利息所得。 ②国际金融组织向中国政府和居民企业提供优惠贷款取得的利息所得
印花税	外国政府或者国际金融组织向中国政府及国家金融机构提供优惠贷款所书立的合同，免征印花税

(二)免税额

应纳税额**不足 1 角**的，**免征**印花税。

(三)其他规定

(1)商店、门市部的零星加工修理业务开具的修理单，不贴印花。

(2)电话和联网购货，免税。

(3)银行、非银行金融机构之间相互融通短期资金，按照规定的同业拆借期限和利率签订的同业拆借合同，不征收印花税。

(4)书、报、刊发行单位之间，发行单位与订阅单位或个人之间书立的凭证，免征印花税。

(5)出版合同不属于应税凭证，免征印花税。

(6)代理单位与委托单位之间签订的委托代理合同，不征收印花税。

"电"常见税种的征收规定见表 6-27。

表 6-27 关于"电"的综合问题

项目	具体规定
增值税	①电力属于增值税征税范围中的"货物"。 ②电力公司向发电企业收取的过网费，应征收增值税。 ③注意电力适用税率为 13%
企业所得税	电力基础设施项目，依法适用三免三减半优惠
城镇土地使用税	①火电厂围墙外的灰场、输灰管、输油(气)管道、铁路专用线用地，免征。 ②水电站除发电厂房、生产、办公、生活用地以外的用地，给予免税照顾。 ③供电部门的输电线路用地、变电站用地，免税
印花税	①对发电厂与电网之间、电网与电网之间签订的购售电合同，按买卖合同征收印花税。 ②电网与用户之间签订的供用电合同不征印花税

八、征收管理

(一)纳税义务发生时间

1. 一般情况

纳税人订立、领受应税凭证或完成证券交易的当日。

2. 国外签订的合同

将合同带**"入境"**时。

3. 证券交易印花税扣缴义务人

证券交易完成的**"当日"**。

(二)纳税地点

印花税纳税地点见表 6-28。

表 6-28 印花税纳税地点

情形		具体规定
纳税人	单位纳税人	机构所在地
	个人纳税人	应税凭证订立、领受地或居住地

情形	具体规定
证券交易扣缴义务人	机构所在地
出让或转让不动产（产权转移书据）	不动产所在地

（三）纳税期限

印花税纳税期限见表6-29。

表6-29　印花税纳税期限

方式	期限规定
按季、按年计征	季度、年度终了之日起15日内申报
按次计征	纳税义务发生之日起15日内申报
按周解缴证券交易扣缴义务人	每周终了之日起5日内解缴税款及孳息

随学随练
闹时 5分钟

1. 【单选题】（2019年）根据印花税法律制度的规定，下列合同中，应征收印花税的是（　）。
   A. 金融机构与小型微型企业订立的借款合同
   B. 农民销售自产农产品订立的买卖合同
   C. 发电厂与电网之间签订的购售电合同
   D. 代理单位与委托单位之间签订的委托代理合同

2. 【单选题】（2019年）根据印花税法律制度的规定，下列各项中，以件数为印花税计税依据的是（　）。
   A. 应税营业账簿
   B. 著作权转让书据
   C. 不动产权证书
   D. 财产保险合同

3. 【单选题】（2019年）2018年10月甲企业领受了营业执照、商标注册证、不动产权证、食品经营许可证各一件。已知"权利、许可证照"印花税单位税额为每件5元，计算甲企业当月应缴纳"权利、许可证照"印花税税额的下列算式中，正确的是（　）。
   A. 3×5＝15（元）　　B. 1×5＝5（元）
   C. 4×5＝20（元）　　D. 2×5＝10（元）

4. 【单选题】（2018年改）下列不属于印花税征税范围的是（　）。

   A. 餐饮服务许可证
   B. 工商营业执照
   C. 商标注册证
   D. 不动产权证书

5. 【多选题】（2019年）根据印花税法律制度的规定，下列各项中，属于印花税征收范围的有（　）。
   A. 审计咨询合同
   B. 财产保险合同
   C. 技术中介合同
   D. 建筑工程分包合同

6. 【多选题】（2017年改）根据印花税法律制度的规定，下列各项中，属于印花税纳税人的有（　）。
   A. 立据人
   B. 国外书立、领受在国内使用应税凭证的单位和个人
   C. 立合同人
   D. 立账簿人

7. 【多选题】（2017年改）根据印花税法律制度规定，下列合同中，应该缴纳印花税的有（　）。
   A. 上市公司债券交易
   B. 有限责任公司股权转让
   C. 建筑公司勘察设计合同
   D. 人身保险合同

随学随练参考答案及解析

1. C 【解析】本题考核印花税的税收优惠。选项A，金融机构与小型、微型企业签订的借款合同免征印花税；选项B，农民等销售自产农产品订立的买卖合同和农业保险合同，免征印花税；选项C，发电厂与电网之间、电网与电网之间签订的购售电合同，按购销合同征收印花税；选项D，代理单位与委托单位之间签订的委托代理合同不征收印花税。

2. C 【解析】本题考核印花税的计税依据。选项A，应税营业账簿的计税依据，为营业账簿记载的实收资本（股本）、资本公积合计金额；选项B，应税产权转移书据的计税依据，为产权转移书据列明的价款，不包括增值税税款，若产权转移书据中价款与增值税税款未分开列明的，按照合计金额确定；选项C，权利、许可证照，包括不动产权证书、营业执照、商标注册证、专利证书，按照"每件5元"计贴印花；选项D，财产保险合同中的保险费为计税依据。

3. A 【解析】本题考核权利、许可证照印花税的计算。我国印花税税目中的权利、许可证照包括政府部门发放的不动产权证书、营业执照、商标注册证、专利证书等。食品经营许可证不属于印花税的征税范围。

4. A 【解析】本题考核印花税的征税范围。不动产权证书、商标注册证、专利证、营业执照，按照"权利、许可证照"税目，计算缴纳印花税。

5. BCD 【解析】本题考核印花税的征税范围。根据规定，技术咨询合同是合同当事人就有关项目的分析、论证、评价、预测和调查订立的技术合同，而一般的法律、会计、审计等方面的咨询不属于技术咨询，其所立合同不贴印花。

6. ABCD 【解析】本题考核印花税的纳税人范围。根据书立、领受、使用应税凭证的不同，纳税人可分为立合同人、立账簿人、立据人、领受人和使用人等。

7. BC 【解析】本题考核印花税的征税范围。选项A，上市公司"股票"交易、国务院批准其他证券交易场所的股票和以股票为基础发行的存托凭证，征收印花税；选项D，"财产"保险合同，征收印花税。

考点二 环境保护税 ★★★

扫我解疑难

考点精讲

一、纳税人

在中华人民共和国领域和中华人民共和国管辖的其他海域，**"直接"**向环境排放**"应税污染物"**的企业事业单位和其他生产经营者。

二、征税范围

（一）属于征税范围

直接排放特定的应税污染物，包括：大气污染物、水污染物、固体废物和噪声。

（二）非征税范围

以下情形**不属于"直接"**排放污染物，不征收环保税。

（1）企业事业单位和其他生产经营者向依法设立的污水集中处理、生活垃圾集中处理场所排放应税污染物的。

『提示』超过国家和地方规定排放标准的，仍应缴纳。

（2）企业事业单位和其他生产经营者在符合国家和地方环境保护标准的设施、场所贮存或者处置固体废物的。

『提示』贮存和处置不符合国家和地方标准的，仍应缴纳。

三、税目、税率与计税单位

（一）基本规定

环境保护税实行**"定额税率"**。税目与计税单位如表6-30所示。

表6-30 环保税税目和计税单位

征税范围及其税目	计税单位
大气污染物	每污染当量
水污染物	每污染当量
固体废物(煤矸石、尾矿、危险废物、冶炼渣、粉煤灰、炉渣、其他固体废物)	每吨
工业噪声	"超标"分贝数

(二)关于税目的具体规定

关注噪声中的"工业噪声"。

(1)一个单位边界上有多处噪声超标,根据最高一处超标声级计算应纳税额;当沿边界长度超过100米有二处以上噪声超标,按照两个单位计算应纳税额。

(2)一个单位有不同地点作业场所,应当分别计算应纳税额,合并计征。

(3)昼、夜均超标的环境噪声,昼、夜分别计算应纳税额,累计计征。

(4)声源1个月内超标不足15天的,"减半"计算应纳税额。

(5)夜间频繁突发和夜间偶然突发厂界超标噪声,按等效声级和峰值噪声两种指标中超标分贝值高的一项计算应纳税额。

四、应纳税额计算

(一)应税大气污染物

应纳税额=污染当量数×具体适用税额

(二)应税水污染物

应纳税额=污染当量数×具体适用税额

『提示』由于各种污染物对环境和人体的破坏作用不同,因此需要设置一个统一的尺度来衡量这种"伤害",即污染当量数。这类似于大家在打游戏时角色都有"血槽",即采用不同的攻击方式(污染物伤害)会让对方角色掉不同量的血(污染当量数)。

(三)应税固体废物

应纳税额=固体废物排放量×具体适用税额

(四)应税噪声

应纳税额=超过国家规定标准的分贝数对应的具体适用税额

【示例1】某工厂当月向当地河流的总铅排放量为15千克。已知总铅污染当量换算值为每千克0.025,当地水污染物税额标准为8元/污染当量。

问题:计算该工厂当月应缴纳的环境保护税的税额?

分析:

第一步:确定是何种污染物

水污染物。

第二步:排放量换算为污染当量

15÷0.025=600个(污染当量)

第三部:计算税额

应纳税额=600×8=4 800(元)

【示例2】甲工厂,2019年第二季度因生产作业导致产生的工业噪声超标8分贝,其中5月超标天数为24天,6月超标天数为14天。已知工业噪声超标7~9分贝的,每月税额1 400元。

问题:甲工厂应缴纳环境保护税?

分析:

第一步:确定是何种污染物

工业噪声。

第二步:确定超标天数

工业噪声声源一个月内超标不足15天的,减半计算应纳税额,5月份全额算,6月份减半算。

第三部:计算税额

应纳税额=1 400+1 400×50%=2 100(元)

(五)计税依据的确定顺序

(1)纳税人安装使用符合国家规定和监测规范的污染物自动监测设备的,按照污染物自动监测数据计算;

(2)纳税人未安装使用污染物自动监测设备的,按照监测机构出具的符合国家有关规定和**监测规范的监测数据**计算；

（3）因排放污染物种类多等原因不具备监测条件的，按照国务院环境保护主管部门规定的**排污系数、物料衡算方法**计算；

（4）不能按上述规定的方法计算的，按照省、自治区、直辖市人民政府环境保护主管部门规定的**抽样测算**的方法核定计算。

五、税收优惠

（一）暂予免征

（1）农业生产（**不包括规模化养殖**）排放应税污染物。

（2）机动车、铁路机车、非道路移动机械、船舶和航空器等**流动污染源**排放应税污染物的。

（3）依法设立的城乡污水集中处理、生活垃圾集中处理场所排放相应应税污染物，不超过国家和地方规定的排放标准的。

（4）纳税人综合利用的固体废物，符合国家和地方环境保护标准的。

【链接】企业所得税中，企业以《资源综合利用企业所得税优惠目录》规定的资源作为主要原材料，生产符合国家规定的收入，减按90%计入收入总额。

（二）排放浓度值低于国家和地方标准的优惠

排放浓度值低于国家和地方标准的优惠见表6-31。

表6-31 排放浓度值低于国家和地方标准的优惠

应税污染物	浓度值	优惠政策
大气污染物	低于标准30%	减按75%征收
水污染物	低于标准50%	减按50%征收

六、征收管理

（一）纳税义务发生时间

纳税人排放应税污染物的**"当日"**。

（二）纳税地点

纳税人应当向应税污染物**"排放地"**的税务机关申报缴纳环境保护税。

（三）纳税期限

环保税纳税期限见表6-32。

表6-32 环保税纳税期限

纳税申报	纳税期限
按月计算、按季申报纳税	季度终了15日内
按次缴纳	纳税义务发生之日15日内

📝 随学随练 ⏱ 限时3分钟

1.【单选题】（2019年）根据环境保护税法律制度的规定，下列各项中，不属于环境保护税征税范围的是（　　）。
   A. 噪声
   B. 固体废物
   C. 光污染
   D. 水污染物

2.【单选题】（2018年）2018年3月，甲企业产生炉渣150吨，其中30吨在符合国家和地方环境保护标准的设施中贮存，100吨综合利用且符合国家和地方环境保护标准，其余的直接倒弃于空地，已知炉渣环境保护税税率为25元/吨。计算甲企业当月所产生炉渣应缴纳环境保护税税额的下列算式中，正确的是（　　）。
   A.（150-30）×25＝3 000（元）
   B. 150×25＝3 750（元）
   C.（150-100）×25＝1 250（元）
   D.（150-100-30）×25＝500（元）

📝 随学随练参考答案及解析

1. C 【解析】本题考核环境保护税的征税范

围。环境保护税的征税范围包括大气污染物、水污染物、固体废物和噪声等应税污染物。

2. D 【解析】本题考核环境保护税的计算。①30吨，属于在符合国家和地方环境保护标准的设施、场所贮存或者处置固体废物，不属于直接排放污染物，不缴纳环境保护税；②100吨，属于纳税人综合利用的固体废物，符合国家和地方环境保护标准的，免征环境保护税。

本章综合练习（限时120分钟）

一、单项选择题

1. 2019年甲公司出租办公用房取得含增值税租金199 500元。已知增值税征收率为5%；房产税从租计征的税率为12%。计算甲公司当年出租办公用房应缴纳房产税税额的下列算式中，正确的是( )。
   A. 199 500×(1-5%)×12% = 22 743(元)
   B. 199 500÷(1-5%)×12% = 25 200(元)
   C. 199 500×12% = 23 940(元)
   D. 199 500÷(1+5%)×12% = 22 800(元)

2. 甲企业厂房原值2 000万元，2018年11月对该厂房进行扩建，2018年年底扩建完工并办理验收手续，增加房产原值500万元，已知房产税的原值扣除比例为30%，房产税比例税率为1.2%，计算甲企业2019年应缴纳房产税税额的下列算式中，正确的是( )。
   A. 2 000×(1-30%)×1.2%+500×1.2% = 22.8(万元)
   B. (2 000+500)×(1-30%)×1.2% = 21(万元)
   C. 2 000×1.2%+500×(1-30%)×1.2% = 28.2(万元)
   D. 2 000×(1-30%)×1.2% = 16.8(万元)

3. 根据城镇土地使用税法律制度的规定，下列土地中，不征收城镇土地使用税的是( )。
   A. 位于农村的集体所有土地
   B. 位于工矿区的集体所有土地
   C. 位于县城的国家所有土地
   D. 位于城市的公园内索道公司经营用地

4. 某林场占地面积100万平方米，其中森林公园占地58万平方米，防火设施占地17万平方米，办公用地占地10万平方米，生活区用地占地15万平方米，该林场需要交纳城镇土地使用税的面积为( )万平方米。
   A. 58   B. 100
   C. 42   D. 25

5. 根据契税法律制度的规定，下列各项中，不征收契税的是( )。
   A. 张某受赠房屋
   B. 王某与李某互换房屋并向李某补偿差价款10万元
   C. 赵某抵押房屋
   D. 夏某购置商品房

6. 纳税人应当自契税纳税义务发生之日起( )日内，向土地、房屋所在地的税收征收机关办理纳税申报。
   A. 5   B. 10
   C. 7   D. 15

7. 李某拥有一套价值72万元的住房，张某拥有一套价值52万元的住房，双方交换住房，由张某补差价20万元给李某。已知，本题涉及的价值、价格均不含增值税，当地政府规定的契税税率为3%。关于此次房屋交易缴纳契税的下列表述中，正确的是( )。
   A. 李某应缴纳契税2.16(万元)
   B. 张某应缴纳契税0.6(万元)
   C. 李某应缴纳契税0.6(万元)
   D. 张某应缴纳契税2.16(万元)

8. 根据土地增值税法律制度的规定，下列各项中，属于土地增值税纳税人的是（　　）。

A. 出售厂房的工厂

B. 受赠房屋的学校

C. 承租商铺的个体工商户

D. 出让国有土地使用权的市人民政府

9. 2019年2月，甲企业转让自建厂房，取得不含增值税的销售额5 000万元，准予扣除项目金额共计3 000万元。已知土地增值税率为40%，速算扣除系数为5%，甲企业该笔业务应缴纳土地增值税税额的下列算式中，正确的是（　　）。

A. （5 000－3 000）×40%－5 000×5% = 550（万元）

B. （5 000－3 000）×40%－3 000×5% = 650（万元）

C. 5 000×40%－3 000×5% = 1 850（万元）

D. 5 000×40%－（5 000－3 000）×5% = 1 900（万元）

10. 农民赵某经批准在户籍所在地占用一块耕地建造住宅作为自己的婚房，对赵某的上述行为，根据耕地占用税的计税规定，下列说法中正确的是（　　）。

A. 免征　　　　B. 照常征收

C. 减半征收　　D. 加征50%

11. 甲企业2019年2月经批准新占用一块耕地建造办公楼，另占用一块非耕地建造企业仓库。下列关于甲企业城镇土地使用税和耕地占用税的有关处理，说法正确的是（　　）。

A. 甲企业建造办公楼占地，应征收耕地占用税，并自批准征用之次月起征收城镇土地使用税

B. 甲企业建造办公楼占地，应征收耕地占用税，并自批准征用之日起满1年时征收城镇土地使用税

C. 甲企业建造仓库占地，不征收耕地占用税，应自批准征用之月起征收城镇土地使用税

D. 甲企业建造仓库占地，不征收耕地占用税，应自批准征用之日起满1年时征收城镇土地使用税

12. 下列各项中，不属于车船税纳税人的是（　　）。

A. 境内拥有机动车辆的外商投资企业

B. 香港特别行政区的车船使用人

C. 境内拥有机动车辆的事业单位

D. 境内拥有机动车辆的个人

13. 根据车船税法律制度的规定，下列车辆中，需要缴纳车船税的是（　　）。

A. 自行车　　　　B. 电动自行车

C. 捕捞渔船　　　D. 非机动驳船

14. 某企业2019年年初拥有小轿车2辆；当年2月，1辆小轿车被盗，已按照规定办理退税。通过公安机关的侦查，11月份被盗车辆失而复得，并取得公安机关的相关证明。已知当地小轿车车船税年税额为450元/辆，该企业2019年实际应缴纳的车船税下列计算中，正确的是（　　）。

A. 450×1 = 450（元）

B. 450＋450×9÷12 = 787.5（元）

C. 450＋450×3÷12 = 562.5（元）

D. 450×2 = 1 000（元）

15. 某外贸进出口公司2019年12月份进口1辆小汽车自用，关税完税价格60万元。已知关税税率20%；消费税税率25%。则该公司应缴纳的车辆购置税为（　　）万元。（车辆购置税的税率为10%）

A. 6　　　　　　B. 7.2

C. 8.4　　　　　D. 9.6

16. 根据车辆购置税法律制度的规定，下列车辆，免征车辆购置税的是（　　）。

A. 排气量为180毫升的摩托车

B. 有轨电车

C. 汽车挂车

D. 城市公交企业购置的公共汽电车辆

17. 下列关于船舶吨税的说法，不正确的是（　　）。

A. 拖船和非机动驳船按相同净吨位船舶税率的50%计征税款

B. 吨税设置一栏税率

C. 吨税按照船舶净吨位和执照期限征收

D. 吨税由海关负责征收

18. 根据关税的规定，对原产于与我国签订含有关税优惠条款的区域性贸易协定的国家或地区的进口货物，适用的税率为（　　）。

A. 最惠国税率　　　B. 协定税率

C. 特惠税率　　　　D. 暂定税率

19. 2017 年 6 月甲公司进口一批货物，海关核定的货价 100 万元，货物运抵我国关境内输入地点起卸前的运费 9 万元、保险费 3 万元。已知关税税率为 8%。甲公司当月该笔业务应缴纳关税税额的下列算式中，正确的是（　　）。

A.（100＋9）×8%＝8.72（万元）

B.（100＋9＋3）×8%＝8.96（万元）

C.（100＋3）×8%＝8.24（万元）

D. 100×8%＝8（万元）

20. 下列关于出口货物关税完税价格的计算公式中，正确的是（　　）。

A. 关税完税价格＝离岸价格÷（1－出口税率）

B. 关税完税价格＝离岸价格÷（1＋出口税率）

C. 关税完税价格＝离岸价格×（1－出口税率）

D. 关税完税价格＝离岸价格×（1＋出口税率）

21. 根据关税法律制度的规定，一票货物关税税额在人民币一定金额以下的，可以免征关税。该金额是（　　）元。

A. 10　　　　　　　B. 30

C. 50　　　　　　　D. 100

22. 根据资源税法律制度的规定，下列各项中，不属于资源税征税范围的是（　　）。

A. 天然卤水　　　B. 原油

C. 天然气　　　　D. 植物资源

23. 某矿业公司开采销售应税矿产品，资源税实行从量计征，则该公司计征资源税的课税数量是（　　）。

A. 实际产量　　　B. 发货数量

C. 计划产量　　　D. 销售数量

24. 某天然气生产企业，1 月份生产销售天然气 70 万立方米，取得不含增值税的销售收入 230 万元。生产自用天然气 5 万立方米。已知：该企业适用资源税税率 6%。则该天然气生产企业应缴纳的资源税为（　　）万元。

A. 13.8　　　　　　B. 17.2

C. 27.5　　　　　　D. 14.79

25. 某城市乙企业 7 月份销售应税货物缴纳增值税 34 万元、消费税 12 万元，出售房产缴纳增值税 10 万元、土地增值税 4 万元。已知该企业所在地适用的城市维护建设税税率为 7%。该企业 7 月份应缴纳的城市维护建设税为（　　）。

A.（34＋12＋10＋4）×7%＝4.20（万元）

B.（34＋12＋10）×7%＝3.92（万元）

C.（34＋12）×7%＝3.22（万元）

D. 34×7%＝2.38（万元）

26. 2019 年 6 月甲公司向税务机关实际缴纳增值税 10.3 万元，实际缴纳消费税 20.6 万元，已知教育费附加征收比率为 3%，计算甲公司当月应缴纳教育费附加的下列算式中，正确的是（　　）。

A.（10.3＋20.6）×3%＝0.93（万元）

B. 10.3×3%＝0.31（万元）

C. 10.3÷（1＋3%）×3%＝0.3（万元）

D.（10.3＋20.6）÷（1＋3%）×3%＝0.9（万元）

27. 某烟草公司收购一批烟叶，支付给烟叶销售者的烟叶收购价款为 10 万元。则该烟草公司应缴纳的烟叶税为（　　）万元。（烟叶税的税率为 20%）

A. 10×10%＝1

B. 10×（1＋10%）＝1.1

C. 10×20%＝2

D. 10×（1＋10%）×20%＝2.2

28. 根据印花税法律制度的规定，下列属于证券交易印花税征税范围的是（　　）。

A. A 股上市公司所发行的公司债券交易

B. 合伙企业中的合伙人，转让自己财产份额的行为

C. 在国务院批准的证券交易场所转让以股票为基础发行的存托凭证

D. 转让有限责任公司的股权

29. 下列关于印花税税率形式的表述中，正确的是（　　）。

　　A. 全部税目均适用比例税率

　　B. 全部税目均适用定额税率

　　C. 适用有幅度的差别比例税率

　　D. 适用比例税率与定额税率两种形式

30. 2019 年第二季度，甲工厂因生产作业导致产生的工业噪声超标 8 分贝，其中 5 月超标天数为 24 天，6 月超标天数为 14 天。已知工业噪声超标 7~9 分贝的，每月税额 1 400 元，则下列甲工厂应缴纳环境保护税的计算列式中，正确的是（　　）。

　　A. 1 400+1 400×50%＝2 100（元）

　　B. 1 400×2＝2 800（元）

　　C. 1 400×2÷60×（14+24）＝1 773.33（元）

　　D. 1 400÷30×24＝1 120（元）

二、多项选择题

1. 根据房产税法律制度的规定，下列关于房产税纳税人的表述中，正确的有（　　）。

　　A. 产权属于国家所有的，其经营管理的单位为纳税人

　　B. 产权属于集体和个人的，集体单位和个人为纳税人

　　C. 产权出典的，承典人为纳税人

　　D. 产权所有人不在房产所在地的，房产代管人或者使用人为纳税人

2. 下列与房屋不可分割的附属设备中，应计入房产原值计缴房产税的有（　　）。

　　A. 给排水管道　　　B. 电梯

　　C. 暖气设备　　　　D. 中央空调

3. 下列各项中，属于免征房产税的有（　　）。

　　A. 军队自用的房产

　　B. 公园办公用的房产

　　C. 个人自己开商店的房产

　　D. 学校教学楼

4. 根据城镇土地使用税法律制度的规定，下列关于城镇土地使用税纳税人的表述中，正确的有（　　）。

　　A. 城镇土地使用税由拥有土地使用权的单位和个人缴纳

　　B. 土地使用权共有的，共有各方均为纳税人，由共有各方分别纳税

　　C. 土地使用权未确定或权属纠纷未解决的，由实际使用人纳税

　　D. 拥有土地使用权的纳税人不在土地所在地的，由代管人或实际使用人纳税

5. 根据土地使用税法律制度的规定，下列城市用地中，应缴纳城镇土地使用税的有（　　）。

　　A. 民航机场场内道路用地

　　B. 商业企业经营用地

　　C. 火电厂厂区围墙内的用地

　　D. 市政街道公共用地

6. 根据城镇土地使用税法律制度的规定，下列各项中，可以作为城镇土地使用税计税依据的有（　　）。

　　A. 省政府确定的单位测定的面积

　　B. 土地使用证书确认的面积

　　C. 由纳税人申报的面积为准，核发土地使用证后做调整

　　D. 税务部门规定的面积

7. 下列选项中，不属于契税纳税人的有（　　）。

　　A. 土地、房屋抵债的抵债方

　　B. 房屋赠与中的受赠方

　　C. 房屋赠与中的赠与方

　　D. 土地、房屋投资的投资方

8. 下列各项中，属于契税的征税对象有（　　）。

　　A. 国有土地使用权出让

　　B. 土地使用权转让

　　C. 房屋买卖

　　D. 农村集体土地承包经营权的转移

9. 根据契税的有关规定，下列各项中，征收机关可以参照市场价格核定契税的计税依据的有（　　）。

　　A. 甲、乙双方交换的房屋价格差额明显不合理且没有正当理由

　　B. 企业家刘某赠与村集体一幢楼房

　　C. 张某出卖一套房子给侯某，因两人私交甚好，所以成交价格明显低于市场价格

　　D. 某军事单位以明显低于市场的价格购

买一宗土地，用于训练场地

10. 下列各项中，不应征收土地增值税的有（　　）。

A. 赠与社会公益事业的房地产

B. 个人之间互换自有居住用房地产

C. 抵押期满权属转让给债权人的房地产

D. 企业分设为两个与原企业投资主体相同的企业，原企业将国有土地变更到分立后的企业

11. 纳税人转让旧房，在计算土地增值额时，允许扣除的项目有（　　）。

A. 当期发生的管理费用、财务费用和销售费用

B. 经税务机关确认的房屋及建筑物的评估价格

C. 转让环节缴纳给国家的各项税费

D. 取得土地使用权所支付的价款和按国家规定缴纳的有关税费

12. 下列各项中，符合土地增值税税收优惠有关规定的有（　　）。

A. 纳税人建造普通标准住宅出售，增值额未超过扣除项目金额20%的，减半征收土地增值税

B. 纳税人建造普通标准住宅出售，增值额未超过扣除项目金额20%的，免征土地增值税

C. 纳税人建造普通标准住宅出售，增值额超过扣除项目金额20%的，应对其超过部分的增值额按规定征收土地增值税

D. 纳税人建造普通标准住宅出售，增值额超过扣除项目金额20%的，应就其全部增值额按规定征收土地增值税

13. 下列关于耕地占用税税率的说法中，正确的有（　　）。

A. 采用幅度定额税率形式

B. 占用基本农田的，应当按照适用税额加按150%征收

C. 人均耕地低于0.5亩的地区，可以适当提高耕地占用税的适用税额

D. 占用农田水利用地建设建筑物的，适

用税额可以适当降低

14. 根据耕地占用税税收优惠，下列人员中，在规定用地标准以内新建自用住宅而占用耕地，可以免征的有（　　）。

A. 符合城市最低生活保障条件的城市居民

B. 因公牺牲军人遗属、残疾军人

C. 农村烈士遗属

D. 参加贫困地区扶贫工作的人员

15. 下列各项中，免征耕地占用税的有（　　）。

A. 工厂生产车间占用的耕地

B. 军用公路专用线占用的耕地

C. 学校教学楼占用的耕地

D. 医院职工住宅楼占用的耕地

16. 根据车船税法律制度的规定，车船税的税额计算中，可以减按50%征税的有（　　）。

A. 载货汽车　　　B. 非机动驳船

C. 挂车　　　　　D. 拖船

17. 下列关于车船税计税依据的表述中，正确的有（　　）。

A. 载客汽车，以"每辆"为计税依据

B. 商用货车，以"整备质量每吨"为计税依据

C. 游艇，以"艇身长度每米"为计税依据

D. 机动船舶，以"净吨位每吨"为计税依据

18. 根据车辆购置税法律制度的规定，下列选项中，不属于车辆购置税征税范围车辆是（　　）。

A. 地铁　　　　　B. 挖掘机

C. 推土机　　　　D. 电动摩托车

19. 下列船舶中，免征船舶吨税的有（　　）。

A. 警用船舶

B. 非机动驳船

C. 军队征用的船舶

D. 应纳税额为人民币100元的船舶

20. 下列各项中，属于关税纳税人的有（　　）。

A. 外贸进出口公司

B. 工贸或农贸结合的进出口公司

C. 入境旅客随身携带的行李、物品的持有人

D. 进口个人邮件的收件人

21. 下列各项中，属于关税计税方法的有( )。

    A. 从价税计算法 B. 从量税计算法

    C. 复合税计算法 D. 滑准税计算法

22. 下列各项中，应计入进口货物关税完税价格的有( )。

    A. 货物运抵我国关境内输入地点起卸前的运费、保险费

    B. 货物运抵我国关境内输入地点起卸后的运费、保险费

    C. 支付给卖方的佣金

    D. 向境外采购代理人支付的买方佣金

23. 根据资源税法律制度的规定，下列单位和个人的生产经营行为中，应依法缴纳资源税的有( )。

    A. 冶炼企业进口铁矿石

    B. 个体经营者开采煤矿

    C. 军事单位开采石油

    D. 中外合作开采陆上、海上石油资源的企业

24. 下列关于资源税征税范围和税目的说法中，正确的有( )。

    A. 井矿盐、海盐均属于征税范围

    B. 钨、钼、稀土以原矿为征税对象

    C. 金矿的法定征税对象为标准金锭

    D. 原煤与洗选煤均属于征税范围

25. 下列属于城市维护建设税计税依据的有( )。

    A. 纳税人实际缴纳的增值税

    B. 纳税人实际缴纳的教育费附加

    C. 纳税人当期出口货物依法计算的免抵税额

    D. 纳税人实际缴纳的消费税

26. 下列对于城市维护建设税的减免税规定，表述正确的有( )。

    A. 城市维护建设税属于增值税、消费税的一种附加税，原则上不单独规定税收减免条款

    B. 对出口产品退还增值税、消费税的，一并退还已缴纳的城市维护建设税

    C. 海关对进口产品代征的增值税、消费税，不征收城市维护建设税

    D. 对增值税、消费税实行先征后返、先征后退、即征即退办法的，除另有规定外，对随增值税、消费税附征的城市维护建设税，一律不予退(返)还

27. 2019年10月，甲企业进口一辆小汽车自用，支付买价17万元，货物运抵我国关境内输入地点起卸前的运费和保险费共计3万元，货物运抵我国关境内输入地点起卸后的运费和保险费共计2万元，已知增值税税率为13%，关税税率为20%，消费税税率为25%，城市维护建设税税率为7%，教育费附加征收率为3%。假设无其他纳税事项，则下列关于甲企业相关税金的计算，错误的有( )。

    A. 应纳进口关税4.2万元

    B. 应纳进口环节消费税8万元

    C. 应纳进口环节增值税3.12万元

    D. 应纳城建税和教育费附加1.34万元

28. 根据烟叶税法律制度的规定，下列选项中，不属于烟叶税纳税人的有( )。

    A. 接受烟草公司委托收购烟叶的单位

    B. 收购烟叶的烟草公司

    C. 种植烟叶的农民

    D. 销售卷烟的商店

29. 根据印花税法律制度的规定，下列各项中，免征印花税的有( )。

    A. 应纳税额不足1角的

    B. 个体工商户转让住房订立的应税凭证

    C. 应税凭证的副本或者抄本

    D. 图书出版合同

30. 根据印花税法律制度的规定，下列各项中，免征印花税的有( )。

    A. 发行单位与订阅单位之间书立的凭证

    B. 无息、贴息贷款合同

    C. 已缴纳印花税的凭证的副本

    D. 财产所有人将财产赠给学校所立的书据

31. 下列选项中，属于环境保护税暂予免征项目的是( )。

    A. 农业生产中大规模养殖活动，排放污

染物的

    B. 民用航空器排放污染物

    C. 纳税人综合利用固体废物，符合国家和地方环保标准

    D. 机动车排放污染物

三、判断题

1. 产权未确定以及租典纠纷未解决的，暂不征收房产税。（　）

2. 根据规定，我国现行房产税采用比例税率和定额税率两种形式。（　）

3. 房产不在同一地方的纳税人，应按房产的坐落地点分别向房产所在地的税务机关申报纳税。（　）

4. 纳税单位无偿使用免税单位的土地，免征城镇土地使用税；免税单位无偿使用纳税单位的土地，照章征收城镇土地使用税。（　）

5. 纳税人新征用的非耕地，自批准征用之日起满1年时，开始缴纳城镇土地使用税。（　）

6. 林业系统的森林公园、自然保护区，可以比照宗教寺庙、公园、名胜古迹中公园自用的土地，免征城镇土地使用税。（　）

7. 境内承受转让土地、房屋权属的单位和个人为契税的纳税人，但不包括外商投资企业和外国企业。（　）

8. 企业破产清算期间，对债权人承受破产企业土地、房屋权属的，应当征收契税。（　）

9. 李某的住房在地震中灭失，在他重新购买住房时，税务机关可酌情准予减征或者免征契税。（　）

10. 纳税人转让房地产需要缴纳土地增值税时，如果房屋坐落地与其经营所在地不一致，纳税地点应选择在办理房地产过户手续所在地。（　）

11. 土地增值税实行四级超率累进税率。（　）

12. 房地产开发企业取得房地产销售许可证满3年仍未销售完毕的，主管税务机关可要求纳税人进行土地增值税清算。（　）

13. 纳税人在批准临时占用耕地的期限内依法复垦，恢复种植条件的，全额退还已经缴纳的耕地占用税。（　）

14. 经批准占用耕地的，耕地占用税纳税义务发生时间为收到主管部门办理占用耕地手续的书面通知的当日。（　）

15. 已缴纳车船税的车船在同一纳税年度内办理转让过户的，不另纳税，也不退税。（　）

16. 依法不需要办理登记的车船，其车船税的纳税地点为车船的实际使用地。（　）

17. 纳税人自产、受赠、获奖或者以其他方式取得并自用的应税车辆的计税价格，由主管税务机关参照市场价格核定。（　）

18. 车辆购置税实行一次征收制度，税款应当一次缴清。（　）

19. 船舶吨税只针对自中国境外港口进入中国境内港口的外国船舶征收。（　）

20. 对于从境外采购进口的原产于中国境内的货物，应按规定征收进口关税。（　）

21. 根据关税法律制度的规定，卖方违反合同规定延期交货的罚款，卖方在货价中冲减时，罚款应从成交价格中扣除。（　）

22. 因故退还的境外进口货物，可以免征出口关税，并退还已征收的进口关税。（　）

23. 根据关税法律制度的规定，因收发货人或其代理人违反规定而造成少征或漏征税款的，海关在1年内可以追缴。（　）

24. 纳税人将开采的原煤，自用于生产洗煤的，在原煤移送使用环节缴纳资源税。（　）

25. 外商投资企业、外国企业和外籍个人在我国缴纳增值税与消费税的，不缴纳城市维护建设税。（　）

26. 对出口产品退还增值税、消费税的，应同时退还已缴纳的城市维护建设税。（　）

27. 烟叶税的计税依据是纳税人收购烟叶的收购价款。（　）

28. 印花税同一应税凭证载有两个或者两个以上经济事项并分别列明价款或者报酬的，按照各自适用税目税率应纳税额；未分别列明价款或者报酬的，按税率高的计算应纳税额。（　）

29. 记载资金的账簿和其他营业账簿，均应以实收资本（股本）与资本公积两项的合计金额作为印花税的计税依据。（ ）

30. 证券交易印花税按周解缴。证券公司应当于每周终了之日起5日内申报解缴税款及孳息。（ ）

31. 事业单位和其他生产经营者向依法设立的污水集中处理、生活垃圾集中处理场所排放应税污染物的，不缴纳相应污染物的环境保护税。（ ）

32. 机动车排放应税污染物应征收环境保护税。（ ）

本章综合练习参考答案及解析

一、单项选择题

1. D 【解析】本题考核房产税应纳税额的计算。房产出租的，以房屋出租取得的租金收入为计税依据，计缴房产税。计征房产税的租金收入不含增值税。

2. B 【解析】本题考核房产税应纳税额的计算。甲企业2019年应缴纳房产税税额=（2 000+500）×（1-30%）×1.2%=21（万元）。

3. A 【解析】本题考核城镇土地使用税的征税范围。选项A，凡是"城市、县城、建制镇和工矿区"范围内（不包括农村）的土地，不论是国家所有的土地，还是集体所有的土地，都是城镇土地使用税的征税范围。

4. D 【解析】本题考核城镇土地使用税的税收优惠。①对林区的育林地、运材道、防火道、防火设施用地，免征城镇土地使用税；②林业系统的森林公园、自然保护区可比照公园免征城镇土地使用税。

5. C 【解析】本题考核契税的征税范围。选项ABD，在我国境内"承受"（受让、购买、受赠、交换等）土地、房屋权属转移的单位和个人，应照章缴纳契税；选项C，土地、房屋典当、继承、分拆（分割）、"抵押"以及出租等行为，不属于契税的征税范围。

6. B 【解析】本题考核契税的征收管理。纳税人应当自契税纳税义务发生之日起10日内，向土地、房屋所在地的税收征收机关办理纳税申报，并在税收征收机关核定的期限内缴纳税款。

7. B 【解析】本题考核契税的应纳税额计算。房屋交换以交换房屋的价格差额计征契税，交换价格不相等的，由"多交付货币"的一方（张某）缴纳契税，应纳税额=20×3%=0.6（万元）。

8. A 【解析】本题考核土地增值税纳税人。选项B、C，土地增值税的纳税人为"转让"国有土地使用权、地上建筑物及其附着物并取得收入的单位和个人。选项D，土地增值税只对转让国有土地使用权的行为征税，对出让国有土地的行为不征税。

9. B 【解析】本题考核土地增值税的计算。土地增值税=增值额×税率-扣除项目金额×速算扣除系数；增值额=转让房地产取得的收入-扣除项目金额。

10. C 【解析】本题考核耕地占用税的计税依据。农村居民在规定用地标准以内占用耕地新建自用住宅，按照当地适用税额"减半征收"耕地占用税。

11. B 【解析】本题考核耕地占用税的征收管理。为避免对一块土地同时征收耕地占用税和城镇土地使用税，凡是缴纳了耕地占用税的，从批准征用之日起满1年后征收城镇土地使用税；征用非耕地因不需要缴纳耕地占用税，应从批准征用之次月起征收城镇土地使用税。

12. B 【解析】本题考核车船税的纳税人。香港特别行政区、澳门特别行政区、台湾地区的车船，不征收车船税。

13. D 【解析】本题考核车船税的税目。非机动车船中的非机动驳船不得免征车船税。注意，非机动船舶不征收车船税和船舶吨税，但非机动船舶中不包括非机动驳船，此处应注意区分。

14. C 【解析】本题考核车船税的征收管理。该企业两辆车中一辆丢失，则未丢失车辆正常缴纳车船税，丢失车辆自丢失月份起可凭证明申报退还已纳车船税，其后又失而复得的，自公安机关出具相关证明的当月起计算缴纳车船税。该企业 2 月份丢失车辆 11 月份找回，可申报退还 2 月~10 月共计 9 个月的税款。

15. D 【解析】本题考核车辆购置税应纳税额的计算。关税 = 60×20% = 12（万元）；消费税 =（60＋12）÷（1－25%）×25% = 24（万元）；车辆购置税 =（60＋12＋24）×10% = 9.6（万元）。

16. D 【解析】本题考核车辆购置税的税收优惠。选项 ABC，排气量超过 150 毫升的摩托车、有轨电车和汽车挂车，均属于车辆购置税的税目。选项 D，根据规定，下列车辆免征车辆购置税：①依照法律规定应当予以免税的外国驻华使馆、领事馆和国际组织驻华机构及其有关人员自用的车辆；②中国人民解放军和中国人民武装警察部队列入装备订货计划的车辆；③悬挂应急救援专用号牌的国家综合性消防救援车辆；④设有固定装置的非运输专用作业车辆；⑤城市公交企业购置的公共汽电车辆。

17. B 【解析】本题考核船舶吨税的税率。吨税设置普通税率和优惠税率两栏税率。

18. B 【解析】本题考核进口关税税率的种类。对原产于与我国签订含有关税优惠条款的区域性贸易协定的国家或地区的进口货物，按协定税率征税。

19. B 【解析】本题考核进口关税完税价格的确定。一般贸易项下进口的货物以海关审定的成交价格为基础的到岸价格作为完税价格。到岸价格是指包括货价以及货物运抵我国关境内输入地点起卸前的包装费、运费、保险费和其他劳务费等费用构成的一种价格。

20. B 【解析】本题考核出口货物关税完税价格的确定。出口货物离岸价格扣除出口关税后作为完税价格，出口货物完税价格 = 离岸价格÷（1＋出口税率）。

21. C 【解析】本题考核关税税收优惠。根据规定，一票货物关税税额在人民币 50 元以下的，可以免征关税。

22. D 【解析】本题考核资源税的征税范围。

23. D 【解析】本题考核资源税的计税依据。纳税人开采或者生产应税产品销售的，以销售数量为课税数量；纳税人开采或者生产应税产品自用的，以自用（非生产用）数量为课税数量。

24. D 【解析】本题考核资源税的计算。生产自用的天然气需要计算缴纳资源税，参考销售的天然气价格确定计税销售额。则企业应缴纳的资源税 =（230＋230÷70×5）×6% = 14.79（万元）。

25. B 【解析】本题考核城市维护建设税的计算。城市维护建设税的计税依据为纳税人"实际缴纳"的增值税、消费税之和。应缴纳城市维护建设税 =（34＋12＋10）×7% = 3.92（万元）。

26. A 【解析】本题考核教育费附加的计算。教育费附加以纳税人实际缴纳的增值税、消费税税额之和为计征依据。

27. D 【解析】本题考核烟叶税的计算。应纳税额 = 10×（1＋10%）×20% = 2.2（万元）。

28. C 【解析】本题考核证券交易印花税的征税范围。①选项 AB"债券交易"和"财产份额"交易，不属于证券交易的范围；②选项 C，证券交易是指在依法设立的证券交易所上市交易或者在国务院批准的其他证券交易场所转让公司股票和以股票为基础发行的存托凭证；③选项 D，证券交易不包括非上市公司和有限责任公司的股权交易，后者属于"产权转移书据"的征税范围。

29. D 【解析】本题考核印花税的税率形式。印花税的税率有比例税率和定额税率两种形式，15 个税目中，只有权利、许可证照适用定额税率，其他均适用比例税率。

30. A 【解析】本题考核环境保护税的计算。工业噪声声源一个月内超标不足 15 天的，减半计算应纳税额。

二、多项选择题

1. ABCD 【解析】本题考核房产税的纳税人。

2. ABCD 【解析】本题考核房产税的计税依据。为了维持和增加房屋的使用功能或使房屋满足设计要求，凡以房屋为载体，不可随意移动的附属设备和配套设施，如给排水、采暖、消防、中央空调、电气及智能化楼宇设备等，无论在会计核算中是否单独记账与核算，都应计入房产原值，计征房产税。

3. ABD 【解析】本题考核房产税的税收优惠。个人所有非营业用的房产免征房产税。对于个人营业用的房产不免征房产税。

4. ABCD

5. ABC 【解析】本题考核城镇土地使用税的征税范围。选项 ABC，属于城镇土地使用税的征税范围；选项 D，免征城镇土地使用税。

6. ABC 【解析】本题考核城镇土地使用税的计税依据。城镇土地使用税的计税依据是纳税人实际占用的土地面积，具体按以下办法确定：①凡由省级人民政府确定的单位组织测定土地面积的，以测定的土地面积为准；②尚未组织测定，但纳税人持有政府部门核发的土地使用证书的，以证书确定的土地面积为准；③尚未核发土地

使用证书的，应由纳税人据实申报土地面积，并据以纳税，待核发土地使用证书后再作调整。

7. ACD 【解析】本题考核契税的纳税人。契税纳税人是在我国境内承受土地、房屋权属转移的单位和个人。选项 ACD，均为转让方。注意契税为"买方税"，由承受土地、房屋权属的一方缴纳。

8. ABC 【解析】本题考核契税的征税范围。契税的征税范围主要包括：①国有土地使用权出让；②土地使用权转让，包括出售、赠与和交换，不包括农村集体土地承包经营权的转移；③房屋买卖；④房屋赠与；⑤房屋交换。

9. ABC 【解析】本题考核契税的计税依据。选项 AB，对成交价格明显低于市场价格而无正当理由的，或所交换的土地使用权、房屋价格的差额明显不合理并且无正当理由的，征收机关参照市场价格核定计税依据。选项 C 中私交甚好不属于正当理由，应当核定计税依据；选项 D 不征收契税。

10. ABD 【解析】本题考核土地增值税的征税范围。选项 C，房地产抵押期间产权未发生权属变更，不属于土地增值税征税范围；抵押期满权属转让给债权人的，征收土地增值税。

11. BCD 【解析】本题考核土地增值税的扣除项目。根据土地增值税法律制度的规定，纳税人转让旧房，不允许扣除管理费用等三项费用，只有转让新建商品房时，才允许按照房地产开发费用扣除。

12. BD 【解析】本题考核土地增值税的税收优惠。纳税人建造普通标准住宅出售，增值额未超过扣除项目金额 20% 的，免征土地增值税；超过 20% 的，应就其全部增值额按规定计税。注意，土地增值税中有两处涉及 20% 的规定，备考中不要混淆。一是对从事房地产开发的纳税人可按照规定计算的金额之和，加计

20%的扣除，该规定仅仅适用于房地产开发的纳税人；二是上述解析中所说的普通住宅的优惠政策，此政策适用于所有土地增值税纳税人。

13. ABCD 【解析】本题考核耕地占用税的税率。选项D，占用园地、林地、草地、农田水利用地、养殖水面、渔业水域滩涂以及其他农用地建设建筑物、构筑物或者从事非农业建设的，适用税额可以适当低于本地区确定的适用税额(每平方米10~50元)，但"降低的部分""不得超过50%"。

14. BC 【解析】本题考核耕地占用税的税收优惠。根据规定，特定人员在规定用地标准以内新建自用住宅而占用耕地的，免征耕地占用税，包括：①农村烈士遗属；②因公牺牲军人遗属、残疾军人；③符合农村最低生活保障条件的农村居民。

15. BC 【解析】本题考核耕地占用税税收优惠。选项BC，军事设施占用耕地，学校、幼儿园占用耕地，免征耕地占用税；选项D，医院内职工住房应当按照规定征收耕地占用税。

16. BCD 【解析】本题考核车船税计算的特殊规定。拖船、非机动驳船和挂车分别按船舶税额、货车税额的50%计算。注意，此处可以与船舶吨税的相应优惠政策一并掌握，即拖船和非机动驳船分别按相同净吨位船舶税率的50%计征船舶吨税。

17. ABCD 【解析】本题考核车船税的计税依据。

18. ABCD 【解析】本题考核车辆购置税的征税范围。根据规定，应税车辆，包括：汽车、有轨电车、汽车挂车、排气量超过150毫升的摩托车。地铁、轻轨等城市轨道交通车辆，装载机、平地机、挖掘机、推土机等轮式专用机械车，以及起重机(吊车)、叉车、电动摩托车，不属于应税车辆。

19. AC 【解析】本题考核船舶吨税的税收优惠。选项B，非机动驳船按相同净吨位船舶税率的50%计征船舶吨税；选项D，应纳税额为人民币50元以下的船舶，免征船舶吨税。

20. ABCD 【解析】本题考核关税的纳税人。贸易性商品的关税纳税人具体包括：①外贸进出口公司；②工贸或农贸结合的进出口公司；③其他经批准经营进出口商品的企业。物品的纳税人包括：①入境旅客随身携带的行李、物品的持有人；②各种运输工具上服务人员入境时携带自用物品的持有人；③馈赠物品以及其他方式入境个人物品的所有人；④个人邮递物品的收件人。

21. ABCD 【解析】本题考核关税计税方法。选项A，从价税是最普遍的关税计征方法；选项B，对啤酒、原油等少数货物，实行从量定额征收；选项C，广播用录像机、放像机、摄像机，实行复合计征；选项D，滑准税是指关税的税率随着进口商品价格的变动而反方向变动一种税率形式，即"价格越高，税率越低"，税率为比例税率。

22. AC 【解析】本题考核进口关税完税价格的确定。选项AB，货物运抵我国关境内输入地点起卸"前"的包装费、运费、保险费和其他劳务费应计入关税完税价格，起卸之"后"的运输及其相关费用、保险费不能计入；选项CD，进口人在成交价格外另支付给"卖方"的佣金应计入关税完税价格，向境外采购代理人支付的"买方"佣金不得计入关税完税价格。

23. BCD 【解析】本题考核资源税的征税范围。根据规定，在境内开采应税矿产品的单位和个人征收资源税，进口资源产品不征收资源税。

24. ACD 【解析】本题考核资源税的征税范围和税目。选项B，钨、钼、稀土的征税对象为"精矿"。

25. ACD 【解析】本题考核城市维护建设税的计税依据。根据规定，城市维护建设税的计税依据为纳税人实际缴纳的增值税、消费税税额，以及出口货物、劳务或者跨境销售服务、无形资产增值税免抵税额。

26. ACD 【解析】本题考核城市维护建设税的税收优惠。选项B，对出口产品退还增值税、消费税的，不退还已缴纳的城市维护建设税。

27. ACD 【解析】本题考核进口环节税款的综合计算。选项A，货物运抵我国关境内输入地点起卸"后"的运费和保险费2万元，不计入进口货物关税完税价格。进口应缴纳关税=（17+3）×20%=4（万元）；选项B，进口环节海关代征的消费税=（17+3+4）÷（1−25%）×25%=8（万元）；选项C，进口环节海关代征的增值税=（17+3+4）÷（1−25%）×13%=4.16（万元）；选项D，城市维护建设税及教育费附加进口环节不征收，出口环节不退税。

28. CD 【解析】本题考核烟叶税的纳税人。烟叶税是以纳税人收购烟叶的收购金额为计税依据征收的一种税。纳税人为中华人民共和国境内"收购烟叶"的"单位"。

29. ACD 【解析】本题考核印花税的税收优惠。对个人转让、租赁住房订立的应税凭证（不包括个体工商户），免征印花税。

30. ABCD 【解析】本题考核印花税的税收优惠。

31. BCD 【解析】本题考核环境保护税的税收优惠。选项A，农业生产（不含大规模养殖），排放污染物的，属于免税项目；选项B与选项D均属于流动污染源，目前暂予免征环境保护税；选项C，暂予免征环境保护税。

三、判断题

1. × 【解析】本题考核房产税的征税范围。产权未确定以及租典纠纷未解决的，房产

代管人或者使用人为纳税人，需要缴纳房产税。

2. × 【解析】本题考核房产税的税率。根据规定，我国现行房产税采用比例税率。

3. √ 【解析】本题考核房产税纳税地点。

4. × 【解析】本题考核城镇土地使用税税收优惠。纳税单位无偿使用免税单位土地，纳税单位应照章缴纳城镇土地使用税；免税单位无偿使用纳税单位土地，免征城镇土地使用税。

5. × 【解析】本题考核城镇土地使用税纳税义务发生时间。纳税人新征用的耕地，自批准征用之日起满1年时，开始缴纳城镇土地使用税。纳税人新征用的非耕地，自批准征用次月起，缴纳城镇土地使用税。注意与房产税纳税义务发生时间进行比较记忆。

6. √

7. × 【解析】本题考核契税的纳税人。契税纳税人包括外商投资企业、外国企业、外籍人员。

8. × 【解析】本题考核契税的征税范围。企业破产清算期间，对非债权人承受破产企业土地、房屋权属的，征收契税。

9. √ 【解析】本题考核契税的减免政策。根据规定，因不可抗力灭失住房而重新购买住房的，酌情准予减征或者免征契税。

10. × 【解析】本题考核土地增值税的纳税地点。纳税人转让房地产需要缴纳土地增值税时，如果房屋坐落地与其经营所在地不一致，纳税地点应选择在房地产坐落地。

11. √

12. √

13. √ 【解析】本题考核耕地占用税的征收管理。根据规定，纳税人在批准临时占用耕地期满之日起"1年内"依法复垦，恢复种植条件的，"全额退还"已缴纳的耕地占用税。

14. √ 【解析】本题考核耕地占用税的纳税

义务发生时间。

15. √ 【解析】本题考核车船税的征收管理。

16. × 【解析】本题考核车船税的征收管理。依法不需要办理登记的车船，其车船税的纳税地点为车船的所有人或者管理人所在地。

17. × 【解析】本题考核车辆购置税的计税依据。纳税人自产、受赠、获奖或者以其他方式取得并自用的应税车辆的计税价格，由主管税务机关参照国家税务总局规定的最低计税价格核定。

18. √ 【解析】本题考核车辆购置税的征收管理。本题表述符合车辆购置税的征收管理制度。注意，耕地占用税、烟叶税也实行一次征收制度。

19. × 【解析】本题考核船舶吨税的纳税人。根据规定，船舶吨税是自中国境外港口进入中国境内港口的船舶征收的一种税。

20. √ 【解析】本题考核关税的征税范围。根据规定，对从境外采购进口的原产于中国境内的货物，也应按规定征收进口关税。

21. × 【解析】本题考核进口货物关税完税价格的确定。卖方违反合同规定延期交货的罚款，卖方在货价中冲减时，罚款不能从成交价格中扣除。

22. × 【解析】本题考核关税的税收优惠。因故退还的境外进口货物，可以免征出口关税，但已征收的进口关税不予退还。注意，不退还之前缴纳的关税，这一点与境内销售货物被退回的处理不同。

23. × 【解析】本题考核关税的征收管理。根据规定，进出口货物完税后，如发现少征或漏征税款，海关有权在 1 年内予以补征；如因"收发货人或其代理人"违反规定而造成少征或漏征税款的，海关在"3 年内"可以追缴。

24. × 【解析】本题考核资源税的纳税环节。纳税人将开采的原煤，自用于连续生产洗选煤的，在原煤移送使用环节不缴纳资源税。

25. × 【解析】本题考核城市维护建设税纳税人。根据规定，城市维护建设税纳税人为负有缴纳增值税、消费税义务的单位和个人。包括外商投资企业、外国企业和外籍个人。

26. × 【解析】本题考核城市维护建设税的税收优惠。对由于减免增值税、消费税而发生退税的，可同时退还已征收的城市维护建设税。但对出口产品退还增值税、消费税的，不退还已缴纳的城市维护建设税。

27. × 【解析】本题考核烟叶税的计税依据。烟叶税的计税依据是纳税人收购烟叶的收购金额，具体包括纳税人支付给烟叶销售者的烟叶收购价款和价外补贴。

28. √ 【解析】本题考核印花税的计税依据。

29. × 【解析】本题考核营业账簿的免税。根据规定，不记载资金的营业账簿，属于其他营业账簿，不征收印花税。

30. × 【解析】本题考核印花税纳税期限与扣缴义务人。根据规定，"证券登记结算机构"为证券交易印花税扣缴义务人。

31. √ 【解析】本题考核环境保护税的征税范围。企业事业单位和其他生产经营者向依法设立的污水集中处理、生活垃圾集中处理场所排放应税污染物的，不属于直接向环境排放污染物，不缴纳相应污染物的环境保护税。

32. × 【解析】本题考核环境保护税的税收优惠。机动车、铁路机车、非道路移动机械、船舶和航空器等流动污染源排放应税污染物的，暂免征收环境保护税。

第7章　税收征收管理法律制度

考情分析

本章为考试非重点章节，每年考试平均分值为6分。

本章在历年考试题型中均以选择题和判断题为主，但在不定项选择题中偶尔也会与其他具体税种进行结合，属于"百搭"型的龙套章节。

本章涉及税收程序法的内容，学习过程中，一是会感觉枯燥；二是各种程序要求与时间性考点交织在一起，记忆负担较重。建议大家在第一轮学习中主要以归集和整理考点为主，后期冲刺阶段可以集中时间强化记忆。

▶ 2020年考试变化

本章2020年考核变化较大，主要包括：

（1）增加了"征纳双方的权利与义务"等相关内容。

（2）修改了小规模纳税人开具发票的相关要求。

（3）修改了税收违法行为的定义并完善了相应的法律责任内容。

（4）增加了"重大税收违法失信案件信息公布"的内容。

核 心 考 点 及 真 题 详 解

模块一　征纳双方的权利与义务

考点一　（2020年新增）征纳双方的权利与义务

扫我解疑难

考点精讲

征税主体是国家税收征收管理的职能部门，享有税务行政管理权；纳税主体则处于行政管理相对人的地位。

征纳税双方的权利与义务，如表7-1所列示。

表 7-1　征纳税双方的权利与义务

主体	权利	义务
征税主体	①税收立法权； ②税务管理权； ③税款征收权； ④税务检查权； ⑤税务行政处罚权	①广泛宣传法律、普及纳税知识，无偿纳税咨询。 ②税务机关应当依法为纳税人、扣缴义务人的情况保密。 ③加强队伍建设，提高税务人员的政治业务素质。 ④税务人员在核定应纳税额、调整税收定额、进行税务检查、实施税务行政处罚、办理税务行政复议时，与纳税人、扣缴义务人或者其法定代表人、直接责任人有下列关系之一的，应当回避：夫妻关系；直系血亲关系；三代以内旁系血亲关系；近姻亲关系。 ⑤各级税务机关应当建立、健全内部制约和监督管理制度
纳税主体	①知情权、保密权、税收监督权； ②纳税申报方式选择权、申请延期申报权、申请延期缴纳税款权； ③申请退还多缴税款权； ④依法享受税收优惠权； ⑤委托税务代理权； ⑥陈述与申辩权； ⑦对未出示税务检查证和税务检查通知书的拒绝检查权； ⑧税收法律救济权、依法要求听证的权利； ⑨索取有关税收凭证的权利	①依法进行税务登记的义务； ②依法设置账簿、保管账簿和有关资料以及依法开具、使用、取得和保管发票的义务； ③财务会计制度和会计核算软件备案的义务； ④按照规定安装、使用税控装置的义务； ⑤按时、如实申报的义务； ⑥按时缴纳税款的义务； ⑦代扣、代收税款的义务； ⑧接受依法检查的义务； ⑨及时提供信息的义务； ⑩报告其他涉税信息的义务

随学随练　限时 3 分钟

1. 【单选题】税收征纳双方享有一定的权利、承担相应的义务，下列选项中，属于征税主体享有的权利是（　　）。

   A. 索取有关税收凭证的权利

   B. 税务机关应当依法为纳税人、扣缴义务人的情况保密

   C. 税务行政处罚权

   D. 委托税务代理权

2. 【多选题】税收征纳双方享有一定的权利、承担相应的义务，下列选项中，属于纳税主体享有的权利是（　　）。

   A. 知情权

   B. 保密权

   C. 税务管理权

   D. 申请退还多缴税款权

3. 【多选题】下列关于征税主体的权利和义务的说法中，正确的有（　　）。

   A. 对纳税人进行税务登记管理，属于征税主体的税务管理权

   B. 检查纳税人的会计账簿和其他涉税资料，属于征税主体的税款征收权

   C. 对纳税人的税收法律行为依法处以罚款，属于征税主体的税款征收权

   D. 提出税收政策建议，属于征税主体的税收立法权

4. 【判断题】税款征收权是征税主体享有的最基本、最主要的职权。（　　）

随学随练参考答案及解析

1. C　【解析】本题考核征纳税双方的权利与义务。选项 A，属于纳税主体的权利；选项 B，属于征税主体的义务；选项 D，属于纳税主体的权利。

2. ABD　【解析】本题考核征纳税双方的权利与义务。选项 C，属于征税主体的权利。

3. AD　【解析】本题考核征税主体的权利和义

务。选项 B，属于征税主体的税务检查权；选项 C，属于征税主体的税务行政处罚权。

4. √

模块二　税务管理

考点一　税务登记

扫我解疑难

考点精讲

一、设立税务登记的对象★

1. 领取工商营业执照从事生产、经营的纳税人

具体包括：

(1) 企业；

(2) 企业在外地设立的分支机构和从事生产、经营的场所；

(3) 个体工商户；

(4) 从事生产、经营的事业单位。

2. 其他纳税人

除"**国家机关、个人和无固定生产经营场所的流动性农村小商贩**"外，其他负有纳税义务的纳税人，均应当办理税务登记。

『提示』即使是免税的和享受税收优惠的企业也应当办理税务登记。

二、"五证合一，一照一码"

五证指工商营业执照、组织机构代码证、税务登记证、社会保险登记证、统计登记证。

三、"多证合一"登记制度

"一照一码"营业执照成为企业唯一"**身份证**"，使统一社会信用代码成为企业唯一身份代码，实现企业"**一照一码**"。

随学随练
限时 1分钟

1. 【单选题】根据税收征收管理法律制度的规定，下列各项中，不需要办理税务登记的是( )。

A. 个体工商户

B. 从事生产经营的事业单位

C. 企业在外地设立的分支机构

D. 在集贸市场流动卖菜的农村菜农

2. 【多选题】(2017年) 根据企业登记制度改革相关规定，下列执照和证件中，属于"五证合一，一照一码"登记制度改革范围的有( )。

A. 安全生产许可证

B. 组织机构代码证

C. 税务登记证

D. 工商营业执照

随学随练参考答案及解析

1. D 【解析】本题考核设立税务登记的对象。根据规定，无固定生产、经营场所的流动性农村小商贩可以不办理税务登记。

2. BCD 【解析】本题考核多证合一登记制度改革。自2016年10月1日起，整合工商营业执照、组织机构代码证、税务登记证、社会保险登记证和统计登记证，实现"五证合一、一照一码"。

考点二　账簿、凭证、发票

扫我解疑难

考点精讲

一、账簿和凭证管理

『提示』注意设置账簿时间和报告时间的"起算时间"与"期限"。

(一) 从事生产、经营的纳税人

从事生产、经营的纳税人应当自领取"营业执照"或者发生纳税义务之日起"**15日内**"，按照国家有关规定设置账簿。

(二) 扣缴义务人

应当自扣缴义务发生之日起"**10日内**"，设置代扣代缴、代收代缴税款账簿。

(三) 涉税资料保管期限★★★

账簿、凭证、报表及其他涉税资料应保存"**10年**"，法律、行政法规另有规定除外。

【链接】发票存根联和发票登记簿，保存期限为 5 年。

二、发票管理

(一)发票的类型(如表 7-2 所示)

表 7-2　发票的类型

类型	具体种类
增值税专用发票	①增值税专用发票；②机动车销售统一发票
增值税普通发票	①增值税普通发票(折叠票)；②增值税电子普通发票；③增值税普通发票(卷票)
其他发票	农产品收购发票、农产品销售发票、门票、过路(过桥)费发票、定额发票、客运发票和二手车销售统一发票等

1. 普通发票(卷票)的使用

增值税普通发票(卷票)由纳税人自愿选择使用，重点在生活性服务业纳税人中推广。

2. 印有本单位名称的发票

(1)纳税人可依法"书面"向税务机关要求使用"印有本单位名称"的增值税普通发票(折叠票)或增值税普通发票(卷票)。

(2)税务机关按规定确认印有该单位名称发票的种类和数量。

(3)纳税人通过增值税发票管理新系统开具印有本单位名称的增值税普通发票(折叠票)或增值税普通发票(卷票)。

(二)发票的适用范围(如表 7-3 所示)

表 7-3　发票的适用范围

纳税人	适用范围
一般纳税人	增值税发票管理系统开具： ①增值税专用发票、增值税普通发票、机动车销售统一发票、增值税电子普通发票。 ②二手车交易市场、二手车经销企业、经纪机构和拍卖企业，应当通过新系统开具二手车销售统一发票
小规模纳税人(除其他个人)	发生增值税应税行为，需要开具增值税专用发票的，可以自愿使用增值税发票管理系统自行开具。 『提示』销售其取得的不动产，需要开具增值税专用发票的，应依法向税务机关申请代开

(三)发票的开具、使用、保管、检查(如表 7-4 所示)

表 7-4　发票的开具、使用、保管、检查

项目		具体规定
开具	谁开具	①一般情况下收款方应向付款方开具发票。 ②特殊情况下也可由付款方向收款方开具发票
	如何盖章	①按照规定的时限、顺序、栏目"全部联次一次性如实开具"。 ②加盖"发票专用章"
	虚开发票	①为他人、为自己开具与实际经营业务情况不符的发票； ②让他人为自己开具与实际经营业务情况不符的发票； ③介绍他人开具与实际经营业务情况不符的发票
	特殊要求	①购买方为企业的，索取增值税普通发票时，应向销售方提供"纳税人识别号"或"统一社会信用代码"； ②销售方为其开具增值税普通发票时，应在"购买方纳税人识别号"栏填写"纳税人识别号"或"统一社会信用代码"； ③不符合规定的发票，不得作为税收凭证

项目		具体规定
使用	禁止行为	①转借、转让、介绍他人转让发票、发票监制章和发票防伪专用品； ②知道或者应当知道是私自印制、伪造、变造、非法取得或者废止的发票而受让、开具、存放、携带、邮寄、运输； ③"拆本"使用发票； ④"扩大"发票使用范围； ⑤以其他凭证代替发票使用
保管	期限	已经开具的发票"存根联"和发票"登记簿"，应当保存5年。 【链接1】固定资产卡片账，在固定资产报废清理后保存5年。 【链接2】账簿、凭证、报表及其他涉税资料应保存10年
	销毁	保存期满，报经税务机关"查验后销毁"
检查	双方义务	①印制、使用发票的单位和个人，必须接受税务机关依法检查，如实反映情况，提供资料，不得拒绝、隐瞒。 ②税务人员进行检查时，"应当出示"税务检查证
	调出查验	已开具的发票：①应当向被查验的单位和个人开具发票换票证；②发票换票证与所调出查验的发票有同等的效力
		空白发票：①税务机关应当开具"收据"；②经查无问题的，税务机关应当及时返还

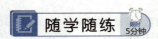
随学随练 限时5分钟

1. 【单选题】（2019年）根据税收征收管理法律制度的规定，扣缴义务人应当自税收法律、行政法规规定的扣缴义务发生之日起一定期限内设置代扣代缴、代收代缴税款账簿。该期限是（ ）。
   A. 5日　　　　　　B. 10日
   C. 15日　　　　　D. 20日

2. 【单选题】（2018年、2017年）根据税收征收管理法律制度规定，除另有规定外，从事生产、经营的纳税人的账簿、记账凭证、报表、完税凭证、发票、出口凭证以及其他有关涉税资料应当保存一定期限，该期限是（ ）。
   A. 30年　　　　　B. 10年
   C. 15年　　　　　D. 20年

3. 【单选题】（2018年）根据税收征收管理法律制度的规定，开具发票的单位和个人应当依照税务机关的规定存放和保管发票，已经开具的发票存根联和发票登记簿应当

至少保存一定期限。该期限为（ ）。
   A. 15年　　　　　B. 5年
   C. 20年　　　　　D. 10年

4. 【单选题】（2016年、2015年）根据税收征收管理法律制度规定，从事生产、经营的纳税人应当自领取营业执照或者发生纳税义务之日起，一定期限内，按照国家规定设置账簿，该期限是（ ）。
   A. 90日　　　　　B. 60日
   C. 30日　　　　　D. 15日

5. 【多选题】（2018年）根据税收征收管理法律制度的规定，增值税一般纳税人使用增值税发票管理新系统，可开具增值税发票的种类有（ ）。
   A. 增值税普通发票
   B. 增值税专用发票
   C. 机动车销售统一发票
   D. 增值税电子普通发票

6. 【多选题】（2018年）根据税收征收管理法律制度的规定，下列各项中，属于虚开发票行为的有（ ）。

A. 为自己开具与实际经营业务情况不符的发票

B. 为他人开具与实际经营业务情况不符的发票

C. 介绍他人开具与实际经营业务情况不符的发票

D. 让他人为自己开具与实际经营业务情况不符的发票

随学随练参考答案及解析

1. B 【解析】本题考核账簿凭证管理。从事生产、经营的纳税人应当自领取营业执照或者发生纳税义务之日起 15 日内，按照国家有关规定设置账簿。扣缴义务人应当自税收法律、行政法规规定的扣缴义务发生之日起 10 日内，按照所代扣、代收的税种，分别设置代扣代缴、代收代缴税款账簿。

2. B 【解析】本题考核账簿凭证管理。账簿、凭证、报表及其他涉税资料应保存"10 年"，法律、行政法规另有规定的除外。注意，发票存根联和发票登记簿，保存期限为 5 年。

3. B 【解析】本题考核发票管理。已经开具的发票存根联和发票登记簿，应当保存 5 年。

4. D 【解析】本题考核账簿凭证管理。从事生产、经营的纳税人应当自领取营业执照或者发生纳税义务之日起 15 日内，按照国家规定设置账簿。

5. ABCD 【解析】本题考核增值税发票的开具。增值税一般纳税人销售货物、提供加工修理修配劳务和发生应税行为，使用增值税发票管理新系统开具增值税专用发票、增值税普通发票、机动车销售统一发票、增值税电子普通发票。

6. ABCD 【解析】本题考核发票的开具要求。任何单位和个人不得有下列虚开发票行为：①为他人、为自己开具与实际经营业务情况不符的发票；②让他人为自己开具与实际经营业务情况不符的发票；③介绍他人开具与实际经营业务情况不符的发票。

考点三 纳税申报

扫我解疑难

考点精讲

一、纳税申报方式

(一)自行申报

这是一种传统的申报方式。

(二)邮寄申报

以"寄出地"的邮政局"邮戳日期"为实际申报日期。

(三)数据电文申报

以税务机关计算机网络系统"收到"该数据电文的时间为实际申报日期。

(四)其他方式

1. 简易申报

2. 简并征期

该两种方式只适用于实行"定期定额"征收方式的纳税人。

二、申报要求

(一)零申报★★

纳税人在纳税期内没有应纳税款的，也应当按照规定进行纳税申报。

(二)税收优惠期申报★★

纳税人享受减税、免税待遇的，在减税、免税期间应当按照规定办理纳税申报。

(三)延期申报★

纳税人、扣缴义务人因各种原因，不能按照规定的期限办理纳税申报或者报送代扣代缴、代收代缴税款报表的。

1. 因不可抗力影响造成延期

(1)可以延期办理，但是，应当在不可抗力情形"消除后"立即向税务机关报告。

(2)税务机关应当查明事实，予以核准。

『提示』不可抗力造成延期的，无须事先申请，但需税务机关事后查明、核准。

2. 因其他原因造成延期

(1)书面申请。

纳税人提出书面申请，税务机关核准，在核准的期限内办理。

(2)预缴税款。

经核准延期的，应当在纳税期内按照"上期"实际缴纳的税额或者税务机关核定的税额"预缴税款"，并在核准的延期内办理税款结算。

随学随练 ⏱限时3分钟

1.【多选题】（2019年）根据税收征收管理法律制度的规定，下列各项中，属于纳税申报方式的有（　　）。

　A. 简易申报　　　B. 数据电文申报
　C. 自行申报　　　D. 邮寄申报

2.【多选题】（2018年）根据税收征收管理法律制度的规定，下列纳税申报方式中，符合法律规定的有（　　）。

　A. 甲企业在规定的申报期限内，自行到主管税务机关指定的办税服务大厅申报
　B. 经税务机关批准，丙企业以网络传输方式申报
　C. 经税务机关批准，乙企业使用统一的纳税申报专用信封，通过邮局交寄
　D. 实行定期定额缴纳税款的丁个体工商户，采用简易申报方式申报

3.【判断题】（2019年、2018年、2017年、2016年）个体工商户享受减税、免税待遇的，在减税、免税期间应按期申报纳税。　　　　　　　　　　　　（　　）

4.【判断题】（2019年）纳税人经税务机关核准延期办理纳税申报的，应当在纳税期内按照上期实际缴纳的税额或税务机关核定的税额预缴税款，并在核准的延期内办理税款结算。　　　　　　　　　　　　（　　）

随学随练参考答案及解析

1. ABCD 【解析】本题考核纳税申报方式。

纳税申报方式包括自行申报、邮寄申报、数据电文申报、其他申报方式（简易申报、简并征期）等方式。

2. ABCD 【解析】本题考核纳税申报方式。纳税申报方式是指纳税人和扣缴义务人在纳税申报期限内，依照规定到指定的税务机关进行申报纳税的形式。纳税申报方式主要有以下几种：①自行申报（选项A）；②邮寄申报（选项C）；③数据电文申报（选项B）；④实行定期定额缴纳税款的纳税人，可以实行简易申报、简并征期等方式申报纳税（选项D）。

3. √ 【解析】本题考核纳税申报的要求。纳税人享受减税、免税待遇的，在减税、免税期间应当按照规定办理纳税申报。

4. √ 【解析】本题考核纳税申报的其他要求。

模块三 税款征收、税务检查

考点一 税款征收方式 ★★★

扫我解疑难

考点精讲

税款征收是税收征收管理工作的中心环节，其征收制度可分为税款征收方式和税款征收措施。税款征收方式包括查账征收、查定征收、查验征收、定期定额征收、委托代征等方式。税款征收措施包括责令限期缴纳、加收滞纳金、责令提供纳税担保、税收保全措施与强制执行措施和阻止出境措施。

一、税款征收方式及其具体规定

针对考试，我们主要学习查账征收、查定征收、查验征收和定期定额征收，如表7-5所示。

表 7-5　税款征收方式及其具体规定

征收方式		具体规定
查账征收		针对**"财务会计制度健全"**的纳税人
查定征收	适用范围	对**账务资料不全**，但能控制其材料、产量或进销货物的纳税单位或个人； 生产经营规模较小、产品零星、税源分散、会计账册不健全，但能控制原材料或进销货的**小型厂矿和作坊**
	征收方式	税务机关依据正常条件下的生产能力对其生产的应税产品查定产量、销售额，然后依照税法规定的税率征收
查验征收	适用范围	**财务制度不健全**，生产经营不固定，零星分散，**流动性大**的税源
	征收方式	税务机关对纳税人的应税商品、产品，通过**查验数量**，按市场一般销售单价计算其销售收入，并据以计算应纳税款
定期定额征收	适用主体	生产、经营规模小，达不到《个体工商户建账管理暂行办法》规定的设置账簿标准，难以查账征收，不能准确计算计税依据的个体工商户(包括个人独资企业，简称定期定额户)
	认定批准	①经主管税务机关认定； ②**"县以上"**税务机关(含县级)批准

二、应纳税额核定的情形与方法

应纳税额核定的情形与方法如表 7-6 所示。

表 7-6　应纳税额核定的情形与方法

项目			具体范围
核定情形	查账征收出问题	账簿	①依法应设置但未设置账簿的； ②擅自销毁账簿或者拒不提供纳税资料的； ③虽设置账簿，但账目混乱，或者成本资料、收入凭证、费用凭证残缺不全，难以查账的
		申报	①未按期纳税申报，逾期仍不申报； ②拒不进行纳税申报； ③计税依据明显偏低，又无正当理由
	非查账征收		属于依法可以不设置账簿的，包括： 查定、查验、定期定额征收方式
核定方法	方法		①参照当地同类行业或者类似行业中经营规模和收入水平相近的纳税人的税负水平核定。 ②营业收入或成本加合理费用和利润方法核定。 ③按耗用原材料、燃料、动力等推算或者测算。 ④其他合理方法核定
	其他规定		当其中一种方法不足以正确核定应纳税额时，可以同时采用两种以上的方法核定

随学随练 限时3分钟

1.【单选题】(2018 年、2015 年)甲公司为大型国有企业，财务会计制度健全，能够如实核算和提供生产经营情况，并能正确计算应纳税款和如实履行纳税义务，其适用的税款征收方式是(　　)。

A. 定期定额征收　　B. 查账征收
C. 查定征收　　　　D. 查验征收

2.【单选题】(2008 年)某酒店 2007 年 12 月份取得餐饮收入 5 万元，客房出租收入 10 万元，该酒店未在规定期限内进行纳税申报，经税务机关责令限期申报，逾期仍未申报。根据税收征收管理法律制度的规定，税务机关有权对该酒店采取的税款征收措施是（　　）。

A. 采取税收保全措施
B. 责令提供纳税担保
C. 税务人员到酒店直接征收税款
D. 核定其应纳税额

3. 【多选题】（2018年）根据税收征收管理法律制度的规定，纳税人发生的下列情形中，税务机关有权核定其应纳税额的有（　　）。

A. 纳税人申报的计税依据明显偏低，又无正当理由的
B. 依照法律、行政法规的规定可以不设置账簿的
C. 拒不提供纳税资料的
D. 虽设置账簿，但账目混乱、难以查账的

📝随学随练参考答案及解析

1. B 【解析】本题考核税款征收方式。①选项A：定期定额征收，适用于经主管税务机关认定和县以上税务机关（含县级）批准的生产、经营规模小，达不到《个体工商户建账管理暂行办法》规定设置账簿标准，难以查账征收，不能准确计算计税依据的个体工商户（包括个人独资企业）；②选项C：查定征收，适用于生产经营规模较小、产品零星、税源分散、会计账册不健全，但能控制原材料或进销货的小型厂矿和作坊；③选项D：查验征收，适用于纳税人财务制度不健全，生产经营不固定，零星分散、流动性大的税源。

2. D 【解析】本题考核税款征收措施。纳税人发生纳税义务，未按照规定的期限办理纳税申报，经税务机关责令限期申报，逾期仍

不申报的，由税务机关核定其应纳税额。

3. ABCD 【解析】本题考核税务机关有权核定应纳税额的情况。纳税人有下列情形之一的，税务机关有权核定其应纳税额：①依照法律、行政法规的规定可以不设置账簿的。②依照法律、行政法规的规定应当设置但未设置账簿的。③擅自销毁账簿或者拒不提供纳税资料的。④虽设置账簿，但账目混乱或者成本资料、收入凭证、费用凭证残缺不全，难以查账的。⑤发生纳税义务，未按照规定的期限办理纳税申报，经税务机关责令限期申报，逾期仍不申报的。⑥纳税人申报的计税依据明显偏低，又无正当理由的。

考点二　税款征收措施★★★

扫我解疑难

考点精讲

『提示』当正常有序的税款征收方式达不到税源按时足额入库的情况时，税法赋予了税务机关采取进一步措施的职权，即实施税款征收措施的权力。税款正常组织入库的征收方式为"先礼"，税务机关依照职权进一步执法的征收措施为"后兵"。税款征收制度我们可通俗理解为"先礼后兵"的过程。

考试范围内，我们需要掌握的税款征收措施包括：①责令缴纳；②加收滞纳金；③责令提供纳税担保；④税收保全措施；⑤税收强制执行措施；⑥阻止出境。

一、责令缴纳

（一）税务机关责令缴纳的情形

责令缴纳的情形如表7-7所示。

表7-7　责令缴纳的情形

情形		具体规定
缴纳期限**届满后**	纳税人	未按照法定税款缴纳期限缴纳税款，税务机关可责令其限期缴纳。
	扣缴义务人	『提示』税款缴纳期限届满次日起开始加收滞纳金
	纳税担保人	

情形	具体规定
缴纳期限**届满前**	有根据认为从事"**生产、经营**"的纳税人有"**逃避**"缴纳税款义务的行为，可在规定的纳税期之前责令其限期缴纳应纳税款。 『提示1』由于缴纳期限尚未届满，因此不涉及加处滞纳金。 『提示2』此处与税收保全措施有衔接
核定计税依据	①未按照规定办理税务登记及临时经营的从事生产、经营的纳税人，税务机关核定应纳税额后，责令其缴纳应纳税款； ②纳税人不缴纳，税务机关有权扣押商品、货物
纳税担保人	纳税担保人未按照规定的期限缴纳所担保的税款，**税务机关责令其限期缴纳应纳税款**。逾期仍未缴纳的，税务机关有权采取其他税款征收措施

(二)税收滞纳金的计算

1. 加收滞纳金的情形

纳税人未按照规定期限缴纳税款的，扣缴义务人未按照规定期限解缴税款的，税务机关除责令限期缴纳外，从"**滞纳税款之日**"起，按日加收滞纳税款"**0.5‰**"的滞纳金。

2. 具体计算的起止时间

法律、行政法规规定的税款缴纳期限届满"**次日**"起至缴纳或者解缴税款"**之日**"止。

『提示』滞纳天数的确定采用"算尾不算头"的方法。

【链接】商业汇票贴现实际利息计算天数采用"算头不算尾"的方法，即贴现日至票据到期日的前一日。

【示例】某零售商店2019年8月应缴纳增值税60 000元，城市维护建设税4 200元。该公司在规定期限内未进行纳税申报，税务机关责令其缴纳并加收滞纳金，该公司在9月30日办理了申报缴纳手续。税务机关核定该公司增值税和城市维护税均以1个月为一个纳税期；从滞纳税款之日起，按日加收滞纳税款0.5‰的滞纳金。

问题：该公司应缴纳的滞纳金金额？

分析：第一步：确定应纳税额

应纳税款＝60 000＋4 200＝64 200(元)

第二步：确定纳税期限

根据规定，增值税纳税人以1个月或者1个季度为一个纳税期的，自期满之日起15日内申报纳税，本题中，该公司以1个月为纳税期限，因此8月应缴纳的增值税和城建税应该在9月15日之前申报纳税。

第三步：确定滞纳天数

该单位在9月30日办理纳税申报缴纳手续，实际上是将本应在9月15日之前缴纳的税款拖延到9月30日缴纳，按照"算尾不算头"，滞纳期限为9月16日~9月30日，共计15天。

第四步：计算滞纳金

滞纳金＝应纳税款×滞纳天数×0.5‰

则该公司应缴纳的滞纳金＝(60 000＋4 200)×0.5‰×15＝481.5(元)。

二、责令提供纳税担保

(一)担保方式

保证、抵押、质押。

(二)适用纳税担保的情形

1. 税款缴纳期限届满之前

(1)从事生产、经营纳税人有逃避纳税义务行为；

(2)在规定的"税款缴纳期限届满之前"经税务机关责令其限期缴纳应纳税款；

(3)在"**限期内**"发现纳税人有明显的转移、隐匿其应纳税的商品、货物以及其他财产或者应纳税收入的迹象。

2. 税款缴纳期限届满之后

欠缴税款、滞纳金的纳税人或者其法定代表人需要出境的。

【链接】欠缴税款的纳税人或者其法定代表人在出境前未按规定结清应纳税款、滞纳金或者提供纳税担保的，税务机关可以通知出境管理机关阻止其出境。

3. 申请税务行政复议

纳税人同税务机关在"**纳税**"上发生争议而未缴清税款，需要申请行政复议的。

【链接】申请人按规定申请税务行政复议的，必须先缴纳或者解缴税款及滞纳金，或者提供相应的担保。

(三)纳税担保的范围

1. 税款
2. 滞纳金
3. 实现税款、滞纳金的费用

三、税收保全措施与税收强制执行措施

税收保全措施与强制执行措施所涉及的前提和具体措施各不相同，我们可以归纳如表7-8所示。

表7-8　税收保全与强制执行措施的比较

比较项目		税收保全	税收强制执行
适用前提		从事**生产、经营**的**纳税人**有逃避纳税义务行为→纳税期之前，责令限期缴纳→限期内转移、隐匿→税务机关责成纳税人提供纳税担保→纳税人不提供→保全	**纳税人或纳税担保人**未按照规定的期限缴纳所担保的税款→税务机关责令限期缴纳→逾期仍未缴纳→强制执行
		仅适用于纳税人，不适用纳税担保人和扣缴义务人	**扣缴义务人**未按照规定的期限解缴税款→税务机关责令限期缴纳→逾期仍未缴纳→强制执行
具体措施	金融机构协助	书面通知纳税人开户银行或者其他金融机构"**冻结**"纳税人的金额相当于**应纳税款**的存款	书面通知其开户银行或者其他金融机构从其存款中"**扣缴**"税款
	财产方面	"**扣押、查封**"纳税人的价值相当于**应纳税款**的商品、货物或者其他财产	"**扣押、查封、依法拍卖或者变卖**"其价值相当于**应纳税款**的商品、货物或者其他财产，以拍卖或者变卖所得抵缴税款
内容		**税款**	**税款+滞纳金**
批准		经"**县以上**"税务局(分局)局长批准	
不适用的财产		①个人及其所扶养家属维持生活必需的住房和用品；不包括：机动车辆、金银饰品、古玩字画、豪华住宅或者"**一处以外**"的住房。②单价5 000元以下的**其他生活用品**	

四、阻止出境(欠税清缴制度)

(一)适用主体

欠缴税款的"**纳税人**"或者其"**法定代表人**"。

(二)适用情形

在"**出境前**"未按规定结清应纳税款、滞纳金或者提供纳税担保的。

(三)具体措施

税务机关可以"**通知出境管理机关**"阻止其出境。税款征收措施的简要衔接如图7.1所示。

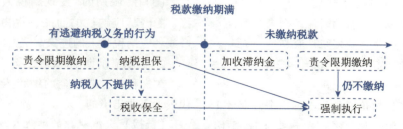

图7.1　税款征收措施的简要衔接

【图示说明】"三条线索指向强制执行"：一是从事生产、经营的纳税人、扣缴义务人未按照规定的期限缴纳或者解缴税款，由税务机关责令限期缴纳，逾期仍未缴纳的；二是纳税担保人未按照规定的期限缴纳所担保的税款，由税务机关责令限期缴纳，逾期仍未缴纳的；三是税收保全措施转化为税收强制执行措施。注意顺序，税收强制执行措施不会逆向转化为税收保全措施。

随学随练 限时5分钟

1. 【单选题】（2019年）根据税收征收管理法律制度的规定，下列情形中，税务机关可以责令纳税人提供纳税担保的是（ ）。

A. 纳税人按照规定应设置账簿而未设置

B. 纳税人同税务机关在纳税上发生争议而未缴清税款，需要申请行政复议的

C. 纳税人对税务机关作出逾期不缴纳罚款加处罚款的决定不服，需要申请行政复议的

D. 纳税人开具与实际经营业务情况不符的发票

2. 【单选题】（2018年）按照规定甲公司最晚于2017年5月15日缴纳应纳税款，甲公司迟迟未缴纳。主管税务机关责令其于当年6月30日前缴纳应纳税款，甲公司直到7月14日才缴纳税款。关于主管税务机关对甲公司加收滞纳金的起止时间的下列表述中，正确的是（ ）。

A. 2017年6月30日至2017年7月15日

B. 2017年6月15日至2017年7月15日

C. 2017年7月1日至2017年7月14日

D. 2017年5月16日至2017年7月14日

3. 【单选题】（2018年）根据税收征收管理法律制度的规定，下列各项中，不适用税收保全的财产是（ ）。

A. 纳税人的古董

B. 纳税人的别墅

C. 纳税人的豪华小汽车

D. 纳税人的家庭唯一普通住房

4. 【单选题】（2017年）税务机关在查阅甲公司公开披露的信息时发现，其法定代表人张某有一笔股权转让收入未申报缴纳个人所得税，要求张某补缴税款80万元，滞纳金3.8万元，张某未结清应纳税款、滞纳金的情况下，拟出国考察，且未提供纳税担保，税务机关知晓后对张某可以采取的税款征收措施是（ ）。

A. 查封住房

B. 查封股票交易账户

C. 通知出境管理机关阻止其出境

D. 冻结银行存款

5. 【单选题】（2017年）根据税收征收管理法律制度的规定，下列各项中，不属于纳税担保方式的是（ ）。

A. 保证　　　　　B. 扣押

C. 质押　　　　　D. 抵押

随学随练参考答案及解析

1. B 【解析】本题考核纳税担保的情形。适用纳税担保的情形：①税务机关有根据认为从事生产、经营的纳税人有逃避纳税义务行为，在规定的纳税期之前经责令其限期缴纳应纳税款，在限期内发现纳税人有明显的转移、隐匿其应纳税的商品、货物，以及其他财产或者应纳税收入的迹象，责成纳税人提供纳税担保的；②欠缴税款、滞纳金的纳税人或者其法定代表人需要出境的；③纳税人同税务机关在纳税上发生争议而未缴清税款，需要申请行政复议的；④税收法律、行政法规规定可以提供纳税担保的其他情形。选项A，税务机关有权核定纳税人应纳税额；选项C，应当先缴纳罚款和加处罚款，再申请行政复议。

2. D 【解析】本题考核加收滞纳金的计算。加收滞纳金的起止时间，为法律、行政法规规定或者税务机关依照法律、行政法规的规定确定的税款缴纳期限届满次日起至

纳税人、扣缴义务人实际缴纳或者解缴税款之日止。

3. D 【解析】本题考核税收保全措施的范围。个人及其所扶养家属维持生活必需的住房和用品，不在税收保全措施的范围之内。

4. C 【解析】本题考核阻止出境的税款征收措施。欠缴税款的纳税人或者其法定代表人在出境前未按规定结清应纳税款、滞纳金或者提供纳税担保的，税务机关可以通知出境管理机关阻止其出境。

5. B 【解析】本题考核纳税担保的方式。纳税担保，是指经税务机关同意或确认，纳税人或其他自然人、法人、经济组织以"保证、抵押、质押"的方式，为纳税人应当缴纳的税款及滞纳金提供担保的行为，不包括扣押方式。

考点三 税务检查★

扫我解疑难

考点精讲

一、税务机关在税务检查中的职权和职责

包括查账权、场地检查权、责成提供资料权、询问权、交通邮政检查权和存款账户检查权。

这里我们主要掌握重点内容如下：

（一）查账权

检查纳税人的账簿、记账凭证、报表和有关资料，检查扣缴义务人代扣代缴、代收代缴税款账簿、记账凭证和有关资料。

（二）场地检查权

到纳税人的生产、经营场所和货物存放地检查纳税人应纳税的商品、货物或者其他财产；检查扣缴义务人与代扣代缴、代收代缴税款有关的经营情况。

『提示』税务机关不能进入纳税人的"生活场所"进行检查。

（三）存款账户检查权

1. 检查从事生产经营的纳税人、扣缴义务人账户

经"县以上税务局（分局）局长批准"可以查询从事生产经营的纳税人、扣缴义务人在银行或者其他金融机构的存款账户。

2. 检查案件涉嫌人员"储蓄账户"

经"设区的市、自治州以上税务局（分局）局长"批准，可以查询案件涉嫌人员的储蓄存款。

二、税务检查中的"税收保全措施"

『提示』此为"检查环节"产生的税收保全措施，与前述"征税环节"的税收保全措施有差异。

（一）针对主体

税务机关对从事生产、经营的纳税人。

（二）时间

税务机关对纳税人"以前纳税期"的纳税情况依法进行税务检查时。

【链接】"征收环节"税收保全措施的时间是"在规定的纳税期限之前"。

（三）保全情形

税务机关发现纳税人有逃避纳税义务行为，并有明显的转移、隐匿其应纳税的商品、货物以及其他财产或者应纳税的收入的迹象的。

【链接】"征收环节"税收保全措施还需"责令限期缴纳"和"责令其提供纳税担保"的前置程序。

（四）税收保全措施的期限

一般不得超过"6个月"；重大案件需要延长的，应当报"国家税务总局"批准。

随学随练 限时2分钟

1. 【多选题】（2015年）根据税收征收管理法律制度的规定，下列各项中属于税务机关税务检查职责范围的有（ ）。

A. 责成纳税人提供与纳税有关的资料

B. 可按规定的批准权限采取税收保全措施

C. 询问纳税人与纳税有关的问题和情况

D. 检查纳税的账簿

2. 【判断题】（2019 年）税务机关派出人员进行税务检查，如果未出示税务检查证和税务检查通知书的，被检查人有权拒绝。　　　　　　　（　　）

3. 【判断题】（2017 年）纳税人对税务检查人员未出示税务检查证和税务检查通知书的，有权拒绝检查。　　　　　　　（　　）

随学随练参考答案及解析

1. ACD 【解析】本题考核税务检查中税务机关的职责。选项 B 属于税款征收措施，不是检查职责。

2. √

3. √

模块四　税务行政复议

考点一　税务行政复议

扫我解疑难

考点精讲

一、税务行政复议的"必经复议"情形 ★★★

纳税人、扣缴义务人及纳税担保人对税务作出的"征税行为"不服的，应当"先向复议机关"申请行政复议，对行政复议决定不服，可以"再向人民法院"提起诉讼。

税务机关征税行为的范围如表 7-9 所示。

表 7-9　税务机关征税行为的范围

项目	具体内容
税法要素	确认纳税主体、征税对象、征税范围、减税、免税、退税、抵扣税款、适用税率、计税依据、纳税环节、纳税期限、纳税地点
税款征收方式	征收税款(查账、查定、查验、定期定额)、代扣代缴、代收代缴、代征行为
税款征收措施	**加收滞纳金**

『提示 1』申请人按规定申请行政复议的，必须先缴纳或者解缴税款及滞纳金，或者提供相应的担保。

『提示 2』申请人对税务机关作出的逾期不缴纳罚款加处罚款的决定不服的，应当先缴纳罚款和加处罚款，再申请行政复议。

二、税务行政复议管辖 ★★★

税务行政复议管辖如表 7-10 所示。

表 7-10　税务行政复议管辖

项目	具体规定	
	作出具体行政行为的机关	向谁申请
一般规定	各级税务机关	向其"上一级"税务机关申请
	计划单列市税务局	向"国家税务总局"申请
	国家税务总局	向"国家税务总局"申请
	税务所(分局)、各级税务局的稽查局	向其"所属税务局"申请
特殊规定	两个以上税务机关共同作出	向"共同上一级""税务机关"申请
	税务机关与其他行政机关共同作出	向其"共同上一级""行政机关"申请
	被撤销的税务机关在撤销前作出	向继续行使其职权的税务机关上一级税务机关申请

项目	具体规定	
	作出具体行政行为的机关	向谁申请
罚款	对税务机关作出逾期不缴纳罚款"加处罚款"不服	向作出行政处罚决定的税务机关申请
	对罚款和加处罚款都不服	向作行政处罚决定税务机关的"**上一级**"税务机关申请

随学随练 4分钟

1. 【单选题】(2019年)根据税收征收管理法律制度的规定，下列关于税务行政复议管辖的表述中，不正确的是(　　)。
   A. 对国家税务总局的具体行政行为不服的，向国家税务总局申请行政复议
   B. 对市辖区税务局的具体行政行为不服的，向市税务局申请行政复议
   C. 对税务局的稽查局的具体行政行为不服的，向其所属税务局申请行政复议
   D. 对计划单列市税务局的具体行政行为不服的，向其所在省的省税务局申请行政复议

2. 【单选题】(2019年)甲公司对M省N市税务局稽查局作出的具体行政行为不服，拟申请行政复议。下列各项中，符合复议管辖规定的是(　　)。
   A. 甲公司应向N市税务局申请行政复议
   B. 甲公司应向M省税务局申请行政复议
   C. 甲公司应向N市税务局稽查局申请行政复议
   D. 甲公司应向M省税务局稽查局申请行政复议

3. 【多选题】(2018年)根据税收征收管理法律制度的规定，纳税人对税务机关的下列行政行为不服时，可以申请行政复议的有(　　)。
   A. 罚款
   B. 确认适用税率
   C. 加收滞纳金
   D. 依法制定税收优惠政策

4. 【多选题】(2018年)根据税收征收管理法律制度的规定，纳税人对税务机关的下列行政行为不服，可以直接起诉的有(　　)。

   A. 税务机关加收滞纳金的行为
   B. 税务机关将纳税人纳税信用等级由A级降为B级
   C. 税务机关扣押、查封纳税人的财产
   D. 纳税人依照法律规定提供了纳税担保，税务机关不依法确认纳税担保

5. 【判断题】(2019年、2017年)纳税人对税务机关作出逾期不缴纳罚款加处罚款的决定不服的，应当先缴纳罚款和加处罚款，再申请行政复议。(　　)

随学随练参考答案及解析

1. D 【解析】本题考核税务行政复议的管辖。对计划单列市税务局的具体行政行为不服的，向国家税务总局申请行政复议，选项D的表述错误。

2. A 【解析】本题考核税务行政复议的管辖。对税务所(分局)、各级税务局的稽查局作出的具体行政行为不服的，向其所属税务局申请行政复议。M省N市税务局稽查局所属的税务局为N市税务局。

3. ABC 【解析】本题考核税务行政复议的范围。①选项A、B、C：均属于具体行政行为，适用行政复议和行政诉讼；选项B、C属于具体征税行为，应先申请行政复议，对复议结果不服的，再提起行政诉讼；②选项D：属于抽象行政行为，不适用行政复议和行政诉讼。

4. BCD 【解析】本题考核税务行政复议中的必经复议情形。选项A，税务机关加收滞纳金的行为必须先申请行政复议，对行政复议决定不服的，可以提起诉讼。

5. √

模块五　税收法律责任

考点一　税务管理相对人实施税收违法行为的法律责任

扫我解疑难

考点精讲

表 7-11　税务管理相对人实施税收违法行为的法律责任

行为	定义	法律责任
违反税务管理规定	8 种情况	重点掌握： 扣缴义务人应扣未扣、应收而不收税款的，由税务机关向纳税人追缴税款，对扣缴义务人处以应扣未扣、应收而未收税款**50%以上 3 倍以下罚款**
逃税	**欺骗、隐瞒**手段进行**虚假**纳税申报或者不申报	略
欠税	**转移或隐匿财产**的手段，妨碍税务机关追缴欠税的行为	由税务机关追缴其欠缴的退税款，并处欠缴税款50%以上 5 倍以下的罚款
抗税	暴力、威胁	拒缴税款**1 倍以上 5 倍以下**的罚款
骗税	以假报出口或其他欺骗手段**骗取出口退税款**	由税务机关追缴其骗取的退税款，并处骗取税款**1 倍以上 5 倍以下**的罚款

考点二　（2020 年新增）重大税收违法失信案件信息公布 ★

扫我解疑难

考点精讲

一、案件范围

（1）纳税人伪造、变造、隐匿、擅自销毁账簿、记账凭证，或者在账簿上多列支出或者不列、少列收入，或者经税务机关通知申报而拒不申报或者进行虚假的纳税申报，不缴或者少缴应纳税款100 万元以上，且任一年度不缴或者少缴应纳税款占当年各税种应纳税总额10%以上的；

（2）纳税人欠缴应纳税款，采取转移或者隐匿财产的手段，妨碍税务机关追缴欠缴的税款，欠缴税款金额10 万元以上的；

（3）骗取国家出口退税款的；

（4）以暴力、威胁方法拒不缴纳税款的；

（5）虚开增值税专用发票或者虚开用于骗取出口退税、抵扣税款的其他发票的；

（6）虚开普通发票100 份或者金额 40 万元以上的；

（7）私自印制、伪造、变造发票，非法制造发票防伪专用品，伪造发票监制章的；

（8）具有偷税、逃避追缴欠税、骗取出口退税、抗税、虚开发票等行为，经税务机关检查确认走逃(失联)的；

（9）其他违法情节严重、有较大社会影响的。

二、信息公布管理

（1）省以下税务机关应及时将符合公布标准的案件信息录入相关税务信息管理系统，通过省税务机关门户网站向社会公布，同时可以根据本地区实际情况，通过本级税务机关公告栏、报纸、广播、电视、网络媒体等途径以及新闻发布会等形式向社会公布。

(2)重大税收违法失信案件信息自**公布之日起满3年**的,停止公布并从公告栏中撤出。

📝 随学随练 ⏱限时4分钟

1.【单选题】(2016年改)纳税人因骗税涉嫌犯罪,有权力判决其承担刑事责任的机关是( )。
   A. 人民政府
   B. 人民法院
   C. 国家税务总局
   D. 公安机关

2.【单选题】(2016年)纳税人有欠税行为,由税务机关追缴其欠缴的退税款、滞纳金,并处欠缴税款一定倍数的罚款,该倍数为( )。
   A. 1倍以上10倍以下
   B. 50%以上5倍以下
   C. 10倍
   D. 1倍以上15倍以下

3.【单选题】纳税人发生逃税行为,下列选项中,不属于税务机关可以行使的权力是( )。
   A. 加收滞纳金   B. 责令限期缴纳
   C. 处以罚款   D. 拘役

4.【单选题】重大税收违法失信案件信息自公布之日起满一定期限的,停止公布并从公告栏中撤出,该期限是( )。
   A. 1年   B. 5年
   C. 3年   D. 36个月

5.【多选题】(2016年)下列属于税法规定的逃税手段的有( )。
   A. 欺骗、隐瞒手段

   B. 以暴力拒不缴纳税款
   C. 假报出口手段
   D. 伪造、变造、隐匿账簿的手段

6.【多选题】下列选项中,属于重大税收违法失信案件信息公布的案件有( )。
   A. 以暴力、威胁方法拒不缴纳税款的;
   B. 纳税人欠缴应纳税款,采取转移或者隐匿财产的手段,妨碍税务机关追缴欠缴的税款,欠缴税款金额10万元以上
   C. 骗取国家出口退税款
   D. 虚开普通发票100份或者金额40万元以上

📝 随学随练参考答案及解析

1. B 【解析】本题考核税收法律责任。追究刑事责任的只能是司法机关决定。

2. B 【解析】本题考核欠税行为的法律责任。根据规定,纳税人欠税的,由税务机关追缴其欠缴的退税款,并处欠缴税款50%以上5倍以下的罚款;构成犯罪的,依法追究刑事责任。

3. D 【解析】本题考核税收违法行为的法律责任。选项D,属于刑事责任,非税务机关的权力。

4. C 【解析】本题考核重大税收违法失信案件信息的公布管理。根据规定,重大税收违法失信案件信息自公布之日起满3年的,停止公布并从公告栏中撤出。

5. AD 【解析】本题考核逃税行为的概念。选项B,属于抗税行为;选项C,属于骗税行为。

6. ABCD 【解析】本题考核重大税收违法失信案件信息公布的案件。

本 章 综 合 练 习 (限时60分钟)

一、单项选择题

1. 根据发票管理法律制度的规定,下列关于发票管理的表述中,不正确的是( )。

   A. 已经开具的发票存根联,应当保存5年
   B. 发票实行不定期换版制度
   C. 收购单位支付个人款项时,由付款方向

收款方开具发票

D. 发票记账联由付款方或受票方作为记账原始凭证

2. 实行定期定额缴纳税款的纳税人，可以采取的申报方式是( )。

A. 自行申报

B. 邮寄申报

C. 数据电文申报

D. 简易申报和简并征期

3. 税收征纳双方享有一定的权利、承担相应的义务，下列选项中，属于征税主体承担的义务是( )。

A. 税收立法权

B. 代扣、代收税款的义务

C. 加强队伍建设，提高税务人员的政治业务素质

D. 财务会计制度和会计核算软件备案的义务

4. 税务机关针对纳税人的不同情况可以采取不同的税款征收方式。对生产、经营规模小，不能建账设账的单位，适用的税款征收方式是( )。

A. 查账征收　　B. 查定征收

C. 查验征收　　D. 定期定额征收

5. 根据税收征收管理法律制度的规定，纳税人未按照规定期限缴纳税款的，税务机关可责令限期缴纳，并从滞纳之日起，按日加收滞纳税款一定比例的滞纳金，该比例为( )。

A. 万分之五　　B. 万分之七

C. 万分之一　　D. 万分之三

6. 纳税人应在 3 月 15 日缴纳税款 30 万元，逾期未缴纳，税务机关责令在 3 月 31 日前缴纳。但直到 4 月 24 日才缴纳。则滞纳金为( )万元。

A. $30 \times 0.5‰ \times 15 = 0.225$

B. $30 \times 0.5‰ \times 16 = 0.24$

C. $30 \times 0.5‰ \times 24 = 0.36$

D. $30 \times 0.5‰ \times 40 = 0.6$

7. 根据税收征收管理法律制度的规定，税务

机关作出的下列行政行为中，不属于税务行政复议范围的是( )。

A. 调整税收优惠政策

B. 作出征收税款的决定

C. 税务机关不依法进行行政奖励

D. 确认纳税环节

8. 对国家税务总局的具体行政行为不服的，向( )申请行政复议。

A. 国务院

B. 国家税务总局

C. 人民法院

D. 向上一级税务机关

9. 纳税人下列行为中，属于骗税的是( )。

A. 以假报出口或其他欺骗手段骗取出口退税款

B. 以暴力、威胁方法拒不缴税的

C. 纳税人采取欺骗、隐瞒手段进行虚假纳税申报或者不申报，逃避缴纳税款的行为

D. 未按照规定保管、设置会计账簿的

二、多项选择题

1. 根据税收征收管理法律制度的规定，下列各项中，属于税务机关发票管理权限的有( )。

A. 向当事各方询问与发票有关的问题和情况

B. 查阅、复制与发票有关的凭证、资料

C. 调出发票查验

D. 检查印制、领购、开具、取得、保管和缴销发票的情况

2. 按照发票管理规定使用发票，不得有( )行为。

A. 扩大发票使用范围

B. 拆本使用发票

C. 转借、转让发票

D. 以其他凭证代替发票使用

3. 税收征纳双方享有一定的权利、承担相应的义务，下列选项中，属于纳税主体承担的义务是( )。

A. 回避义务

B. 按照规定安装、使用税控装置的义务

C. 接受依法检查的义务；

D. 普及纳税知识义务

4. 根据税收征收管理法律制度的规定，下列各项中，属于纳税申报表内容的有( )。

A. 税款所属期限

B. 适用的税率

C. 税种、税目

D. 计税依据

5. 下列选项中，属于重大税收违法失信案件信息公布的案件范围有( )。

A. 虚开了一份增值税专用发票的

B. 纳税人未按照规定将其全部银行账号向税务机关报告的

C. 虚开普通发票1份，金额为3 000元的

D. 逃避追缴欠税，经税务机关检查确认走逃(失联)的

6. 根据税收征收管理法律制度的规定，下列各项中，适用纳税担保的情形有( )。

A. 纳税人同税务机关在纳税上发生争议而未缴清税款，需要申请行政复议的

B. 纳税人在税务机关责令缴纳应纳税款限期内，有明显转移、隐匿其应纳税的商品、货物以及应纳税收入迹象的

C. 欠缴税款、滞纳金的纳税人或者其法定代表人需要出境的

D. 从事生产、经营的纳税人未按规定期限缴纳税款，税务机关责令限期缴纳，逾期仍未缴纳的

7. 根据《税收征收管理法》的规定，下列各项中，属于税收强制执行措施的有( )。

A. 暂扣纳税人营业执照

B. 书面通知纳税人开户银行从其存款中扣缴税款

C. 依法拍卖纳税人价值相当于应纳税款的货物，以拍卖所得抵缴税款

D. 书面通知纳税人开户银行冻结纳税人的金额相当于应纳税款的存款

8. 根据税收征收管理法律制度规定，税务机关在实施税务检查时，可以采取的措施有( )。

A. 检查纳税人的会计资料

B. 检查纳税人货物存放地的应纳税商品

C. 检查纳税人托运、邮寄应纳税商品的单据、凭证

D. 到车站检查旅客自带物品

9. 纳税人对税务机关做出的下列具体行为不服，可以提出行政复议申请的有( )。

A. 确认征税对象

B. 加收滞纳金行为

C. 行政许可、行政审批行为

D. 不依法确认纳税担保行为

10. 根据税收征收管理法律制度的规定，税务机关做出的下列具体行政行为中，申请人不服，可以先向复议机关申请行政复议，也可以直接向人民法院提起行政诉讼的有( )。

A. 征收税款行为　B. 税收保全行为

C. 发票管理行为　D. 行政处罚行为

三、判断题

1. 任何单位与个人不得为他人开具与实际经营业务不符的发票。 ( )

2. 纳税申报方式中，邮寄申报以税务机关实际收到邮件的日期为实际申报日期。( )

3. 征税主体的税收立法权包括参与起草税收法律法规草案，提出税收政策建议，在职权范围内制定、发布关于税收征管的法律。 ( )

4. 纳税人发生纳税义务，未按照规定的期限办理纳税申报，经税务机关责令限期申报，逾期仍不申报，税务机关有权核定其应纳税额。 ( )

5. 税务机关采取税收保全措施时，有权查封、扣押纳税人个人及其所扶养家属维持生活必需的住房和用品。 ( )

6. 纳税人对税务检查人员未出示税务检查证和税务检查通知书的，有权拒绝检查。( )

7. 申请人可以在知道税务机关做出具体行政行为之日起180日内提出行政复议申请。( )

8. 对两个以上税务机关共同作出的具体行政行为不服的，向共同上一级税务机关申请

行政复议。　　　　　　　（　）

9. 纳税人编造虚假计税依据的，由税务机关责令限期改正，并处以罚款。　（　）

10. 纳税人以假报出口或者其他欺骗手段，骗取国家出口退税款的行为属于逃税行为。　　　　　　　　（　）

本章综合练习参考答案及解析

一、单项选择题

1. D 【解析】本题考核发票管理的相关规定。发票记账联由收款方或开票方作为记账原始凭证。

2. D 【解析】本题考核纳税申报方式。实行定期定额缴纳税款的纳税人，可以实行简易申报、简并征期等方式申报纳税。

3. C 【解析】本题考核征纳税双方的义务。选项 A，属于征税主体的权利；选项 B、D，属于纳税主体的义务。

4. D 【解析】本题考核税款征收的方式。学习中，可以结合定期定额征收方式的有关内容综合掌握。①实行定期定额征收方式的纳税人可以申请停业、复业的税务登记；②实行定期定额征收方式的纳税人可以采取简易申报、简并征期等方式申报纳税。

5. A 【解析】本题考核加收滞纳金的比例。纳税人未按照规定期限缴纳税款的，扣缴义务人未按照规定期限解缴税款的，税务机关除责令限期缴纳外，从滞纳税款之日起，按日加收滞纳税款"万分之五"的滞纳金。

6. D 【解析】本题考核滞纳金的计算。纳税人未按照规定期限缴纳税款的，从滞纳税款之日起，按日加收滞纳税款万分之五的滞纳金。加收滞纳金的起止时间，为法律规定确定的税款缴纳期限届满次日起至纳税人、扣缴义务人实际缴纳或者解缴税款之日止。本题中，加收滞纳金的起止时间是从 3 月 16 日起至 4 月 24 日止，一共是 40 日（31−16+1+24），因此滞纳金为 30×0.5‰×40＝0.6（万元）。

7. A 【解析】本题考核税务行政复议范围。根据税务行政复议规则的规定，复议机关只受理对具体行政行为不服提出的行政复议申请，换言之，即对抽象行政行为（规章、规定等）不服，不属于行政复议的受理范围。选项 A，属于具有普遍性质的法规调整，不属于税务行政复议范围。

8. B 【解析】本题考核税务行政复议管辖权。对国家税务总局的具体行政行为不服的，应向"国家税务总局"申请行政复议。

9. A 【解析】本题考核骗税行为。选项 B，属于抗税行为；选项 C，属于欠税行为；选项 D，属于违反税务管理规定的行为。

二、多项选择题

1. ABCD 【解析】本题考核发票管理。

2. ABCD 【解析】本题考核发票的使用。任何单位和个人应当按照发票管理规定使用发票，不得有下列行为：转借、转让、介绍他人转让发票、发票监制章和发票防伪专用品；知道或者应当知道是私自印制、伪造、变造、非法取得或者废止的发票而受让、开具、存放、携带、邮寄、运输；拆本使用发票；扩大发票使用范围；以其他凭证代替发票使用。

3. BC 【解析】本题考核征纳税双方的义务。选项 A、D，属于征税主体的义务。

4. ABCD 【解析】本题考核纳税申报表的内容。纳税人、扣缴义务人的纳税申报或者代扣代缴、代收代缴税款报告表的主要内容包括：税种、税目；应纳税项目或者应代扣代缴、代收代缴税款项目；计税依据；扣除项目及标准；适用税率或者单位税额；应退税项目及税额、应减免税项目及税额；应纳税额或者应代扣代缴、代收代缴税额；税款所属期限、延期缴纳税款、欠税、滞纳金等。

5. AD 【解析】本题考核重大税收违法失信案件信息公布的案件范围。选项 A，虚开增值税专用发票或者虚开用于骗取出口退税、抵扣税款的其他发票的，均属于公布的案件范围；选项 B，属于违反税务管理的行为，不在信息公布的案件范围中；选项 C，虚开普通发票 100 份或者金额 40 万元以上的，属于公布的案件范围；选项 D，具有偷税、逃避追缴欠税、骗取出口退税、抗税、虚开发票等行为，经税务机关检查确认走逃(失联)的，属于公布的案件范围。

6. ABC 【解析】本题考核适用纳税担保的情形。适用责令提供纳税担保的情形，包括：①税务机关有根据认为从事生产、经营的纳税人有逃避纳税义务行为，在规定的纳税期之前经责令其限期缴纳应纳税款，在限期内发现纳税人有明显的转移、隐匿其应纳税的商品、货物，以及其他财产或者应纳税收入的迹象，责成纳税人提供纳税担保的；②欠缴税款、滞纳金的纳税人或者其法定代表人需要出境的；③纳税人同税务机关在纳税上发生争议而未缴清税款，需要申请行政复议的；④税收法律、行政法规规定可以提供纳税担保的其他情形。选项 D，属于税收强制执行措施的情形。

7. BC 【解析】本题考核税款强制执行措施。税收强制执行措施包括：(1)书面通知纳税人开户银行从其存款中扣缴税款；(2)依法拍卖纳税人价值相当于应纳税款的货物，以拍卖所得抵缴税款。题中选项 D 属于税收保全措施。

8. ABC 【解析】本题考核税务检查中税务机关的职责。选项 D，税务机关有权到车站、码头、机场、邮政企业及其分支机构检查纳税人托运、邮寄应纳税商品、货物或者其他

财产的有关"单据、凭证和有关资料"。税务机关只能对单据、凭证和有关资料进行检查，不包括旅客自带的物品。

9. ABCD 【解析】本题考核税务行政复议的范围。申请人对税务机关作出的 12 项具体行政行为不服的，可以提出行政复议申请。

10. BCD 【解析】本题考核税务行政复议中的必经复议情形。①选项 A，属于征税行为，纳税人不服的，必须先申请行政复议，对行政复议决定不服的，可以向人民法院提起行政诉讼；②选项 B、C、D，不属于征税行为，纳税人不服的，可以申请行政复议，也可以直接向人民法院提起行政诉讼。

三、判断题

1. √

2. × 【解析】本题考核纳税申报方式。采用邮寄申报的，应以"寄出地"的邮政局"邮戳日期"为实际申报日期。

3. × 【解析】本题考核征税主体的税收立法权。征税主体的税收立法权包括参与起草税收法律法规草案，提出税收政策建议，在职权范围内制定、发布关于税收征管的"部门规章"。

4. √

5. × 【解析】本题考核税款征收措施。税收保全措施与税收强制执行措施的财产范围，不包括：①个人及其所扶养家属维持生活必需的住房和用品；②单价 5 000 元以下的其他生活用品。

6. √

7. × 【解析】本题考核税务行政复议的申请。申请人可以在知道税务机关做出具体行政行为之日起 60 日内提出行政复议申请。

8. √

9. √

10. × 【解析】本题考核骗税行为的概念。纳税人以假报出口或者其他欺骗手段，骗取国家出口退税款的行为属于骗税行为。

第8章　劳动合同与社会保险法律制度

考 情 分 析

本章为考试的重点章节，历年考试的试卷分值为"10 分~13 分"，各种题型均会出现，来源于本章的不定项选择题在很多年份、很多批次考卷中均有涉及。

本章篇幅较长，知识体系庞杂，诸如劳动争议仲裁、劳动诉讼等内容会与第一章总论形成首尾呼应，因此需要大家在学习中不断回忆前面所学的相关知识点。此外，本章涉及大量数字、期限、比例等时间性考点的内容，因此记忆负担较大。但是，本章内容毕竟是与我们工作和生活息息相关的，因此整体学习理解的难度不高，大家很容易能体会和接受。

▸ **2020 年考试变化**

本章 2020 年考核变化不大，主要是《依据降低社会保险费率综合方案的通知》国办发〔2019〕13 号进行更新和微调。另外按照简化流程调整了社会保险登记的程序。

核 心 考 点 及 真 题 详 解

模块一　劳动合同法律制度

考点一　劳动合同法适用范围★

扫我解疑难

考点精讲

一、适用主体范围

中华人民共和国境内的企业、个体经济组织、民办非企业单位等组织(统称为用人单位)与劳动者建立"**劳动关系**"，订立、履行、变更、解除或者终止劳动合同。
知识链接

二、参照《中华人民共和国劳动合同法》(以下简称《劳动法》)执行的主体范围

"国家机关、事业单位、社会团体"和与其建立劳动关系的劳动者，订立、履行、变更、解除或者终止劳动合同。

三、不适用《劳动合同法》部分条款的岗位

地方各级人民政府及县级以上人民政府有关部门为安置就业困难人员提供的给予岗位补贴和社会保险补贴的公益性岗位，其劳动合同不适用《劳动合同法》有关"无固定期限劳动合同"的规定以及"支付经济补偿"的规定。

随学随练 限时 1分钟

1.【单选题】下列关于劳动合同与劳动关系的说法中，不正确的是(　　)。

A. 境内企业、民办非企业单位、国家机关、事业单位与劳动者建立劳动关系，适用《劳动合同法》

B. 会计师事务所等合伙组织和基金会与劳动者建立劳动关系，适用《劳动合同法》

C. 劳动合同既涉及财产关系，也涉及人身关系

D. 地方各级人民政府及县级以上人民政府有关部门为安置就业困难人员提供的公益性岗位，其劳动合同适用《劳动合同法》全文规定

2.【判断题】劳动关系主体的一方是劳动者，另一方是用人单位或者中介机构。（　）

✍随学随练参考答案及解析

1. D 【解析】本题考核《劳动合同法》适用范围与劳动关系。选项D，地方各级人民政府及县级以上人民政府有关部门为安置就业困难人员提供的给予岗位补贴和社会保险补贴的公益性岗位，其劳动合同不适用《劳动合同法》有关"无固定期限劳动合同"的规定以及"支付经济补偿"的规定。

2. × 【解析】本题考核劳动关系的概念。根据规定，劳动关系的主体具有特定性。劳动关系主体的一方是劳动者，另一方是用人单位。

扫我解疑难

考点二　劳动合同订立

考点精讲

一、劳动合同订立的主体 ★★

（一）劳动合同订立主体的资格要求（如表8-1所示）

表8-1　劳动合同订立主体的条件

主体	条件	
劳动者	①年满16周岁； ②文艺、体育和特种工艺单位招用未满16周岁的未成年人，必须依照国家有关规定，并保障其接受义务教育的权利	
用人单位	依法成立，有用人权利能力和行为能力	
	分支机构	取得营业执照或者登记证书
		未依法取得营业执照或者登记证书的
		受用人单位委托可以与劳动者订立劳动合同

（二）劳动合同订立主体的义务（如表8-2所示）

表8-2　劳动合同订立主体的义务

主体	义务	
劳动者	诚信原则：如实说明自身情况	
用人单位	诚信原则：如实告知	
	两不得	不得扣押劳动者的居民身份证和其他证件。 若违法扣押： ①责令限期退还劳动者本人； ②依法给予处罚
		不得要求劳动者提供"担保"或者以其他名义向劳动者"收取财物"。 处罚： ①责令限期退还； ②"每人"500元以上2 000元以下的罚款； ③给劳动者造成损害的，应当承担赔偿责任

二、劳动关系建立的时间 ★★★

(1)用人单位自"用工之日"起即与劳动者建立劳动关系。

(2)用人单位与劳动者在用工前订立劳动合同的,劳动关系自用工之日起建立。

三、劳动合同订立的形式

(一)形式

应当订立"书面"劳动合同。

(二)订立时间

1. 期限

用人单位应当自用工之日起"1个月"内与劳动者订立书面劳动合同。

2. 未签订书面劳动合同的处理规则 ★★★

已建立劳动关系但未签订书面劳动合同时,依照《劳动合同法实施条例》确定的规则处理。该套规则可简单理解为"一看主体签不签,二看区间是何时"。

(1)自用工之日起"1个月内",经用人单位书面通知后,"劳动者"不与用人单位订立书面劳动合同的,用人单位应当书面通知劳动者终止劳动关系,"无需向劳动者支付经济补偿",但是应当依法向劳动者支付其实际工作时间的劳动报酬。

(2)"用人单位"自用工之日起"超过1个月不满1年"未与劳动者订立书面劳动合同的,应当依照规定向劳动者每月支付两倍的工资,并与劳动者补订书面劳动合同;劳动者不与用人单位订立书面劳动合同的,用人单位应当书面通知劳动者终止劳动关系,并依法向劳动者支付经济补偿。

(3)上述用人单位向劳动者每月支付两倍工资的起算时间为用工之日起满1个月的次日,截止时间为补订书面劳动合同的前一日。

(4)"用人单位"自用工之日起满1年未与劳动者订立书面劳动合同的,自用工之日起满1个月的次日至满1年的前一日应当依法向劳动者每月支付2倍的工资,并视为自用工之日起满1年的当日已经与劳动者订立无固定期限劳动合同,应当立即与劳动者补订书面劳动合同。

『提示』(4)的情况下,一共支付11个月双倍工资并视为不定期合同。

【示例】李某1月1日去A单位工作,但A单位一直未与其签订劳动合同。

分析:"一看主体签不签,二看区间是何时"。

(1)1月1日至2月1日的区间段。

李某不签→终止+拿工资+无补偿金

A单位不签→终止+付工资+无责任

(2)2月2日至12月31日的区间段。

李某不签→终止+拿工资+获补偿金

A单位补签→支付李某每月双倍工资(计算至补订合同前一日)

A单位不签→支付李某11个月的双倍工资

(3)12月31日以后的区间。

支付李某11个月双倍工资+视为签订无固定期限劳动合同

四、非全日制用工 ★★★

(一)概念

非全日制用工,是以小时计酬为主,劳动者在"同一"用人单位一般平均"每日"工作时间不超过"4小时","每周"工作时间"累计"不超过"24小时"的用工形式。

(二)特殊规定

(1)双方当事人可以订立"口头"协议。

(2)劳动者可以与一个或者一个以上用人单位订立劳动合同。

(3)"不得约定"试用期。

(4)任何一方都可以随时通知对方终止用工,且用人单位"无需"向劳动者支付经济补偿。

(5)报酬标准不得低于所在地最低小时工资标准,结算支付周期"最长不得超过15日"。

五、劳动合同的效力 ★

(一)生效时间

双方协商一致,并经由用人单位与劳动者在劳动合同文本上"签字或盖章"生效。

（二）无效劳动合同

1. 违背当事人的真实意思（协商一致）

以欺诈、胁迫的手段或者乘人之危，使对方在违背真实意思的情况下订立或者变更劳动合同的。

2. 违背公平、平等原则

用人单位免除自己的法定责任、排除劳动者权利的。

3. 违法

违反法律、行政法规强制性规定的。

『提示』对劳动合同的无效或者部分无效有争议的，由"**劳动争议仲裁机构**"或者"**人民法院**"确认。注意，其他部门无权确认劳动合同效力。

（三）无效劳动合同的法律后果

1. 自始无效

（1）从"**合同订立时起**"就没有法律约束力。

（2）部分无效的，"**其他部分**"仍然有效。

2. 劳动报酬

劳动合同被确认无效，劳动者已付出劳动，用人单位应当向劳动者支付劳动报酬。

3. 民事赔偿

劳动合同被确认无效，给对方造成损害的，有过错的一方应当承担赔偿责任。

随学随练 （限时5分钟）

1. 【单选题】（2019年）2018年7月1日，甲公司书面通知张某被录用，7月5日张某到甲公司上班，11月15日甲公司与张某签订书面劳动合同，因未及时签订书面劳动合同，甲公司应向张某支付一定期间的2倍工资，该期间为（　　）。

A. 自2018年8月1日至2018年11月14日

B. 自2018年7月1日至2018年11月15日

C. 自2018年7月6日至2018年11月15日

D. 自2018年8月6日至2018年11月14日

2. 【单选题】（2019年）甲公司与王某口头约定，王某每天来甲公司工作3小时，每小时30元费用，试用期一周，每周结算一次工资，以下约定不符合法律规定的是（　　）。

A. 试用期一周

B. 王某每天去甲公司工作3小时

C. 每周结算一次工资

D. 以小时为单位计算工资

3. 【单选题】（2018年）2018年3月1日，甲公司与吴某签订劳动合同，约定合同期限1年，试用期1个月，每月15日发放工资。吴某3月12日上岗工作，甲公司与吴某劳动关系的建立时间是（　　）。

A. 2018年3月12日

B. 2018年4月12日

C. 2018年3月15日

D. 2018年3月1日

4. 【单选题】（2018年）根据劳动合同法律制度的规定，下列关于非全日制用工表述中正确的是（　　）。

A. 非全日制用工劳动报酬可按月结算

B. 终止非全日制用工，双方当事人任何一方均须提前3日通知对方

C. 非全日制用工双方当事人不得约定试用期

D. 终止非全日制用工的，用人单位应向劳动者支付经济补偿

5. 【多选题】（2019年、2018年）根据劳动合同法律制度的规定，下列关于无效劳动合同法律后果的表述中，正确的有（　　）。

A. 劳动合同部分无效，不影响其他部分效力的，其他部分仍然有效

B. 劳动合同被确认无效，给对方造成损害的，有过错的一方应当承担赔偿责任

C. 劳动合同被确认无效，劳动者已付出劳动的，用人单位应当向劳动者支付劳动报酬

D. 无效劳动合同，从合同订立时起就没有法律约束力

6. 【多选题】（2018年改）根据劳动合同法律制度的规定，用人单位招用未满16周岁的未成年人应遵守国家有关规定并保障其接受义务教育的权利。下列用人单位中，可招用未满16周岁未成年人的有（　　）。

A. 文艺单位　　　B. 物流配送单位
C. 体育单位　　　D. 餐饮单位

7.【多选题】（2018年）根据劳动合同法律制度的规定，下列各项中，可作为非全日制用工劳动者劳动报酬支付周期结算单位的有（　）。

A. 月　　　　　　B. 日
C. 小时　　　　　D. 周

8.【判断题】（2013年）劳动合同部分无效，不影响其他部分效力，其他部分仍然有效。　　　　　　　　　　　（　）

随学随练参考答案及解析

1. D　【解析】本题考核劳动合同的订立时间。用人单位自用工之日起超过1个月不满1年未与劳动者订立书面劳动合同的，应当向劳动者每月支付2倍的工资，并与劳动者补订书面劳动合同；用人单位向劳动者每月支付2倍工资的起算时间为用工之日起满1个月的次日，截止时间为补订书面劳动合同的前一日。

2. A　【解析】本题考核非全日制用工的相关规定。非全日制用工双方当事人可以订立口头协议。非全日制用工，是指以小时计酬为主，劳动者在同一用人单位一般平均每日工作时间不超过4小时，每周工作时间累计不超过24小时的用工形式。非全日制用工双方当事人不得约定试用期。

3. A　【解析】本题考核劳动关系建立的时间。用人单位自用工之日起即与劳动者建立劳动关系。用人单位与劳动者在用工前订立劳动合同的，劳动关系自用工之日起建立。

4. C　【解析】本题考核非全日制用工的相关规定。选项A，非全日制用工劳动报酬结算支付周期最长不得超过15日。选项B，非全日制用工双方当事人任何一方都可以随时通知对方终止用工。选项D，终止用工，用人单位不向劳动者支付经济补偿。

5. ABCD

6. AC　【解析】本题考核劳动合同法的订立

主体。根据规定，禁止用人单位招用未满16周岁的未成年人；文艺、体育、特种工艺单位招用未满16周岁的未成年人，必须依照国家有关规定，并保障其接受义务教育的权利。

7. BCD　【解析】本题考核非全日制用工的相关规定。非全日制用工小时计酬标准不得低于用人单位所在地人民政府规定的最低小时工资标准。用人单位可以按小时、日或周为单位结算工资，但非全日制用工劳动报酬结算支付周期最长不得超过15日。

8. √

考点三　劳动合同的必备条款★★★

扫我解疑难

考点精讲

一、劳动合同期限

（一）类别
劳动合同期限分为：

1. 固定期限劳动合同

（1）用人单位与劳动者约定**"确定终止时间"**的劳动合同。

（2）劳动合同期限届满，劳动关系终止，双方协商一致，可以**续订**劳动合同。

2. 无固定期限劳动合同

用人单位与劳动者约定**"无确定终止时间"**的劳动合同。

3. 以完成一定工作任务为期限的劳动合同

工作任务完成时，劳动合同期限届满。
具体包括：

（1）以完成单项工作任务为期限。

（2）以项目承包方式完成承包任务。

（3）季节原因用工。

（二）无固定期限劳动合同的订立情形★★

1. 协商订立（意向订立）

用人单位与劳动者协商一致，可以订立

无固定期限劳动合同。

2. 法定订立情形(三类)

除"劳动者提出"订立固定期限劳动合同外，应订立无固定期限劳动合同。

(1)一般用人单位中的长期劳动者。

劳动者在"该用人单位"连续工作满"10年"的。

(2)国企改制中的长期劳动者。

用人单位初次实行劳动合同制度或者国有企业改制重新订立劳动合同时，劳动者在该用人单位连续工作"满10年""且"距法定退休年龄"不足10年"的。

(3)第三次签订劳动合同。

连续订立"两次固定期限"劳动合同，且劳动者没有法定情形，续订劳动合同的。

『提示1』法定情形，是指劳动者有过错(五项)与劳动者不能胜任(两项)的情形，具体可查看下文知识链接二维码。

『提示2』注意！(3)中劳动合同的订立次数，是从2008年1月1日开始计算次数。

知识链接

随学随练

限时3分钟

1.【单选题】(2019年)根据劳动合同法律制度的规定，下列各项中，属于劳动合同必备条款的是( )。

A. 保密条款

B. 竞业限制条款

C. 社会保险条款

D. 服务期条款

2.【单选题】下列各项中，不属于劳动合同的种类是( )。

A. 固定期限劳动合同

B. 无固定期限劳动合同

C. 以完成一定工作任务为期限的劳动合同

D. 按次约定的劳动合同

3.【多选题】(2013年、2011年)根据劳动合同法律制度的规定，下列各项中，除劳动者提出订立固定期限劳动合同外，用人单位与劳动者应当订立无固定期限劳动合同的情形有( )。

A. 劳动者在该用人单位连续工作满10年的

B. 连续订立2次固定期限劳动合同，继续续订的

C. 国有企业改制重新订立劳动合同，劳动者在该用人单位连续工作满5年且距法定退休年龄不足15年的

D. 用人单位初次实行劳动合同制度，劳动者在该用人单位连续工作满10年且距法定退休年龄不足10年的

随学随练参考答案及解析

1. C 【解析】本题考核劳动合同必备条款的范围。劳动合同必备条款包括：用人单位名称、住所和法定代表人或主要负责人；劳动者的姓名、住址和居民身份证或其他有效身份证件号码；劳动合同期限；工作内容和工作地点；工作时间和休息休假；劳动报酬；社会保险；劳动保护、劳动条件和职业危害防护。可备条款包括试用期；服务期；保守商业秘密和竞业限制。选项ABD均属于可备条款。

2. D 【解析】本题考核劳动合同种类。根据规定，劳动合同种类分为固定期限劳动合同、无固定期限劳动合同和以完成一定工作任务为期限的劳动合同三种。

3. ABD 【解析】本题考核无固定期限劳动合同的订立。根据规定，用人单位初次实行劳动合同制度或者国有企业改制重新订立劳动合同时，劳动者在该用人单位连续工作满10年且距法定退休年龄不足10年的，应当订立无固定期限劳动合同，因此选项C错误。

二、工作时间和休息、休假

(一)工作时间

工时制度主要有标准工时制、不定时工作制和综合计算工时制。

1. 标准工时制

劳动者每日工作8小时、每周工作40小时。标准工时制下的加班规定如表8-3所示。

表 8-3 标准工时制下的加班规定

情形	具体规定
前提	用人单位由于生产经营需要，经与工会和劳动者协商
一般	**每日**不得超过**1 小时**
特殊	保障劳动者身体健康的条件下： **每日**不得超过**3 小时**，每月不得超过**36 小时**
不受限制	①发生自然灾害、事故或者因其他原因，威胁劳动者生命健康和财产安全，需要紧急处理的； ②生产设备、交通运输线路、公共设施发生故障，影响生产和公众利益，必须及时抢修的

2. 不定时工作制

（1）没有固定工作时间限制。

（2）适用因工作性质或工作条件不受标准工作时间限制的工作岗位。

『提示』俗称"弹性工作制"，如出租车司机、长途货运司机等。

3. 综合计算工时制

以周、月、季、年等为周期，综合计算劳动者工作时间，平均日工作时间和平均周工作时间与标准工时制基本相同。

『提示』例如实行"上一个季度班，休一个月"。采用的行业包括采茶、渔业、旅游业、野外地质勘探等。

（二）休息、休假

1. 休息

（1）工作日内的间歇时间；

（2）工作日之间的休息时间；

（3）公休假日（周末）。

2. 休假

（1）法定假日（五一、十一、中秋节、春节等）。

（2）带薪年休假。

享受带薪年休假的情形，如表 8-4 所列示。

表 8-4 职工享受带薪年休假的归纳

累计工作时间（工龄）		满 1 年不满 10 年	满 10 年不满 20 年	满 20 年
年休假		5 天	10 天	15 天
不享受	病假	累计 2 个月以上	累计 3 个月以上	累计 4 个月以上
	事假	累计 20 天以上且单位按照规定**不扣工资**的		
	寒暑假	依法享受寒暑假，其休假天数**多于**年休假天数的		

『提示』法定休假日、休息日不计入带薪年休假期，换工作不影响享受假期。

职工**"新进"**用人单位且符合享受带薪年休假条件的，当年度休假天数按照在本单位剩余日历天数折算确定，折算后不足一整天的部分不享受年休假。

计算公式：剩余年休假天数＝（当年度在本单位剩余日历天数÷365 天）×职工本人全年应当享受的年休假天数

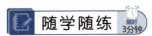

随学随练 限时3分钟

1.【单选题】（2018 年）根据劳动合同法律制度的规定，下列情形中，职工不能享受当年年休假的是（　　）。

A. 已享受 40 天寒暑假的

B. 累计工作满 5 年，当年请病假累计 15 天的

C. 累计工作满 20 年，当年请病假累计 1 个月的

D. 请事假累计 10 天且单位按照规定不扣工资的

2.【单选题】（2018 年）公司职工罗某已享受带薪年休假 3 天，同年 10 月罗某又向公司提出补休当年剩余年休假的申请。已知罗某首次就业即到甲公司工作，工作已满 12

年，且不存在不能享受当年年休假的情形。罗某可享受剩余年休假的天数为（　）。

A. 2 天   B. 5 天

C. 7 天   D. 12 天

3.【判断题】（2015 年）国家法定休假日、休息日不计入年休假的假期。（　　）

随学随练参考答案及解析

1. A　【解析】本题考核劳动合同必备条款——休息休假。当职工有下列情形之一时，不享受当年的年休假：①职工依法享受寒暑假，其休假天数多于年休假天数的（选项 A 当选）；②职工请事假累计 20 天以上且单位按照规定不扣工资的；③累计工作满 1 年不满 10 年的职工，请病假累计 2 个月以上的；④累计工作满 10 年不满 20 年的职工，请病假累计 3 个月以上的；⑤累计工作满 20 年以上的职工，请病假累计 4 个月以上的。

2. C　【解析】本题考核职工带薪休假天数的规定。职工累计工作已满 1 年不满 10 年的，年休假 5 天；已满 10 年不满 20 年的，年休假 10 天。罗某工作年限 12 年，可享受 10 天年休假，又知已休年休假 3 天，剩余天数为 7 天。

3. √

三、劳动报酬

（一）劳动报酬支付的基本规定

（1）应以法定货币支付，不得以实物、有价证券代替。

（2）须在约定日期支付，遇休息日、休假日提前支付。

（3）"至少"每月支付一次。

【链接】非全日制用工结算周期最长不得超过 15 日。

（二）特殊工资支付

1. 应当依法支付工资的期间

（1）法定休假日；

（2）婚丧假期间；

（3）依法参加社会活动期间。

2. 加班工资的支付（见表 8-5 所示）

表 8-5　加班工资支付标准

工时制 & 加班时间		支付标准
标准工时制	日标准工时以外	按不低于劳动者本人小时工资标准150%支付
	休息日	强调！不能安排补休的情况下： 按不低于劳动者本人日工资或小时工资标准的200%支付
	法定休假日	强调！即便安排补休，也要支付加班工资： 按不低于劳动者本人日工资或小时工资标准的300%支付
	罚则	安排加班不支付加班费的： ①责令限期支付加班费； ②逾期不支付，责令用人单位按应付金额50%以上100%以下的标准向劳动者"加付"赔偿金
综合计算工时工作制		综合计算工作时间超过法定标准工作时间的部分，适用上述规定
不定时工时制度		不执行上述支付加班工资的规定

【示例】赵某的工作为标准工时制，日工资为 230 元。由于工作需要，单位安排他在 2019 年国庆长假期间加班 3 天，其中占用法定国庆节假期 1 天，占用周末休息日 2 天，没有安排补休。

问题：计算赵某 2019 年 10 月可得到多少加班工资？

分析：

（1）赵某法定假日加班至少应获得 3 倍工资。

$230 \times 3 \times 1 = 690$（元）

（2）赵某休息日加班，至少应获得 2 倍工资。

230×2×2＝920（元）

（3）赵某当月获得加班工资合计：690＋920＝1 610（元）。

（三）最低工资制度

1. 具体范围

（1）不含加班工资、补贴、津贴和保险福利待遇。

（2）具体标准由省、自治区、直辖市人民政府规定，报国务院备案。

（3）劳动合同履行地与用人单位注册地不一致的，最低工资标准按照劳动合同"履行地"的有关规定执行；用人单位注册地有关标准高于劳动合同履行地的有关标准，且用人单位与劳动者约定按照用人单位注册地的有关规定执行的，从其约定。

2. 工资扣除标准

（1）劳动者给用人单位造成经济损失，赔偿经济损失；

（2）赔偿可从劳动者本人的工资中扣除；

（3）每月扣除的部分不得超过劳动者当月工资的20%；

（4）扣除后的剩余工资不得低于最低工资标准。

【示例1】 李某在A厂从事装配手机的工作，每月工资为3 000元，当地最低工资标准为1 000元/月。某月，李某在装配手机时因疏忽大意未按照操作手册的流程操作，造成手机毁损，损失额为1 000元。

问题：A厂当月可以对李某扣除的赔偿额最多为多少？（假设不考虑社保和其他费用）

分析：第一步：计算当月扣工资限额

3 000×20%＝600（元）。

第二步：确认假设全部扣除后，李某实际取得工资

李某实际取得工资＝3 000－600＝2 400（元）。

第三步：与当地最低工资标准比较

超过当地最低工资标准，因此可以扣工

资600元。

【示例2】 李某在A厂从事装配手机的工作，每月工资为1 200元，当地最低工资标准为1 000元/月。某月，李某在装配手机时因疏忽大意未按照操作手册的流程操作，造成手机毁损，损失额为1 000元。

问题：A厂当月可以对李某扣除的赔偿额最多为多少？（假设不考虑社保和其他费用）

分析：第一步：计算当月扣工资限额

1 200×20%＝240（元）。

第二步：确认假设全部扣除后，李某实际取得工资

李某实际取得工资＝1 200－240＝960（元）。

第三步：与当地最低工资标准比较

低于当地最低工资标准，因此最多扣工资1 200－1 000＝200（元）。

随学随练 用时5分钟

1.【单选题】（2019年、2018年）甲公司职工吴某因违章操作给公司造成8 000元的经济损失，甲公司按照双方劳动合同的约定要求吴某赔偿，并每月从其工资中扣除。已知吴某月工资2 600元，当地月最低工资标准为2 200元，甲公司每月可以从吴某工资中扣除的法定最高限额为（ ）。

A. 520元   B. 440元

C. 400元   D. 2 600元

2.【单选题】（2017年）2016年5月，甲公司安排职工刘某在日标准工作时间以外延长工作时间累计12小时。甲公司一直实行标准工时制度，刘某日工资为160元。分析甲公司应支付刘某5月最低加班工资的下列算式中，正确的是（ ）。

A. 160÷8×12×100%＝240（元）

B. 160÷8×12×150%＝360（元）

C. 160÷8×12×200%＝480（元）

D. 160÷8×12×300%＝720（元）

3.【单选题】 某企业实行标准工时制。2017

年 3 月，为完成一批订单，企业安排全体职工每工作日延长工作时间 2 小时，关于企业向职工支付加班工资的下列计算标准中，正确的是(　　)。

A. 不低于职工本人小时工资标准的 100%
B. 不低于职工本人小时工资标准的 150%
C. 不低于职工本人小时工资标准的 200%
D. 不低于职工本人小时工资标准的 300%

4.【多选题】(2018 年)根据劳动合同法律制度的规定，下列关于劳动报酬支付的表述中，正确的有(　　)。

A. 用人单位应当向劳动者支付婚丧假期间的工资
B. 用人单位不得以实物及有价证券代替货币支付工资
C. 用人单位与劳动者约定的支付工资日期遇节假日的，应顺延至最近的工作日支付
D. 对在五四青年节(工作日)照常工作的青年职工，用人单位应支付工资报酬但不支付加班工资

5.【多选题】(2015 年)下列关于最低工资制度的说法中错误的有(　　)。

A. 最低工资包括延长工作时间的工资报酬
B. 最低工资的具体标准由省、自治区、直辖市人民政府规定，报国务院批准
C. 劳动合同履行地与用人单位注册地不一致的，最低工资标准按照劳动合同履行地的有关规定执行
D. 用人单位注册地的最低工资标准高于劳动合同履行地的标准，按照用人单位注册地的有关规定执行

6.【多选题】根据劳动合同法律制度的规定，关于劳动报酬支付的下列表达中，正确的有(　　)。

A. 用人单位可以采用多种形式支付工资，如货币、有价证券、实物等
B. 工资至少每月支付一次，实行周、日、小时工资制的可按周、日、小时支付工资
C. 对完成一次性临时劳动的劳动者，用人

单位应按协议在其完成劳动任务后即支付工资
D. 约定支付工资的日期遇节假日或休息日的，应提前在最近的工作日支付

随学随练参考答案及解析

1. C 【解析】本题考核最低工资制度的要求。因劳动者本人原因给用人单位造成经济损失的，用人单位可按照劳动合同的约定要求其赔偿经济损失。经济损失的赔偿，可从劳动者本人的工资中扣除。但每月扣除的部分不得超过劳动者当月工资的 20%。若扣除后的剩余工资部分低于当地月最低工资标准，则按最低工资标准支付。本题中，吴某扣工资的限额：2 600×(1-20%)=2 080(元)，低于了当地最低工资标准 2 200 元，因此本月最多扣工资：2 600-2 200=400(元)。

2. B 【解析】本题考核加班工资的支付。用人单位依法安排劳动者在日标准工作时间以外延长工作时间的，按照不低于劳动合同规定的劳动者本人小时工资标准的 150% 支付劳动者加班工资。

3. B 【解析】本题考核劳动报酬。用人单位依法安排劳动者在日法定标准工作时间以外延长工作时间的，按照不低于劳动合同规定的劳动者本人小时工资标准的 150% 支付劳动者工资。

4. ABD 【解析】本题考核劳动报酬的支付。选项 C，工资的发放如遇节假日或休息日，则应提前在最近的工作日支付。

5. ABD 【解析】本题考核最低工资制度的要求。选项 A，最低工资不包括延长工作时间的工资报酬；选项 B，最低工资的具体标准由省、自治区、直辖市人民政府规定，报国务院备案；选项 D，用人单位注册地的最低工资标准高于劳动合同履行地的标准，且用人单位与劳动者约定按照用人单位注册地的有关规定执行的，从其约定。

6. BCD 【解析】本题考核劳动报酬。工资应当以法定货币支付，不得以实物及有价证券替代货币支付。

考点四　劳动合同的可备条款★★★

扫我解疑难

考点精讲

劳动合同可备条款包括：试用期、服务期、保密条款、竞业限制。

一、试用期

（一）基本要求

1. 禁止重复试用同一人

"同一"用人单位与"同一"劳动者只能约定"一次"试用期。

2. 试用期包含在劳动合同期限内

劳动合同仅约定试用期的，试用期不成立，该期限为劳动合同期限。

【链接】非全日制用工不得约定试用期。

（二）试用期期限（见表8-6）

表8-6　试用期期限

劳动合同期限	试用期
以完成一定工作任务为期限	不得约定
不满3个月	
3个月以上，不满1年	不得超过1个月
1年以上，不满3年	不得超过2个月
3年以上固定期限	不得超过6个月
无固定期限	

（三）试用期工资

劳动者在试用期的工资不得低于本单位"相同岗位"最低档工资或者劳动合同约定工资的80%，并不得低于用人单位所在地的"最低工资标准"。

『提示』试用期工资≥80%≥最低工资标准。

随学随练 限时5分钟

1.【单选题】（2019年）甲公司与张某签订劳

动合同，未约定劳动合同期限，仅约定试用期8个月，下列关于该试用期的表述中，正确的是（　　）。

A. 试用期约定合同有效

B. 试用期超过6个月部分视为劳动合同期限

C. 试用期不成立，8个月为劳动合同期限

D. 试用期不成立，应视为试用期1个月，剩余期限为劳动合同期限

2.【单选题】（2018年）A公司与周某签订三年期固定期限劳动合同，其试用期不得超过（　　）。

A. 6个月　　　　B. 2个月

C. 1个月　　　　D. 3个月

3.【多选题】（2018年）甲公司与其职工对试用期期限的下列约定中，符合法律规定的有（　　）。

A. 夏某的劳动合同期限4年，双方约定的试用期为4个月

B. 周某的劳动合同期限1年，双方约定的试用期为1个月

C. 刘某的劳动合同期限2年，双方约定的试用期为3个月

D. 林某的劳动合同期限5个月，双方约定的试用期为5日

4.【多选题】（2012年）某公司拟与张某签订为期3年的劳动合同，关于该合同试用期约定的下列方案中，符合法律制度规定的有（　　）。

A. 不约定试用期

B. 试用期1个月

C. 试用期3个月

D. 试用期6个月

5.【判断题】（2016年）在试用期内解除劳动合同后，用人单位再次招用该劳动者时，不得再约定试用期。（　　）

随学随练参考答案及解析

1. C 【解析】本题考核劳动合同可备条款中试用期的规定。劳动合同仅约定试用期的，

411

试用期不成立，该期限为劳动合同期限。

2. A 【解析】本题考核劳动合同可备条款中试用期的规定。劳动合同期限3个月以上不满1年的，试用期不得超过1个月；劳动合同期限1年以上不满3年的，试用期不得超过2个月；3年以上固定期限和无固定期限的劳动合同，试用期不得超过6个月。

3. ABD 【解析】本题考核劳动合同可备条款中试用期的规定。劳动合同期限3个月以上不满1年的，试用期不得超过1个月，选项D正确；劳动合同期限1年以上不满3年的，试用期不得超过2个月，选项B正确，选项C错误；3年以上固定期限和无固定期限的劳动合同，试用期不得超过6个月，选项A正确。这里的1年以上包括1年，3年以上包括3年。

4. ABCD 【解析】本题考核劳动合同可备条款中试用期的规定。试用期不是必备条款，可以不约定。3年以上固定期限和无固定期限的劳动合同，试用期不得超过6个月。四个选项均符合规定。

5. √ 【解析】本题考核劳动合同可备条款中试用期的规定。在试用期内解除劳动合同，不管是用人单位解除还是劳动者解除，用人单位再次招用该劳动者时，不得再约定试用期。

二、服务期

(一)可以约定服务期的情形

同时满足以下条件：

(1)用人单位为劳动者进行"**专项技术培训**"；

(2)用人单位为劳动者"**提供专项培训费用**"。

『提示』用人单位出钱，劳动者出时间。

(二)服务期的工资

约定服务期的，"**不影响**"按照正常的工资调整机制提高劳动者在服务期期间的劳动报酬。

(三)服务期与劳动合同期的关系

(1)服务期超过劳动合同期限的，劳动合同期限顺延至服务期满；

(2)双方另有约定，从其约定。

(四)劳动者的违约责任

1. 一般规定

未到服务期的劳动者提出解除劳动合同的，应当"**按照约定**"向用人单位支付违约金。

『提示』违约金数额优先按约定支付。

2. 违约金数额的法定上限

(1)"**不得超过**"用人单位提供的培训费用；

(2)劳动者部分履行服务期的，支付的违约金不得超过"**尚未履行部分**"所分摊的培训费用。

3. 解除劳动合同的原因

服务期内解除或终止劳动合同的原因，会影响劳动者是否"**支付违约金**"。

(1)若"**劳动者**"因违纪等重大过错行为而被用人单位解除劳动关系，用人单位仍有权要求其支付违约金。

(2)劳动者无过错，因"**用人单位过错**"导致劳动者解除劳动合同的，不属于违反服务期的约定，用人单位不得要求劳动者支付违约金。

『提示』支付违约金的综合问题，具体见本章表8-13。

随学随练 限时2分钟

1.【单选题】(2019年)甲公司通过签订服务期协议将尚有4年劳动合同期限的职工刘某派出参加6个月的专业技术培训，甲公司提供10万元专项培训费用。双方约定，刘某培训结束后须在甲公司工作满5年，否则应向公司支付违约金。刘某培训结束工作2年时因个人原因向公司提出解除劳动合同。下列关于刘某服务期约定及劳动合同解除的表述中，正确的是(   )。

A. 双方不得在服务期协议中约定违约金

B. 5年服务期的约定因超过劳动合同剩余期限而无效

C. 刘某可以解除劳动合同，但甲公司有权

要求其支付违约金

D. 服务期约定限制了刘某的自主择业权

2.【单选题】（2016 年）吴某受甲公司委派去德国参加技术培训，公司为此支付培训费用 10 万元。培训前双方签订协议，约定吴某自培训结束后 5 年内不得辞职，否则应支付违约金 10 万元。吴某培训完毕后，在甲公司连续工作满 2 年时辞职。甲公司依法要求吴某支付的违约金数额最高为（　）万元。

A. 0　　　　　　　　B. 10

C. 6　　　　　　　　D. 4

随学随练参考答案及解析

1. C 【解析】本题考核劳动合同可备条款中服务期的规定。选项 AC，服务期和竞业限制均为劳动合同可备条款，是可以约定的，此外，这两项协议中均可以约定违约金；选项 B，劳动合同期满，但是用人单位与劳动者约定的服务期尚未到期的，劳动合同应当续延至服务期满；双方另有约定的，从其约定；选项 D，未到服务期的劳动者提出解除劳动合同的，应当按照约定向用人单位支付违约金。

2. C 【解析】本题考核劳动合同可备条款中服务期的规定。选项 A，劳动者违反服务期约定的，应当按照约定向用人单位支付违约金；选项 BCD，违约金数额不得超过用人单位提供的培训费用。对已履行部分服务期限的，用人单位要求劳动者支付的违约金不得超过服务期尚未履行部分所应分摊的培训费用。本题中，违约金的最高数额 $=(10÷5)×(5-2)=6$（万元）。

三、保密条款

用人单位与劳动者可以在劳动合同中约定保守用人单位的商业秘密和与知识产权相关的保密事项。

『提示』劳动者的保密义务是"合同约定义务"而非"法定义务"。

四、竞业限制

劳动者解除、终止劳动合同后的一定期限内，不得到与本单位生产或者经营同类产品、从事同类业务的**"有竞争关系"**的其他用人单位任职，或者**"自己"**开业生产或者经营同类产品、从事同类业务。

（一）保密条款与竞业限制条款的比较（见表 8-7）

表 8-7　保密条款与竞业限制条款

比较项目	保密条款	竞业限制条款
约定	可备条款，非法定	可备条款，非法定
	仅约定保密条款，不等于劳动者必然要承担竞业限制义务。只有约定竞业限制条款的，劳动者才需要承担该项义务	
履行方式	劳动者的不作为	劳动者的不作为
履行时间	劳动合同期限内	劳动合同解除或终止后
对象限制	所有普通劳动者均可约定	仅限于**高级管理人员**、**高级技术人员**和其他负有保密义务的人员

（二）竞业限制期限

最长不得超过**"2 年"**。

『提示』离职后≤2 年。

【链接】"服务期"的期限没有法定限制。

（三）用人单位支付经济补偿金

（1）劳动关系结束后的竞业限制期内支付。

（2）按月支付。

（四）劳动者支付违约金

劳动者违反竞业限制约定的：

（1）应当按照约定向用人单位支付违约金；

（2）给用人单位造成损失的应当承担赔偿责任。

（五）有关竞业限制支付经济补偿金的司

法解释

在竞业限制期限内，用人单位请求解除竞业限制协议时，人民法院应予支持，在解除竞业限制协议时，劳动者请求用人单位额外支付劳动者"3个月的竞业限制经济补偿"的，人民法院应予支持。

关于劳动合同有关期限的归纳见表8-8。

表8-8 关于劳动合同有关期限的归纳

比较项目	试用期	合同期	服务期	竞业限制期
性质	可备条款	必备条款	可备条款	可备条款
期限	①三档；②含在合同期内	固定期限和无固定期限	可超过合同期限	解除或终止劳动关系后最长2年
单位支付	试用期工资	合同期工资	①专项培训费；②工资	经济补偿金

随学随练

1. 【多选题】（2015年）下列各项中，用人单位不能在劳动合同中和劳动者约定由劳动者承担违约金的有（   ）。
   A. 竞业限制   B. 工作时间
   C. 休息休假   D. 试用期

2. 【多选题】（2015年）关于用人单位和劳动者对竞业限制约定的下列表述中，正确的有（   ）。
   A. 竞业限制约定适用于用人单位与其高级管理人员、高级技术人员和其他负有保密义务的人员之间
   B. 用人单位应按照双方约定在竞业限制期限内按月给予劳动者经济补偿
   C. 用人单位和劳动者约定的竞业限制期限不得超过2年
   D. 劳动者违反竞业限制约定的，应按照约定向用人单位支付违约金

3. 【多选题】根据劳动合同法律制度的规定，竞业限制的人员限于用人单位的（   ）。
   A. 负有保密义务的人员
   B. 高级技术人员
   C. 高级管理人员
   D. 一般管理人员

随学随练参考答案及解析

1. BCD 【解析】本题考核《劳动合同法》中违约金的限制要求。《劳动合同法》禁止用人单位对劳动合同中"服务期和竞业限制"以外的其他事项约定劳动者承担违约金责任。

2. ABCD 【解析】本题考核劳动合同可备条款中服务期的规定。选项A，竞业限制的人员限于用人单位的高级管理人员、高级技术人员和其他负有保密义务的人员；选项C，从事同类业务的竞业限制期限，不得超过2年；选项BD，对负有保密义务的劳动者，用人单位可以在劳动合同或者保密协议中与劳动者约定竞业限制条款，并约定在解除或者终止劳动合同后，在竞业限制期限内按月给予劳动者经济补偿。补偿金的数额由双方约定，劳动者违反竞业限制约定的，应当按照约定向用人单位支付违约金。

3. ABC 【解析】本题考核竞业限制条款的适用范围。一般管理人员不属于竞业限制的人员。

考点五 劳动合同履行和变更★

扫我解疑难

考点精讲

一、劳动合同的履行

用人单位在制定、修改或者决定有关"劳动报酬、工作时间、休息休假、劳动安全卫

生、保险福利、职工培训、劳动纪律以及劳动定额管理"等直接涉及劳动者切身利益的规章制度和重大事项时，应当经**职工代表大会**或**全体职工讨论**。

知识链接

二、劳动合同的变更

（一）原则

变更劳动合同应当采用**"书面形式"**。

（二）未采用书面形式的法律后果

若已经实际履行了口头变更的劳动合同**"超过1个月"**，且变更后的劳动合同内容不违反法律、行政法规、国家政策以及公序良俗，当事人以未采用书面形式为由主张劳动合同变更无效的，**人民法院不予支持**。

『提示』双方通过"实际履行"来弥补劳动合同形式瑕疵。

随学随练（限时3分钟）

1. 【单选题】（2016年）2014年10月，张某到甲公司工作。2015年11月，甲公司与张某口头商定将其月工资由原来的4 500元提高至5 400元。双方实际履行3个月后，甲公司法定代表人变更。新任法定代表人认为该劳动合同内容变更未采用书面形式，变更无效，决定仍按原每月4 500元的标准向张某支付工资。张某表示异议并最终提起诉讼。关于双方口头变更劳动合同效力的下列表述中，正确的是（　）。

A. 双方口头变更劳动合同且实际履行已超过1个月，该劳动合同变更有效

B. 劳动合同变更在实际履行3个月期间有效，此后无效

C. 因双方未采取书面形式，该劳动合同变更无效

D. 双方口头变更劳动合同但实际履行未超过6个月，该劳动合同变更无效

2. 【多选题】（2016年）根据劳动合同法律制度的规定，下列关于劳动合同履行的表述中，正确的有（　）。

A. 用人单位拖欠劳动报酬的，劳动者可以依法向人民法院申请支付令

B. 用人单位发生合并或者分立等情况，原劳动合同不再继续履行

C. 劳动者拒绝用人单位管理人员违章指挥、强令冒险作业的，不视为违反劳动合同

D. 用人单位变更名称的，不影响劳动合同的履行

3. 【判断题】（2019年）用人单位发生合并或分立的，原劳动合同继续有效。（　）

随学随练参考答案及解析

1. A 【解析】本题考核劳动合同的变更。①变更劳动合同未采用书面形式，但已经实际履行了口头变更的劳动合同超过1个月，且变更后的劳动合同内容不违反法律、行政法规、国家政策以及公序良俗，当事人以未采用书面形式为由主张劳动合同变更无效的，人民法院不予支持；②用人单位变更名称、法定代表人等事项，不影响劳动合同的履行。

2. ACD 【解析】本题考核劳动合同的履行。选项B，用人单位发生合并或者分立等情况，原劳动合同继续有效，劳动合同由承继其权利和义务的用人单位继续履行。

3. √ 【解析】本题考核劳动合同的履行。用人单位发生合并或分立等情况，原劳动合同继续有效，劳动合同由承继其权利和义务的用人单位继续履行。

考点六　劳动合同解除★★★

扫我解疑难

考点精讲

劳动合同解除是劳动合同**"期限届满之前"**终止劳动合同关系的法律行为。

一、协商解除（合意解除、意定解除）

（一）用人单位先提出

用人单位必须依法支付经济补偿金。

（二）劳动者先提出辞职

用人单位**"无需"**向劳动者支付经济补偿。

二、法定解除(如图8.1所示)

图8.1　劳动合同法定解除的情形

【图示说明】　第一，预告解除是指当事人一方在解除劳动合同之前，应提前一定法定期限向对方履行通知义务，即"先说后走"；第二，随时通知解除是指"通知义务"与"解除终止"没有法定间隔期，即"随说随走"；第三，立即解除是指劳动者解除合同前无需履行通知义务，即"不辞而别"。

（一）劳动者单方解除

1. 预告解除

（1）劳动合同期限。

劳动者"提前30日"以"书面形式"通知用人单位，可以解除。

『提示』提前30日+书面通知。

（2）试用期。

劳动者"提前3日"通知用人单位，可以解除。

【链接】　上述（1）、（2），劳动者违反服务期条款的，应当支付违约金。

2. 随时通知解除

（1）用人单位未按照劳动合同约定提供劳动保护或者劳动条件的；

（2）用人单位未及时足额支付劳动报酬的；

（3）用人单位未依法为劳动者缴纳社会保险费的；

（4）用人单位的规章制度违反法律、法规的规定，损害劳动者权益的；

（5）用人单位以欺诈、胁迫的手段或者乘人之危，使劳动者在违背真实意思的情况下订立或者变更劳动合同致使劳动合同无效的；

（6）用人单位在劳动合同中免除自己的法定责任、排除劳动者权利的；

（7）用人单位违反法律、行政法规强制性规定的；

（8）法律、行政法规规定劳动者可以解除劳动合同的其他情形。

【链接】　上述（1）~（8），劳动者在服务期内解除的，无须支付违约金。

3. 立即解除

劳动者可以立即解除劳动合同，不需事先告知用人单位。

（1）用人单位以暴力、威胁或者非法限制人身自由的手段强迫劳动者劳动；

（2）用人单位违章指挥、强令冒险作业危及劳动者人身安全的。

【链接】　上述（1）、（2），劳动者在服务期内解除的，无须支付违约金。

（二）用人单位单方解除

1. 预告解除（无过失性辞退）

（1）原因。

①劳动者"患病"或者"非因工负伤"，在规定的"医疗期满后"不能从事原工作，也不能从事由用人单位另行安排的工作的；

②劳动者"不能胜任"工作，经过培训或者调整工作岗位，仍不能胜任工作的；

③劳动合同订立时所依据的客观情况发生重大变化，致使劳动合同无法履行，经用人单位与劳动者协商，未能就变更劳动合同内容达成协议的。

【链接】　上述①~③，在服务期内解除劳动合同的，劳动者无须支付违约金。

（2）解除程序

以下两种手段用人单位选择其一，即可解除劳动合同：

①"提前30日"以"书面"形式通知劳动者本人。

②额外支付劳动者"1个月"工资。

2. 随时通知解除（过失性辞退）

劳动者有下列情形之一的，用人单位可以解除劳动合同：

（1）在"试用期间"被证明不符合录用条件的；

【链接】　试用期内，劳动者"提前3日"通知用人单位，可以解除。

（2）严重违反用人单位的规章制度的；

（3）严重失职，营私舞弊，给用人单位造成重大损害的；

（4）劳动者同时与其他用人单位建立劳动关系，对完成本单位的工作任务造成严重影响，或者经用人单位提出，"拒不改正"的；

【链接】非全日制用工的劳动者可以与一个或者一个以上用人单位订立劳动合同。

（5）劳动者以欺诈、胁迫的手段或者乘人之危，使用人单位在违背真实意思的情况下，订立或者变更劳动合同致使劳动合同无效的；

（6）被依法追究刑事责任的。

【链接】上述（2）～（6），劳动者在服务期内被用人单位单方解除劳动合同的，仍应向用人单位支付违约金。

3. "经济性"裁员

界定：特殊经济原因+批量裁减。

（1）特殊经济原因。

①依照《企业破产法》规定进行重整的；

②生产经营发生严重困难的；

③企业转产、重大技术革新或者经营方式调整，经变更劳动合同后，仍需裁减人员的；

④其他因劳动合同订立时所依据的客观"经济情况"发生重大变化，致使劳动合同无法履行的。

（2）批量裁减人员。

①需要裁减人员20人以上；

②裁减不足20人但占企业职工总数10%以上。

（3）程序。

①说明情况。用人单位提前30日向工会或者全体职工说明情况。

②听取意见。听取工会或者职工的意见。

③报告方案。裁减人员方案经向劳动行政部门报告，可以裁减人员。

（4）优先留用人员。

两老：

①与本单位订立较长期限的固定期限劳动合同。

②与本单位订立无固定期限劳动合同。

一弱：

家庭无其他就业人员，有需要扶养的老人或者未成年人的。

（5）优先招用要求。

用人单位裁减人员后，在"6个月内"重新招用人员的，应当通知被裁减的人员，并在"同等条件"下优先招用被裁减的人员。

随学随练 限时5分钟

1.【单选题】（2018年）甲公司职工周某不能胜任工作，公司为其调整工作岗位后，仍不能胜任。甲公司拟解除与周某的劳动合同的下列表述中，不正确的是（　）。

A. 甲公司无须通知周某即可解除劳动合同

B. 甲公司解除劳动合同应向周某支付经济补偿

C. 甲公司额外支付周某1个月工资后可解除劳动合同

D. 甲公司可提前30日以书面形式通知周某而解除劳动合同

2.【单选题】（2018年）根据劳动合同法律制度的规定，下列情形中，劳动者不需事先告知用人单位即可解除劳动合同的是（　）。

A. 用人单位未按照劳动合同约定提供劳动保护的

B. 用人单位违章指挥、强令冒险作业危及劳动者人身安全的

C. 用人单位以欺诈手段使劳动者在违背真实意思的情况下签订劳动合同的

D. 用人单位未及时足额支付劳动报酬的

3.【多选题】（2019年）根据劳动合同法律制度的规定，下列职工中，属于用人单位经济性裁员应优先留用的有（　）。

A. 与本单位订立无固定期限劳动合同的

B. 与本单位订立较短期限的固定期限劳动合同的

C. 与本单位订立较长期限的固定期限劳动合同的

D. 家庭无其他就业人员，有需要扶养的

老人或者未成年人的

4. **【多选题】**（2016年）根据劳动合同法律制度的规定，下列各项中，属于用人单位可依据法定程序进行经济性裁员的情形有（　）。

A. 企业转产，经变更劳动合同后，仍需裁减人员的

B. 依照《企业破产法》规定进行重整的

C. 企业重大技术革新，经变更劳动合同后，仍需裁减人员的

D. 生产经营发生严重困难的

5. **【判断题】**（2019年）试用期期间，劳动者提前三天说明，即可解除劳动合同。（　）

6. **【判断题】**（2019年）用人单位违章指挥，强令冒险作业危及劳动者人身安全，劳动者可以立即解除劳动合同，无需通知用人单位。（　）

📝 随学随练参考答案及解析

1. **A** **【解析】** 本题考核劳动合同的解除。题目所叙述的情况属于用人单位单方解除中的预告解除，即"无过失性辞退"。根据规定，用人单位应"提前30日"以"书面"形式通知劳动者本人或者额外支付劳动者"1个月"工资的，才可解除劳动合同。这种解除合同的情况下，需要向劳动者支付经济补偿金。

2. **B** **【解析】** 本题考核劳动合同的解除。选项ACD属于劳动者可随时通知解除劳动合同的情形。

3. **ACD** **【解析】** 本题考核经济性裁员的相关规定。根据规定，用人单位裁减人员时，应当优先留用下列人员：与本单位订立较长期限的固定期限劳动合同的；与本单位订立无固定期限劳动合同的；家庭无其他就业人员，有需要扶养的老人或者未成年人的。

4. **ABCD** **【解析】** 本题考核经济性裁员的相关规定。经济性裁员的情形包括：①依照《中华人民共和国企业破产法》规定进行重整的（选项B）；②生产经营发生严重困难的（选项D）；③企业转产、重大技术革新或者经营方式调整，经变更劳动合同后，仍需裁减人员的（选项AC）；④其他因劳动合同订立时所依据的客观经济情况发生重大变化，致使劳动合同无法履行的。

5. **√** **【解析】** 本题考核劳动合同解除的相关规定。题目所述情况属于劳动者单方解除中的"预告解除"。

6. **√** **【解析】** 本题考核劳动合同解除的相关规定。题目所述情况属于劳动者单方解除中的"立即解除"。

考点七　劳动合同终止★★★

扫我解疑难

考点精讲

一、终止情形

劳动合同终止的情形如表8-9所示。

表8-9　劳动合同终止的情形

要点		具体规定
时间		劳动合同期满
		【链接】 "法律事实"出现，劳动"法律关系"即消灭
劳动者	退休养老	享受基本养老保险待遇
		劳动者达到法定退休年龄
	死亡失踪	劳动者死亡，或者被人民法院宣告死亡或者宣告失踪的
用人单位		用人单位被依法宣告破产的
		用人单位被吊销营业执照、责令关闭、撤销或者用人单位决定提前解散的

『**提示**』用人单位与劳动者不得约定上述情形之外的其他劳动合同终止条件，即使约定也无效。

二、劳动合同解除和终止的限制性规定

劳动合同解除和终止的限制性规定如表8-10所示。

表8-10　劳动合同解除和终止的限制性规定

要点		具体规定
病	职业病	从事接触职业病危害作业的劳动者未进行离岗前职业健康检查，或者疑似职业病病人在诊断或者医学观察期间的
		在本单位患职业病或者因工负伤并被确认丧失或者部分丧失劳动能力的
	非职业病	患病或者非因工负伤，在规定的**"医疗期内"**的。 【链接】医疗期满→不能从事原工作→用人单位另行安排工作→亦不能从事→用人单位可单方解除(无过失性辞退)
孕		女职工在孕期、产期、哺乳期
老		本单位连续工作满**"15年"**，且距法定退休年龄不足**"5年"**

随学随练
限时2分钟

1. 【多选题】根据劳动合同法律制度的规定，下列情形中，可导致劳动合同关系终止的有( )。
   A. 劳动者开始依法享受基本养老保险待遇
   B. 劳动者被人民法院宣告死亡
   C. 用人单位被依法宣告破产
   D. 劳动合同期满，但女职工在产期

2. 【判断题】(2017年)劳动者开始依法享受养老保险待遇的，劳动合同终止。 ( )

3. 【判断题】(2015年)职工因病或非因工负伤停止工作、治病休息，在规定的医疗期内，用人单位不可以与其解除劳动合同。 ( )

随学随练参考答案及解析

1. ABC 【解析】本题考核劳动合同解除与终止的限制规定。有下列情形之一的，劳动合同终止：劳动合同期满的；劳动者开始依法享受基本养老保险待遇的；劳动者达到法定退休年龄的；劳动者死亡，或者被人民法院宣告死亡或者宣告失踪的；用人单位被依法宣告破产的；用人单位被吊销营业执照、责令关闭、撤销或者用人单位决定提前解散的；法律、行政法规规定的其他情形。选项D属于劳动合同终止的例外情形，女职工在孕期、产期、哺乳期的，用人单位不得终止劳动合同。

2. √ 【解析】本题考核劳动合同终止的情形。劳动者开始依法享受养老保险待遇的，劳动合同终止。

3. √ 【解析】本题考核劳动合同终止的情形。职工因病或非因工负伤停止工作、治病休息，在规定的医疗期内，用人单位不可以解除劳动合同。

考点八　医疗期★★★

扫我解疑难

考点精讲

一、医疗期的性质

职工因**"患病或非因工负伤"**停止工作的期间。

二、医疗期期间—3个月~24个月

根据**"累计工作年限"**和**"本单位工作年限"**的不同，享受的期间不同，如表8-11所列示。

表8-11　医疗期期间

实际工作年限(工龄年)	本单位工作年限(年)	享受医疗期(月)	累计计算期(月)
<10	<5	3	6
	≥5	6	12

实际工作年限(工龄年)	本单位工作年限(年)	享受医疗期(月)	累计计算期(月)
≥10	<5	6	12
	5≤且<10	9	15
	10≤且<15	12	18
	15≤且<20	18	24
	≥20	24	30

『提示1』医疗期从病休第一天开始累计计算。

『提示2』病休期间，公休、假日和法定节日包括在内。

【链接】带薪年休假制度中，国家法定休假日、休息日不计入年休假的假期。

三、医疗期期间职工的待遇

（一）工资支付

可以低于最低工资标准，但最低不能低于"当地最低工资的80%"。

【链接】劳动者在试用期的工资不得低于本单位相同岗位最低档工资或者劳动合同约定工资的80%，并不得低于用人单位所在地的最低工资标准。

（二）解除合同

医疗期内不得解除劳动合同。

【链接】"医疗期满后"不能从事原工作，也不能从事由用人单位另行安排的工作的，用人单位可以单方解除劳动合同(无过失性辞退)。

（三）医疗期内合同期满

（1）合同必须延续至医疗期满。

（2）在此期间，职工仍然享受医疗期待遇。

四、医疗期满后解除合同

（一）解除合同的情形

以下两种情况满足其一，用人单位可解除合同：

（1）对医疗期满尚未痊愈者。

（2）医疗期满后不能从事原工作，也不能从事用人单位另行安排的工作。

（二）支付经济补偿金

被解除劳动合同的，用人单位需支付经济补偿金。

随学随练 限时5分钟

1.【单选题】（2019年）甲公司职工赵某实际工作年限为6年，在甲公司工作年限为2年。赵某因患病住院治疗，其依法可享受的医疗期限为（　）。

A. 3个月　　　　　B. 6个月

C. 9个月　　　　　D. 12个月

2.【单选题】（2019年）甲公司职工李某因心肌炎住院治疗。已知李某实际工作年限为12年，在甲公司工作年限为3年。则李某依法可享受的医疗期为（　）。

A. 6个月　　　　　B. 12个月

C. 9个月　　　　　D. 18个月

3.【多选题】（2018年）根据劳动合同法律制度的规定，下列关于企业职工医疗期期限及待遇的表述中，正确的有（　）。

A. 病假工资不得低于当地最低工资标准

B. 公休、假日和法定节日包括在病休期间内

C. 医疗期内遇劳动合同期满，则合同应延续至医疗期满

D. 实际工作年限10年以下，在本单位工作年限5年以下的，可享受3个月的医疗期

4.【判断题】（2017年）职工非因工负伤享受医疗期待遇的，公休，假日和法定节日不包括在病休期间。（　　）

5.【判断题】（2015年）职工因病或非因工负伤停止工作、治病休息，在规定的医疗期内，用人单位不可以与其解除劳动合同。（　　）

随学随练参考答案及解析

1. A 【解析】本题考核医疗期期间。实际工作年限10年以下的，在本单位工作年限5年以下的医疗期为3个月。

2. A 【解析】本题考核医疗期期间。实际工作年限10年以上的，在本单位工作年限5年以下的医疗期为6个月。

3. BCD 【解析】本题考核医疗期期间的待遇。选项A，病假工资可以低于当地最低工资标准，但最低不能低于最低工资标准的80%。

4. × 【解析】本题考核医疗期期间。病休期间，公休、假日和法定节日包括在内。注意，职工年休假中不包括法定假日和公休日。

5. √

考点九　经济补偿金

扫我解疑难

考点精讲

一、概念

当劳动合同依法解除或终止时，用人单位仍然需要支付给劳动者一定数额的金钱。

『提示』可理解为是用人单位承担的一种"社会责任"。

二、经济补偿金、违约金和赔偿金的区别

经济补偿金、违约金和赔偿金的比较见表8-12。

表8-12　经济补偿金、违约金和赔偿金的比较

比较项目	适用条件	支付主体
经济补偿金	①劳动合同依法解除和终止（除劳动者主动辞职或试用期外）；②劳动者无过错	用人单位
违约金	劳动者违反：①服务期条款；②竞业禁止的规定	劳动者
赔偿金	用人单位和劳动者由于自己的过错给对方造成损害	用人单位或劳动者

三、用人单位支付经济补偿金的情形 ★★★

需要支付经济补偿金的法定情形如表8-13所示。

表8-13　需要支付经济补偿金的法定情形

劳动合同解除或终止的情形			经济补偿金	服务期违约金
劳动合同解除	劳动者单方解除	与用人单位协商一致解除	×	√
		预告解除（2项）　试用期内	×	—
		预告解除（2项）　合同期限内	×	√
		随时通知解除（8项）	√	×
		立即解除（3项）	√	×
	用人单位单方解除	与劳动者协商一致解除	√	×
		无过失性辞退（3项）（患病、能力差、客观情况）	√	×
		过失性辞退（6项）　试用期内	×	—
		过失性辞退（6项）　其余5项	×	√
		经济性裁员	√	×

劳动合同解除或终止的情形			经济补偿金	服务期违约金
劳动合同终止	合同期限届满	用人单位**降低**劳动者待遇条件提出续订，劳动者不同意	√	服务期尚未到期，劳动合同应续延至服务期满
		用人单位**维持或提高**劳动者待遇条件提出续订，劳动者不同意	×	
		以完成一定工作任务为期限的劳动合同因任务完成而终止	√	—
	劳动者	享受基本养老保险待遇	×	
		劳动者达到法定退休年龄	×	—
		劳动者死亡，或者被人民法院宣告死亡或者宣告失踪的	×	×
	用人单位	用人单位被依法宣告破产	√	×
		用人单位被吊销营业执照、责令关闭、撤销或者用人单位决定提前解散	√	×

注1：本表中"√"代表"支付"，"×"代表"不支付"，"—"代表"不涉及此类问题"。

注2：用人单位向劳动者支付经济补偿金；劳动者向用人单位支付违约金。

三、经济补偿金的支付标准 ★★

计算公式：经济补偿金＝本单位工作的年限×月工资

（一）关于劳动者在本单位工作的年限

1. 满年算

每满1年支付1个月工资的标准。

2. 不满年算

（1）6个月以上不满1年的，按1年计算。

（2）不满6个月的，向劳动者支付"半个月"工资标准的经济补偿。

『提示』劳动者"非因本人原因"从原用人单位被安排到新用人单位工作的，劳动者在原用人单位的工作年限"合并"计入新用人单位的工作年限。

（二）关于补偿基数的计算标准（平均工资）

月工资：劳动者在解除劳动合同或者终止前"12个月平均工资"。

1. 高工资，双封顶

（1）金额的封顶线（3倍）。

月工资高于用人单位所在地区上年度"职工月平均工资3倍"的，向其支付经济补偿的标准按"职工月平均工资3倍"的数额支付。

（2）补偿年限的封顶线（12年）。

在上述金额封顶线3倍的基础上，向其支付经济补偿的年限**最高不超过12年**。

2. 低工资，设底线

月工资"低于"当地最低工资标准的，按照当地**最低工资标准**计算。

『提示』低工资情况下，不设最高不超过12年的限制。

【链接】注意回顾个人所得税法律制度中个人领取经济补偿金的免税政策。即在当地上年职工平均工资3倍数额以内的部分，免征个人所得税；超过3倍数额的部分，不并入当年综合所得，单独适用综合所得税率表，计算纳税。

【示例1】假设张某劳动合同解除前在本单位工作年限为5年零3个月，月工资为8 000元，当地上年度职工月平均工资为3 000元，当地最低工资标准为1 200元。

问题：张某可获得的经济补偿金？

分析：第一步：确定是否为高工资

月工资8 000元，当地职工月平均工资三倍为 9 000 元, 非高工资。

第二步: 确定劳动者工作年限

张某在本单位工作年限为 5 年零 3 个月。不满 6 个月的, 向劳动者支付半个月工资标准。因此补偿年限为 5.5 年。

第三步: 确定是否低于了当地最低工资标准

月工资 8 000 元, 最低工资标准 1 200 元, 未低于当地最低工资标准。

第四步: 计算经济补偿金

经济补偿金 = 8 000 × 5.5 = 44 000(元)

【示例 2】 假设李某劳动合同解除前在本单位工作年限为 15 年, 月工资为 10 000 元, 当地上年度职工月平均工资为 3 000 元, 当地最低工资标准为 1 200 元。

问题: 李某可获得的经济补偿金?

分析: 第一步: 确定是否为高工资

月工资 10 000 元, 当地职工月平均工资三倍为 9 000 元, 是高工资, 因此李某月工资应按 9 000 元封顶计算。

第二步: 确定劳动者工作年限

李某在本单位工作年限为 15 年, 由于是高工资, 因此补偿年限应按 12 年封顶计算。

第三步: 确定是否低于了当地最低工资标准

月工资 10 000 元, 最低工资标准 1 200 元, 未低于当地最低工资标准。

第四步: 计算经济补偿金

经济补偿金 = 9 000 × 12 = 108 000(元)

【示例 3】 假设赵某劳动合同解除前在本单位工作年限为 15 年零 8 个月, 月工资为 1 000 元, 当地上年度职工月平均工资为 3 000 元, 当地最低工资标准为 1 200 元。

问题: 赵某可获得的经济补偿金?

分析: 第一步: 确定是否为高工资

月工资 1 000 元, 当地职工月平均工资三倍为 9 000 元, 非高工资。

第二步: 确定劳动者工作年限

赵某在本单位工作年限为 15 年零 8 个月, 非高工资, 补偿年限不封顶。6 个月以上不满 1 年的, 按 1 年计算, 因此补偿年限为 16 年。

第三步: 确定是否低于了当地最低工资标准

月工资 1 000 元, 最低工资标准 1 200 元, 低于了当地最低工资标准, 因此月工资应按 1 200 元计算。

第四步: 计算经济补偿金

经济补偿金 = 1 200 × 16 = 19 200(元)。

四、经济赔偿金 ★★

用人单位在解除或终止劳动合同时出现违反劳动合同法的行为时, 应当依法承担"给付赔偿金"的责任。

用人单位此项违法行为包括两类, 一是合法解除或终止劳动合同, 但逾期未支付经济补偿金; 二是违法解除或终止劳动合同。如表 8-14 所示。

关于确定劳动者工作年限的归纳见表 8-15。

表 8-14 解除或终止劳动合同的法律责任

合法解除或终止合同但逾期不支付补偿金	违法解除或终止合同
①责令限期支付; ②逾期不支付的, 责令用人单位按应支付金额"50%以上 100%以下"的标准向劳动者"加付"赔偿金	经济补偿标准的"2 倍"向劳动者"支付"赔偿金

『提示』违法解除只给赔偿金; 合法解除既给补偿金, 又给赔偿金。

表 8-15 关于确定劳动者工作年限的归纳

年限类别	具体规定
按实际工作年限计算(工龄)	职工带薪年休假

年限类别	具体规定
按本单位工作年限计算	①法定订立无固定期限劳动合同中的 10 年; ②经济补偿金的补偿年限计算; ③不得解除或终止劳动合同情形中,劳动者在本单位连续工作满 15 年且距法定退休年龄不足 5 年

医疗期:同时根据"累计工作年限"和"本单位工作年限"确定

随学随练

限时 8分钟

1. 【单选题】(2019 年)王某在甲公司工作 2 年 8 个月,甲公司提出并与王某协商解除了劳动合同。已知王某在合同解除前 12 个月的平均工资为 13 000 元,当地上年度职工月平均工资为 4 000 元,当地月最低工资标准为 2 000 元。劳动合同解除时,甲公司依法应向王某支付的经济补偿数额为( )元。

A. 36 000 　　　　　B. 6 000

C. 12 000 　　　　　D. 390 000

2. 【单选题】(2019 年)2018 年 12 月 31 日,甲公司与孙某的劳动合同期满,甲公司不再与其续订。已知孙某在甲公司工作年限为 5 年,劳动合同终止前 12 个月的平均工资为 13 000 元。甲公司所在地上年度职工月平均工资为 4 000 元,当地月最低工资标准为 2 000 元。劳动合同终止时,甲公司依法应向孙某支付的经济补偿数额为( )元。

A. 20 000 　　　　　B. 10 000

C. 65 000 　　　　　D. 60 000

3. 【单选题】(2018 年)2016 年 11 月 1 日,郑某到甲公司工作。2018 年 1 月 30 日,郑某因公司未及时足额向其支付劳动报酬而解除劳动合同。已知郑某离职时月平均工资为 11 000 元,当地上年度职工平均工资为 3 200 元。计算劳动合同解除时甲公司应向郑某支付经济补偿数额的下列算式中,正确的是( )。

A. 11 000×1.5 = 16 500(元)

B. 11 000×2 = 22 000 元(元)

C. 3 200×3×1.5 = 14 400(元)

D. 3 200×3×2 = 19 200(元)

4. 【单选题】(2018 年)根据劳动合同法律制度的规定,劳动合同解除的下列情形中,用人单位不向劳动者支付经济补偿的是( )。

A. 劳动者因用人单位未及时足额支付劳动报酬而解除劳动合同的

B. 由用人单位提出并与劳动者协商一致而解除劳动合同的

C. 劳动者不能胜任工作,经过培训或调整工作岗位,仍不能胜任而被用人单位解除劳动合同的

D. 劳动者在试用期间被证明不符合录用条件的

5. 【多选题】(2019 年)根据劳动合同法律制度的规定,下列关于用人单位违法解除劳动合同法律后果的表述中正确的有( )。

A. 用人单位支付了赔偿金的,不再支付经济补偿

B. 违法解除劳动合同赔偿金的计算年限自用工之日起计算

C. 劳动者要求继续履行且劳动合同可以继续履行的,用人单位应当继续履行

D. 劳动者不要求继续履行劳动合同的,用人单位应当按经济补偿标准的 2 倍向劳动者支付赔偿金

6. 【多选题】(2018 年)根据劳动合同法律制度的规定,下列情形中,用人单位应当向劳动者支付经济补偿的有( )。

A. 由用人单位提出并与劳动者协商一致而解除劳动合同

B. 固定期限劳动合同期满,用人单位维持

或者提高劳动合同约定条件续订劳动合同，劳动者不同意续订的

C. 用人单位被依法宣告破产而终止劳动合同的

D. 以完成一定工作任务为期限的劳动合同因任务完成而终止的

7. 【多选题】（2017 年）根据劳动合同法律制度的规定，因下列情形解除劳动合同的，用人单位应向劳动者支付经济补偿的有（　　）。

A. 劳动者不能胜任工作，经过培训或者调整工作岗位，仍不能胜任工作的

B. 用人单位未按照劳动合同约定提供劳动保护或者劳动条件的

C. 劳动者同时与其他用人单位建立劳动关系，经用人单位提出，拒不改正的

D. 用人单位未及时足额支付劳动报酬的

随学随练参考答案及解析

1. A 【解析】本题考核经济补偿金的计算。劳动者月工资高于用人单位所在地上年度职工月平均工资 3 倍的，向其支付经济补偿的标准按职工月平均工资 3 倍的数额支付，向其支付经济补偿的年限最高不超过 12 年。工作年限 6 个月以上不满 1 年的，补偿年限按 1 年计算，因此按照 3 年计算补偿年限。经济补偿 = 4 000×3×3 = 36 000（元）。

2. D 【解析】本题考核经济补偿金的计算。劳动者月工资高于用人单位所在地上年度职工月平均工资 3 倍的，向其支付经济补偿的标准按职工月平均工资 3 倍的数额支付，经济补偿金 = 5×4 000×3 = 60 000（元）。

3. C 【解析】本题考核经济补偿金的计算。①根据《劳动合同法》的规定，经济补偿按劳动者在本单位工作的年限，每满 1 年支付 1 个月工资的标准向劳动者支付。6 个月以上不满 1 年的，按 1 年计算；不满 6 个月的，向劳动者支付半个月工资的经济补偿。②劳动者月工资高于用人单位所在

直辖市、设区的市级人民政府公布的本地区上年度职工月平均工资 3 倍的，向其支付经济补偿的标准按职工月平均工资 3 倍的数额。③应向郑某支付的经济补偿金 = 3 200×3×1.5 = 14 400（元）。

4. D 【解析】本题考核用人单位应当向劳动者支付经济补偿的情形。选项 A 属于劳动者随时通知解除劳动合同的情形，用人单位应当向劳动者支付经济补偿。选项 B 由用人单位提出解除劳动合同而与劳动者协商一致的，必须依法向劳动者支付经济补偿。选项 C 属于用人单位提前 30 日以书面形式通知劳动者本人或者额外支付劳动者 1 个月工资后，可以解除劳动合同的规定情形，用人单位应当向劳动者支付经济补偿。

5. ABCD 【解析】本题考核违法解除或终止劳动合同的法律责任。

6. ACD 【解析】本题考核用人单位应当向劳动者支付经济补偿的情形。选项 B，除用人单位维持或者提高劳动合同约定条件续订劳动合同，劳动者不同意续订的情形外，劳动合同期满终止固定期限劳动合同的，用人单位应当向劳动者支付经济补偿。

7. ABD 【解析】本题考核用人单位应当向劳动者支付经济补偿的情形。选项 C 用人单位可以随时通知解除劳动合同，无需支付经济补偿。

考点十　集体合同★

扫我解疑难

考点精讲

一、集体合同订立和种类

（一）订立主体

（1）由"**工会**"代表企业职工与用人单位订立；

（2）尚未建立工会的，在上级工会指导劳动者推荐的代表与用人单位订立。

（二）集体合同种类

（1）专项集体合同。

（2）行业性集体合同。

（3）区域性集体合同。

二、集体合同订立程序

（1）合同内容由双方派代表协商。集体协商双方的代表人数应当对等，每方至少3人，并"各自确定"1名首席代表。

（2）协商一致的合同草案应当提交**职工代表大会或者全体职工**讨论。

（3）讨论会议应当有"2/3以上"职工代表或者职工"出席"，且须经"全体职工代表半数以上"或者全体职工"半数以上同意"，方获通过。

（4）通过后，由"双方首席代表"签字。

三、集体合同生效（默示生效）

集体合同订立后，应当报送劳动行政部门，劳动行政部门自"收到"集体合同文本之日起"15日内未提出异议"的，集体合同即行生效。

四、集体合同约束力

行业性、区域性集体合同对当地本行业、本区域的用人单位和劳动者具有约束力。

五、集体合同效力

用人单位与劳动者订立的劳动合同中劳动报酬和劳动条件等标准"不得低于"集体合同规定的标准。

『提示』集体合同效力高于单独的劳动合同效力。

随学随练 ⏱3分钟

1.【单选题】根据规定，劳动行政部门自收到集体合同文本之日起一定时间内未提出异议的，集体合同即行生效。该时间为（　）日。

A. 7　　　　　　B. 10

C. 15　　　　　　D. 30

2.【单选题】根据劳动合同法律制度的规定，集体合同的订立由用人单位和职工各自派出集体协商代表通过集体协商会议的方式确定。下列关于集体协商代表人数的表述正确的是（　）。

A. 集体协商双方代表人数应当对等，每方至少3人，并确定1名首席代表

B. 集体协商职工代表应当为2~5人，并确定一名首席代表

C. 集体协商双方代表人数应当对等，每方至少3人，并各自确定1名首席代表

D. 集体协商职工代表应当为1~3人的单数，并确定一名首席代表

3.【判断题】（2017年）集体合同中双方约定的劳动报酬和劳动条件等标准可以低于当地人民政府规定的最低标准。（　　）

📝随学随练参考答案及解析

1. C 【解析】本题考核集体合同的生效时间。劳动行政部门自收到集体合同文本之日起15日内未提出异议的，集体合同即行生效。

2. C 【解析】本题考核集体合同的协商方式。集体协商双方的代表人数应当对等，每方至少3人，并各自确定1名首席代表。

3. × 【解析】本题考核集体合同的相关规定。集体合同中劳动报酬和劳动条件等标准不得低于当地人民政府规定的最低标准。

考点十一　劳务派遣★★★

扫我解疑难

📖考点精讲

劳务派遣涉及三方关系，包括劳动者、劳务派遣单位和实际用工单位，其基本特征为：雇用分离、有劳动无关系、有关系无劳动。

【示例】张三为劳动者，A为用人单位（劳务派遣单位），B为用工单位。

分析：

（1）张三与A签订劳动合同，形成劳动

关系。

（2）A与B签订劳务派遣协议，该协议不属于"劳动合同"，仅为一般的民事合同。B签订该协议，即接受以"劳务派遣方式"用工。

（3）张三与B不存在劳动关系，但是张三到B指定的工作场所去劳动，接受B的工作指示与管理。

一、劳务派遣的适用范围

劳务派遣用工是补充形式，只能在**"临时性、辅助性或者替代性"**的工作岗位上实施。

『提示』临时性工作岗位，是指**"该岗位"**的存续时间不超过**6个月**。

二、法定义务

（一）对劳务派遣单位的要求（劳务输出方）

1. 用工形式

劳务派遣单位不得以**"非全日制用工"**形式招用被派遣劳动者。

2. 劳动合同期限

应当与被派遣劳动者订立**"2年以上"**的固定期限劳动合同，按月支付**"劳动报酬"**。

3. 禁止收费

不得向被派遣劳动者收取费用。

4. 付薪义务

（1）最低工资标准支付。

被派遣劳动者在无工作期间，劳务派遣单位应按照所在地人民政府规定的最低工资标准，向其按月支付报酬。

（2）不得克扣。

应当将劳务派遣协议的内容告知被派遣劳动者，不得克扣用人单位按照劳务派遣协议支付给被派遣劳动者的劳动报酬。

（二）对用工单位的要求（劳务输入方）

1. 禁止分割订立

用工单位不得将连续用工期限**分割订立数个短期**劳务派遣协议。

2. 同工同酬

被派遣劳动者享有与用工单位劳动者**同工同酬**的权利。

3. 总量限制

用工单位使用的被派遣劳动者数量不得超过其**"用工总量"**的**"10%"**。

知识链接

公式：派遣员工/（正式员工+派遣员工）≤10%

随学随练 ⏱4分钟

1.【单选题】根据劳动合同法律制度的规定，某用人单位用工人数为68人（包括被劳务派遣劳动者），则该单位使用被劳务派遣劳动者数量不得超过（　）人。

A. 7　　　　　　　B. 10

C. 24　　　　　　D. 41

2.【多选题】（2018年）根据劳动合同法律制度的规定，下列关于不同用工形式劳动报酬结算支付周期的表述中，正确的有（　）。

A. 非全日制用工劳动者的劳动报酬结算支付周期最长不得超过15日

B. 全日制用工劳动者的劳动报酬至少每周支付一次

C. 被派遣劳动者的劳动报酬，在结束劳务派遣用工时支付

D. 对完成一次性临时劳动或某项具体工作的劳动者，用人单位应按有效协议或者合同规定其完成劳动任务后即支付劳动报酬

3.【多选题】（2014年）根据劳动合同法律制度的规定，下列工作岗位中，企业可以采用劳务派遣用工形式的有（　）。

A. 主营业务岗位

B. 替代性岗位

C. 临时性岗位

D. 辅助性岗位

4.【判断题】（2018年）劳务派遣用工形式中，用工单位应当与被派遣劳动者签订劳动合同。（　）

5.【判断题】（2015年）劳务派遣单位与被派遣劳动者订立两年以上的固定期限劳动合同。（　）

随学随练参考答案及解析

1. A 【解析】本题考核劳务派遣用工的数量限制。用人单位应当严格控制劳务派遣用工数量，使用的被派遣劳动者数量不得超过其用工数量的10%。所以该单位最多使用劳务派遣人数为68×10%＝6.8人，所以选项A正确。

2. AD 【解析】本题考核劳动报酬结算支付周期的综合。全日制用工工资至少每月支付一次，实行周、日、小时工资制的可按周、日、小时支付工资，选项B错误。劳务派遣按月支付劳动报酬，选项C错误。

3. BCD 【解析】本题考核劳务派遣的规定。劳务派遣用工只能在临时性、辅助性或者替代性的工作岗位上实施。

4. × 【解析】本题考核劳务派遣的相关规定。劳务派遣是指由劳务派遣单位（用人单位）与劳动者订立劳动合同。

5. √

考点十二 劳动争议解决

扫我解疑难

考点精讲

一、劳动争议的认定范围

(1)因确认劳动关系发生的争议。

(2)订立、履行、变更、解除和终止劳动合同发生争议。

(3)因除名、辞退和辞职、离职发生的争议。

(4)因工作时间、休息休假、社会保险、福利、培训以及劳动保护发生的争议。

(5)因劳动报酬、工伤医疗费、经济补偿或者赔偿金等发生的争议。

『提示1』劳动仲裁是劳动诉讼的必经程序。

『提示2』劳动调解、劳动和解并非劳动仲裁与劳动诉讼的必经程序。

二、协商（非必须程序）

发生劳动争议，当事人不愿协商、协商不成或者达成和解协议后不履行的，可以向调解组织申请调解。

三、劳动调解（非必须程序）

当事人不愿调解、调解不成或者达成调解协议后不履行的，可以向劳动争议仲裁委员会申请仲裁。

(一)受理劳动调解的组织

(1)"企业"劳动争议调解委员会。

(2)依法设立的"基层"人民调解组织。

(3)在"乡镇、街道"设立的具有劳动争议调解职能的组织。

(二)调解程序

1. 申请形式

劳动争议调解可以书面申请、也可以口头申请。

2. 调解协议书生效时间

双方当事人签名或者盖章＋调解员签名＋加盖调解组织印章。

3. 调解失败

调解失败的情形及处理如表8-16所示。

表8-16 调解失败的情形及处理

项目	具体规定	处理
未达成调解协议	劳动争议调解组织"收到"调解申请之日起"15日内"未达成	当事人依法申请仲裁
达成调解协议不履行	一方当事人在协议约定期限内不履行协议	另一方依法申请仲裁
	用人单位不履行下列协议：支付拖欠劳动报酬、工伤医疗费、经济补偿或者赔偿金	劳动者持调解协议书向人民法院申请支付令【链接】民事诉讼中的督促程序

四、劳动仲裁 ★★★

（一）劳动仲裁的基本规定

（1）劳动仲裁是劳动争议当事人向人民法院提起诉讼的"必经程序"。

（2）劳动仲裁"不收费"，劳动争议仲裁委员会的经费由财政予以保障。

（3）提起劳动仲裁应当提交书面仲裁申请，书写申请确有困难的，也可以口头申请。

【链接】商事仲裁中，当事人申请仲裁必须有仲裁协议，仲裁协议应当以书面形式订立，口头达成仲裁的意思表示无效。

（二）劳动仲裁机构（劳动争议仲裁委员会）

（1）不按区划层层设立。

（2）仲裁委员会下设实体化办事机构，称为劳动人事争议仲裁院。

（三）劳动仲裁参加人（如表 8-17 所示）

1. 当事人

表 8-17　劳动仲裁参加人

情形	有关当事人具体规定
基本当事人	劳动者与用人单位
劳务派遣	①"劳动者"； ②派遣单位+用工单位(共同当事人)
用人单位 主体资格消灭	①"劳动者"； ②用人单位+出资人+开办单位或主管部门(共同当事人)

2. 当事人代表

劳动者一方在"10 人以上"，并有共同请求的，劳动者可以推举3~5 名代表人参加仲裁活动。

（四）劳动仲裁案件的管辖

【链接】商事仲裁中，不实行级别管辖与地域管辖，仲裁双方共同选定仲裁委员会。

1. 基本规定

劳动争议由"劳动合同履行地"或者"用人单位所在地"的劳动争议仲裁委员会管辖。

【示例1】张某与 A 单位签订劳动合同，实际工作地点为北京，A 单位所在地为上海，出现劳动争议的，可向北京（履行地）或上海（用人单位所在地）的劳动仲裁委员会申请劳动仲裁。

2. 分别申请

"双方当事人"分别向两地申请仲裁的，由劳动"合同履行地"的劳动争议仲裁委员会管辖。

【示例2】张某与 A 单位签订劳动合同，实际工作地点为北京，A 单位所在地为上海，出现劳动争议的，张某向北京申请、A 单位向上海申请，由北京（合同履行地）的劳动仲裁委员会管辖。

3. 多个"劳动合同履行地"

"最先受理"的仲裁委员会管辖。

【示例3】张某与 A 单位签订劳动合同，工作地点为北京和石家庄，A 单位所在地为上海，出现劳动争议的，张某分别向北京和石家庄两地申请，由北京（合同履行地1）或石家庄（实际履行地2）两地的劳动仲裁委员会按照"最先受理"的原则确定管辖地。

【链接】民事诉讼中，原告向两个以上有管辖权的人民法院起诉的，由"最先立案"的人民法院管辖。

（五）劳动争议举证责任

1. 谁主张、谁举证

发生劳动争议，当事人对自己提出的主张，有责任提供证据。

2. 用人单位提供

（1）与争议事项有关的"证据属于用人单位管理"的，"用人单位"应当提供。

（2）用人单位在指定期限内不提供的，应当承担不利后果。

（六）仲裁时效

1. 一般时效

劳动争议申请仲裁的时效期间为"1年"，从当事人**知道或者应当知道**其权利被侵害之日起计算。

【链接】民事诉讼中，普通诉讼时效为当事人知道或应当知道权利被侵害之日起3年。

2. 不受限制的时效

因"**拖欠劳动报酬**"发生争议的，劳动者申请仲裁不受1年仲裁时效期间的限制。但是，劳动关系**终止**的，应当自劳动关系**终止之日起1年内**提出。

此处注意三点内容：

(1)强调是"劳动关系存续期间"的劳动报酬；

(2)因"拖欠劳动报酬"发生劳动争议；

(3)劳动者申请仲裁不受期限限制仅针对在"劳动关系存续期"；如果劳动关系终止的，申请仲裁受时效限制，即劳动者应在终止之日起1年内申请。

(七)开庭和裁决期限

1. 开庭并公开

(1)当事人可以协议不公开。

(2)涉及商业秘密和个人隐私的，经当事人书面申请，应当不公开。

2. 仲裁庭组成(同商事仲裁)

三名仲裁员或一名仲裁员组成仲裁庭。

3. 裁决期限

(1)仲裁委员会受理仲裁申请之日起"**45日内**"结束。

(2)经批准可延长，延长期限不超过15日。

【链接1】行政复议中，行政复议机关应当自受理之日起60日内作出行政复议决定，延长最多不超过30日。

【链接2】劳动调解组织收到申请之日起15日内未达成调解协议，当事人可以提起劳动仲裁。

(八)仲裁裁决

1. 裁决原则(同商事仲裁)

(1)多数仲裁员的意见作出；

(2)仲裁员不能形成多数意见时，裁决应当按照首席仲裁员的意见作出。

2. 终局裁决与非终局裁决

『提示』此处是劳动争议仲裁的难点，建议大家采用"抽丝剥茧"的分层学习方法。

第一层：明确终局裁决和非终局裁决对双方意味着什么，如图8.2所示。

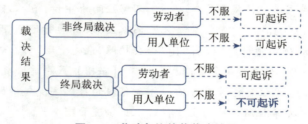

图8.2　劳动争议仲裁裁决结果

【图示说明】第一，特殊劳动争议的仲裁裁决为终局裁决，不再启动诉讼程序，目的是提高劳动者维权的效率；第二，终局裁决对劳动者是"蜜糖"，劳动者不服的仍旧可以提起诉讼，但对用人单位是"砒霜"，用人单位面对终局裁决结果不得提起诉讼，而只能在有证据证明裁决结果出现法定6种撤销情形时申请法院撤销。

第二层：明确哪些劳动争议属于"终局裁决"。

适用一裁终局的劳动争议事项分为两组，包括：

(1)小额报酬。

追索**劳动报酬**、工伤医疗费、经济补偿金或者赔偿金，不超过当地"**月最低工资标准12个月**"金额的争议。

(2)涉及劳动合同"必备条款"的内容。

因执行国家的劳动标准在工作时间、休息休假、社会保险等方面发生的争议。

第三层：熟悉终局裁决与非终局裁决的生效时间，如图8.3所示。

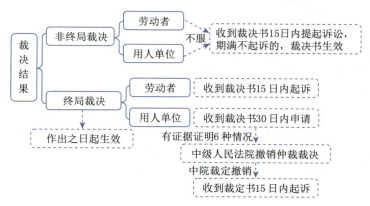

图 8.3　劳动仲裁裁决书作出后的程序

【图示说明】第一，终局裁决自作出之日起生效，非终局裁决双方收到后 15 日内不起诉即生效；第二，终局裁决作出后，用人单位只能从"仲裁裁决书"中"鸡蛋挑骨头"，即有证据证明仲裁裁决出现法定 6 种情形之一的，用人单位才可向劳动仲裁委员会所在地的中级人民法院申请"撤销"终局裁决，撤销后再提起诉讼。综上，终局裁决向劳动者倾斜保护、用人单位先撤销，后可起诉。

知识链接

（九）执行

仲裁庭对追索劳动报酬、工伤医疗费、经济补偿金或者赔偿金的案件，根据当事人的申请，可以裁决**"先予执行"**，移送人民法院执行，劳动者申请先予执行的，可以不提供担保。

仲裁庭裁决先予执行的，应当符合以下条件：

（1）当事人之间权利义务关系明确；

（2）不先予执行将严重影响申请人的生活。

五、劳动诉讼

知识链接

『提示』民商事仲裁≠劳动争议仲裁；劳动诉讼＝民事诉讼。

可以提起劳动诉讼的情形包括：

（一）仲裁委员会

（1）不予受理。

（2）逾期未作出决定（45 日）。

（二）裁决结果不服

（1）劳动者对"终局裁决"不服（15

日内）。

（2）当事人对"非终局裁决"不服（15 日内）。

（三）终局裁决被撤销

用人单位可上诉（收到撤销裁定书之日起 15 日内）。

知识链接

随学随练 用时5分钟

1. 【单选题】（2019 年）根据劳动争议仲裁法律制度的规定，除另有规定外，劳动争议仲裁机构对下列劳动争议所做裁定具有终局效力的是（　　）。

A. 解除劳动关系争议

B. 确定劳动关系争议

C. 追索劳动报酬不超过当地最低工资标准 12 个月金额的争议

D. 终止合同合同争议

2. 【单选题】（2018 年）根据劳动争议调解仲裁法律制度的规定，自劳动争议调解组织收到调解申请之日起一定期间内未达成调解协议的，当事人可依法申请仲裁，该期间为（　　）。

A. 7 日　　　　　　　B. 10 日

C. 5 日　　　　　　　D. 15 日

3. 【单选题】（2018 年）根据劳动争议调解仲裁法律制度的规定，劳动者对劳动争议的终局裁决不服，可以自收到仲裁裁决之日起一定期限内向人民法院提起诉讼。该期限为（　　）。

A. 30 日　　　　B. 60 日

C. 90 日　　　　D. 15 日

4.【单选题】（2018 年）2016 年 7 月 10 日，刘某到甲公司上班，公司自 9 月 10 日起一直拖欠其劳动报酬，直至 2017 年 1 月 10 日双方劳动关系终止。下列关于刘某就甲公司拖欠其劳动报酬申请劳动仲裁时效期间的表述中，正确的是（　　）。

A. 应自 2016 年 9 月 10 日起 3 年内提出申请

B. 应自 2016 年 7 月 10 日起 3 年内提出申请

C. 应自 2016 年 9 月 10 日起 1 年内提出申请

D. 应自 2017 年 1 月 10 日起 1 年内提出申请

5.【多选题】（2017 年）关于一般经济纠纷仲裁和劳动仲裁共同点的下列表述中，正确的有（　　）。

A. 仲裁庭仲裁案件均适用回避制度

B. 当事人均须在事先或事后达成仲裁协议，仲裁委员会方可受理

C. 仲裁委员会均不按行政区划层层设立

D. 当事人对仲裁裁决不服，均可向人民法院起诉

6.【多选题】（2015 年）王某与其所任职的甲公司发生劳动争议，甲公司和王某可以选择的纠纷解决方法有（　　）。

A. 申请调解

B. 双方协商解决

C. 直接向人民法院起诉

D. 劳动仲裁

7.【判断题】（2018 年）申请人申请劳动仲裁，应支付劳动仲裁费。（　　）

✏️ 随学随练参考答案及解析

1. C 【解析】本题考核劳动争议仲裁的终局裁决。下列劳动争议适用终局裁决：①追索劳动报酬、工伤医疗费、经济补偿或者赔偿金，不超过当地月最低工资标准 12 个月金额的争议；②因执行国家的劳动标准在工作时间、休息休假、社会保险等方面发生的争议。

2. D 【解析】本题考核劳动调解。根据规定，自劳动争议调解组织收到调解申请之日起 15 日内未达成调解协议的，当事人可以依法申请仲裁。

3. D 【解析】本题考核劳动争议终局裁决的效力。劳动者对劳动争议的终局裁决不服的，可以自收到仲裁裁决书之日起 15 日内向人民法院提起诉讼。

4. D 【解析】本题考核劳动仲裁申请时效。劳动关系存续期间因拖欠劳动报酬发生争议的，劳动者申请仲裁不受 1 年仲裁时效期间的限制，但是，劳动关系终止的，应当自劳动关系终止之日起 1 年内提出。

5. AC 【解析】本题考核劳动仲裁与经济纠纷仲裁的区别。选项 B，经济纠纷仲裁的当事人须在事先或事后达成仲裁协议，劳动仲裁没有此规定；选项 D，经济纠纷仲裁实行一裁终局制度，对仲裁裁决不服的不得提起诉讼。

6. ABD 【解析】本题考核劳动仲裁是劳动诉讼的必经程序。

7. × 【解析】本题考核劳动争议仲裁的申请。劳动争议仲裁不收费。仲裁委员会的经费由财政予以保障。

模块二　社会保险法律制度

考点一　基本养老保险

扫我解疑难

⭐ 考点精讲

一、组成

职工基本养老保险、城乡居民基本养老保险。

二、覆盖范围★

（一）城乡居民基本养老保险

可在"户籍地"参加城乡居民养老保险的主体：

（1）年满 16 周岁（不含在校学生）；

（2）非国家机关和事业单位工作人员；

（3）不属于职工基本养老保险制度覆盖范围城乡居民。

（二）职工基本养老保险

国有企业、城镇集体企业、外商投资企业、城镇私营企业和其他城镇企业及其职工，**"实行企业化管理"**的事业单位及其职工。

（三）特殊

1. 国家机关工作人员

公务员和参照公务员管理的工作人员养老保险的办法由国务院规定。

2. 无雇工的个体工商户、未在用人单位参加基本养老保险的非全日制从业人员、其他灵活就业人员，应当按照国家规定缴纳基本养老保险费。

三、缴纳与计算

（一）单位缴费（记入社会统筹账户）

自 2019 年 5 月 1 日起，降低城镇职工基本养老保险（包括企业和机关事业单位基本养老保险）单位缴费比例。

各省、自治区、直辖市及新疆生产建设兵团养老保险单位缴费比例高于 16% 的，可降至 **16%**。

（二）个人缴费（记入个人账户）

1. 比例

个人缴费比例为 **8%**。

2. 缴费工资基数

（1）一般情况。

①以职工本人**"上年度"**月平均工资。

②有条件的地区也可以本人上月工资作

为基数。

（2）特殊情况。

①过低。

本人月平均工资最低按当地职工月平均工资 **60%** 作为缴费基数。

②过高。

本人月平均工资最高按当地职工月平均工资的 **300%** 作为缴费基数。

个人养老账户月存储额＝本人月缴费工资×8%

3. 个体工商户和灵活就业人员缴费

（1）缴费基数。

个体工商户和灵活就业人员参加企业职工基本养老保险，可以在本省全口径城镇单位就业人员平均工资的 **60% 至 300% 之间**选择适当的缴费基数。

（2）比例。

20%（其中的 8% 记入个人账户）。

4. 个人账户的特殊规定

（1）个人账户不得提前支取。

（2）个人账户记账利率不得低于银行**定期**存款利率，免征利息税。

（3）个人死亡后，其**"个人账户"**中的余额可以全部依法**继承**。

5. 政府补贴

基本养老保险基金出现支付不足时，政府给予补贴。

四、职工基本养老保险享受条件 ★★★

（一）年龄条件

达到法定退休年龄。如表 8-18 所示。

表 8-18　企业职工法定退休年龄

适用范围	性别	退休年龄
一般情况	男	60
	女	50
	女干部	55
从事**"井下、高温、高空、特别繁重体力劳动或其他有害身体健康工作"**	男	55
	女	45
因**"因病或非因工致残"**，由**"医院证明并经劳动鉴定委员会确认完全丧失劳动能力"**	男	50
	女	45

（二）缴费条件

累计**缴费满15年**。

五、职工基本养老保险待遇★

（一）领取基本养老金

参加职工基本养老保险的个人，达到法定退休年龄时累计缴费满15年的，按月领取基本养老金。

（二）丧葬补助金和遗属抚恤金

参加基本养老保险的个人，"**因病或者非因工死亡**"的，其遗属可以领取丧葬补助金和抚恤金。

（三）病残津贴

前提为未达到法定退休年龄时"**因病或者非因工致残**"完全丧失劳动能力：可以领取病残津贴，所需资金从基本养老保险基金中支付。

『提示』死亡领丧葬补助金+遗属抚恤金；致残领病残津贴。

📝 随学随练 ⏰随时5分钟

1. 【单选题】（2019年、2018年）根据社会保险法律制度的规定，参加职工基本养老保险的个人，达到法定退休年龄且累计缴费满一定年限的方可享受，该年限为（ ）。

A. 5年   B. 15年

C. 20年   D. 10年

2. 【单选题】（2016年）甲公司高级管理人员张某2014年度月平均工资为15 000元，公司所在地职工月平均工资为4 000元。2015年甲公司每月应扣缴张某基本养老保险费的下列结算列式中，正确的是（ ）。

A. 4 000×2×8%＝640（元）

B. 15 000×8%＝1 200（元）

C. 4 000×8%＝320（元）

D. 4 000×3×8%＝960（元）

3. 【多选题】（2017年）社会保险法律制度的规定，下列关于职工基本养老保险待遇的表述中，正确的有（ ）。

A. 参保职工未达到法定退休年龄时因病完全丧失劳动能力的，可以领取病残津贴

B. 参保职工死亡后，其个人账户中的余额可以全部依法继承

C. 参保职工达到法定退休年龄时累计缴费满15年，按月领取基本养老金

D. 参保职工死亡同时符合领取基本养老保险丧葬补助金、工伤保险丧葬补助金和失业保险丧葬补助金条件的，其遗属可以同时领取

4. 【多选题】（2015年）根据社会保险法律制度的规定，参加职工基本养老保险的下列人员中，基本养老保险费全部由个人缴纳的有（ ）。

A. 城镇私营企业的职工

B. 无雇工的个体工商户

C. 未在用人单位参加基本养老保险的非全日制从业人员

D. 实行企业化管理的事业单位职工

5. 【多选题】（2015年）根据社会保险法律制度的规定，下列各项中，表述正确的有（ ）。

A. 职工按照国家规定的本人工资的比例缴纳基本养老保险费，可以全额计入个人账户

B. 灵活就业人员按照国家规定缴纳基本养老保险费全部计入个人账户

C. 职工按照国家规定的本人工资的比例缴纳基本养老保险费，计入个人账户的免征利息税

D. 职工按照国家规定的本人工资的比例缴纳基本养老保险费，不得提前支取

6. 【判断题】（2019年）参加基本养老保险的个人，在未到法定退休年龄时因病或者非因工致残完全丧失劳动能力的，可以领取病残津贴。 （ ）

📝 随学随练参考答案及解析

1. B 【解析】本题考核基本养老保险的享受条件。根据规定，参加基本养老保险的个人，达到法定退休年龄时累计缴费满15年的，按月领取基本养老金。

2. D 【解析】本题考核基本养老保险费的缴纳。①按照现行政策，职工个人按照本人缴费工资的8%缴费，记入个人账户；②职工本人月平均工资高于当地职工月工资300%的，按当地职工月平均工资的300%作为缴费基数；③张某每月应缴纳的基本养老保险费 = 4 000×3×8% = 960（元）。

3. ABC 【解析】本题考核基本养老保险待遇。选项 D，个人死亡同时符合领取基本养老保险丧葬补助金、工伤保险丧葬补助金和失业保险丧葬补助金条件的，其遗属只能选择领取其中的一项。

4. BC 【解析】本题考核基本养老保险的覆盖范围。无雇工的个体工商户、未在用人单位参加基本养老保险的非全日制从业人员以及其他灵活就业人员可以参加基本养老保险，由个人缴纳基本养老保险费。

5. ACD 【解析】本题考核基本养老保险费的缴纳。选项 B，灵活就业人员缴费比例为20%，其中8%记入个人账户。

6. √

考点二 基本医疗保险

扫我解疑难

考点精讲

一、分类

（一）职工基本医疗保险

国有企业、城镇集体企业、外商投资企业、城镇私营企业和其他城镇企业及其职工，国家机关及其工作人员，事业单位及其职工，民办非企业单位及其职工，社会团体及其专职人员。

（二）城乡居民基本医疗保险

覆盖除职工基本医疗保险应参保人员以外的其他所有城乡居民，统一保障待遇。

（三）无雇工的个体工商户、未在用人单位参加基本养老保险的非全日制从业人员、其他灵活就业人员

应当按照国家规定参加基本医疗保险，由"个人"按照国家规定缴纳基本医疗保险费。

二、职工基本医疗保险费的缴纳 ★★

职工基本医疗保险费缴费基数与比例如表8-19所示。

表 8-19　职工基本医疗保险费缴费基数与比例

缴费主体	比例
单位缴费	职工工资总额的**6%**
个人账户组成	①个人缴费：一般为本人工资收入的**2%**； ②单位缴费划入部分：单位缴费的30%； ③利息
退休人员	①达到法定退休年龄时累计缴费达到国家规定年限的，退休后不再缴纳，按照规定享受基本医疗保险待遇； ②未达到国家规定缴费年限的，可以缴费至国家规定年限

三、职工基本医疗费用的结算 ★★

（一）报销结算条件

1. 指定地点

（1）"定点"医疗机构就医、购药。

（2）"定点"零售药店购药。

2. 指定范围

符合基本医疗保险药品目录、诊疗项目、医疗服务设施标准的范围和给付标准。

（二）报销支付标准

1. 支付金额"区间"

一般为当地职工**年**平均工资**10%**（起付线）～当地职工**年**平均工资**6倍**（封顶线）。

2. 支付比例

支付比例一般为"**90%**"。

『提示』个人自付部分包括：（1）非指定地点和指定范围的诊疗药品项目；

（2）起付线以下的部分；

（3）封顶线以上的部分；

（4）起付线~封顶线部分的10%。

四、基本医疗保险基金不支付的医疗费用★★★

（1）应当从工伤保险基金中支付的；

（2）应当由第三人负担的；

（3）应当由公共卫生负担的；

（4）在境外就医的。

『提示』医疗费应由第三人负担，第三人不支付或者无法确定第三人的，由基本医疗保险基金先行支付，然后向第三人追偿。

随学随练 ⏱限时3分钟

1. 【单选题】（2015年）甲公司职工周某的月工资为6 800元。已知当地职工基本医疗保险的单位缴费率为6%，职工个人缴费率为2%，用人单位所缴医疗保险费划入个人医疗账户的比例为30%。关于周某个人医疗保险账户每月存储额的下列计算中，正确的是（　　）。

A. 6 800×2%＝136（元）

B. 6 800×2%＋6 800×6%×30%＝258.4（元）

C. 6 800×2%＋6 800×6%＝544（元）

D. 6 800×6%×30%＝122.4（元）

2. 【单选题】根据《社会保险法》规定，按照国家规定缴纳一定比例的医疗保险费，在参保人因患病和意外伤害而就医诊疗时，由医疗保险基金支付其一定医疗费用的社会保险制度是（　　）。

A. 基本养老保险　　B. 基本医疗保险

C. 工伤保险　　　　D. 职工医疗大病险

3. 【多选题】下列选项中，享受基本医疗保险待遇一般应符合的条件有（　　）。

A. 到定点医疗机构就医、购药

B. 到定点零售药房购买药品

C. 发生的医疗费用符合相应的给付标准

D. 参保人员可以在境内与境外就医

随学随练参考答案及解析

1. B 【解析】本题考核基本医疗保险的缴费。根据规定，除个人缴费部分外，单位缴费的30%计入个人账户。本题中周某个人医疗保险账户每月存储额为：6 800×2%＋6 800×6%×30%＝258.4（元）（不考虑利息）。

2. B 【解析】本题考核基本医疗保险的概念。基本医疗保险，指按照国家规定缴纳一定比例的医疗保险费，在参保人因患病和意外伤害而就医诊疗时，由医疗保险基金支付其一定医疗费用的社会保险制度。

3. ABC 【解析】本题考核基本医疗保险待遇的条件。享受基本医疗保险待遇一般应符合以下条件：①到定点医疗机构就医、购药或定点零售药房购买药品。②参保人员在看病就医过程中发生的医疗费用必须符合基本医疗保险目录、诊疗项目、医疗服务设施标准的范围和给付标准。

考点三　工伤保险

扫我解疑难

考点精讲

一、工伤保险费的缴纳★★★

职工应当参加工伤保险。工伤保险费由"用人单位缴纳"，职工不缴纳。

『提示』职工所在用人单位未依法缴纳工伤保险费，发生工伤事故的，由用人单位支付工伤保险待遇。

二、工伤认定★★★

『提示』工作时间＋工作场所＋工作原因（直接或间接）。

（一）应当认定工伤

（1）8小时内、工作地点内。

①在工作时间和工作场所内，因工作原因受到事故伤害的；

②在工作时间和工作场所内，因履行工作职责受到暴力等意外伤害的；

③患职业病的。

（2）8 小时外、工作地点内。工作时间前后在工作场所内，从事与工作有关的预备性或收尾性工作受到事故伤害的。

（3）8 小时内、工作地点外。因工外出期间，由于工作原因受到伤害或者发生事故下落不明的。

（4）8 小时外、工作地点外。在上下班途中，受到"非本人主要责任"的交通事故或者城市轨道交通、客运轮渡、火车事故伤害的。

『提示』《工伤保险条例》将工作时间与工作场所作了延伸，工作时间延伸至每天上班前预备性工作和下班后收尾性工作期间；工作场所延伸至上下班途中和因工出差期间。注意，这些统称为"应当认定工伤"，考试做题注意辨别。

（二）视同工伤

『提示』辨别要点为"非工作原因"造成的伤亡。

（1）在工作时间和工作岗位，突发疾病死亡或者在"48 小时"内经抢救无效死亡的。

（2）在抢险救灾等维护国家利益、公共利益活动中受到伤害的。

（3）原在军队服役，因战、因公负伤致残，已取得革命伤残军人证，到用人单位后旧伤复发的。

（三）不认定工伤

（1）故意犯罪；

（2）醉酒或者吸毒；

（3）自残或者自杀。

三、劳动能力鉴定 ★

（1）劳动功能障碍分为十个伤残等级，最重为一级，最轻的为十级。

（2）生活自理障碍分为三个等级，包括：完全不能自理、大部分不能自理、部分不能自理。

四、工伤保险待遇 ★★★

工伤保险待遇包括工伤医疗待遇、伤残待遇和工亡待遇三类，如表 8-20 所示。

表 8-20   工伤保险待遇综合

种类			待遇内容	
医疗待遇	治病疗伤		医疗费用；住院伙食补助、交通食宿费；康复性治疗费；停工留薪期工资福利待遇	
	停工留薪期	期间	一般不超过 12 个月（可适当延长，延长不得超过 12 个月）	
		工资福利	工资福利待遇"不变"，由所在单位按月支付	
		停止时点	评定伤残等级后，停止享受停工留薪期待遇，转为享受伤残待遇	
		期满后	停工留薪期满后仍需治疗，继续享受工伤医疗待遇	
伤残待遇	停工留薪期内→劳动能力鉴定评定伤残等级（十个级别）→伤残待遇			
	内容	生活护理费	工伤保险基金按月支付	
		一次性伤残补助金	按照伤残等级，工伤保险基金中"一次性"支付	
		伤残津贴	1~4 级	工伤保险基金支付
			5~6 级	用人单位支付
	解除终止劳动合同	限制	1~4 级	保留劳动关系，退出劳动岗位
			5 级、6 级	经"职工本人"提出，可以解除或终止
			7~10 级	劳动合同期满终止，或职工本人提出解除
		解除或终止后的补助金	一次性工伤"医疗"补助金：工伤保险基金支付	
			一次性"伤残就业"补助金：用人单位支付	

种类		待遇内容	
工亡待遇	三项待遇内容	丧葬补助金	**6个月**的统筹地区上年度职工**月平均工资**
		供养亲属抚恤金	本人工资的一定比例发放
		一次性工亡补助金	上一年度全国城镇居民**"人均可支配收入20倍"**
	享受三项		**因工死亡**,停工留薪期**"内"**因工伤死亡
	享受两项		**1~4级**伤残职工在停工留薪**"期满后"**死亡的,其近亲属可以享受丧葬补助金和供养亲属抚恤金待遇,**不享受一次性工亡补助金待遇**

注意工伤保险待遇流程:

①工伤事故→当场去世→直接享受工亡待遇(三项);

②工伤事故→当场未去世→送医治疗(工伤医疗待遇+停工留薪期)→停工留薪期内医治无效去世→工亡待遇(三项);

③工伤事故→当场未去世→送医治疗(工伤医疗待遇+停工留薪期)→评定伤残等级(1~4级)→停工留薪期满伤残待遇→因工伤去世→工亡待遇(两项)

五、工伤期间应由用人单位支付的费用 ★★

(1)治疗工伤期间的工资福利(含护理费用)。

(2)五级、六级伤残职工按月领取的伤残津贴。

(3)终止或者解除劳动合同时,应享受的一次性伤残就业补助金。

随学随练 限时4分钟

1.【单选题】(2019年、2018年、2017年、2014年)一次性工亡补助金,为上一年度全国城镇居民人均可支配收入的( )。

A. 5倍　　　　　　 B. 10倍

C. 15倍　　　　　　D. 20倍

2.【单选题】(2018年、2017年、2016年、2015年)下列各项保险,只需用人单位缴纳的是( )。

A. 失业保险　　　 B. 工伤保险

C. 基本养老保险　 D. 基本医疗保险

3.【单选题】(2018年)根据社会保险法律制度的规定,职工发生伤亡的下列情形中,视同工伤的是( )。

A. 在工作时间和工作岗位突发先天性心脏病死亡的

B. 在上班途中受到非本人主要责任的交通事故伤害的

C. 下班后在工作场所从事与工作有关的收尾性工作受到事故伤害的

D. 患职业病的

4.【单选题】根据工伤保险条例的规定,下列情形中,用人单位可以在合同期满时与劳动者终止劳动关系的是( )。

A. 一级伤残　　　 B. 五级伤残

C. 六级伤残　　　 D. 十级伤残

5.【单选题】根据工伤保险条例的规定,职工因工伤死亡依法享受工亡待遇的,丧葬补助金为一定期限内的统筹地区上年度职工月平均工资。该期限为( )。

A. 3个月　　　　　 B. 6个月

C. 12个月　　　　　D. 24个月

6.【多选题】(2018年)劳动者发生伤亡的下列情形中,应当认定为工伤的有( )。

A. 吴某在车间工作期间因醉酒导致自身受伤

B. 保安万某在工作期间因履行工作职责被

打伤

C. 陈某在上班途中，受到非本人主要责任交通事故伤害

D. 赵某在外地出差期间登山游玩时摔伤

随学随练参考答案及解析

1. D 【解析】本题考核工伤保险待遇中的工亡待遇。一次性工亡补助金，为上一年度全国城镇居民人均可支配收入的 20 倍。

2. B 【解析】本题考核工伤保险费的缴纳。工伤保险不需要个人缴纳。

3. A 【解析】本题考核工伤认定中视同工伤的情形。职工有下列情形之一的，视同工伤：①在工作时间和工作岗位，突发疾病死亡或者在 48 小时之内经抢救无效死亡的；②在抢险救灾等维护国家利益、公共利益活动中受到伤害的；③职工原在军队服役，因战、因公负伤致残，已取得革命伤残军人证，到用人单位后旧伤复发的。选项 BCD 为应当认定为工伤的情形。

4. D 【解析】本题考核工伤伤残待遇。七级至十级伤残，劳动聘用合同期满终止，或者职工本人提出解除劳动聘用合同的，由工伤保险基金支付一次性工伤医疗补助金。

5. B 【解析】本题考核工伤待遇中的工亡待遇。丧葬补助金为 6 个月的统筹地区上年度职工月平均工资。

6. BC 【解析】本题考核应当认定工伤的情形。选项 A，由于醉酒导致受伤不认定为工伤；选项 D，与工作无直接联系，不能认定为工伤。

考点四 失业保险

扫我解疑难

考点精讲

一、保险费的缴纳 ★★

《失业保险条例》规定：

1. 单位缴费

本单位工资总额的"**2%**"缴纳失业保险费。

2. 个人缴费

职工按照本人工资的"**1%**"缴纳失业保险费。

阶段性降低政策：

(1)用人单位和职工失业保险缴费比例总和从 3% 阶段性降至 1%，个人费率不得超过单位费率。

(2)自 2019 年 5 月 1 日起，实施失业保险总费率 1% 的省，延长阶段性降低失业保险费率的期限至 2020 年 4 月 30 日。

二、失业保险待遇

失业保险待遇包括领取失业保险金、领取失业保险金期间享受医疗保险待遇、领取失业保险金期间的死亡补助、职业介绍与职业培训补贴。

(一)领取失业保险金★★★

1. 享受条件

同时满足以下三个条件：

(1)失业前已经缴纳失业保险费"**满1年**"。

(2)非因本人意愿中断就业。

包括以下情形：

①终止劳动合同的；②被用人单位解除劳动合同的；③被用人单位开除、除名和辞退的；④用人单位以暴力、威胁或者非法限制人身自由的手段强迫劳动，劳动者解除劳动合同的；⑤用人单位未按照劳动合同约定支付劳动报酬或者提供劳动条件，劳动者解除劳动合同的。

(3)已经进行失业登记，并有求职要求。

2. 领取期限(如表 8-21 所示)

表 8-21 失业保险金领取期限

缴费年限	领取期限
累计缴费满 1 年不满 5 年	12 个月
累计缴费满 5 年不满 10 年	18 个月
累计缴费 10 年以上	24 个月

（1）一般期限规定。

①城镇企业事业单位应当及时为失业人员出具终止或者解除劳动关系的证明，告知其按照规定享受失业保险待遇的权利，并将失业人员的名单自终止或者解除劳动关系之日起 7 日内报社会保险经办机构备案。

②失业人员应在终止或者解除劳动合同之日起 60 日内到受理其单位失业保险业务的经办机构申领失业保险金。

（2）重新就业后再次失业的年限计算。

①缴费时间"重新计算"；

②领取失业保险金的期限与前次失业应当领取而"尚未领取"的失业保险金的期限合并计算，最长不超过24个月。

3. 发放标准

（1）不低于当地最低生活保障标准；

（2）不高于当地最低工资标准。

【链接】注意归纳本章可以低于最低工资标准支付的情况，包括：①医疗期内：最低工资标准的 80%；②失业保险金：最低生活保障标准≤金额≤最低工资标准。

（二）领取失业保险金期间享受基本医疗保险待遇★

失业人员应当缴纳的基本医疗保险费从"失业保险基金"中支付，个人不缴纳基本医疗保险费。

【链接】基本医疗保险中，达到法定退休年龄时累计缴费（医疗保险费）达到国家规定年限的，退休后不再缴纳，按照规定享受基本医疗保险待遇。

（三）领取失业保险金期间的死亡补助★

失业人员在领取失业保险金期间死亡的，参照当地对在职职工死亡的规定，向其遗属发给"一次性丧葬补助金"和"抚恤金"。所需资金从"失业保险基金"中支付。如表 8-22 所示。

表 8-22 个人死亡涉及的保险待遇

死亡原因	期间	保险待遇项目	备注
因病或非因工死亡	基本养老保险参保期间	基本养老保险基金支付：①丧葬补助金；②遗属抚恤金	个人死亡同时符合的，其遗属只能选择领取其中一项
	失业保险金领取期间	失业保险基金支付：①一次性丧葬补助金；②遗属抚恤金	
因工死亡	工伤保险参保期间	工伤保险基金支付：①丧葬补助金；②供养亲属抚恤金；③一次性工亡补助金	

三、停止领取失业保险待遇的情形★★★

满足其一：

（1）重新就业的；

（2）应征服兵役的；

（3）移居境外的；

（4）享受基本养老保险待遇的；

（5）被判刑收监执行的；

（6）无正当理由，拒不接受当地人民政府指定部门或者机构介绍的适当工作或者提供的培训的。

随学随练 4分钟

1.【单选题】（2017 年、2015 年）李某在甲公司工作了 12 年，因劳动合同到期而劳动关系终止，符合领取失业保险待遇，李某最长可以领取失业保险的期限是（ ）。

A. 24 个月   B. 12 个月

C. 18 个月   D. 6 个月

2.【多选题】（2019 年、2018 年）下列人员中不可再继续领取失业保险金的有（　　）。

A. 重新就业

B. 依法享受基本养老保险

C. 服兵役

D. 移民国外

3. 【多选题】（2018年）甲公司职工曾某因公司解散而失业。已知曾某系首次就业，失业前甲公司与其已累计缴纳失业保险费5年，则下列关于曾某享受失业保险待遇的表述中，正确的有（　　）。

A. 曾某在领取失业保险金期间，参加职工基本医疗保险，享受基本医疗保险待遇

B. 曾某领取失业保险金的期限最长为12个月

C. 曾某领取失业保险金的标准可以低于城市居民最低生活保障标准

D. 曾某领取失业保险金期限自办理失业登记之日起计算

随学随练参考答案及解析

1. A 【解析】本题考核失业保险。累计缴费10年以上的，领取失业保险金的期限最长为24个月。

2. ABCD 【解析】本题考核停止领取失业救济金的情形。失业人员在领取失业保险金期间有下列情形之一的，停止领取失业保险金，并同时停止享受其他失业保险待遇：①重新就业的；②应征服兵役的；③移居境外的；④享受基本养老保险待遇的；⑤被判刑收监执行；⑥无正当理由，拒不接受当地人民政府指定部门或者机构介绍的适当工作或者提供的培训的。

3. AD 【解析】本题考核失业保险待遇。选项B，累计缴费满5年不足10年的，领取失业保险金的期限最长为18个月；选项C，失业保险金的标准，不得低于城市居民最低生活保障标准。

考点五　社会保险费征缴与管理★

扫我解疑难

考点精讲

一、社会保险登记

（一）用人单位的社会保险登记

（1）企业在办理登记注册时，**同步办理**社会保险登记。

（2）企业以外的缴费单位应当自成立之日起**"30日内"**，向当地社会保险经办机构申请办理社会保险登记。

（二）个人的社会保险登记

用人单位应当自**"用工之日"**起**"30日"**内为其职工向社会保险经办机构办理社会保险登记。

二、社会保险缴纳

（一）用人单位缴纳

1. 代扣代缴

职工应当缴纳的社会保险费由用人单位代扣代缴。

2. 告知义务

用人单位应当**"按月"**将缴纳社会保险费的明细情况告知本人。

（二）社会保险费征收机构

2019年1月1日起，由**"税务部门"**统一征收各项社会保险费和先行划转的非税收入。

三、社会保险基金管理

（一）财务要求

社会保险基金按照社会保险险种分别建账，分账核算，执行国家统一的会计制度。

『提示』基本医疗保险基金与生育保险基金合并建账及核算。

（二）专款专用

社会保险基金专款专用，任何组织和个人不得侵占或者挪用。

（三）保险基金运营要求

1. 保值增值

社会保险基金在保证安全的前提下，按

照国务院规定投资运营实现保值增值。

2. 禁止性投向

（1）不得违规投资运营。

（2）不得用于平衡其他政府预算。

（3）不得用于兴建、改建办公场所和支付人员经费、运行费用、管理费用，或者违反法律、行政法规规定挪作其他用途。

随学随练 限时2分钟

1.【单选题】用人单位应当自用工之日起一定期限内为其职工向社会保险经办机构申请办理社会保险登记，该一定期限指的是（　）。

A. 7 日　　　　　　B. 15 日

C. 30 日　　　　　　D. 45 日

2.【多选题】（2018 年）根据社会保险法律制度的规定，下列关于社会保险费征缴的表述中，正确的有（　）。

A. 职工应当缴纳的社会保险费由用人单位代扣代缴

B. 用人单位未按时足额缴纳社会保险费的，由社会保险费征收机构责令其限期缴纳或者补足

C. 未在用人单位参加社会保险的非全日制从业人员可以直接向社会保险征收机构缴纳社会保险费

D. 用人单位应当自用工之日起 30 日内为其职工向社会保险经办机构申请办理社会保险费

3.【判断题】（2016 年）根据社会保险法律制度的规定，单位需要按季度通知员工已缴纳的社会保险费明细。（　）

随学随练参考答案及解析

1. C 【解析】本题考核社会保险的个人登记管理。用人单位应当自用工之日起 30 日内为其职工向社会保险经办机构申请办理社会保险登记。

2. ABCD 【解析】本题考核"社会保险费的征缴"。

3. × 【解析】本题考核社会保险费缴纳。职工应当缴纳的社会保险费由用人单位代扣代缴，用人单位应当按月将缴纳社会保险费的明细情况告知本人。

本 章 综 合 练 习 （限时110分钟）

一、单项选择题

1. 3 月 1 日，甲公司与陈某签订劳动合同，陈某于 3 月 5 日正式上班，4 月 1 日过了试用期，4 月 15 日领取工资。甲公司与陈某建立劳动关系的时间为（　）。

A. 3 月 5 日　　　　B. 3 月 1 日

C. 4 月 1 日　　　　D. 4 月 15 日

2. 周某于 2018 年 4 月 11 日进入甲公司就职，甲公司却迟迟未能与其签订书面劳动合同。经周某要求，甲公司于 2019 年 4 月 11 日才与其签订劳动合同。已知周某每月工资 2 000 元，已按时足额领取。甲公司应向周某支付工资赔偿的金额是（　）元。

A. 0　　　　　　　　B. 2 000

C. 22 000　　　　　D. 24 000

3. 无效劳动合同从（　）之日就没有法律效力。

A. 劳动合同订立

B. 提起劳动仲裁

C. 劳动合同解除起

D. 提起民事诉讼

4. 甲公司聘用张某从事非全日制用工，下列关于双方劳动关系的表述中，正确的是（　）。

A. 甲公司与张某约定试用期

B. 甲公司终止用工应向张某支付经济补偿

C. 甲公司可随时通知张某终止用工

D. 甲公司可按月向张某支付劳动报酬

5. 劳动者在该用人单位连续工作满一定期限的，劳动者提出或者同意续订、订立劳动合同的，除劳动者提出订立固定期限劳动合同外，应当订立无固定期限劳动合同。该期限是( )年。

   A. 5 B. 10

   C. 15 D. 20

6. 2017 年 7 月 2 日，贾某初次就业即到甲公司工作。2019 年 9 月 28 日，贾某向公司提出当年年休假申请。贾某依法可享受的年休假天数为( )。

   A. 0 B. 5 天

   C. 10 天 D. 15 天

7. 2019 年 5 月，甲公司安排李某于 5 月 1 日（国际劳动节）、5 月 7 日（周六）分别加班 1 天，事后未安排补休。已知甲公司实行标准工时制，李某的日工资为 200 元。计算甲公司应支付李某 5 月最低加班工资的下列算式中，正确的是( )。

   A. 200×300%+200×200%＝1 000（元）

   B. 200×200%+200×150%＝700（元）

   C. 200×100%+200×200%＝500（元）

   D. 200×300%+200×300%＝1 200（元）

8. 张某与 A 公司签订了 3 年期限的劳动合同，试用期 2 个月，劳动合同约定工资 2 000 元，当地最低工资标准为 1 500 元，试用期工资不得低于( )元。

   A. 1 600 B. 1 500

   C. 2 000 D. 1 400

9. 某公司为员工张某支付培训费 10 000 元，约定服务期为 5 年，3 年后，张某以劳动合同期满为由，不肯再续签合同。公司可以要求其支付的违约金最高数额为( )元。

   A. 10 000 B. 6 000

   C. 4 000 D. 0

10. 根据《劳动合同法》的规定，从事同类业务的竞业限制期限不得超过( )。

    A. 6 个月 B. 1 年

    C. 2 年 D. 3 年

11. 用人单位需要裁减人员 20 人以上或者裁

减不足 20 人但占企业职工总数 10% 以上的，用人单位提前向工会或者全体职工说明情况。用人单位提前的天数是( )。

    A. 10 日 B. 15 日

    C. 20 日 D. 30 日

12. 甲公司承接一项清理玻璃幕墙的工作，为缩减工程成本，未给执行清理工作的"蜘蛛人"设置安全保护措施。甲公司安排其员工王某进行清洗作业，王某以作业环境不安全为由拒绝工作，关于该情况，下列说法中正确的是( )。

    A. 王某可以提前 30 天书面通知甲公司解除劳动合同

    B. 王某可以随时通知甲公司解除劳动合同

    C. 王某不得解除劳动合同，只能自行购买安全设施进行作业

    D. 甲公司有权以王某违反公司纪律为由单方解除劳动合同

13. 单某在疑似职业病诊断期间，以下表述正确的是( )。

    A. 用人单位可以解除劳动合同

    B. 用人单位可以解除劳动合同，也可以终止劳动合同

    C. 用人单位不可以解除劳动合同，也不可终止劳动合同

    D. 用人单位可以终止劳动合同

14. 下列情形中，用人单位不得终止劳动合同的是( )。

    A. 在本单位连续工作满 10 年

    B. 在本单位连续工作满 10 年，且距法定退休年龄不足 5 年

    C. 在本单位连续工作满 15 年

    D. 在本单位连续工作满 15 年，且距法定退休年龄不足 5 年

15. 2019 年 10 月 19 日，甲公司职工李某因突发心脏病住院治疗。已知李某实际工作年限为 12 年，其中在甲公司工作年限为 4 年。李某依法可享受的医疗期为( )个月。

A. 12　　　　　B. 9

C. 18　　　　　D. 6

16. 下列关于医疗期的表述中，不符合法律规定的是(　　)。

A. 实际工作年限 10 年以下的，在本单位工作年限 5 年以下的，医疗期间为 3 个月

B. 实际工作年限 10 年以上的，在本单位工作年限 20 年以上的，医疗期间为 24 个月

C. 实际工作年限 10 年以上的，在本单位工作 10 年以上 15 年以下的，医疗期间为 12 个月

D. 实际工作年限 20 年以上的，医疗期间没有限制

17. 李某是一家大型国有企业的职工，因患病而住院，医疗期满后，李某不能从事原来的工作。企业为其另行安排的工作，但是李某仍不能从事该工作。下面用人单位的做法中，不正确的是(　　)。

A. 企业与李某解除劳动合同，额外支付了 1 个月的工资

B. 企业提前 30 日以书面形式通知李某解除劳动合同

C. 企业解除劳动合同的同时向李某支付了经济补偿

D. 企业未及时支付经济补偿，其后向李某支付了赔偿金，支付赔偿金后，不再支付经济补偿

18. 2019 年 4 月 1 日，吴某到甲公司担任高级技术人员，月工资 15 000 元，2019 年 7 月 1 日，吴某得知公司未依法给他缴纳基本养老保险，随后通知甲公司解除劳动合同，并要求支付补偿。已知甲公司所在地上年度职工月平均工资为 4 000 元。则下列正确的是(　　)。

A. 甲公司向吴某支付补偿 6 000 元

B. 甲公司无须补偿

C. 甲公司向吴某补偿 7 500 元

D. 甲公司向吴某补偿 2 000 元

19. 根据劳动合同法律制度的规定，下列关于经济补偿金的说法中，正确的是(　　)。

A. 经济补偿按劳动者在本单位工作的年限，每满 1 年支付 1 个月工资的标准向劳动者支付

B. 经济补偿中的月工资是指劳动者在劳动合同解除或者终止时的当月工资

C. 劳动者工作不满 12 个月的，则以同岗位最低工资作为月工资

D. 劳动者月工资高于用人单位所在直辖市、设区的市级人民政府公布的本地区上年度职工月平均工资 3 倍的，向其支付经济补偿的标准按该劳动者月工资支付

20. 根据劳动合同法律制度的规定，关于职工代表大会讨论集体合同草案的会议决议表述正确的是(　　)。

A. 职工代表大会讨论集体合同草案应当有半数以上职工代表出席，须经全体职工代表半数以上同意

B. 职工代表大会讨论集体合同草案应当有 2/3 以上职工代表出席，须经全体职工代表半数以上同意

C. 职工代表大会讨论集体合同草案应当有半数以上职工代表出席，须经全体职工代表 2/3 以上同意

D. 职工代表大会讨论集体合同草案应当有 2/3 以上职工代表出席，须经全体职工代表 2/3 以上同意

21. 甲劳务派遣公司安排职工张某到用工单位乙公司工作。下列关于该劳务派遣用工的表述中，不正确的是(　　)。

A. 张某只能在乙公司从事临时性、辅助性或者替代性的工作

B. 乙公司应按月向张某支付报酬

C. 乙公司不得再将张某派遣到其他用人单位

D. 甲劳务派遣公司应当与乙公司订立劳务派遣协议

22. 关于劳动争议仲裁的终局仲裁裁决书发生法律效力，其生效时间为(　　)。

A. 双方协商的日期

B. 执行之日

C. 送达之日

D. 作出之日

23. 根据劳动争议调解仲裁法律制度的规定，下列关于劳动仲裁申请的表述中，正确的是（　　）。

A. 申请人申请劳动仲裁，不得以口头形式提出

B. 申请仲裁的时效期间为 3 年

C. 申请人应预交仲裁申请费用

D. 申请人应向劳动合同履行地或者用人单位所在地的劳动仲裁机构申请仲裁

24. 根据规定，从事井下、高温、高空、特别繁重体力劳动或其他有害身体健康工作的，女职工的法定退休年龄是（　　）周岁。

A. 45　　　　　　B. 50

C. 55　　　　　　D. 60

25. 某企业刘某的月工资为 5 000 元。根据社会保险法的规定当月应计入刘某个人医疗保险账户储存额为（　　）元。

A. 90　　　　　　B. 100

C. 190　　　　　　D. 300

26. 一次性工亡补助金标准为上一年度（　　）的 20 倍。

A. 当地最低工资标准

B. 城市居民最低生活保障标准

C. 统筹地区职工平均工资

D. 全国城镇居民人均可支配收入

27. 根据工伤保险的相关规定，下列说法中不正确的是（　　）。

A. 停工留薪期一般不超过 12 个月

B. 生活不能自理的工伤职工在停工留薪期需要护理的，由所在单位负责

C. 工伤职工在停工留薪期满后仍需治疗的，不再享受工伤医疗待遇

D. 在停工留薪期内，职工的原工资福利待遇不变，由所在单位按月支付

28. 孙某已经工作 15 年，自上班开始就一直缴纳失业保险。2019 年 8 月 1 日因孙某工作中重大失误致使公司蒙受巨额损失，公司与其解除了劳动合同。此后孙某一直未能找到工作，遂于 2019 年 12 月 1 日办理了失业登记。则孙某领取失业保险金的最长期限为（　　）。

A. 2019 年 8 月 1 日至 2020 年 7 月 31 日

B. 2019 年 12 月 1 日至 2020 年 11 月 30 日

C. 2019 年 12 月 1 日至 2021 年 5 月 31 日

D. 2019 年 12 月 1 日至 2021 年 11 月 30 日

29. 根据社会保险法律制度的规定，关于符合条件的失业人员享受失业保险待遇的下列表述中，不正确的是（　　）。

A. 失业人员在领取失业保险金期间死亡的，其遗属有权领取一次性丧葬补助金和抚恤金

B. 失业人员领取失业保险金的期限自办理失业登记之日起计算

C. 失业人员领取失业保险金的标准，不得低于当地最低工资标准

D. 失业人员在领取失业保险金期间享受基本医疗保险待遇

二、多项选择题

1. 甲公司与多名劳动者签订合同，要求劳动者每人交付 1 500 元作为押金，对用人单位这一行为的处理方式正确的有（　　）。

A. 由劳动行政部门责令限期退还劳动者本人

B. 处以 500 元以上 2 000 元以下的罚款

C. 处以 5 万元至 10 万元的罚款

D. 给劳动者造成损害的，承担赔偿责任

2. 2008 年以来，甲公司与下列职工均已连续订立 2 次固定期限劳动合同，再次续订劳动合同时，除职工提出订立固定期限劳动合同外，甲公司应与之订立无固定期限劳动合同的有（　　）。

A. 不能胜任工作，经过培训能够胜任的李某

B. 因交通违章承担行政责任的范某

C. 患病休假，痊愈后能继续从事原工作的王某

D. 同时与乙公司建立劳动关系，经甲公司提出立即改正的张某

3. 根据劳动合同法律制度的规定，休息包括( )。

A. 工作日内的间歇时间

B. 法定假日

C. 工作日之间的休息时间

D. 公休假日

4. 根据劳动合同法律制度的规定，下列关于职工带薪年休假制度的表述中，正确的有( )。

A. 职工连续工作1年以上方可享受年休假

B. 机关、团体、企业、事业单位、民办非企业单位、有雇工的个体工商户等单位的职工均可依法享受年休假

C. 国家法定休假日、休息日不计入年休假的假期

D. 职工在年休假期间享受与正常工作期间相同的工资收入

5. 根据劳动合同法律制度的规定，下列关于劳动报酬支付的表述中，正确的有( )。

A. 对在国际劳动妇女节（工作日）照常工作的女职工，用人单位应支付加班工资

B. 用人单位应当支付劳动者在法定休假日期间的工资

C. 用人单位与劳动者约定的支付工资日期遇节假日的，应提前在最近的工作日支付

D. 用人单位不得以有价证券替代货币支付工资

6. 甲公司与职工对试用期期限的下列约定中，符合法律规定的有( )。

A. 李某的劳动合同期限2年，双方约定的试用期为2个月

B. 王某的劳动合同期限6个月，双方约定的试用期为20日

C. 赵某的劳动合同期限2个月，双方约定的试用期为1个月

D. 张某的劳动合同期限4年，双方约定的试用期为4个月

7. 小张是一名应届毕业大学生，毕业后与一家高科技电子公司签订了为期2年的劳动合同，入职后公司对小张进行了一个月的专业技术培训，支付了培训费12 000元，公司与小张约定服务期为3年，同时约定了违反服务期条款的，应支付12 000元违约金。2年后，小张以劳动合同期满为由离开了公司，公司要求其支付违约金。下列各项中，不符合规定的有( )。

A. 2年的合同期满，小张可以离开公司，不用支付违约金

B. 公司无权要求小张支付任何违约金，小张可自行离开公司

C. 公司有权要求小张支付12 000元的违约金

D. 公司有权要求小张支付4 000元以下的违约金

8. 根据劳动合同法律制度的规定，下列关于劳动合同解除的表述中，错误的有( )。

A. 劳动者轻微失职给用人单位造成损失的，用人单位可以随时通知劳动者解除合同

B. 劳动者因患病在规定的医疗期内，用人单位可以额外支付劳动者一个月工资后解除合同

C. 劳动者在试用期内可随时通知用人单位解除劳动合同

D. 用人单位未依法为劳动者缴纳社会保险费的，劳动者可随时解除劳动合同

9. 根据劳动合同法律制度的规定，下列情形中，劳动者可以单方面与用人单位解除劳动合同的有( )。

A. 用人单位未为劳动者缴纳社会保险费

B. 用人单位未及时足额支付劳动报酬

C. 用人单位未按照劳动合同约定提供劳动保护

D. 用人单位未按照劳动合同约定提供劳动条件

10. 下列情形中，属于劳动合同终止的

有（　　）。

 A. 用人单位被依法宣告破产的

 B. 用人单位被吊销营业执照的

 C. 用人单位生产经营发生困难的

 D. 劳动者开始依法享受基本养老保险待遇的

11. 2012年张某初次到甲公司工作。2019年初，张某患重病向公司申请病休。关于张某享受医疗期待遇的下列表述中，正确的有（　　）。

 A. 医疗期内，甲公司应按照张某病休前的工资待遇向其支付病假工资

 B. 张某可享受不超过6个月的医疗期

 C. 公休、假日和法定节日不包括在医疗期内

 D. 医疗期内，甲公司不得单方面解除劳动合同

12. 甲公司职工汪某非因工负伤住院治疗。已知汪某月工资3 800元，当地最低月工资标准为2 000元，汪某医疗期内工资待遇的下列方案中，甲公司可以依法采用的有（　　）。

 A. 3 040元/月 B. 1 900元/月

 C. 1 500元/月 D. 2 000元/月

13. 根据劳动合同法律制度的规定，下列有关经济补偿金与违约金的说法中，正确的有（　　）。

 A. 经济补偿金是法定的

 B. 违约金是约定的

 C. 经济补偿金的支付主体只能是用人单位

 D. 用人单位可以与劳动者任意约定由劳动者承担违约金的事宜

14. 用人单位与劳动者终止劳动合同的下列情形中，用人单位需要支付劳动者经济补偿的有（　　）。

 A. 用人单位被依法宣告破产而终止劳动合同的

 B. 用人单位被吊销营业执照而终止劳动合同的

 C. 用人单位被责令关闭而终止劳动合同的

 D. 用人单位决定提前解散而终止劳动合同的

15. 根据劳动合同法律制度的规定，劳动合同解除或者终止的下列情形中，用人单位无须向劳动者支付经济补偿的有（　　）。

 A. 劳动者提前30日以书面形式通知无过错用人单位而解除劳动合同的

 B. 劳动者提出并与无过错用人单位协商一致解除劳动合同的

 C. 劳动者符合不需事先告知用人单位即可解除劳动合同的情形解除劳动合同的

 D. 以完成一定工作任务为期限的劳动合同因任务完成而终止的

16. 根据劳动合同法律制度的规定，关于劳务派遣的下列表述中，正确的有（　　）。

 A. 劳务派遣单位不得以非全日制用工形式招用被派遣劳动者

 B. 劳务派遣单位是用人单位，接受以劳务派遣形式用工的单位是用工单位

 C. 劳务派遣单位向劳动者收取费用后，用工单位不得再重复收取

 D. 被派遣劳动者不能参加用工单位的工会

17. 下列劳务派遣用工形式中，不符合法律规定的有（　　）。

 A. 丙劳务派遣公司以非全日制用工形式招用被派遣劳动者

 B. 乙公司将使用的被派遣劳动者又派遣到其他公司工作

 C. 丁公司使用的被派遣劳动者数量达到其用工总量的5%

 D. 甲公司设立劳务派遣公司向其所属分公司派遣劳动者

18. 根据劳动争议调解仲裁法律制度的规定，关于劳动调解，下列说法正确的有（　　）。

 A. 对于设有劳动争议调解委员会的企业，其调解委员会由工会担任

 B. 当事人申请劳动争议调解可以书面申

请，也可以口头申请

C. 调解协议书由双方当事人签名或者盖章，经调解员签名并加盖调解组织印章后生效

D. 自劳动争议调解组织收到调解申请之日起15日内未达成调解协议的，当事人可以依法申请仲裁

19. 下列关于劳动仲裁管辖的表述中，正确的有(　　)。

A. 劳动争议仲裁委员会负责管辖本区域发生的劳动争议

B. 劳动争议的双方当事人分别向劳动合同履行地和用人单位所在地的劳动争议仲裁委员会申请仲裁的，由用人单位所在地的劳动争议仲裁委员会管辖

C. 劳动合同履行地为劳动者实际工作场所地，用人单位所在地为用人单位注册、登记地

D. 用人单位未经注册、登记的，其出资人、开办单位或主管部门所在地为用人单位所在地

20. 下列关于经济仲裁与劳动仲裁的说法中，错误的有(　　)。

A. 两者均开庭

B. 两者均公开进行

C. 两者均收费

D. 两者均必须有书面仲裁协议才可以申请仲裁

21. 根据劳动争议调解仲裁法律制度的规定，劳动争议仲裁应当公开进行，但有例外情形。下列属于例外情形的有(　　)。

A. 当事人协议不公开进行的

B. 涉及国家秘密的

C. 涉及商业秘密的

D. 涉及个人隐私的

22. 根据劳动争议调解仲裁法律制度的规定，下列情形中，可以向人民法院提起劳动诉讼的有(　　)。

A. 劳动者对劳动争议的终局裁决不服

B. 对仲裁委员会不予受理的争议

C. 终局仲裁裁决被人民法院裁定撤销

D. 用人单位对劳动争议的终局裁决不服

23. 根据《社会保险法》的规定，下列属于职工基本养老保险费征缴范围的有(　　)。

A. 国有企业

B. 城镇集体企业

C. 外商投资企业

D. 城镇私营企业

24. 李某在定点医院做手术，共发生医疗费用20万元，其中在规定医疗目录内的费用为18万元，目录以外费用2万元。已知：当地职工平均工资水平为2 000元/月，起付标准为当地职工年平均工资的10%，最高支付限额为当地职工年平均工资的6倍，报销比例为90%。下列说法正确的有(　　)。

A. 医疗报销起付标准为2 400元

B. 起付线以上封顶线以下的自费部分为14 160元

C. 李某可以报销的费用为141 600元

D. 李某可以报销的费用为127 440元

25. 下列社会保险中应由用人单位和职工共同缴纳的有(　　)。

A. 基本养老保险

B. 基本医疗保险

C. 工伤保险

D. 失业保险

26. 根据社会保险法律制度的规定，下列人员中，属于工伤保险覆盖范围的有(　　)。

A. 国有企业职工

B. 民办非企业单位职工

C. 个体工商户的雇工

D. 事业单位职工

27. 下列关于停工留薪期待遇的说法中错误的有(　　)。

A. 在停工留薪期内原工资福利待遇不变，由工伤保险基金按月支付

B. 停工留薪期一般不超过36个月

C. 工伤职工评定伤残等级后，继续享受停工留薪期待遇

D. 工伤职工停工留薪期满后仍需治疗，继续享受停工留薪期待遇

28. 甲公司职工高某因公司被依法宣告破产而失业。已知高某失业前，甲公司与高某已累计缴纳失业保险满4年，失业后高某及时办理了失业登记，下列关于高某领取失业保险待遇的表述中，正确的有（　　）。

A. 高某在领取失业保险金期间，不参加职工基本医疗保险，亦不享受基本医疗保险待遇

B. 高某领取失业保险金的标准，不得低于城市居民最低生活保障标准

C. 高某领取失业保险金期限自办理失业登记之日起计算

D. 高某领取失业保险金的期限最长为12个月

29. 下列各项中，属于符合条件的失业人员享受的失业保险待遇的有（　　）。

A. 失业保险金

B. 死亡补助

C. 基本医疗保险待遇

D. 生育医疗费用

30. 根据社会保险法律制度的规定，关于社会保险基金管理运营的下列表述中，正确的有（　　）。

A. 社会保险基金专款专用

B. 按照社会保险险种分别建账、分账核算

C. 社会保险基金存入财政专户，通过预算实现收支平衡

D. 不得将社会保险基金用于平衡其他政府预算

三、判断题

1. 用人单位终止非全日制用工，应向劳动者支付经济补偿。　　（　　）

2. 用人单位自用工之日起满1年不与劳动者订立书面劳动合同的，视为用人单位自用工之日起满1年的当日已经与劳动者订立无固定期限劳动合同。　　（　　）

3. 用人单位了解劳动者与劳动合同直接相关的基本情况时，劳动者有权拒绝。　　（　　）

4. 劳动者在该用人单位连续工作满10年的，劳动者提出续订无固定期限劳动合同，用人单位应当与劳动者订立无固定期限劳动合同。其中劳动者因本人原因从原用人单位被安排到新用人单位工作，原用人单位的工作年限应当合并计算为新用人单位的工作年限。　　（　　）

5. 无固定期限劳动合同是一种长期性的合同，如果出现法律规定或合同约定的解除或终止条件的，劳动者和用人单位可以解除或终止无固定期限劳动合同。　　（　　）

6. 根据职工带薪年休假制度的相关规定，职工在年休假期间，工资收入不得少于正常工作期间工资的80%。　　（　　）

7. 用人单位与劳动者约定的支付工资日期，如遇节假日或休息日，则应该延迟至最近的工作日。　　（　　）

8. 某水泥厂收益不景气，月底不能按时给职工发放工资，故以生产的水泥每人100袋来抵顶当月工资，厂长说："你们卖多少赚多少就当工资了"。该厂长的做法符合劳动合同法的规定。　　（　　）

9. 甲公司在与赵某签订的劳动合同中约定，合同期限3年，试用期3个月，试用期工资3 000元，转正后工资4 000元，上述约定符合法律规定。　　（　　）

10. 劳动者违反服务期约定，应按照约定向用人单位支付违约金。但用人单位不能提供培训出资的证明，就无权要求劳动者按约定承担违约责任。　　（　　）

11. 劳动者不能胜任工作岗位，用人单位应先经过培训或者调整工作岗位，仍不能胜任工作的，方可按程序与其解除劳动合同。　　（　　）

12. 根据劳动合同法律制度的规定，用人单位裁减人员后，在1年内重新招用人员的，应当通知被裁减的人员，并在同等条件下优先招用被裁减的人员。　　（　　）

13. 根据劳动合同法律制度的规定，劳动者在本单位连续工作满 10 年，且距法定退休年龄不足 10 年的，用人单位不得解除劳动合同。　　　　　　　　　　（　　）

14. 劳动合同终止一般不涉及用人单位与劳动者的意思表示，只要法定事实出现，一般情况下，都会导致双方劳动关系的消灭。　　　　　　　　　　（　　）

15. 医疗期是指企业职工因工负伤停止工作，治病休息的期限。　　　　　　（　　）

16. 劳动者患病治疗尚未痊愈的情况下，只要医疗期满，用人单位即可与之解除劳动合同。　　　　　　　　　　（　　）

17. 用人单位对已经解除或者终止的劳动合同文本，至少保存 2 年备查。　（　　）

18. 经济补偿金的支付主体只能是用人单位，而违约金和赔偿金的支付主体可能是用人单位，也可能是劳动者。　　　　（　　）

19. 根据劳动合同法律制度的规定，尚未建立工会的用人单位，可以由上级工会指导劳动者推举的代表与用人单位订立集体合同。　　　　　　　　　　（　　）

20. 劳务派遣用工是补充形式，只能在临时性、辅助性或者替代性的工作岗位上实施。所谓临时性工作岗位，是指被派遣的劳动者与劳务派遣单位签订的合同期限不超过 6 个月。　　　　　（　　）

21. 劳务派遣单位不得以非全日制用工形式招用被派遣劳动者。　　　　　（　　）

22. 甲公司向本单位职工张某股权筹资，张某以 5 万元获得甲公司的股权 1 万股，后张某与甲公司发生利润分配纠纷，张某可以向劳动仲裁机构申请仲裁。（　　）

23. 根据劳动合同法律制度的规定，终局裁决被人民法院撤销的，当事人可以自收到裁定书之日起 15 日内就该劳动争议向人民法院提起诉讼。　　　　　（　　）

24. 职工基本养老保险的个人，达到法定退休年龄时累计缴费 10 年的，按月领取基本养老金。　　　　　　　　　（　　）

25. 参加职工基本养老保险的个人死亡后，其个人账户中的余额全部归国家所有。（　　）

26. 根据社会保险法律制度的规定，基本养老保险基金出现支付不足时，由公益组织给予捐赠。　　　　　　　　　（　　）

27. 参加职工基本医疗保险的个人，达到法定退休年龄时累计缴费达到国家规定年限的，退休后不再缴纳基本医疗保险费；未达到国家规定缴费年限的，可以缴费至国家规定年限。　　　　　（　　）

28. 职工发生工伤事故但所在用人单位未依法缴纳工伤保险费的，不享受工伤保险待遇。　　　　　　　　　　（　　）

29. 上下班途中，受到非本人主要责任的交通事故或者城市轨道交通、客运轮渡、火车事故伤害的，属于视同工伤。（　　）

30. 根据社会保险法律制度规定，停工留薪期一般不超过 12 个月。伤情严重或者情况特殊，经设区的市级劳动能力鉴定委员会确认，可以适当延长，但延长不得超过 6 个月。　　　　　　（　　）

31. 职工因工致残被鉴定为一级至四级伤残的，保留劳动关系，退出工作岗位，从工伤保险基金按月支付伤残津贴。（　　）

32. 失业人员在领取失业保险金期间，参加职工基本医疗保险，享受基本医疗保险待遇。失业人员应当缴纳的基本医疗保险费从失业保险基金中支付，个人不缴纳基本医疗保险费。　　　　（　　）

33. 失业人员在领取失业保险金期间死亡的，参照当地对在职职工死亡的规定，向其遗属发给一次性丧葬补助金和抚恤金。所需资金从失业保险基金中支付。（　　）

34. （2017 年）用人单位未按时足额缴纳社会保险费的，由社会保险费征收机构责令限期缴纳或者补足，并自欠缴之日起按日加收滞纳金。　　　　　（　　）

四、不定项选择题

　　某保险公司招聘人员，在签订劳动合同时要求员工交 300 元制服押金，以便制作统一的工作服装，并表示在员工与公司结束劳动关系并将制服完好返还公司后，公司将该押金全额返还给员工。

2018 年 1 月，甲与该公司签订了 3 年的劳动合同，试用期为 6 个月。2019 年 2 月 27 日，甲在查询社保缴纳记录时，发现单位未缴纳试用期（2018 年 1～3 月）的社会保险费。根据合同上的有关约定，2019 年 3 月 28 日，甲向单位提出补缴社会保险费的要求，遭到拒绝。于是甲向单位寄出"解除劳动合同通知书"，同时，准备申请仲裁，要求单位支付经济补偿以及补缴社会保险费。

要求：根据上述资料，回答下列小题。

（1）关于该公司要求员工交制服押金的相关说法中，正确的是（　　）。

A. 该公司可以要求甲缴纳抵押金

B. 该公司不得要求甲缴纳抵押金，但可以扣押甲的居民身份证

C. 该公司不得要求甲缴纳抵押金，也不得扣押甲的居民身份证和其他证件

D. 该公司要求甲缴纳抵押金违反规定，由劳动行政部门责令限期退还给甲

（2）下列关于劳动合同中试用期的规定，

说法不正确的是（　　）。

A. 同一用人单位与同一劳动者只能约定一次试用期

B. 劳动合同期限 1 年以上不满 3 年的，试用期不得超过 2 个月

C. 3 年以上固定期限的劳动合同，试用期不得超过 6 个月

D. 无固定期限的劳动合同，不得约定试用期

（3）下列属于劳动者可以随时通知解除劳动合同情形的是（　　）。

A. 用人单位未依法为劳动者缴纳社会保险费的

B. 用人单位未及时足额支付劳动报酬的

C. 用人单位违章指挥、强令冒险作业危及劳动者人身安全的

D. 用人单位违反法律、行政法规强制性规定的

（4）下面关于甲申请仲裁的说法中，不正确的是（　　）。

A. 劳动仲裁机构是劳动争议仲裁委员会

B. 甲申请仲裁必须提交书面仲裁申请

C. 劳动争议申请仲裁的时效期间为 2 年

D. 劳动争议仲裁一般公开进行

本章综合练习参考答案及解析

一、单项选择题

1. A 【解析】本题考核劳动关系建立的时间。用人单位与劳动者在用工前订立劳动合同的，劳动关系自用工之日起建立。

2. C 【解析】本题考核签订书面劳动合同的时间。用人单位自用工之日起满一年未与劳动者订立书面劳动合同的，自用工之日起满一个月的次日至满一年的前一日应当依照规定向劳动者每月支付两倍的工资，并视为自用工之日起满一年的当日已经与劳动者订立无固定期限劳动合同，应当立

即与劳动者补订书面劳动合同。本题中，应支付 11 个月的双倍工资，双倍工资中包括原本正常支付的工资。因此，还需支付的补偿金是 2 000×11 = 22 000（元）。

3. A 【解析】本题考核无效劳动合同。无效劳动合同，从订立时起就没有法律约束力。

4. C 【解析】本题考核非全日制用工的相关规定。选项 A，非全日制用工双方当事人不得约定试用期。选项 BC，非全日制用工双方当事人任何一方都可以随时通知对方

终止用工。终止用工,用人单位不向劳动者支付经济补偿。选项D,用人单位可以按小时、日或周为单位结算工资,但非全日制用工劳动报酬结算支付周期最长不得超过15日。

5. B 【解析】本题考核无固定期限劳动合同的订立情形。有下列情形之一,劳动者提出或者同意续订、订立劳动合同的,除劳动者提出订立固定期限劳动合同外,应当订立无固定期限劳动合同:①劳动者在该用人单位连续工作满10年的;②用人单位初次实行劳动合同制度或者国有企业改制重新订立劳动合同时,劳动者在该用人单位连续工作满10年且距法定退休年龄不足10年的;③连续订立2次固定期限劳动合同,且劳动者没有规定情形的。

6. B 【解析】本题考核职工年休假的天数。职工累计工作已满1年不满10年的,年休假5天;已满10年不满20年的,年休假10天;已满20年的,年休假15天。

7. A 【解析】本题考核劳动报酬中加班工资的支付标准。用人单位依法安排劳动者在休息日工作,不能安排补休的,按照不低于劳动合同规定的劳动者本人日或小时工资标准的200%支付劳动者工资;用人单位依法安排劳动者在法定休假日工作的,按照不低于劳动合同规定的劳动者本人日或小时工资标准的300%支付劳动者工资。本题中李某的加班工资为:200×300%+200×200%=1 000(元)。

8. A 【解析】本题考核试用期工资标准。劳动者在试用期的工资不得低于本单位相同岗位最低档工资或者劳动合同约定工资的80%,并不得低于用人单位所在地的最低工资标准。本题中,2 000×80%=1 600(元),未低于最低工资标准1 500元,故张某试用期工资不得低于1 600元。

9. C 【解析】本题考核劳动合同解除的违约金。劳动者违反服务期约定的,应当按照约定向用人单位支付违约金。违约金数额不得超过用人单位提供的培训费用。对已履行部分服务期限的,用人单位要求劳动者支付的违约金不得超过服务期尚未履行部分所应分摊的培训费用。10 000×(5-3)÷5=4 000(元)。

10. C 【解析】本题考核竞业限制的期限限制。从事同类业务的竞业限制期限不得超过2年。

11. D 【解析】本题考核经济性裁员的界定。用人单位需要裁减人员20人以上或者裁减不足20人但占企业职工总数10%以上的,用人单位提前30日向工会或者全体职工说明情况,听取工会或者职工的意见后,裁减人员方案经向劳动行政部门报告,可以裁减人员。

12. B 【解析】本题考核劳动合同的解除。根据规定,用人单位未按照劳动合同约定提供劳动保护或者劳动条件的,劳动者有权随时通知解除劳动合同。注意,本题未涉及用人单位以暴力、威胁或者非法限制人身自由的手段强迫劳动者劳动的,因此并非是劳动者单方解除劳动合同中的"立即解除"情形。

13. C 【解析】本题考核劳动合同解除与终止的限制性规定。从事接触职业病危害作业的劳动者未进行离岗前职业健康检查,或者疑似职业病患者在诊断或者医学观察期间的,用人单位既不得解除劳动合同,也不得终止劳动合同,劳动合同应当续延至相应的情形消失时终止。

14. D 【解析】本题考核劳动合同解除与终止的限制性规定。在本单位连续工作满15年,且距法定退休年龄不足5年的,用人单位既不得解除劳动合同,也不得终止劳动合同。

15. D 【解析】本题考核医疗期期间。李某实际工作年限为12年,其中在甲公司工作年限为4年。属于实际工作年限10年以上的,在本单位工作年限5年以下的,医疗期为6个月。

16. D 【解析】本题考核医疗期期间。在本单位工作 20 年以上的，医疗期为 24 个月。

17. D 【解析】本题考核劳动合同的解除。选项 AB，劳动者患病或者非因工负伤，在规定的医疗期满后不能从事原工作，也不能从事由用人单位另行安排的工作的；用人单位提前 30 日以书面形式通知劳动者本人或者额外支付劳动者一个月工资后，可以解除劳动合同。选项 C，用人单位还应当向劳动者支付经济补偿。选项 D，用人单位解除或者终止劳动合同，没有按照规定向劳动者支付经济补偿的，由劳动行政部门责令用人单位限期支付经济补偿；逾期不支付的，责令用人单位按应付金额 50% 以上 100% 以下的标准向劳动者加付赔偿金。

18. A 【解析】本题考核经济补偿金的计算。经济补偿按劳动者在本单位工作的年限，每满 1 年支付 1 个月工资的标准向劳动者支付。6 个月以上不满 1 年的，按 1 年计算；不满 6 个月的，向劳动者支付半个月工资的经济补偿。吴某工作期间 3 个月，不满 6 个月，按照半个月的工资作为经济补偿。劳动者月工资高于用人单位所在直辖市、设区的市级人民政府公布的本地区上年度职工月平均工资 3 倍的，向其支付经济补偿的标准按职工月平均工资 3 倍的数额支付，向其支付经济补偿的年限最高不超过 12 年。本题中，吴某月均工资高于当地职工月均工资 3 倍，所以，支付经济补偿的标准为所在地上年度职工月平均工资 3 倍（4 000 元 × 3 = 12 000 元）；经济补偿金 = 工作年限 × 月工资 = 0.5 × 12 000 = 6 000（元）。

19. A 【解析】本题考核经济补偿金的相关规定。选项 B，经济补偿中的月工资是指劳动者在劳动合同解除或者终止前 12 个月的平均工资；选项 C，劳动者工作不满 12 个月的，按照实际工作的月数计算平

均工资；选项 D，劳动者月工资高于用人单位所在直辖市、设区的市级人民政府公布的本地区上年度职工月平均工资 3 倍的，向其支付经济补偿的标准按职工月平均工资 3 倍的数额支付，向其支付经济补偿的年限最高不超过 12 年。

20. B 【解析】本题考核集体合同。职工代表大会或者全体职工讨论集体合同草案，应当有 2/3 以上职工代表或者职工出席，须经全体职工代表半数以上或者全体职工半数以上同意。

21. B 【解析】本题考核劳务派遣的相关规定。劳务派遣公司（甲公司）应当按月向劳动者（张某）支付劳动报酬。

22. D 【解析】本题考核劳动争议仲裁裁决书的生效时间。终局裁决自作出之日起生效；非终局裁决双方收到后 15 日内不起诉即生效。

23. D 【解析】本题考核劳动争议仲裁的申请。劳动争议仲裁可以书面申请，也可以口头申请，选项 A 错误；劳动争议申请仲裁的时效期间为 1 年，选项 B 错误；劳动争议仲裁不收费，仲裁委员会的经费由财政予以保障，选项 C 错误。

24. A 【解析】本题考核职工法定退休年龄。从事井下、高温、高空、特别繁重体力劳动或其他有害身体健康工作的，退休年龄为女年满 45 周岁。

25. C 【解析】本题考核基本医疗保险的计算。基本医疗保险个人缴费部分一般为本人工资收入的 2%；单位缴费一般为职工工资总额的 6%，其中 30% 划入个人医疗账户。刘某个人医疗保险账户的储存额 = 5 000 × 2% + 5 000 × 6% × 30% = 190（元）。

26. D 【解析】本题考核工伤保险待遇中的工亡待遇。一次性工亡补助金，标准为上一年度全国城镇居民人均可支配收入的 20 倍。

27. C 【解析】本题考核工伤保险待遇的相

第 8 章 劳动合同与社会保险法律制度

关规定。选项 C，工伤职工在停工留薪期满后仍需治疗的，继续享受工伤医疗待遇。

28. D 【解析】本题考核失业保险金的领取期限。失业人员失业前用人单位和本人累计缴费 10 年以上的，领取失业保险金的期限最长为 24 个月。

29. C 【解析】本题考核失业保险待遇的相关规定。选项 C：失业保险金的标准，不得低于城市居民最低生活保障标准。一般也不高于当地最低工资标准，具体数额由省、自治区、直辖市人民政府确定。

二、多项选择题

1. AD 【解析】本题考核劳动合同订立时双方的义务。用人单位违反规定，以担保或者其他名义向劳动者收取财物的，由劳动行政部门责令限期退还劳动者本人，并以"每人"500 元以上 2 000 元以下的标准处以罚款；给劳动者造成损害的，应当承担赔偿责任。

2. ABCD 【解析】本题考核无固定期限劳动合同的订立情形。根据规定，连续订立"两次固定期限"劳动合同，且劳动者没有法定情形，续订劳动合同的，劳动者提出订立无固定期限劳动合同的，用人单位应当订立。

3. ACD 【解析】本题考核劳动合同必备条款中的休息休假制度。休息包括工作日内的间歇时间、工作日之间的休息时间和公休假日。法定假日属于休假，所以选项 B 不选。

4. ABCD 【解析】本题考核职工带薪年休假制度的规定。选项 AB，机关、团体、企业、事业单位、民办非企业单位、有雇工的个体工商户等单位的职工连续工作 1 年以上的，享受带薪年休假；选项 CD，职工在年休假期间享受与正常工作期间相同的工资收入，国家法定休假日、休息日不计入年休假的假期。

5. BCD 【解析】本题考核劳动合同必备条

款中的劳动报酬。选项 A，在部分公民放假的节日期间（妇女节），对参加社会活动或单位组织庆祝活动和照常工作的职工，单位应支付"工资报酬"，但不支付"加班工资"。

6. ABD 【解析】本题考核劳动合同可备条款中试用期的规定。选项 C，劳动合同期限不满 3 个月的，不得约定试用期。

7. ABC 【解析】本题考核服务期的相关规定。劳动者违反服务期约定的，应当按照约定向用人单位支付违约金。违约金的数额不得超过用人单位提供的培训费用。对已经履行部分服务期限的，用人单位要求劳动者支付的违约金不得超过服务期尚未履行部分所应分摊的培训费用。本题中小张服务期为 3 年，培训费为 12 000 元，每年扣减 4 000 元。因为已经履行劳动合同 2 年，还有 1 年没有履行，所以小张应支付的违约金数额最高限为 4 000 元。

8. ABC 【解析】本题考核劳动合同的解除。选项 A，劳动者"严重"失职，营私舞弊，给用人单位造成"重大"损害的，用人单位可以随时通知劳动者解除劳动关系；选项 B，劳动者患病或者非因工负伤，在规定的"医疗期满后"不能从事原工作，也不能从事由用人单位另行安排的工作的，用人单位可以在提前通知劳动者或者额外支付劳动者一个月工资后单方解除劳动合同。医疗期内不得解除劳动合同；选项 C，劳动者在试用期内应提前 3 日通知用人单位解除劳动合同。

9. ABCD 【解析】本题考核劳动合同的解除。《劳动合同法》规定：用人单位有下列情形之一的，劳动者可以解除劳动合同：（1）未按照劳动合同约定提供劳动保护或者劳动条件的；（2）未及时足额支付劳动报酬的；（3）未依法为劳动者缴纳社会保险费的；（4）用人单位的规章制度违反法律、法规的规定，损害劳动者权益的；（5）因劳动合同法规定的情形致使劳动合同无效的；（6）法律、行政法规规定劳动者可以解除劳动合同的其他情形。

10. ABD　【解析】本题考核劳动合同终止的情形。选项C不是劳动合同终止的情形。

11. BD　【解析】本题考核医疗期的相关规定。选项A，企业职工在医疗期内，其病假工资、疾病救济费和医疗待遇按照有关规定执行。病假工资或疾病救济费可以低于当地最低工资标准支付，但最低不能低于最低工资标准的80%。选项C，公休、假日和法定节日包括在医疗期内。

12. ABD　【解析】本题考核医疗期期间的待遇。医疗期内工资标准最低为当地最低工资的80%，2 000×80% = 1 600（元/月），只要高于此数即正确。

13. ABC　【解析】本题考核经济补偿金与违约金的区别。选项D，除竞业限制条款与服务期条款之外，用人单位不得与劳动者约定由劳动者承担违约金。

14. ABCD　【解析】本题考核需要支付劳动者经济补偿的情形。

15. AB　【解析】本题考核需要支付劳动者经济补偿的情形。选项AB，劳动者提出（提前30天或者协商一致）与"无过失性辞退"的用人单位解除劳动合同的情形，用人单位不需支付经济补偿金。

16. AB　【解析】本题考核劳务派遣的相关规定。劳务派遣单位和用工单位均不得向被派遣劳动者收取费用，选项C错误；被派遣劳动者有权在劳务派遣单位或者用工单位依法参加或者组织工会，维护自身的合法权益，选项D错误。

17. ABD　【解析】本题考核劳务派遣的相关规定。选项A，劳务派遣单位不得以"非全日制用工"形式招用被派遣劳动者；选项B，用工单位不得将被派遣劳动者再派遣到其他用人单位；选项C，用工单位使用的被派遣劳动者数量不得超过其用工总量的10%；选项D，用人单位不得设立劳务派遣单位向本单位或者所属单位派

遣劳动者。

18. BCD　【解析】本题考核劳动调解的相关规定。选项A，对于设有劳动争议调解委员会的企业，其调解委员会由职工代表和企业代表组成。

19. ACD　【解析】本题考核劳动仲裁管辖。劳动争议的双方当事人分别向劳动合同履行地和用人单位所在地的劳动争议仲裁委员会申请仲裁的，由劳动合同履行地的劳动争议仲裁委员会管辖，选项B错误。

20. BCD　【解析】本题考核经济仲裁与劳动争议仲裁的区别。经济仲裁和劳动仲裁均开庭审理。经济仲裁不公开，劳动仲裁公开，因此选项B错误。经济仲裁收费，劳动仲裁不收费，因此选项C错误。经济仲裁必须书面申请，而劳动仲裁可以书面申请，也可以口头申请，因此选项D错误。

21. ABCD　【解析】本题考核劳动争议仲裁制度。劳动争议仲裁公开进行，但当事人协议不公开进行或者涉及国家秘密、商业秘密和个人隐私的除外。

22. ABC　【解析】本题考核劳动诉讼的起诉规定。劳动诉讼申请范围：①对仲裁委员会不予受理或者逾期未作出决定的；②劳动者对劳动争议的终局裁决不服的；③当事人对终局裁决情形之外其他劳动争议案件的仲裁裁决不服的；④终局裁决被人民法院裁决撤销的。选项D，用人单位对劳动争议的终局裁决不服，不得起诉，只能依法申请撤销，并在收到中级人民法院撤销裁定书之日起15日内提起上诉。

23. ABCD　【解析】本题考核职工基本养老保险费的征缴范围。职工基本养老保险费的征缴范围包括：国有企业、城镇集体企业、外商投资企业、城镇私营企业和其他城镇企业及其职工，实行企业化管理的事业单位及其职工。

24. ABD 【解析】本题考核基本医疗保险的结算。①医疗报销起付标准(起付线)为 2 000×12×10%＝2 400(元)，因此选项 A 正确。最高支付限额(封顶线)为 2 000×12×6＝144 000(元)，即李某医疗费用中在 2 400 元以上，144 000 元以下部分可以从统筹账户予以报销；②起付线以上封顶线以下的自费部分为：(144 000－2 400)×10%＝14 160(元)，因此选项 B 正确；③报销比例为 90%，则李某可以报销的费用为 (144 000－2 400)×90%＝127 440 (元)，因此选项 D 正确。

25. ABD 【解析】本题考核工伤保险费的缴纳。基本养老保险、基本医疗保险、失业保险由用人单位和个人共同缴纳，工伤保险仅由用人单位缴纳。

26. ABCD 【解析】本题考核工伤保险覆盖范围。中华人民共和国境内的企业、事业单位、社会团体、民办非企业单位、基金会、律师事务所、会计师事务所等组织和有雇工的个体工商户应当依照《工伤保险条例》的规定参加工伤保险，为本单位全部职工或者雇工缴纳工伤保险费。

27. ABCD 【解析】本题考核停工留薪期待遇。选项 A，在停工留薪期内，原工资福利待遇不变，由所在单位按月支付。选项 B，停工留薪期一般不超过 12 个月。选项 C，工伤职工评定伤残等级后，停止享受停工留薪期待遇，按照规定享受伤残待遇。选项 D，工伤职工在停工留薪期满后仍需治疗的，继续享受工伤医疗待遇。

28. BCD 【解析】本题考核失业保险待遇的相关规定。选项 A，失业人员在领取失业保险金期间，参加职工基本医疗保险，享受基本医疗保险待遇。

29. ABC 【解析】本题考核失业保险待遇的内容。失业保险待遇包括：①领取失业保险金；②领取失业保险金期间享受基本医疗保险待遇；③领取失业保险金期间的

死亡补助。

30. ABCD

三、判断题

1. × 【解析】本题考核非全日制用工的相关规定。非全日制用工双方当事人任何一方都可以随时通知对方终止用工。终止用工，用人单位不向劳动者支付经济补偿。

2. √ 【解析】本题考核劳动合同的订立。用人单位自用工之日起满 1 年未与劳动者订立书面劳动合同的，自用工之日起满 1 个月的次日至满 1 年的前一日应当向劳动者每月支付 2 倍的工资补偿，并视为自用工之日起满 1 年的当日已经与劳动者订立无固定期限劳动合同，应当立即与劳动者补订书面劳动合同。

3. × 【解析】本题考核劳动者的义务。用人单位有权了解劳动者与劳动合同直接相关的基本情况，劳动者应当如实说明。

4. × 【解析】本题考核无固定期限劳动合同的订立情形。合并计算工作年限的前提是劳动者"非因本人原因"从原用人单位被安排到新用人单位工作。

5. √ 【解析】本题考核无固定期限劳动合同。无固定期限劳动合同是一种长期性的合同，但是如果出现法律规定或合同约定的解除或终止条件的，劳动者和用人单位也可以解除或终止无固定期限劳动合同。

6. × 【解析】本题考核职工带薪年休假制度。职工在年休假期间享受与正常工作期间相同的工资收入。

7. × 【解析】本题考核劳动合同必备条款中的劳动报酬。根据规定，工资必须在用人单位与劳动者约定的日期支付。如遇节假日或休息日，则应"提前"在最近的工作日支付，并非延迟。

8. × 【解析】本题考核劳动报酬与支付的规定。工资应当以法定货币支付，不得以实物及有价证券替代货币支付。

9. × 【解析】本题考核劳动合同可备条款中试用期的规定。①双方约定的试用期期间

符合法律规定，劳动合同期限3年以上固定期限可以约定的试用期，最长不得超过6个月；②双方约定的试用期工资不符合法律规定，试用期3 000元<约定工资的80%＝4 000×80%＝3 200（元）。

10. √

11. √

12. ×　【解析】本题考核经济性裁员的相关规定。用人单位裁减人员后，在6个月内重新招用人员的，应当通知被裁减的人员，并在同等条件下优先招用被裁减的人员。本题的表述是错误的。

13. ×　【解析】本题考核用人单位裁减人员的相关知识。劳动者在本单位连续工作满15年，且距法定退休年龄不足5年的，用人单位不得解除劳动合同。

14. √

15. ×　【解析】本题考核医疗期的概念。医疗期是指企业职工因患病或非因工负伤停止工作，治病休息，但不得解除劳动合同的期限。注意医疗期与停工留薪期的区别，停工留薪期是指职工因工作遭受事故伤害或者患职业病需要暂停工作接受工伤医疗的期间。

16. ×　【解析】本题考核医疗期待遇。医疗期内不得解除劳动合同。"医疗期满后"不能从事原工作，也不能从事由用人单位另行安排的工作的，用人单位可以单方解除劳动合同（无过失性辞退）。

17. √

18. ×　【解析】本题考核经济补偿金的性质。经济补偿金的支付主体只能是用人单位，而违约金的支付只能是劳动者，赔偿金的支付主体可能是用人单位，也可能是劳动者。本题中的表述是错误的。

19. √

20. ×　【解析】本题考核劳务派遣的适用范围。劳务派遣用工是补充形式，只能在临时性、辅助性或者替代性的工作岗位上实施。所谓临时性工作岗位，是指该岗位的存续时间不超过6个月。

21. √

22. ×　【解析】本题考核劳动争议认定范围。劳动争议的认定范围包括：①因确认劳动关系发生的争议。②订立、履行、变更、解除和终止合同发生争议。③因除名、辞退和辞职、离职发生的争议。④因工作时间、休息休假、社会保险、福利、培训以及劳动保护发生的争议。⑤因劳动报酬、工伤医疗费、经济补偿或者赔偿金等发生的争议。题目所述利润分配纠纷，不属于劳动争议，因此无法通过劳动仲裁解决。

23. √　【解析】本题考核劳动仲裁终局裁决被撤销后的起诉期限。根据劳动合同法律制度的规定，终局裁决被人民法院撤销的，当事人可以自收到裁定书之日起15日内就该劳动争议向人民法院提起诉讼。

24. ×　【解析】本题考核基本养老保险的享受条件。参加职工基本养老保险的个人，达到法定退休年龄时累计缴费满15年的，按月领取基本养老金。

25. ×　【解析】本题考核基本养老账户中个人账户资金的继承。根据规定，参加职工基本养老保险的个人死亡后，其个人账户中的余额可以全部依法继承。

26. ×　【解析】本题考核基本养老保险基金的规定。基本养老保险基金出现支付不足时，政府给予补贴。

27. √

28. ×　【解析】本题考核工伤保险待遇。职工所在用人单位未依法缴纳工伤保险费，发生工伤事故的，由用人单位支付工伤保险待遇。

29. ×　【解析】本题考核工伤认定。在上下班途中，受到"非本人主要责任"的交通事故或者城市轨道交通、客运轮渡、火车事故伤害的，属于"应当认定"工伤的情形。

30. × 　【解析】本题考核停工留薪期待遇。根据社会保险法律制度规定，停工留薪期一般不超过 12 个月。伤情严重或者情况特殊，经设区的市级劳动能力鉴定委员会确认，可以适当延长，但延长不得超过 12 个月。

31. √

32. √

33. √

34. √

四、不定项选择题

(1)CD 　【解析】根据规定，用人单位招用劳动者，不得扣押劳动者身份证和其他证件，不得要求劳动者提供担保或者以其他名义向劳动者收取财物。用人单位违反规定，以担保或者其他名义向劳动者收取财物的，由劳动行政部门责令限期退还劳动者本人，并以每人 500 元以上 2 000 元以下的标准处以罚款；给劳动者造成损害的，应当承担赔偿责任。

(2)D 　【解析】3 年以上固定期限和无固定期限的劳动合同，试用期不得超过 6 个月。

(3)ABD 　【解析】选项 C 属于劳动者不需要事先告知即可解除劳动合同的情形。

(4)BC 　【解析】书写仲裁申请确有困难的，可以口头申请；劳动争议申请仲裁的时效期间为 1 年。

第三部分

不定项选择题
专项训练

智慧

启航

　　没有加倍的勤奋，就既没有才能，也没有天才。

——门捷列夫

2020年不定项选择题专项训练

【说明】本专题按照章节顺序和不定项选择题"分组类型"的顺序进行收集整理，选取了近三年经典考试真题，而考试真题尚未覆盖的考点则通过练习题进行补充。考生通过本专题的集中训练，可以系统性地巩固核心内容。

第二章　会计法律制度

【资料一】

【考点标签】会计档案归档范围；纸质档案与电子会计档案移交点收的要求；销毁会计档案前的档案鉴定及签章人员

（2018年）2017年2月，甲公司会计机构负责人组织会计人员对纸质及电子会计资料进行整理，移交给甲公司档案管理机构。2018年2月，甲公司档案管理机构负责人组织相关机构对已到保管期限的会计档案进行鉴定。对确无保存价值可以销毁的会计档案，由档案管理员编制会计档案销毁清册，经相关人员签署意见后销毁。

要求：根据上述资料，不考虑其他因素，分析回答下列小题。

1. 甲公司下列会计资料中，应当按照会计档案归档的是（　　）。
   A. 纳税申报表　　B. 财务会计报告
   C. 年度财务预算　D. 银行对账单
2. 关于甲公司移交会计档案的下列表述中，正确的是（　　）。
   A. 纸质会计档案移交时应当拆封整理重

新封装
   B. 接收电子会计档案时，应当对其准确性、完整性、可用性、安全性进行检验
   C. 电子会计档案移交时应当将电子会计档案及其元数据一并移交
   D. 应当编制会计档案移交清册
3. 关于甲公司对会计档案鉴定的下列表述中，正确的是（　　）。
   A. 会计档案鉴定工作应当由单位会计机构牵头
   B. 会计档案鉴定工作由会计、审计、纪检监察、档案等机构或人员共同进行
   C. 应当定期对已到保管期限的会计档案进行鉴定
   D. 鉴定后认为仍需继续保存的会计档案，应当重新划定保管期限
4. 除档案管理机构经办人外，还应当在会计档案销毁清册上签署意见的是（　　）。
   A. 法定代表人
   B. 档案管理机构负责人
   C. 会计机构经办人
   D. 会计机构负责人

【资料二】

【考点标签】会计核算的基本要求；会计工作岗位设置要求；会计人员回避制度；会计工作交接的程序

（2018年）2017年2月，某国有企业甲公司聘任赵某、钱某担任公司出纳。分别兼任固定资产卡片登记、会计档案保管。钱某为会计机构负责人吴某的儿媳。

2017年9月，钱某休产假，按程序将出纳工作交与赵某，将会计档案保管交与负责稽核工作的会计人员孙某并分别办理工作交接手续。

2017年10月，赵某审核原始凭证时发现所收乙公司开具的两张发票有问题。W发票金额的大小写不一致，Y发票商品名称出现错误。

2018年2月，孙某将会计凭证等会计资料整理归档立卷，编制会计报告清册，请示吴某将档案移交档案管理部门。

要求：根据上述资料，不考虑其他因素，分析回答下列小题。

1. 甲公司的下列会计工作岗位设置中，不符合法律规定的是(　　)。
   A. 聘用赵某担任公司出纳
   B. 钱某兼任会计档案保管工作
   C. 赵某兼任固定资产卡片管理工作
   D. 聘用钱某担任公司出纳

2. 关于会计人员钱某和赵某、孙某办理工作交接的下列表述中，正确的是(　　)。
   A. 移交后赵某应另立新账进行会计记录
   B. 每项工作的移交清册一式三份，交接双方各执一份，存档一份
   C. 移交由交接双方和监交人签名或盖章
   D. 由吴某进行监交

3. 赵某拟对W、Y发票的下列处理方式中，符合法律制度规定的是(　　)。
   A. 要求乙公司重开W发票
   B. 要求乙公司就Y发票商品名称填写错误出具书面说明并由乙公司加盖公章
   C. 在Y发票上对记载的商品名称直接更正
   D. 要求乙公司重新开具Y发票

4. 关于会计档案保管和移交的下列表述中正确的是(　　)。
   A. 会计档案可由甲公司会计档案管理机构临时保管1年，再移交其档案管理机构保存
   B. 会计档案的保管期是从会计年度终了后的第一天算起

C. 甲公司会计管理机构临时保管会计档案最长不超过3年
D. 会计档案因工作需要确需推迟移交的，应当经甲公司档案管理机构同意

【资料三】

【考点标签】会计工作岗位设置要求(总会计师)；会计工作交接的程序；会计监督(政府监督)

甲企业为大型国有企业(以下简称"甲企业")，其会计相关工作情况如下：

(1)王某为甲企业总会计师，王某取得会计师任职资格后，主管甲企业财务会计工作已满四年。

(2)单位招聘一名管理会计人员小赵，已知小赵已从事会计工作3年，但因交通肇事罪被判处有期徒刑，现已刑满释放满1年。

(3)往来会计小李由于个人原因离职，与小孙进行了会计工作交接，由单位会计机构负责人监交。小孙接替之后为了分清责任，将原账簿保存好之后另立账簿进行接手之后会计事项的记录。后发现小李任职期间存在账目问题，小李与小孙之间相互推卸责任。

(4)税务部门发现报税资料存在疑点，因此派专员到甲企业进行调查，遭到甲企业拒绝，甲企业认为只有财政部门有权对本企业进行监管。

要求：根据上述资料，不考虑其他因素，分析回答下列小题。

1. 根据资料(1)，下列表述正确的是(　　)。
   A. 甲企业必须设置总会计师
   B. 甲企业可以不设置总会计师
   C. 总会计师是会计机构负责人
   D. 总会计师是单位行政领导成员

2. 根据资料(2)，下列表述正确的是(　　)。
   A. 小赵因被追究过刑事责任，不得再从事会计工作
   B. 小赵刑满释放只满1年，未满5年不得从事会计工作

C. 小赵可以担任甲企业会计人员

D. 刑满释放时间不影响小赵能否从事会计工作

3. 根据资料（3），下列表述正确的是（　　）。

A. 单位会计机构负责人监交符合规定

B. 小孙另立账簿符合规定

C. 出现的账目问题应由小李承担责任

D. 出现的账目问题应由小孙承担责任

4. 根据资料（4），下列表述正确的是（　　）。

A. 税务部门有权对甲企业进行监督检查

B. 甲企业拒绝接受税务部门调查的做法合理

C. 税务部门的检查属于会计工作的政府监督范畴

D. 除财政部门外，审计、税务、人民银行、证券监管、保险监管等部门均依法有权对有关单位的会计资料实施监督检查

第三章　支付结算法律制度

【资料一】

【考点标签】基本存款账户的开立和使用；一般存款账户的使用；银行结算账户的撤销（时间、顺序）

（2018年）甲餐馆系有限责任公司，主要从事网上外卖业务。2015年2月2日，甲餐馆因办理日常结算需要，在P银行开立基本存款账户。2016年1月5日，甲餐馆因贷款需要，在Q银行开立一般存款账户。2017年3月16日，甲餐馆因经营不善停业，并注销营业执照，甲餐馆拟撤销银行结算账户。

已知：甲餐馆只有上述两个银行结算账户。

要求：根据上述材料，假定不考虑其他因素，分析回答下列小题。

1. 下列关于甲企业在P银行开立基本存款账户的表述中，正确的是（　　）。

A. 甲餐馆申请开立该账户时应出具企业

法人营业执照正本

B. 该账户为甲餐馆的主办账户

C. 甲餐馆可自主选择另一家银行再开立一个基本存款账户

D. 甲餐馆可通过该账户发放工资

2. 下列业务中，属于甲餐馆在Q银行开立的一般存款账户中可以办理的业务是（　　）。

A. 支取现金3万元

B. 缴存现金2万元

C. 归还借款50万元

D. 转存借款20万元

3. 甲企业自2017年3月16日起的一定期限内向银行提出撤销银行结算账户的申请期限为（　　）。

A. 5个工作日　　　B. 15个工作日

C. 10个工作日　　　D. 20个工作日

4. 下列关于甲餐馆撤销基本存款账户的表述中，正确的是（　　）。

A. 应清偿在Q银行的债务，并将Q银行一般存款账户中的资金转入基本存款账户

B. 应先撤销在Q银行开立的一般存款账户

C. 应与P银行核对账户存款余额

D. 应将各种重要空白结算凭证、票据和开户行许可证交回银行

【资料二】

【考点标签】银行结算账户开立（预留签章）；基本存款账户的开立；一般存款账户的使用；银行结算账户的撤销程序

（2017年、2014年改）甲公司于2019年3月7日成立，王某为法定代表人。2019年3月10日，甲公司因办理日常结算需要，在P银行开立了基本存款账户。2019年6月18日，甲公司因资金需求，从Q银行借款300万元，并开立了一般存款账户。2020年6月19日，甲公司因迁址需要转户，需要撤销其在P银行开立的基本存款账户。

已知：甲公司只有上述两个银行结算账户。

要求：根据《企业银行结算账户管理办法》

的规定，不考虑其他因素，分析回答下列小题。

1. 下列选项中，关于甲公司在 P 银行开立基本存款账户的程序，说法正确的是(   )。

   A. 银行应当向王某核实企业开户意愿，并留存相关工作记录

   B. 甲公司开立基本存款账户，可以不经中国人民银行当地分行核准

   C. 开户成功的，甲公司持有基本存款账户编号

   D. 甲公司开立基本存款账户，可以不经人民银行当地分支行备案与核准

2. 甲公司在 Q 银行借款开立一般存款账户的，应出具的证明文件是(   )。

   A. 企业基本存款账户编号

   B. 借款合同

   C. 企业法人营业执照正本

   D. 政府主管部门的批文

3. 甲公司在 P 银行的签章可以是(   )。

   A. 甲公司发票专用章加王某的签名

   B. 甲公司合同专用章加王某的个人名章

   C. 甲公司财务专用章加王某的个人名章

   D. 甲公司单位公章加王某的签名

4. 关于甲公司撤销其基本存款账户的下列说法中，符合规定的是(   )。

   A. 甲公司应在撤销 P 银行基本存款账户后 10 日内申请重新开立基本存款账户

   B. P 银行应打印"已开立银行结算账户清单"并交付甲公司

   C. 应与 P 银行核对基本存款账户余额

   D. 若甲公司尚有欠 P 银行借款未清偿的，不得申请撤销该银行结算账户

【资料三】

【考点标签】个人银行结算账户的开立要求；网上银行；第三方支付；借记卡的办理

（2018 年）张某因支付需要，2017 年 1 月向 P 银行申请开立了个人银行结算账户，并办理一张借记卡。同时开通了网上银行业务。

2017 年 2 月张某在 Q 第三方支付机构申请开立了账户并绑定其在 P 银行开立的个人银行结算账户。

要求：根据上述资料，不考虑其他因素，分析回答下列小题。

1. 下列关于张某申请开立个人银行结算账户的表述中，正确的是(   )。

   A. 张某不得授权他人代理

   B. 张某可以通过自助柜员机申请开户

   C. 张某需出具个人的自然人身份证

   D. 张某可以申请开立Ⅰ类银行结算账户

2. 下列业务中，张某通过其开通的网上银行可以办理的是(   )。

   A. 查询该借记卡中的账户余额

   B. 向他人名下的银行卡转账

   C. 向自己名下的其他银行账户转账

   D. 支付网上购物货款

3. 下列关于张某在 Q 第三方支付机构开立账户的表述中，正确的是(   )。

   A. 该账户属于Ⅲ类账户

   B. 该账户属于Ⅱ类账户

   C. 该账户属于一般存款账户

   D. 该账户属于Ⅰ类账户

4. 下列关于张某办理的借记卡的表述中，正确的是(   )。

   A. 不可透支

   B. 不得出租和转借

   C. 在 ATM 机每日累计提款不得超过 2 万元

   D. 银行应对该卡账户内的存款计付利息

【资料四】

【考点标签】银行结算账户的开立；基本存款账户的使用；一般存款账户的使用；单位人民币卡账户的使用；个人借记卡的使用

（2019 年）2018 年 10 月，甲公司法定代表人王某在 P 银行为本公司开立了基本存款账户，同时本人在 P 银行申领一张借记卡。2018 年 11 月，甲公司在 Q 银行开立单位人民币卡账户并转入资金。2018 年 12 月甲公司发生 4 笔业务，收到现金货款

2 万元，支付原材料采购款 6 万元，支付劳务费 4 万元，提取周转现金 1 万元。已知：各账户存款余额充足。

要求：根据上述资料，不考虑其他因素，分析回答下列小题。

1. 王某在 P 银行申请开立甲公司存款账户的下列事项中，正确的是（ ）。

A. 代表甲公司与 P 银行签订银行结算账户管理协议

B. 填写开户申请书

C. 向 P 银行出具甲公司营业执照正本

D. 在开户申请书上加盖甲公司公章

2. 甲公司通过 P 银行存款账户可以办理的业务是（ ）。

A. 提取现金 1 万元

B. 支付劳务费 4 万元

C. 支付原材料采购款 6 万元

D. 存入现金货款 2 万元

3. 王某使用其个人借记卡可以办理的业务是（ ）。

A. 购买 P 银行理财产品 10 万元

B. 存入甲公司的现金货款 2 万元

C. 在商场刷卡消费 1 万元

D. 在 ATM 机上一次性提取现金 5 万元

4. 下列关于甲公司 Q 银行账户的表述中，正确的是（ ）。

A. 可以存入现金货款 2 万元

B. 可以从甲公司 P 银行存款账户转入资金 10 万元

C. 可以支付劳务费 4 万元

D. 可以提取周转现金 1 万元

【资料五】

【考点标签】银行卡收单商户管理；银行卡收单风险管理；银行卡结算收单业务手续费

（2016 年）某汽车销售公司甲公司因业务发展需要向开户银行 P 银行申请加入银行卡特约商户，P 银行在对其提交的申请资料审查后，双方于 2014 年 6 月 9 日签订银行卡受理协议，约定 P 银行按照交易金额

的 1.25%、单笔 80 元封顶的标准收取结算手续费。

2015 年 6 月 12 日，客户王某在甲公司通过 P 银行布放的 POS 机用 2 张带有银联标识的信用卡分别刷卡消费 80 000 元和 2 000 元。2015 年 8 月，P 银行根据评级制度进行风险评级，认定甲公司为风险等级较高的特约商户。2015 年 9 月，P 银行发现甲公司发生风险事件，遂采取相应措施。

要求：根据上述资料，不考虑其他因素，分析回答下列小题。

1. P 银行与甲公司签订的银行卡受理协议，应包括的内容是（ ）。

A. 可受理的银行卡种类

B. 资金结算周期

C. 开通的交易类型

D. 收单银行结算账户的设置和变更

2. 甲公司通过 POS 机收取王某的 82 000 元款项，实际到账金额应是（ ）元。

A. 82 000×（1−1.25%）= 80 975

B. 82 000−80 = 81 920

C. （80 000−80）+ 2 000×（1−1.25%）= 81 895

D. 82 000

3. 2015 年 8 月，针对甲公司风险等级较高，P 银行有权采取的措施是（ ）。

A. 延迟结算

B. 暂停银行卡交易

C. 设置交易限额

D. 建立特约商户风险准备金

4. 甲公司的下列行为中，属于银行卡特约商户风险事件的是（ ）。

A. 移机

B. 银行卡套现

C. 留存持卡人账户信息

D. 洗钱

【资料六】

【考点标签】预付卡（预付卡购买时的登记信息、转账购买金额、使用规定、他人代理赎回）

（2018年）2016年8月7日，王某为购物消费便利，到甲支付机构一次性购买一张记名预付卡和若干张不记名预付卡，共计金额6万元，购卡后，王某在生活中广泛使用，2017年5月，王某因被派驻国外工作，将剩余的不记名预付卡交由妻子刘某使用，同时委托妻子刘某将记名预付卡代理自己赎回。

要求：根据上述资料，不考虑其他因素，分析回答下列小题。

1. 甲支付机构向王某出售预付卡时，下列信息中，应当登记的是（　　）。

　　A. 王某的身份证件名称和号码

　　B. 购卡总金额

　　C. 预付卡卡号

　　D. 王某的联系方式

2. 王某本次购买预付卡，下列拟使用的资金结算方式中，正确的是（　　）。

　　A. 手机银行转账6万元

　　B. 信用卡刷POS机6万元

　　C. 借记卡刷POS机6万元

　　D. 现金支付6万元

3. 下列事项中，王某可以使用记名预付卡办理的是（　　）。

　　A. 在商场购买预付卡

　　B. 将卡内资金转入第三方支付账户

　　C. 在甲支付机构签约的特约商户中购物消费

　　D. 购买交通卡

4. 刘某为王某代理赎回预付卡时，下列资料中，必须出示的是（　　）。

　　A. 王某的有效身份证件

　　B. 王某的记名预付卡

　　C. 刘某与王某的结婚证件

　　D. 刘某的有效身份证件

【资料七】

【考点标签】银行汇票（出票、使用范围、提示付款程序）

（2019年）2018年6月，甲公司在P银行开立基本存款账户，2018年6月12日，

财务人员王某代理甲公司向P银行申请签发一张金额为100万元的银行汇票，交予业务员张某到异地乙公司采购货物。张某采购货物金额为99万元，与票面金额相差1万元。乙公司发货后张某将汇票交付乙公司财务人员李某，李某审查后填写结算金额。7月10日，李某持票到本公司开户银行Q银行提示付款。

要求：根据上述资料，不考虑其他因素，分析回答下列小题。

1. 下列关于王某代理甲公司办理银行汇票申请业务的表述中，正确的是（　　）。

　　A. 在"银行汇票申请书"上填明收款人为乙公司

　　B. 在"银行汇票申请书"上填明申请人为甲公司

　　C. 在"银行汇票申请书"上的出票金额栏填写"现金"字样

　　D. 在"银行汇票申请书"上加盖甲公司预留P银行签章

2. 下列各项中，属于李某接受银行汇票后应当审查的事项是（　　）。

　　A. 出票日期是否更改过

　　B. 汇票的大小写金额是否一致

　　C. 银行汇票与解讫通知的汇票号码和记载事项是否一致

　　D. 汇票上填写的收款人是否为乙公司

3. 下列对该汇票实际结算金额的填写表述中，李某应当采用的是（　　）。

　　A. 在汇票上不填写实际结算金额，填写多余金额1万元

　　B. 在汇票上填写实际结算金额为100万元

　　C. 在汇票上填写实际结算金额为99万元，不填写多余金额

　　D. 在汇票上填写实际结算金额为99万元，多余金额为1万元

4. 下列关于李某办理汇票提示付款的表述中，正确的是（　　）。

　　A. 应填写进账单

　　B. 应将汇票和解讫通知提交Q银行

C. 应出具乙公司营业执照正本

D. 应在汇票背面加盖乙公司预留 Q 银行签章

【资料八】

【考点标签】商业汇票(出票行为必须记载事项、承兑程序、承兑日期、委托收款结算程序)

(2019 年)2018 年 12 月 10 日,W 市甲公司向乙公司签发一张金额为 10 万元的纸质商业汇票用于支付货款。12 月 11 日,乙公司向甲公司开户银行 P 银行申请承兑,P 银行受理申请。P 银行审查相关资料后给予承兑,但未在汇票上记载承兑日期。2019 年 3 月 11 日,汇票到期,持票人乙公司委托开户银行 Q 银行收取汇票款项。

要求:根据上述资料,不考虑其他因素,分析回答下列小题。

1. 甲公司签发汇票时,下列事项中属于必须记载事项的是( )。

A. 出票人甲公司签章

B. 收款人名称乙公司

C. 付款人名称 P 银行

D. 出票地 W 市

2. P 银行受理申请承兑该汇票,应当办理的事项是( )。

A. 审查甲公司的资格、资信、合同等

B. 收取承兑手续费

C. 在票据市场基础设施上登记汇票承兑信息

D. 向乙公司签发收到汇票的回单

3. 该汇票的承兑日期是( )。

A. 2018 年 12 月 11 日

B. 2018 年 12 月 13 日

C. 2018 年 12 月 10 日

D. 2018 年 12 月 12 日

4. 乙公司委托 Q 银行收取汇票款项应当办理的事项是( )。

A. 在委托收款凭证上记载付款人为 P 银行

B. 将填写好的委托收款凭证与汇票一并提

交 Q 银行

C. 在委托收款凭证上签章

D. 在委托收款凭证上记载收款人为乙公司

【资料九】

【考点标签】商业汇票(出票时必须记载事项、提示付款期限、限制背书的记载、票据的追索权)

(2018 年)2016 年 7 月 8 日,甲公司为支付 50 万元货款向乙公司签发并承兑一张定日付款的商业汇票,汇票到期日为 2017 年 1 月 8 日。乙公司将该商业汇票背书转让给丙公司,并记载“不得转让”字样。丙公司再次将该汇票转让给丁公司,丁公司将汇票背书转让给戊公司。戊公司在提示付款期内向甲公司提示付款遭到拒绝,遂向前手发起追索。

要求:根据上述资料,不考虑其他因素,分析回答下列小题。

1. 下列甲公司签发并承兑商业汇票的记载事项中,必须记载的是( )。

A. 出票日期“贰零壹陆年柒月零捌日”

B. 票据金额 50 万元

C. 收款人乙公司

D. 付款人甲公司签章

2. 下列关于乙公司记载“不得转让”字样法律效力的表述中,正确的是( )。

A. “不得转让”记载不具有票据法上的效力

B. 乙公司对丁公司不负保证责任

C. 丙公司向丁公司转让票据的行为无效

D. 乙公司对戊公司不负保证责任

3. 戊公司应自 2017 年 1 月 8 日起一定期限内向甲公司提示付款,该期限为( )。

A. 3 日   B. 10 日

C. 7 日   D. 15 日

4. 下列关于戊公司行使追索权的表述中,正确的是( )。

A. 戊公司有权向甲公司行使追索权

B. 戊公司有权向丁公司行使追索权

C. 戊公司只能向丁公司行使追索权

D. 戊公司有权向乙公司行使追索权

【资料十】

【考点标签】商业汇票(出票人的资格、银行承兑手续费、贴现条件)

(2017年)2016年3月3日,甲公司为支付工程款,向乙公司签发并交付一张银行承兑汇票,出票人为甲公司,收款人为乙公司,金额为100万元,出票日为2016年3月3日,出票后6个月付款。该汇票由P银行承兑并收取手续费。4月1日乙公司将该汇票背书转让给了丙公司。4月11日丙公司因资金需求,在Q银行办理了票据贴现,汇票到期后,Q银行向P银行提示付款。

要求:根据上述资料,不考虑其他因素,分析回答下列小题。

1. 甲公司签发银行承兑汇票应具备的条件是( )。

A. 与P银行具有真实的委托付款关系

B. 资信状况良好

C. 具有支付汇票金额的可靠资金来源

D. 在P银行开立有存款账户

2. P银行承兑该汇票应向甲公司收取手续费的下列算式中,正确的是( )。

A. 1 000 000×0.000 7＝700(元)

B. 1 000 000×0.000 5＝500(元)

C. 1 000 000×0.000 1＝100(元)

D. 1 000 000×0.000 3＝300(元)

3. 下列各项中属于丙公司向Q银行办理贴现应当具备的条件是( )。

A. 丙公司与乙公司具有真实的交易关系

B. 汇票未到期

C. 汇票未记载"不得转让"事项

D. 丙公司在Q银行开立存款账户

4. Q银行向P银行提示付款最后期限是( )。

A. 2016年10月3日

B. 2016年9月3日

C. 2016年9月9日

D. 2016年9月12日

【资料十一】

【考点标签】现金支票(出票必须记载事项、提示付款期限、提示付款程序、签发空头支票的民事赔偿)

(2019年)甲公司于2010年5月在W市注册成立,在当地P银行开立基本存款账户,并长期保持良好支付记录。2018年12月10日,甲公司向李某签发一张金额为2万元的现金支票,在支票提示付款期限内,李某向P银行提示付款,P银行工作人员发现甲公司存款账户余额为1万元,遂告知李某甲公司存款余额不足以支付票款。

要求:根据上述资料,不考虑其他因素,分析回答下列小题。

1. 下列事项中,甲公司向李某签发支票必须记载的是( )。

A. 付款银行名称P银行

B. 出票日期

C. 付款地W市

D. 甲公司预留P银行签章

2. 下列日期中,在该支票提示付款期限内的是( )。

A. 2019年1月10日

B. 2018年12月12日

C. 2018年12月19日

D. 2019年2月10日

3. 下列事项中,李某向P银行提示付款时应当办理的是( )。

A. 在支票背面注明证件号码

B. 向P银行交验身份证件

C. 在支票背面注明证件名称

D. 在支票背面签章

4. 关于甲公司存款余额不足以支付票款的下列表述中,正确的是( )。

A. 李某应接受P银行退票并要求P银行出具拒绝付款证明

B. 李某有权要求甲公司支付赔偿金

C. 李某有权要求P银行支付现金2万元

D. P银行可向李某支付现金1万元

【资料十二】

【考点标签】电子商业汇票(付款人的概念、承兑程序、背书的种类、付款确认、到期付款程序)

2019年4月6日,甲公司为履行与乙公司的买卖合同,签发一张由甲公司开户行A银行承兑的纸质商业汇票交付乙公司,汇票收款人为乙公司,到期日为10月6日。4月14日,乙公司将该汇票背书转让给丙公司,9月8日,丙公司持该汇票向其开户银行Q银行办理贴现。Q银行向A银行发起付款确认,经A银行付款确认后,Q银行又将该汇票转贴现给S银行。该汇票到期后,S银行通过票据市场基础设施向A银行提示付款。

要求:根据上述资料,不考虑其他因素,分析回答下列小题。

1. 该汇票的付款人是( )。

    A. 甲公司　　　　B. 乙公司

    C. A银行　　　　D. Q银行

2. A银行对该票据承兑时,应遵循的程序是( )。

    A. A银行的信贷部门负责各项信息审查

    B. 应按票面金额向乙公司收取万分之五的手续费

    C. A银行承兑后,应不晚于次一个工作日,在票据市场基础设施完成相关信息登记工作

    D. 若A银行拒绝承兑的,必须出具拒绝承兑的证明

3. 下列各项中,属于转让背书行为的是( )。

    A. 甲公司将汇票交付乙公司

    B. 乙公司将汇票转让给丙公司

    C. 丙公司持汇票向Q银行办理贴现

    D. 汇票到期S银行提示付款

4. 关于该汇票付款确认与付款责任的下列判断中,正确的是( )。

    A. Q银行发起付款确认后,A银行应在对票据真实性和背书连续性审查的基础上对到期付款责任进行确认

    B. Q银行发起付款确认后,A银行不得拒绝到期付款

    C. S银行提示付款时,票据市场基础设施应当代A银行发送指令划付资金至持票人资金账户

    D. 若为实物付款确认,A银行确认到期付款后,应由A银行保管该纸质票据

【资料十三】

【考点标签】转账支票(签发空头支票的处罚);银行承兑汇票(提示付款期限、出票人资金不足的利息计算);国内信用证(基本性质、开具程序、保兑行的概念、付款程序)

甲企业的有关情况如下:

(1)2019年1月,甲企业为支付A企业的货款,向A企业签发一张100万元的转账支票。出票日期为1月10日,付款人为乙银行。持票人A企业于1月18日到乙银行提示付款时,乙银行以出票人甲企业的存款账户资金不足100万元为由拒绝付款。

(2)2019年2月,甲企业为支付B企业的货款,向B企业签发一张出票后2个月付款的银行承兑汇票,出票日期为2月10日,金额为500万元,承兑人为乙银行。甲企业在申请承兑时,向乙银行存入了50%的保证金250万元。4月10日,银行承兑汇票到期,承兑申请人未按期足额存入剩余的250万元。4月15日,持票人B企业向乙银行提示付款,乙银行以出票人甲企业的存款账户资金不足500万元为由拒绝付款。

(3)2019年3月,甲企业为支付C企业的货款,向其开户银行乙银行申请办理600万元的国内即期信用证。乙银行向申请人甲企业收取了150万元的保证金后,为甲企业电开了信用证。4月10日,C企业请求保兑行付款,当天交付了单据。保兑行审核C企业提交的单据相符后,于4月20日办理了付款。

要求：根据上述资料，不考虑其他因素，分析回答下列小题。

1. 根据本题要点（1）所提示的内容，分析下列关于甲企业的行为的说法中，正确的是（　）。

A. 甲企业的行为属于签发空头支票

B. 中国人民银行有权对甲企业处以 5 万元的罚款

C. 由于支票上记载了"无条件支付的委托"，因此乙银行不得拒绝付款

D. A 企业有权要求甲企业支付 2 万元的赔偿金

2. 根据本题要点（2）所提示的内容，下列关于商业汇票、持票人 B 企业提示付款和银行拒绝付款情况的观点中，正确的是（　）。

A. B 企业提示付款的时间符合规定

B. 相关当事人应在 4 月 10 日之前向乙银行提示承兑

C. 乙银行应向 B 企业付款，对甲企业全部的汇票金额 500 万元按照每天万分之五计收利息

D. 乙银行应向 B 企业付款，对甲企业未付款的部分 250 万元按照每天万分之五计收利息

3. 下列关于乙银行为甲企业开具国内信用证的说法中，正确的是（　）。

A. 乙银行开证时不得收取甲企业的保证金

B. 乙银行应以数据电文方式发送至通知行

C. 乙银行应加盖业务用章寄送通知行，同时应视情况需要以双方认可的方式证实信用证的真实有效性

D. 信用证应记载的基本条款中，包括通知行名称和是否可保兑

4. 下列关于保兑行为 C 企业办理付款业务的说法中，正确的是（　）。

A. 保兑行是根据信用证受益人的授权或要求对信用证加具保兑的银行

B. 保兑行为 C 企业付款的时间不符合规定

C. 保兑行审核单证的期限为乙企业直接递

交的单据的次日起 3 个营业日内

D. 信用证兑付时可以支取现金

第四章　增值税、消费税法律制度

【资料一】

【考点标签】商业银行的增值税计算（贷款服务、直接收费金融服务、金融商品转让、销售自己使用过固定资产的处理）

（2019 年）某商业银行为增值税一般纳税人，2019 年第二季度经营情况如下：

（1）提供贷款服务取得含增值税利息收入 6 360 万元，支付存款利息 2 862 万元，提供直接收费金融服务取得含增值税销售额 1 272 万元。

（2）发生金融商品转让业务，金融商品卖出价 2 289.6 万元，相关金融商品买入价 2 120 万元。第一季度金融商品转让出现负差 58.3 万元。

（3）购进各分支经营用设备一批，取得增值税专用发票注明税额 80 万元，购进办公用品，取得增值税专用发票注明税额 16 万元；购进办公用小汽车一辆，取得增值税专用发票注明税额 3.52 万元，购进用于职工福利的货物一批，取得增值税专用发票注明税额 0.32 万元。

（4）销售自己使用过的一批办公设备，取得含增值税销售额 10.506 万元，该批办公设备 2013 年购入，按固定资产核算。

已知：金融服务增值税税率为 6%；销售自己使用过的固定资产，按照简易办法依照 3% 征收率减按 2% 征收增值税；取得的扣税凭证已通过税务机关认证。

要求：根据上述资料，不考虑其他因素，分析回答下列小题。

1. 计算甲商业银行第二季度贷款服务和直接收费金融服务增值税销项税额的下列算式中，正确的是（　）。

A. （6 360−2 862）÷（1+6%）×6%+1 272×

$6\% = 274.32$(万元)

    B. $(6\,360 - 2\,862 + 1\,272) \div (1 + 6\%) \times 6\% = 270$(万元)

    C. $(6\,360 + 1\,272) \times 6\% = 457.92$(万元)

    D. $(6\,360 + 1\,272) \div (1 + 6\%) \times 6\% = 432$(万元)

2. 计算甲商业银行第二季度金融商品转让增值税销项税额的下列算式中，正确的是（   ）。

    A. $2\,289.6 \div (1 + 6\%) \times 6\% = 129.6$(万元)

    B. $(2\,289.6 - 2\,120 - 58.3) \div (1 + 6\%) \times 6\% = 6.3$(万元)

    C. $(2\,289.6 - 58.3) \div (1 + 6\%) \times 6\% = 126.3$(万元)

    D. $(2\,289.6 - 2\,120) \times 6\% = 10.18$(万元)

3. 甲商业银行的下列进项税额中，准予从销项税额中扣除的是（   ）。

    A. 购进办公用品的进项税额16万元

    B. 购进各分支经营用设备的进项税额80万元

    C. 购进办公用小汽车的进项税额3.52万元

    D. 购进用于职工福利的货物进项税额0.32万元

4. 计算甲商业银行销售自己使用过的办公设备应缴纳增值税税额的下列算式中，正确的是（   ）。

    A. $10.506 \div (1 + 3\%) \times 2\% = 0.204$(万元)

    B. $10.506 \div (1 + 2\%) \times 2\% = 0.206$(万元)

    C. $10.506 \div (1 + 2\%) \times 3\% = 0.309$(万元)

    D. $10.506 \div (1 + 3\%) \times 3\% = 0.306$(万元)

【资料二】

【考点标签】旅行社兼营活动的增值税计算综合（文化旅游服务；不动产租赁、进项税额抵扣范围、预收款的纳税义务发生时间）

（2019年改）甲旅游公司为增值税一般纳税人，主要从事旅游服务，2019年10月有关经营情况如下：

（1）提供旅游服务取得含增值税收入720.8万元，替游客向其他单位支付交通费53万元、住宿费25.44万元、门票费22.26万元，并支付本单位导游工资2.12万元。

（2）将本年购入商铺对外出租，每月含增值税租金10.9万元，本月一次性收取3个月的含增值税租金32.7万元。

（3）购进职工通勤用班车，取得增值税专用发票注明税额9.6万元。

（4）购进广告设计服务取得增值税专用发票注明税额0.6万元。

（5）购进电信服务，取得增值税专用发票注明税额0.2万元。

（6）购进会议展览服务，取得增值税专用发票注明税额2.4万元。

已知旅游服务增值税税率为6%，不动产租赁服务增值税税率为9%，取得扣税凭证已通过税务机关认证；甲旅游公司提供旅游服务选择差额计税方法计缴增值税。

要求：根据上述资料，不考虑其他因素，分析回答下列小题。

1. 甲旅游公司的下列支出中，在计算当月旅游服务增值税销售额时，准予扣除的是（   ）。

    A. 门票费22.26万元

    B. 交通费53万元

    C. 导游工资2.12万元

    D. 住宿费25.44万元

2. 计算甲旅游公司当月提供旅游服务增值税销项税额的下列算式中，正确的是（   ）。

    A. $(720.8 - 25.44 - 22.26) \times 6\% = 40.39$(万元)

    B. $(720.8 - 53 - 25.44 - 22.26) \div (1 - 6\%) \times 6\% = 39.58$(万元)

    C. $(720.8 - 53 - 2.12) \times 6\% = 39.94$(万元)

    D. $(720.8 - 53 - 25.44 - 22.26 - 2.12) \div (1 - 6\%) \times 6\% = 39.45$(万元)

3. 计算甲旅游公司当月出租商铺增值税销项税额的下列算式中，正确的是（   ）。

    A. $32.7 \div (1 + 9\%) \times 9\% = 2.7$(万元)

    B. $10.9 \times 9\% = 0.98$(万元)

    C. $10.9 \div (1 + 9\%) \times 9\% = 0.9$(万元)

D. 32.7×9% = 2.94（万元）

4. 甲旅游公司的下列进项税额中，准予从销项税额中抵扣的是（　　）。

A 购进会议展览服务所支付的进项税额为2.4万元

B 购进电信服务所支付的进项税额为0.2万元

C 购进职工通勤用班车所支付的进项税额为9.6万元

D 购进广告设计服务所支付的进项税额为0.6万元

【资料三】

【考点标签】航空公司兼营活动的增值税计算综合（交通运输服务、现代服务—有形动产租赁、增值税零税率、含税销售额的换算）

（2017年改）甲航空公司为增值税一般纳税人，主要提供国内国际运输服务，2019年10月有关经营情况如下：

（1）提供国内旅客运输服务，取得含增值税票款收入9 900万元，特价机票改签、变更费495万元。

（2）代收转付航空意外保险费200万元，代收机场建设费（民航发展基金）266.4万元，代收转付其他航空公司客票款199.8万元。

（3）出租飞机广告位取得含增值税收入296.96万元，同时收取延期付款违约金4.64万元。

已知：交通运输服务增值税税率9%，有形动产租赁服务增值税税率13%。

要求：根据上述资料，不考虑其他因素，分析回答下列小题。

1. 除甲航空公司提供的国际运输服务外，适用增值税零税率的还包括（　　）。

A. 向境外单位提供完全在境外消费的研发服务

B. 进口货物

C. 航天运输服务

D. 管道运输服务

2. 甲航空公司当月取得下列款项中，应计入销售额计征增值税的是（　　）。

A. 代收转付航空意外保险费200万元

B. 代收机场建设费（民航发展基金）266.4万元

C. 特价机票改签、变更费495万元

D. 代收转付其他航空公司客票款199.8万元

3. 计算甲航空公司当月提供国内旅客运输服务增值税销项税额中，正确的是（　　）。

A. （9 900＋495）÷（1＋9%）×9% = 858.3（万元）

B. （9 900＋495＋200＋266.4）×9% = 977.53（万元）

C. （9 900＋200＋266.4＋199.8）×9% = 950.96（万元）

D. （9 900＋266.4＋199.8）÷（1＋9%）×9% = 855.92（万元）

4. 计算甲航空公司当月提供飞机广告位出租服务增值销项税税额的下列算式正确的是（　　）。

A. （296.96＋4.64）÷（1＋13%）×13% = 34.7（万元）

B. 296.96÷（1＋13%）×13% = 34.16（万元）

C. 296.96×13% = 38.6（万元）

D. （296.96＋4.64）×13% = 39.21（万元）

【资料四】

【考点标签】建筑企业兼营活动的增值税计算综合（建筑服务税目的辨别、建筑服务增值税计算、有形动产租赁、进项税额抵扣范围）

（2017年改）甲建筑公司为增值税一般纳税人，机构所在地设在W市。2019年10月有关经营情况如下：

（1）承包位于Y市的一项建筑工程，含增值税总价款9 990 000元。按合同约定，单月实际预收含增值税价款3 330 000元。

（2）购进工程所用材料取得增值税专用发票注明税额170 000元，购进施工现场修建临时建筑所用材料取得增值税专用发票注明税额8 500元，购进工程设计服务取得增值税专用发票注明税额600元，购进办公用品取得增值税普通发票注明税额180元。

(3)向乙公司出租闲置施工设备，含增值税租金11 700元/月，双方未签订租赁合同，一次性收取6个月租金共计70 200元。

已知：建筑服务增值税税率为9%，有形动产租赁服务增值税税率为13%。

要求：根据上述资料，不考虑其他因素，分析回答下列问题。

1. 计算甲建筑公司当月承包Y市建筑工程增值税销项税额的下列算式中，正确的是( )。

  A. 9 990 000÷(1+9%)×9%=824 862.38 (元)

  B. 3 330 000÷(1+9%)×9%=274 954.13 (元)

  C. 9 990 000×9%=899 100(元)

  D. 3 330 000×9%=299 700(元)

2. 甲建筑公司当月下列增值税进项税额中，准予从销项税额中抵扣的是( )。

  A. 购进工程所用材料税额170 000元

  B. 购进办公用品税额180元

  C. 购进工程设计服务税额600元

  D. 购进施工场地修建临时建筑物所用材料税额8 500元

3. 计算甲建筑公司当月出租闲置施工设备增值税销项税额的下列算式中，正确的是( )。

  A. 70 200×13%=9 126(元)

  B. 11 700÷(1+13%)×13%=1 346.02(元)

  C. 11 700×13%=1 521(元)

  D. 70 200÷(1+13%)×13%=8 076.11(元)

4. 甲建筑公司提供的下列服务中，按照"建筑服务——其他服务"缴纳增值税的是( )。

  A. 承接乙公司的办公楼修补加固工程

  B. 承接丙公司的园林绿化工程

  C. 承接W市政府的搭脚手架工程

  D. 承接燃气公司的燃气管道铺设工程

【资料五】

【考点标签】酒店兼营活动的增值税计算综合(餐饮住宿服务、有形动产租赁、不动产租赁、进项税额抵扣范围、农产品扣除规定)

(2018年改)甲公司为增值税一般纳税人，主要提供餐饮、住宿服务。2019年10月有关经营情况如下：

(1)提供餐饮、住宿服务取得含增值税收入1 431万元。

(2)出租餐饮设备取得含增值税收入29万元，出租房屋取得含增值税收入5.5万元。

(3)提供车辆停放服务取得含增值税收入11万元。

(4)发生银行贷款利息支出10万元。

(5)支付技术咨询服务费，取得增值税专用发票注明税额1.2万元。

(6)购进卫生用具一批，取得增值税专用发票注明税额1.6万元。

(7)从农业合作社购进蔬菜，取得农产品销售发票注明买价100万元。

已知：有形动产租赁服务增值税税率为13%；不动产租赁服务增值税税率为9%；生活服务、现代服务(除有形动产租赁服务和不动产租赁服务外)增值税税率为6%；交通运输服务增值税税率为9%；农产品扣除率为9%；取得的扣税凭证均已通过税务机关认证。

要求：根据上述材料，不考虑其他因素，分析回答下列小题。

1. 甲公司下列经营业务中，应按照"现代服务"税目计缴增值税的是( )。

  A. 餐饮服务

  B. 房屋租赁服务

  C. 餐饮设备租赁服务

  D. 住宿服务

2. 下列关于甲公司增值税进项税额抵扣的表述中，正确的是( )。

  A. 支付技术咨询服务费的进项税额准予抵扣

B. 银行贷款利息支出的进项税额准予抵扣

C. 购进蔬菜的进项税额准予抵扣

D. 购进卫生用具的进项税额准予抵扣

3. 计算甲公司当月增值税销项税额的下列算式中，正确的是（　　）。

A. 车辆停放收入的销项税额 = 11÷(1+9%)×9% = 0.91(万元)

B. 房屋出租收入的销项税额 = 5.5÷(1+9%)×9% = 0.45(万元)

C. 餐饮设备出租收入的销项税额 = 29÷(1+13%)×13% = 3.34(万元)

D. 餐饮、住宿收入的销项税额 = 1 431÷(1+6%)×6% = 81(万元)

4. 计算甲公司当月准予抵扣增值税进项税额的下列算式中，正确的是（　　）。

A. 1.2+1.6 = 2.8(万元)

B. 1.2+1.6+100×9% = 11.8(万元)

C. 10×9%+1.2 = 2.1(万元)

D. 10÷(1+9%)×9%+1.2+1.6+100×9% = 12.63(万元)

【资料六】

【考点标签】影视公司兼营活动的增值税综合(广播影视服务、动漫企业选择按照简易计税办法征税政策、货物进项税额抵扣、文化创意服务、商务辅助服务)

甲传媒有限责任公司为增值税一般纳税人，主要经营电视剧、电影等广播影视节目的制作和发行和群众演员的职业介绍业务，此外还经营动漫产品的开发业务，属于经国家认定的动漫企业。2019年11月，甲公司发生如下业务：

(1)9日，为某电视剧提供片头、片尾、片花制作服务，取得含税服务费106万元。

(2)同日，公司购入8台计算机，用于公司的日常生产经营，支付含税价款4.68万元，取得增值税专用发票，当月通过认证。

(3)10日，公司购入一台运动拍摄用的小汽车，取得机动车销售统一发票，支付价税合计23.2万元。

(4)11日，为国内某动画导演设计一套《封神榜》系列动画人物形象，取得设计收入含税价款68万元，支付设计团队人员工资和福利20万元。

(5)接受某大型影视拍摄基地的人才委托招聘，共向其推荐群众演员220名，收取推送收入含税价款20万元，支付招聘人员培训费用2万元。

已知：现代服务(除有形动产租赁服务和不动产租赁服务外)增值税税率为6%；销售货物增值税税率为13%；取得的扣税凭证均已通过税务机关认证。

要求：根据上述材料，不考虑其他因素，分析回答下列小题。

1. 该公司提供的片头、片尾、片花制作服务，属于（　　）。

A. 广播影视服务

B. 文化创意服务

C. 专业技术服务

D. 商务辅助服务

2. 下列选项中，该公司购入计算机和小汽车可以抵扣的进项税额计算正确的是（　　）。

A. 购入计算机可抵扣进项税额 = 4.68÷(1+13%)×13% = 0.54(万元)

B. 购入计算机可抵扣进项税额 = 4.68÷(1−13%)×13% = 0.7(万元)

C. 购入应征消费税的小汽车不得抵扣进项税额

D. 购入小汽车可抵扣的进项税额 = 23.2÷(1+13%)×13% = 2.67(万元)

3. 关于甲企业提供动漫设计服务，下列说法中，正确的是（　　）。

A. 甲企业对该项收入可以选择适用简易计税方法征税，并不允许抵扣相应的进项税额

B. 该项业务收入属于"文化创意服务—设计服务"

C. 该项业务收入属于"研发和技术服务"

D. 支付设计团队人员工资和福利20万元，可以计算抵扣进项税额

4. 关于甲企业向拍摄基地推荐群众演员的业务，下列说法中，正确的是（　　）。

A. 该项业务收入属于"商务辅助服务——人力资源服务"

B. 该项业务收入属于"商务辅助服务——企业管理服务"

C. 该项业务应计算销项税额 = 68÷（1+6%）×6% = 3.85（万元）

D. 该项业务应计算销项税额 =（68-2）÷（1+6%）×6% = 3.74（万元）

【资料七】

【考点标签】销售货物的增值税计算综合（进口环节、进项税额抵扣的范围、含税销售额的换算、视同销售货物行为）

（2019年改）甲公司为增值税一般纳税人，主要从事小汽车生产和销售业务，2019年10月有关经营情况如下：

（1）进口生产用小汽车发动机，海关审定关税完税价格580万元，缴纳关税34.8万元，缴纳进口环节增值税并取得海关进口增值税专用缴款书。

（2）购进生产用零配件，取得增值税专用发票注明税额1.12万元；购进生产车间用电，取得增值税专用发票注明税额16万元；购进办公用品，取得增值税专用发票注明税额0.56万元；购进职工食堂用餐具，取得增值税专用发票注明税额0.32万元。

（3）向多家客户销售自产W型小汽车，甲公司已向客户分别开具增值税专用发票，不含增值税销售额合计5 085万元，因个别客户资金紧张，当月实际收到不含增值税销售额4 746万元。

（4）将100辆自产Z型小汽车作为投资，提供给乙汽车租赁公司，将2辆自产Z型小汽车无偿赠送给关联企业丙公司，将5辆自产Z型小汽车奖励给优秀员工，将1辆自产Z型小汽车移送给职工食堂使用。

已知：增值税税率为13%，取得的扣税凭证已通过税务机关认证。

要求：根据上述资料，不考虑其他因素，分析回答下列小题。

1. 计算甲公司当月进口小汽车发动机应缴纳增值税税额的下列算式中，正确的是（　　）。

A. （580+34.8）×13% = 79.92（万元）

B. 580×13% = 75.4（万元）

C. （580+34.8）÷（1+13%）×13% = 70.73（万元）

D. 580÷（1+13%）×13% = 66.73（万元）

2. 甲公司当月下列进项税额中，准予从销项税额中抵扣的是（　　）。

A. 购进办公用品的进项税额0.56万元

B. 购进生产车间用电的进项税额16万元

C. 购进生产用零配件的进项税额1.12万元

D. 购进职工食堂用餐具的进项税额0.32万元

3. 计算甲公司当月销售W型小汽车增值税销项税额的下列算式中，正确的是（　　）。

A. 4 746÷（1+13%）×13% = 546（万元）

B. 5 085×13% = 661.05（万元）

C. 5 085÷（1+13%）×13% = 585（万元）

D. 4 746×13% = 616.98（万元）

4. 甲公司当月自产Z型小汽车的下列业务中，属于增值税视同销售货物行为的是（　　）。

A. 将100辆作为投资提供给乙汽车租赁公司

B. 将5辆奖励给优秀员工

C. 将2辆无偿赠送给关联企业丙公司

D. 将1辆移送给职工食堂使用

【资料八】

【考点标签】销售货物的增值税计算综合（不得抵扣进项税额的范围、含税销售额的换算、视同销售货物行为组价、应纳税额计算）

（2016年改）甲制药厂为增值税一般纳税人，主要生产和销售降压药、降糖药及免税药。2019年11月有关经济业务如下：

（1）购进降压药原料，取得的增值税专用

发票上注明的税额为 80 万元，支付其运输费取得的增值税专用发票上注明的税额为 1.2 万元。

(2)购进免税药原料，取得的增值税专用发票上注明的税额为 48 万元；支付其运输费取得的增值税专用发票上注明的税额为 0.8 万元。

(3)销售降压药 600 箱，取得含税价款 696 万元，没收逾期未退还包装箱押金 23.2 万元。

(4)将 10 箱自产的新型降压药赠送给某医院临床使用，成本 4.64 万元/箱，无同类药品销售价格。

(5)销售降糖药 500 箱，其中 450 箱不含增值税单价为 1.5 万元/箱，50 箱不含增值税单价为 1.6 万元/箱。

已知：降压药、降糖药增值税税率为 13%，成本利润率为 10%。取得的增值税专用发票已通过税务机关认证。

要求：根据上述资料、不考虑其他因素，分析回答下列小题。

1. 甲制药厂下列增值税进项税额中，准予抵扣的是（　　）。

A. 购进免税药原料运输费的进项税额 0.8 万元

B. 购进降压药原料运输费的进项税额 1.2 万元

C. 购进降压药原料的进项税额 80 万元

D. 购进免税药原料的进项税额 48 万元

2. 甲制药厂当月销售降压药应缴纳的增值税销项税额的下列计算中，正确的是（　　）。

A. （696+23.2）×13% = 93.5（万元）

B. （696+23.2）÷（1+13%）×13% = 82.74（万元）

C. 696×13% = 90.48（万元）

D. [696+23.2÷（1+13%）]×13% = 93.15（万元）

3. 甲制药厂当月赠送新型降压药增值税销项税额的下列计算中，正确的是（　　）。

A. 10×4.64÷（1+13%）×13% = 5.34（万元）

B. 10×4.64×（1+10%）÷（1+13%）×13% = 5.87（万元）

C. 10×4.64×（1+10%）×13% = 6.64（万元）

D. 10×4.64×13% = 6.03（万元）

4. 甲制药厂当月销售降糖药增值税销项税额的下列计算中，正确的是（　　）。

A. （1.5×450+50×1.6）×13% = 98.15（万元）

B. （1.5×450+50×1.6）÷（1+13%）×13% = 86.86（万元）

C. 1.5×500×13% = 97.5（万元）

D. 1.6×500×13% = 104（万元）

【资料九】

【考点标签】销售应税消费品增值税与消费税综合（进口应税消费品、不得抵扣的进项税额、含增值税销售额的换算、应纳消费税计算）

（2018 年改）甲公司为增值税一般纳税人，主要从事化妆品生产和销售业务。2019 年 10 月有关经营情况如下：

(1)进口一批高档护肤类化妆品，海关核定的关税完税价格 85 万元，已缴纳关税 4.25 万元。

(2)购进生产用化妆包，取得增值税专用发票注明税额 16 万元；支付其运输费，取得增值税专用发票注明税额 0.4 万元，因管理不善该批化妆包全部丢失。

(3)委托加工高档美容类化妆品，支付加工费取得增值税专用发票注明税额 64 万元。

(4)购进生产用酒精，取得增值税专用发票注明税额 12.8 万元。

(5)销售自产成套化妆品，取得含增值税价款 696 万元，另收取包装物押金 3.48 万元。

已知：增值税税率为 13%；高档化妆品消费税税率为 15%。取得的扣税凭证均已通过税务机关认证。

要求：根据上述资料，不考虑其他因素，分析回答下列小题。

1. 计算甲公司进口高档护肤类化妆品增值税

税额的下列算式中，正确的是( )。

A. （85+4.25）×13%＝11.6（万元）

B. 85÷（1−15%）×13%＝13（万元）

C. （85+4.25）÷（1−15%）×13%＝13.65（万元）

D. 85×13%＝11.05（万元）

2. 甲公司的下列进项税额中，准予从销项税额中抵扣的是( )。

A. 支付加工费的进项税额64万元

B. 支付运输费的进项税额0.4万元

C. 购进生产用酒精的进项税额12.8万元

D. 购进生产用化妆包的进项税额16万元

3. 甲公司的下列业务中，应缴纳消费税的是( )。

A. 委托加工高档美容类化妆品

B. 购进生产用酒精

C. 购进生产用化妆包

D. 进口高档护肤类化妆品

4. 计算甲公司销售自产成套化妆品消费税额的下列算式中，正确的是( )。

A. 696÷（1+13%）×15%＝92.39（万元）

B. 696×15%＝104.4（万元）

C. ［696÷（1+13%）+3.48］×15%＝92.91（万元）

D. （696+3.48）÷（1+13%）×15%＝92.85（万元）

【资料十】

【考点标签】销售应税消费品增值税与消费税综合（委托加工应税消费品的消费税纳税义务人、委托加工业务消费税计算、增值税进项税额抵扣、消费税扣除计算）

(2018年改)甲公司为增值税一般纳税人，主要从事高尔夫球及球具的生产经营业务。2019年10月有关经营情况如下：

(1)进口聚氨酯面料一批，海关核实的关税完税价格6万元，缴纳关税0.39万元，取得海关进口增值税专用缴款书注明税款2 240.83万元。

(2)将进口的聚氨酯委托乙企业加工高尔夫球包100个，支付加工费2万元，取得的增值税专用发票上注明的税额0.322 6万元。乙企业当月同类高尔夫球包不含增值税售价0.18万元/个。

(3)将委托乙企业加工的100个高尔夫球包收回后全部销售给某代理商，不含增值税销售价格为25万元，支付运费取得增值税专用发票上注明的税款0.2万元。

(4)当月购进生产设备取得的增值税专用发票上注明的进项税额0.64万元。

已知：增值税税率为13%；高尔夫球及球具消费税税率为10%。取得的扣税凭证均已通过税务机关认证。

要求：根据上述资料，不考虑其他因素，分析回答下列小题。

1. 关于甲企业当月委托加工的高尔夫球包的消费税的表述中，正确的是( )。

A. 该业务消费税纳税人为乙企业

B. 该业务由乙企业代收代缴消费税

C. 该业务消费税纳税人为甲企业

D. 该业务由甲企业代收代缴消费税

2. 计算甲企业销售高尔夫球包应纳消费税税额的算式中，正确的是( )。

A. 25×10%−100×0.18×10%＝0.7（万元）

B. 25×（1+13%）×10%＝2.83（万元）

C. 25×（1+13%）×10%−（6+0.39+2）×10%＝1.99（万元）

D. 25×10%−（6+0.39+2）×10%＝1.66（万元）

3. 甲企业购进货物准予抵扣的进项税额是( )。

A. 购进生产设备的进项税额0.64万元

B. 进口聚氨酯面料的进项税额0.83万元

C. 委托加工支付加工费的进项税额0.322 6万元

D. 支付运费的进项税额0.2万元

4. 计算甲企业当月应向税务机关缴纳的增值税税额的计算正确的是( )。

A. 25×13%−（2 240.83+0.322 6+0.2+0.64）＝1.732（万元）

B. 25×13%−（2 240.83+0.2）＝2.322

（万元）

C. $25×(1+13\%)×13\%-(0.2+0.64)=2.83$（万元）

D. $25×(1+13\%)×13\%-(0.832\ 24+0.322\ 6)=2.335\ 8$（万元）

【资料十一】

【考点标签】销售应税消费品增值税与消费税综合（销售应税消费品应纳税额计算、委托加工业务消费税组成计税价格、增值税销项税额、增值税纳税发生时间）

（2016年改）甲餐具生产厂为增值税一般纳税人，主要从事一次性餐具的生产和销售业务，2019年8月有关经济业务如下：

（1）收购原木，开具的农产品收购发票注明买价33 900元，运输途中发生合理损耗452元，该批原木将用于直接出售给兄弟公司。

（2）采取预收款方式向乙公司销售一次性餐具，8月1日双方签订销售合同；8月3日预收全部含税货款116 000元，另收包装费3 480元；8月15日和8月25日各发出50%的餐具。

（3）受托加工木制一次性筷子，收取不含增值税加工费17 100元，委托方提供的原材料成本39 900元。甲餐具生产厂无同类木制一次性筷子销售价格。

已知：增值税税率为13%；农产品扣除率为9%；木制一次性筷子消费税税率为5%。

要求：根据上述资料，不考虑其他因素，分析回答下列小题。

1. 甲餐具厂当月收购原木准予抵扣的增值税进项税额的下列计算列式中，正确的是（　）。

A. $(33\ 900-452)÷(1+9\%)×9\%=3\ 040\ 732\ 761.76$（元）

B. $33\ 900×9\%=33\ 903\ 051$（元）

C. $33\ 900÷(1+9\%)×9\%=3\ 081\ 822\ 799.08$（元）

D. $(33\ 900-452)×9\%=334\ 483\ 010.32$

（元）

2. 甲餐具生产厂采取预收款方式销售一次性餐具，其增值税纳税义务发生时间是（　）。

A. 8月15日　　B. 8月25日

C. 8月3日　　D. 8月1日

3. 甲餐具生产厂当月销售一次性餐具增值税销项税额的下列计算列式中，正确的是（　）。

A. $116\ 000×13\%=15\ 080$（元）

B. $116\ 000÷(1+13\%)×13\%=13\ 345.13$（元）

C. $(116\ 000+3\ 480)÷(1+13\%)×13\%=13\ 745.49$（元）

D. $(116\ 000+3\ 480)×13\%=15\ 532.4$（元）

4. 甲餐具厂当月受托加工木质一次性筷子应代收代缴消费税税额的下列计算列式中，正确的是（　）。

A. $(39\ 900+17\ 100)÷(1-5\%)×5\%=3\ 000$（元）

B. $17\ 100÷(1-5\%)×5\%=900$（元）

C. $(39\ 900+17\ 100)×5\%=2\ 850$（元）

D. $17\ 100×5\%=855$（元）

【资料十二】

【考点标签】销售应税消费品增值税与消费税综合（进口环节消费税、销售货物增值税销项税额、视同销售货物的增值税与消费税计算、消费税扣除范围、消费税特殊的纳税环节）

甲公司为增值税一般纳税人，从事汽车生产与贸易业务。2019年12月涉及业务如下：

（1）进口一台超级跑车一辆，关税完税价格300万元。

（2）销售小轿车一批，共取得含税销售价款400万元，同时随车销售真皮座椅等车内装饰取得收入20万元。

（3）为激励员工，将5辆汽车作为奖励发给职工。已知该汽车的生产成本总计80万元，本企业销售的平均零售价格为每辆20万元。

（4）收购两辆二手汽车，经过修缮加工后再次销售，每辆含增值税售价8万元。

已知：小汽车关税税率20%，消费税税率25%，销售货物适用增值税税率13%。

要求：根据上述资料，不考虑其他因素，分析回答下列小题。

1. 进口跑车应缴纳的消费税为( )。

A. 300÷(1−25%)×25%=100(万元)

B. 300×(1+20%)÷(1−25%)×25%=120(万元)

C. 300×(1+20%)×25%=90(万元)

D. 300×25%=75(万元)

2. 下列关于业务(2)中销售小轿车涉及的增值税销项税额的计算，正确的是( )。

A. (400+20)÷(1+13%)×13%=48.32(万元)

B. [400÷(1+13%)+20]×13%=48.62(万元)

C. [400+20÷(1+13%)]×13%=54.3(万元)

D. 400÷(1+13%)×13%=46.02(万元)

3. 关于业务(3)中用于发放奖励的汽车涉及增值税和消费税的下列计算，正确的是( )。

A. 增值税=20×5÷(1+13%)×13%=11.5(万元)

B. 增值税=80÷(1+13%)×13%=9.2(万元)

C. 消费税=20×5÷(1+13%)×25%=22.12(万元)

D. 消费税=80÷(1+13%)×25%=17.7(万元)

4. 根据上述资料，根据消费税法律制度相关规定，下列表述错误的是( )。

A. 上述进口的超级跑车在销售给个人买家时，需要按照10%的税率征收消费税

B. 金银首饰以及销售卷烟，在零售环节需缴纳消费税

C. 收购二手汽车再次销售的，外购已纳的消费税可以在销售时抵扣

D. 收购二手汽车再次销售的，外购已纳的消费税不能在销售时抵扣

第五章　企业所得税、个人所得税法律制度

【资料一】

【考点标签】企业所得税计算综合(收入总额的范围、免税收入、公益性捐赠支出扣除、征收管理)

(2019年)甲公司为居民企业，登记注册地在W市，企业所得税按季预缴。主要从事建筑材料生产和销售业务。2018年有关经营情况如下：

(1)建筑材料销售收入5 000万元，生产设备出租收入60万元，国债利息收入1.5万元，存款利息收入0.8万元，存货盘盈0.2万元。

(2)发生的合理的劳动保护费支出2万元，因生产经营需要向金融企业借款利息支出3万元，直接向某大学捐款1万元，缴纳诉讼费用1.7万元。

(3)购置符合规定的安全生产专用设备一台，该设备投资额45万元，当年即投入使用。

(4)全年利润总额为280万元。

已知：企业所得税税率为25%。符合规定的安全生产专用设备的投资额的10%可以从企业当年的应纳税额中抵免。

要求：根据上述资料，不考虑其他因素，分析回答下列小题。

1. 甲公司的下列收入中，在计算2018年度企业所得税应纳税所得额时，应计入收入总额的是( )。

A. 存货盘盈0.2万元

B. 存款利息收入0.8万元

C. 生产设备出租收入60万元

D. 国债利息收入1.5万元

2. 甲公司的下列支出中，在计算2018年度企业所得税应纳税所得额时，不得扣除的是( )。

A. 向金融企业借款利息支出3万元

B. 合理的劳动保护费支出 2 万元

C. 诉讼费用 1.7 万元

D. 直接向某大学捐赠 1 万元

3. 计算甲公司 2018 年度企业所得税应纳税所得额的下列算式中，正确的是（　　）。

A. （280-1.5+1）×25%-45×10%=65.375（万元）

B. （280-1.5-0.8-0.2+3+1.7）×25%-45÷（1-10%）×10%=65.55（万元）

C. （280-1.5-0.2+1+1.7-45×10%）×25%=69.125（万元）

D. （280-60-0.8+2+3-45）×25%×（1-10%）=40.32（万元）

4. 下列关于甲公司 2018 年度企业所得税征收管理的表述中，正确的是（　　）。

A. 甲公司应当自 2018 年度终了之日起 5 个月内，向税务机关报送年度企业所得税纳税申报表，并汇算清缴，结清应缴应退税款

B. 甲公司应向 W 市税务机关办理企业所得税纳税申报

C. 甲公司企业所得税 2018 纳税年度自 2018 年 6 月 1 日起至 2019 年 5 月 31 日止

D. 甲企业应当在季度终了之日起 15 日内向税务机关报送预缴企业所得税纳税申报表，预缴税款

【资料二】

【考点标签】企业所得税计算综合（研究开发费用扣除、免税收入、公益性捐赠支出扣除）

（2019 年改）甲公司为居民企业，主要从事施工设备的生产和销售业务。2019 年有关经营情况如下：

（1）国债利息收入 40 万元，从未上市的居民企业乙公司取得股息 25.2 万元。

（2）直接向某养老院捐赠 10 万元，向市场监督管理部门缴纳罚款 6 万元。

（3）实际发生未形成无形资产计入当期损益的新产品研究开发费用 194 万元。

（4）经事务所审计发现甲公司接受捐赠原

材料一批，取得增值税专用发票注明金额 20.53 万元、税额 2.67 万元，甲公司将接受的捐赠收入直接计入"资本公积"账户。

（5）全年利润总额 1 522 万元，预缴企业所得税税款 280 万元。

已知：企业所得税税率为 25%。新产品研究开发费用，在按照规定据实扣除的基础上，按照研究开发费用的 75% 加计扣除。

要求：根据上述资料，不考虑其他因素，分析回答下列小题。

1. 计算甲公司 2019 年度企业所得税应纳税所得额时，应调增的是（　　）。

A. 直接向某养老院捐赠 10 万元

B. 国债利息收入 40 万元

C. 向市场监督管理部门缴纳罚款 6 万元

D. 从未上市的居民企业乙公司取得股息 25.2 万元

2. 下列关于甲公司 2019 年度新产品研究开发费用企业所得税纳税调整的表述中，正确的是（　　）。

A. 纳税调减 194 万元

B. 纳税调减 145.5 万元

C. 纳税调增 145.5 万元

D. 纳税调增 194 万元

3. 下列关于甲公司 2019 年度接受捐赠原材料企业所得税纳税调整的表述中正确的是（　　）。

A. 纳税调增 23.2 万元

B. 纳税调减 23.2 万元

C. 纳税调减 20 万元

D. 纳税调增 20 万元

4. 计算甲公司 2019 年度应补缴企业所得税税款的下列算式中，正确的是（　　）。

A. （1 522-40-25.2+10-6-194-23.2）×25%-280=30.9（万元）

B. （1 522+40+25.2+10-6+194×75%+20.53）×25%-280=159.308（万元）

C. （1 522-40-25.2+10+6-194×75%+23.2）×25%-280=57.625（万元）

D. （1 522-40-25.2+10+6-194×75%）×25%-280=51.825（万元）

(2019年)甲公司为居民企业,主要从事生产与销售业务,2018年有关经营活动如下:

(1)取得手机销售收入8 000万元,提供专利权的使用权取得收入100万元。

(2)确认无法偿付的应付款项6万元;接受乙公司投资,收到投资款2 000万元。

(3)当年3月因生产经营活动借款300万元,其中向金融企业借款250万元,期限6个月,年利率6%;向非金融企业丙公司借款50万元,期限6个月,年利率10%,利息均已支付。

(4)参加财产保险,按规定向保险公司缴纳保险费5万元;计提坏账准备金15万元;发生会议费30万元;发生非广告性质赞助支出20万元。

(5)通过市民政部门用于公益事业的捐赠支出80万元,直接向某小学捐赠9万元,向贫困户王某捐赠2万元。

(6)全年利润总额为750万元。

已知:公益性捐赠支出,在年度利润12%以内,准予在计算应纳税所得额时扣除。

要求:根据上述资料,不考虑其他因素,分析回答下列小题。

1. 计算甲公司2018年度企业所得税应纳税所得额时,应计入收入总额的是( )。
   A. 手机销售收入8 000万元
   B. 专利使用权取得收入100万元
   C. 确认无法偿还的应付款项6万元
   D. 收到的投资款2 000万元

2. 计算甲公司2018年度企业所得税应纳税所得额时,准予扣除利息支出的是( )。
   A. $300×6\%×50\% = 9$(万元)
   B. $250×6\%×50\% + 50×10\%×50\% = 10$(万元)
   C. $250×6\%×50\% = 7.5$(万元)

   D. $50×10\%×50\% = 2.5$(万元)

3. 计算甲公司2018年度企业所得税应纳税所得额时,不得扣除的是( )。
   A. 向保险公司缴纳的财产保险费5万元
   B. 计提坏账准备金15万元
   C. 发生会议费30万元
   D. 发生非广告性质赞助支出20万元

4. 计算甲公司2018年度企业所得税应纳税所得额时,准予扣除的公益性捐赠支出是( )。
   A. 80万元   B. 89万元
   C. 91万元   D. 90万元

(2018年)甲公司为居民企业,主要从事电冰箱的生产和销售业务。2017年有关经营情况如下:

(1)销售电冰箱收入8 000万元;出租闲置设备收入500万元;国债利息收入50万元;理财产品收益30万元。

(2)符合条件的广告费支出1 500万元。

(3)向银行借入流动资金支付利息支出55万元;非广告性赞助支出80万元;向客户支付违约金3万元;计提坏账准备金8万元。

(4)全年利润总额为900万元。

已知:广告费和业务宣传费支出,不超过当年销售(营业)收入15%的部分,准予扣除。

要求:根据上述资料,不考虑其他因素,分析回答下列小题。

1. 甲公司下列收入中,应计入2017年度企业所得税收入总额的是( )。
   A. 出租闲置设备收入500万元
   B. 国债利息收入50万元
   C. 销售电冰箱收入8 000万元
   D. 理财产品收益30万元

2. 甲公司在计算2017年度企业所得税应纳

税所得额时，准予扣除的广告费支出是（　　）。

A. 1 275 万元　　　B. 1 500 万元

C. 1 287 万元　　　D. 1 200 万元

3. 甲公司在计算 2017 年度企业所得税应纳税所得额时，下列支出中，不得扣除的是（　　）。

A. 向银行借入流动资金支付利息支出 55 万元

B. 向客户支付违约金 3 万元

C. 计提坏账准备金 8 万元

D. 非广告性赞助支出 80 万元

4. 计算甲公司 2017 年度企业所得税应纳税所得额的下列算式中，正确的是（　　）。

A. 900+（1 500-1 287）+80+3+8=1 204（万元）

B. 900-50+（1 500-1 275）+80+8=1 163（万元）

C. 900-500+55+8=463（万元）

D. 900-30+（1 500-1 200）=1 170（万元）

【资料五】

【考点标签】企业所得税计算综合（收入总额、免税收入、广告业务宣传费扣除、公益性捐赠支出的扣除、企业间支付的管理费）

（2018 年改）甲公司为居民企业，主要从事化工产品的生产和销售业务。2019 年度有关经营情况如下：

（1）取得销售商品收入 9 000 万元，提供修理劳务收入 500 万元，出租包装物收入 60 万元，从其直接投资的未上市居民企业分回股息收益 25 万元。

（2）发生符合条件的广告费支出 1 380 万元、按规定为特殊工种职工支付的人身安全保险费 18 万元、合理的会议费 8 万元、直接向某敬老院捐赠 6 万元、上缴集团公司管理费 10 万元。

（3）由于管理不善被盗库存商品一批。经税务机关审核，该批存货的成本为 40 万元，增值税进项税额为 5.2 万元；取得保

险公司赔偿 12 万元，责任人赔偿 2 万元。

（4）上年度尚未扣除的符合条件的广告费支出 50 万元。

已知：广告费和业务宣传费支出不超过当年销售（营业）收入 15% 的部分，准予扣除。

要求：根据上述资料，不考虑其他因素，分析回答下列小题。

1. 甲公司的下列收入中，在计算 2019 年度企业所得税应纳税所得额时，应计入收入总额的是（　　）。

A. 从其直接投资的未上市居民企业分回股息收益 25 万元

B. 销售商品收入 9 000 万元

C. 出租包装物收入 60 万元

D. 提供修理劳务收入 500 万元

2. 甲公司的下列费用中，在计算 2019 年度企业所得税应纳税所得额时，准予扣除的是（　　）。

A. 上缴集团公司管理费 10 万元

B. 直接向某敬老院捐赠 6 万元

C. 合理的会议费 8 万元

D. 特殊工种职工人身安全保险费 18 万元

3. 甲公司在计算 2019 年度企业所得税应纳税所得额时，准予扣除的广告费支出是（　　）。

A. 1 380 万元　　　B. 1 430 万元

C. 1 434 万元　　　D. 1 425 万元

4. 甲公司在计算 2019 年度企业所得税应纳税所得额时，准予扣除被盗商品的损失金额的下列算式中，正确的是（　　）。

A. 40+5.2-12-2=31.2（万元）

B. 40-12-2=26（万元）

C. 40+5.2-12=33.2（万元）

D. 40+5.2-2=43.2（万元）

【资料六】

【考点标签】企业所得税计算综合（收入类别、研发费用加计扣除、广告业务宣传费扣除、公益性捐赠支出的扣除、业务招待费扣除、职工工资与三项经费扣除、小型微利企业所得税优惠政策）

某货物生产企业为增值税一般纳税人，企业从业人数200人，资产总额3 000万元。2019年经营业务如下：

（1）取得销售收入3 000万元（包括发生但未减除的销售折让500万元），销售成本1 343万元。

（2）发生销售费用670万元（其中广告费420万元，三新技术开发费66.667万元）；管理费用400万元（其中业务招待费15万元）；财务费用60万元（其中包括现金折扣20万元）。

（3）销售税金160万元（含增值税120万元）。

（4）营业外收入70万元，营业外支出50万元（含通过公益性社会团体向贫困山区捐款10万元，支付税收滞纳金6万元）。

（5）计入成本、费用中的实发工资总额150万元、拨缴职工工会经费3万元、支出职工福利费21万元（不包括列入企业员工工资薪金制度、固定与工资薪金一起发放的福利性补贴），职工教育经费16.25万元。

已知：小型微利企业所得税税率为20%。新产品研究开发费用，在按照规定据实扣除的基础上，按照研究开发费用的75%加计扣除。广告业务宣传费，不超过当年销售（营业）收入15%的部分，准予扣除。

要求：根据上述资料，不考虑其他因素，分析回答下列小题。

1. 下列选项中，说法错误的是（　　）。
   A. 现金折扣不得从销售收入中减除
   B. 销售折让不得从销售收入中减除
   C. 支付税收滞纳金可以税前扣除
   D. 通过公益性社会团体向贫困山区捐款可以全额税前扣除

2. 2019年企业的销售（营业）收入为（　　）万元。
   A. 2 500
   B. 2 570
   C. 3 000
   D. 3 070

3. 广告费和业务招待费的税前扣除额合计为

（　　）万元。
   A. 381
   B. 384
   C. 387.5
   D. 435

4. 2019年应纳企业所得税为（　　）万元。
   A. 6.952 5
   B. 4.11
   C. 1.370 5
   D. 5.482

【资料七】

【考点标签】个人所得税计算综合（财产转让所得、税收优惠、居民个人综合所得应纳税额计算、个人转让住房销售不动产增值税的计算）

（2019年）中国公民陈某为国内某大学教授。2019年1~4月有关收支情况如下：

（1）1月转让一套住房，取得含增值税销售收入945 000元。该套住房原值840 000元，系陈某2018年8月购入。本次转让过程中，发生合理费用5 000元。

（2）2月获得当地教育部门颁发的区（县）级教育方面的奖金10 000元。

（3）3月转让从公开发行市场购入的上市公司股票6 000股，取得股票转让所得120 000元。

（4）4月在甲电信公司购话费获赠价值390元的手机一部；获得乙保险公司支付的保险赔款30 000元。

假设陈某2019年其他收入及相关情况如下：

（1）工资、薪金所得190 000元，专项扣除40 000元。

（2）劳务报酬所得8 000元，稿酬所得5 000元。

已知：财产转让所得个人所得税税率为20%；个人将购买不足2年的住房对外出售的，按照5%的征收率全额缴纳增值税。综合所得，每一纳税年度减除费用60 000元；劳务报酬所得、稿酬所得以收入减除20%的费用后的余额为收入额；稿酬所得的收入额减按70%计算。

级数	全年应纳税所得额	税率(%)	速算扣除数
1	不超过 36 000 元的	3	0
2	超过 36 000 元至 144 000 元的部分	10	2 520

要求：根据上述资料，不考虑其他因素，分析回答下列小题。

1. 计算陈某 1 月转让住房应缴纳个人所得税税额的下列计算中，正确的是（　　）。

A. [945 000÷(1+5%)−840 000−5 000]×20% = 11 000(元)

B. [945 000÷(1+5%)−840 000]×20% = 12 000(元)

C. (945 000−840 000)×20% = 21 000(元)

D. (945 000−840 000−5 000)×20% = 20 000(元)

2. 计算陈某 1 月转让住房应缴纳增值税税额的下列算式中，正确的是（　　）。

A. (945 000−840 000)÷(1+5%)×5% = 5 000(元)

B. 945 000÷(1+5%)×5% = 45 000(元)

C. 945 000×5% = 47 250(元)

D. (945 000−840 000)×5% = 5 250(元)

3. 陈某的下列所得中，不缴纳个人所得税的是（　　）。

A. 区(县)级教育方面的奖金 10 000 元

B. 获赠价值 390 元的手机

C. 获得的保险赔款 30 000 元

D. 股票转让所得 120 000 元

4. 计算陈某 2019 年综合所得应缴纳个人所得税税额的下列算式中，正确的是（　　）。

A. [190 000+8 000×(1−20%)+5 000×(1−20%)×70%−60 000−40 000]×10%−2 520 = 7 400(元)

B. (190 000−60 000−40 000)×10%−2 520 + 8 000×(1−20%)×3% + 5 000×70%×3% = 6 777(元)

C. (190 000−60 000−40 000)×10%−2 520 + 8 000×(1−20%)×3% + 5 000×(1−20%)×70%×3% = 6 756(元)

D. (190 000+8 000+5 000×70%−60 000−40 000)×10%−2 520 = 7 630(元)

【资料八】

【考点标签】个人所得税计算综合(工资薪金所得范围、专项扣除范围、专项附加扣除计算、居民个人综合所得计算)

(2017 年改)中国公民张某担任国内某会计师事务所项目经理。2019 年全年有关收入情况如下：

(1)工资明细表(部分数据)。

姓名	岗位工资	基本工资	工龄补贴	误餐补助	工资总额	代扣					实发工资
						基本养老保险费	失业保险费	基本医疗保险费	住房公积金	个人所得税	
张某	1 780	8 000	200	20	10 000	640	16	163	960	—	—

(2)出版一本财经类书籍，获得收入 20 000 元；为某上市公司提供咨询劳务，取得收入 50 000 元。

(3)张某的父母均年过 60 岁；张某在居住城市有住房两套，使用公积金首套房贷款 20 万元，商业二套房贷款 80 万元，均在贷款偿还期内；张某 2019 年通过高级会计专业技术资格考试并获得证书；张某与妻子育有两个子女，均在本地上初中。

已知：专项附加扣除均由张某一方纳税时扣除。个人所得税综合所得税率表：略。

要求：根据上述资料，不考虑其他因素，

分析回答下列问题。

1. 张某当月取得的下列收入中，应征个人所得税的是（　　）。
   A. 岗位工资 8 000 元
   B. 托儿补助费 20 元
   C. 工龄补贴 200 元
   D. 基本工资 1 780 元

2. 张某当年缴付的下列费用中，准予作为专项扣除，从应纳税所得额中减除的是（　　）。
   A. 基本医疗保险费 163 元
   B. 基本养老保险费 640 元
   C. 失业保险费 16 元
   D. 住房公积金 960 元

3. 计算张某全年专项附加扣除总额的列式中，正确的是（　　）。
   A. 12 000×2+3 600+12 000+24 000=63 600（元）
   B. 12 000+3 600+12 000+24 000=51 600（元）
   C. 12 000+3 600+12 000+24 000×2=75 600（元）
   D. 12 000×2+12 000×2+24 000=72 000（元）

4. 张某当年取得稿酬所得与劳务报酬所得的收入额算式中，正确的是（　　）。

A. 劳务报酬所得：50 000×（1−20%）=40 000（元）
B. 劳务报酬所得：50 000 元
C. 稿酬所得：20 000×（1−20%）=16 000（元）
D. 稿酬所得：20 000×（1−20%）×70%=11 200（元）

【资料九】

【考点标签】个人所得税计算综合（工资薪金所得范围、居民个人工资薪金所得预扣预缴、居民个人劳务报酬所得预扣预缴、居民个人特许权使用费所得预扣预缴）

（2018 年改）中国公民林某是甲歌舞团的舞蹈演员，2020 年 1 月有关收支情况如下：

（1）应发基本工资 4 000 元，奖金 9 000 元，单位代扣代缴基本养老保险费 880 元、失业保险费 55 元、基本医疗保险费 220 元；单位代扣食堂伙食费 400 元。

（2）受邀出演乙文化公司创作的舞剧，演出四场共获得劳务报酬 22 000 元。

（3）取得特许权的经济赔偿收入 25 000 元，支付律师费用 2 000 元。

已知：工资、薪金所得减除费用标准为 5 000 元/月。

居民个人工资、薪金所得预扣预缴适用（节选）

级数	累计预扣预缴应纳税所得额	预扣率	速算扣除数
1	不超过 36 000 元的部分	3	0
2	超过 36 000 元至 144 000 元的部分	10	2 520

居民个人劳务报酬所得预扣预缴适用

级数	预扣预缴应纳税所得额	预扣率（%）	速算扣除数
1	不超过 20 000 元的	20	0
2	超过 20 000 元至 50 000 元的部分	30	2 000
3	超过 50 000 元的部分	40	7 000

要求：根据上述资料，不考虑其他因素，分析回答下列小题。

1. 林某当月缴付的下列费用中，准予从个人所得税应纳税所得额中扣除的是（　　）。

A. 基本养老保险费 880 元
B. 失业保险费 55 元
C. 基本医疗保险费 220 元
D. 宿舍水电费 400 元

2. 林某1月份工资、薪金所得应由单位预扣预缴个人所得税税额的计算，正确的是(   )。

A. $(4\,000+9\,000-5\,000-880-55-220-400)\times3\%=193.35$(元)

B. $(4\,000+9\,000-5\,000-400)\times3\%=228$(元)

C. $(4\,000+9\,000-5\,000-880-55-220)\times3\%=205.35$(元)

D. $(4\,000+9\,000-5\,000-880-400)\times3\%=201.60$(元)

3. 计算林某当月演出劳务报酬所得，应由支付单位预扣预缴个人所得税税额的下列算式中，正确的是(   )。

A. $22\,000\times30\%-2\,000=4\,600$(元)

B. $22\,000\times(1-20\%)\times20\%=3\,520$(元)

C. $(5\,500-800)\times20\%\times4=3\,760$(元)

D. $22\,000\times(1-20\%)\times70\%\times20\%=2\,464$(元)

4. 计算林某当月特许权的经济赔偿收入，应由支付单位预扣预缴个人所得税税额的下列算式中，正确的是(   )。

A. $25\,000\times(1-20\%)\times20\%=4\,000$(元)

B. $25\,000\times20\%=5\,000$(元)

C. $(25\,000-2\,000)\times(1-20\%)\times20\%=3\,680$(元)

D. $(25\,000-2\,000)\times30\%-2\,000=4\,900$(元)

【资料十】

【考点标签】个人所得税计算综合(工资薪金所得应纳税所得额确定、财产租赁所得、偶然所得、个人取得上市公司非限售股股息红利所得的税收优惠政策)

中国公民李某为境内甲报社总编辑，2020年1月有关收支情况如下：

(1)取得工资、薪金收入10 000元，当地规定的社会保险和住房公积金个人缴存比例为：基本养老保险8%，基本医疗保险2%，失业保险0.5%，住房公积金12%。李某缴纳社会保险费核定的缴费工资基数为8 000元。

(2)出租市内一套住房，取得收入6 500元，支付相关的税费200元，支付该住房的维修费1 300元。

(3)购买福利彩票，取得中奖收入10 000元，李某领奖时支付交通费30元、餐费70元。

(4)取得其月初购入的A上市公司股票红利0.2万元。

(5)将其持有的某上市公司股票(非限售股)转让，转让净收入3万元。

已知：工资、薪金所得，每月减除费用5 000元；个人出租住房个人所得税税费暂减按10%，每次收入在4 000元以上的，减除20%的费用；偶然所得个人所得税税率为20%。

要求：根据上述资料，不考虑其他因素，分析回答下列小题。

1. 李某当月工资、薪金所得的应纳税所得额的下列计算列式中，正确的是(   )。

A. $8\,000-8\,000\times(8\%+2\%+0.5\%+12\%)=6\,200$(元)

B. $8\,000-8\,000\times(8\%+2\%+0.5\%+12\%)-5\,000=1\,200$(元)

C. $10\,000-10\,000\times(8\%+2\%+0.5\%+12\%)=7\,750$(元)

D. $10\,000-8\,000\times(8\%+2\%+0.5\%+12\%)-5\,000=3\,200$(元)

2. 李某当月出租住房应缴纳个人所得税税额的下列算式中，正确的是(   )。

A. $(6\,500-200-800)\times10\%=550$(元)

B. $(6\,500-200-1\,300)\times10\%=500$(元)

C. $(6\,500-200-1\,300)\times(1-20\%)\times10\%=400$(元)

D. $(6\,500-200-800)\times(1-20\%)\times10\%=440$(元)

3. 李某中奖奖金应缴纳的个人所得税税额的下列算式中，正确的是(   )。

A. 0元

B. $10\,000\times20\%=2\,000$(元)

C. （10 000－70）×20%＝1 986（元）

D. （10 000－30－70）×20%＝1 980（元）

4. 有关李某取得的上市公司股利和上市公司股票转让收入，下列说法正确的是（　　）。

　　A. 李某取得的上市公司股利免征个人所得税

　　B. 李某取得的上市公司股利应全额计入应纳税所得额，按"利息、股息、红利所得"项目计征个人所得税

　　C. 李某取得的上市公司股票转让收入暂不征收个人所得税

　　D. 李某取得的上市公司股票转让收入，应按"财产转让所得"项目计征个人所得税

【资料十一】

【考点标签】个人所得税计算综合（居民个人工资薪金所得预扣预缴、居民个人劳务报酬所得预扣预缴、居民个人稿酬所得预扣预缴、税收优惠政策）

（2018 年改）中国公民王某是国内甲公司工程师。2020 年 1 月有关收支情况如下：

（1）应发工资 10 000 元，公司代扣代缴社会保险费共 840 元、住房公积金 960 元。

（2）到乙企业连续开展技术培训两次，每次取得报酬 20 000 元。

（3）出版技术专著取得稿费收入 15 000 元，发生资料费支出 4 000 元。

（4）取得企业债券利息 3 000 元；取得机动车保险赔偿款 40 000 元；参加有奖竞赛活动取得奖金 2 000 元；电台抽奖获得价值 5 000 元免费旅游一次。

已知：工资、薪金所得减除费用标准为 5 000 元/月。

居民个人工资、薪金所得预扣预缴适用（节选）

级数	累计预扣预缴应纳税所得额	预扣率	速算扣除数
1	不超过 36 000 元的部分	3	0
2	超过 36 000 元至 144 000 元的部分	10	2 520

居民个人劳务报酬所得预扣预缴适用

级数	预扣预缴应纳税所得额	预扣率（%）	速算扣除数
1	不超过 20 000 元的	20	0
2	超过 20 000 元至 50 000 元的部分	30	2 000
3	超过 50 000 元的部分	40	7 000

要求：根据上述资料，不考虑其他因素，分析回答下列小题。

1. 王某当月工资薪金所得，单位应预扣预缴个人所得税税额的下列算式中，正确的是（　　）。

　　A. （10 000－5 000－840）×3%＝124.8（元）

　　B. （10 000－5 000－840－960）×3%＝96（元）

　　C. （10 000－5 000－960）×3%＝121.20（元）

　　D. （10 000－5 000）×3%＝150（元）

2. 计算王某当月培训收入，支付单位应预扣预缴个人所得税税额的下列算式中，正确的是（　　）。

　　A. 20 000×20%×2＝8 000（元）

　　B. 20 000×（1－20%）×20%×2＝6 400（元）

　　C. 2×20 000×（1－20%）×30%－2 000＝7 600（元）

　　D. 2×20 000×30%－2 000＝10 000（元）

3. 计算王某当月稿费收入应预扣预缴个人所得税税额的下列算式中，正确的是（　　）。

　　A. 15 000×（1－20%）×70%×20%＝1 680（元）

　　B. 15 000×（1－20%）×20%＝2 400（元）

　　C. （15 000－4 000）×70%×20%＝1 540（元）

　　D. （15 000－4 000）×（1－20%）×20%＝1 760（元）

4. 王某的下列所得中，应当缴纳个人所得税

的是( )。

A. 取得机动车保险赔款 40 000 元

B. 取得企业债券利息 3 000 元

C. 电台抽奖获得价值 5 000 元免费旅游一次

D. 参加有奖竞赛活动取得奖金 2 000 元

【资料十二】

【考点标签】个人所得税计算综合(工资薪金所得的范围、居民个人稿酬所得预扣预缴、居民个人特许权使用费所得预扣预缴、税收优惠政策)

(2018 年改)中国公民李某为国内某大学教授。2020 年 1 月收支情况如下:

(1)取得基本工资 6 000 元,岗位补贴 1 950元,托儿补助费 40 元,职务津贴 1 800元。

(2)在某杂志发表一篇学术论文,取得收入 3 000 元。

(3)在境内市场公开拍卖一部自己的小说手稿原件,取得收入 60 000 元。

(4)取得某项专利权经济赔偿收入 2 000元。

(5)领取原提存住房公积金 15 000 元。

(6)领取 W 上市公司非限售股股息 1 600元,随后将该股票转让取得收入 30 000元。该股票于 2018 年 1 月购入。

要求:根据上述资料,不考虑其他因素,分析回答下列小题:

1. 李某的下列各项收入中,应按照"工资、薪金所得"计提个人所得税的是( )。

A. 托儿补助费 40 元

B. 职务津贴 1 800 元

C. 岗位补贴 1 950 元

D. 基本工资 6 000 元

2. 计算李某当月发表学术论文取得收入,应预扣预缴个人所得税税额的下列算式中,正确的是( )。

A. 3 000×(1−20%)×20% = 480(元)

B. 3 000×20% = 600(元)

C. 3 000×(1−20%)×70%×20% = 336(元)

D. (3 000−800)×70%×20% = 308(元)

3. 计算李某当月公开拍卖手稿原件取得收入

应预扣预缴个人所得税税额的下列算式中,正确的是( )。

A. 60 000×70%×20% = 8 400(元)

B. 60 000×(1−20%)×20% = 9 600(元)

C. 60 000×20% = 12 000(元)

D. 60 000×(1−20%)×70%×20% = 6 720(元)

4. 李某当月的下列收入中,不缴纳个人所得税的是( )。

A. 专利权经济赔偿收入 2 000 元

B. W 上市公司非限售股股息 1 600 元

C. W 上市公司非限售股股票转让收入 30 000元

D. 领取原提存住房公积金 15 000 元

第六章 其他税收法律制度

【资料一】

【考点标签】增值税销项税额的计算;增值税进项税额的计算;资源税的计算;增值税视同销售行为

(2017 年改)甲煤矿为一般纳税人,主要从事煤炭开采和销售业务,2019 年 10 月有关经营情况如下:

(1)购进井下用原木一批,取得增值税专用发票注明税款 26 000 元。

(2)购进井下挖煤机一台,取得增值税专用发票注明税款 93 500 元。

(3)接受设备维修应税劳务,取得增值税专用发票注明税款 6 800 元。

(4)销售自产原煤 2 000 吨,职工食堂领用自产原煤 50 吨,职工宿舍领用自产原煤 100 吨,向乙煤矿无偿赠送自产原煤 10吨,原煤不含增值税单价 500 元每吨。

已知,原煤增值税税率为 13%,资源税税率为 8%

要求:根据上述资料,不考虑其他因素,分析回答下列问题。

1. 计算甲煤矿当月允许抵扣增值税进项税额

的下列算式中，正确的是( )。

    A. 93 500+6 800＝100 300(元)

    B. 26 000+93 500+6 800＝126 300(元)

    C. 26 000+6 800＝32 800(元)

    D. 26 000+93 500＝119 500(元)

2. 甲煤矿发生的下列业务中，应计算增值税销项税额的是( )。

    A. 职工食堂领用自产原煤 50 吨

    B. 职工宿舍领用自产原煤 100 吨

    C. 向乙煤矿无偿赠送自产原煤 10 吨

    D. 销售自产原煤 2 000 吨

3. 计算甲煤矿当月应缴纳增值税的下列算式中，正确的是( )。

    A. （50＋100＋10）×500×13% － 32 800 ＝ －22 400(元)

    B. （2 000＋100）×500×13% － 100 300 ＝ 36 200(元)

    C. （2 000＋50＋100＋10）×500×13% － 126 300＝14 100(元)

    D. （2 000＋50＋10）×500×13% － 119 500＝ 14 400(元)

4. 计算甲煤矿当月应缴纳资源税的下列算式中，正确的是( )。

    A. （2 000＋100＋10）×500×8% ＝ 84 400(元)

    B. （2 000＋50＋100）×500×8%＝86 000(元)

    C. （2 000＋50＋100＋10）×500×8% ＝ 86 400(元)

    D. （2 000＋50＋10）×500×8%＝82 400(元)

【资料二】

【考点标签】关税完税价格的确定；进口货物关税、增值税、消费税、车辆购置税的计算；车船税的纳税义务发生时间和应纳税额计算

某汽车企业系增值税一般纳税人，2019 年 11 月从境外进口一批小汽车，共计 20 辆，每辆货价 18 万元，另外支付境外起运地至输入地起卸前每辆运费 2 万元。该企业将其中 2 辆自用(当月取得发票并办理车辆登记)，剩余对外销售。

已知，小轿车关税税率 20%，增值税税率为 13%，消费税税率为 9%，车辆购置税税率为 10%，车船税税额为 700 元/年。(假设该企业此前无自用车辆。)

要求：根据上述资料，不考虑其他因素，分析回答下列问题。

1. 该企业下列关税的计算列式中，正确的是( )。

    A. （18＋2）×20×20%＝80（万元）

    B. 18×20×20%＝72（万元）

    C. 18×18×20%＝64.8（万元）

    D. （18－2）×20×20%＝64（万元）

2. 该企业下列进口环节海关代征增值税和消费税的计算列式中，正确的是( )。

    A. 增值税＝（400＋80）÷（1－9%）×13%＝68.57（万元）

    B. 增值税＝（400＋80）×13%＝62.4（万元）

    C. 消费税＝（400＋80）÷（1－9%）×9%＝47.47（万元）

    D. 消费税＝（400＋80）÷（1＋9%）×9%＝39.63（万元）

3. 该企业下列缴纳的车辆购置税的计算列式中，正确的是( )。

    A. （400＋80）÷（1－9%）×10%＝52.75（万元）

    B. （400＋80）÷（1＋9%）÷20×2×10%＝4.4（万元）

    C. （400＋80）×10%＝48（万元）

    D. （400＋80）÷（1－9%）÷20×2×10%＝5.274 7（万元）

4. 下列关于该企业当年缴纳车船税的说法中，正确的是( )。

    A. 该企业当年应缴纳的车船税为 700×2＝1 400（元）

    B. 车船税纳税义务发生时间为购买车船的发票或其他证明文件所载日期的当月

    C. 购置的新车船，购置当年的应纳税额自纳税义务发生的当月起按月计算

    D. 该企业当年应缴纳的车船税为 700×2÷12×2＝233.33（元）

【考点标签】 进口环节关税和消费税综合（关税完税价格的确定、进口环节消费税的计算、委托加工应税消费品环节应纳消费税、销售应税消费品应纳消费税）

A公司为增值税一般纳税人，主要从事高档化妆品生产和销售业务。2020年1月有关经营情况如下：

（1）进口一批精油，海关审定的货价210万元，运抵我国关境内输入地点起卸前的包装费11万元、运输费20万元、保险费4万元。

（2）接受乙公司委托加工一批高档香水，不含增值税加工费35万元，乙公司提供原材料成本84万元，该批高档香水无同类产品销售价格。

（3）销售高档护肤类化妆品套装，取得不含增值税价款702万元。另收取包装费5.85万元。

已知：高档化妆品消费税税率为15%，关税税率为10%，增值税税率为13%。

要求：根据上述资料，回答下列问题。

1. A公司进口精油的下列各项支出中，应计入进口货物关税的完税价格的是（ ）。

   A. 包装费11万元

   B. 保险费4万元

   C. 运输费20万元

   D. 货价210万元

2. A公司进口精油应缴纳消费税税额的下列计算中，正确的是（ ）。

   A. （210+20）×（1+10%）×15%＝37.95（万元）

   B. （210+11+4）×（1+10%）×15%＝37.13（万元）

   C. （210+11+20+4）×（1+10%）÷（1－15%）×15%＝47.56（万元）

   D. （210+11+20+4）×（1+10%）÷（1+15%）×15%＝35.15（万元）

3. A公司受托加工香水应代收代缴消费税税额为（ ）。

   A. （84+35）×（1+10%）÷（1－15%）×15%＝23.1（万元）

   B. （84+35）÷（1－15%）×15%＝21（万元）

   C. （84+35）×15%＝17.85（万元）

   D. （84+35）×（1+10%）×15%＝19.635（万元）

4. A公司销售高档护肤类化妆品套装应缴纳消费税税额为（ ）。

   A. ［702+5.85÷（1+13%）］×（1－15%）×15%＝90.17（万元）

   B. ［702+5.85÷（1+13%）］×15%＝106.08（万元）

   C. （702+5.85）×15%＝106.18（万元）

   D. 702×15%＝105.3（万元）

【资料四】

【考点标签】 提供鉴证咨询服务增值税计算；销售自己使用过固定资产增值税处理；不动产租赁预收租金纳税义务发生时间和增值税计算；房产税从租计征

甲公司主营提供商业咨询服务，为增值税小规模纳税人。其2019年11月发生的经济业务如下：

（1）5日，向某一般纳税人企业提供资讯信息服务，取得含增值税销售额5万元；

（2）10日，向某小规模纳税人提供注册信息服务，取得含增值税销售额1万元；

（3）15日，购进办公用品，支付价款2万元，并取得增值税普通发票；

（4）20日，销售公司淘汰的旧固定资产5台，每台收到含增值税价款1000元；

（5）25日，由于业务需要，业务员支出餐饮住宿费用共计0.8万元，取得增值税普通发票；

（6）28日，将一处闲置办公区对外出租，一次性预收全年含增值税租金3万元。

已知，小规模纳税人采用3%的征收率，货物增值税税率13%，小规模纳税人出租其取得的不动产按照5%的征收率征收增值税，房产税从租计征的税率为12%。

要求：根据上述资料，不考虑其他因素，

分析回答下列问题。

1. 甲公司 11 月份可以抵扣的进项税额为( )。

   A. 0

   B.（2+0.8）×13% = 0.364（万元）

   C.（2+0.8）×3% = 0.084（万元）

   D. 2×3% = 0.06（万元）

2. 甲公司 11 月份因提供服务而确认的增值税为( )。

   A.（5+1）×3% = 0.18（万元）

   B.（5+1）÷（1+3%）×3% = 0.174 8（万元）

   C. 5÷（1+3%）×3% = 0.145 6（万元）

   D.（5+1）÷（1+3%）×2% = 0.116 5（万元）

3. 20 日，销售旧固定资产应确认的增值税为( )。

   A. 1 000÷（1+3%）×2% = 19.42（元）

   B. 1 000÷（1+3%）×3% = 29.13（元）

   C.（1 000×5）÷（1+3%）×2% = 97.09（元）

   D.（1 000×5）÷（1+3%）×3% = 145.63（元）

4. 出租闲置办公区涉及增值税及房产税的下列计算正确的是( )。

   A. 当月确认增值税 = 3÷（1+5%）×5% = 0.142 9（万元）

   B. 当月确认增值税 = 3÷12÷（1+5%）×5% = 0.119（万元）

   C. 房产税 = 3÷（1+5%）×12% = 0.342 9（万元）

   D. 房产税 = 3÷（1+5%）×（1-30%）×12% = 0.24（万元）

第八章　劳动合同与社会保险法律制度

【资料一】

【考点标签】试用期期间与工资；劳动合同解除（劳动者随时通知解除）；劳动争议的范围；对劳动争议裁决的上诉

（2019 年）2017 年 7 月 31 日，甲公司录用周某担任出纳，双方口头约定了 2 年期劳动合同，约定周某试用期 2 个月，月工资 3 500 元，公司在试用期间可随时解除合同；试用期满考核合格，月工资提高至 4 000 元，如考核不合格，再延长试用期 1 个月。2017 年 9 月 15 日，双方签订了书面劳动合同。2017 年 9 月 30 日，因未通过公司考核，周某试用期延长 1 个月。

因甲公司连续 2 个月无故拖欠劳动报酬，2018 年 6 月 1 日，周某单方面解除了劳动合同并向当地劳动争议仲裁机构申请仲裁，该机构作出终局裁决。

已知：甲公司实行标准工时制，当地月最低工资标准为 2 000 元。

要求：根据上述资料，不考虑其他因素，分析回答下列小题。

1. 甲公司与周某对试用期的下列约定中，符合法律规定的是( )。

   A. 试用期满周某考核不合格，再延长 1 个月试用期

   B. 试用期 2 个月

   C. 试用期内甲公司可随时解除劳动合同

   D. 试用期月工资 3 500 元

2. 因甲公司无故拖欠劳动报酬，周某单方面解除劳动合同采取的方式正确的是( )。

   A. 应提前 30 日书面通知甲公司而解除

   B. 可随时通知甲公司而解除

   C. 不需通知甲公司即可解除

   D. 应提前 3 日通知甲公司而解除

3. 周某申请劳动仲裁要求甲公司支付的下列各项中，符合法律规定的是( )。

   A. 拖欠的劳动报酬

   B. 解除劳动合同的经济补偿金

   C. 试用期赔偿金

   D. 未及时签订书面劳动合同的 2 倍工资

4. 对劳动争议终局裁决的下列表述中，正确的是( )。

   A. 对该终局裁决不服，周某有权提起诉讼

   B. 对该终局裁决不服，甲公司和周某均不得提起诉讼

   C. 对该终局裁决自作出之日起生效

   D. 对该终局裁决不服，甲公司有权提起诉讼

【考点标签】 建立劳动关系时间；试用期期间及待遇；服务期违约金的支付

(2018年) 2015年3月3日，刘某到甲公司应聘。3月5日签订劳动合同，合同约定：试用期5个月，合同期限为4年。试用期工资5 000元，期满后月工资10 000元。刘某3月8日入职。

2016年8月，双方签订了服务期合同，合同约定培训期2个月，甲公司支付培训费10万元。服务期为4年。如果刘某违反约定需要支付违约金20万元。

2017年10月，刘某因为出国留学提出辞职，甲公司要求其支付违约金。

要求：根据上述资料，不考虑其他因素，分析回答下列小题。

1. 刘某与甲公司建立劳动关系的时间是( )。
   A. 3月3日　　　　　B. 3月5日
   C. 3月8日　　　　　D. 8月5日

2. 下列关于试用期的表述，符合劳动合同法律制度规定的是( )。
   A. 约定5个月的试用期
   B. 试用期工资5 000元
   C. 试用期包含在劳动合同期限内
   D. 同一用人单位与同一劳动者只能约定一次试用期

3. 下列关于服务期的表述中，符合法律制度规定的是( )。
   A. 服务期为4年
   B. 甲公司支付培训费10万元
   C. 服务期从培训结束之日开始计算
   D. 违约金20万元

4. 刘某辞职时甲公司要求其支付违约金的数额最高不得超过( )。
   A. 7.5万元　　　　　B. 10万元
   C. 20万元　　　　　D. 12万元

【资料三】

【考点标签】 职工带薪年休假天数；加班工资支付标准；工伤认定；非全日制用工的相关规定

(2015年) 2014年下半年，实行标准工时制的甲公司在劳动用工方面发生下列事实：

(1) 9月5日，已累计工作6年且本年度从未请假的杨某向公司提出年休假申请。

(2) 因工作需要，公司安排范某在国庆期间加班4天，其中占用法定休假日3天，占用周末休息日1天。范某日工资为200元。

(3) 10月20日，尚处于试用期的马某在上班途中受到非本人主要责任的交通事故伤害，住院治疗2个月。

(4) 11月10日，公司通过口头协议聘用郑某从事非全日制用工，试用期1个月。12月29日，公司发现郑某与乙公司也订立了非全日制用工劳动合同，便通知郑某终止用工。

要求：根据上述资料，分析回答下列小题。

1. 杨某可依法享受的最长年休假期限是( )。
   A. 15天　　　　　B. 5天
   C. 20天　　　　　D. 10天

2. 甲公司向范某支付国庆期间加班工资拟采取的下列方案中，符合法律规定的是( )。
   A. 甲公司事后未安排范某补休，向其支付2 200元的加班工资
   B. 甲公司事后安排范某补休周末休息日，向其支付1 800元的加班工资
   C. 甲公司事后安排范某补休国庆节当天法定休假日，向其支付1 600元的加班工资
   D. 甲公司事后安排范某补休国庆节3天法定休假日，向其支付400元的加班工资

3. 关于马某受伤住院治疗法律后果的下列表述中，正确的是( )。
   A. 因尚处于试用期，马某此次受伤不能认定为工伤
   B. 因在上班途中，马某此次受伤不能认定为工伤
   C. 甲公司可按照不低于当地最低工资标准的80%向马某支付治疗期间的工资
   D. 甲公司应按照双方在劳动合同中约定的劳动报酬向马某支付治疗期间的工资

4. 关于甲公司与郑某之间非全日制用工劳动关系的下列表述中, 正确的是( )。

A. 甲公司与郑某可约定试用期

B. 甲公司可随时通知郑某终止用工

C. 甲公司与郑某可订立口头用工协议

D. 郑某有权与甲公司和乙公司分别订立劳动合同

【资料四】

【考点标签】劳务派遣(对用人单位的要求、对用工单位的要求、劳动者的权利、劳务派遣的用工原则)

(2018 年)甲公司为劳务派遣单位, 2017 年 3 月 10 日, 钱某被甲公司招用, 同日被派遣至乙公司工作 6 个月, 期间钱某曾被乙公司派遣至丙公司(乙公司的子公司)工作 15 天, 2017 年 9 月, 钱某派遣期满, 甲公司未为其安排工作。

要求: 根据上述资料, 不考虑其他因素, 分析回答下列小题。

1. 下列关于甲公司与钱某之间法律关系的表述中, 正确的是( )。

A. 甲公司应与钱某订立 2 年以上的固定期限劳动合同

B. 甲公司应为钱某向社会保险经办机构申请办理社会保险登记

C. 甲公司可以非全日制用工的形式招用钱某

D. 甲公司是用人单位

2. 下列关于乙公司与钱某之间法律关系的表述中, 正确的是( )。

A. 乙公司是用工单位

B. 钱某享有与乙公司劳动者同工同酬的权利

C. 乙公司可将钱某派遣至丙公司工作

D. 乙公司应与钱某签订 6 个月期限的劳动合同

3. 乙公司的下列工作岗位中, 钱某可从事的是( )。

A. 主营业务岗位　　B. 辅助性岗位

C. 临时性岗位　　D. 替代性岗位

4. 下列关于劳动合同期内钱某无工作期间报酬支付的表述中, 正确的是( )。

A. 甲公司应按照钱某被派遣期间工资标准向其支付报酬

B. 甲公司无须向钱某支付报酬

C. 甲公司应按照其所在地上年度职工月平均工资标准向钱某支付报酬

D. 甲公司应按照其所在地人民政府规定的最低工资标准向钱某支付报酬

【资料五】

【考点标签】医疗期期间及其待遇; 工伤认定; 劳动合同解除(无过失性辞退)

(2019 年)2015 年 1 月 4 日, 甲公司初次录用张某并安排其担任车间操作工, 月工资 5 000 元, 双方签订了 5 年期劳动合同。

2018 年 1 月 5 日, 张某在工作中突发心脏病入院治疗, 1 个半月后出院上班。住院治疗期间, 公司按月向张某支付工资。

2018 年 10 月 10 日, 张某在下班后做收尾性工作时, 被车间坠物砸伤腿部致残并被确认部分丧失劳动能力, 住院治疗 2 个月后出院。因张某腿部伤残不能从事原工作, 甲公司欲解除双方的劳动合同。

已知: 张某实际工作年限 8 年, 甲公司已为其办理社会保险, 甲公司所在地月最低工资标准为 800 元。

要求: 根据上述资料, 不考虑其他因素, 分析回答下列小题。

1. 张某在工作中突发心脏病入院治疗法律后果的下列表述中, 正确的是( )。

A. 张某在工作中突发心脏病应视同工伤

B. 张某可享受 3 个月的医疗期待遇

C. 张某在工作中突发心脏病不应认定为工伤

D. 张某应享受停工留薪期待遇

2. 张某突发心脏病住院期间, 甲公司按月向其支付的工资不得低于( )。

A. 1 800 元　　　　B. 4 000 元

C. 1 440 元　　　　D. 5 000 元

3. 张某下班后做收尾性工作被车间坠落物砸伤法律后果的下列表述中, 正确的是( )。

A. 张某受伤住院期间的工资福利待遇保持不变

B. 张某受伤住院期间的工资福利待遇，由甲公司按月支付

C. 张某受伤应认定为工伤

D. 张某受伤是在下班之后，不应认定为正伤

4. 甲公司解除劳动合同的下列表述中，正确的是（　　）。

A. 甲公司可提前30日以书面形式通知张某解除劳动合同

B. 甲公司可额外支付张某1个月工资后解除劳动合同

C. 甲公司不得单方面解除与张某的劳动合同

D. 甲公司无须提前通知张某即可解除劳动合同

【资料六】

【考点标签】享受工伤保险的条件、停工留薪期待遇、劳动合同的解除（无过失性辞退）；劳动争议的解决方式

（2018年）甲公司职工刘某在工作中因机器故障导致其腿部受伤，被送往医院治疗2个月，治疗期间甲公司按月向其支付各项待遇。出院后，刘某回公司上班，因其腿部受伤致使丧失劳动能力，刘某已经不能从事原工作。甲公司拟单方解除与刘某之间尚未到期的劳动合同，刘某拒绝，双方由此发生争议。

已知：刘某月工资4 000元，实际工作年限5年，在甲公司工作2年，甲公司所在地月最低工资标准为2 500元。

要求：根据上述资料，不考虑其他因素，分析回答下列小题。

1. 下列关于刘某腿部受伤法律后果的表述中，正确的是（　　）。

A. 刘某可享受3个月的医疗期待遇

B. 刘某可享受的医疗期应按6个月内累计病休时间计算

C. 刘某的伤情应认定为工伤

D. 刘某可享受停工留薪待遇

2. 刘某治疗期间，甲公司每月向其支付的工资待遇不得低于（　　）。

A. 4 000元　　　　　B. 3 200元

C. 2 000元　　　　　D. 2 500元

3. 下列关于甲公司单方解除刘某劳动合同方式的表述中，正确的是（　　）。

A. 刘某不能从事甲公司为其另行安排的工作，甲公司方可解除劳动合同

B. 甲公司不得单方解除劳动合同

C. 甲公司可额外支付刘某1个月工资后解除劳动合同

D. 甲公司可提前30日书面通知刘某解除劳动合同

4. 刘某解决该劳动争议拟采取的下列方式中，符合法律规定的是（　　）。

A. 可直接向人民法院提起诉讼

B. 可与甲公司协商解决

C. 可向劳动争议仲裁机构申请仲裁

D. 可向劳动争议调解组织申请调解

扫我查答案+解析

第三部分　专项训练　不定项选择题

第四部分　机考通关题库演练

智慧
启航

　　没有人事先了解自己到底有多大的力量，直到他试过以后才知道。

　　　　　　　　　　　　　　——歌德

机考通关题库

【说明】本部分内容模拟考试所使用的题库方式，考生可任选其中单选题24题、多选题12题、判断题10题、不定项选择题3题，组成考卷进行模拟测试。

一、单项选择题

1. 小张向知名作家甲购买甲出版书籍的著作权，并签订合同，由此形成的法律关系客体是（ ）。

   A. 小张取得著作权的权利，支付价款的义务

   B. 甲出版的书籍

   C. 甲出版书籍的著作权

   D. 甲取得价款的权利，交付著作权的义务

2. 下列主体中，属于非法人组织的是（ ）。

   A. 基金会　　　　B. 有限责任公司

   C. 事业单位　　　D. 合伙企业

3. 赵某，15周岁，系甲省体操队专业运动员，月收入3 000元，完全能够满足自己生活所需，下列关于赵某民事行为能力的表述中，正确的是（ ）。

   A. 赵某视为完全行为能力人

   B. 赵某属于完全行为能力人

   C. 赵某属于限制行为能力人

   D. 赵某属于无行为能力人

4. 根据民事法律制度的规定，下列各项中，可导致诉讼时效中止的情形是（ ）。

   A. 权利人提起诉讼

   B. 权利人向义务人提出履行请求

   C. 义务人同意履行义务

   D. 在诉讼时效期间的最后6个月内，发生

不可抗力致使权利人不能行使请求权

5. 下列案件纠纷中，适用《民事诉讼法》审理的是（ ）。

   A. 工商机关吊销甲公司的营业执照，甲公司不服工商机关作出的该项行政处罚决定

   B. 赵某不服税务机关对其行使税款强制执行的措施

   C. 李某认为行政机关没有依法发给其抚恤金而产生的纠纷

   D. 张某养的牛进入侯某养的蜜蜂的领地，牛被蜜蜂尽数蜇死，张某与侯某产生的纠纷

6. 下列各项中，属于伪造会计凭证行为的是（ ）。

   A. 改变计量方法的手段

   B. 采用挖补手段改变

   C. 以虚假经济业务为前提，编造虚假的会计凭证

   D. 采用涂改手段改变会计凭证的真实性

7. 甲公司出纳刘某在为员工孙某办理业务时，发现采购发票上所注单价、数量与总金额不符，经查是销货单位填写单价错误，刘某采取的下列措施中，符合会计法律制度规定的是（ ）。

   A. 由孙某写出说明，并加盖公司公章后入账

   B. 将发票退给孙某，由销货单位重新开具发票后入账

   C. 按总金额入账

D. 将单价更正后入账

8. 根据会计法律制度的规定，下列人员中，负责对会计机构负责人办理会计工作交接手续进行监交的是( )。

A. 单位法务部负责人

B. 单位负责人

C. 单位人事部负责人

D. 单位档案管理机构负责人

9. 根据会计法律制度的规定，下列各项中，不属于财务会计报告的是( )。

A. 资产负债表 B. 审计报告

C. 利润表 D. 现金流量表

10. 关于填制记账凭证时出现错误的处理方法，下列说法中，正确的是( )。

A. 可以将错误的内容进行涂销，并由经办人员在涂销处签章

B. 金额填写错误的，应由原出具单位重新开具

C. 应当重新填制

D. 先登记入账，后期再会计差错更正

11. 下列选项中，不属于原始凭证必须具备内容有( )。

A. 填制凭证的日期

B. 经办人员的签名或者盖章

C. 凭证的名称

D. 单位领导人的签名或者盖章

12. 甲企业购买乙企业货物，甲企业暂时款项不足，便凭借自己的信誉签发了一张以乙企业为收款人、以自己的开户银行为付款人、约定 3 个月后付款的票据给乙企业。该情况所体现的票据功能是( )。

A. 支付功能 B. 信用功能

C. 汇兑功能 D. 结算功能

13. 甲公司因结算需要，向 A 银行申请开立一般存款账户。该账户办理付款业务的起始时间是( )。

A. 正式开立该账户之日起

B. 正式开立该账户之日起 3 个工作日后

C. 向中国人民银行当地分支行备案之日起

D. 向中国人民银行当地分支行备案之日起 5 个工作日后

14. 票据失票人向人民法院提出公示催告申请后，如果人民法院决定受理，发出公告的期限是( )。

A. 自立案之日起 3 日内

B. 自立案之日起 7 日内

C. 自申请之日起 3 日内

D. 自申请之日起 7 日内

15. 下列情况下取得的票据，不享有票据权利的是( )。

A. 甲单位依法接受出票人乙签发的票据

B. 丙单位和丁单位具有真实的交易关系下，接受背书转让的票据

C. 李某因为税收原因无偿取得的票据

D. 张某把自己欺诈竞争对手取得的票据无偿赠与知情的王某

16. 下列第三方支付方式中，属于线上支付方式的是( )。

A. 支付宝 B. POS 机刷卡支付

C. 电话支付 D. 手机近端支付

17. 甲公司申请开证行开立国内信用证，下列关于信用证开证程序，说法正确的是( )。

A. 甲公司必须交付保证金才可以开立

B. 银行可根据申请人资信情况要求其提供抵押

C. 银行不得要求甲公司提供保证方式的担保，但可要求其提供抵押与质押的担保

D. 信用证使用中文或外文开立

18. 甲公司向乙公司开出一张纸质银行承兑汇票，汇票已经 A 银行承兑。乙公司将票据依法贴现给 B 银行，A 银行依法对该汇票进行付款确认后，B 银行依法将票据转贴现给 C 银行，D 银行为保证增信行。根据《票据交易管理办法》的规定，该汇票到期偿付先后顺序是( )。

A. D 银行、A 银行、C 银行

B. A 银行、D 银行、B 银行

C. B 银行、C 银行、D 银行

D. A 银行、B 银行、C 银行

19. 根据票据法律制度的规定，关于支票的说法正确的是( )。

A. 支票的收款人可由出票人授权补记

B. 支票不可以背书转让

C. 支票的提示付款期限为出票日起 1 个月

D. 持票人提示付款时，支票的出票人账户金额不足的，银行应先向持票人支付票款

20. 郑某于 2019 年 6 月 15 日与甲公司签订劳动合同，约定试用期 1 个月。7 月 2 日郑某上班。郑某与甲公司建立劳动关系的时间是( )。

A. 2019 年 6 月 15 日

B. 2019 年 7 月 2 日

C. 2019 年 7 月 15 日

D. 2019 年 8 月 2 日

21. 李某于 2019 年 9 月 3 日到甲公司工作，甲公司在同年 12 月 3 日才与其订立书面劳动合同。已知李某月工资为 3 000 元，甲公司已按月足额发放。因未及时订立书面劳动合同，甲公司应向李某支付的工资补偿为( )元。

A. 0

B. 3 000

C. 6 000

D. 9 000

22. 甲公司职工齐某因违章操作给公司造成经济损失 8 000 元，甲公司按照劳动合同约定要求齐某赔偿该损失，并按月从其工资中扣除，已知齐某月工资 2 600 元，当地月最低工资标准为 2 200 元，甲公司每月可以从齐某工资中扣除的最高限额为( )。

A. 400 元

B. 2 600 元

C. 520 元

D. 2 200 元

23. 下列情形中，用人单位招用劳动者符合法律规定的是( )。

A. 甲公司设立的分公司已领取营业执照，该分公司与张某订立劳动合同

B. 乙公司以只招男性为由拒绝录用应聘者李女士从事会计工作

C. 丙超市与刚满 15 周岁的初中毕业生赵某签订劳动合同

D. 丁公司要求王某提供 2 000 元保证金后才与其订立劳动合同

24. 根据社会保险法律制度的规定，参加职工基本养老保险的个人，达到法定退休年龄时累计缴费满一定年限的，可按月领取基本养老金，该年限为( )。

A. 12 年

B. 5 年

C. 10 年

D. 15 年

25. 根据社会保险法律制度的规定，职工发生伤亡的下列情形中，视同工伤的是( )。

A. 在工作时间和工作岗位突发先天性心脏病死亡的

B. 在上班途中受到非本人主要责任的交通事故伤害的

C. 下班后在工作场所从事与工作有关的收尾性工作受到事故伤害的

D. 患职业病的

26. 某生产企业为增值税一般纳税人，2019 年 10 月从国外进口一批原材料，海关核定的关税完税价格为 200 万元。已知进口关税税率为 10%，增值税税率为 13%。该公司进口环节应纳增值税税额的下列计算中，正确的是( )。

A. 200×10%×13% = 2.6(万元)

B. (200×10%+200)×13% = 28.6(万元)

C. 200 × 10% ÷ (1 + 13%) × 13% = 2.3 (万元)

D. (200×10% + 200) ÷ (1 + 13%) × 13% = 25.31(万元)

27. 下列各项应税服务中，适用增值税零税率的是( )。

A. 提供基础电信服务

B. 提供有形动产租赁服务

C. 邮政业服务

D. 向境外单位提供的研发服务和设计服务

28. A 公司采取预收货款方式向 B 公司销售货物，双方于 2017 年 3 月 18 日签订了一份买卖合同，合同约定 B 公司于 4 月 28 日向 A 公司预付货款。但 A 公司在 4 月 10 日就收到 B 公司的预付货款；A 公司于 5 月 30 日发出货物。按我国《增值税暂行条例》及其实施细则的规定，A 公司增值税纳税义务发生时间应当为（　）。

 A. 3 月 18 日   B. 4 月 10 日

 C. 4 月 28 日   D. 5 月 30 日

29. 下列货物销售征收消费税的是（　）。

 A. 汽车销售公司代销小汽车

 B. 烟酒商店零售烟酒

 C. 首饰加工厂批发金银首饰

 D. 手表厂生产销售高档手表

30. 甲化妆品公司为增值税一般纳税人，6 月向某商场销售一批高档化妆品，取得含增值税销售额 3 944 000 元，已知增值税税率为 13%，消费税税率为 15%，计算甲化妆品公司该笔业务应缴纳消费税税额的下列算式中，正确的是（　）。

 A. 3 944 000×（1＋13%）×15%＝668 508（元）

 B. 3 944 000÷（1＋13%）×15%＝523 539.82（元）

 C. 3 944 000÷（1－15%）×15%＝696 000（元）

 D. 3 944 000×15%＝591 600（元）

31. 根据消费税法律制度的规定，企业发生下列事项，应根据企业同类应税消费品最高计税价格计征消费税的是（　）。

 A. 用于职工福利的自产高档化妆品

 B. 用于运输车队的自产柴油

 C. 用于抵偿债务的自产小汽车

 D. 用于广告宣传的自产白酒

32. 根据消费税法律制度的规定，下列各项中，可以按当期生产领用数量计算准予扣除外购的应税消费品已纳消费税税款的是（　）。

 A. 外购已税白酒生产的药酒

 B. 外购已税烟丝生产的卷烟

 C. 外购已税翡翠生产加工的金银翡翠首饰

 D. 外购已税钻石生产的高档手表

33. 某烟草公司 11 月销售自产卷烟 3 000 箱，取得不含增值税的价款 2 000 万元（适用税率 36%，适用税额为每箱 150 元），销售自产雪茄烟 200 箱，取得不含增值税的价款 300 万元（适用税率 36%）。该公司当月应纳消费税为（　）万元。

 A. 765   B. 873

 C. 1 020   D. 1 023

34. 下列环节既征消费税又征增值税的是（　）。

 A. 卷烟的批发环节

 B. 金银首饰的生产环节

 C. 高档化妆品的生产和零售环节

 D. 某商场销售粮食白酒

35. 2019 年甲企业实现利润总额 600 万元，发生公益性捐赠支出 62 万元（非扶贫捐赠）。上年度未在税前扣除完的符合条件的公益性捐赠支出 12 万元。已知公益性捐赠支出在年度利润总额 12% 以内的部分，准予扣除。计算甲企业 2019 年度企业所得税应纳税所得额时，准予扣除的公益性捐赠支出是（　）万元。

 A. 72   B. 84

 C. 60   D. 74

36. 2019 年某电器生产企业当年实现自产货物销售收入 500 万元，当年发生计入销售费用中的广告费 60 万元，企业上年还有 35 万元的广告费没有在税前扣除，企业当年可以税前扣除的广告费是（　）万元。

 A. 15   B. 60

 C. 75   D. 95

37. 根据企业所得税法律制度的规定，下列收入中，可以免征企业所得税的是（　）。

 A. 取得的 2012 年及以后年度发行的地方政府债券利息收入

 B. 接受非货币性资产捐赠收入

C. 持有 2019—2023 年发行的铁路债券取得的利息收入

D. 金融债券利息收入

38. 根据企业所得税法律制度的规定，下列支出中，可以直接在税前扣除的是(   )。

A. 企业为投资者支付的商业保险费

B. 企业从其关联方接受的债权性投资与权益性投资的比例超过规定标准而发生的利息支出

C. 企业参加财产保险，按照规定缴纳的保险费

D. 非银行企业内营业机构之间的利息

39. 某保险代理人郑某 2020 年 3 月与北京某家保险公司签约，提供兼职代理业务，其 5 月份取得佣金收入 5 万元，支付附加税费 2 500 元。下列关于郑某取得佣金收入缴纳个人所得税的说法中，正确的是(   )。

A. 郑某的佣金收入属于"工资、薪金所得"项目

B. 郑某取得的佣金收入 5 万元，应以不含增值税的收入减除 40% 的费用后的余额为收入额

C. 郑某支付的附加税费，可以在计算个人所得税时扣除

D. 郑某在税前扣除的展业成本，为佣金收入 5 万元的 25%

40. 个人所得税应税项目中，采用费用定额扣除(800 元)与定率扣除(20%)两种扣除方法相结合的项目是(   )。

A. 偶然所得

B. 工资、薪金所得

C. 股息、红利所得

D. 居民个人的劳务报酬所得

41. 张某是自由投资人，专门投资境内上市公司的非限售股股票，2019 年 4 月从证券市场取得的收入包括：4 月 1 日从境内甲上市公司取得股息所得 12 万元，张某截至 4 月 1 日已经持有甲公司股票 10 天，后将甲公司的股票在 4 月 5 日出售，取得

股票转让所得 150 万元。下列关于张某股息所得与股票转让所得的说法中，正确的是(   )。

A. 张某取得 12 万元股息可减按 50% 计入应纳税所得额，并按税率 20% 计算缴纳"利息、股息、红利所得"的个人所得税

B. 张某取得的 150 万元应按照"财产转让所得"缴纳个人所得税，税率为 20%，不允许作任何扣除

C. 张某取得 12 万元股息免税

D. 张某取得的 150 万元暂不征税

42. 下列关于财产租赁所得应纳税额计算的相关说法中，不正确的是(   )。

A. 个人出租房屋的个人所得税应税收入不含增值税

B. 计算房屋出租所得可扣除的税费中不包括本次出租缴纳的增值税

C. 个人转租房屋的，其向房屋出租方支付的租金，在计算转租所得时予以扣除

D. 个人转租房屋的，其向房屋出租方支付的增值税额，在计算转租所得时不得扣除

43. 下列各项中，符合房产税纳税义务人规定的是(   )。

A. 产权属于集体的，由承典人缴纳

B. 房屋产权出典的，由出典人缴纳

C. 产权纠纷未解决的，由代管人或使用人缴纳

D. 产权属于国家所有的，不缴纳

44. 深圳证券交易所某日的交易信息显示，万科 A 的股票集合竞价成交金额达到 12.5 亿元人民币。已知证券交易印花税率为 1‰，假设不考虑其他因素，当日集合竞价阶段，该只股票的证券交易印花税缴纳金额是(   )。

A. 125 000×1‰ = 125(万元)

B. 125 000×1‰×2 = 250(万元)

C. 125 000×1‰×3 = 375(万元)

D. 0

45. 张某将自己 5 年前购买的保障房转让给李

某。该房屋依法执行政府定价，政府过户指导价 200 万元、评估价格 180 万元，同地段、同户型、同面积的其他商品房价格为 400 万元。已知产权转移书据的印花税税率为 0.5‰，以上价格均为不含增值税价款，双方在产权转移书据中未列明价款。张某应缴纳产权转移书据印花税的计算中，正确的是(　　)。

A. 4 000 000×0.5‰＝2 000(元)

B. 2 000 000×0.5‰＝1 000(元)

C. 1 800 000×0.5‰＝900(元)

D. 0

46. 甲隧道施工企业，2019 年 3 月，由于其夜间频繁爆破山体产生突发噪声，经检测设备测定，爆破所产生的等效声级超标分贝数为 11 分贝，峰值噪声超标分贝数为 20 分贝，当月超标 20 天。已知，工业噪声超标 10～12 分贝的，每月税额 2 800元；超标 16 分贝以上的，每月税额 11 200 元。则下列甲企业当期应缴纳环境保护税的计算中，正确的是(　　)。

A. 11 200＋2 800＝14 000(元)

B. 11 200 元

C. (11 200＋2 800)×50%＝7 000(元)

D. 11 200÷31×20＝7 225.81(元)

47. 某铜矿 8 月销售当月开采的铜矿石原矿取得销售收入 800 万元，销售精矿收入 1 600万元。已知：该矿山铜矿精矿换算比为 1.2，适用资源税税率为 6%，以精矿为征税对象。该铜矿 8 月份缴纳的资源税是(　　)。

A. 1 600×6%＝96(万元)

B. (800×1.2＋1 600)×6%＝153.6(万元)

C. (800＋1 600÷1.2)×6%＝128(万元)

D. (800÷1.2＋1 600)×6%＝136(万元)

48. 下列各项中，减按 2 元/平方米征收耕地占用税的是(　　)。

A. 纳税人临时占用耕地

B. 军事设施占用耕地

C. 农村居民占用耕地新建住宅

D. 公路线路占用耕地

49. 根据关税法律制度的规定，对原产于与我国签订含有关税优惠条款的区域性贸易协定的国家或地区的进口货物，适用的税率是(　　)。

A. 最惠国税率 　 B. 协定税率

C. 特惠税率 　 D. 普通税率

50. 下列各项中，应当缴纳土地增值税的是(　　)。

A. 继承房地产

B. 以房地产作抵押向银行贷款

C. 出售房屋

D. 出租房屋

51. 下列各项中，属于税务机关职权的是(　　)。

A. 要求保密权 　 B. 税收监督权

C. 税务管理权 　 D. 申辩权

52. 根据税收征收管理法律制度的规定，从事生产、经营的纳税人在一定期限内，需按照国家有关规定设置账簿。该期限是(　　)。

A. 自领取营业执照之日起 15 日

B. 自领取营业执照之日起 30 日

C. 自领取税务登记证之日起 15 日

D. 自发生纳税义务之日起 30 日

53. 代扣代缴义务人在履行代扣代缴义务时，设立账簿的期限是(　　)。

A. 10 天 　 　 B. 15 天

C. 20 天 　 　 D. 30 天

54. 根据税收征收管理法律制度的规定，下列各项中，不属于纳税担保方式的是(　　)。

A. 质押 　 　 B. 扣押

C. 保证 　 　 D. 抵押

55. 下列税务行政复议受理案件中，必须经复议程序的是(　　)。

A. 因税务机关作出行政处罚引起争议的案件

B. 因作出的税收保全措施引起争议的案件

C. 因不依法给予举报奖励引起争议的

案件

D. 因征税范围问题引起争议的案件

二、多项选择题

1. 下列各项中，属于法律关系客体的有（　　）。
   A. 有价证券　　　B. 库存商品
   C. 提供劳务行为　D. 智力成果

2. 下列规范性文件中，属于规章的有（　　）。
   A. 国务院发布的《企业财务会计报告条例》
   B. 上海市人民政府发布的《上海市旅馆业管理办法》
   C. 财政部发布的《金融企业国有资产转让管理办法》
   D. 北京市人大常委会发布的《北京市城乡规划条例》

3. 根据《行政复议法》的规定，下列情形中，当事人可以申请行政复议的是（　　）。
   A. 甲公司不服市环保局对其作出的罚款决定
   B. 王某不服所任职的市教育局对其作出的降级决定
   C. 赵某不服市公安局对其作出的行政拘留决定
   D. 乙公司不服市市场监督管理局对其作出的责令停产停业决定

4. 根据《会计法》的规定，某单位发生的下列事项中应当办理会计手续，进行会计核算的有（　　）。
   A. 董事会通过了资产重组方案
   B. 收到某单位投入的一项固定资产
   C. 向银行借入 3 个月的短期借款
   D. 向职工发放工资

5. 根据会计法律制度的规定，单位下列资料中，应当按照会计档案归档的有（　　）。
   A. 固定资产卡片
   B. 纳税申报表
   C. 年度预算方案
   D. 年度财务工作计划

6. 下列各项中，属于会计工作岗位的有（　　）。
   A. 工资核算岗位

B. 出纳岗位

C. 成本核算岗位

D. 单位内部审计岗位

7. 从外单位取得的原始凭证如有遗失的，下列处理方法中，错误的有（　　）。
   A. 能够取得原开出单位盖有公章的证明的，可以由经办单位会计机构负责人、会计主管人员和单位领导人批准后，代作原始凭证
   B. 无法确定原开出单位证明的，由当事人写出详细情况，由经办单位会计机构负责人、会计主管人员和单位领导人批准后，代作原始凭证
   C. 无法确定原开出单位证明的，由当事人写出详细情况和保证书后，可直接作为原始凭证
   D. 从第三方渠道购买一份同一类型的原始凭证，自行填写后代作原始凭证

8. 根据会计法律制度的规定，下列各项中，属于会计职业道德内容的有（　　）。
   A. 提高技能　　　B. 强化服务
   C. 廉洁自律　　　D. 参与管理

9. 根据票据法律制度的规定，下列各项中，属于票据基本当事人的有（　　）。
   A. 出票人　　　　B. 收款人
   C. 付款人　　　　D. 担保人

10. 根据票据法律制度的规定，下列情形中，可以导致银行汇票无效的有（　　）。
    A. 汇票上未记载付款日期
    B. 汇票上未记载出票日期
    C. 汇票上未记载收款人名称
    D. 汇票金额的中文大写和数码记载不一致

11. 下列各项中，属于银行本票的绝对应记载事项的有（　　）。
    A. 付款人名称
    B. 收款人名称
    C. 出票人签章
    D. 无条件支付的承诺

12. 下列各项中，属于持卡人持贷记卡办理

刷卡消费等非现金交易所享受的优惠有( )。

A. 免息还款期待遇

B. 免年费待遇

C. 最低还款额待遇

D. 免收账户维护费待遇

13. 根据国内信用证结算的相关规定，受益人直接向开证行交单的，需提交的资料包括( )。

A. 信用证交单委托书

B. 身份证明文件

C. 寄单通知书(交单面函)

D. 信用证正本及信用证通知书

14. 根据劳动合同法律制度的规定，下列关于试用期约定的表述中，正确的有( )。

A. 非全日制用工，不得约定试用期

B. 劳动合同期限 1 年以上不满 3 年的，试用期不得超过 2 个月

C. 3 年以上固定期限的劳动合同，试用期不得超过 6 个月

D. 无固定期限的劳动合同，试用期不得超过 6 个月

15. 根据劳动合同法律制度的规定，下列关于非全日制用工的表述中，正确的有( )。

A. 双方当事人任何一方都可以随时通知对方终止用工

B. 双方当事人可以约定试用期

C. 劳动报酬结算支付周期最长不得超过 15 日

D. 双方当事人可以订立口头协议

16. 根据劳动合同法律制度的规定，用人单位需承担的义务有( )。

A. 告知劳动者工作内容、工作条件、工作地点、职业危害、安全生产状况、劳动报酬等

B. 不得扣押劳动者相关证件

C. 不得向劳动者索取财物

D. 不得要求劳动者提供担保

17. 根据劳动合同法律制度的规定，下列关于劳动者法律责任承担的表述中，正确

的有( )。

A. 劳动合同被确认无效，给用人单位造成损失的，有过错的劳动者应承担赔偿责任

B. 劳动者违法解除劳动合同，给用人单位造成损失的，应承担赔偿责任

C. 劳动者违反培训协议，未满服务期解除或者终止劳动合同的，应按照劳动合同约定向用人单位支付违约金

D. 劳动者违反劳动合同中约定的保密义务或者竞业限制，应按照劳动合同约定向用人单位支付违约金

18. 下列失业人员中，应停止领取失业金并同时停止享受其他失业保险待遇的有( )。

A. 被判刑收监执行的孙某

B. 移居境外的杜某

C. 已享受基本养老保险待遇的陈某

D. 应征服兵役的贾某

19. 根据增值税法律制度的规定，销售下列货物应当按增值税低税率 9% 征收的有( )。

A. 天然气　　　　B. 工业用煤炭

C. 农机　　　　　D. 休闲娱乐杂志

20. 下列关于个人出售房屋的税收政策的说法中，错误的有( )。

A. 张某将位于北京市、持有满 3 年的普通住房出售，以销售收入减去购买住房价款后的差额按照 5% 的征收率缴纳增值税

B. 钱某将位于重庆市、持有满 5 年的普通住宅出售，免征增值税

C. 李某家庭名下有两套住宅，将其中一套持有满 5 年的住宅出售，可以免征个人所得税

D. 赵某将自己持有的一套办公用房出售，暂免征收土地增值税

21. 根据增值税法律制度的规定，下列项目中，免征增值税的是( )。

A. 纳税人提供物流辅助服务

B. 残疾人个人提供应税服务

C. 航空公司提供飞机播洒农药服务

D. 个人转让著作权

22. 根据消费税法律制度的规定，下列各项中，应缴纳消费税的有(   )。

A. 甲卷烟厂将自产卷烟连续生产卷烟

B. 乙日化厂将自产高档化妆品作为样品

C. 丙汽车厂将自产小汽车用于赞助

D. 丁酒厂将自产的黄酒移送生产调味料酒

23. 甲厂为实木地板生产厂家，某日，将自产A型实木地板一批作价115万元向乙公司投资。已知甲厂A型实木地板同期同批次平均销售价格为110万元、最高销售价格为120万元、最低销售价格为100万元。下列关于甲厂流转税缴纳，说法正确的有(   )。(以上价格均不含税)

A. 增值税以110万元为计税依据

B. 消费税以120万元为计税依据

C. 增值税以115万元为计税依据

D. 消费税以100万元为计税依据

24. 某超市既从事零售业务，又从事食品加工业务。会计人员小张对该超市(增值税一般纳税人)2019年12月份购进的水果进行增值税进项税额抵扣处理，下列处理方法中，正确的有(   )。

A. 从美国进口的水果，凭海关进口增值税专用缴款书上注明的增值税额为进项税额

B. 从A公司(一般纳税人)购进的水果，凭增值税专用发票上注明的增值税额为进项税额

C. 从B公司(小规模纳税人)购进的水果，凭取得的增值税专用发票上注明的增值税额为进项税额

D. 从农户C购进的免税土豆，将其加工成土豆泥(适用税率13%)后出售给连锁餐饮企业，以收购凭证上注明的买价和10%的扣除率计算进项税额

25. 根据企业所得税法律制度的规定，下列

保险费可以税前扣除的有(   )。

A. 企业参加财产保险，按规定缴纳的保险费

B. 企业为投资者支付的商业保险费

C. 企业为职工支付的商业保险费

D. 企业依照有关规定为特殊工种职工支付的人身安全保险费

26. 在中国境内未设立机构、场所的非居民企业从中国境内取得的下列所得，应按收入全额计算征收企业所得税的有(   )。

A. 股息   B. 转让财产所得

C. 租金   D. 特许权使用费

27. 根据企业所得税法律制度规定，在计算所得税时，准予扣除的有(   )。

A. 向客户支付的合同违约金

B. 向税务机关支付的税收滞纳金

C. 向银行支付的逾期利息

D. 向公安部门缴纳的交通违章罚款

28. 根据企业所得税法律制度的规定，下列固定资产中，不可以计提折旧扣除的是(   )。

A. 以融资租赁方式租出的固定资产

B. 以经营租赁方式租入的固定资产

C. 已足额提取折旧仍继续使用的固定资产

D. 未投入使用的厂房

29. 针对个人转让土地使用权的业务，下列说法正确的有(   )。

A. 属于增值税"销售无形资产"税目范围

B. 属于个人所得税"特许权使用费所得"税目范围

C. 属于增值税"销售不动产"税目范围

D. 属于个人所得税"财产转让所得"税目范围

30. 下列关于我国个人所得税纳税义务人的表述中，正确的有(   )。

A. 在中国境内居住累计满183天的任一年度中有一次离境超过30天的，其在中国境内居住累计满183天的年度的连续年限重新起算

B. 在中国境内无住所，且在一个纳税年度中在中国境内连续或者累计居住不超过 90 天的个人，其来源于中国境内的所得应全部按照相关规定缴纳个人所得税

C. 在中国境内无住所又不居住，或者无住所而一个纳税年度内在中国境内居住累计不满 183 天的个人，为非居民个人

D. 在中国境内无住所的个人，在中国境内居住累计满 183 天的年度连续不满 6 年的，经向主管税务机关备案，其来源于中国境外且由境外单位或者个人支付的所得，免予缴纳个人所得税

31. 张三作为农业生产者，承受占用位于建制镇的一片荒山。张三开垦后用于农业生产。关于该情况，下列说法正确的有（　　）。

　　A. 转让土地使用权的一方免征增值税

　　B. 张三免征契税

　　C. 该农业生产用地免征城镇土地使用税

　　D. 张三需要缴纳耕地占用税

32. 根据耕地占用税有关规定，下列各项中属于耕地的有（　　）。

　　A. 果园　　　　B. 花圃
　　C. 茶园　　　　D. 菜地

33. 根据环境保护税法律制度的相关规定，下列按照"每污染当量"作为计税依据的税目有（　　）。

　　A. 固体废物
　　B. 大气污染物
　　C. 水污染物
　　D. 工业噪声

34. 下列各项中，属于征收资源税的煤炭产品有（　　）。

　　A. 焦炭
　　B. 以未税原煤加工的选煤
　　C. 原煤
　　D. 以未税原煤加工的洗煤

35. 根据烟叶税法律制度的规定，下列选项中属于烟叶税的纳税人的有（　　）。

　　A. 种植烟叶的农民

B. 收购烟叶的烟草公司
C. 接受烟草公司委托收购烟叶的单位
D. 抽烟的烟民

36. 根据税收征收管理法律制度的规定，税务机关在实施税务检查时，可以采取的措施有（　　）。

　　A. 检查纳税人会计资料

　　B. 检查纳税人货物存放地的应纳税商品

　　C. 检查纳税人托运、邮寄应纳税商品的单据、凭证

　　D. 经法定程序批准，查询纳税人在银行的存款账户

37. 下列各项中，属于税款征收措施的有（　　）。

　　A. 税收保全措施
　　B. 税收强制执行措施
　　C. 责令提供纳税担保
　　D. 罚款

38. 下列行为中，属于逃税行为的有（　　）。

　　A. 纳税人采用欺骗手段不申报纳税，逃避缴纳税款

　　B. 纳税人采用隐瞒手段虚假申报，逃避缴纳税款

　　C. 纳税人采用账簿多列支出，少列收入的手段，少缴税款

　　D. 纳税人欠缴应纳税款，采用转移财产手段，妨碍税务机关追缴

三、判断题

1. 撤职、记过、开除，均属于行政处罚。（　　）

2. 仲裁裁决作出后，一方当事人就同一纠纷再申请仲裁或者向人民法院起诉的，仲裁委员会或者人民法院不予受理。（　　）

3. 公民、法人或者其他组织向人民法院提起行政诉讼，人民法院已经受理的，不得申请行政复议。（　　）

4. 业务收支以人民币以外的货币为主的单位，可以选定其中一种货币作为记账本位币，但对外报出的财务会计报告应当折算为人民币。（　　）

5. 张某从事会计工作因挪用公款被判处有期徒刑，刑罚期满后 5 年，可以从事会计

工作。　　　　　　　　　　　　（　）

6. 启用新的订本账的，应从第一页到最后一页顺序编定页数，不得跳页、缺号。（　）

7. 同一单位的基本存款账户与一般存款账户可以在同一家银行开立。（　）

8. 银行完成企业基本存款账户信息备案后，账户管理系统生成基本存款账户编号，代替原基本存款账户核准号使用。（　）

9. 单位或个人签发空头支票的，由其开户银行处以罚款。（　）

10. 汇出银行向汇款人签发的汇款回单是银行将款项确已转入收款人账户的凭据。（　）

11. 用人单位设立的分支机构，依法取得营业执照或者登记证书的，可以作为用人单位与劳动者订立劳动合同。（　）

12. 解除或终止劳动合同所支付的经济补偿金，应当由用人单位和劳动者在劳动合同中约定。（　）

13. 职工参加工伤保险由用人单位和职工共同缴纳工伤保险费。（　）

14. 失业者领取失业保险金，不可低于当地最低工资标准的80%。（　）

15. 小规模纳税人发生增值税应税销售行为，合计月销售额未超过10万元，免征增值税。其中，以1个季度为1个纳税期的，季度销售额未超过30万元，但只要有一个月超过10万元的，当季度不得免征增值税。（　）

16. 银行增值税的纳税期限为1个月。（　）

17. 2019年8月19日，甲个人独资企业购买原材料一批，索取增值税普通发票时，无须向销售方提供纳税人识别号。（　）

18. 一般纳税人申请增值税专用发票最高开票限额不超过10万元的，主管税务机关不需要事前进行实地查验。（　）

19. 依法成立且符合条件的集成电路设计企业和软件企业，在2018年12月31日前自获利年度起计算优惠期，第1年至第3年免征企业所得税，第4年至第6年按照25%的法定税率减半征收企业所得税，并

享受至期满为止。（　）

20. 非公有制企业党组织工作经费纳入工会经费列支，不超过职工年度工资薪金总额1%的部分，可以据实在企业所得税前扣除。（　）

21. 个人办理提前退休手续而取得的一次性补贴收入，应按照办理提前退休手续至法定离退休年龄之间实际年度数平均分摊，确定适用税率和速算扣除数，单独适用综合所得税率表，计算纳税。（　）

22. 对个人转让全国中小企业股份转让系统（新三板）挂牌公司原始股和非原始股取得的所得，暂免征收个人所得税。（　）

23. 张某将个人拥有产权的房屋出典给李某，则李某为该房屋房产税的纳税人。（　）

24. 城镇土地使用税的税率适用有幅度的差别税额（定额税率），其每个幅度税额的差距为30倍。（　）

25. 某单位向政府有关部门缴纳土地出让金取得土地使用权时，不需缴纳土地增值税。（　）

26. 根据规定，悬挂应急救援专用号牌的国家综合性消防救援车辆，同时免征车辆购置税和车船税。（　）

27. 税务机关有权检查纳税人账簿、记账凭证、报表和有关资料，但只能到纳税人单位检查；调出检查时，纳税人有权拒绝。（　）

28. 欠缴税款、滞纳金的纳税人或者其法定代表人需要出境的，税务机关可以责令其提供纳税担保。（　）

29. 对纳税人采取税收保全措施，必须经税务机关向人民法院提出申请后，由人民法院确定。（　）

30. 案件信息一经录入相关税务信息管理系统，作为当事人的税收信用记录保存3年。（　）

四、不定项选择题

【资料一】

2019年1月，甲公司一批会计档案保管期

满。其中有尚未结清的债权债务原始凭证。甲公司档案管理机构请会计机构负责人张某及相关人员在会计档案销毁清册上签署意见，将该批会计档案全部销毁。

2019年9月，出纳郑某调岗，与接替其工作的王某办理了会计工作交接。

2019年12月，记账人员张某结账时发现，2019年3月8日登记入账的一笔采购交易的记账凭证（"付字3632号"）金额填写有误，误将3 432元填写为4 342元，但是会计科目没有错误。

为了完成利润指标，会计机构负责人张某采取虚增营业收入等方法，调整了财务会计报告，并经法定代表人周某同意，向乙公司提供了未经审计的财务会计报告。

要求：根据上述资料，不考虑其他因素，分析回答下列小题。

1. 关于甲公司销毁会计档案的下列表述中，正确的是（   ）。

   A. 档案管理机构负责人应在会计档案销毁清册上签署意见

   B. 法定代表人周某应在会计档案销毁清册上签署意见

   C. 保管期满但未结清的债权债务原始凭证不得销毁

   D. 会计机构负责人张某不应在会计档案销毁清册上签署意见

2. 下列关于会计人员郑某与王某交接会计工作的表述中，正确的是（   ）。

   A. 移交完毕，王某可自行另立新账进行会计记录

   B. 应由会计机构负责人张某监交

   C. 郑某与王某应按移交清册逐项移交，核对点收

   D. 移交完毕，郑某与王某以及监交人应在移交清册上签名或盖章

3. 张某发现记账凭证记载错误，下列应采取的处理措施中，正确的是（   ）。

   A. 应当重新填制

   B. 可以用蓝字填写一张与原内容相同的记

账凭证，在摘要栏注明"注销3月8日付字3632号凭证"字样，同时再用红字重新填制一张正确的记账凭证，注明"订正3月8日付字3632号凭证"字样

   C. 可另编写一张调整记账凭证，用红字调减金额910元

   D. 直接用蓝字填制一张更正的记账凭证

4. 关于会计机构负责人张某采取虚增营业收入等方法调整财务会计报告行为性质及法律后果的下列表述中，正确的是（   ）。

   A. 可对张某处以行政拘留

   B. 该行为属于编制虚假财务会计报告

   C. 可对张某处以罚款

   D. 张某5年之内不得从事会计工作

【资料二】

甲公司于2019年10月1日在A银行开立基本存款账户，10月15日因借款需要在B银行开立一般存款账户，10月25日，在A银行开立单位银行卡账户。

2019年12月1日，由于业务往来，收到乙公司开来的3个月到期的商业承兑汇票一张，票面金额20万元，票据记载的付款人为丙公司。甲公司不放心，又要求乙公司找来丁公司作为保证人。丁公司在记载保证事项时，载明"若票据到期后持票人不获付款，必须先到法院起诉，本人只承担补充责任"。甲公司找到丙公司进行承兑，丙公司记载"承兑，乙公司款到后支付"。后甲公司将该汇票背书转让给戊公司。

要求：根据上述资料，不考虑其他因素，分析回答下列小题。

1. 下列关于甲公司开立的基本存款账户及一般存款账户的表述中，正确的是（   ）。

   A. 基本存款账户与一般存款账户，均可办理现金缴存与支取

   B. 一般存款账户与基本存款账户不能在同一银行的营业机构

   C. 一般存款账户的开立不必以基本存款账户的存在为前提

D. 基本存款账户的开立需中国人民银行核准，一般存款账户的开立只需向中国人民银行备案

2. 下列关于单位人民币卡结算使用的表述中，符合法律规定的是（　　）。

A. 单位人民币卡账户的资金可以与其他存款账户自由转账

B. 单位人民币卡账户销户时，其资金余额可以提取现金

C. 用单位人民币卡办理商品和劳务结算时，可以透支结算

D. 不得将销货收入直接存入单位人民币卡账户

3. 关于丙公司与丁公司在票据上的记载事项，下列表述错误的是（　　）。

A. 丙公司因记载了条件而不承担票据责任

B. 丁公司因记载了条件而不承担票据责任

C. 丙公司记载的条件事项有效

D. 丁公司记载的条件事项无效

4. 戊公司到期提示付款，遭到丙公司拒绝，则可以追索的对象为（　　）。

A. 甲公司　　　　　B. 乙公司

C. 丙公司　　　　　D. 丁公司

【资料三】

2019年1月3日，甲公司签发并承兑一张收款人为乙公司、票面金额为80万元的汇票交付乙公司，当日乙公司将汇票背书转让给丙公司用于支付货款。而后，丙公司又将汇票背书转让给丁公司，丁公司要求提供保证，戊公司和己公司应丙公司请求办理了票据保证相关手续，但未在票据上记载被保证人名称。汇票到期日，丁公司向甲公司提示付款遭到拒绝，丁公司拟行使追索权以保障票据权利。

要求：根据上述材料，不考虑其他因素，分析回答下列小题。

1. 下列事项中，属于戊公司在票据或粘单上必须记载的是（　　）。

A. 戊公司的签章

B. "保证"字样

C. 戊公司名称

D. 戊公司的住所

2. 下列当事人中，属于戊公司和己公司票据保证行为的被保证人的是（　　）。

A. 乙公司　　　　　B. 甲公司

C. 丙公司　　　　　D. 丁公司

3. 下列当事人中，丁公司有权向其行使票据追索权的是（　　）。

A. 乙公司　　　　　B. 戊公司

C. 己公司　　　　　D. 丙公司

4. 下列金额和费用中，丁公司在行使追索权时可以要求被追索人支付的是（　　）。

A. 发出通知书的费用

B. 汇票金额自到期日起至清偿日止，按照规定的利率计算的利息

C. 取得拒绝付款证明的费用

D. 汇票金额80万元

【资料四】

2019年4月1日，甲公司录用王某、郑某到公司工作并与2人口头约定，试用期为3个月，试用期月工资为2 000元；试用期内被证明不符合录用条件的，公司可随时通知解除劳动合同且不支付经济补偿；试用期满订立1年期（试用期不计入合同期限）劳动合同，月工资提高至2 500元。

2019年7月1日，试用期满，甲公司与王某订立了1年期劳动合同。同日，甲公司拟与郑某订立合同时，郑某拒绝签订劳动合同。

2019年12月，王某因家庭原因欲解除与甲公司的劳动合同。

已知：甲公司所在地最低月工资标准为1 800元。

要求：根据上述资料，不考虑其他因素，分析回答下列小题。

1. 甲公司与王某、郑某约定的下列试用期条款中，符合法律规定的是（　　）。

A. 试用期不计入劳动合同期限

B. 试用期内被证明不符合录用条件的，公

司可随时通知解除合同且不支付经济补偿

C. 劳动合同期限 1 年，试用期 3 个月

D. 月工资 2 500 元，试用期月工资2 000 元

2. 关于试用期的履行及甲公司与王某订立书面劳动合同法律后果的下列表述中正确的是（　）。

A. 甲公司应向王某支付 2 500 元的试用期赔偿金

B. 自订立书面劳动合同时起，甲公司与王某开始建立劳动关系

C. 若王某再次入职甲公司，则甲公司不得再与王某约定试用期

D. 甲公司应向王某支付自 2019 年 5 月 1 日起至 6 月 30 日止的 2 倍工资

3. 关于郑某拒绝与甲公司订立书面劳动合同法律后果的下列表述中，正确的是（　）。

A. 甲公司应向郑某支付经济补偿

B. 甲公司应书面通知郑某终止劳动关系

C. 甲公司应继续履行与郑某的口头合同

D. 视为甲公司已与郑某订立了无固定期限劳动合同

4. 王某应提前一定期限以书面形式通知甲公司方可解除劳动合同，该期限为（　）。

A. 10 日　　　　　　B. 3 日

C. 30 日　　　　　　D. 15 日

【资料五】

2019 年 3 月，甲劳务派遣公司与乙公司签订劳务派遣协议，将张某派遣到乙公司工作。

2019 年 7 月，张某在乙公司的工作结束。此后甲、乙公司未给张某安排工作，也未向其支付任何报酬。

2019 年 9 月，张某得知自 2019 年 3 月被派遣以来，甲、乙公司均未为其缴纳社会保险费，遂提出解除劳动合同。

要求：根据上述资料，不考虑其他因素，分析回答下列小题。

1. 下列各项中，属于甲劳务派遣公司和乙公司签订劳务派遣协议中应当约定的是（　）。

A. 派遣岗位　　　　B. 派遣期限

C. 派遣人员数量　　D. 劳动报酬

2. 关于张某无工作期间报酬支付及标准的表述中正确的是（　）。

A. 张某无权要求支付报酬

B. 乙公司应向其按月支付报酬

C. 张某报酬标准为支付单位所在地的最低工资标准

D. 甲公司应向其按月支付报酬

3. 关于张某解除劳动合同的方式中，正确的是（　）。

A. 不需事先告知公司即可解除劳动合同

B. 可随时解除劳动合同

C. 应提前 30 日以书面形式提出方能解除劳动合同

D. 应提前 30 日通知公司方能解除劳动合同

4. 关于张某解除劳动合同的法律后果的表述中，正确的是（　）。

A. 张无权要求经济补偿

B. 甲公司应向张某支付经济补偿

C. 甲公司可要求张某支付违约金

D. 乙公司应向张某支付违约金

【资料六】

甲商业银行 W 分行为增值税一般纳税人，主要提供存款、贷款、货币兑换、基金管理、资金结算、金融商品转让等相关金融服务。2019 年第三季度有关经营情况如下：

(1) 取得含增值税贷款利息收入 6 360 万元，支付存款利息 1 590 万元；取得含增值税转贷利息收入 530 万元，支付转贷利息 477 万元。

(2) 本季度销售一批债券，卖出价 805.6 万元，该批债券买入价 795 万元，除此之外无其他金融商品买卖业务，上一纳税期金融商品买卖销售额为正差且已纳税。

(3) 取得 1 张注明旅客身份信息的航空运输电子客票行程单，票价 2 200 元，民航发展基金 50 元，燃油附加费 120 元；已知，金融服务增值税税率为 6%，运输服

务增值税税率 9%。取得的增值税专用发票均已通过税务机关认证。

要求：根据上述资料，不考虑其他因素，分析回答下列小题。

1. 甲商业银行 W 分行提供的下列金融服务中，应按照"金融服务—直接收费金融服务"税目计缴增值税的是（　）。

　　A. 货币兑换　　　　B. 基金管理

　　C. 贷款　　　　　　D. 资金结算

2. 计算甲商业银行 W 分行第三季度贷款及转贷业务增值税销项税额的下列算式中，正确的是（　）。

　　A.（6 360−1 590+530−477）÷（1+6%）×6% =273（万元）

　　B.（6 360−1 590+530）÷（1+6%）×6% = 300（万元）

　　C.（6 360 + 530）÷（1 + 6%）× 6% = 390（万元）

　　D.（6 360+530−477）÷（1+6%）×6% = 363（万元）

3. 计算甲商业银行 W 分行第三季度金融商品买卖业务应缴纳增值税税额的下列算式中，正确的是（　）。

　　A. 805.6×6% = 48.34（万元）

　　B.（805.6 + 795）÷（1 + 6%）× 6% = 90.6（万元）

　　C. 805.6÷（1+6%）×6% = 45.6（万元）

　　D.（805.6 − 795）÷（1 + 6%）× 6% = 0.6（万元）

4. 关于甲商业银行 W 分行第三季度购进旅客运输服务的进项税额计算，正确的是（　）。

　　A.（2 200+120）÷（1+9%）×9% = 191.56（元）

　　B.（2 200 + 50）÷（1 + 9%）× 9% = 185.78（元）

　　C.（2 200 + 50 + 120）÷（1 + 9%）× 9% = 195.69（元）

　　D. 2 200÷（1+9%）×9% = 181.65（元）

【资料七】

某食品加工企业是增值税一般纳税人，2019 年 10 月发生下列业务：

（1）购入食品加工添加剂一批，取得增值税普通发票，价款 10 000 元，税款 1 300 元。

（2）从农民手中收购大豆一批，税务机关规定的收购凭证上注明收购款 15 000 元，该批大豆全部用于生产食用植物油。

（3）从小规模纳税人处购买生产模具一批，取得税务机关代开的增值税专用发票注明价款 100 000 元。

（4）销售以大豆为原料生产的食用植物油，取得含税收入 45 200 元；销售加工食品一批取得含税收入 23 400 元。

（5）在生产经营活动中，取得 5 张注明旅客身份信息的铁路车票，票面金额合计 2 180 元；取得 15 张注明旅客身份信息的公路、水路等其他客票，票面金额合计 5 150 元。

已知：有关发票均经过认证。

要求：根据上述资料，不考虑其他因素，分析回答下列小题。

1. 下列货物中，适用低税率的是（　）。

　　A. 食用植物油　　B. 饲料

　　C. 食品添加剂　　D. 化肥

2. 下列关于食品加工企业的业务处理中说法错误的是（　）。

　　A. 购入食品加工添加剂，取得增值税普通发票，可以抵扣进项税

　　B. 从农民手中收购大豆，可以按照收购凭证上注明的收购款和 9% 的扣除率计算进项税额

　　C. 购进生产模具的进项税额可以抵扣

　　D. 取得的铁路车票与公路、水路等其他客票，均可以抵扣进项税额

3. 该企业取得的铁路车票，可以抵扣的进项税额是（　）。

　　A. 0

　　B. 2 180×9% = 196.2（元）

　　C. 2 180÷（1+9%）×9% = 180（元）

　　D. 2 180÷（1+13%）×13% = 250.8（元）

4. 该企业当期应计算的增值税销项税额是( )。

A. 45 200÷(1+9%)×9%+23 400÷(1+13%)×13%=6 424.15(元)

B. 45 200×9%+23 400÷(1+13%)×13%=6 760.04(元)

C. 45 200÷(1+9%)×9%+23 400×13%=6 774.11(元)

D. 45 200÷(1+13%)×13%+23 400÷(1+9%)×9%=7 132.11(元)

【资料八】

甲企业为增值税一般纳税人,主要从事农机、农具的生产和销售业务,2019年度发生的经济业务如下:

(1)农机、农具销售收入1 500万元;修理修配收入200万元;转让商标使用权收入500万元;国债利息收入800万元。

(2)实发合理工资、薪金总额200万元,发生职工教育经费3万元,职工福利费30万元,工会经费2万元。

(3)通过当地政府部门向贫困地区捐款70万元,直接向某小学捐赠20万元。

(4)由于管理不善被盗原材料一批。经税务机关审核,该批存货的成本为40万元,增值税进项税额为5.2万元;取得保险公司赔偿12万元,责任人赔偿2万元,原材料损失经税务机关核准。

(5)实现利润总额700万元。

已知:职工福利费支出、职工教育经费支出、工会经费分别不超过工资、薪金总额的14%、8%和2%的部分,准予扣除;企业发生的公益性捐赠支出,在年度利润总额12%以内的部分允许扣除。

要求:根据上述资料,不考虑其他因素,分析回答下列小题。

1. 下列各项中,应缴纳企业所得税的是( )。

A. 农机、农具销售收入

B. 修理修配收入

C. 转让商标使用权收入

D. 国债利息收入

2. 甲企业发生的下列支出中,计算企业所得税时允许全额扣除的是( )。

A. 工资、薪金总额200万元

B. 职工教育经费3万元

C. 职工福利费30万元

D. 工会经费2万元

3. 甲企业计算2019年度企业应纳税所得额时,计算允许扣除的捐赠支出的下列算式中,正确的是( )。

A. 90万元   B. 84万元

C. 70万元   D. 20万元

4. 甲企业计算2019年度企业应纳税所得额时,准予扣除原材料损失金额的是( )。

A. 40+5.2-12=33.2(万元)

B. 40+5.2-12-2=31.2(万元)

C. 40-5.2-12=22.8(万元)

D. 40+5.2=45.2(万元)

【资料九】

作家张某为居民个人,任职于国内某公司,2020年1月有关收入情况如下:

(1)基本工资7 200元,加班费1 000元,差旅费津贴和误餐补助800元。

(2)出版小说稿酬30 000元。

(3)国内公开拍卖自己的小说手稿所得120 000元。

(4)一次性讲学收入4 500元。

(5)符合国家规定标准的城镇房屋拆迁补偿款350 000元。

(6)取得境内挂牌新三板的A公司原始股股票转让所得13 000元;取得境内挂牌新三板的B公司非原始股股票转让所得8 000元。

(7)为好友提供担保取得担保费收入3 000元。

已知:工资、薪金所得减除费用标准为5 000元/月。

级数	累计预扣预缴应纳税所得额	预扣率	速算扣除数
1	不超过 36 000 元的部分	3	0
2	超过 36 000 元至 144 000 元的部分	10	2 520

居民个人取得的稿酬所得、特许权使用费所得，预扣率为 20%。

要求：根据上述资料，不考虑其他因素，分析回答下列小题。

1. 张某当月取得工资、薪金所得，单位应预扣预缴个人所得税税额的下列计算列式中，正确的是（ ）。

A. （7 200＋1 000＋800－5 000）×3%＝120（元）

B. （7 200＋1 000－5 000）×3%＝96（元）

C. （7 200＋800－5 000）×3%＝90（元）

D. （7 200－5 000）×3%＝66（元）

2. 张某当月出版小说稿酬所得，支付单位应预扣预缴个人所得税税额的下列计算列式中，正确的是（ ）。

A. 30 000×70%×20%＝4 200（元）

B. （30 000－800）×70%×20%＝4 088（元）

C. 30 000×（1－20%）×70%×20%＝3 360（元）

D. 30 000×（1－20%）×20%＝4 800（元）

3. 张某拍卖小说手稿所得 120 000 元，支付单位应预扣预缴个人所得税税额的下列计算列式中，正确的是（ ）。

A. 120 000×（1－20%）×20%＝19 200（元）

B. 120 000×（1－20%）×70%×20%＝13 440（元）

C. （120 000－4 000）×20%＝23 200（元）

D. 120 000×20%＝24 000（元）

4. 张某的下列收入中，说法正确的是（ ）。

A. 取得担保费收入 3 000 元，应按"偶然所得"项目缴纳个人所得税

B. 张某取得的拆迁补偿款 350 000 元，免征个人所得税

C. 新三板 A 公司股票转让所得 13 000 元，暂免征收个人所得税

D. 新三板 B 公司股票转让所得 8 000 元，暂免征收个人所得税

【资料十】

李某受聘于一家财务咨询服务公司，2019 年收入情况如下：

(1) 每月领取工资 13 600 元，个人负担三险一金 2 500 元/月，申报专项附加扣除时，李某向单位报送的专项附加扣除信息如下：上小学的儿子一名、尚在偿还贷款的于 5 年前购入境内住房一套、年满 60 周岁的父母两名。已知李某是独生子女，所购住房为首套住房，夫妻约定子女教育和住房贷款利息全额由李某扣除。

(2) 6 月 1 日~12 月 31 日将自有住房按市场价格出租给个人居住，不含税月租金 6 000 元。

(3) 李某出差住在五星级酒店，碰巧一家互联网公司在隔壁展厅举办庆典活动，为了展示公司资金实力，活动中的一个环节是随机邀请路人加入微信群，老板送大红包，李某被拉入该公司活动群，有幸抢到 20 个红包，价值 2 000 元。公司还向李某在内的路人发放本公司产品折扣券。

(4) 12 月取得年终一次性奖金 16 000 元，年终奖李某选择不并入综合所得。

已知：工资、薪金所得减除费用标准为 5 000 元/月。

居民个人工资、薪金所得预扣预缴适用（节选）

级数	累计预扣预缴应纳税所得额	预扣率	速算扣除数
1	不超过36 000元的部分	3	0
2	超过36 000元至144 000元的部分	10	2 520

居民个人按月换算后的综合所得税率表（节选）

级数	全月应纳税所得额	税率（%）	速算扣除数
1	不超过3 000元的	3	0
2	超过3 000元至12 000元的部分	10	210
3	超过12 000元至25 000元的部分	20	1 410

要求：根据上述资料，计算回答下列问题：

1. 财务咨询服务公司1月份应为李某预扣预缴工资、薪金所得个人所得税的计算中，正确的是（　　）。

A. （13 600−5 000−2 500−1 000−1 000−2 000）×3%＝63（元）

B. （13 600−5 000−2 500−1 000−1 000−4 000）×3%＝3（元）

C. （13 600−5 000−2 500−1 000−2 000）×3%＝93（元）

D. （13 600−5 000−2 500）×3%＝183（元）

2. 李某出租自有住房，2019年应缴纳个人所得税的计算中，正确的是（　　）。

A. 6 000×（1−20%）×20%×7＝6 720（元）

B. 6 000×（1−20%）×10%×7＝3 360（元）

C. （6 000−800）×10%×7＝3 640（元）

D. 6 000×（1−20%）×10%＝480（元）

3. 关于李某抢到的价值2 000元的红包和折扣券，下列说法正确的是（　　）。

A. 获得的网络红包应按"偶然所得"计算缴纳个人所得税

B. 获得的网络红包不征收个人所得税

C. 获得的折扣券应按"偶然所得"计算缴纳个人所得税

D. 获得的折扣券应按"其他所得"计算缴纳个人所得税

4. 李某取得全年一次性奖金应缴纳个人所得税的计算中，正确的是（　　）。

A. （16 000−5 000）×10%−210＝890（元）

B. 16 000÷12×3%＝40（元）

C. 16 000×3%＝480（元）

D. 16 000×20%−1 410＝1 790（元）

扫我查答案+解析